平面几何
范例多解探究（下篇）

沈文选　杨清桃　著

 哈爾濱工業大學出版社
HARBIN INSTITUTE OF TECHNOLOGY PRESS

内容简介

本书从 14 个方面介绍了各类范例 200 余道一题多证(解). 主要是线段度量、角度度量、平行与垂直、相切、直线共点与点共直线、点共圆与圆共点、线段比例式及特殊图形的判定与特殊点的性质等方面的范例. 本书中的每一道范例都呈现出了各种情形的证明和引人深思的技巧.

本书内容适合初、高中学生,尤其是数学竞赛选手和初、高中数学教师及奥林匹克教练员使用,也可作为高等师范院校数学教育专业及教师进修或培训班的数学教育方向开设的"竞赛数学"或"初等数学研究"等课程的数学参考书.

图书在版编目(CIP)数据

平面几何范例多解探究. 下篇/沈文选,杨清桃著. —哈尔滨:哈尔滨工业大学出版社,2019.2(2024.3 重印)
ISBN 978 - 7 - 5603 - 7523 - 6

Ⅰ.平… Ⅱ.①沈… ②杨… Ⅲ.几何课 - 中学 - 教学参考资料 Ⅳ.①G634.633

中国版本图书馆 CIP 数据核字(2018)第 163208 号

策划编辑	刘培杰　张永芹
责任编辑	张永芹　丁浩洋
封面设计	孙茵艾
出版发行	哈尔滨工业大学出版社
社　　址	哈尔滨市南岗区复华四道街 10 号　邮编 150006
传　　真	0451 - 86414749
网　　址	http://hitpress.hit.edu.cn
印　　刷	哈尔滨博奇印刷有限公司
开　　本	787 mm×960 mm　1/16　印张 34　字数 633 千字
版　　次	2019 年 2 月第 1 版　2024 年 3 月第 2 次印刷
书　　号	ISBN 978 - 7 - 5603 - 7523 - 6
定　　价	68.00 元

(如因印装质量问题影响阅读,我社负责调换)

前　言

> 谁看不起欧氏几何,谁就好比是从国外回来看不起自己的家乡。
>
> ——H. G. 费德

平面几何,在数学里占有举足轻重的地位。在历史上,《几何原本》的问世奠定了数学科学的基础,平面几何中提出的问题,诱发出了一个又一个重要的数学概念和有力的数学方法;在现代,计算机科学的迅猛发展,几何定理机器证明的突破性进展,以及现代心理学的重大研究成果——"人脑左右半球功能上的区别"获诺贝尔奖,使得几何学研究又趋于复兴活跃。几何学的方法和代数的、分析的、组合的方法相辅相成,扩展着人类对数与形的认识。

几何,不仅仅是对我们所生活的空间进行了解、描述或解释的一种工具,而且是我们为认识绝对真理而进行的直观可视性教育的合适学科,是训练思维、开发智力不可缺少的学习内容。青少年中的数学爱好者,大多数首先是平面几何爱好者。平面几何对他们来说,同时提供了生动直观的图像和严谨的逻辑结构,这有利于发掘青少年的大脑左右两个半球的潜力,促使学习效率提高,智力发展完善,为今后从事各类创造活动打下坚实的基础,是其他学科内容无法替代的。正因为如此,在数学智力竞赛中,在数学奥林匹克中,平面几何内容占据着十分显著的位置。平面几何试题以优美和精巧的构思吸引着广大数学爱好者,以丰富的知识、技巧、思想给我们的研究留下思考和开拓的广阔余地。

如果我们把数学比作巍峨的宫殿,那么平面几何恰似这宫殿门前的五彩缤纷的花坛,它吸引着人们更多地去了解数学科学,研究数学科学。

数学难学,平面几何难学,这也是很多人感受到了的问题,这里面有客观因素,也有主观因素,有认识问题,也有方法问题。学习而不得其法也许是其中的一个重要的根源。要学好平面几何,就要学会求解平面几何问题。如果把求解平面几何问题比作打仗,那么解题者的"兵力"就是平面几何基本图形的性质,解题者的"兵器"就是求解平面几何问题的基本方法,解题者的"兵法"就是求解各类典型问题的基本思路。如果说,装备精良"兵器",懂得诸子"兵法",部署优势"兵力"是夺取战斗胜利的根本保证,那么,掌握求解平面几何问题的基本方法,熟悉各类典型问题的基本思路,善用基本图形的性质,就是解决平面几何问题的基础。

基于上述考虑,我把积攒多年的研究成果,以及陆续发表在各级报纸、杂志上的文章进行删增、整理、汇编,并参阅了多年来各类报纸、杂志上关于平面几何解题研究的文章,于1999年完成了书的初稿,在2005年由哈尔滨工业大学出版社以《平面几何证明方法全书》的书名出版,出版后受到广大读者的好评,并获得第八届全国高校出版社优秀图书奖.

这次修订把《平面几何证明方法全书》中的第一篇和第二篇增写了两章,并补充了大量的例题、习题后以《平面几何证明方法思路》的书名呈现给读者.将《平面几何证明方法全书》中的第三篇进行了大幅度地扩充、重写,便是《平面几何图形特性新析》.另外新增写了《平面几何范例多解探究》,收集整理了近300道平面几何问题的多解.这部包括全国高中联赛、全国女子赛、东南赛、西部赛、北方赛,以及冬令营和国家代表队选拔考试题(这一百多道题将在走向国际数学奥林匹克的试题诠释中介绍)中的平面几何题.这样便形成了平面几何证题方法丛书中的三本书.

衷心感谢刘培杰数学工作室,感谢刘培杰老师、张永芹老师等诸位老师,是他们的大力支持,精心编辑,使本书以这样的面目展现在读者面前!

衷心感谢我的同事邓汉元教授,我的朋友赵雄辉、欧阳新龙、黄仁寿,我的研究生们:羊明亮、吴仁芳、谢圣英、彭熹、谢立红、陈丽芳、谢美丽、陈淼君、孔璐璐、邹宇、谢罗庚、彭云飞等对我写作工作的大力协助,还要感谢我的家人对我的写作的大力支持!

限于作者的水平,书中的疏漏之处敬请读者批评指正.

沈文选

2017 年冬

于长沙岳麓山下

目 录

1 线段度量关系 ⋯⋯⋯⋯⋯⋯⋯⋯⋯⋯⋯⋯⋯⋯⋯⋯⋯⋯⋯⋯⋯⋯⋯⋯⋯⋯⋯ 3
2 角度度量关系 ⋯⋯⋯⋯⋯⋯⋯⋯⋯⋯⋯⋯⋯⋯⋯⋯⋯⋯⋯⋯⋯⋯⋯⋯⋯⋯ 141
 2.1 相等 ⋯⋯⋯⋯⋯⋯⋯⋯⋯⋯⋯⋯⋯⋯⋯⋯⋯⋯⋯⋯⋯⋯⋯⋯⋯⋯⋯ 141
 2.2 代数和 ⋯⋯⋯⋯⋯⋯⋯⋯⋯⋯⋯⋯⋯⋯⋯⋯⋯⋯⋯⋯⋯⋯⋯⋯⋯⋯ 160
 2.3 求角度 ⋯⋯⋯⋯⋯⋯⋯⋯⋯⋯⋯⋯⋯⋯⋯⋯⋯⋯⋯⋯⋯⋯⋯⋯⋯⋯ 187
3 平行 ⋯⋯⋯⋯⋯⋯⋯⋯⋯⋯⋯⋯⋯⋯⋯⋯⋯⋯⋯⋯⋯⋯⋯⋯⋯⋯⋯⋯⋯⋯⋯ 196
4 垂直 ⋯⋯⋯⋯⋯⋯⋯⋯⋯⋯⋯⋯⋯⋯⋯⋯⋯⋯⋯⋯⋯⋯⋯⋯⋯⋯⋯⋯⋯⋯⋯ 206
5 特殊图形 ⋯⋯⋯⋯⋯⋯⋯⋯⋯⋯⋯⋯⋯⋯⋯⋯⋯⋯⋯⋯⋯⋯⋯⋯⋯⋯⋯⋯ 219
 5.1 特殊多边形 ⋯⋯⋯⋯⋯⋯⋯⋯⋯⋯⋯⋯⋯⋯⋯⋯⋯⋯⋯⋯⋯⋯⋯ 219
 5.2 相似形 ⋯⋯⋯⋯⋯⋯⋯⋯⋯⋯⋯⋯⋯⋯⋯⋯⋯⋯⋯⋯⋯⋯⋯⋯⋯⋯ 239
 5.3 其他图形 ⋯⋯⋯⋯⋯⋯⋯⋯⋯⋯⋯⋯⋯⋯⋯⋯⋯⋯⋯⋯⋯⋯⋯⋯⋯ 243
6 特殊点 ⋯⋯⋯⋯⋯⋯⋯⋯⋯⋯⋯⋯⋯⋯⋯⋯⋯⋯⋯⋯⋯⋯⋯⋯⋯⋯⋯⋯⋯ 246
7 相切 ⋯⋯⋯⋯⋯⋯⋯⋯⋯⋯⋯⋯⋯⋯⋯⋯⋯⋯⋯⋯⋯⋯⋯⋯⋯⋯⋯⋯⋯⋯⋯ 262
 7.1 直线与圆相切 ⋯⋯⋯⋯⋯⋯⋯⋯⋯⋯⋯⋯⋯⋯⋯⋯⋯⋯⋯⋯⋯⋯ 262
 7.2 圆与圆相切 ⋯⋯⋯⋯⋯⋯⋯⋯⋯⋯⋯⋯⋯⋯⋯⋯⋯⋯⋯⋯⋯⋯⋯ 272
8 点共直线 ⋯⋯⋯⋯⋯⋯⋯⋯⋯⋯⋯⋯⋯⋯⋯⋯⋯⋯⋯⋯⋯⋯⋯⋯⋯⋯⋯⋯ 287
9 直线共点 ⋯⋯⋯⋯⋯⋯⋯⋯⋯⋯⋯⋯⋯⋯⋯⋯⋯⋯⋯⋯⋯⋯⋯⋯⋯⋯⋯⋯ 335
10 线段比例式 ⋯⋯⋯⋯⋯⋯⋯⋯⋯⋯⋯⋯⋯⋯⋯⋯⋯⋯⋯⋯⋯⋯⋯⋯⋯⋯ 363
11 点共圆 ⋯⋯⋯⋯⋯⋯⋯⋯⋯⋯⋯⋯⋯⋯⋯⋯⋯⋯⋯⋯⋯⋯⋯⋯⋯⋯⋯⋯ 454
12 圆共点 ⋯⋯⋯⋯⋯⋯⋯⋯⋯⋯⋯⋯⋯⋯⋯⋯⋯⋯⋯⋯⋯⋯⋯⋯⋯⋯⋯⋯ 472
13 面积关系式 ⋯⋯⋯⋯⋯⋯⋯⋯⋯⋯⋯⋯⋯⋯⋯⋯⋯⋯⋯⋯⋯⋯⋯⋯⋯⋯ 474
14 不等式 ⋯⋯⋯⋯⋯⋯⋯⋯⋯⋯⋯⋯⋯⋯⋯⋯⋯⋯⋯⋯⋯⋯⋯⋯⋯⋯⋯⋯ 493

参考文献 ⋯⋯⋯⋯⋯⋯⋯⋯⋯⋯⋯⋯⋯⋯⋯⋯⋯⋯⋯⋯⋯⋯⋯⋯⋯⋯⋯⋯⋯⋯ 517

> 一个有意义的题目的求解,为解此题所花的努力和由此得到的见解,可以打开通向一门新的科学,甚至通向一个科学新纪元的门户.
>
> 你要求解的问题可能不大,但如果它能引起你的好奇心,如果它能使你的创造才能得以展现,而且,如果你是用自己的方法去解决它们,那么,你就会体验到这种紧张心情,并享受到发现的喜悦.在易塑的青少年时期,这样的体验会使你养成善于思考的习惯,并在你心中留下深刻的印象,甚至会影响到你一生的性格.
>
> ——波利亚(G. Pólya)

平面几何之所以被历来认为是培养人的逻辑思维能力、陶冶人的情操、培养人良好性格特性的一门学科,这是因为平面几何问题的魅力.平面几何为我们探究一题多解提供了平台,一道平面几何问题的各种精彩解法,往往都是经历了一段段苦苦求索的过程,是不断改进、优化思路而得到的.

"一题多解"是解题者思维及智慧的显露,这也促使我们从更高的层面、更宽的视野、更理性的眼光来思考数学解题的训练方式.

首先,"一题多解"表面呈现多个解题方法.在深层意义上,可对各种解法进行差异比较,追根溯源,可以引发解题者不断深入思考,从而对数学知识的来龙去脉看得更清、把握更准,并通过各种解法的比较和联系,更为广义地建构数学方法体系.这是因为,如果认知结构中各个方法孤立,缺乏比较和联系,不可能建立好的数学方法结构,更不可能建立好的数学理解.只有使原有的、间断的、琐碎的解题经验成为一个多角度的有机的方法体系的整体,成为融会贯通"数学方法"的网络,才有可能形成数学解题智慧.

其次,"一题多解"扮演着促进解题方法的深化、广化的角色。"一题多解"体现着问题变式处理,因为任何数学方法都需要借助问题变式,才能使方法理解得以向深度和广度拓展,才能获得"深、广、透"的数学方法结构体系.

再次,"一题多解"对解题者来说,能感受到数学解题的乐趣,能体验攻坚克难后的喜悦,能够进入数学创新的境界.

1 线段度量关系

例1 在正方形 $ABCD$ 中,M 是 AB 的中点,$MN \perp MD$,BN 平分 $\angle CBE$. 求证:$MD = MN$.

证法1 如图 1.1.1,设 L 是 AD 的中点,联结 ML. 由 $\angle DMN = 90°$,可得 $\angle 1 = \angle 2$.

又

$$\angle DLM = \angle MBN = 90° + 45° = 135°$$
$$DL = \frac{1}{2}AD = \frac{1}{2}AB = MB$$

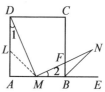

图 1.1.1

从而

$$\triangle DLM \cong \triangle MBN$$

故

$$MD = MN$$

证法2 如图 1.1.2,由证法 1 得 $\angle 1 = \angle 2$.

又

$$\angle DAM = \angle MBQ = 90°$$

则

$$\triangle DAM \backsim \triangle MBQ$$

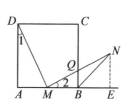

图 1.1.2

由

$$MB = \frac{1}{2}AD$$

知

$$BQ = \frac{1}{2}AM = \frac{1}{2}MB, MQ = \frac{1}{2}MD$$

在 $\triangle MBQ$ 中,BN 是 $\angle MBQ$ 的外角平分线,则

$$MN:NQ = MB:BQ = 2$$

即 Q 是 MN 的中点.

从而
$$MQ = \frac{1}{2}MN$$
故
$$MN = MD$$

证法 3　如图 1.1.2. 作 $NE \perp AB$, 设垂足为 E, 设 $BE = x$, 则由 $\angle NBE = 45°$

得
$$BE = NE = x$$

由证法 1 知
$$\angle 1 = \angle 2$$

则
$$\tan \angle 1 = \tan \angle 2 = \frac{1}{2}$$

即
$$\frac{x}{MB + x} = \frac{1}{2}$$

从而
$$MB = x$$
$$ME = AD$$

故
$$DM = AD\sec \angle 1 = ME\sec \angle 2 = MN$$

证法 4　如图 1.1.3, 过点 N 作 $NE \perp$ 直线 MB, 交直线 MB 于 E, 则 $BE = NE$.

在 $\text{Rt}\triangle DAM$ 与 $\text{Rt}\triangle EMN$ 中, $\angle ADM = 90° - \angle AMD$, $\angle EMN = 180° - 90° - \angle AMD = 90° - \angle AMD$.

则
$$\angle ADM = \angle EMN$$

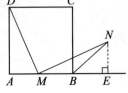

图 1.1.3

从而
$$\text{Rt}\triangle ADM \backsim \text{Rt}\triangle EMN$$

于是
$$\frac{AM}{AD} = \frac{NE}{ME} = \frac{1}{2}$$

即
$$\frac{NE}{AM + NE} = \frac{1}{2}$$

则
$$NE = AM, ME = MB + BE = 2AM = AD$$
从而
$$\text{Rt}\triangle DAM \cong \text{Rt}\triangle MEN$$
故
$$MD = MN$$

证法 5 如图 1.1.4,作点 N 关于 BA 的对称点 N',联结 BD, BN', MN',则 $BN = BN'$,$MN = MN'$,$\angle MNB = \angle MN'B$. 易知 $\angle DBN = \angle NBN' = 90°$.

则
$$\angle DBN + \angle NBN' = 180°$$
从而 D, B, N' 三点共线.

又因为
$$\angle DMN = 90°$$

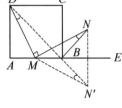

图 1.1.4

则 D, M, B, N 四点共圆
$$\angle MNB = \angle MDB, \angle MN'B = \angle MDB$$
$$MD = MN', MD = MN$$

证法 6 如图 1.1.5,联结 DB, DN,则 B, M, D, N 四点共圆.

有
$$\angle DNM = \angle CBN = 45°$$
$$\angle MDN = \angle NBE = 45°$$
则
$$\angle DNM = \angle MDN$$
故
$$DM = MN$$

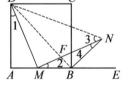

图 1.1.5

证法 7 设 $AD = 2a$,则
$$AM = MB = a$$
从而
$$MN = \frac{a\sin 135°}{\sin \angle 4} = \frac{a\sin 135°}{\sin(45° - \angle 2)} = \frac{a}{\cos \angle 2 - \sin \angle 2} = \frac{a}{\cos \angle 1 - \sin \angle 1}$$
$$= \frac{a}{\frac{2a}{DM} - \frac{a}{DM}} = DM$$

1 线段度量关系

证法 8 如图 1.1.6,以 AB 所在的直线为 x 轴,AB 的中点 M 为原点,作直角坐标系.

设 $AB=2a$,则各点的坐标可设为 $M(0,0)$,$B(a,0)$,$D(-a,2a)$,$A(-a,0)$.

由题意知

$$k_{MD}=\frac{2a-0}{-a-0}=-2$$

则

$$k_{MN}=\frac{1}{2}$$

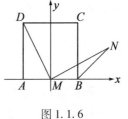

图 1.1.6

从而直线 MN 的方程是 $y=\frac{1}{2}x$,又直线 BN 的方程是 $y=x-a$,则点 N 的坐标 $x_N=2a$,$y_N=a$,又

$$|MN|=\sqrt{(2a)^2+a^2}=\sqrt{5}a$$

故

$$|DM|=\sqrt{a^2+(2a)^2}=\sqrt{5}a=|MN|$$

例 2 在正方形 $ABCD$ 中,作 $\angle EAF=45°$,$AP\perp EF$. 求证: $AP=AB$.

证法 1 如图 1.2.1 所示,延长 CB 至 F' 使 $BF'=DF$.

因

$$AD=AB$$
$$DF=BF'$$
$$\angle ADC=\angle ABF'=90°$$

则

$$\triangle ADF\cong\triangle ABF'$$

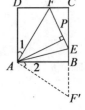

图 1.2.1

从而

$$\angle 1=\angle 2, AF=AF'$$

在 $\triangle AEF$ 及 $\triangle AEF'$ 中,$AF=AF'$,$\angle EAF=45°=\angle EAF'$.

于是

$$\triangle AEF\cong\triangle AEF'$$

故它们的对应边上的高 $AP=AB$.

证法 2 如图 1.2.2 所示,以 A 为圆心,AB 为半径作圆弧 $\overparen{BD}$,过 E 作圆弧的切线 EP' 延长交 DC 于 F'. 联结 AP',则 $AP'=AB$.

由此可证
$$\triangle ABE \cong \triangle AP'E$$
则
$$\angle 1 = \angle 2$$
同理可证
$$\triangle AP'F' \cong \triangle ADF'$$

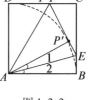

图 1.2.2

则
$$\angle P'AF' = \angle DAF'$$
又
$$\angle 1 + \angle 2 + \angle P'AF' + \angle DAF' = 90°$$
则
$$\angle 1 + \angle P'AF' = \angle EAF' = 45°$$
据题意
$$\angle EAF = 45°$$
于是，AF' 与 AF 重合，从而 F' 与 F 合一，P' 与 P 合一.
故
$$AP = AP' = AB$$

证法3 如图 1.2.3(反证法)，设 $AP \neq AB$，则
$$AP > AB \text{ 或 } AP < AB$$
若
$$AP > AB$$
则
$$\cos \angle 1 = \frac{AB}{AE} < \frac{AP}{AE} = \cos \angle 2$$

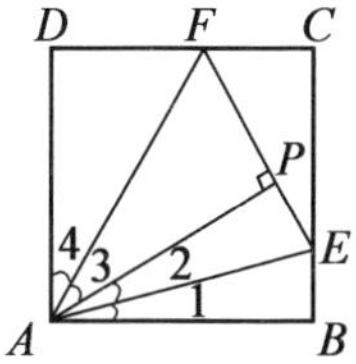

图 1.2.3

即锐角
$$\angle 1 > \angle 2$$
同理可证
$$\angle 4 > \angle 3$$
则
$$\angle 1 + \angle 4 > \angle 2 + \angle 3 = 45°$$
这与 $\angle 1 + \angle 4 = 90° - \angle EAF = 45°$ 矛盾.

若 $AP < AB$，也可推出类似之矛盾. 故假定 $AP \neq AB$ 是不成立的.
即

$$AP = AB$$

证法 4 如图 1.2.4 所示，在 △AEF 中，由正弦定理

$$\frac{AE}{\sin\angle 3} = \frac{AF}{\sin\angle 2}$$

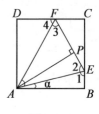

图 1.2.4

则

$$\frac{AB}{\frac{\sin\angle 1}{\sin\angle 3}} = \frac{AD}{\frac{\sin\angle 4}{\sin\angle 2}}$$

从而

$$\sin\angle 1 \cdot \sin\angle 3 = \sin\angle 2 \cdot \sin\angle 4$$

又

$$\angle 2 + \angle 3 = 180° - 45° = 135°$$
$$\angle 1 + \angle 4 = 360° - 2 \times 90° - 45° = 135°$$

于是

$$\sin\angle 1 \sin(135° - \angle 2) = \sin\angle 2 \sin(135° - \angle 1)$$

即

$$\sin\angle 1 \left(\frac{\sqrt{2}}{2}\cos\angle 2 + \frac{\sqrt{2}}{2}\sin\angle 2\right)$$
$$= \sin\angle 2 \left(\frac{\sqrt{2}}{2}\cos\angle 1 + \frac{\sqrt{2}}{2}\sin\angle 1\right)$$

从而

$$\sin\angle 1 \cos\angle 2 = \sin\angle 2 \cos\angle 1, \tan\angle 1 = \tan\angle 2$$

又 ∠1,∠2 均在 0°~180° 之间，则

$$\angle 1 = \angle 2$$

在 Rt△AEP 及 △AEB 中

$$\angle 1 = \angle 2$$

AE 为公共边，则

$$\text{Rt}\triangle ABE \cong \text{Rt}\triangle APE$$

故

$$AP = AB$$

证法 5 如图 1.2.4. 设 ∠BAE = α，则

$$\angle DAF = 45° - α$$

设 AB = a，则 $AE = \dfrac{a}{\cos α}, AF = \dfrac{a}{\cos(45° - α)}.$

则
$$S_{\triangle AEF} = \frac{a^2}{2\cos\alpha\cos(45°-\alpha)} \cdot \frac{\sqrt{2}}{2}$$

又
$$EF^2 = \frac{a^2}{\cos^2\alpha} + \frac{a^2}{\cos^2(45°-\alpha)} - 2 \cdot \frac{a}{\cos\alpha} \cdot \frac{a}{\cos(45°-\alpha)} \cdot \frac{\sqrt{2}}{2}$$
$$= \frac{a^2}{\cos^2\alpha\cos^2(45°-\alpha)}[\cos^2(45°-\alpha) + \cos^2\alpha - \sqrt{2}\cos\alpha\cos(45°-\alpha)]$$
$$= \frac{a^2}{2\cos^2\alpha\cos^2(45°-\alpha)}$$

从而
$$EF = \frac{a}{\sqrt{2}\cos\alpha\cos(45°-\alpha)}$$

于是
$$S_{\triangle AEF} = \frac{1}{2}AP \cdot EF$$
$$= \frac{1}{2}AP \frac{a}{\sqrt{2}\cos\alpha\cos(45°-\alpha)}$$

又
$$S_{\triangle AEF} = \frac{\sqrt{2}}{4} \cdot \frac{a^2}{\cos\alpha\cos(45°-\alpha)}$$

故得 $AP = a$.

证法 6 取直角坐标系如图 1.2.5,设点 B 的坐标为 $(a,0)$.

则有 $C(a,a)$,$D(0,a)$,又设 $\angle BAE = \alpha$,则点 E 坐标是 $(a, a\tan\alpha)$,点 F 坐标是 $[a\cot(45°+\alpha), a]$.

所以直线 EF 的方程是
$$\frac{y - a\tan\alpha}{x - a} = \frac{a\tan\alpha - a}{a - a\cot(45°+\alpha)}$$

设 $\tan\alpha = k$,则方程可变为 $\dfrac{y - ka}{x - a} = \dfrac{k-1}{1 - \dfrac{1-k}{1+k}}$,整理

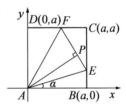

图 1.2.5

之,得
$$(1 - k^2)x + 2ky - (k^2 + 1)a = 0$$

法线式即

$$\frac{(1-k^2)x+2ky}{1+k^2}-a=0$$

即 A 至 EF 的距离 $AP=a$. 故 $AP=AB$.

证法7 如图 1.2.6,分别取 AB,AD 所在的直线为实轴及虚轴,建立复平面,设正方形的边长为 a, $DF=x$, $BE=y$.

则点 E,F 的对应复数分别是 $(a+yi)$ 及 $(x+ai)$,则

$$\frac{x+ai}{a+yi}=\frac{a(x+y)+(a^2-xy)i}{a^2+y^2}$$

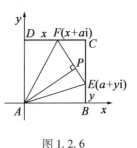

图 1.2.6

由题意

$$\arg\left[\frac{x+ai}{a+yi}\right]=\arg[x+ai]-\arg[a+yi]=45°$$

因此它的实部系数与虚部系数相等.

即

$$a(x+y)=a^2-xy$$

在相应的直角坐标系里

$$S_{\triangle AEF}=\frac{1}{2}\begin{vmatrix} a & y & 1 \\ x & a & 1 \\ 0 & 0 & 1 \end{vmatrix}=\frac{1}{2}(a^2-xy)$$

所以

$$S_{\triangle AEF}=|x-a+(a-y)i|$$
$$=\sqrt{2a^2+x^2+y^2-2a(x+y)}$$
$$=x+y$$

则

$$S_{\triangle AEF}=\frac{1}{2}\cdot|AP|\cdot|EF|$$
$$=\frac{1}{2}\cdot|AP|\cdot(x+y)$$

从而

$$\frac{1}{2}\cdot|AP|\cdot(x+y)=\frac{1}{2}a(x+y)$$

故 $|AP|=a$. 即 $AP=AB$.

注 本题还可得到 $EF=BE+DF$ 的结论.

例3 三角形一边上的中点到过这边所对顶点的任一直线上的另两顶点的射影的距离相等. 已知 AD 是过 $\triangle ABC$ 的顶点 A 的任一直线, $BD \perp AD$ 交 AD 于 D, $CE \perp AD$ 交 AD 于 E. 若 M 为 BC 的中点, 则 $DM = EM$.

证法1 如图 1.3.1, 由 M 引 AD 的垂线, F 为垂足.

因 M 为 BC 的中点, 且 $CE /\!/ MF /\!/ DB$, 得 $EF = FD$. 即 MF 为 ED 的中垂线.

则
$$DM = EM$$

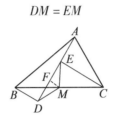

图 1.3.1

证法2 如图 1.3.2, 延长 EM 交 BD 的延长线于 F. 由 $EC /\!/ BF$, $BM = MC$, 得 $EM = MF$, 则 DM 为 $\text{Rt}\triangle DEF$ 斜边上的中线, 从而
$$DM = \frac{1}{2}EF$$

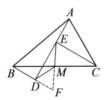

图 1.3.2

注 延长 DM 交 EC 于 F, 证法一样.

证法3 如图 1.3.3, 过 M 引 AD 的平行线交 EC 于 F, 交 BD 于 G, 则 $DGFE$ 是矩形.

由 $EC /\!/ BG$, $BM = MC$, 得 $GM = MF$.

从而
$$\triangle MDG \cong \triangle MEF$$
则
$$MD = ME$$

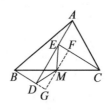

图 1.3.3

证法 4　如图 1.3.4,过 C 引 AD 的平行线交直线 BD 于 F,联结 MF.

则 MF 为 Rt$\triangle BCF$ 的斜边上的中线,即 $MF = \dfrac{1}{2}BC = MC$.

从而 M 在 FC 的中垂线上,也在 DE 的中垂线上,故 $ME = MD$.

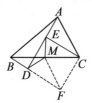

图 1.3.4

证法 5　如图 1.3.5,设 BC 的中垂线交 AD 于 F,由 B,D,M,F 四点共圆,得 $\angle FDM = \angle FBM$. 由 M,C,E,F 四点共圆,得 $\angle DEM = \angle FCM$,而 $\angle FBM = \angle FCM$.

则

$$\angle FDM = \angle DEM$$

故

$$MD = ME$$

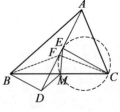

图 1.3.5

例 4　如图 1.4.1,AD,CE 是 $\triangle ABC$ 的高线,在 AB 上取点 F,$AF = AD$,过 F 作 BC 之平行线交 AC 于 G. 求证:$FG = CE$.

证法 1　如图 1.4.1,由 $S_{\triangle ABC} = \dfrac{1}{2}AD \cdot BC = \dfrac{1}{2}CE \cdot AB$,得 $\dfrac{AD}{AB} = \dfrac{CE}{BC}$,从而 $\dfrac{AF}{AB} = \dfrac{CE}{BC}$.

又由 $FG // BC$,有 $\dfrac{AF}{AB} = \dfrac{FG}{BC}$,得 $\dfrac{CE}{BC} = \dfrac{FG}{BC}$.

故

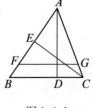

图 1.4.1

$$CE = FG$$

证法2 如图1.4.2,由 F 引 AC 的平行线交 BC 于 H,有 $\angle BFH = \angle BAC$.

由 $AD \perp BC, CE \perp AB$,可知 A,E,D,C 四点共圆.

有 $\angle EDB = \angle BAC$,故 $\angle BFH = \angle EDB$.

于是 F,H,D,E 四点共圆,得

$$\angle FEH = \angle FDH$$

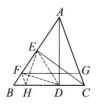

图 1.4.2

则

$$\angle CEH = \angle ADF$$

易知

$$\angle ECH = \angle FAD$$

从而

$$\angle EHC = \angle AFD = \angle ADF = \angle CEH$$

即

$$\angle EHC = \angle CEH$$

故

$$CE = CH = FG$$

证法3 如图1.4.3,以 EF,EC 为邻边作平行四边形 $CEFH$ 得点 H,由于 $CE \perp AB$,故 $CEFH$ 为矩形,有 $FH = EC$.

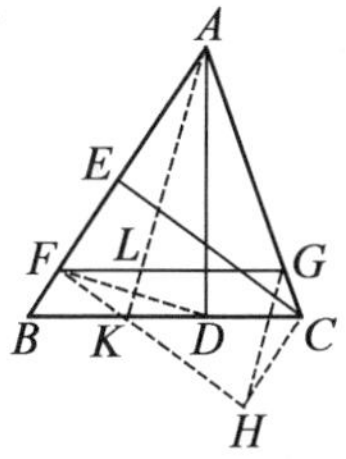

设 FH 交 BC 于 K,联结 AK 交 FG 于 L,联结 GH. 由 $FG \parallel BC$,有

$$\frac{FL}{LG} = \frac{BK}{KC} = \frac{FK}{KH}$$

则

$$\frac{FL}{LG} = \frac{FK}{KH}$$

图 1.4.3

可知 $GH \parallel AK$. 联结 FD.

由 $AD = AF$,有 $\angle ADF = \angle AFD$.

则 $\angle KDF = \angle KFD$,得 $KD = KF$.

又 $AD = AF$,故 AK 为 FD 的中垂线.

从而 $\angle AKF = \angle AKD$,又 $\angle AKD = \angle FLK$,得 $\angle AKF = \angle FLK$.

由 $GH \parallel AK$,得 $\angle FGH = \angle FHG$,则 $FG = FH$,故 $EC = FG$.

证法4 如图1.4.4,以 EF,FG 为邻边作平行四边形 $EFGH$,有 $FG = EH$,

联结 HC,设 EH 与 AC 交于 P, ED 交 FG 于 Q.

在 $\triangle EFQ$ 与 $\triangle PHG$ 中,由 A,E,D,C 四点共圆,有 $\angle FED = \angle ACD = \angle HPC$,又 $\angle EFQ = \angle PHG$,得 $\triangle EFQ \backsim \triangle PHG$,有

$$\frac{EF}{PH} = \frac{EQ}{PG}$$

但 $\dfrac{EQ}{PG} = \dfrac{QD}{GC} = \dfrac{EQ+QD}{PG+GC} = \dfrac{ED}{PC}$,可知 $\triangle PED \backsim \triangle HPC$.

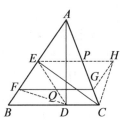

图 1.4.4

从而

$$\angle AFD = \angle EHC$$

于是显然

$$\angle FAD = \angle CEH$$

则 $\triangle AFD \backsim \triangle ECH$,故 $EH = EC$.

故

$$FG = EC$$

证法 5 如图 1.4.5,以 EC,CG 为邻边作 $\square ECGH$,则 $EC = HG$. 设 HG,AB 交于点 K,FG,AD 交于点 L. 联结 KL,HE,ED,HF,设 ED,FG 交点 P. 由 A,E,D,C 四点共圆,有

$$\angle EDA = \angle ECA$$

在 $\square HECG$ 中,有

$$\angle EHG = \angle ECA$$

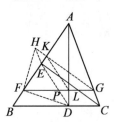

图 1.4.5

则 $\angle PDL = \angle EHK$,有 $Rt\triangle PDL \backsim Rt\triangle EHK$.

得

$$\frac{LD}{KH} = \frac{LP}{KE}$$

①

易知 A,K,L,G 四点共圆,有 $\angle ALK = \angle AGK = \angle ACE = \angle ADE$,即 $\angle ALK =$

$\angle ADE$,得 $KL /\!/ EP$.

有

$$\frac{LP}{KE}=\frac{PF}{EF}=\frac{LP+PF}{KE+EF}=\frac{LF}{KF} \qquad ②$$

由①②得

$$\frac{LD}{KH}=\frac{LF}{KF}$$

从而

$$\text{Rt}\triangle DLF \backsim \text{Rt}\triangle HKF$$

于是 $\angle DFL=\angle KFH$,得 $\angle GFH=\angle AFD$. 在 $\triangle GHF$ 与 $\triangle AFD$ 中,又有 $\angle HGF=\angle FAD$,得 $\triangle GHF \backsim \triangle ADF$.

故

$$GH=GF$$

则

$$FG=EC$$

例 5 已知在梯形 $ABCD$ 中,$AB /\!/ CD$,以 AC,AD 为边作一个▱$ACED$,DC 的延长线交 BE 于 F,求证 $EF=FB$.

证法 1 如图 1.5.1,过点 F 作 $FM /\!/ DA$,交 AB 于 M,则得▱$AMFD$,从而

$$AD=MF=CE$$

又易证

$$\angle FMB=\angle ECF$$
$$\angle MBF=\angle EFC$$

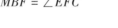

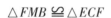

于是

$$\triangle FMB \cong \triangle ECF$$

故

$$EF=FB$$

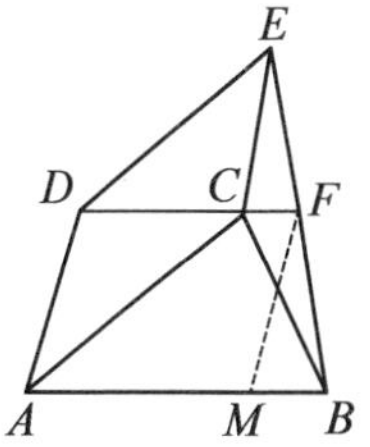

图 1.5.1

证法 2 如图 1.5.2,作 $BN /\!/ AC$,交 CF 的延长线于点 N,可得▱$ABNC$. 易证 $AC /\!/ DE /\!/ BN$,从而可得 $\triangle EDF \cong \triangle BNF$,$EF=FB$.

证法 3 如图 1.5.3,过点 F 作 $FH /\!/ AC$,可得▱$AHFC$,则 $AC /\!/ DE /\!/ FH$. 易证 $\triangle DEF \cong \triangle HFB$,从而 $EF=FB$.

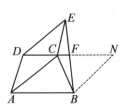 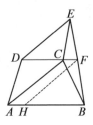

图 1.5.2　　　　　　图 1.5.3

证法 4　如图 1.5.4,作 $BM\parallel AD$ 交 CF 延长线于 M,得 $\square ABMD$,则 $AD\parallel CE\parallel BM$. 易证 $\triangle ECF\cong\triangle BMF$,$EF=FB$.

证法 5　如图 1.5.5,延长 AD 到 G,使 $DG=AD$,联结 GE,得 $\square DCEG$,从而知四边形 $ABEG$ 是梯形. 又 D 为 AG 的中点,$DF\parallel AB$,所以 F 为 EB 的中点,即 $EF=FB$.

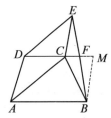 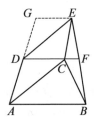

图 1.5.4　　　　　　图 1.5.5

证法 6　如图 1.5.6,延长 EC 交 AB 于点 P,得 $\square APCD$,则 $AD=CE=CP$,所以 C 为 EP 的中点. 又因为 $DF\parallel AB$,所以 F 为 EB 的中点,即 $EF=FB$.

证法 7　如图 1.5.7,联结 AE 交 CD 于点 O,则 O 为 AE 的中点,又因为 $DF\parallel AB$,所以 F 为 EB 的中点,$EF=FB$.

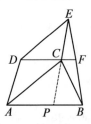 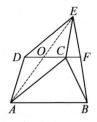

图 1.5.6　　　　　　图 1.5.7

证法 8　如图 1.5.8,延长 ED,交 BA 的延长线于 G,易知 $\triangle GAD\cong\triangle DCE$,所以 $GD=DE$. 又 $DF\parallel AB$,所以 $EF=FB$.

证法 9　如图 1.5.9,由证法 4 知 $CE\parallel BM$,所以四边形 $CBME$ 为平行四边

形,则 $EF = FB$.

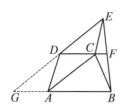

图 1.5.8

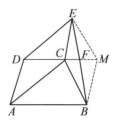

图 1.5.9

注 前四种证法是作平行线,构造新的平行四边形,证明 EF 和 FB 所在的三角形全等. 证法 5 至证法 8 是利用三角形(梯形)的中位线定理的逆定理. 证法 7 最为简捷.

例 6 在 $\triangle ABC$ 中,$\angle B = 45°$,H 是高 AD,BE 的交点. 求证:$BH = AC$.

证法 1 如图 1.6.1,在 $\text{Rt}\triangle ACD$ 与 $\text{Rt}\triangle BCE$ 中,$\angle C$ 为公共角.

则 $\angle 4 = \angle 5$. 又 $\angle 3 = \angle B$,则 $AD = BD$,从而 $\triangle BHD \cong \triangle ACD$,因而 $BH = AC$.

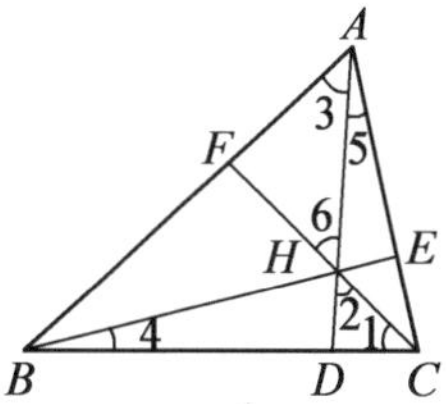

证法 2 如图 1.6.2,作 $\triangle ABC$ 的外接圆 O,延长 AD 交圆 O 于 G.

因 $\angle 1$,$\angle 2$ 同为 $\angle C$ 的余角,则

$$\angle 1 = \angle 2$$

又 $\angle 3$ 为 $\angle G$ 的余角

$$\angle G = \angle C$$

则

$$\angle 3 = \angle 1 = \angle 2$$

又 $BD \perp HG$,则 $BH = BG$.

由于

$$AD = BD$$

从而

$$\triangle BDG \cong \triangle ADC$$

故

$$AC = BG = BH$$

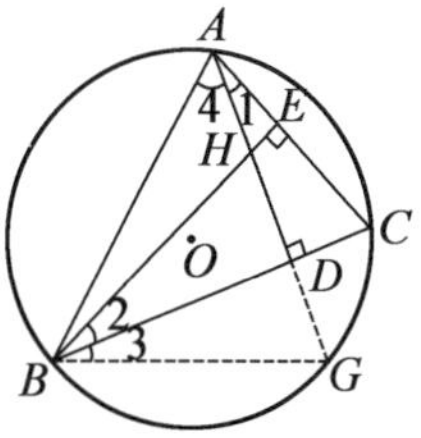

证法 3 联结 CH,并延长交 AB 于 F,如图 1.6.1,则 $CF \perp AB$. 从而 $\angle 1 = \angle B = 45°$.

图 1.6.1

图 1.6.2

又
$$AD \perp BC$$
则 $\angle 2 = \angle 1 = 45°$,故 $DC = DH$.
又因
$$\angle 4 = \angle 5$$
则
$$\mathrm{Rt}\triangle BDH \cong \mathrm{Rt}\triangle ADC$$
因而
$$BH = AC$$

证法 4   在 $\mathrm{Rt}\triangle BDH$ 和 $\mathrm{Rt}\triangle ADC$ 中,如图 1.6.1
$$\cos\angle 4 = \frac{BD}{BH}, \cos\angle 5 = \frac{AD}{AC}$$
因
$$\angle 4 = \angle 5$$
则
$$\cos\angle 4 = \cos\angle 5$$
即
$$\frac{BD}{BH} = \frac{AD}{AC}$$
又在 $\mathrm{Rt}\triangle ABD$ 中,因
$$\angle B = \angle 3 = 45°$$
则
$$BD = AD$$
于是
$$BH = AC$$

例 7   如图 1.7.1,设 A 为圆 O 的直径 EF 上的一点,$OB \perp EF$. 联结 BA 与圆 O 交于 P,过 P 引切线 PC 与直径 FE 的延长线交于 C. 求证:$CA = CP$.

证法 1   如图 1.7.1,联结 PO.
由 PC 是圆 O 的切线,有 $PC \perp PO$.
则
$$\angle CPA = 90° - \angle BPO$$
由 $BO \perp EF$,有 $\angle CAP = \angle OAB = 90° - \angle PBO$.
而

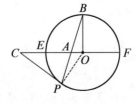

图 1.7.1

故
$$\angle BPO = \angle PBO$$
$$\angle CPA = \angle CAP$$
从而
$$CA = CP$$

证法 2 如图 1.7.2. 由 B 引圆 O 的切线交 PC 的延长线于 D, 有 $\angle CPA = \angle DBP, DB \parallel CF$, 有
$$\angle CAP = \angle DBP$$
则
$$\angle CAP = \angle CPA$$
故
$$CA = CP$$

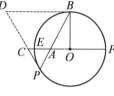

图 1.7.2

证法 3 如图 1.7.3, 联结 PO 交圆 O 于 D, 联结 BD.
在 $\triangle CPA$ 与 $\triangle ODB$ 中, 对应边 $CP \perp OD, PA \perp DB, AC \perp BO$.
易知
$$\triangle CPA \backsim \triangle ODB$$
又
$$OD = OB$$
则
$$CA = CP$$

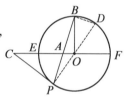

图 1.7.3

证法 4 如图 1.7.4, 由 P 引 CF 的平行线交圆 O 于 D, 联结 BD.
由 BO 是 EF 的中垂线, 可知 BO 是 PD 的中垂线.
所以
$$\angle BDP = \angle BPD$$
而
$$\angle PAC = \angle BPD, \angle CPA = \angle BDP$$
所以
$$\angle PAC = \angle CPA$$
所以
$$CA = CP$$

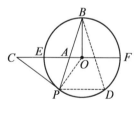

图 1.7.4

证法 5 如图 1.7.5, 联结 $PE, PF, \angle EPB = \dfrac{1}{2} \angle EOB = 45°$.

由 $\angle EPF = 90°$,得 $\angle BPF = 45°$.
则
$$\angle CAP = \angle APF + \angle EFP = 45° + \angle EFP$$
$$\angle CPA = \angle CPE + \angle EPA = \angle CPE + 45°$$
而 $\angle EPF = \angle CPE$,得
$$\angle CAP = \angle CPA$$
故
$$CA = CP$$

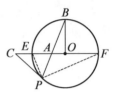

图 1.7.5

证法 6 如图 1.7.6,联结 PO,PF 和 FB.
由 CP 是圆 O 的切线有
$$\angle CPB = \angle PFB = \frac{1}{2}\angle POB = \frac{1}{2}(180° - 2\angle PBO)$$
$$= 90° - \angle PBO = \angle BAO = \angle CAP$$
即
$$\angle CPB = \angle CAP$$
故
$$CA = CP$$

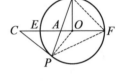

图 1.7.6

例 8 如图 1.8.1,AB 是圆 O 的直径,CD 是弦,$AE \perp CD$,垂足为 E;$BF \perp CD$,垂足为 F. 求证:$EC = DF$.

证法 1 如图 1.8.1,过 O 作 CD 的垂线,M 为垂足. 有
$$CM = MD$$
因
$$AE \perp CD, BF \perp CD$$
有 $AE // OM // BF$,又 $AO = OB$,得
$$EM = MF$$
则
$$EM - CM = MF - MD$$
即
$$EC = DF$$

证法 2 如图 1.8.2,设 BF 交圆 O 于点 G,则由 AB 是圆 O 的直径,有 $\angle AGB = 90°$,由 $BF \perp EF$,有 $AG // EF$.

则 $\overset{\frown}{AC} = \overset{\frown}{DG}$.

得 $AC = DG$,且 $AE = GF$

于是 Rt$\triangle AEC \cong$ Rt$\triangle GFD$.

故

$$EC = DF$$

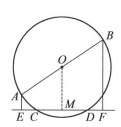

图 1.8.1　　　　　　图 1.8.2

证法 3　如图 1.8.3,设 BF,EA 分别交圆 O 于 G,H. 联结 HB,AG. 由 AB 是圆 O 的直径,有 $\angle H = 90°$. 由 $AE \perp EF$,得 $HB \parallel EF$,又 $\angle AGB = 90°$,$BF \perp EF$,有 $AG \parallel EF$.

则四边形 $HEFB,AGFE$ 均为矩形,有 $EA = FG,EH = FB$.

又

$$FD \cdot FC = FG \cdot FB = EA \cdot EH = EC \cdot ED$$

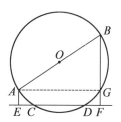

图 1.8.3

得

$$FD(FD + CD) = EC(EC + CD)$$

于是

$$(FD - EC)(FD + EC + CD) = 0$$

即

$$EF(FD - EC) = 0$$

因 $EF \neq 0$,故只有 $FD - EC = 0$.

则

$$FD = EC$$

例 9　两圆圆 O' 与圆 O 相交于 A,D 两点,过 A 作两圆的割线分别交圆 O' 于点 C,交圆 O 于点 B,联结 CD,则 $CB = CD$.

证法 1　如图 1.9.1,联结 OA,OD,则 $OA = OD$. 联结 CO,则 CO 平分 $\angle DCB$.

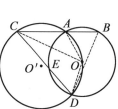

图 1.9.1

设 CD 交圆 O 于 E,则 O 到 CB,CE 等距.
则
$$AB = ED$$
联结 DB,有
$$\angle CDB = \angle CBD$$
故
$$CB = CD$$

证法 2 如图 1.9.2,联结 OA,OC,OD,OE.
由 $OA = OD$,可知 $\angle ACO = \angle ECO$.
因 $\angle BAO = \angle ODE = \angle OED$,有 $\angle CAO = \angle CEO$,从而
$$\angle AOC = \angle EOC$$
则
$$\triangle AOC \cong \triangle EOC$$
得
$$CA = CE$$
又
$$CA \cdot CB = CE \cdot CD$$
则
$$CB = CD$$

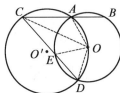

图 1.9.2

证法 3 如图 1.9.3,联结 OB,OA,OC,OD.
因 $OA = OD$,有 $\angle BCO = \angle DCO$.
由 $\angle OBA = \angle OAB = \angle ODC$,可知 $\angle BOC = \angle DOC$. OC 为公用边,得 $\triangle BOC \cong \triangle DOC$.
故
$$CB = CD$$

证法 4 如图 1.9.4,设 AO 交圆 O 于 F,联结 OB,OD,DB,DF.
在 $\triangle CDB$ 与 $\triangle ODF$ 中,由 $\angle DOF = \angle C$,$\angle OFD = \angle ABD$,有

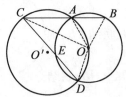

图 1.9.3

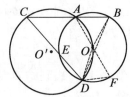

图 1.9.4

$$\triangle CDB \backsim \triangle ODF$$

由 $OF = OD$，得

$$CD = CB$$

证法 5　如图 1.9.5，联结 OA, OB, OD, OE, AD, BE.

由 $\angle BAO = \angle ODE = \angle OED$，又 $\angle DAB = \angle DEB$，得 $\angle DAO = \angle BEO$.

易知

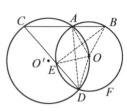

图 1.9.5

$$\triangle ADO \cong \triangle BEO$$

则

$$AD = BE$$

可见

$$\triangle ACD \cong \triangle ECB$$

故

$$CD = CB$$

证法 6　如图 1.9.6，设 AO 交圆 O 于 F，联结 OE, AE, AD, EF, CO.

由 $\angle DCO = \angle DAO = \angle DEF$，有 $EF \parallel CO$.

由 $EF \perp AE$，有 $CO \perp AE$. 而 $OA = OE$，可知 CO 为 AE 的中垂线.

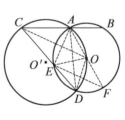

图 1.9.6

则

$$CA = CE$$

由 $CA \cdot CB = CE \cdot CD$，得

$$CB = CD$$

证法 7　如图 1.9.7，由 E 引 CB 的平行线交圆 O 于 F，联结 OA, OD, OF, AE, AF, DA, DB.

由 $\angle DAF = \angle DEF = \angle C$，$\angle DAO = \frac{1}{2}\angle C$，有

$$\angle OAF = \angle DAO = \frac{1}{2}\angle C$$

易证 $\triangle AOD \cong \triangle AOF$，得 $AD = AF$.

从而

$$\angle B = \angle AEF = \angle CAE = \angle CDB$$

故

1　线段度量关系

$$CD = CB$$

证法8 如图 1.9.8, 联结 OA, OD, OC.

由 $OA = OD$, 可知 CO 平分 $\angle BCD$. CB, CD 是以直线 CO 为轴的对称图形. 又圆 O 也是关于直线 CO 的轴对称图形. 则 B, D 为以 OC 为轴的对称点.

故
$$CD = CB$$

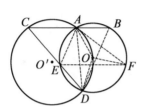
图 1.9.7

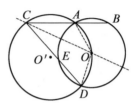
图 1.9.8

例10 (2006年南昌, 2008年黑龙江竞赛题) 如图 1.10.1, 四边形 $ABCD$ 内接于圆, P 是 AB 的中点, $PE \perp AD, PF \perp BC, PG \perp CD, M$ 是线段 PG 和 EF 的交点. 求证: $ME = MF$.

证法1 如图 1.10.1, 延长 EP 至 H, 使 $PH = EP$. 联结 FH, BH.

则 $\triangle PBH \cong \triangle PAE$, 从而 $\angle BHP = \angle AEP = 90° = \angle BFP$, 即知 B, H, P, F 四点共圆. 因此, $\angle PHF = \angle PBF = 180° - \angle D = \angle EPG$, 故
$$PM \parallel HF$$

又有 $EP = PH$, 从而
$$EM = MF$$

证法2 如图 1.10.2, 作 $EK \perp PG$ 于点 K, 作 $FN \perp PG$ 于点 N. 则 $EK \parallel FN$, 即有

$$\frac{EM}{MF} = \frac{EK}{FN}$$ ①

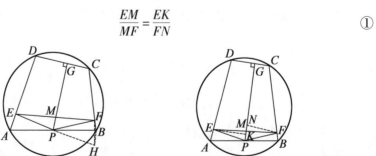

图 1.10.1　　　　　图 1.10.2

因 $\angle EPK = 180° - \angle D = \angle B$, 则 $Rt\triangle PEK \backsim Rt\triangle BPF$, 从而

$$\frac{EK}{PF}=\frac{EP}{PB} \qquad ②$$

同理

$$\frac{FN}{EP}=\frac{PF}{AP} \qquad ③$$

式②÷③,并注意 $PB=AP$ 得

$$\frac{EK}{FN}=1 \qquad ④$$

于是,由①④即知

$$EM=MF$$

证法 3 由正弦定理,并注意到 $\angle EPM=180°-\angle D=\angle B$, $\angle FPM=180°-\angle C=\angle A$,得

$$\frac{EM}{MF}=\frac{\sin\angle EPM \cdot \dfrac{PE}{\sin\angle PME}}{\sin\angle FPM \cdot \dfrac{PF}{\sin\angle PMF}}=\frac{\sin\angle B \cdot PE}{\sin\angle A \cdot PF}=\frac{\sin\angle B \cdot AP \cdot \sin\angle A}{\sin\angle A \cdot PB \cdot \sin\angle B}=1$$

故

$$EM=MF$$

证法 4 如图 1.10.3,作 $AF_1 \perp BC$ 于点 F_1,作 $BE_1 \perp AD$ 于点 E_1,则 $PE_1=\dfrac{1}{2}AB=PF_1$.

设 PG 与 E_1F_1 交于点 K,由 A,B,F_1,E_1 四点共圆,有 $\angle CF_1E_1=\angle A=180°-\angle C$,从而 $E_1F_1 // CD$. 知 $PK \perp E_1F_1$.

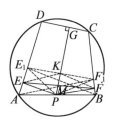

图 1.10.3

因 $\triangle PE_1F_1$ 为等腰三角形,则 K 是 E_1F_1 的中点.

又点 P,E,K,F 分别为四边形 ABF_1E_1 各边的中点,从而知四边形 $PEKF$ 为平行四边形. 由平行四边形的对角线互相平分,故 $ME=MF$.

例 11 (2011 年第 37 届俄罗斯数学奥林匹克题) 如图 1.11.1 所示,设锐角 $\triangle ABC$ 的外接圆为圆 W. 经过顶点 B、C 所作的圆 W 的切线与经过顶点 A 所作圆 W 的切线分别交于点 K、L,经过点 K 与 AB 平行的直线和经过点 L 与 AC 平行的直线交于点 P. 证明:$BP=CP$.

证法 1 只须证明:点 P 在线段 BC 的中垂线上.

设点 O 是圆 W 的圆心,X 是直线 BC 与 PL 的交点.

因为点 O 在线段 BC 的中垂线上,所以只须证 $OP \perp BC$.

由 $OK \perp AB, AB \parallel PK$ 知 $OK \perp KP$.

同理,$OL \perp LP$.

又因为 $\angle OKP = \angle OLP = 90°$. 所以,四边形 $KOLP$ 内接于圆. 因此,$\angle OPL = \angle OKL$.

又 $\angle KAB = \angle ACB = \angle PXB$,则 $\angle OPX + \angle PXB = \angle OKL + \angle KAB = 90°$. 这就是要证明的.

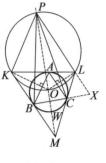

图 1.11.1

证法 2 如图 1.11.1 所示,设直线 BK 与 CL 交于点 M.

因为 $\triangle ABK$ 是等腰三角形. 所以 $\angle PKA = \angle BAK = \dfrac{1}{2}(180° - \angle AKB)$. 这表明,$KP$ 是 $\triangle KLM$ 在顶点 K 处的外角平分线.

同理,LP 也是顶点 L 处的外角平分线.

于是,P 是该三角形的旁心. 即知 P 也在顶点 M 处的内角平分线上.

因为 $MB = MC$,所以 B 与 C 关于这条角平分线对称.

因而,PB 与 PC 也关于这条角平分线对称,故相等.

$\triangle MLK$ 的内切圆分别切 MK, ML 于点 B, C,$\angle LMK$ 的旁切圆的圆心为 P,则 $PB = PC$.

例 12 (第 8 届美国数学邀请赛试题)如图 1.12.1,$\triangle ABC$ 的内切圆切边 BC 于 D,过 D 作直径 DM,直线 AM 交 BC 于 E. 求证:$BE = DC$.

证法 1 如图 1.12.1,过 M 作圆的切线交 AB 于 H,交 AC 于 K,则 $HK \parallel BC$,设圆的半径为 r,则有

$$MK \cdot DC = HM \cdot BD (= r^2)$$

即 $\dfrac{DC}{BD} = \dfrac{HM}{MK}$. 又 $\dfrac{HM}{BE} = \dfrac{AM}{AE} = \dfrac{MK}{EC}$,有 $\dfrac{HM}{MK} = \dfrac{BE}{EC}$.

于是

$$\dfrac{DC}{BD} = \dfrac{BE}{EC} \text{或} \dfrac{DC}{BD+DC} = \dfrac{BE}{EC+BE}$$

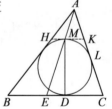

图 1.12.1

即 $\dfrac{DC}{BC} = \dfrac{BE}{BC}$,故 $DC = BE$.

注 在上述证法中,得出 $\dfrac{DC}{BD} = \dfrac{BE}{EC}$ 之后,又可化为 $DC \cdot EC = BE \cdot BD$.

即 $DC(DE + DC) = BE(BE + DE)$,则 $DE(DC - BE)(DE + DC + BE) = 0$.

亦即

$$BC(DC - BE) = 0$$

从而只有 $DC-BE=0$,得 $DC=BE$.

证法 2 如图 1.12.2,设内切圆切 AB 于 F,切 AC 于 L. 过 M 作圆的切线交 AB 于 H,交 AC 于 K,则 $HK \parallel BC$.

易知 $\triangle AHM \backsim \triangle ABE$,$\triangle AHK \backsim \triangle ABC$.

设 $\triangle AHK$ 与 $\triangle ABC$ 的周长分别是 $2p'$,$2p$,则
$$AH+HM=AH+HF=AF=AL=AK+KL=AK+MK=p'$$
从而
$$AB+BE=AC+EC=p$$
即
$$AF+FB+BE=AL+LC+DC+DE$$
消去 $AF=AL$,并代换 $FB=BD=BE+ED$,即得 $2BE=2DC$,故 $BE=DC$.

证法 3 如图 1.12.2,设内切圆圆心为 I,联结 IK,IC 则由
$$\mathrm{Rt}\triangle MIK \backsim \mathrm{Rt}\triangle DCI$$
有
$$MK \cdot DC = MI \cdot ID$$
同理
$$HM \cdot BD = MI \cdot ID$$
于是 $MK \cdot DC = HM \cdot BD$. 即 $\dfrac{HM}{MK}=\dfrac{DC}{BD}$.

又由 $HK \parallel BC$,有 $\dfrac{HM}{BE}=\dfrac{AM}{AE}=\dfrac{MK}{EC}$,即 $\dfrac{HM}{MK}=\dfrac{BE}{EC}$.

从而 $\dfrac{DC}{BD}=\dfrac{BE}{EC}$,由合比定理,有 $\dfrac{DC}{BC}=\dfrac{BE}{BC}$. 故 $BE=DC$.

证法 4 如图 1.12.3,过 M 作圆的切线如证法 1,再作 $AF \perp BC$,F 为垂足.
设 $BC=a$,$CA=b$,$AB=c$,$s=\dfrac{1}{2}(a+b+c)$,则有

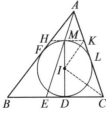

图 1.12.2

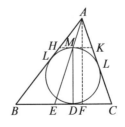

图 1.12.3

$$DM = \frac{2S_{\triangle ABC}}{s}, AF = \frac{2S_{\triangle ABC}}{a}$$

从而

$$\frac{DM}{AF} = \frac{a}{s}$$

由 $HK \parallel BC$,有

$$\frac{AH}{AB} = \frac{AF - DM}{AF} = 1 - \frac{DM}{AF} = \frac{s-a}{s}$$

$$AH = \frac{c(s-a)}{a}$$

设 AB 切圆于 L,则 $AL = s - a$.

则 $HL = AL - AH = \dfrac{(s-a)(s-c)}{s}$.

由 $\dfrac{HM}{BE} = \dfrac{AH}{AB}, HM = HL$,有 $BE = \dfrac{HM \cdot AB}{AH} = s - c$.

但

$$DC = s - c$$

故

$$BE = DC$$

证法 5 如图 1.12.3. 易知 $\triangle AHK \backsim \triangle ABC$.

在以 A 为位似中心的位似变换下,$\triangle AHK$ 的旁切圆切点 M 变为 $\triangle ABC$ 的旁切圆切点 E,从而 $BE = DC$.

证法 6 如图 1.12.4,过 E 作 $EP \perp BC$,联结 AI 并延长交 EP 于 P.

作 $PQ \perp AB, PR \perp AC$,分别交 AB 及 AC 的延长线于点 Q 及 R,

显然

$$PR = PQ$$

作过切点 T 的半径 IT.

则

$$\frac{IT}{PR} = \frac{AI}{AP}$$

$$\frac{IM}{PE} = \frac{AI}{AP}$$

因

$$IT = IM = r \quad (r \text{ 是内切圆半径})$$

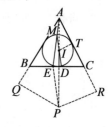

图 1.12.4

则
$$PE = PR = PQ$$
即 P 是 $\triangle ABC$ 的旁切圆心.

从而
$$AQ = AR, BQ = BE, CR = CE$$
所以
$$AB + BE = AC + CE \qquad ①$$
但因圆 I 是 $\triangle ABC$ 的内切圆,则
$$AB + CD = AC + BD \qquad ②$$
① - ②得
$$BE - CE = CE - BD$$
即
$$BE - CD = CD + DE - BE - DE$$
故 $2BE = 2CD$,即 $BE = CD$.

证法 7 如图 1.12.5,设内切圆半径为 r,过 M 作 $MB' \parallel CB$,
则
$$DC = r\cot\frac{C}{2}$$
$$AB = r\left(\cot\frac{A}{2} + \cot\frac{B}{2}\right)$$
又易证 $\angle BIB'$ 是直角,则
$$\angle RIB' = \angle MIB' = \frac{1}{2}\angle B$$

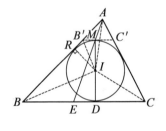

图 1.12.5

从而
$$AB' = r\left(\cot\frac{A}{2} - \tan\frac{B}{2}\right)$$
因
$$B'M \parallel BC$$
则
$$\frac{BE}{B'M} = \frac{AB}{AB'}$$
从而

$$\begin{aligned}BE&=\frac{AB\cdot B'M}{AB'}\\&=\frac{r\left(\cot\frac{A}{2}+\cot\frac{B}{2}\right)\cdot r\tan\frac{B}{2}}{r\left(\cot\frac{A}{2}-\tan\frac{B}{2}\right)}\\&=r\cdot\frac{1+\cot\frac{A}{2}\cdot\tan\frac{B}{2}}{\cot\frac{A}{2}-\tan\frac{B}{2}}=r\cdot\frac{\tan\frac{A}{2}+\tan\frac{B}{2}}{1-\tan\frac{A}{2}\cdot\tan\frac{B}{2}}\\&=r\cdot\tan\frac{A+B}{2}=r\cdot\cot\frac{C}{2}=DC\end{aligned}$$

证法 8　如图 1.12.6.

设 R,S 是切点,为了方便起见,设

$$BE=x,DC=y$$

$$ED=z$$

$$B'M=B'S=a$$

$$C'M=C'R=b$$

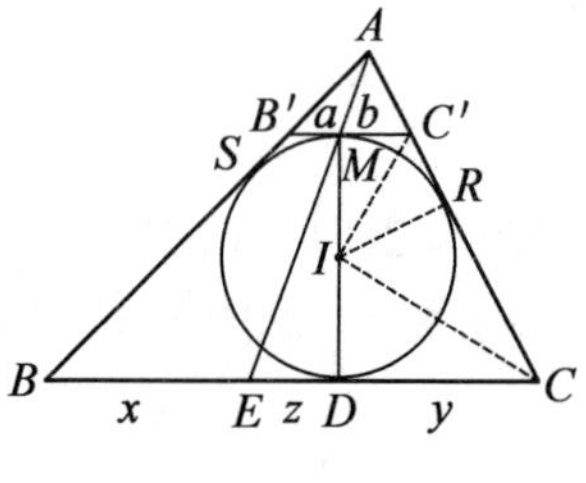

图 1.12.6

则

$$\frac{a}{b}=\frac{x}{z+y}$$

由题意得

$$\angle CIC'=90^\circ,\angle BIB'=90^\circ$$

则

$$r^2=by=a(x+z)$$

即 $\frac{a}{b}=\frac{y}{x+z}$,从而 $\frac{x}{y+z}=\frac{y}{x+z}$,即

$$x^2+xz=y^2+yz$$

又

$$(x-y)(x+y)=z(y-x)$$

则

$$(x-y)(x+y+z)=0$$

故

$$x=y$$

证法 9　以 BC 所在的直线为 x 轴,点 D 为原点,作直角坐标系,如图

1.12.7,设 $\triangle ABC$ 的内切圆半径为 r,点 B,C,D,I,M 的坐标为 $(-b,0),C(c,0),D(0,0),I(0,r),M(0,2r)$

因

$$\tan\frac{B}{2}=\frac{r}{b}$$

则

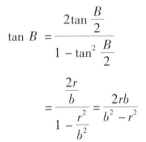

图 1.12.7

$$\tan B = \frac{2\tan\dfrac{B}{2}}{1-\tan^2\dfrac{B}{2}}$$

$$=\frac{\dfrac{2r}{b}}{1-\dfrac{r^2}{b^2}}=\frac{2rb}{b^2-r^2}$$

从而切线 AB 的方程为

$$y=\frac{2rb}{b^2-r^2}(x+b)$$

同理切线 AC 的方程为

$$y=-\frac{2rc}{c^2-r^2}(x-c)$$

求其交点得 A 的坐标是 $\left(\dfrac{r^2(b-c)}{bc-r^2},\dfrac{2brc}{bc-r^2}\right)$,设 E 的坐标是 $(e,0)$,则 E,M,A 共线.

从而

$$\begin{vmatrix} e & 0 & 1 \\ 0 & 2r & 1 \\ x_A & y_A & 1 \end{vmatrix}=0$$

即

$$2er-2x_Ar-ey_A=0$$

$$e=\frac{2rx_A}{2r-y_A}=\frac{2r\cdot\dfrac{r^2(b-c)}{bc-r^2}}{2r-\dfrac{2brc}{bc-r^2}}=\frac{\dfrac{2r^2(b-c)}{bc-r^2}}{2-\dfrac{2bc}{bc-r^2}}=\frac{2r^2(b-c)}{2bc-2r^2-2bc}=c-b$$

所以

$$|BE| = |-b-(c-b)| = c = |DC|$$

故
$$BE = DC$$

注 此题的结论表明:三角形一边上的内切圆切点、旁切圆切点到相应端点的距离相等.

例13 A 是圆 O 直径上的一点,OB 是和这条直径垂直的半径,直线 BA 和圆 O 相交于另一点 C,过点 C 的切线和 OA 的延长线交于点 D,求证 $DA = DC$.

证法1 如图1.13.1,延长 BO 交圆 O 于 E,联结 CE,则 $\angle ACE = \angle AOB = 90°$.

从而 A,O,E,C 四点共圆.

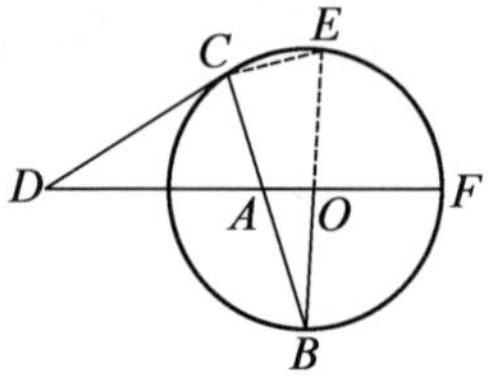

有
$$\angle DAC = \angle E$$

又由
$$\angle DCA = \angle E$$

有
$$\angle DAC = \angle DCA$$

故
$$DA = DC$$

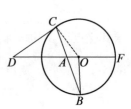

图 1.13.1

证法2 如图1.13.2,联结 OC,则 $\angle DCA + \angle ACO = 90°$.

因
$$OB = OC$$

则
$$\angle ACO = \angle OBA$$

所以
$$\angle DCA = \angle OAB$$

又
$$\angle DAC = \angle OAB$$

从而
$$\angle DCA = \angle DAC$$

故
$$DA = DC$$

图 1.13.2

证法3 如图1.13.3,过点 B 作圆 O 的切线 BE,交 CD 于 E,则 $BE \perp OB$.

又因为 $OB \perp OA$,则
$$BE \parallel AD$$
从而
$$\angle DAC = \angle EBC$$
又由
$$CE = BE$$

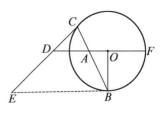

图 1.13.3

有
$$\angle ECB = \angle EBC$$
从而
$$\angle ECB = \angle DAC$$
故
$$DA = DC$$

证法 4 如图 1.13.4,设点 A 所在的直径的两端点分别为 E,F,联结 BE,BF,CF.

因
$$OB \perp EF, OE = OF$$

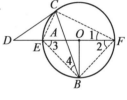

图 1.13.4

则
$$BE = BF, \angle 2 = \angle 3$$
又由
$$\angle DCB = \angle CFB = \angle 1 + \angle 2$$
$$\angle DAC = \angle 4 + \angle 3$$
$$\angle 1 = \angle 4$$
有
$$\angle DCB = \angle DAC$$
故
$$DA = DC$$

证法 5 如图 1.13.4,设点 A 所在的直径的两端点分别为 E,F,联结 CE, CF.

由 $OB \perp EF$,知 B 为 $\overset{\frown}{EF}$ 的中点,从而
$$\angle ECB = \angle BCF$$
又 $\angle EFC = \angle DCE$,则
$$\angle DCA = \angle DCE + \angle ECB = \angle EFC + \angle BCF = \angle DAC$$

故
$$DA = DC$$

证法 6 如图 1.13.5,过点 D 作圆 O 的另一条切线切圆 O 于点 G,联结 CG,则 $CG \perp AD$,且 $\angle GCB = \angle CBO$.

联结 OC,则 $OC \perp DC$ 且 $\angle OCA = \angle CBO$,即 $\angle OCA = \angle GCB$.

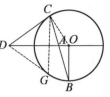

图 1.13.5

于是
$$\angle DCA = \angle DCO - \angle OCA = 90° - \angle OCA$$
$$= 90° - \angle GCB = \angle DAC$$

故
$$DA = DC$$

注 在证法 6 中可以作 $CG \perp AD$ 于 G 来证.

例 14 如图 1.14.1,AM,AT 分别为 $\triangle ABC$ 的中线及角平分线,$\triangle AMT$ 的外接圆分别与 AB,AC 相交于 E,F. 求证:$BE = CF$.

证法 1 如图 1.14.1,利用割线定理,由 $BE \cdot BA = BM \cdot BT$,有 $BE = \dfrac{BM \cdot BT}{BA}$.

由 $CF \cdot CA = CT \cdot CM$,有 $CF = \dfrac{CT \cdot CM}{CA}$.

其中
$$BM = MC, \dfrac{BT}{BA} = \dfrac{CT}{CA}$$

故
$$BE = CF$$

证法 2 如图 1.14.2,联结 ME,MF. A,E,M,T 四点共圆,有 $\angle EMB = \dfrac{1}{2}\angle BAC$.

又
$$\angle FMC = \angle TMF = \dfrac{1}{2}\angle BAC$$

则
$$\angle EMB = \angle FMC$$

在 MF 上取点 G,使
$$MG = ME$$

因 $BM = MC$,得
$$\triangle BME \cong \triangle CMG$$
从而
$$BE = GC$$
在 $\triangle CGF$ 中,$\angle CFG = \angle AEM = \angle BEM$ 的补角 $= \angle MGC$ 的补角 $= \angle FGC$,即 $\angle CFG = \angle FGC$.

则 $FC = CG$,从而
$$BE = FC$$

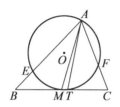
图 1.14.1

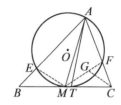
图 1.14.2

证法 3 如图 1.14.3,由 B 引 AC 的平行线交 FM 延长线于 D. 联结 DE, EM.

由 $\angle BDM = \angle MFC = \angle AEM$,可知 E, B, D, M 四点共圆.

则
$$\angle BED = \angle BMD = \angle FMC = \angle FAT$$
且
$$\angle BDE = \angle BME = \angle EAT$$
又
$$\angle FAT = \angle EAT$$
得
$$\angle BED = \angle BDE$$
从而
$$BE = BD$$
由 $BM = MC$, $BD \parallel AC$,有 $DM = MF$,于是 $\triangle BDM \cong \triangle MCF$. 则
$$FC = BD$$
故
$$BE = FC$$

证法 4 如图 1.14.4,由 A, E, M, T 四点共圆,有 $\angle EMB = \angle EAT =$

$\frac{1}{2}\angle BAC$.

由 A,M,T,F 四点共圆,有 $\angle CMF=\angle TMF=\angle TAF=\frac{1}{2}\angle BAC$.

从而

$$\frac{S_{\triangle BME}}{S_{\triangle CMF}}=\frac{BM\cdot ME}{CM\cdot MF}=\frac{ME}{MF} \quad ①$$

又由 A,E,M,F 四点共圆,有

$$\angle BEM=\angle AFM=180^\circ-\angle MFC$$

则

$$\frac{S_{\triangle BEM}}{S_{\triangle MFC}}=\frac{BE\cdot EM}{CF\cdot FM} \quad ②$$

对照①②,有

$$BE=CF$$

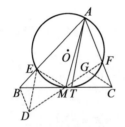

图 1.14.3

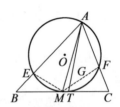

图 1.14.4

例 15 (1994 年第 57 届莫斯科数学奥林匹克题)两个圆相交于 A、B 两点. 由点 A 分别作两个圆的切线,分别与两个圆相交于点 M 和点 N,直线 BM 和 BN 分别与两个圆交出另外两个交点 P 和 Q(P 在 BM 上,Q 在 BN 上). 证明:线段 MD 与 NQ 相等.

证法 1 如图 1.15.1,联结 AB,QM. 显然有 $\triangle AQN\backsim\triangle AMP$.

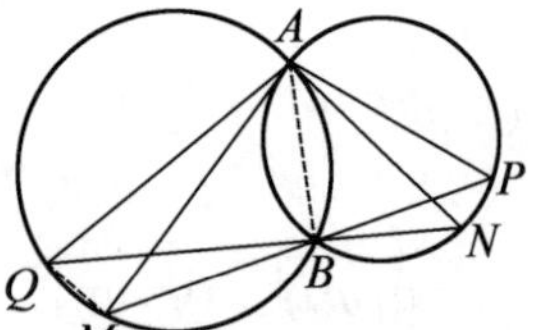

图 1.15.1

注意到弦切角与圆周角的关系,有

$$\begin{aligned}\angle AQM&=\angle AQB+\angle BQM\\&=\angle NAB+\angle MAB\\&=\angle NAB+\angle ANB\\&=\angle ABQ=\angle AMQ\end{aligned}$$

从而 $AQ=AM$,故

$$\triangle AQN \cong \triangle AMP$$

所以 $QN = MP$.

证法 2 由弦切角定理,有 $\triangle AMB \cong \triangle NAB$,即有

$$\frac{AM}{AN} = \frac{AB}{NB} = \frac{MB}{AB}$$

从而

$$\frac{AM^2}{AN^2} = \frac{MB}{NB}$$

注意到切割线定理,有 $NQ = \frac{AN^2}{NB}, MP = \frac{AM^2}{MB}$.

从而 $NQ = MP \Leftrightarrow \frac{AN^2}{NB} = \frac{AM^2}{MB} \Leftrightarrow \frac{AM^2}{AN^2} = \frac{MB}{NB}$.

证法 3 如图 1.15.2,注意到弦切角的度数等于所夹圆弧度数的一半,则 $\angle MAN = \frac{1}{2}\widehat{ABM}$,$\frac{1}{2}\widehat{AQ} = \angle ABQ = \angle ANB + \angle BAN = \angle MAB + \angle BAN = \angle MAN$. 于是 $\frac{1}{2}\widehat{ABM} = \frac{1}{2}\widehat{AQ}$,即 $AM = AQ$.

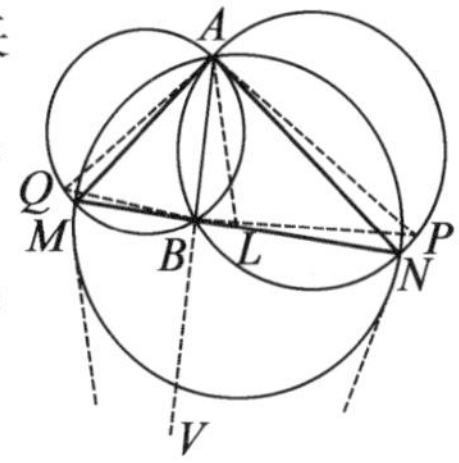

同理

$$AP = AQ$$

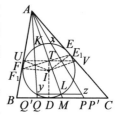

图 1.15.2

注意 $\angle MAP = \angle QAN$,则 $\triangle AMP \cong \triangle AQN$. 故 $MD = QN$.

注 (1) 此时,由 $MP = QN \Leftrightarrow AB$ 平分 $\angle PBQ$ 或 AP 平分 $\angle MAN$.

(2) 此时,联结 MN,取 MN 的中点 L,如图 1.15.2 则 AB 为 $\triangle AMN$ 的共轭中线. 且 $\triangle AMN$ 在点 M、N 处的外接圆的切线的交点 V 在直线 AB 上.

例 16 (IMO46 预选题 6,2006 年伊朗国家队选拔题)已知 $\triangle ABC$ 的中线 AM 交其内切圆 Γ 于点 K,L. 分别过 K,L 且平行于 BC 的直线交圆 Γ 于点 X,Y,AX,AY 分别交 BC 于 P,Q. 证明:$BP = CQ$.

证法 1 设 $\triangle ABC$ 的内心为 I,内切圆与边 BC,CA,AB 的切点分别为 D,E,F,EF 与 DI 交于点 T,过 T 作平行于 BC 的直线分别交 AB,AC 于点 U,V.

由于 $\angle ITV = \angle IEV = 90°$,则 I,T,E,V 四点共圆.

从而 $\angle IVT = \angle IET$. 同理 $\angle IUT = \angle IFT$.

图 1.16.1

又因 $\angle IET = \angle IFT$, 知 $\triangle IUV$ 为等腰三角形, IT 为其底边 UV 上的高. T 是 UV 的中点, 从而 A,T,M 三点共线.

由于 EF 是圆 I 的切点弦(或点 A 关于圆 I 的极线), 即有 $\dfrac{AK}{KT} = \dfrac{AL}{LT}$, 即 $\dfrac{AK}{AL} = \dfrac{TK}{TL}$.

设 LY 交 AP 于点 Z, 则 $\dfrac{KX}{LZ} = \dfrac{AK}{AL}$.

因 IT 是 KX 和 LY 的公垂线, 则有 $\dfrac{KX}{LY} = \dfrac{TK}{TL}$, 从而 $\dfrac{KX}{LZ} = \dfrac{KX}{LY}$.

即 L 是 YZ 的中点. 因此, M 是 PQ 的中点, 故 $BP = CQ$.

证法 2 当 $AB = AC$ 时, 显然 $BQ = QM = MP$. 得证. 下面不妨设 $AB < AC$.

设 $\triangle ABC$ 的内切圆与 AB,AC 切于点 F,E.

以点 A 为位似中心作位似变换, 将点 Y 变到点 Q, 于是点 L 变到点 M.

设点 F 变到 F_1, 点 E 变到 E_1, 作 $MP' = MQ$. 于是, 与 AB,AC 分别切于点 F_1、E_1 的圆 Γ_1 过点 M,Q.

又需证: 与 AB、AC 切于点 F_2,E_2 的圆 Γ_2 过点 P',M. 其中 F_2,E_2 满足 $BF_2 = CE_1$, $CE_2 = BF_1$.

设圆 Γ_2 过点 P、M'(显然, Γ_2 过点 P), 则有
$$BF_2^2 = BP \cdot BM' = CE_1^2 = PQ \cdot CM = BP' \cdot BM$$

同理, $CP \cdot CM' = CP' \cdot CM$.

不妨设点 P' 在线段 BP 上. 若 $MP \neq MP'$, 则 $\dfrac{PP'}{MM'} = \dfrac{BP}{BM} < 1$, $\dfrac{MM'}{PP'} = \dfrac{CM}{CP} < 1$ 矛盾. 故 P' 与 P 重合. 证毕.

例 17 (IMO51 预选题) 如图 1.17.1 设锐角 $\triangle ABC$ 的边 BC,CA,AB 上的高的垂足分别为 D,E,F. 直线 EF 与 $\triangle ABC$ 的外接圆的一个交点为 P, 直线 BP 与 DF 交于点 Q. 证明: $AP = AQ$.

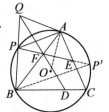

图 1.17.1

证法 1 设 $\triangle ABC$ 的外心为 O, 则 $AO \perp EF$.

设直线 FE 交圆 O 于另一点 P', 则 A 为 $\overparen{PP'}$ 的中点.

从而 AB 平分 $\angle PBP'$, 即 BQ 与 BP' 关于 BA 对称.

又注意到三角形垂心的垂足三角形的边的对称性, 知 DF 与 FE 关于 BA 对称. 则 $\angle BFQ = \angle BFP'$, 于是

$$\triangle BFQ \cong \triangle BFP'$$

有 $AQ = AP'$,而 $AP = AP'$. 故 $AP = AQ$.

注 三角形的顶点是该点对边的逆平行线截三角形外接圆弧的中点.

证法 2 如图 1.17.1,注意 A,F,D,C 四点共圆. 则有 $\angle QPA = \angle BCA = \angle BFD = \angle QFA$,从而知 Q,P,F,A 四点共圆.

于是,$AQP = \angle AFE = \angle BFD = \angle AFQ = \angle APQ$. 故 $AP = AQ$.

注 关注垂心的投影三角形的特性.

例 18 (2013 年台湾地区数学奥林匹克题)设四边形 $ABCD$ 有内切圆,其圆心为 I,令对角线 AC 与 BD 交于点 E. 若 AD,BC,EI 三条线段的中点共线. 证明:$AB = CD$.

证法 1 如图 1.18.1,设 AB 与 CD 交于点 F,记线段 EF,AD,BC 的中点分别为 X,Y,Z.

对完全四边形 $FABECD$,应用牛顿线定理,知 X,Y,Z 三点共于牛顿线.

由已知条件,以点 E 为位似中心将点 X,Y,Z 所在的直线作位似变换,位似比为 2,这样便成为了直线 FI,于是,$YZ \parallel FI$.

记 AC,BD 的中点分别为 U,V.

因为 FI 是 $\angle DFA$ 的角平分线,所以,YZ 也是 $\angle UYV$ 的角平分线.

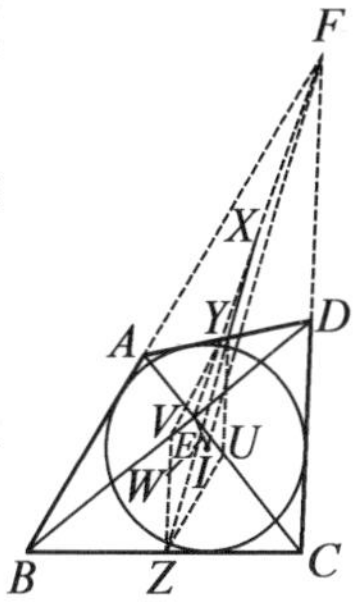

但由于四边形 $UYVZ$ 为平行四边形,故 YZ 平分线段 UV.

从而,四边形 $UYVZ$ 为菱形.

于是

$$YU = YV$$

所以

$$AB = 2YV = 2YU = CD$$

图 1.18.1

证法 2 同证法 1,有 X,Y,Z 三点共线.

设 EI 的中点为 W. 由题设 Y,W,Z 共线,从而 X,Y,W 共线.

由三角形中位线定理,知 $YZ \parallel FI$.

设 AC,BD 的中点分别为 U,V. 注意 FI 平分 $\angle DFA$,则知 YZ 平分 $\angle UYV$.

又四边形 $UYVZ$ 为平行四边形. 知 YZ 平分线段 UV,从而知 $UYVZ$ 为菱形. 于是 $YU = YV$. 故 $AB = 2YU = 2YV = CD$.

证法 3 可由一组对边相等的四边形的性质来证.

例 19 （2012 年 IMO 试题）在 $\triangle ABC$ 中，已知 $\angle BCA = 90°$. D 是过顶点 C 的高的垂足. 设 X 是线段 CD 内部的一点，K 是线段 AX 上一点，使得 $BK = BC$，L 是线段 BX 上一点，使得 $AL = AC$. 设 M 是 AL 与 BK 的交点. 证明：$MK = ML$.

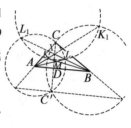

图 1.19.1

证法 1 设 C' 是点 C 关于直线 AB 的对称点，则 C' 为分别以 A, B 为圆心，以 AC, BC 为半径的圆的交点. 且 L 在圆 A 上，K 在圆 B 上.

设直线 LX 交圆 A 于 L_1，直线 KX 交圆 B 于 K_1，则由 $L_1X \cdot XL = CX \cdot XC' = KX \cdot XK_1$ 知 L_1, K, L, K_1 四点共圆，记为 W.

又 $AL^2 = AC^2 = AK \cdot AK_1$，知 AL 切圆 W 于 L.

同理 BK 切圆 W 于 K. 故 $MK = ML$.

注 也可由 $AL = AC, BK = BC$，分别以 A, B 为圆心，AC, BC 为半径作圆交于点 C 和 C'.

证法 2 如图 1.19.2，设 H 为 $\triangle XAB$ 的垂心，$AX \perp HB$ 于点 F，$BX \perp HA$ 于点 E. 联结 HK, HL, DK, DL.

因为 H, E, D, B 四点共圆，所以
$$AL^2 = AC^2 = AD \cdot AB$$
$$\Rightarrow \triangle ADL \backsim \triangle ALB$$
$$\Rightarrow \angle AHD = \angle ABL = \angle ALD$$
$$\Rightarrow A, D, L, H \text{ 四点共圆}$$
$$\Rightarrow \angle ALH = \angle ABL = \angle ALD$$
$$\Rightarrow A, D, L, H \text{ 四点共圆}$$
$$\Rightarrow \angle ALH = \angle ADH = 90°$$

在 $\text{Rt}\triangle ALH$ 中，由 $LE \perp HA$，得
$$HL^2 = HE \cdot HA$$

类似地
$$HK^2 = HF \cdot HB$$

又 A, B, F, E 四点共圆，则
$$HE \cdot HA = HF \cdot HB$$

于是
$$HL = HK$$

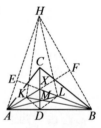

图 1.19.2

联结 HM. 则 Rt△HLM ≌ Rt△HKM ⇒ $ML = MK$.

证法 3 如图 1.19.3, 考虑 △AKM 被直线 XLB 所截, △BXK 被直线 LMA 所截.

由梅涅劳斯定理得

$$\frac{AX}{XK} \cdot \frac{KB}{BM} \cdot \frac{ML}{LA} = 1 = \frac{BL}{LX} \cdot \frac{XA}{AK} \cdot \frac{KM}{MB}$$

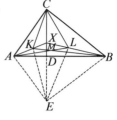

图 1.19.3

又 $LA = AC$, $KB = BC$, 因此, 要证 $MK = ML$, 只要证

$$\frac{AC}{BC} \cdot \frac{AK}{KX} \cdot \frac{XL}{BL} \qquad ①$$

设 E 为点 C 关于 AB 的对称点, 联结 AE、KE、BE、LE.

由 $BK = BC = BE$, 知 B 为 △KCE 的外心.

设 $\angle ACK = 90° - \angle BCK = \frac{1}{2}\angle CBK = \angle CEK = \alpha$.

又 $AC = AE$, $\angle ACE = \angle AEC$, 可设 $\angle KCF = \angle KEA = \beta$.

则

$$\left(\frac{AK}{KX}\right)^2 = \frac{S_{\triangle CAK}}{S_{\triangle CKX}} \cdot \frac{S_{\triangle EAK}}{S_{\triangle EKX}} = \frac{AC\sin\alpha}{CX\sin\beta} \cdot \frac{AE\sin\beta}{XE\sin\alpha} = \frac{AC^2}{CX \cdot XE}$$

从而

$$\frac{AK}{KX} = \frac{AC}{\sqrt{CX \cdot XE}}$$

类似地

$$\frac{XL}{BL} = \frac{\sqrt{CX \cdot XE}}{BC}$$

以上两式相乘即得式①.

例 20 (2007 年中国国家队集训第 5 次测试题)凸四边形 $ABCD$ 内接于圆 O, BA, CD 的延长线相交于点 H, 对角线 AC, BD 相交于点 G, O_1, O_2 分别为 △AGD, △BGC 的外心. 设 O_1O_2 与 OG 交于点 N, 射线 HG 分别交圆 O_1, 圆 O_2 于点 P, Q. 设 M 为 PQ 的中点, 求证: $NO = NM$.

证法 1 先看如下引理: 凸四边形 $ABCD$ 的对角线交于点 G. △ABG 与 △CDG 的外接圆交于另一点 M', 直线 GM' 分别交 △ADG, △BCG 的外接圆于点 H, Q, 则 M' 为 HQ 的中点.

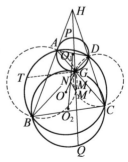

图 1.20.1

事实上,由 $\triangle AHM' \backsim \triangle ADB$ 有

$$\frac{HM'}{DB} = \frac{AM'}{AB} \qquad ①$$

由 $\triangle BM'Q \backsim \triangle BAC$ 有

$$\frac{M'Q}{AC} = \frac{BM'}{AB} \qquad ②$$

由

$$\triangle M'CA \backsim \triangle M'DB$$

有

$$\frac{AM'}{BM'} = \frac{AC}{BD} \qquad ③$$

由①÷②再代入③得 $HM' = M'Q$.

下面回到原题的证明:如图 1.20.1,过点 G 作 $GT \perp O_1G$,则知 TG 切圆 O_1 于 G. 于是 $\angle AGT = \angle ADG = \angle ACB$,即知 $TG /\!/ BC$,从而 $O_1G \perp BC$,而 $OO_2 \perp BC$,则 $O_1G /\!/ OO_2$.

同理,$OO_1 /\!/ GO_2$,即知 O_1OO_2G 为平行四边形,所以 N 分别为 OG,O_1O_2 的中点.

在射线 HG 上取点 M',使 $HG \cdot HM' = HA \cdot HB$,则知 G,A,B,M' 四点共圆.

而 $HD \cdot HC = HA \cdot HB$,亦知 C,D,G,M' 四点共圆. 即知圆$_{ABM'G}$ 与圆$_{GM'CD}$ 相交于 G,M',且 AC,BD 为过点 G 的两条割线段,则由引理,即知 M' 为 PQ 的中点,从而 M' 与 M 重合.

又 $\angle BOC = 2\angle BAC = \angle BAC + \angle BDC = \angle BMQ + \angle QMC = \angle BMC$,知 B,C,M,O 四点共圆,则 $\angle OMB = \angle OCB = \frac{1}{2}(180° - 2\angle BMQ) = \frac{1}{2}(180° - \angle BMC) = \frac{1}{2}(180° - 2\angle BM'Q) = 90° - \angle BMQ$,即知 $OM \perp PQ$.

于是,在 $Rt\triangle GOM$ 中,NM 为斜边 OG 上的中线. 故 $NO = NM$.

证法 2 先看一条引理:已知圆 O_1 与圆 O_2 相交于 P,Q 两点,AB 是过点 Q 的一条割线段,点 A 在圆 O_1 上,点 B 在圆 O_2 上,N 为 O_1O_2 的中点,则 M 为 AB 的充要条件是 $NM = NQ$.

事实上,如图 1.20.2,设 M_1,K,M_2 分别为点 O_1,N,O_2 在 AB 上的射影,由垂径定理知 M_1,M_2 分别为 AQ,QB 的中点,由梯形中位线定理知,K 为 M_1M_2 的中点.

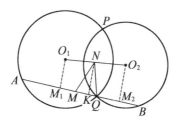

图 1.20.2

不妨设 $AQ \geqslant QB$，于是

$$KQ = M_1Q - M_1K = \frac{1}{2}AQ - \frac{1}{2}M_1M_2 = \frac{AQ}{2} - \frac{AQ+QB}{4} = \frac{1}{4}(AQ-QB)$$

故 M 为 AB 的中点 $\Leftrightarrow AM = MB = \frac{1}{2}(AQ+QB)$

$$\Leftrightarrow MK = MB - KQ - QB = \frac{1}{4}(AQ-QB)$$

$$\Leftrightarrow MK = KQ \Leftrightarrow NM = NQ(\text{其中注意 } NK \perp MQ)$$

下面回到原题的证明.

同证法 1 知 O_1OO_2G 为平行四边形，从而 N 为 O_1O_2 的中点，也为 OG 的中点. 由引理知，$NM = NG = NO$.

证法 3 如图 1.20.1，同证法 1 知 O_1OO_2G 为平行四边形，从而 N 分别为 OG, O_1O_2 的中点.

在射线 HG 上取点 M'，使 $HG \cdot HM' = HA \cdot HB$，则知 G, A, B, M' 四点共圆，而 $HD \cdot HC = HA \cdot HB$. 亦知 C, D, G, M' 四点共圆. (M' 为完全四边形的密克尔点)

过 O_1 作 $O_1E \perp PG$ 于 E. 过 O_2 作 $O_2F \perp GQ$ 于 F. 过 N 作 $NS \perp GM'$ 于 S，则 E 为 PG 的中点，F 为 GQ 的中点，S 为 EF 的中点.

由 $\angle BOC = 2\angle BAC = \angle BAC + \angle BDC = \angle BM'Q + \angle QM'C = \angle BM'C$，知 B, C, M', O 四点共圆. 于是 $\angle OM'B = \angle OCB = \frac{1}{2}(180° - \angle BOC) = \frac{1}{2}(180° - \angle BM'C) = \frac{1}{2}(180° - 2\angle BM'Q) = 90° - \angle BM'Q$，所以 $OM' \perp PQ$，故 $NO = NM'$.

又由上可知 S 为 GM' 的中点，则 $PM' = PG + GM' = 2EG + 2GS = 2ES, QM' = QG - GM' = 2FG - 2GS = 2FS = 2ES$. 从而 M' 为 PQ 中点. 即 M' 与 M 重合. 故 $NO = NM$.

例 21 设 l 是圆外的一条直线,直径 $AB \perp l$,AB 的延长线交 l 于 D,过 D 引射线 DMN 交圆于点 M 及 N,过点 M 及 N 分别作圆的切线 MP,NQ,分别交 l 于点 P、Q,求证 $DP = DQ$.

证法 1 如图 1.21.1,联结 OM,ON,OP,OQ,则
$$OM \perp MP, ON \perp NQ$$
由
$$AD \perp PQ$$
有 O,P,D,M 及 O,D,Q,N 为共圆点集,则
$$\angle 1 = \angle 2 = \angle 3$$
又 $OM = ON$(圆半径),则
$$Rt\triangle OPM \cong Rt\triangle OQN$$
即
$$OP = OQ$$
则 OD 为等腰三角形底边上的高,故
$$PD = DQ$$

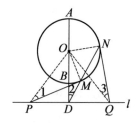

图 1.21.1

证法 2 如图 1.21.2,除由证法 1 得 O,P,D,M 和 O,D,Q,N 四点共圆外,由于
$$OM = ON$$
则
$$\angle 1 = \angle 2$$
$$\angle 2 + \angle 3 = 90° \quad (切线性质)$$
$$\angle 3 = \angle DOQ$$
从而
$$\angle DOQ + \angle 1 = 90°$$
则
$$\angle DOQ + \angle EMO + \angle 1 = 180°$$
于是 E,M,F,O 共圆.
则
$$\angle POD = \angle PMD = \angle DOQ$$
$$OD = OD, \angle ODP = \angle ODQ = 90°$$
所以
$$\triangle ODP \cong \triangle ODQ$$

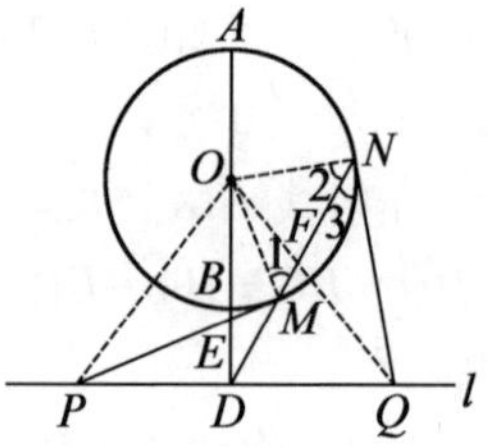

图 1.21.2

故
$$DP = DQ$$

证法 3 如图 1.21.3,过 Q 引圆的另一条切线 QM'.
因
$$\angle OM'Q = \angle ODQ$$
则 O,M',D,Q 四点共圆,从而
$$\angle 3 = \angle 6$$
又
$$OM = ON$$
则
$$\angle 1 = \angle 2$$

由 O,N,Q,D 共圆,知
$$\angle 1 = \angle 2 = \angle 3 + \angle 4 = \angle 3 + \angle 5 = \angle 3 + \angle 8$$
又 O,M',D,Q 共圆,则
$$\angle 3 + \angle 8 = \angle 6 + \angle 8$$
所以
$$\angle 1 = \angle 6 + \angle 8$$
但
$$\angle 1 = \angle 7 + \angle 8$$
则
$$\angle 6 = \angle 7$$

即 M,M' 关于 AD 对称,故圆 O 在 M,M' 的切线也关于 AB 对称,故 P 关于 D 的对称点为 Q,即 $PD = QD$.

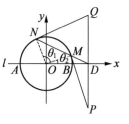

图 1.21.4

证法 4 如图 1.21.4,以圆心为原点,以直径 AB 所在的直线为 x 轴,取直角坐标系,设圆半径为 $R,BD = h$,则点 B 的坐标为 $(R,0)$,点 D 的坐标为 $(R+h,0)$,设 $\angle DON = \theta_1, \angle DOM = \theta_2$,则点 N 的坐标是 $(R\cos\theta_1, R\sin\theta_1)$,点 M 的坐标是 $(R\cos\theta_2, R\sin\theta_2)$,直线 l 的方程为 $x = R + h$.

因此切线 NQ 的方程为
$$x\cos\theta_1 + y\sin\theta_1 - R = 0$$
它与直线 l 的交点 Q 的坐标是 $(R+h, y_Q)$,则

$$y_Q = \frac{R-(R+h)\cos\theta_1}{\sin\theta_1}$$

同理切线 MP 的方程是

$$x\cos\theta_2 + y\sin\theta_2 - R = 0$$

它与直线 l 的交点 P 的坐标是 $(R+h, y_P)$

$$y_P = \frac{R-(R+h)\cos\theta_2}{\sin\theta_2}$$

故只须证明: $y_Q + y_P = 0$ 即可

$$\frac{R-(R+h)\cos\theta_1}{\sin\theta_1} + \frac{R-(R+h)\cos\theta_2}{\sin\theta_2} = 0$$

整理后得

$$\frac{R}{R+h} = \frac{\sin(\theta_1+\theta_2)}{\sin\theta_1 + \sin\theta_2} = \frac{\cos\dfrac{\theta_1+\theta_2}{2}}{\cos\dfrac{\theta_1-\theta_2}{2}}$$

因 N, M, D 共线, 则

$$\begin{vmatrix} R\cos\theta_1 & R\sin\theta_1 & 1 \\ R\cos\theta_2 & R\sin\theta_2 & 1 \\ R+h & 0 & 1 \end{vmatrix} = 0$$

即

$$\frac{R}{R+h} = \frac{\sin\theta_1 - \sin\theta_2}{\sin(\theta_1-\theta_2)} = \frac{\cos\dfrac{\theta_1+\theta_2}{2}}{\cos\dfrac{\theta_1-\theta_2}{2}}$$

由此结论说明 $y_Q + y_P = 0$ 成立.

即

$$|DP| = |DQ|$$

例 22 设 l 是圆外的一条直线, 直径 AB 与 l 垂直, AB 的延长线交 l 于 D, 过 D 引射线 DMN 交圆于点 M, N, 联结 AM, NB 并延长分别交 l 于点 P, Q, 求证: $DP = DQ$.

证法 1 如图 1.22.1, 联结 BM、BP, 则 $BM \perp AP$, 从而 B、M、P、D 四点共圆, 则

$$\angle QBD = \angle ABN = \angle AMN$$
$$= \angle DMP = \angle DBP$$

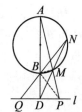

图 1.22.1

即
$$\angle QBD = \angle DBP$$
所以 BD 是等腰 $\triangle BQP$ 的底边 QP 上的高,从而即是 QP 上的中线,故
$$QD = DP$$

证法 2 如图 1.22.2.

设 N' 是 N 关于直径 AB 的对称点.

联结 BN', BP, BM, NN' 与 AB 相交于 E,则 E 是 NN' 之中点.

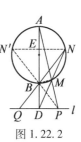

图 1.22.2

又
$$\angle QBN' = \angle BN'N + \angle BNN' \stackrel{m}{=} \frac{1}{2}\overset{\frown}{N'BN}$$
$$\angle PBN = \angle PBM + \angle MBN$$

由此证:$B、M、P、D$ 四点共圆,则
$$\angle PBM = \angle PDM$$

由作法知
$$NN' \parallel PQ$$

从而
$$\angle PDM = \angle N'NM \stackrel{m}{=} \frac{1}{2}\overset{\frown}{MBN'}$$

又
$$\angle MBN \stackrel{m}{=} \frac{1}{2}\overset{\frown}{MN}(劣弧)$$

则
$$\angle PBN \stackrel{m}{=} \frac{1}{2}(\overset{\frown}{MBN'} + \overset{\frown}{MN}) = \frac{1}{2}\overset{\frown}{NBN'}$$

即
$$\angle N'BQ = \angle NBP$$

从而 N', B, P 共线.

于是 $\dfrac{DQ}{NE} = \dfrac{DB}{BE} = \dfrac{DP}{N'E}$,即 $\dfrac{DQ}{NE} = \dfrac{DP}{N'E}$.

而 $NE = N'E$,故 $DQ = DP$.

证法 3 如图 1.22.3,设 $\angle DAM = \theta, \angle ADN = \varphi, AB = d, BD = h$,联结 BP.

由证法 1 知 B, M, P, D 四点共圆.联结 AN.则
$$\triangle BQD \backsim \triangle BAN$$

从而
$$\frac{BQ}{h} = \frac{d}{BN}$$

即
$$BQ = \frac{dh}{BN}$$

在△BND 中
$$\frac{BN}{\sin \varphi} = \frac{h}{\sin \angle BND} = \frac{h}{\sin \theta}$$

则
$$\frac{h}{BN} = \frac{\sin \theta}{\sin \varphi}$$

从而
$$BQ = \frac{dh}{BN} = \frac{d\sin \theta}{\sin \varphi}$$

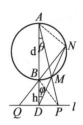

图 1.22.3

在△ABP 中
$$\frac{BP}{\sin \theta} = \frac{AB}{\sin \angle BPA} = \frac{d}{\sin \varphi}$$

从而
$$BP = \frac{d\sin \theta}{\sin \varphi} = BQ$$

则 BP、BQ 在直线 l 上的射影必相等,即
$$DP = DQ$$

证法 4 如图 1.22.4,过 D 作 DR⊥QN,联结 AN,则 DR // NA,设
$$\angle PAD = \alpha$$

则
$$\angle BND = \alpha$$

从而
$$DP = AD\tan \alpha$$

设
$$\angle ABN = \beta$$

则
$$\angle QDR = \beta$$

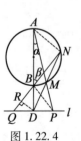

图 1.22.4

从而
$$DQ = DR\sec\beta = RN\tan\alpha\sec\beta$$
$$= (RB + BN)\tan\alpha\sec\beta$$
$$= (DB\cos\beta + BA\cos\beta)\tan\alpha\sec\beta$$
$$= (DB + BA)\tan\alpha = DA\tan\alpha$$

故
$$DP = DQ$$

证法 5 如图 1.22.5,以 A 为原点,以 AB 所在的直线为 x 轴,取直角坐标系.

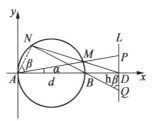

图 1.22.5

设圆直径 $AB = d$, $BD = h$, $\angle DAM = \alpha$, $\angle DAN = \beta$.
则各点坐标可设为
$$M(d\cos^2\alpha, d\cos\alpha\sin\alpha)$$
$$N(d\cos^2\beta, d\cos\beta\sin\beta)$$
$$D(d+h, 0)、P[d+h, (d+h)\tan\alpha]、Q(d+h, -h\cot\beta)$$

因 M,N,D 共线,有
$$\begin{vmatrix} d\cos^2\alpha & d\cos\alpha\sin\alpha & 1 \\ d\cos^2\beta & d\cos\beta\sin\beta & 1 \\ d+h & 0 & 1 \end{vmatrix} = 0$$

从而
$$(d+h)(\cos\alpha\sin\alpha - \cos\beta\sin\beta) + d(\cos^2\alpha\cos\beta\sin\beta - \cos^2\beta\cos\alpha\sin\alpha) = 0$$

即
$$(d+h)(\sin^2\beta\sin\alpha\cos\alpha - \sin^2\alpha\sin\beta\cos\beta)$$
$$= h(\cos^2\alpha\cos\beta\sin\beta - \cos^2\beta\sin\alpha\cos\alpha)$$

故
$$\frac{a+h}{h} = \frac{\cos\alpha\cos\beta(\cos\alpha\sin\beta - \cos\beta\sin\alpha)}{\sin\alpha\sin\beta(\cos\alpha\sin\beta - \cos\beta\sin\alpha)} = \frac{\cot\beta}{\tan\alpha}$$

1 线段度量关系

即
$$(d+h)\tan\alpha = h\cot\beta$$
$$|y_P| = |y_Q|$$
故
$$DP = DQ$$

例 23 (第 8 届丝绸之路数学竞赛题) 在 $\triangle ABC$ 中,设 $\angle A$,$\angle C$ 的角平分线交于点 I,且分别与 CB,AB 交于点 A_1,C_1,与 $\triangle ABC$ 的外接圆交于点 A_2,C_2,K 是 A_1C_2 与 A_2C_1 的交点,KI 与 AC 交于点 M. 证明:$AM = MC$.

证法 1 设 IK 的延长线与边 C_2A_2 交于点 N. 由题意知
$$\angle C_2AB = \angle C_2CB = \angle C_2CA = \angle C_2A_2A(\text{设为 }\gamma)$$
$$\angle A_2CB = \angle A_2AB = \angle A_2AC = \angle A_2C_2C(\text{设为 }\alpha)$$
$$\angle AC_2C = \angle CA_2A = \angle ABC(\text{设为 }2\beta)$$

在 $\triangle C_2AI$ 中由张角定理得
$$\frac{C_2C_1}{C_1I} = \frac{\sin\gamma}{\sin\alpha} \cdot \frac{\sin\angle C_2IA}{\sin\angle AC_2I} = \frac{\sin\gamma}{\sin\alpha} \cdot \frac{\sin(\alpha+\gamma)}{\sin 2\beta}$$

同理,在 $\triangle IA_2C$ 中,有
$$\frac{IA_1}{A_1A_2} = \frac{\sin\gamma}{\sin\alpha} \cdot \frac{\sin\angle IA_2C}{\sin\angle A_2IC} = \frac{\sin\gamma}{\sin\alpha} \cdot \frac{\sin 2\beta}{\sin(\alpha+\gamma)}$$

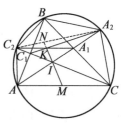

图 1.23.1

从而
$$\frac{C_2C_1}{C_1I} \cdot \frac{IA_1}{A_1A_2} = \left(\frac{\sin\gamma}{\sin\alpha}\right)^2$$

在 $\triangle C_2A_2I$ 中,由塞瓦定理得
$$\frac{C_2N}{NA_2} = \frac{C_2C_1}{C_1I} \cdot \frac{IA_1}{A_1A_2} = \left(\frac{\sin\gamma}{\sin\alpha}\right)^2$$

而在 $\triangle C_2IN$、$\triangle A_2IN$ 中,有
$$\frac{\sin\angle C_2IN}{\sin\angle NIA_2} = \frac{C_2N\sin\alpha}{NA_2\sin\gamma} = \left(\frac{\sin\gamma}{\sin\alpha}\right)^2 \frac{\sin\alpha}{\sin\gamma} = \frac{\sin\gamma}{\sin\alpha}$$

在 $\triangle AIM$、$\triangle CIM$ 中,有
$$\frac{AM}{MI} = \frac{\sin\angle AIM}{\sin\alpha} = \frac{\sin\angle NIA_2}{\sin\alpha} = \frac{\sin\angle C_2IN}{\sin\gamma} = \frac{\sin\angle MIC}{\sin\gamma} = \frac{CM}{MI}$$

所以,$AM = CM$.

证法 2 如图 1.23.2,延长 IK 与 BC 交于点 N. 联结 A_2N 与 $\triangle ABC$ 外接圆交于点 P. 联结 PC_2,PB. 联结 PI,C_2A_2 交于点 Q.

由梅涅劳斯定理得

$$\frac{A_1K}{KC_2}\cdot\frac{C_2I}{IC}\cdot\frac{NC}{NA_1}=1 \quad ①$$

$$\frac{C_2K}{KA_1}\cdot\frac{A_1A_2}{A_2I}\cdot\frac{C_1I}{C_1C_2}=1 \quad ②$$

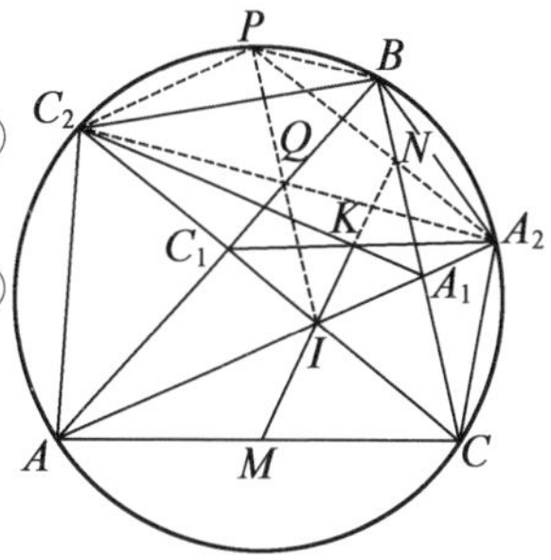

图 1.23.2

①×②得

$$\frac{C_2I}{IC}\cdot\frac{NC\cdot C_1I}{NA_1\cdot C_1C_2}=\frac{A_2I}{A_1A_2}$$

又 I 为 $\triangle ABC$ 内心，则由内心性质有

$$C_2I\cdot C_1I=IC\cdot C_1C_2$$

故

$$\frac{NC}{NA_1}=\frac{A_2I}{A_1A_2}$$
$$\Rightarrow\frac{NA_1}{A_1C}=\frac{A_1A_2}{A_1I}$$
$$\Rightarrow NA_2/\!/C_2I$$

同时

$$\begin{aligned}\angle C_2PA_2&=180^\circ-\angle C_2CA_2\\&=180^\circ-\angle BAA_2-\angle C_2CB\\&=\angle AIC=\angle C_2IA_2\end{aligned}$$

因此，四边形 C_2IA_2P 为平行四边形. 所以

$$C_2Q=QA_2$$

而

$$\angle CBA_2=\angle A_2AC=\angle BAA_2=\angle BPA_2$$

故

$$\triangle BNA_2\backsim\triangle PBA_2$$
$$\Rightarrow BA_2^2=IA_2^2=A_2N\cdot A_2P$$
$$\Rightarrow\triangle NIA_2\backsim\triangle IPA_2$$
$$\Rightarrow\angle C_2IQ=\angle IPA_2=\angle NIA_2=\angle AIM$$

又 $\triangle AIC\backsim\triangle C_2IA_2$，故

$$\frac{AM}{MC}=\frac{C_2Q}{QA_2}=1$$

注 在上述例题中,可将内心推广至更一般的情形.[①]

命题 1 设 P 为 $\triangle ABC$ 所在平面内一点,BP,CP 分别与对边 CA、AB 交于点 E,F,且分别与 $\triangle ABC$ 的外接圆交于另一点 M,N,EN 与 FM 交于点 Q,QP 与 BC 交于点 R. 记 $\angle PAB$,$\angle PAC$ 分别为 α,β. 则 $\dfrac{BR}{RC}=\dfrac{\sin^2\alpha}{\sin^2\beta}$.

证明 如图 1.23.3,延长 RQ 与 AC 交于点 S,延长 AP 分别与 BC、$\triangle ABC$ 的外接圆交于点 D,T.

对于直线 RS 截 $\triangle BEC$、直线 RS 截 $\triangle NEC$、直线 FM 截 $\triangle PNE$ 分别运用梅涅劳斯定理得

$$\dfrac{BR}{RC}\cdot\dfrac{CS}{SE}\cdot\dfrac{EP}{PB}=1 \quad ③$$

$$\dfrac{CS}{SE}\cdot\dfrac{EQ}{QN}\cdot\dfrac{NP}{PC}=1 \quad ④$$

$$\dfrac{EQ}{QN}\cdot\dfrac{NF}{FP}\cdot\dfrac{PM}{ME}=1 \quad ⑤$$

③ $\div$ ④ $\times$ ⑤ 得

$$\dfrac{BR}{RC}\cdot\dfrac{EP}{PB}\cdot\dfrac{PC}{NP}\cdot\dfrac{NF}{FP}\cdot\dfrac{PM}{ME}=1$$

$$\Rightarrow \dfrac{BR}{RC}\cdot\dfrac{EP}{ME}\cdot\dfrac{NF}{FP}\cdot\dfrac{PC}{PB}\cdot\dfrac{PM}{NP}=1 \quad ⑥$$

由 $\triangle PBN \backsim \triangle PCM$,知

$$\dfrac{PC}{PB}\cdot\dfrac{PM}{NP}=\dfrac{CM^2}{BN^2}$$

又

$$\dfrac{EP}{ME}\cdot\dfrac{NF}{FP}=\dfrac{S_{\triangle APC}}{S_{\triangle AMC}}\cdot\dfrac{S_{\triangle ANB}}{S_{\triangle APB}}$$

$$=\dfrac{S_{\triangle APC}}{S_{\triangle APB}}\cdot\dfrac{S_{\triangle ANB}}{S_{\triangle AMC}}$$

$$=\dfrac{DC}{BD}\cdot\dfrac{BN\cdot NA\cdot AB}{CM\cdot MA\cdot AC}$$

将其代入式⑥并整理得

[①] 沈毅.一道国外竞赛题的推广[J].中等数学,2013(3):20-21.

$$\frac{BR}{RC} \cdot \frac{DC}{BD} \cdot \frac{AB}{AC} \cdot \frac{CM}{MA} \cdot \frac{AN}{NB} = 1 \qquad ⑦$$

由直线 BM,CN,AT 共点于 P,则

$$\frac{CM}{MA} \cdot \frac{AN}{NB} \cdot \frac{BT}{TC} = 1$$

由

$$\frac{DC}{BD} = \frac{S_{\triangle ACT}}{S_{\triangle ABT}} = \frac{AC \cdot TC}{AB \cdot BT}$$

$$\Rightarrow \frac{CM}{MA} \cdot \frac{AN}{NB} = \frac{TC}{TB} = \frac{DC}{BD} \cdot \frac{AB}{AC}$$

将其代入式⑦得

$$\frac{BR}{RC}\left(\frac{DC \cdot AB}{BD \cdot AC}\right)^2 = 1$$

$$\Rightarrow \frac{BR}{RC} = \left(\frac{AC \cdot BD}{AB \cdot CD}\right)^2 = \left(\frac{AC \cdot AB\sin\alpha}{AB \cdot AC\sin\beta}\right)^2 = \frac{\sin^2\alpha}{\sin^2\beta}$$

利用上述等式,还可将原题作如下推广.

命题 2 设 P 是 $\triangle ABC$ 所在平面内一点,BP,CP 分别与对边 CA,AB 交于点 E,F,且分别与 $\triangle ABC$ 的外接圆交于另一点 M,N,EN 与 FM 交于点 Q,QP 与 BC 交于点 R. 则 $BR = RC$ 的充分必要条件是 AP 平分 $\angle BAC$.

此外,还可将其类比至三角形的外心、垂心、重心等巧合点,得到类似结论.

例 24 设点 M 是 $\triangle ABC$ 的 BC 边的中点,I 是内切圆的圆心,AH 是高,E 为直线 MI 和 AH 的交点. 求证:AE 等于内切圆半径 r.

证法 1 如图 1.24.1,设 P 为内切圆与边 BC 的切点,联结 IP. 设 $BC = a, AC = b, AB = c$.

由已知易知:$MC = \dfrac{a}{2}, PC = \dfrac{a+b-c}{2}, HC = \dfrac{a^2+b^2-c^2}{2a}$. AH 是高. 由此,$\triangle IMP \backsim \triangle EMH$,有 $\dfrac{EH}{IP} =$

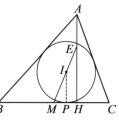

图 1.24.1

$\dfrac{HM}{PH} = \dfrac{MC - HC}{MC - PC} = \dfrac{a - 2HC}{c - b} = \dfrac{a^2 - a^2 - b^2 + c^2}{a(c-b)} = \dfrac{b+c}{a}$.

此外,$AH \cdot a = 2S_{\triangle ABC} = r(a+b+c)$,即

$$\frac{AH}{r} = \frac{a+b+c}{a}$$

但 $IP=r$,于是 $\dfrac{EH}{r}=\dfrac{b+c}{a}$.

而 $AE=AH-EH$,由此 $\dfrac{AE}{r}=\dfrac{AH}{r}-\dfrac{EH}{r}=\dfrac{a+b+c}{a}-\dfrac{b+c}{a}=1$,故 $AE=r$.

证法2 如图 1.24.2,设 P 为切点.联结 PI 交圆 O 于 F, 过 F 引圆 I 的切线交 AB 于 K,交 AC 于 L,AF 交 BC 于 D.

(1) 先证明 $BD=PC$.

在梯形 $BCLK$ 中,有 $KF \cdot BP = FL \cdot PC = r^2$.

又

$$\dfrac{KF}{FL}=\dfrac{BD}{DC}$$

则

$$\dfrac{PC}{BP}=\dfrac{BD}{DC}$$

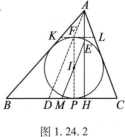

图 1.24.2

于是得 $\dfrac{PC}{BP+PC}=\dfrac{BD}{DC+BD}$,即 $\dfrac{PC}{BC}=\dfrac{BD}{BC}$.

从而

$$PC=BD$$

(2) 由 $\begin{cases}PC=BD\\MC=BM\end{cases}\Rightarrow\begin{cases}DM=MP\\FI=IP\\FP\perp BC\\AH\perp BC\end{cases}\Rightarrow\begin{cases}AF/\!/EI\\FI/\!/AE\end{cases}\Rightarrow AFIE$ 为平行四边形 $\Rightarrow AE=FI=r$.

注 此例的逆命题:设 E 为高 AH 上一点,若 AE 等于内切圆半径 r,则 BC 边上的中点 M,内心 I,E 三点共线.这个命题也是成立的.

事实上,不妨设 $AB>AC$.当 $AE=r$ 时,有

$$EH=AH-AE=\dfrac{(a+b+c)\cdot r}{a}-r=\dfrac{(b+c)\cdot r}{a}$$

设直线 EI 交边 BC 于点 M',作 $ID\perp BC$ 于点 D,则

$$DH=DC-HC=\dfrac{a+b-c}{2}-\dfrac{a^2+b^2-c^2}{2a}=\dfrac{ab-ac-b^2+c^2}{2a}$$

又 $\dfrac{ID}{EH}=\dfrac{M'D}{M'H}$,即 $\dfrac{ID}{EH-ID}=\dfrac{M'D}{DH}$.

亦即

$$M'D = \frac{ID \cdot DH}{EH - ID} = \frac{r \cdot \dfrac{ab - ac - b^2 + c^2}{2a}}{\dfrac{(b+c) \cdot r}{a} - r}$$

$$= \frac{(b+c-a)(c-b)}{2(b+c-a)} = \frac{c-b}{2} = \frac{a}{2} - \frac{a+b-c}{2}$$

$$= MC - DC = MD.$$

从而 M' 与 M 重合,故 E,I,M 三点共线.

例 25 如图 1.25.1,CD 是 Rt$\triangle ABC$ 的斜边 AB 上的高线,O_1,O_2 分别为 $\triangle ABC$ 和 $\triangle DBC$ 的内心,直线 O_1O_2 分别交 AC,BC 于 E,F. 求证:$CE = CD = CF$.

证法 1 如图 1.25.1,设 CO_1 交 AB 于 P,CO_2 交 AB 于 Q,联结 AO_1,QO_1,PO_1,BO_2.

易知 $AQ = AC, PB = CB$.

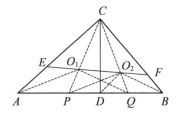

图 1.25.1

可知 AO_1 为 CQ 的中垂线,BO_2 为 PC 的中垂线,得 $CO_1 = QO_1$,$CO_2 = PO_2$.

易知 $\angle PCQ = \dfrac{1}{2}\angle ACB = 45°$,可知 $\triangle CO_1Q$ 与 $\triangle CO_2P$ 均为等腰直角三角形.

有

$$\angle PO_1Q = \angle PO_2Q = 90°$$

于是 O_1、P、Q、O_2 四点共圆,可知 $\angle APO_1 = \angle O_1O_2Q = \angle CO_2F$.

又

$$\angle O_1AP = \frac{1}{2}\angle CAD = \frac{1}{2}\angle BCD = \angle FCO_2$$

从而在 $\triangle APO_1$ 与 $\triangle CO_2F$ 中,可得

$$\angle CFO_2 = \angle AO_1P = \angle ACO_1 + \angle CAO_1 = \frac{1}{2}(\angle ACD + \angle CAD) = 45°$$

则 $\triangle CEF$ 为等腰直角三角形.

联结 DO_2,显然 $\angle CDO_2 = \frac{1}{2}\angle CDB = 45° = \angle CFO_2$.

则
$$\triangle CDO_2 \cong \triangle CFO_2$$

故
$$CD = CF$$

即
$$CE = CD = CF$$

证法 2 如图 1.25.1,由证法 1 可得 O_1,P,Q,O_2 四点共圆. 有 $\angle O_2O_1Q = \angle O_2PQ$.

由 AO_1, PO_2 同为 CQ 的垂线,得 $AO_1 // PO_2$,有
$$\angle O_2PQ = \angle O_1AP = \frac{1}{2}\angle CAD = \frac{1}{2}BCD = \angle FCQ$$

于是
$$\angle O_2O_1Q = \angle FCQ$$

从而 C, O_1, Q, F 四点共圆. 则
$$\angle CFE = \angle CQO_1 = 45°$$

(以下同证法 1,略.)

证法 3 如图 1.25.2,设圆 O_1 交 AC 于点 G,联结 GP.

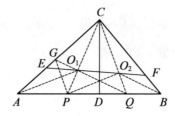

图 1.25.2

由证法 1 可得 $AC = AQ$,又得 $O_1C = O_1Q$,可知 $GPQC$ 为等腰梯形.

有 $\angle EGP = \angle APG = \angle AQC$.

由证法 1 有 O_1, P, Q, O_2 四点共圆,有 $\angle EO_1P = \angle AQC$,于是 $\angle EGP = \angle EO_1P$,得 G, E, P, O_1 四点共圆,可知 $\angle CEF = \angle GPC = \angle PCQ = 45°$.

(以下同证法 1,略.)

证法 4 如图 1.25.2,由证法 1,有 O_1, P, Q, O_2 四点共圆,得
$$\angle O_1O_2P = \angle O_1QP = \angle PCD = \frac{1}{2}\angle ACD$$

易知 C,P,D,O_2 四点共圆,有 $\angle PO_1D = \angle PCD = \dfrac{1}{2}\angle ACD$.

则 $\angle EO_2D = \angle O_1O_2P + \angle PO_2D = 2(\dfrac{1}{2}\angle ACD) = \angle ACD$.

于是 C,E,D,O_2 四点共圆. 所以
$$\angle CEF = \angle CDO_2 = \dfrac{1}{2}\angle CDB = 45°$$

(以下同证法1,略.)

证法 5 如图 1.25.3,设 PO_2,QO_1 相交于 H. 由证法1易知 H 为 $\triangle CPQ$ 的垂心,故 H 在 CD 上. 易知 H 是 $\triangle O_1O_2D$ 的内心.

联结 DO_1,DO_2.

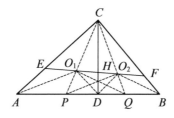

图 1.25.3

易知
$$\angle DO_1O_2 = \angle DCF$$

得 C,O_1,D,F 四点共圆.

所以 $\angle CFE = \angle CDO_1 = 45°$.

(以下同证法1,略.)

证法 6 如图 1.25.4,联结 CO_1,O_1D,DO_2.

易知 $\dfrac{DO_1}{DO_2} = \dfrac{AC}{BC}$,可知 $\triangle O_1DO_2 \backsim \triangle ACB$.

有 $\angle O_2O_1D = \angle A$. 得 A,D,O_1,E 四点共圆.

于是 $\angle CEO_1 = \angle ADO_1 = \angle CDO_1 = 45°$.

则
$$\triangle CEO_1 \cong \triangle CDO_1$$

故
$$CE = CD$$

同理 $CF = CD$. 即 $CE = CD = CF$.

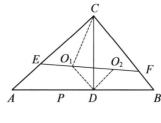

图 1.25.4

证法 7 如图 1.25.5,设 AO_1 与 BO_2 相交于 O,易知 O 为 $\triangle ABC$ 的内心. 联结 CO, CO_1, CO_2, DO_1.

由证法 1 可知 $AO_1 \perp CO_2$,$BO_2 \perp CO_1$,O 为 $\triangle CO_1O_2$ 的垂心.

则
$$CO \perp EF$$

得
$$\angle CEF + \angle ECO = 90°$$

因
$$\angle ECO = \frac{1}{2}\angle ECF = 45°$$

则
$$\angle CEF = 45°$$

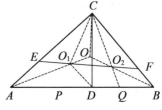

图 1.25.5

从而 $\angle CFE = 45° = \angle CEF$,得 $CF = CE$.

由证法 1,$CD = CF$. 故 $CE = CD = CF$.

证法 8 如图 1.25.6,设 r, r_1, r_2 分别为 $\text{Rt}\triangle ABC, \text{Rt}\triangle ACD, \text{Rt}\triangle BCD$ 的内切圆半径. 并设直线 O_1O_2 与 AB 的延长线的夹角为 θ,交点为 G. 令 $BC = a$,$CA = b, AB = c$.

由 $\text{Rt}\triangle ACD \backsim \text{Rt}\triangle ABC \backsim \text{Rt}\triangle BCD$,有
$$r_1 = \frac{b}{c}r, r_2 = \frac{a}{c}r$$

作 $O_1M \perp AB$ 于 M,作 $O_2K \perp O_1M$ 于点 K,则 $\angle O_1O_2K = \theta$.

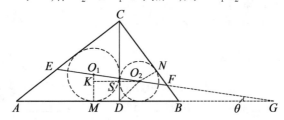

图 1.25.6

有 $\tan\theta = \dfrac{O_1K}{O_2K} = \dfrac{r_1 - r_2}{r_1 + r_2} = \dfrac{\dfrac{b}{c}r - \dfrac{a}{c}r}{\dfrac{b}{c}r + \dfrac{a}{c}r} = \dfrac{b - a}{b + a} = \dfrac{\sin B - \sin A}{\sin B + \sin A} = \tan\dfrac{B - A}{2}$.

因 $0° \leqslant \theta \leqslant 90°, 0° \leqslant \frac{B-A}{2} < 90°$,则 $\theta = \frac{B-A}{2}$.

由三角形外角性质,知 $\angle BFG = \angle ABC - \theta = B - \frac{B-A}{2} = \frac{A+B}{2} = 45°$.

从而 $\angle CFE = 45° = 90° - 45° = \angle CEF$,即知 $CF = CE$.

设圆 O_2 切 BC 于点 N, O_2K 交 CD 于点 S,联结 O_2D,则 $\angle SDO_2 = 45°$.

于是 $\mathrm{Rt}\triangle O_2SD \cong \mathrm{Rt}\triangle O_2NF$,有 $O_2D = O_2F$.

联结 CO_2,则 $\triangle CDO_2 \cong \triangle CFO_2$,即知 $CD = CF$.

故
$$CE = CD = CF$$

例 26 P 是半圆 $\overset{\frown}{APB}$ 上的一点,$PQ \perp AB$,圆 O' 分别切 $PQ, QB, \overset{\frown}{BP}$ 于 G, E, F,求证:

(1) $A G F$ 共线;(2) $AP = AE$.

证法 1 如图 1.26.1.

(1) 因圆 O' 与圆 O 相内切于点 F,则 O, O', F 共线. 又
$$O'G \perp PQ$$

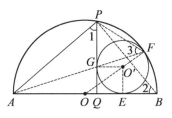

图 1.26.1

$$PQ \perp AB$$

则
$$O'G /\!/ AB$$

从而
$$\angle FO'G = \angle FOA$$

又 $\frac{O'F}{OF} = \frac{O'G}{OA}$,则 $\triangle O'FG \backsim \triangle OFA$,有
$$\angle O'FG = \angle OFA$$

即 $\angle OFG = \angle OFA$. 故 F, G, A 共线.

(2) 联结 PB, PF,因 AB 是直径,$PQ \perp AB$,则 $\angle 1 = \angle 2$.

又 $\angle 2 = \angle 3$,则 $\angle 1 = \angle 3$.

从而 PA 是 $\triangle PGF$ 的外接圆的切线,即
$$AP^2 = AG \cdot AF$$

又 AE 是圆 O' 的切线,则
$$AE^2 = AG \cdot AF$$

故
$$AP = AE$$

证法 2 如图 1.26.1.(1)联结 $OF,O'G,O'F$,由 O,O',F 三点共线,$OG \perp PQ$ 有 $GO /\!/ AB$,知
$$\angle GOF = \angle AOF$$

因 $\triangle AOF$ 与 $\triangle GO'F$ 均为等腰三角形,则
$$\angle O'FG = \angle OFA$$

从而 A,G,F 三点共线.

(2)联结 BF,则 $\angle AFB = 90° = \angle GQB$,知 Q、B、F、G 四点共圆.

有
$$AE^2 = AG \cdot AF = AQ \cdot AB$$

又由直角三角形射影定理有
$$AP^2 = AQ \cdot AB$$

故
$$AP = AE$$

下面的证法中仅证(2).

证法 3 如图 1.26.2 中,设 $\angle FOB = \alpha, AB = 2R$,圆 O' 的半径为 r,则在 $\text{Rt}\triangle OEO'$ 中

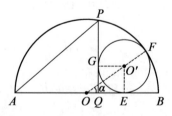

图 1.26.2

$$(R-r)\sin\alpha = r$$

即

$$R = \frac{1+\sin\alpha}{\sin\alpha} \cdot r$$

$$\begin{aligned}
AP^2 &= 2R \cdot AQ = 2R(R + r\cot\alpha - r) \\
&= 2Rr\cot\alpha - 2Rr + 2R^2 \\
&= 2R \cdot r\cot\alpha + 2R(R-r) \\
&= 2R \cdot r\cot\alpha + 2R\left(\frac{1+\sin\alpha}{\sin\alpha} - 1\right)r \\
&= 2Rr\left(\cot\alpha + \frac{1}{\sin\alpha}\right)
\end{aligned}$$

$$\begin{aligned}
AE^2 &= (R + r\cdot\cot\alpha)^2 \\
&= R^2 + 2Rr\cdot\cot\alpha + r^2\cot^2\alpha \\
&= 2R\cdot r\cot\alpha + \left(\frac{1+\sin\alpha}{\sin\alpha}\right)^2 \cdot r^2 + r^2\cot^2\alpha \\
&= 2R\cdot r\cot\alpha + r^2\left[\frac{1+2\sin\alpha+\sin^2\alpha+\cos^2\alpha}{\sin^2\alpha}\right] \\
&= 2R\cdot r\cot\alpha + 2r^2\frac{1+\sin\alpha}{\sin^2\alpha} \\
&= 2Rr\cdot\cot\alpha + 2R\cdot r\frac{1}{\sin\alpha} \\
&= 2Rr\left(\cot\alpha + \frac{1}{\sin\alpha}\right)
\end{aligned}$$

从而 $AE^2 = AP^2$,故 $AE = AP$.

证法 4 如图 1.26.3,以 O 为原点,以 AB 所在的直线为 x 轴,建立直角坐标系. 分别用 R,r 表示圆 O 及圆 O' 的半径,设 P 的坐标是 (x_1,y_1),则 $x_1^2 + y_1^2 = R^2$,从而

$$\begin{aligned}
AP^2 &= (x_1 + R)^2 + (y_1 - 0)^2 \\
&= x_1^2 + 2Rx_1 + R^2 + y_1^2 \\
&= 2R^2 + 2Rx_1 \\
&= 2R(R + x_1)
\end{aligned}$$

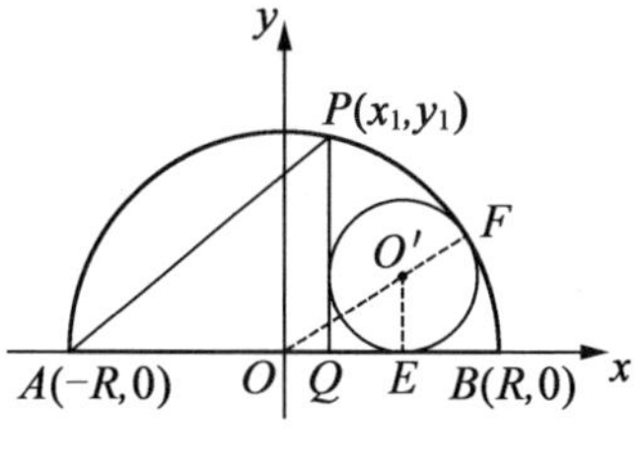

设 O' 的坐标为 (x,r),则 $|OO'|^2 = x^2 + r^2$.

又 $|OO'| = |OF| - |O'F| = R - r$,及 $x = x_1 + r$,

则在 Rt△OEO'中

$$(x_1 + r)^2 + r^2 = (R - r)^2$$

有 $r^2 + 2(x_1 + R)r + x_1^2 - R^2 = 0$.

图 1.26.3

又 $r > 0$,则
$$r = -(R+x_1) + \sqrt{(R+x_1)^2 - (x_1^2 - R^2)}$$
$$= -(R+x_1) + \sqrt{2R(R+x_1)}$$

从而
$$r = -(R+x_1) + \sqrt{2R(R+x_1)}$$

即
$$|AE| = R + x_1 + r = \sqrt{2R(R+x_1)}$$

所以
$$AE^2 = 2R(R+x_1)$$

即 $AP^2 = AE^2$,故 $AP = AE$.

例 27 (2004 年 IMO 45 试题) 在凸四边形 $ABCD$ 中,对角线 BD 既不是 $\angle ABC$ 的平分线,也不是 $\angle CDA$ 的平分线. 点 P 在四边形 $ABCD$ 内部,满足 $\angle PBC = \angle DBA$ 和 $\angle PDC = \angle BDA$. 证明:四边形 $ABCD$ 为圆内接四边形的充分必要条件是 $AP = CP$.

证法 1 如图 1.27.1,不妨设点 P 在 $\triangle ABC$ 和 $\triangle BCD$ 内,直线 BP,DP 分别交 AC 于 K,L. 注意到 A,C 是 $\triangle BPD$ 的等角共轭点,则
$$\angle APL = \angle CPK \qquad ①$$

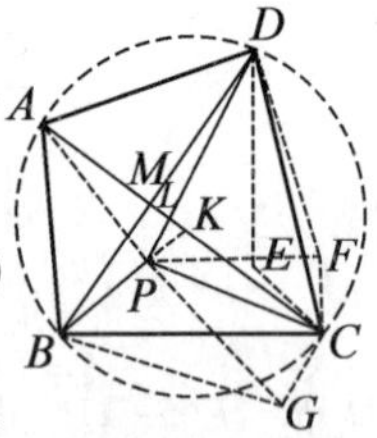

这是因为:可设点 A 关于三边 BD,DP,BP 的对称点为 E,F,G,则 $DE = DA = DF$,且 $\angle EDC = \angle BDP = \angle FDC$,有 $\triangle EDC \cong \triangle FDC$,即有 $CE = CF$. 同理 $CE = CG$. 于是 $CF = CG$. 又 $PF = AP = PG$,则 $\triangle CPF \cong \triangle CPG$. 有 $\angle CPF = \angle CPG$,从而推知 $\angle APL = \angle CPK$.

图 1.27.1

必要性. 当 $ABCD$ 是圆内接四边形时,则
$$\angle PKL = \angle KBC + \angle KCB = \angle ABD + \angle ADB = \angle ACD + \angle LDC = \angle PLK$$

从而 $PL = PK$,且 $\angle PLA = \angle PKC$.

注意到式①,知 $\triangle APL \cong \triangle CPK$. 故 $AP = CP$.

充分性. 当 $AP = CP$ 时,注意到式①,则 $\triangle APL \cong \triangle CPK$,有 $AL = CK, AK = CL$.

设 AC 与 BD 交于点 M,则
$$\frac{AM}{CM} \cdot \frac{AK}{CK} = \frac{S_{\triangle ABM}}{S_{\triangle BCM}} \cdot \frac{S_{\triangle ABK}}{S_{\triangle CBK}} = \frac{AB \cdot \sin\angle ABM}{BC \cdot \sin\angle MBC} \cdot \frac{AB \cdot \sin\angle ABK}{BC \cdot \sin\angle CBK} = \frac{AB^2}{BC^2}$$

同理
$$\frac{AK}{CK} = \frac{AB}{BC} \cdot \frac{AD}{CD}$$

上述两式相乘,得 $\frac{AM}{CM} = \frac{AB \cdot AD}{BC \cdot CD} = \frac{S_{\triangle ABD}}{S_{\triangle CBD}}$,于是 $\sin \angle BAD = \sin \angle BCD$.

易知 $\angle BAD \neq \angle BCD$(否则 $\angle ABD + \angle ADB = \angle CBD + \angle CDB$ 不存在点 P 满足条件).

故 $\angle BAD + \angle BCD = 180°$,即知 A,B,C,D 四点共圆.

证法 2 如图 1.27.2,自点 P 分别向四边 AB,BC,CD, DA 作垂线,垂足依次为 E,F,G,H. 由 $\angle PBC = \angle DBA$,知 $EF \perp BD$. 由 $\angle PDC = \angle BDA$ 知 $GH \perp BD$, 从而 $EF \parallel HG$. 即知 $EFGH$ 为梯形.

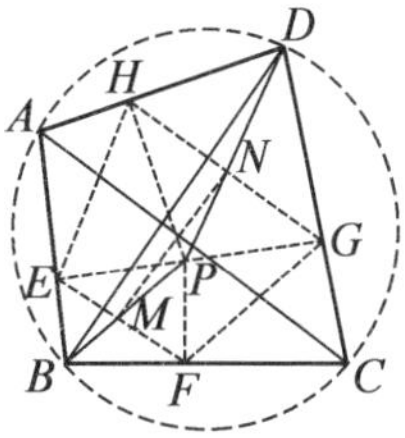

分别取 BP,DP 的中点 M,N, 则 $MN \parallel BD$.

注意到 M 为圆 $BFPE$ 的圆心, 则 MN 为 EF 的中垂线.

同理, MN 为 GH 的中垂线. 从而 $EFGH$ 为等腰梯形, 有 $EH = FG$.

图 1.27.2

在圆内接四边形 $AEPH$ 中, 直径为 AP, 由正弦定理, 有
$$EH = AP \cdot \sin \angle BAD$$

同理, $FG = PC \cdot \sin \angle BCD$.

于是 $\frac{AP}{CP} = \frac{\sin \angle BCD}{\sin \angle BAD}$. 故 $AP = CP \Leftrightarrow \sin \angle BAD = \sin \angle BCD$

若 $\angle BAD = \angle BCD$, 则导致 BD 为对称轴与题设矛盾, 故 $\angle BAD$ 与 $\angle BCD$ 互补, 即 A,B,C,D 共圆.

例 28 $\triangle ABC$ 的高 AD,BE 相交于 H,AD 的延长线交外接圆于点 G. 求证: D 为 HG 的中点.

证法 1 如图 1.28.1, 联结 BG. 在 $Rt\triangle BCE$ 与 $Rt\triangle BHD$ 中, $\angle C = 90° - \angle CBE = \angle BHD$.

又
$$\angle G = \angle C$$
得
$$\angle G = \angle BHD$$

则 $\triangle BGH$ 为等腰三角形, 且 BD 是其底边 HG 上的高线, 得 BD 是 HG 上的中线.

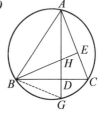

图 1.28.1

故 D 为 HG 的中点.

注 对称地,联结 GC,HC,则 $\triangle CHG$ 为等腰三角形,证法一样.

证法 2 如图 1.28.1,在 $\text{Rt}\triangle BCE$ 与 $\text{Rt}\triangle ACD$ 中,$\angle EBC = 90° - \angle C = \angle DAC = \angle GBC$.

可知
$$\text{Rt}\triangle BDH \cong \text{Rt}\triangle BDG$$

则
$$HD = DG$$

即 D 为 HG 的中点.

对称地,可由 $\text{Rt}\triangle HDC \cong \text{Rt}\triangle GDC$ 证得.

证法 3 如图 1.28.2,联结 BG,CG 和 CH. 由证法 1,$BH = BG$.

同理有 $CH = CG$. 可知 BC 为 HG 的中垂线.

故 D 为 HG 的中点.

证法 4 如图 1.28.3,设 AK 为 $\triangle ABC$ 的外接圆的直径,联结 KB、KC、KH 和 HC.

易知 $HC \perp AB$,$KB \perp AB$,有 $HC \parallel BK$.

同理
$$BH \parallel KC$$

易知四边形 $BKCH$ 为平行四边形.

设 BC,HK 交点为 M,有 $HM = MK$.

在 $\triangle HKG$ 中由 $MD \perp HG$,$KG \perp HG$,得 $MD \parallel KG$.

因 M 为 HK 中点. 则 D 是 HG 中点.

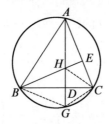
图 1.28.2

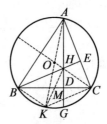
图 1.28.3

证法 5 如图 1.28.4,设 O 为 $\triangle ABC$ 的外心,联结 OD,过 D 作与 OD 垂直的弦 MN,联结 AM.

有
$$MD \cdot DN = BD \cdot DC$$

由 Rt△ADC ∽ Rt△BDH,有 BD · DC = AD · DH.
得 MD · DN = AD · DH,其中 MD = DN.
所以 $MD^2 = AD \cdot DH$.
于是
$$\triangle AMD \sim \triangle MDH$$
得 ∠HMD = ∠MAD = ∠MNG,可知 HM ∥ GN.
同理有
$$MG \parallel HN$$
则 MGNH 为平行四边形.
故 D 为 HG 的中点.

图 1.28.4

证法 6 如图 1.28.5,易知 Rt△ADC ∽ Rt△BDH,有
$$AD \cdot DH = BD \cdot DC$$
由相交弦定理,有
$$AD \cdot DG = BD \cdot DC$$
则
$$DH = DG$$
故 D 为 HG 中点.

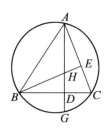

图 1.28.5

证法 7 如图 1.28.5,联结 BG.
由 Rt△ADC ∽ Rt△BDH,有
$$AD \cdot DH = BD \cdot DC$$
由 △BGD ∽ △ACD,有
$$AD \cdot DG = BD \cdot DC$$
则
$$DH = DG$$
故 D 为 HG 中点.

证法 8 如图 1.28.6,过 O 分别引 BC,AG 的垂线,M,L 为垂足.过 C 作圆 O 的直径 CK.联结 KA,KB.
易知四边形 AKBH 为平行四边形,有 KB = AH,△KBC 为直角三角形,有
$$OM = \frac{1}{2}KB = \frac{1}{2}AH, LD = OM = \frac{1}{2}AH$$
又 AL = LG,于是

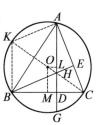

图 1.28.6

$$DH = AD - AH = AL + LD - AH = LG + LD - 2LD = LG - LD = DG$$

即
$$DH = DG$$

故 D 为 HG 中点.

例 29 以直角三角形的直角边 AC 为直径作圆 O,交斜边 AB 于 D,过 D 作圆 O 的切线交直角边 BC 于 E. 求证: DE 平分 BC.

证法 1 如图 1.29.1,联结 CD. 由 AC 为圆 O 的直径,有 $\angle CDA = 90°$.

则 $\triangle CDB$ 为直角三角形.

因 $\angle BCA = 90°$,可知 BC 与圆 O 相切,又 ED 与圆 O 相切,得 $EC = ED$. 有
$$\angle B = \angle DCA = \angle FDA = \angle EDB$$

则
$$ED = EB$$

于是
$$EB = EC$$

故 DE 平分 BC.

证法 2 如图 1.29.2,联结 EO, CD, OD.

由 $BC \perp CA$,可知 EC 为圆 O 切线,又 ED 是圆 O 切线,有 $EC = ED$,而 $OD = OC$,可知 EO 为 CD 的中垂线.

由 CD 为圆 O 直径,有 $AB \perp CD$,得 $AB \parallel EO$,且 EO 为 $\triangle CAB$ 的中位线,即 $BE = EC$.

故 DE 平分 BC.

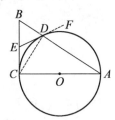

图 1.29.1

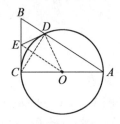

图 1.29.2

证法 3 如图 1.29.3,联结 CD, OD.

因 ED 是圆 O 的切线,有 $ED \perp DO$,又 $EC \perp CO$,可知 E, C, O, D 四点共圆. 有
$$\angle BED = \angle COD$$

由 CA 为圆 O 直径,可知 CD 为 $Rt\triangle ABC$ 的斜边上的高线,得 $\angle B = \angle DCA$.

可知
$$\triangle EDB \backsim \triangle ODC$$
又 $OD = OC$,得 $ED = EB$.
又
$$ED = EC$$

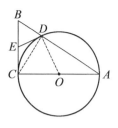

图 1.29.3

则
$$EC = EB$$
即 DE 平分 BC.

证法 4 如图 1.29.4,联结 CD.

由 CA 为圆 O 的直径,可知 CD 为 Rt$\triangle ABC$ 的斜边 AB 上的高线,有 $\angle B + \angle BCD = 90°$, $\angle CDB = 90°$.

由 $EC \perp CO$,知 EC 是圆 O 切线,又 ED 也是圆 O 切线,有 $EC = ED$,得 $\angle ECD = \angle EDC$.

则
$$90° - \angle ECD = 90° - \angle EDC$$
即
$$\angle B = \angle BDE$$
于是
$$EB = ED$$
$$EC = BE$$

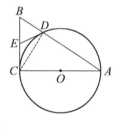

图 1.29.4

即 DE 平分 BC.

证法 5 如图 1.29.5,过 A 作圆 O 的切线交 ED 的延长线于 F.
由 ED 是圆 O 切线,有 $FD = FA$.
易知 $BC // FA$,得 $EB = ED$.
又可知 EC 是圆 O 的切线,有 $EC = ED$. 得 $EB = EC$.
即 DE 平分 BC.

证法 6 如图 1.29.6 过 D 作 CA 的垂线,交圆 O 于 G. 设 F 为 ED 的延长线上一点.
由 $BC \perp CA$,可知 EC 是圆 O 的切线,又 ED 是圆 O 的切线,有 $EC = ED$. 且
$$\angle B = \angle GDA = \angle DGA = \angle FDA = \angle BDE$$
则
$$EB = ED$$
故

$$EB = EC$$

即 DE 平分 BC.

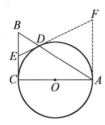

图 1.29.5

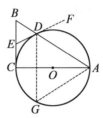

图 1.29.6

例 30 如图,AB 与圆 O 相交于 C,D, $AC = DB$, BE,AF 为圆 O 的切线,E,F 为切点. 求证:EF 平分 AB.

证法 1 如图 1.30.1,由 A 引 EB 的平分线交 EF 延长线于 G.

因 $AC = DB$,有 $AD = BC$.

由 $BE^2 = BD \cdot BC = AC \cdot AD = AF^2$,得 $BE = AF$.

由 $\angle AFG = \angle BEF$(同为 $\angle AFE$ 之补角),$\angle G = \angle E$,有 $\angle AFG = \angle G$.

则

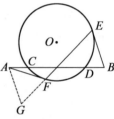

图 1.30.1

$$AG = AF$$

于是 $AG = BE$. 可知 $AGBE$ 为平行四边形.

故 EF 平分 AB.

注:类似地,由 B 引 FA 的平行线交 EF 于 H,如图 1.30.2,可知 $AFBH$ 为平行四边形,得 EF 平分 AB;

分别由 A,B 引 EF 的垂线,G,H 为垂足,如图 1.30.3,可知 $AGBH$ 为平行四边形,得 EF 平分 AB.

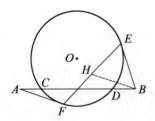

图 1.30.2

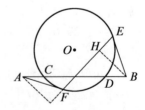

图 1.30.3

证法 2 如图 1.30.4 设 M 为 AB,EF 的交点,在 FE 的延长线上取一点 G,使 $EG = FM$.

由证法 1 可知 $AF = EB$,$\angle AFM = \angle GEB$(同为 $\angle FEB$ 的补角),可得 $\triangle AFM \cong \triangle BEG$.

有 $AM = BG$,且 $\angle AMF = \angle G$,可知 $\angle GMB = \angle G$.
则
$$MB = GB$$
故 $AM = MB$,就是 EF 平分 AB.

图 1.30.4

证法 3 如图 1.30.5,由 B 引 EF 的平行线交 AF 于 G.

由证法 1 可知 $AF = EB$,且 $\angle EFG = \angle FEB$(同为 $\angle AFE$ 的补角),可知 $FGBE$ 为等腰梯形. 故 $FG = EB$,于是 $AF = FG$,又 $EF \parallel BG$,得 $AM = MB$. 即 EF 平分 AB.

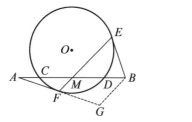 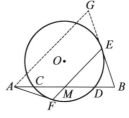

图 1.30.5 图 1.30.6

注:类似的,由 A 引 FE 的平行线交 BE 延长线于 G,如图 1.30.6 可知 $AFEG$ 的等腰梯形,证法一样.

证法 4 如图 1.30.7,取 CD 之中点 M,联结 OM,则 $OM \perp CD$. 联结 OA,OB,OF,OE,MF,ME.

由证法 1 可知 $AF = BE$,有 $\triangle AFO \cong \triangle BEO$.

可得 $\angle AOF = \angle BOE$. ①

由 A,F,M,O 四点共圆,可知
$$\angle AMF = \angle AOF \quad ②$$

由 B,E,O,M 四点共圆,可知
$$\angle EMB = \angle EOB \quad ③$$

由①②③得 $\angle AMF = \angle EMB$. 故 F,M,E 三点共线.
即 EF 平分 AB.

1 线段度量关系

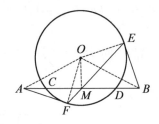

图1.30.7 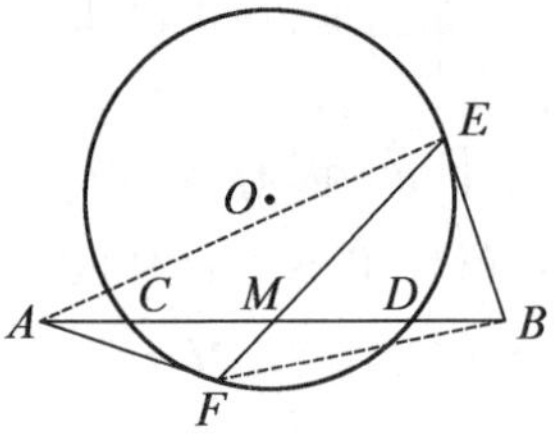   图1.30.8

证法5 如图1.30.8,联结AE,BF.

由证法1可知$AF = BE$,$\angle AFE + \angle FEB = 180°$.

则
$$\sin\angle AFE = \sin\angle FEB$$

有$\frac{1}{2}AF \cdot FE\sin\angle AFE = \frac{1}{2}BE \cdot FE\sin\angle FEB$,即$S_{\triangle AFE} = S_{\triangle BFE}$.

故EF平分AB.

例31 设圆I为$\triangle ABC$的内切圆,分别与BC,CA,AB相切于点D,E,F,DI的延长线交EF于点K,AK的延长线交BC于点M,则M为BC的中点.

证法1 过K作$M'N' \parallel BC$交AB于M',交AC于N'.

则
$$\frac{BM}{M'K} = \frac{CM}{KN'} \qquad ①$$

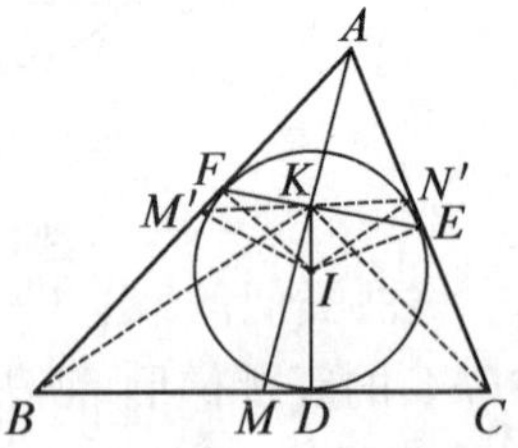

联结IM',IN',IE,IF,则知F,M',I,K与I,E,N',K分别四点共圆,从而

$$\angle IFK = \angle IM'K, \angle IEK = \angle IN'K$$

而$\angle IFK = \angle IEK$,则$\angle IM'K = \angle IN'K$,

从而$IM' = IN'$,于是$M'K = NK'$。   ②

图1.31.1

由①、②知$BM = MC$,故M为BC的中点.

证法2 由B,D,I,F与D,C,E,I分别四点共圆,有$\angle KIF = \angle B$,$\angle KIE = \angle C$.

在$\triangle KIF$和$\triangle KIE$中,分别应用正弦定理,有
$$\frac{KF}{\sin\angle KIF} = \frac{IK}{\sin\angle IFK} = \frac{IK}{\sin\angle IEK} = \frac{KE}{\sin\angle KIE}$$

即$\frac{KF}{KE} = \frac{\sin\angle KIF}{\sin\angle KIE} = \frac{\sin\angle B}{\sin\angle C} = \frac{AC}{AB}$. 从而$AB \cdot KF = AC \cdot KE$.

而 $\angle AFE = \angle AEF$,则有

$$S_{\triangle ABK} = \frac{1}{2}AB \cdot KF \cdot \sin\angle AFE = \frac{1}{2}AC \cdot KE \cdot \sin\angle AEF = S_{\triangle ACK}$$

从而知直线 AK 必平分线段 BC,故知 M 为 BC 的中点.

注:(1)反之,A,K,M 共线(这可由证法2改写即可. 设直线 AK 交 BC 于 M_0. 证 M_0 为 BC 中点即可)

(2)此例与下列问题有关:

①(《数学通报》2007(4)问题1666)圆 O 是 $\triangle ABC$ 的切圆,分别与 BC,CA,AB 相切于点 D,E,F,DO 的延长线交 EF 于 G,AG 的延长线交 BC 于 H,求证:$BH = CH$.

②(1999年四川竞赛题)圆 O 是 $\triangle ABC$ 的边 BC 外侧相切的旁切圆,D,E,F 分别为边 BC,CA,AB 所在直线的切点,DO 的延长线交 EF 于 G,则 AG 的延长线平分 BC.

③(《数学通报》1998(6)问题1135)在 $\triangle ABC$ 中,O 为内心,D,E,F 分别为 BC,CA,AB 的中点,射线 DO 交 EF 于 K,求证:$DE + EK = DF + FK$.

④设圆 O 是 $\triangle ABC$ 的内切圆,BC,CA,AB 上的切点分别为 D,E,F,射线 DO 交 EF 于 A',同样可得 B',C'. 证明:直线 AA',BB',CC' 共点(共点于重心).

例32 (2008年蒙古国家队选拔考试题)已知梯形 $ABCD$ 内接于圆 Γ. 两底 BC,AD 满足 $BC < AD$,过点 C 的切线与 AD 交于点 P. 过 P 的切线切圆 Γ 于异于 C 的另一点 E,BP 与圆 Γ 交于点 K,过 C 作 AB 的平行线分别与 AK,AE 交于点 M,N. 证明:M 为 CN 的中点.

证法1 如图1.32.1,由 $\triangle PBC \backsim \triangle PCK$ 及 $\triangle PEK \backsim \triangle PBE$ 有 $BC \cdot EK = CK \cdot BE$(即 $CBEK$ 为调和四边形). 因 $CM = MN \Leftrightarrow S_{\triangle NAM} = S_{\triangle CAM} \Leftrightarrow \dfrac{AN}{AC} = \dfrac{\sin\angle CAM}{\sin\angle NAM}.$

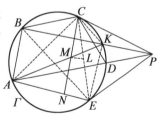

图1.32.1

注意四边形 $CBEK$ 为调和四边形,则

$$\frac{AN}{AC} = \frac{\sin\angle ACN}{\sin\angle ANC} = \frac{\sin\angle BAC}{\sin\angle BAN} = \frac{BC}{BE}$$

$$= \frac{CK}{EK} = \frac{\sin\angle CAM}{\sin\angle NAM}.$$ 由此即证.

证法2 注意四边形 $CBEK$ 为调和四边形.

则 AE, AC, AK, AB 为调和线束. 又直线 CN 式调和线束且与 AB 平行.
故 $CM = ME$.

证法 3 如图 1.32.1,联结 CK, BE, EK. 由证法 1 知 $CBEK$ 为调和四边形.
联结 CE. 取 CE 的中点 L,则由托勒密定理有
$$BC \cdot EK + CK \cdot BE = BK \cdot CE,\text{即有 } 2BC \cdot EK = 2BK \cdot LE$$
从而 $\triangle BCK \backsim \triangle ELK$,于是 $\angle EKL = \angle BKC$.

又 $\angle BKC = \angle BAC = \angle ACN$,则 $\angle EKL = \angle ACN$.

由 $\angle ACE = \angle AKE$,有 $\angle MCL = \angle NCE = \angle ACE - \angle ACN = \angle AKE - \angle EKL = \angle AKL = \angle MKL$,即知 M, C, K, L 四点共圆.

因此,$\angle KML = \angle KCL = \angle KCE = \angle KAE$,从而 $ML /\!/ AE$.

故 M 为 CN 的中点.

例 33 (2012 年陕西竞赛题)如图 1.33.1,锐角 $\triangle ABC$ 内接圆 O,过圆心 O 且垂直于半径 OA 的直线分别交边 AB, AC 于点 E, F,设圆 O 在 B、C 两点处的切线相交于点 P. 求证:直线 AP 平分线线段 EF.

证法 1 如图 1.33.1,过点 P 作 EF 的平行线,分别交 AB、AC 延长线于点 M, N,则
$$\angle PMB = \angle AEO = 90° - \angle OAE$$
因为 O 是 $\triangle ABC$ 的外心,所以
$$\angle OAE = \frac{1}{2}(180° - \angle AOB) = 90° - \angle ACB$$
所以
$$\angle PMB = \angle ACB$$

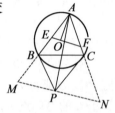

图 1.33.1

又 PB 为圆 O 的切线,所以 $\angle PBM = \angle ACB$.

所以 $\angle PMB = \angle PBM$,于是 $PM = PB$.

同理
$$PN = PC$$

又 $PB = PC$,所以 $PM = PN$,即 AP 平分线段 MN.

因为 $EF /\!/ MN$,故直线 AP 平分线段 EF.

证法 2① 如图 1.33.1,设 AP 交 EF 于点 M,交圆 O 于点 D,联结 BD, CD.

因 $\angle AEF = 90° - \angle OAE = 90° - \frac{1}{2}(180° - \angle AOB) = \angle ACB = \angle ADB$,

---

① 吕建恒. 再谈一道预赛题的证明方法[J]. 中学数学教学参考,2012(10):47 – 48.

则 $\triangle AEM \backsim \triangle ADB$,则 $\dfrac{EM}{DB} = \dfrac{AM}{AB}$,

即
$$EM = \dfrac{AM \cdot DB}{AB}$$

同理
$$MF = \dfrac{AM \cdot DC}{AC}$$

则
$$\dfrac{EM}{MF} = \dfrac{AC \cdot DB}{AB \cdot DC}$$

又由 $\triangle PAB \backsim \triangle PBD$,$\triangle PAC \backsim \triangle PCD$,得
$$\dfrac{DB}{AB} = \dfrac{PB}{PA} = \dfrac{PC}{PA} = \dfrac{DC}{AC}$$

即
$$AC \cdot DB = AB \cdot DC$$

故
$$\dfrac{EM}{MF} = 1, EM = MF$$

证法 3 由 $\angle AEF = \angle ACB$,知 B,C,F,E 四点共圆.

则 $AE \cdot AB = AF \cdot AC$,即
$$\dfrac{AE}{AF} = \dfrac{AC}{AB}$$

又由证法 2,有 $\dfrac{AC}{AB} = \dfrac{CD}{BD}$,则
$$\dfrac{AE}{AF} = \dfrac{CD}{BD}$$

从而
$$\dfrac{EM}{MF} = \dfrac{S_{\triangle AEM}}{S_{\triangle AMF}} = \dfrac{AE\sin\angle EAM}{AF\sin\angle MAF} = \dfrac{CD\sin\angle BCD}{BD\sin\angle CBD} = 1$$

即
$$EM = MF$$

证法 4 如图 1.33.2,联结 OB,OC,设 $\angle OAB = \angle OBA = \alpha$,$\angle OAC = \angle OCA = \beta$,则

$$\frac{S_{\triangle ABP}}{S_{\triangle ACP}} = \frac{AB \cdot PB\sin\angle ABP}{AC \cdot PC\sin\angle ACP} = \frac{AB\sin(90°+\alpha)}{AC\sin(90°+\beta)} = \frac{AB\cos\alpha}{AC\cos\beta}$$

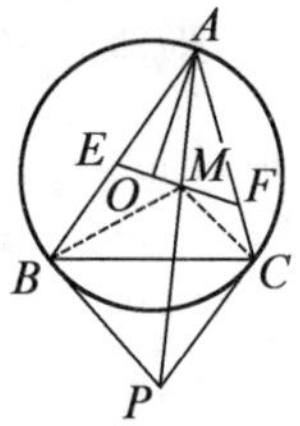

又

$$\frac{S_{\triangle ABP}}{S_{\triangle ACP}} = \frac{AB\sin\angle BAP}{AC\sin\angle CAP}$$

则

$$\frac{\cos\alpha}{\cos\beta} = \frac{\sin\angle EAM}{\sin\angle MAF}$$

从而

$$\cos\alpha = \frac{OA}{AE}, \cos\beta = \frac{OA}{AF}$$

于是

$$\frac{\cos\alpha}{\cos\beta} = \frac{AF}{AE}$$

从而

$$\frac{AF}{AE} = \frac{\sin\angle EAM}{\sin\angle MAF}$$

故

$$\frac{EM}{MF} = \frac{S_{\triangle AEM}}{S_{\triangle AMF}} = \frac{AE\sin\angle EAM}{AF\sin\angle MAF} = 1$$

即

$$EM = MF$$

图 1.33.2

证法 5 如图 1.33.3,取 BC 的中点 N,联结 AN。由证法 1 知 $\dfrac{AC}{AB} = \dfrac{CD}{BD}$,即

$$AB \cdot CD = AC \cdot BD$$

在圆内接四边形 $ABDC$ 中,由托勒密定理,得

$$AB \cdot CD + AC \cdot BD = AD \cdot BC$$

则 $2AB \cdot CD = AD \cdot 2BN$,即

$$\frac{AB}{BN} = \frac{AC}{CD}$$

又 $\angle ABN = \angle ADC$,则

$$\triangle ABN \backsim \triangle ADC$$

由证法 3 知,B、C、F、E 四点共圆.

图 1.33.3

则
$$\angle AFM = \angle ABC = \angle ADC$$
从而
$$\triangle AFM \backsim \triangle ADC, \triangle ABN \backsim \triangle AFM$$
又 $\triangle AEF \backsim \triangle ACB$，且 N 为 BC 的中点，

故 M 为 EF 的中点.

证法 6 如图 1.33.4，延长 AO 交圆 O 于点 G，联结 BG, CG, DG，则 $\angle ABG = \angle ADG = \angle ACG = 90°$.

因
$$AO \perp EF$$

则
$$\triangle AOE \backsim \triangle ABG, \triangle AOM \backsim \triangle ADG, \triangle AOF \backsim \triangle ACG$$

从而
$$\frac{OE}{AO} = \frac{BG}{AB}, \frac{OM}{AO} = \frac{DG}{AD}, \frac{OF}{AO} = \frac{CG}{AC}$$

图 1.33.4

于是
$$\frac{EM}{AO} = \frac{OE + OM}{AO} = \frac{BG}{AB} + \frac{DG}{AD}$$
$$= \frac{BG \cdot AD + DG \cdot AB}{AB \cdot AD}$$

在圆内接四边形 $ABGD$ 中，由托勒密定理，得
$$BG \cdot AD + DG \cdot AB = AG \cdot BD$$

则
$$\frac{EM}{AO} = \frac{AG \cdot BD}{AB \cdot AD} = \frac{AG}{AD} \cdot \frac{BD}{AB}$$

又
$$\frac{MF}{AO} = \frac{OF - OM}{AO} = \frac{CG}{AC} - \frac{DG}{AD}$$
$$= \frac{CG \cdot AD - DG \cdot AC}{AC \cdot AD}$$

在圆内接四边形 $ACDG$ 中，由托勒密定理，得
$$CG \cdot AD - DG \cdot AC = AG \cdot CD$$

从而

$$\frac{MF}{OA} = \frac{AG \cdot CD}{AC \cdot AD} = \frac{AG}{AD} \cdot \frac{CD}{AC}$$

由证法 2 知 $AC \cdot BD = AB \cdot CD$，即

$$\frac{BD}{AB} = \frac{CD}{AC}$$

即 $\dfrac{EM}{AO} = \dfrac{MF}{AO}$，故

$$EM = MF$$

证法 7 如图 1.33.5，取 BC 的中点 N，联结 AN, PN，则 $PN \perp BC$. 过点 C 作 $CH \perp AB$，垂足为 H，联结 NH，则 $NH = \dfrac{1}{2} BC = CN$.

因

$$\angle PCB = \angle BAC$$

则

$$\mathrm{Rt}\triangle PNC \backsim \mathrm{Rt}\triangle CHA$$

从而

$$\frac{PC}{AC} = \frac{CN}{AH} = \frac{NH}{AH}$$

图 1.33.5

又

$$\angle NHB = \angle NBH = \angle ACQ$$

则

$$\angle AHN = \angle ACP$$

从而

$$\triangle AHN \backsim \triangle ACP$$

即

$$\angle HAN = \angle CAP$$

又

$$\angle ABC = \angle AFM$$

故

$$\triangle ABN \backsim \triangle AFM$$

以下同证法 5.

证法 8 如图 1.33.6，过点 A 作圆 O 的切线 ST，则 $AD \perp ST$，从而 $ST \parallel EF$. 过点 P 作直线 $QR \parallel ST$ 分别与射线 AB, AC 交于点 Q, R，则

$$\angle PBQ = \angle SAB = \angle BQP$$

从而知
$$PQ = PB$$

同理
$$PR = PC$$

而 $PB=PC$,即知 P 为 QR 的中点. 注意 $EF /\!/ QR$, 故知 EF 被 AP 平分.

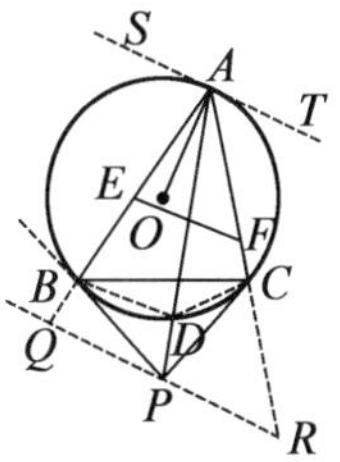

图 1.33.6

证法 9 由证法 1 知 $ABDC$ 为调和四边形.

过点 A 作圆 O 的切线 AT,由调和四边形与调和线束的关系知,AT,AD,AC,AB 为调和线束.

又 EF 与 AT 平行,且与 AC,AD,AB 相截,由调和线束的性质,知 AP 平分 EF.

证法 10 选取圆心 O 为坐标原点,EF 所在直线为 x 轴,OA 所在直线为 y 轴,建立如图 1.33.7 所示的平面直角坐标系,设圆 O 的半径为 r,则 $A(0,r)$,圆的方程

$$x^2 + y^2 = r^2 \qquad ①$$

设 $E(x_1,0),F(x_2,0)$,直线 AP 与线段 EF 相交于点 Q,因 $k_{AE} = -\dfrac{r}{x_1}$,则直线 AB 的方程为

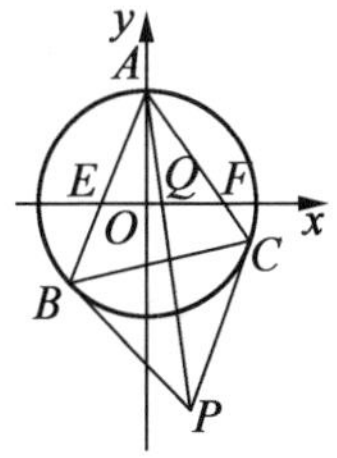

$$y = -\frac{r}{x_1}x + r \qquad ②$$

由 ①,② 联立解方程组得

$$\begin{cases} x_B = \dfrac{2x_1 r^2}{x_1^2 + r^2} \\ y_B = \dfrac{(x_1^2 - r^2)r}{x_1^2 + r^2} \end{cases}$$

则 $B\left(\dfrac{2x_1 r^2}{x_1^2+r^2}, \dfrac{(x_1^2-r^2)r}{x_1^2+r^2}\right)$,同理可得 $C\left(\dfrac{2x_2 r^2}{x_2^2+r^2}, \dfrac{(x_2^2-r^2)r}{x_2^2+r^2}\right)$.

由于 PB,PC 是圆 O 的切线,则 PB,PC 的方程分别为

$$\frac{2x_1 r^2}{x_1^2+r^2}x + \frac{(x_1^2-r^2)r}{x_1^2+r^2}y = r^2 \qquad ③$$

$$\frac{2x_2 r^2}{x_2^2+r^2}x + \frac{(x_2^2-r^2)r}{x_2^2+r^2}y = r^2 \qquad ④$$

图 1.33.7

由③,④联立解方程组得

$$\begin{cases} x_P = \dfrac{(x_1+x_2)r^2}{x_1x_2+r^2} \\ y_P = \dfrac{(x_1x_2-r^2)r}{x_1x_2+r^2} \end{cases}$$

从而 $P\left(\dfrac{(x_1+x_2)r^2}{x_1x_2+r^2}, \dfrac{(x_1x_2-r^2)r}{x_1x_2+r^2}\right)$,于是 $k_{AP} = \dfrac{\dfrac{(x_1x_2-r^2)r}{x_1x_2+r^2}-r}{\dfrac{(x_1+x_2)r^2}{x_1x_2+r^2}} = \dfrac{-2r}{x_1+x_2}$,所以

直线 AP 的方程为 $y = -\dfrac{2r}{x_1+x_2}x + r$,令 $y=0$,则 $x = \dfrac{x_1+x_2}{2}$,即 $Q\left(\dfrac{x_1+x_2}{2}, 0\right)$,故直线 AP 平分线段 EF.

例 34 (2013 年第 39 届俄罗斯数学奥林匹克题)在锐角 $\triangle ABC$ 中,已知 $AB > BC$,点 P,Q 分别为其外接圆圆 O 上的劣弧 $\overset{\frown}{AC}$,优弧 $\overset{\frown}{AC}$ 的中点,过 Q 作线段 AB 的垂线,垂足为 M. 证明:$\triangle BMC$ 的外接圆平分线段 BP.

证法 1 如图 1.34.1,设线段 BP 的中点为 S. 而 O 是线段 PQ 的中点,S 是点 O 在 BP 上的投影.

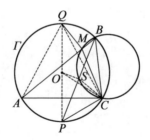

图 1.34.1

因为 Q 是弧 $\overset{\frown}{AC}$ 的中点,所以,$QA = QC$.

又 $\angle QAC$ 和 $\angle OPC$,$\angle QAM$ 和 $\angle OPS$ 分别为弧 $\overset{\frown}{QC}$,弧 $\overset{\frown}{QB}$ 所对的圆周角,则有

$$\triangle AQC \sim \triangle POC$$
$$\text{Rt}\triangle AQM \sim \text{Rt}\triangle POS$$

从而

$$\frac{AM}{PS}=\frac{AQ}{PO}=\frac{AC}{PC}$$

由 $\angle MAC = \angle SPC$,故
$$\triangle AMC \backsim \triangle PSC.$$

从而
$$\angle BMC = \angle BSC$$

由此,知 B,C,S,M 四点共圆,即 $\triangle BMC$ 的外接圆经过线段 BP 的中点 S.

证法2 如图1.34.2,设 K 是点 C 关于直线 BQ 的对称点.

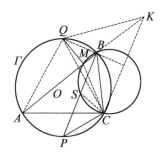

图1.34.2

因为 $AQ = CQ$,且直线 BQ 是 $\triangle ABC$ 的外角平分线,所以,点 K 在直线 AB 上.

再由对称性知 $QK = QC = QA$.

故 $\triangle QAK$ 为等腰三角形.

从而,其高 QM 也为中线,有 $AM = MK$.

由 $BC = BK$,知 $\triangle BCK$ 为等腰三角形.

所以
$$\angle BKC = \frac{1}{2}\angle ABC = \angle PBC$$

又 $\angle BPC = \angle BAC$,则
$$\triangle CAK \backsim \triangle CPB$$

将线段 BP 的中点记为 S,则 $\angle CSB$、$\angle CMK$ 是这两个相似三角形中的对应角,故
$$\angle CSB = \angle CMB$$

从而, B,C,S,M 四点共圆,即 $\triangle BMC$ 的外接圆经过线段 BP 的中点 S.

55.2 代数和

例35 圆内接四边形对角线互相垂直,圆心到一边的距离等于对边的一半.

如图1.35.1,四边形 $ABCD$ 内接于圆 O,对角线 AC,BD 相交于 P,$AC \perp BD$. $OE \perp AB$ 于 E. 求证:$OE = \frac{1}{2}CD$.

证法1 如图1.35.1,联结 OA,OC. 由 O 引 CD 的垂线,F 为垂足,则 $FC = \frac{1}{2}CD$.

由 $\angle AOE = \angle ADB$,有 $\angle OAE = \angle DAC$.

但 $\angle DAC = \angle FOC$,故 $\angle OAE = \angle FOC$,而 $OA = OC$,得
$$\triangle AOE \cong \triangle OCF$$

则 $OE = FC$,即 $OE = \frac{1}{2}CD$.

证法2 如图1.35.2,由 O 引 DC 的垂线,F 为垂足,联结 PE,PF,设 FP 交 AB 于 G.

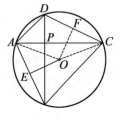 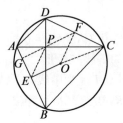

图1.35.1　　　　图1.35.2

由 $OF \perp CD$,有 F 为 CD 中点,于是 $FP = \frac{1}{2}DC$,且 $\angle FPC = \angle FCP = \angle DBA$.

又 $\angle APG = \angle FPC$,得 $\angle APG = \angle DBA = \angle PAB$ 的余角.

从而
$$FP \perp AB$$

而 $OE \perp AB$,可知
$$FP \mathbin{/\mkern-6mu/} OE$$

同理可证

$$PE \parallel PO$$

则 PEOF 为平行四边形.

于是 OE = PF,故

$$OE = \frac{1}{2}DC$$

证法 3 如图 1.35.3,设 AO 交圆 O 于 G,联结 CG,BG,则

$$CG \perp AC, BG \perp AB$$

由 $OE \perp AB$,有 $OE = \frac{1}{2}BG$.

由 $DB \perp AC$,有 $CG \parallel BD$,得 $DC = BG$.

则

$$OE = \frac{1}{2}DC$$

对称地,设 BO 交圆 O 于 G,则 GD∥AC,AG = DC(图 1.35.4),证法一样.

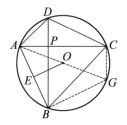
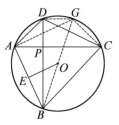

图 1.35.3　　　　　图 1.35.4

证法 4 如图 1.35.5,作 $OG \perp AC$ 于 G,则 G 为 AC 中点.

取 AD 中点 H,联结 HE,HG. 有 $HG \underline{\parallel} \frac{1}{2}DC$,且 $HE \parallel DB$.

于是

$$HE \parallel GO$$

因 $\angle GHE = \angle BDC = \angle BAC$,又 $\angle BAC = \angle HEO$(同为 $\angle HEA$ 的余角),得

$$\angle GHE = \angle HEO$$

可知 HEOG 为等腰梯形.

故

$$EO = HG$$

即

$$OE = \frac{1}{2}DC$$

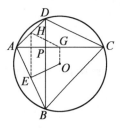
图 1.35.5

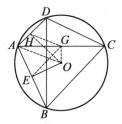
图 1.35.6

证法 5 如图 1.35.6,作 $OG \perp AC$,G 为垂足,作 $OH \perp AD$,H 为垂足,可知 H,G 分别为 AD,AC 的中点.

则
$$HG = \frac{1}{2}DC$$

联结 AO,可知 A,O,G,H 四点共圆,有

$$\angle GOH = \angle GAH \qquad ①$$
$$\angle GHO = \angle GAO \qquad ②$$

又 A,E,O,G 四点共圆,有

$$\angle GAO = \angle GEO \qquad ③$$

由式②③得

$$\angle GHO = \angle GEO \qquad ④$$

由 $OG \perp AC$,$GE \parallel CB$,有

$$\angle EGO = \angle DBC = \angle DAC \qquad ⑤$$

由式①⑤得

$$\angle GOH = \angle EGO \qquad ⑥$$

由式⑤⑥及 $OG = GO$,可知

$$\triangle HOG \cong \triangle EGO$$

则
$$OE = HG$$

故
$$OE = \frac{1}{2}DC$$

注:此例结论与卡诺定理密切相交,在卡诺定理中,若延长 OF 交圆 O 于点

G,则有 $AG=AH$,$OM=\dfrac{1}{2}AG$ 就是本例了.

例36 设点 P 在正三角形 ABC 的外接圆的 $\overset{\frown}{BC}$ 上,则 $PA=PB+PC$.

证法1 如图 1.36.1,延长 PC 至 F,使 $CF=PB$,联结 AF,在 $\triangle ABP$ 与 $\triangle ACF$ 中.

因四边形 $ABPC$ 是圆内接四边形,则
$$\angle ACF=\angle ABP$$
又由
$$AC=AB$$
有
$$\triangle ACF\cong\triangle ABP$$
则
$$AF=AP$$

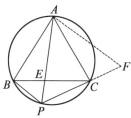

图 1.36.1

又以因
$$\angle APC=\angle ABC=60°$$
则 $\triangle APF$ 是等边三角形.
故
$$AP=PF=CF+PC=PB+PC$$

证法2 延长 PB 至 F,使 $BF=PC$,再用证法1的方法同样可证结论成立.(略)

证法3 如图 1.36.2,延长 CP 至 F,使 $FP=BP$,联结 BF.
因四边形 $ABPC$ 是圆内接四边形,$\triangle ABC$ 是正三角形.
则
$$\angle BPF=\angle BAC=60°$$
从而 $\triangle BPF$ 是正三角形.
则
$$BF=BP=FP$$
$$\angle FBP=60°=\angle ABC$$
所以
$$\angle FBC=\angle PBA$$
又由
$$BC=BA$$

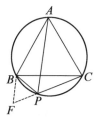

图 1.36.2

有
$$\triangle FBC \cong \triangle PBA$$
故
$$FP + PC = AP$$
即
$$AP = PB + PC$$

证法 4 延长 BP 至 F,使 $PF = PC$,用证法 3 的方法同样可证结论成立. (略)

证法 5 如图 1.36.3,在 AP 上截取 $PF = PB$,联结 BF.
因 $\triangle ABC$ 是正三角形,则
$$\angle BPF = \angle BCA = 60°$$
从而 $\triangle BPF$ 是正三角形. 有
$$PB = FB$$
$$\angle PBC + \angle CBF = 60°$$
而
$$\angle ABF + \angle CBF = 60°$$
则
$$\angle PBC = \angle ABF$$
又
$$BC = BA$$
则
$$\triangle PBC \cong \triangle FBA$$
从而
$$PC = AF$$
故
$$AP = PF + AF = PB + PC$$

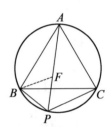

图 1.36.3

证法 6 在 AP 上截取 $PF = PC$,联结 CF,用证法 5 的方法也可获证. (略)

证法 7 如图 1.36.3,设 BC 与 AP 交于点 E.
因 $\triangle ABC$ 是正三角形,则
$$\angle ABC = \angle ACB = 60°, AB = AC = BC$$
又
$$\angle APB = \angle ACB$$

则
$$\angle ABC = \angle APB$$
由
$$\angle BAE = \angle BAP$$
有
$$\triangle ABE \backsim \triangle APB$$
从而
$$\frac{AB}{AP} = \frac{BE}{PB} = \frac{AE}{AB}$$
同理可证 $\triangle ACE \backsim \triangle APC$,则
$$\frac{CE}{PC} = \frac{AE}{AC}$$
而 $AB = AC$,则
$$\frac{AB}{AP} = \frac{BE}{PB} = \frac{CE}{PC}$$
所以
$$\frac{AB}{AP} = \frac{BE + CE}{PB + PC} = \frac{BC}{PB + PC}$$
故
$$AP = PB + PC$$

证法 8 运用托勒密定理,有
$$AB \cdot PC + AC \cdot BP = AP \cdot BC$$
而
$$AB = AC = BC$$
故
$$PA = PB + PC$$

证法 9 如图 1.36.4.
作 $AR \perp PC, AQ \perp PB$,则可证:
$$\triangle ABQ \cong \triangle ACR$$
及
$$\triangle APQ \cong \triangle APR$$
则
$$BQ = CR, PQ = PR$$

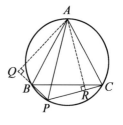

图 1.36.4

从而
$$PB + PC = PQ - BQ + PR + CR$$
$$= PQ + PR = 2PR$$

在 $\triangle APR$ 中,$\angle ARP = 90°$,$\angle APR = 60°$,$\angle PAR = 30°$
则
$$2PR = PA$$
故
$$PB + PC = PA$$

证法 10 如图 1.36.5.

设 BC 与 AP 之交点是 Q,令
$$AB = a, BQ = l,$$
$$CQ = m, AQ = u$$

则可证
$$\triangle ABP \backsim \triangle AQB,\ 及\ \triangle ACP \backsim \triangle AQC$$

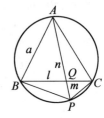

图 1.36.5

从而
$$\frac{PB}{l} = \frac{a}{u}, \frac{PC}{m} = \frac{a}{u}, a^2 = PA \cdot u$$

于是
$$PB + PC = \frac{a}{u}(l + m) = \frac{a^2}{u} = PA$$

即
$$PA = PB + PC$$

证法 11 如图 1.36.6,令 $\angle PAC = \angle PBC = \alpha$,则
$$S_{\triangle BPC} = \frac{1}{2}PA \cdot a\sin\beta$$
$$= \frac{1}{2}PA \cdot a \cdot \sin(60° + \alpha)$$
$$S_{\triangle ABP} = \frac{1}{2}PB \cdot a \cdot \sin\angle ABP$$
$$= \frac{1}{2}PB \cdot a \cdot \sin(60° + \alpha)$$

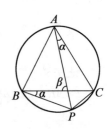

图 1.36.6

$$S_{\triangle ACP} = \frac{1}{2}PC \cdot a \cdot \sin\angle ACP$$
$$= \frac{1}{2}PC \cdot a \cdot \sin(180° - \angle ABP)$$
$$= \frac{1}{2}PC \cdot a \cdot \sin\angle ABP$$
$$= \frac{1}{2}PC \cdot a \cdot \sin(60° + \alpha)$$

因
$$S_{\triangle BPC} = S_{\triangle ABP} + S_{\triangle ACP}$$

则
$$PA \cdot a = PB \cdot a + PC \cdot a$$

即
$$PA = PB + PC$$

证法 12 如图 1.36.6,设 $\angle CAP = \alpha$,由正弦定理可得
$$PC = 2R\sin\alpha$$
$$PB = 2R\sin(60° - \alpha)$$
$$PA = 2R\sin(60° + \alpha)$$

则
$$PB + PC = 2R\sin\alpha + 2R\sin(60° - \alpha)$$
$$= 4R\sin 30°\cos(\alpha - 30°)$$
$$= 2R\sin(90° + \alpha - 30°)$$
$$= 2R\sin(60° + \alpha) = PA$$

故
$$PA = PB + PC$$

证法 13 如图 1.36.6,由余弦定理
$$a^2 = PB^2 + PC^2 - 2PB \cdot PC\cos 120°$$
$$= PB^2 + PC^2 + PB \cdot PC$$
$$a^2 = PA^2 + PB^2 - 2PA \cdot PB\cos 60°$$
$$= PA^2 + PB^2 - PA \cdot PB$$

从而
$$PA^2 + PB^2 - PA \cdot PB = PB^2 + PC^2 + PB \cdot PC$$

即

$$PA^2 - PC^2 = PB(PA+PC)$$

于是
$$(PA-PC)(PA+PC) = PB(PA+PC)$$

即
$$PA - PC = PB$$

故
$$PA = PB + PC$$

证法 14 如图 1.36.7,过 P 引 $B'C' \parallel BC$,延长 AB,AC 交 $B'C'$ 于 B',C'.则 $\triangle AB'C'$ 为正三角形,过 P 作 $PS \perp AB'$,$PR \perp AC$,过 A 引 $AQ \perp B'C'$.

则由等腰三角形特性及 $\triangle AB'C'$ 是等边三角形,可得 $PS + PR = AQ$.

又
$$PB = \frac{PS}{\sin(60°+\alpha)}$$
$$PC = \frac{PR}{\sin\angle PCR} = \frac{PR}{\sin(60°+\alpha)}$$
$$PA = \frac{AQ}{\sin\angle APQ} = \frac{AQ}{\sin(60°+\alpha)}$$

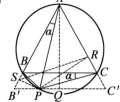

图 1.36.7

由 $PS + PR = AQ$ 即可推得

故
$$PB + PC = PA$$

证法 15 如图 1.36.8 设 $PB = x_1$,$PC = x_2$.
由余弦定理
$$a^2 = PA^2 + x_1^2 - x_1 \cdot PA$$
$$a^2 = PA^2 + x_2^2 - x_2 \cdot PA$$

则 x_1、x_2 是方程 $X^2 - PA \cdot X + PA^2 - a^2 = 0$ 的两个根.
从而
$$PB + PC = x_1 + x_2 = PA$$

(还有 $PB \cdot PC = x_1 \cdot x_2 = PA^2 - a^2$)

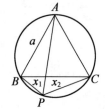

图 1.36.8

证法 16 如图 1.36.9,以 P 为极点,以 P 和 $\triangle ABC$ 的外心 O' 的连线为极轴.取极坐标系.设圆半径为 R,C 点的极角为 α
则
$$OC = 2R\cos\alpha$$

$$OA = 2R\cos(\alpha - 60°)$$
$$OB = 2R\cos(\alpha - 120°)$$
$$OC + OB = PC + PB$$
$$= 2R[\cos\alpha + \cos\cdot(\alpha - 120°)]$$
$$= 4R\cos(\alpha - 60°)\cos 60°$$
$$= 2R\cos(\alpha - 60°) = OA = PA$$

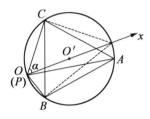

图 1.36.9

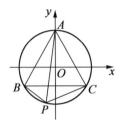

图 1.36.10

证法 17 如图 1.36.10.

设 $\triangle ABC$ 的外接圆半径为 2,以外接圆的圆心为原点,x 轴平行边 BC,取直角坐标系.

则各点的坐标可设为

$$A(0,2)、B(-\sqrt{3},-1)、C(\sqrt{3},-1)、P(x_1,y_1)$$
$$(-\sqrt{3} < x_1 < \sqrt{3}, -2 < y_1 < -1)$$

则本题就等坐于证明下列等式

$$\sqrt{x_1^2 + (y_1-2)^2} = \sqrt{(x_1+\sqrt{3})^2 + (y_1+1)^2} + \sqrt{(x_1-\sqrt{3})^2 + (y_1+1)^2}$$

因 $P(x_1,y_1)$ 在圆上,则 $x_1^2 + y_1^2 = 4$.

从而原式即

$$2\sqrt{2-y_1} = \sqrt{8 + 2\sqrt{3}x_1 + 2y_1} + \sqrt{8 - 2\sqrt{3}x_1 + 2y_1}$$

两边平方

$$8 - 4y_1 = 16 + 4y_1 + 2\sqrt{(8+2y_1)^2 - (2\sqrt{3}x_1)^2}$$

即

$$-(1+y_1) = \sqrt{y_1^2 + 2y_1 + 1} = \sqrt{(y_1+1)^2}$$

又

$$-2 < y_1 < -1$$

则

$$y_1 + 1 < 0$$

所以上式是成立的.

由于以上步骤可逆,本题得证.

例 37 顶角为 $100°$ 的等角三角形中,底角的一条平分线长与这条角平分线分对边所得上段的和等于底边之长.

如图 1.37.1,在 $\triangle ABC$ 中,$AB = AC$,$\angle A = 100°$,BD 为角平分线交 AC 于点 D,则 $AD + BD = BC$.

证法 1 如图 1.37.1,在 BC 上取点 E,使 $BE = BD$. 有 $\angle BED = \angle BDE = \frac{1}{2}(180° - 20°) = 80°$,可知 $\angle DEC = 100°$,而 $\angle C = 40°$,从而 $\triangle ECD \backsim \triangle ABC$,于是 $\frac{EC}{AB} = \frac{DC}{CB}$.

又因
$$\frac{AD}{AB} = \frac{DC}{BC}$$

则
$$EC = AD$$

故
$$BC = BD + AD$$

证法 2 如图 1.37.2,设 $\triangle ABD$ 的外接圆交 BC 于 E,则由于 BD 平分 $\angle ABC$,有 $DE = AD$.

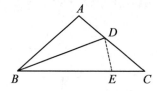
图 1.37.1

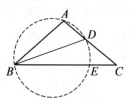
图 1.37.2

因 $\angle CDE = \angle ABC = \angle C$,有 $EC = ED$,则 $EC = AD$. 由 $\angle BED = 180° - \angle A = 80°$,$\angle DBE = 20°$,得 $\angle BDE = 80°$.

从而
$$BE = BD$$

故
$$BC = BD + AD$$

证法 3 如图 1.37.3,延长 BD 到 F,使 $DF = AD$,在 BC 上取点 G,使 $BG = BA$,$\triangle BAD \cong \triangle BGD$,得 $\angle BGD = \angle A = 100°$,$\angle FDC = \angle GDC = 60°$,$DG = DA = DF$.

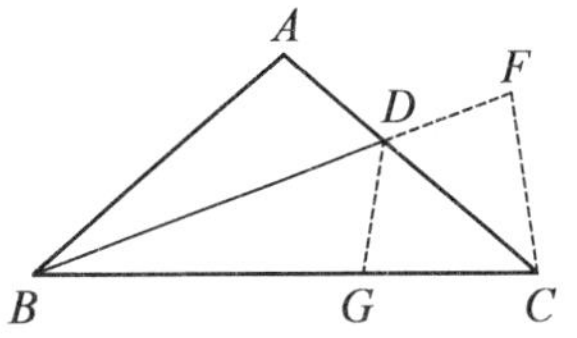

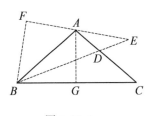

图 1.37.3

从而
$$\triangle DFC \cong \triangle DGC$$
则
$$\angle F = \angle DGC = 80°$$
故
$$BC = BF = BD + DF = BD + AD$$
即
$$BC = BD + AD$$

证法 4 如图 1.37.4,延长 BD 到 E,使 $DE = AD$,由 B 引 EA 的垂线,F 为垂足. 由 A 引 BC 的垂线,G 为垂足.

又 $\angle BDA = 180° - 100° - 20° = 60°$,$\angle E = \angle DAE = \frac{1}{2}\angle BDA = 30°$,$BF \perp FE$,得 $BE = 2BF$. 在 $\triangle AFB$ 与 $\triangle AGB$ 中,$\angle ABF = 60° - 20° = 40°$.

又 $\angle ABF = \angle ABG$,易知 $\triangle ABF \cong \triangle ABG$.

从而 $BF = BG$,而 $BC = 2BG$.

则
$$BC = 2BF$$
即
$$BC = BE = BD + DE = BD + AD$$
故
$$BC = BD + AD$$

图 1.37.4

证法 5 如图 1.37.5,延长 BD 到 E,使 $BE = BC$. 设 BA,CE 交于 F,联结 FD,$\angle BEC = \angle BCE = 80° = \angle CAF$,可知 A,D,E,F 四点共圆,而 D 为 $\triangle FBC$ 为内心,有 $\angle AFD = \angle DFE$.

则

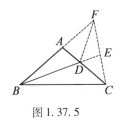

图 1.37.5

1 线段度量关系

$$AD = DE$$

故
$$BC = BE = BD + DE = BD + AD$$

证法 6 如图 1.37.6，在 BC 上取点 G，使 $BG = BD$，由 D 作 BC, BA 的垂线，F, E 为垂足，由 BD 平分 $\angle ABC$，有 $DE = DF$. $\angle BGD = \frac{1}{2}(180° - \angle BAC) = 80°$，$\angle DAE = 180° - \angle BAC = 80°$，得 $\angle BGD = \angle DAE$，从而 $\text{Rt}\triangle DAE \cong \text{Rt}\triangle DGF$，故 $DG = DA$. 由 $\angle GDC = \angle BGD - \angle C = 40° = \angle C$，有 $GD = GC$，得 $GC = AD$.

则
$$BC = BG + GC = BD + AD$$

即
$$AD + BD = BC$$

证法 7 如图 1.37.7，在 BC 上取一点 E，使 $BE = BD$. 在 BA 延长线上取一点 F，使 $BF = BD$. 易知 $EC = ED = DF = DA$.

故
$$BC = BD + AD$$

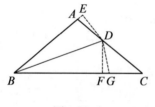

图 1.37.6

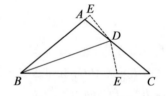

图 1.37.7

例 38 （1985 年第 26 届 IMO 试题）一圆的圆心在顶点共圆的四边形 $ABCD$ 的边 AB 上，其他三边都与该圆相切，证明：$AD + BC = AB$.

证法 1 如图 1.38.1，设 AD, BC, CD 分别切圆 O 于 E, F, G，O 在 AB 上，圆 O 的半径为 r，联结 OE, OD, OG, OC, OF. 在 $\text{Rt}\triangle AOE$ 中，$AE = OA\cos A$，$r = OA\sin A$；在 $\text{Rt}\triangle BOF$ 中，$BF = OB\cos B$，$r = OB\sin B$；在 $\text{Rt}\triangle OED$ 中

$$DE = r\cot\frac{D}{2} = OB\sin B \cdot \frac{\cos D + 1}{\sin D}$$
$$= OB(1 - \cos B) \quad (因为 B + D = 180°)$$

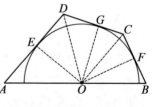

图 1.38.1

在 Rt△OFC 中 $CF = r\cot\dfrac{C}{2} = OA\sin A \cdot \dfrac{\cos C + 1}{\sin C} = OA(1-\cos A)$（因为 $A + C = 180°$）

所以
$$AD + BC = AE + DE + BF + CF = OA + OB = AB$$

证法 2 如图 1.38.2，E, F, G 为切点，设圆 O 的半径为 r. 联结 OE, OG, OF，并延长 OF 和 GC 相交于 N. 因为
$$\angle 1 = \angle A$$

所以
$$\text{Rt}\triangle AEO \backsim \text{Rt}\triangle CFN$$

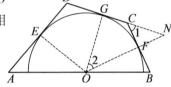

图 1.38.2

所以
$$CF = \dfrac{AE \cdot FN}{r}$$

又
$$\angle 2 = \angle 1 = \angle A$$

所以
$$\text{Rt}\triangle OGN \backsim \text{Rt}\triangle AEO$$

所以
$$OA = \dfrac{AE \cdot ON}{OG} = \dfrac{AE \cdot (r + FN)}{r} = AE + \dfrac{AE \cdot FN}{r} = AE + CF$$

同理
$$OB = BF + DE$$

所以
$$AB = OA + OB = AE + CF + BF + DE = AD + BC$$

证法 3 如图 1.38.3，作圆 O 的切线 EF，使 $EF // AB$，E, F 分别加紧在 AD, BC（或其延长线）上，H, G 为切点，联结 OG, OH, OD, OE, OC, OF. 易知
$$\angle ODC = \angle OFE, \angle OCD = \angle OEF$$

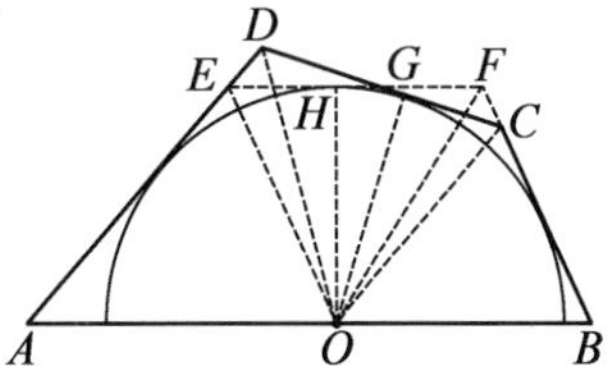

所以
$$\triangle OCD \backsim \triangle OEF$$

且相似比为 $OG : OH = 1 : 1$（对应边上的高之比）

所以 $\triangle OCD \cong \triangle OEF$ 从而 $OD = OF, OC = OE$

图 1.38.3

$$\angle DOC = \angle FOE \Rightarrow \angle DOE = \angle FOC$$

所以
$$\triangle DOE \cong \triangle FOC, DE = CF$$

从而
$$AD + BC = AE + BF$$

因为
$$\angle AEO = \angle OEF = \angle AOE$$

所以
$$OA = AE$$

同理
$$OB = BF$$

所以
$$AB = OA + OB = AE + BF = AD + BC$$

证法4 如图1.38.4,设圆 O 与 BC, CD, DA 相切,O 在 AB 上,作圆 ODC 交 AB 于另一点 M.

则 $\angle OCD = \dfrac{\angle DCB}{2} = \dfrac{180° - \angle BAD}{2}$(由 A, B, C, D 共圆知).从而 $\angle AMD = \angle OCD = 90° - \dfrac{\angle BAD}{2}$(由 O, M, C, D 共圆知).

又
$$\angle ADM = 180° - \angle BAD - \angle AMD$$
$$= 180° - \angle BAD - 90° + \dfrac{\angle BAD}{2}$$
$$= 90° - \dfrac{\angle BAD}{2} = \angle AMD$$

即
$$\angle ADM = \angle AMD$$

故
$$AD = AM$$

同理 $BC = BM$.因而 $AD + BC = AM + MB = AB$.

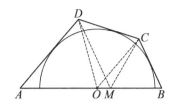 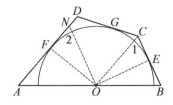

图 1.38.4   图 1.38.5

证法 5 设 AD, BC 与圆 O 切于点 F, E,在 AF 延长线上取点 N,使 $FN = EG$.

由 $OE = OF$,得
$$\angle OEC = \angle OFN = 90°$$
则
$$\triangle OEC \cong \triangle OFN$$
从而
$$\angle ANO = \angle ECO$$
又
$$\angle ECO = \frac{\angle BCD}{2} = \frac{180° - \angle BAD}{2}$$
$$\angle AON = 180° - \angle ANO - \angle BAD$$
$$= 180° - \angle ECO - \angle BAD$$
$$= 180° - \frac{180° - \angle BAD}{2} - \angle BAD$$
$$= \frac{180° - \angle BAD}{2}$$
从而
$$\angle AON = \angle ECO = \angle ANO$$
则
$$AO = AN = AF + FN = AF + EC$$
同理
$$BO = BE + ND$$
故 $AO + BO = AD + BC$ 即 $AD + BC = AB$.

证法 6 若 $AD \parallel BC$,很易证 $AD + BC = AB$. 若如图所示 $AD \nparallel BC$,则设 AD 交 BC 于 P. 令圆 O 半径为 r,联结 PO 交 DC 于 Q.

因 A, B, C, D 共圆

则 $\triangle PAB \backsim \triangle PCD$ 且相似比为 $PO:PQ$(对应角平分线长之比).

又

$$AD = PA - PD = PC \cdot \frac{PO}{PQ} - PD$$

$$BC = PB - PC = PD \cdot \frac{PO}{PQ} - PC$$

从而

$$AD + BC = (PC + PD)\left(\frac{PO}{PQ} - 1\right)$$

$$= (PC + PD)\frac{OQ}{PQ}$$

因

$$\frac{OQ}{PO} = \frac{S_{\triangle ODC}}{S_{\triangle DOC}} = \frac{S_{\triangle ODC}}{S_{\triangle OCP} + S_{\triangle OPD}}$$

$$= \frac{\frac{r}{2}DC}{\frac{r}{2}PC + \frac{r}{2}PD} = \frac{DC}{PC + PD}$$

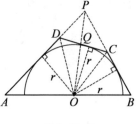

图 1.38.6

即

$$\frac{OQ}{PO} = \frac{DC}{PC + PD}$$

从而

$$(PC + PD)OQ = PO \cdot DC$$

故 $AD + BC = \frac{PO \cdot DC}{PQ} = CD\frac{PO}{PQ} = AB$($\triangle PAB \backsim \triangle PCD$ 且相似比为 $PQ:PQ$).

即

$$AD + BA = AB$$

证法7 延长 AD 至 F 使 $AF = AB$,联结 FB 交 CD 于 E,如图 1.38.7 所示,

因

$$\angle ABF = \angle AFB(AF = AB)$$

$$\angle DCO = \angle BCO(CB、CD \text{ 为圆 } O \text{ 切线})$$

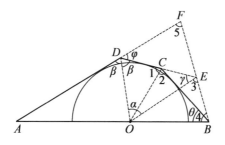

图 1.38.7

又
$$\angle A + 2\angle ABF = 180°(\triangle 内角和)$$
$$\angle A + 2\angle DCO = 180°(A,B,C,D 共圆)$$

从而
$$\angle DCO = \angle ABF$$

于是 O,B,E,C 共圆.

故
$$\angle OCB = \angle OEB$$

因而
$$\angle 1 = \angle 2 = \angle 3 = \angle 4 = \angle 5$$

设 $\angle DOE = \alpha, \angle ADO = \beta, \angle DEO = \gamma, \angle OBC = \theta, \angle FDE = \varphi$.

则
$$2\beta + \theta = 180°(A,B,C,D 共圆)$$
$$\beta + \alpha + \gamma = 180°$$

又因
$$\gamma = \theta(O,B,E,C 共圆)$$

则
$$\alpha = \beta$$

从而 $EO = ED$, 而 $OE = OB$.

则
$$ED = OE$$

又因
$$\angle 2 = \angle 5, \varphi = \theta(A,B,C,D 共圆)$$

从而
$$\triangle OBC \cong \triangle EFD$$

则
$$BC = FD$$
即
$$AB = AD + DF = AD + BC$$
故得证.

例 39 如图 1.39.1,在 $\triangle ABC$ 中,$AB < AC < BC$,点 D 在 BC 上,点 E 在 BA 的延长线上,且 $BD = BE = AC$,$\triangle BDE$ 的外接圆与 $\triangle ABC$ 的外接圆交于点 F. 求证:$BF = AF + CF$.

证法 1 延长 AF 到 G,使 $FG = FC$,联结 FD,CG,如图 1.39.1

由 A,B,C,F 四点共圆有 $\angle CFG = \angle EBD$.

又 $BE = BD$,$FG = FC$,则 $\angle BED = \angle CGF$.

而 $\angle BED = \angle BFD$,因此 $\angle BFD = \angle AGC$.

又 $\angle FBD = \angle GAC$,$BD = AC$,则 $\triangle BFD \cong \triangle AGC$,

从而
$$BF = AG = AF + FC$$

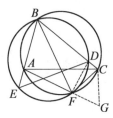

图 1.39.1

证法 2 延长 CF 到 G,使 $FG = AF$.
联结 EF、AG,如图 1.39.2.

由 A,B,C,F 四点共圆,有 $\angle AFG = \angle EBD$.

又 $BE = BD$,$AF = FG$,则 $\angle BDE = \angle G$.

又 $\angle BDE = \angle BFE$,则 $\angle BFE = \angle G$.

又 $AC = BE$,$\angle EBF = \angle ACG$.

则
$$\triangle EBF \cong \triangle ACG$$
故
$$BF = CG = AF + FC$$

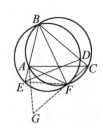

图 1.39.2

证法 3 在 BF 上截取 $BG = AF$(或作 $\angle BDG = \angle ACF$),如图 1.39.3.

又 $AC = BD$,$\angle FAC = \angle GBD$,

则 $\triangle FAC \cong \triangle GBD$,即 $GD = FC$,$\angle AFC = \angle BGD$,

而 $\angle AFC + \angle ABD = 180°$,$\angle DGF + \angle DGB = 180°$,

即 $\angle FGD = \angle EBD$,又 $\angle GFD = \angle E$,

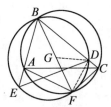

图 1.39.3

从而
$$\angle FDG = \angle BDE = \angle E = \angle GFD$$
故 $DG = GF$,即 $BF = BG + GF = AF + FC$.

证法 4 在 BF 上取 $BG = FC$(或作 $\angle BEG = \angle CAF$),如图 1.39.4.

又 $BE = AC$,$\angle EBG = \angle ACF$,有 $\triangle BEG \cong \triangle CAF$,则
$$EG = AF, \angle EGB = \angle AFC$$

又 $\angle EBC + \angle AFC = 180°$,$\angle EGB + \angle EGF = 180°$,

从而 $\angle EBD = \angle EGF$,

又 $\angle EFB = \angle EDB = \angle BED$,

则 $\angle GEF = \angle GFE$,即 $EG = GF = AF$.

故 $BF = BG + GF = AF + FC$.

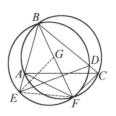

图 1.39.4

证法 5 联结 EF, FD,如图 1.39.5.

则有 $\triangle AFC \backsim \triangle EFD$,从而 $\dfrac{EF}{AF} = \dfrac{DE}{AC} = \dfrac{DF}{FC}$.

设相似比 k,则 $EF = kAF, DE = kAC, DF = k \cdot FC$.

又由 $B、E、F、D$ 四点共圆和托勒密定理,有
$$BF \cdot ED = BD \cdot EF + BE \cdot DF$$

将 $EF = kAF, DE = kAC, DF = kAC$ 代入,有
$$DF \cdot kAC = D \cdot kAF + BE \cdot kAC$$

又 $AC = BD = BE$,从而有 $kAC = kBD = kBE$,

即有
$$BF = AF + FG$$

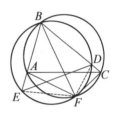

图 1.39.5

证法 6 联结 DF,如图 1.39.6,由 A, F, C, B 共圆,有
$$\begin{aligned}BF \cdot AC &= BA \cdot FC + BC \cdot FA\\ &= (BE - AE) \cdot FC + (BD + DC) \cdot FA\\ &= BE \times (FC + FA) + (DC \cdot FA - AE \cdot FC)\end{aligned}$$

又由 A, B, C, F 共圆有 $\angle EAF = \angle DCF$.

由 F, D, B, E 四点共圆有 $\angle AEF = \angle CDF$.

从而有 $\triangle FAE \backsim \triangle FCD$,有 $\dfrac{FA}{AE} = \dfrac{FC}{CD}$,

即
$$DC \cdot AF - AE \cdot CF = 0$$

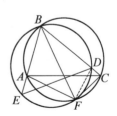

图 1.39.6

所以
$$BF \cdot AC = BE \cdot (FC + FA)$$
又 $AC = BE$,故 $BF = FA + FC$.

证法 7 如图 1.39.7,设 $\angle BED = \alpha$,
由 $BE = BD$ 及 E, B, D, F 四点共圆,有
$$\angle BDE = \angle BFE = \angle BFD = \angle BED = \alpha.$$
又易证 $\triangle AFC \backsim \triangle EFD$,从而有
$$\frac{AF}{EF} = \frac{CF}{DF} = \frac{AC}{ED} = \frac{DE}{ED} = \frac{1}{2\cos\alpha}$$

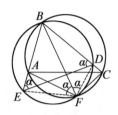

图 1.39.7

从而 $EF = AF \cdot 2\cos\alpha, FD = CF \cdot 2\cos\alpha$.
在 $\triangle BEF$ 中,由余弦定理有
$$BE^2 = BF^2 + EF^2 - 2EF \cdot BF\cos\alpha$$
即
$$EF^2 - 2EF \cdot BF \cdot \cos\alpha + (BF^2 - BE^2) = 0$$
则
$$(4\cos^2\alpha)AE^2 - 4(BF \cdot \cos^2\alpha)AF + (BF^2 - BE^2) = 0$$
则
$$(4\cos^2\alpha)AE^2 - 4(BF \cdot \cos^2\alpha)AF + (BF^2 - BE^2) = 0 \qquad ①$$
在 $\triangle BFD$ 中,由余弦定理同样有
$$(4\cos^2\alpha)CF^2 - (4BF \cdot \cos^2\alpha)CF + (BF^2 - BE^2) = 0 \qquad ②$$
由①②知 AF, CF 是方程
$$(4\cos^2\alpha)x^2 - (4DF \cdot \cos^2\alpha)x + (BF^2 - BE^2) = 0$$
的两根.

当 $AF \neq CF$ 时,由韦达定理有 $AF = CF = \dfrac{4BF \cdot \cos^2\alpha}{4\cos^2\alpha} = BF$,即
$$BF = AF + FC$$
当 $AF = CF$ 时,容易证明结论也成立(略).

注 以上证法由陈德前给出.

证法 8 如图 1.39.8,联结 FD 和 FE.
因 $\angle EAF = \angle DCF, \angle AEF = \angle CDF$,
则 $\triangle AEF \backsim \triangle CDF$,有 $\dfrac{AE}{CD} = \dfrac{AF}{CF}$.

即
$$CD \cdot AF = AE \cdot CF$$
由托勒密定理得 $AC \cdot BF = BC \cdot AF + AB \cdot CF$.
而
$$BC \cdot AF + AB \cdot CF$$
$$= (BD + CD) \cdot AF + (BE - AE) \cdot CF$$
$$= BD \cdot AF + BE \cdot CF + CD \cdot AF - AE \cdot CF$$
$$= AC \cdot AF + AC \cdot CF$$
$$= AC(AF + CF)$$

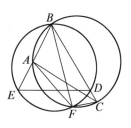

图 1.39.8

从而
$$AC \cdot BF = AC(AF + CF)$$
故
$$BF = AF + CF$$

证法 9 如图 1.39.9，联结 FE. 设 $\triangle ABC$ 和 $\triangle BDE$ 的外接圆半径分别为 R 和 r
$$\angle EBF = \alpha, \angle CBF = \beta$$
因
$$BD = BE$$

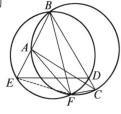

图 1.39.9

则
$$\angle BED = 90° - \frac{1}{2}(\alpha + \beta)$$
$$\angle BEF = \angle BED + \angle DEF = \angle BED + \angle CBF$$
$$= 90° - \frac{1}{2}(\alpha + \beta) + \beta = 90° - \frac{1}{2}(\alpha - \beta)$$
又
$$BD = 2r\sin\left[90° - \frac{1}{2}(\alpha + \beta)\right] = 2r\cos\frac{1}{2}(\alpha + \beta)$$
$$AC = 2R\sin(\alpha + \beta), BD = AC$$
则
$$2r\cos\frac{1}{2}(\alpha + \beta) = 2R\sin(\alpha + \beta)$$
从而
$$r = 2R\sin\frac{1}{2}(\alpha + \beta)$$

故

$$\begin{aligned}BF&=2r\sin\angle BEF=2r\sin\left[90^\circ-\frac{1}{2}(\alpha-\beta)\right]\\&=4R\sin\frac{1}{2}(\alpha+\beta)\cos\frac{1}{2}(\alpha-\beta)\\&=2R(\sin\alpha+\sin\beta)\\&=2R\sin\alpha+2R\sin\beta\\&=AF+CF.\end{aligned}$$

例 40 设 H 是 $\triangle ABC$ 的垂心,求证:$AH^2+BC^2=BH^2+AC^2=CH^2+AB^2$.

证法 1 如图 1.40.1,根据勾股定理

得

$$\begin{aligned}AH^2+BC^2&=AE^2+HE^2+BE^2+CE^2\\&=(AE^2+EB^2)+(HE^2+CE^2)\\&=AB^2+CH^2\end{aligned}$$

同理可证 $AH^2+BC^2=BH^2+AC^2$.

图 1.40.1

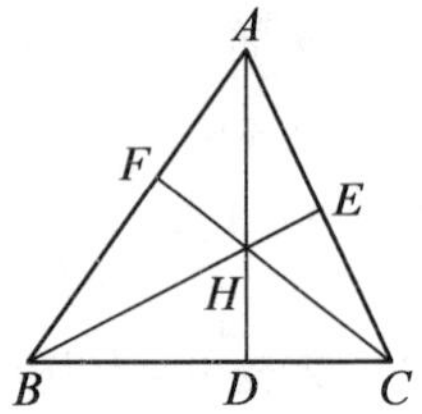

证法 2 如图 1.40.2,作 $\triangle ABC$ 的外接圆,设半径为 R,引直径 BG,联结 AG,CG.

图 1.40.2

因

$$AD\perp BC,GC\perp BC$$

则

$$AD/\!/GC$$

又

$$GA\perp AB,CF\perp AB$$

则

$$GA/\!/CF$$

所以 $AHCG$ 是平行四边形.

有

$$AH=GC$$

在 $\triangle GCB$ 中,$\angle GCB=90^\circ$,则

$$GC^2+BC^2=(2R)^2$$

故

$$AH^2+BC^2=4R^2$$

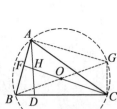

同理可证 $BH^2 + AC^2 = 4R^2$, $CH^2 + AB^2 = 4R^2$.

证法 3 如图 1.40.2,因 $AD \perp BC$,则
$$AB^2 - AC^2 = BD^2 - DC^2$$
$$HB^2 - HC^2 = BD^2 - DC^2$$

从而
$$AB^2 - AC^2 = HB^2 - HC^2$$

即
$$AB^2 + HC^2 = AC^2 + HB^2$$

同理可证
$$AB^2 + HC^2 = BC^2 + AH^2$$

证法 4 如图 1.40.3,作 □ABGH.

则 $AH^2 + BC^2 = BG^2 + BC^2 = GC^2 = GH^2 + CH^2 = AB^2 + CH^2$.

同理可证 $AH^2 + BC^2 = AC^2 + BH^2$.

证法 5 如图 1.40.3, $EC = BC \cdot \cos C$.

$$EH = EC \cdot \tan(90° - A) = EC \cdot \cot A$$
$$= BC \cdot \cot A \cdot \csc C$$

$$AH = \frac{EH}{\cos C} = \frac{BC \cdot \cot A \cdot \cos C}{\cos C} = BC \cdot \cot A$$

故 $BC^2 + AH^2 = BC^2 + BC^2 \mathrm{ctg}^2 A = BC^2 \mathrm{cosec}^2 A$

$$= \left(\frac{BC}{\sin A}\right)^2 = 4R^2.$$

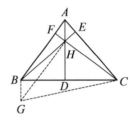

图 1.40.3

同理可证 $CA^2 + BH^2 = AB^2 + CH^2 = 4R^2$.

证法 6 建直角坐标系 xOy 如图 1.40.4,设 A,B,C 的坐标分别是 $(0,a)$,$(-b,0)$,$(c,0)$,则

$$k_{AC} = \frac{a-0}{0-c} = -\frac{a}{c}$$

有
$$k_{BE} = \frac{c}{a}$$

又直线 BE 的方程是
$$\frac{y}{x+b} = \frac{c}{a}$$

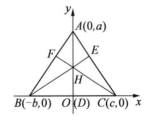

图 1.40.4

令
$$x = 0$$
得
$$y_H = \frac{bc}{a}$$
则
$$AH = a - \frac{bc}{a}$$
从而
$$AH^2 + BC^2 = \left(a - \frac{bc}{a}\right)^2 + (c+b)^2$$
$$= \frac{a^4 - 2a^2bc + b^2c^2}{a^2} + (c+b)^2$$
$$= \frac{a^4 - 2a^2bc + b^2c^2 + c^2a^2 + 2cba^2 + b^2a^2}{a^2}$$
$$= \frac{a^4 + (c^2 + b^2)a^2 + b^2c^2}{a^2} = \frac{(a^2 + c^2)(a^2 + b^2)}{a^2}$$
$$= \frac{AC^2 \cdot AB^2}{AD^2} = \frac{AC^2 \cdot (2R\sin C)^2}{(AC\sin C)^2} = 4R^2$$

同理可证
$$BH^2 + AC^2 = CH^2 + AB^2 = 4R^2$$

例41 如图 1.41.1, AB 是圆 O 的直径, 过 A、B 引两条弦 AD 和 BE, 相交于点 C. 求证: $AC \cdot AD + BC \cdot BE = AB^2$.

证法1 由相交弦定理, 有 $AC \cdot CD = EC \cdot CB$.

联结 AE, BD, 则

$AC \cdot AD + BC \cdot BE$
$= AC \cdot (AC + CD) + (BE - EC) \cdot BE$
$= AC^2 + AC \cdot CD + BE^2 - EC(EC + CB)$
$= AC^2 - EC^2 + BE^2 + AC \cdot CD - EC \cdot CB$
$= AE^2 + BE^2 = AB^2$

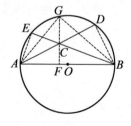

图 1.41.1

证法 2 如图 1.41.1,过 C 作直线垂直于 AB 于 F,交半圆于 G.

联结 AG,BG,则 AG 是以 BG 为直径的圆的切线,BG 是以 AG 为直径的圆的切线.由切割线定理(实际上即为直角三角形的射影定理)有
$$AG^2 = AF \cdot AB, BG^2 = FB \cdot AB$$

又 A,F,C,E 四点共圆,F、B、D、C 四点共圆,有 $AF \cdot AB = AC \cdot AD$,$FB \cdot AB = BC \cdot BE$.

故 $AC \cdot AD + BC \cdot BE = AF \cdot AB + FB \cdot AB = AG^2 + BG^2 = AB^2$.

证法 3 如图 1.41.1,过 C 作 $CF \perp AB$ 于点 F,注意到 $AE \perp BE,AD \perp DB$,则知 A,F,C,E 及 F,B,C,F 分别四点共圆,由割线定理,有
$$AC \cdot AD = AF \cdot AB, BC \cdot BE = BF \cdot BA$$

以上两式相加,得
$$AC \cdot AD + BC \cdot BE = AF \cdot AB + BF \cdot AB = AB(AF + FB) = AB^2$$

证法 4 由锐角三角函数知,$CD = BC \cdot \cos\angle DCB, CE = AC \cdot \cos\angle ECA$.

在 $\triangle ABC$ 中,运用余弦定理,有
$$\begin{aligned}AC \cdot AD + BC \cdot BE &= AC(AC + CD) + BC(BC + CE)\\&= AC^2 + AC \cdot CD + BC^2 + BC \cdot CE\\&= AC^2 + AC \cdot BC \cdot \cos\angle DCB + BC^2 + BC \cdot AC \cdot \cos\angle ECA\\&= AC^2 + BC^2 + 2AC \cdot BC \cdot \cos\angle DCB\\&= AC^2 + BC^2 - 2AC \cdot BC \cdot \cos\angle ACB = AB^2\end{aligned}$$

证法 5 由锐角三角函数知,$AD = AB \cdot \cos\angle BAC, BE = AB \cdot \cos\angle ABC$.

在 $\triangle ABC$ 中,运用正弦定理,有 $\dfrac{AC}{\sin\angle ABC} = \dfrac{AB}{\sin\angle ACB} = \dfrac{BC}{\sin\angle BAC}$,

即有 $AC = \dfrac{\sin\angle ABC}{\sin\angle ACB} \cdot AB, BC = \dfrac{\sin\angle BAC}{\sin\angle ACB} \cdot AB$.

于是
$$\begin{aligned}&AC \cdot AD + BC \cdot BE\\&= \frac{\sin\angle ABC}{\sin\angle ACB} \cdot AB \cdot AB \cdot \cos\angle BAC + \frac{\sin\angle BAC}{\sin\angle ACB} \cdot AB \cdot AB \cdot \cos\angle ABC\\&= AB^2 \cdot \frac{\sin\angle ABC \cdot \cos\angle BAC + \cos\angle ABC \cdot \sin\angle BAC}{\sin\angle ACB}\\&= AB^2 \cdot \frac{\sin(\angle ABC + \angle BAC)}{\sin\angle ACB} = AB^2\end{aligned}$$

证法 6

$AC \cdot AD + BC \cdot BE$

$= \overrightarrow{AC} \cdot \overrightarrow{AD} + \overrightarrow{BC} \cdot \overrightarrow{BE}$

$= (\overrightarrow{AB} + \overrightarrow{BC}) \cdot (\overrightarrow{AB} + \overrightarrow{BD}) + \overrightarrow{BC} \cdot \overrightarrow{BE}$

$= \overrightarrow{AB}^2 + \overrightarrow{AB} \cdot \overrightarrow{BD} + \overrightarrow{BC} \cdot \overrightarrow{AB} + \overrightarrow{BC} \cdot \overrightarrow{BD} + \overrightarrow{BC} \cdot \overrightarrow{BE}$

$= \overrightarrow{AB}^2 + \overrightarrow{BD} \cdot (\overrightarrow{AB} + \overrightarrow{BC}) + \overrightarrow{BC} \cdot (\overrightarrow{AB} + \overrightarrow{BE}) = \overrightarrow{AB}^2 + \overrightarrow{BD} \cdot \overrightarrow{AC} + \overrightarrow{BC} \cdot \overrightarrow{AE}$

$= AB^2 + BD \cdot AC \cdot \cos 90° + BC \cdot AE \cdot \cos 90° = AB^2$

或

$AC \cdot AD + BC \cdot BE$

$= \overrightarrow{AC} \cdot \overrightarrow{AD} + \overrightarrow{BC} \cdot \overrightarrow{BE}$

$= \overrightarrow{AC} \cdot \overrightarrow{AD} + (\overrightarrow{BA} + \overrightarrow{AC}) \cdot (\overrightarrow{BA} + \overrightarrow{AE})$

$= \overrightarrow{AC} \cdot \overrightarrow{AD} + \overrightarrow{BA}^2 + \overrightarrow{BA} \cdot \overrightarrow{AE} + \overrightarrow{AC} \cdot \overrightarrow{BA} + \overrightarrow{AC} \cdot \overrightarrow{AE}$

$= \overrightarrow{BA}^2 + \overrightarrow{AC} \cdot (\overrightarrow{AD} + \overrightarrow{BA}) + \overrightarrow{AE}(\overrightarrow{BA} + \overrightarrow{AC}) = \overrightarrow{BA}^2 + \overrightarrow{AC} \cdot \overrightarrow{BD} + \overrightarrow{AE} \cdot \overrightarrow{BC}$

$= BA^2 + AC \cdot BD \cdot \cos 90° + AE \cdot BC \cdot \cos 90° = BA^2 = AB^2$

或

$AC \cdot AD + BC \cdot BE$

$= \overrightarrow{AC} \cdot \overrightarrow{AD} + \overrightarrow{BC} \cdot \overrightarrow{BE}$

$= (\overrightarrow{BC} - \overrightarrow{BA}) \cdot (\overrightarrow{BD} - \overrightarrow{BA}) + \overrightarrow{BC} \cdot \overrightarrow{BE}$

$= \overrightarrow{BC} \cdot \overrightarrow{BD} - \overrightarrow{BC} \cdot \overrightarrow{BA} - \overrightarrow{BA} \cdot \overrightarrow{BD} + \overrightarrow{BA}^2 + \overrightarrow{BC} \cdot \overrightarrow{BE}$

$= \overrightarrow{BD}(\overrightarrow{BC} - \overrightarrow{BA}) + \overrightarrow{BC}(\overrightarrow{BE} - \overrightarrow{BA}) + \overrightarrow{BA}^2$

$= \overrightarrow{BD} \cdot \overrightarrow{AC} + \overrightarrow{BC} \cdot \overrightarrow{AE} + \overrightarrow{BA}^2$

$= BD \cdot AC \cdot \cos 90° + BC \cdot AE \cdot \cos 90° + BA^2 = AB^2$

或

$AC \cdot AD + BC \cdot BE$

$= \overrightarrow{AC} \cdot \overrightarrow{AD} + \overrightarrow{BC} \cdot \overrightarrow{BE}$

$= \overrightarrow{AC} \cdot \overrightarrow{AD} + (\overrightarrow{AC} - \overrightarrow{AB})(\overrightarrow{AE} - \overrightarrow{AB})$

$= \overrightarrow{AC} \cdot \overrightarrow{AD} + \overrightarrow{AC} \cdot \overrightarrow{AE} - \overrightarrow{AC} \cdot \overrightarrow{AB} - \overrightarrow{AE} \cdot \overrightarrow{AB} + \overrightarrow{AB}$

$= \overrightarrow{AC}(\overrightarrow{AD} - \overrightarrow{AB}) + \overrightarrow{AE}(\overrightarrow{AC} - \overrightarrow{AB}) + \overrightarrow{AB}^2 = \overrightarrow{AC} \cdot \overrightarrow{BD} + \overrightarrow{AE} \cdot \overrightarrow{BC} + \overrightarrow{AB}^2$

$= AC \cdot BD \cdot \cos 90° + AE \cdot BC \cdot \cos 90° + AB^2 = AB^2$

注:(1)本例尚可引出如下三个结论:

结论 1 如图 1.41.2,延长 AE,BD 交于点 H,则 C 为 $\triangle HAB$ 的垂心,且 $AB^2 = AE \cdot AH + BD \cdot BH$.

结论 2 如图 1.41.2,由 E,C,D,H 四点共圆,分别过 A,B 作圆 $ECDH$ 的切线 AT_1,AT_2,则
$$AB^2 = AT_1^2 + BT_2^2$$

结论 3 如图 1.41.2,设 HC 交半圆于点 G,则 $AG = AT_1, BG = BT_2$.

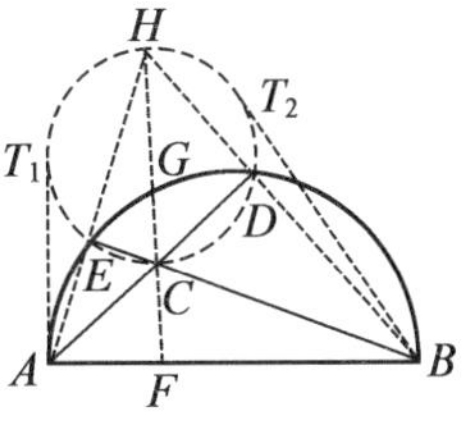

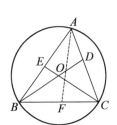

图 1.41.2

(2)本例中有条件:$\angle AEB = 90° = \angle ADB$,且 $\angle AEB + \angle ADB = 180°$.

此条件变为,若点 E 在半圆外,点 D 在半圆内,且 $\angle AEB + \angle ADB = 180°$,结论仍成立.

事实上,可设 BE 交半圆于点 F,延长 AD 交半圆于点 G.则 $AC \cdot AG + BC \cdot BF = AB^2$.

但
$$\begin{aligned} AC \cdot AD + BC \cdot BE &= AC(AG - DG) + BC(BF + EF) \\ &= (AC \cdot AG + BC \cdot BF) + BC \cdot EF - AC \cdot DG \\ &= AB^2 + (BC \cdot AF \cdot \cot\angle AEB - AC \cdot BG \cdot \cot\angle BDG) \\ &= AB^2 (\text{其中 } BC \cdot AF = AC \cdot BG) \end{aligned}$$

或者设点 M 为完全四边形 $HEACBD$ 的密克尔点,则 M 在 AB 上,且
$$AC \cdot AD + BC \cdot BE = AB \cdot AM + BA \cdot BM = AB^2$$

例 42 设 O 为锐角 $\triangle ABC$ 的外心,BO 和 CO 的延长线分别交 AC 和 AB 于 $D、E$. 若 $\angle A = 60°$,则 $AB \cdot BE + AC \cdot CD = BC^2$.

证法 1 如图 1.42.1,设 $\angle BAC$ 的平分线交 BC 于 F,则

$$\angle BAF = \angle FAC = \frac{1}{2}\angle BAC = 30°$$

由 $\angle BOC = 2\angle BAC - 120°$,有

$$\angle OBC = \angle OCB = \frac{1}{2}(180° - \angle BOC) = 30°.$$

则 $\triangle CAF \sim \triangle CBD$,$\triangle BAF \sim \triangle BCE$. 有 $AC \cdot CD = BC \cdot FC$,$AB \cdot BE = BF \cdot BC$,于是

$$AB \cdot BE + AC \cdot CD = BF \cdot BC + BC \cdot FC = BC(BF + FC) = BC^2$$

故 $AB \cdot BE + AC \cdot CD = BC^2$.

图 1.42.1

证法 2 如图 1.42.1,由证 1 可证得
$$\angle FAD = 30° = \angle FBD, \angle EAF = 30° = \angle ECF$$
有 A,B,F,D 四点共圆,A,E,F,C 四点共圆.
于是
$$AB \cdot BE = BF \cdot BC, AC \cdot CD = FC \cdot BC$$
可知 $AB \cdot BE + AC \cdot CD = BF \cdot BC + FC \cdot BC = BC(BF+FC) = BC^2$.
即
$$AB \cdot BE + AC \cdot CD = BC^2$$
如果作 $\triangle AEC$ 的外接圆交 BC 于 F,则可知 A,B,F,D 共圆,参考证法 2 可以证出(略).

类似地,作 $\triangle ABD$ 的外接圆,证法一样.

证法 3 如图 1.42.2,设 $\triangle COD$ 的外接圆交 BC 于 F,联结 OF,DF.
由 $\angle A = 60°$,有 $\angle BOC = 120°$,则
$$\angle DOC = 60° = \angle A$$
得 $A、E、O、D$ 四点共圆.
于是
$$AB \cdot BE = BO \cdot BD = BF \cdot BC$$
由 $\angle DFC = \angle DOC = 60° = \angle A$,有 $A、B、F、D$ 四点共圆.
得
$$AC \cdot CD = CF \cdot BC$$
于是 $AB \cdot BE + AC \cdot CD = BF \cdot BC + CF \cdot BC = BC(BF+CF) = BC^2$.
即
$$AB \cdot BE + AC \cdot CD = BC^2$$

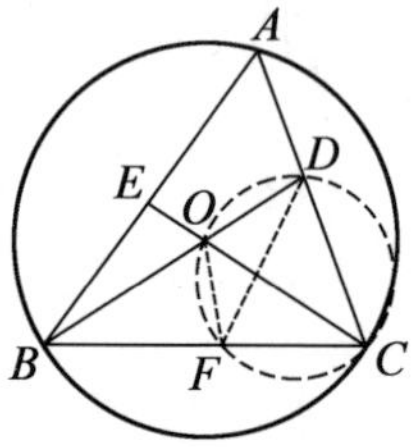

类似地,作 $\triangle BOE$ 外接圆交 BC 于 F,证法一样.

注:设 $\triangle COD$ 外接圆交 BC 于 F 之后,又可证出 $E、B、F、O$ 四点共圆,同样可证.

图 1.42.2

证法 4 如图 1.42.3,设 BO,CO 分别交圆 O 于 F,G,圆 O 半径为 R,联结 FC,GB.
易知 $\triangle OBG$ 为正三角形,$\triangle GBE \cong \triangle OCD$.
于是有
$$GE = OD, BE = CD$$
又 $A、E、O、D$ 四点共圆,可知

$$
\begin{aligned}
AB \cdot BE + AC \cdot CD &= BO \cdot BD + CO \cdot CE \\
&= R(R + OD + R + OE) \\
&= R(2R + OD + OE) \\
&= R(2R + GE + OE) \\
&= R(2R + OG) = 3R^2
\end{aligned}
$$

图 1.42.3

又在 Rt$\triangle BCG$ 中,$BC^2 = CG^2 - BG^2 = 3R^2$.

故

$$ABZ \cdot BE + AC \cdot CD = BC^2$$

证法5 如图 1.42.4,在 BA 延长线上取一点 F,使 $AF = AC$.

图 1.42.4

可知

$$\angle F = \angle FCA = \frac{1}{2}\angle BAC = 30°$$

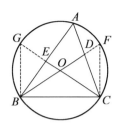

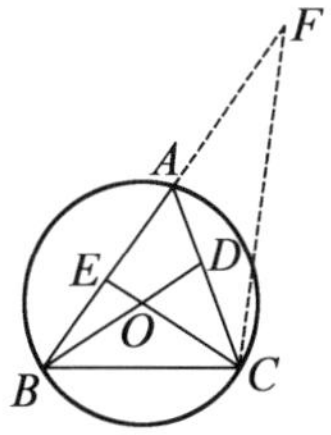

由证法 1,$\angle ECB = 30°$,得$\angle BCE = \angle F$.

于是$\triangle BCE \backsim \triangle BFC$,得

$$
\begin{aligned}
BC^2 &= BE \cdot BF = BE(AB + AF) \\
&= BE(AB + AC) \\
&= BE \cdot AB + BE \cdot AC
\end{aligned}
$$

由证法 4,有

$$BE = CD$$

于是

$$BC^2 = BE \cdot AB + CD \cdot AC$$

即

$$AB \cdot BE + AC \cdot CD = BC^2$$

例 43 凸四边形 $ABCD$ 内接于半径为 R,圆心为 O 的圆. 若 AD,BC 的延长线交于点 E,对角线 AC 与 BD 交于点 F,则 $EF^2 = OE^2 + OF^2 - 2R^2$.

证法1 如图 1.43.1,延长 EF 至 K,使得

$$EF \cdot FK = AF \cdot FC \quad ①$$

图 1.43.1

则知 C,E,A,K 四点共圆,从而

$$\angle CKE = \angle CAE = \angle DAC = \angle DBC$$

于是,F,K,B,C 四点共圆,即有

$$EF \cdot EK = EC \cdot EB \quad ②$$

由② - ①得

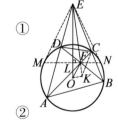

$$EF(EK - FK) = EC \cdot EB - AF \cdot FC$$

即 $EF^2 = $ 点 E 关于圆 O 的幂 $-$ 点 F 关于圆 O 的幂
$$= (OE^2 - R^2) - (R^2 - OF^2)$$
$$= OE^2 + OF^2 - 2R^2.$$

注：点 K 为完全四边形 $EDAFBC$ 的密克尔点. 从而即有①,②两式.

证法 2 设 K 为完全四边形 $EDAFBC$ 的密克尔点，则 K 在直线 EF 上, 且 $OK \perp EF$.

由广勾股定理, 并注意 E, A, K, C 四点共圆, 在 $\triangle OFE$ 中, $OK \perp EF$, 有
$$EO^2 = FE^2 + FO^2 + 2FK \cdot FE = FE^2 + FO^2 + 2FA \cdot FC$$
$$= FE^2 + FO^2 + 2(R^2 - FO^2)$$

故 $EF^2 = OE^2 + OF^2 - 2R^2$.

下面各种证法均在 M, F, N 三点共线的条件下证（EO 交 MN 于 L, 则 $OL \perp MN$）

证法 3 在 $\triangle OFE$ 中, $FL \perp EO$, 由广勾股定理, 有
$$EF^2 = OE^2 + OF^2 - 2OE \cdot OL = OE^2 + OF^2 - 2R^2$$

证法 4 由于 $EO \perp MN$, 应用勾股定理, 有
$$EF^2 = EL^2 + LF^2 = (EN^2 - LN^2) + (OF^2 - OL^2)$$
$$= OE^2 - R^2 - LN^2 + OF^2 - (R^2 - LN^2)$$
$$= OE^2 + OF^2 - 2R^2$$

证法 5 由斯特瓦尔特定理, 对等腰 $\triangle EMN$ 的底边 MN 上的点 F, 有
$$EF^2 = EM^2 - MF \cdot FN = (OE^2 - R^2) - (R^2 - OF^2) = OE^2 + OF^2 - 2R^2$$

证法 6 由 $OL \perp LF$, 则
$$\overrightarrow{OE} \cdot \overrightarrow{OF} = (\overrightarrow{OL} + \overrightarrow{LF}) = \overrightarrow{OE} \cdot \overrightarrow{OL} + \overrightarrow{OE} \cdot \overrightarrow{LF} = OE \cdot OL = ON^2 = R^2$$

从而
$$EF^2 = \overrightarrow{EF}^2 = (\overrightarrow{EO} + \overrightarrow{OF})^2 = \overrightarrow{EO}^2 + \overrightarrow{OF}^2 + 2\overrightarrow{EO} \cdot \overrightarrow{OF} = OE^2 + OF^2 - 2R^2$$

注：右图中, 圆 O 的半径为 R, 则 (有极点公式)
$$CG^2 = OC^2 + OG^2 - 2R^2, EG^2 = OE^2 + OG^2 - 2R^2$$

还有
$$CE^2 = OC^2 + OE^2 - 2R^2$$

事实上. 设 $\triangle BCD$ 的外接圆交 CE 于点 M. 则 M 在 $\triangle DEF$ 的外接圆上,

于是

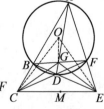

图 1.43.2

$$CE \cdot CM = CD \cdot CF = OC^2 - R^2$$
$$EC \cdot EM = ED \cdot EB = OE^2 - R^2$$

上面两式相加,即有 $CE^2 = OC^2 + OE^2 - 2R^2$.

例 44 在 $\triangle ABC$ 中,I 为内心,D,E,F 分别为 BC,CA,AB 的中点,射线 DI 交 EF 于 K. 求证:$DE + EK = DF + FK$.

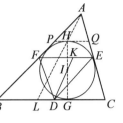

图 1.44.1

证法 1 设 $\triangle ABC$ 的内切圆圆 I 切边 BC 于点 G,GH 为其直径,

过 H 作圆 I 的切线交 AB、AC 于 P,Q,则 $PQ // BC$,直线 AH 交 BC 于 L,则

$$\triangle APQ \backsim \triangle ABC, \triangle APH \backsim \triangle ABL$$

易知圆 I 是 $\triangle APQ$ 的旁切圆,此时 $AP + PH = AQ + QH = \frac{1}{2}\triangle APQ$ 的周长.

由 $\dfrac{\triangle APQ \text{ 的周长}}{\triangle ABC \text{ 的周长}} = \dfrac{AP}{AB} = \dfrac{PH}{BL} = \dfrac{AP + PH}{AB + BL} = \dfrac{\frac{1}{2}\triangle APQ \text{ 周长}}{AB + BL}$

从而 $AB + BL = \frac{1}{2}\triangle ABC$ 的周长.   ①

又 $AB + CG = AC + BG = \frac{1}{2}\triangle ABC$ 的周长   ②

由①②得 $BL = CG$,从而知 D 为 LG 的中点. 则 DI 为 $\triangle HLG$ 的中位线,即 $DI // HL$,亦而 $DK // AL$

而 $DE // AB, EK // BL$,则 $\triangle DEK \backsim \triangle ABL$,即有

$$\frac{EK}{BL} = \frac{DE}{AB} = \frac{1}{2}\frac{DE + EK}{AB + BL}$$

亦即 $DE + EK = \frac{1}{2}(AB + BL) = \frac{1}{2}\left(\frac{1}{2}\triangle ABC \text{ 周长}\right) = \frac{1}{2}(DE + EF + FD)$,

即 $2(DE + EK) = (DE + EK) + (DF + FK)$

故有
$$DE + EK = DF + FK$$

证法 2 延长 DK 交 AC 于点 G,

即 DG 为过内心的一条线段. 如图 1.44.2.

则

$$\frac{AC}{CG} \cdot BC + \frac{BC}{CD} \cdot AC = AB + AC + BC$$

亦

$$\frac{AC}{CG} = \frac{AB + BC - AC}{BC}$$

$$\frac{CG}{DF} = \frac{CG}{\frac{1}{2}AC} = \frac{2BC}{AB + BC - AC}$$

$$\frac{EG}{DF} = \frac{BC + AC - AB}{AB + BC - AC}$$

$$\frac{KE}{FK} = \frac{DG}{DF} = \frac{BC + AC - AB}{AB + BC - AC}$$

$$\frac{KE}{FE} = \frac{BC + AC - AB}{2BC}, \frac{KE}{BC} = \frac{BC + AC - AB}{4BC}, KE = \frac{BC + AC - AB}{4}$$

$$KE + DE = \frac{BC + AC - AB}{4} + \frac{AB}{2} = \frac{BC + AC + AB}{4}$$

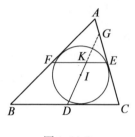

图 1.44.2

又因

$$DE + KE + FK + DF = \frac{BC + AC + AB}{2}$$

故

$$KE + DE = FK + DF$$

例 45 （2009 年第 12 届中国香港地区数学奥林匹克题）设 Rt△ABC 中，已知∠C = 90°，作 CD⊥AB 于点 D. 设 O 是△BCD 外接圆的圆心. 在△ACD 内有一圆 O_1 分别与线段 AD、AC 切于点 M,N，并与圆 O 相切. 证明：

（1）$BD \cdot CN + BC \cdot DM = CD \cdot BM$；

（2）$BM = BC$.

证法 1 先证明一个引理.

引理：如图 1.45.1，半径分别为 R,r 的圆 O_1 与圆 O_2 外切于点 P，过圆 O_1 上一点 A（A 不同于点 P）作圆 O_2 的切线，切点为 B，则 $\frac{AP}{AB} = \sqrt{\frac{R}{R+r}}$（外切两圆的一条性质）.

事实上，易知，O_1,P,O_2 三点共线.

记∠$AO_1P = \alpha$，则

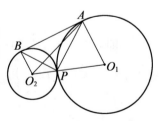

图 1.45.1

$$AP^2 = \left(2R\sin\frac{\alpha}{2}\right)^2 = 4R^2\sin^2\frac{\alpha}{2} = 2R^2(1-\cos\alpha)$$
$$\begin{aligned}AB^2 &= AO_2^2 - O_2B^2 \\ &= (AO_1^2 + O_1O_2^2 - 2AO_1 \cdot O_1O_2\cos\alpha) - O_2B^2 \\ &= R^2 + (R+r)^2 - 2R(R+r)\cos\alpha - r^2 \\ &= 2R^2 + 2Rr - 2R(R+r)\cos\alpha \\ &= 2R(R+r)(1-\cos\alpha)\end{aligned}$$

故
$$\frac{AP^2}{AB^2} = \frac{2R^2(1-\cos\alpha)}{2R(R+r)(1-\cos\alpha)} = \frac{R}{R+r}$$

即
$$\frac{AP}{AB} = \sqrt{\frac{R}{R+r}}$$

回到原题.

(1)如图 1.45.2,设圆 O 半径为 R,圆 Γ_1 的圆心为 O_1、半径为 r. 易知,O 是边 BC 的中点.

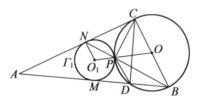

图 1.45.2

由引理得
$$\frac{CP}{CN} = \frac{DP}{DM} = \frac{BP}{BM} = \sqrt{\frac{R}{R+r}} = \lambda$$

由托勒密定理得
$$BD \cdot CP + BC \cdot DP = CD \cdot BP$$

即有 $\lambda BD \cdot CN + \lambda BC \cdot DM = \lambda CD \cdot BM$,亦即 $BD \cdot CN + BC \cdot DM = CD \cdot BM$.

(2)注意到 $\angle PNC = \frac{1}{2}\angle PO_1N$,$\angle PCN = \frac{1}{2}\angle POC$,$O_1N \parallel OC$

则 $\angle PNC + \angle PCN = \frac{1}{2}(\angle PO_1N + \angle POC) = 90°$.

又 $\angle CPB = 90°$,则 N,P,B 三点共线.

由 $Rt\triangle NCP \backsim Rt\triangle CBP$,知 $\dfrac{CP}{CN}=\dfrac{BP}{BC}$. 再根据(1)得 $\dfrac{CP}{CN}=\dfrac{BP}{BM}$.

所以 $BC=BM$.

证法 2 如图 1.45.3,联结 OO_1,O_1N,作 $O_1E\perp BC$,垂足为点 E. 设 $BC=2R,O_1N=r,\angle BCD=2\theta(R>r)$.

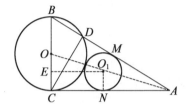

图 1.45.3

(1) 在 $Rt\triangle BCD$ 中,$CD=2R\cos 2\theta,BD=2R\sin 2\theta$.

由 $\angle ACB=90°,CD\perp AB$,得

$$AC=2R\cot 2\theta, AB=\dfrac{2R}{\sin 2\theta}, AD=2R\cos 2\theta\cdot\cot 2\theta$$

在 $Rt\triangle ANO_1$ 中,由图形的几何性质知,$\angle NAO_1=\theta$,故 $AN=r\cot\theta$,从而

$$O_1E=CN=AC-AN=2R\cot 2\theta-r\cot\theta \qquad ①$$

在 $Rt\triangle OEO_1$ 中,因为 $OO_1=R+r,OE=R-r$,所以

$$O_1E=\sqrt{OO_1^2-OE^2}=2\sqrt{Rr} \qquad ②$$

由式①、式②,得

$$2R\cot 2\theta-r\cot\theta=2\sqrt{Rr} \qquad ③$$

化简式③,得关于 r 的一元二次方程

$$r^2-2R(1+\tan^2\theta)r+(1-\tan^2\theta)^2R^2=0$$

解得

$$r=(1\pm\tan\theta)^2R$$

由 $R>r$,得

$$r=(1-\tan\theta)^2R$$

$CN=2R\cot 2\theta-r\cot\theta=2R\cot 2\theta-(1-\tan\theta)^2R\cot\theta=2R(1-\tan\theta)$

$DM=AD-AM=2R\cos 2\theta\cdot\cot 2\theta-\cot\theta(1-\tan\theta)^2R=\dfrac{2R(1-\tan\theta)^2}{1+\tan^2\theta}$

$BM=AB-AM=\dfrac{2R}{\sin 2\theta}-r\cot\theta=\dfrac{2R}{\sin 2\theta}-\cot\theta(1-\tan\theta)^2R=2R \qquad ④$

因此

$$BD \cdot CN + BC \cdot DM = 2R\sin 2\theta \cdot 2R(1-\tan\theta) + 2R \cdot \frac{2R(1-\tan\theta)^2}{1+\tan^2\theta}$$

$$= \frac{4R^2(1-\tan^2\theta)}{1+\tan^2\theta}$$

从而

$$CB \cdot BM = 2R\cos 2\theta \cdot 2R = \frac{4R^2(1-\tan^2\theta)}{1+\tan^2\theta}$$

故

$$BD \cdot CN + BC \cdot DM = CD \cdot BM$$

(2)由式④得

$$BM = 2R = BC, 即 BM = BC$$

由上面的计算得

$$DM = \frac{2R(1-\tan\theta)^2}{1+\tan^2\theta} = 2R(1-\sin 2\theta)$$

$$AM = AB - BM = \frac{2R}{\sin 2\theta} - 2R = \frac{2R(1-\sin 2\theta)}{\sin 2\theta}$$

因此

$$AM \cdot \sin 2\theta = DM$$

又因为

$$AC = 2R\cot 2\theta, CD = 2R\cos 2\theta$$

所以

$$CD = AC \cdot \sin 2\theta$$

从而

$$\frac{DM}{AM} = \frac{CD}{AC} \qquad ⑤$$

又 $CD \cdot AB = BC \cdot AC$,且 $BM = BC$,结合式⑤,得 $DM \cdot AB = AM \cdot BM$.

注 此证法由宁夏王伯龙给出.

证法3 (1)设 $\angle BAC = 2\alpha(0° < \alpha < 45°)$,$BC = 2a$,圆 Γ_1 的圆心为 O_1,半径为 b.由题设知,$\angle BAC = \angle BCD, AM = AN, OB = OC = a$ 且 $0 < b < a$.

分别联结 OO_1, O_1N,则 $OO_1 = a+b, O_1N \perp AC, O_1N = b$.

联结 AO_1 并延长交 BC 于点 G,则 AG 平分 $\angle BAC$(易知 $CG < CO < GB$). 过点 O_1 作 $O_1H \perp BC$ 于点 H,则

$$CH = O_1N = b, CN = O_1H, OH = OC - CH = a - b, \angle GO_1H = \angle GAC = \alpha$$

在 Rt$\triangle OO_1H$ 中,$O_1H = \sqrt{OO_1^2 - OH^2} = \sqrt{(a+b)^2 - (a-b)^2} = 2\sqrt{ab} = CN.$

在 Rt$\triangle GO_1H$ 中，$GH = O_1H\tan\alpha = 2\sqrt{ab}\tan\alpha$.

在$\triangle ABC$中，$\dfrac{CG}{BG} = \dfrac{a-OG}{a+OG} = \dfrac{AC}{AB} = \cos 2\alpha$，即 $OG = \dfrac{a(1-\cos 2\alpha)}{1+\cos 2\alpha} = a\tan^2\alpha$.

又 $OG = CO - CH - GH = a - b - 2\sqrt{ab}\tan\alpha$，从而 $a\tan^2\alpha = a - b - 2\sqrt{ab}\tan\alpha$.

整理并解之得

$$\tan\alpha = \dfrac{\pm a - \sqrt{ab}}{a}$$

由 $a > b > 0$ 知，$\tan\alpha = \dfrac{-a - \sqrt{ab}}{a}$ 舍去，从而

$$OG = a - b - 2\sqrt{ab}\tan\alpha = a + b - 2\sqrt{ab}$$

因此，在 Rt$\triangle ABC$ 中

$$\cos 2\alpha = \dfrac{AC}{AB} = \dfrac{a-OG}{a+OG} = \dfrac{2\sqrt{ab}-b}{2a+b-2\sqrt{ab}}$$

$$\sin 2\alpha = \sqrt{1-\cos^2 2\alpha} = \dfrac{2(a-\sqrt{ab})}{2a+b-2\sqrt{ab}}$$

则 $AB = \dfrac{BC}{\sin 2\alpha} = \dfrac{a(2a+b-2\sqrt{ab})}{a-\sqrt{ab}}$，$AC = AB\cos 2\alpha = \dfrac{2a\sqrt{ab}-ab}{a-\sqrt{ab}}$.

同理，在 Rt$\triangle BCD$ 中

$$CD = \dfrac{4a\sqrt{ab}-2ab}{2a+b-2\sqrt{ab}}, \quad BD = \dfrac{4a(a-\sqrt{ab})}{2a+b-2\sqrt{ab}}$$

从而

$$AN = AM = AC - CN = \dfrac{2a\sqrt{ab}-ab}{a-\sqrt{ab}} - 2\sqrt{ab} = \dfrac{ab}{a-\sqrt{ab}}$$

则

$$BM = AB - AM = 2a = BC$$

此即为竞赛题之问题(2)获证.

于是

$$DM = BM - BD = \dfrac{2ab}{2a+b-2\sqrt{ab}}$$

从而

$$BD \cdot CN + BC \cdot DM$$
$$= \frac{4a(a-\sqrt{ab})}{2a+b-2\sqrt{ab}} \cdot 2\sqrt{ab} + 2a \cdot \frac{2ab}{2a+b-2\sqrt{ab}}$$
$$= \frac{8a^2\sqrt{ab} - 4a^2 b}{2a+b-2\sqrt{ab}} = \frac{4a\sqrt{ab} - 2ab}{2a+b-2\sqrt{ab}} \cdot 2a$$
$$= CD \cdot BM$$

竞赛题之问题(1)获证.

注 此证法由江苏陈宇给出.

例 46 (1992 年全国初中数学竞赛联赛题)已知 D 为等腰 $\triangle ABC$ 的底边 BC 上的一点,$AB = AC$,E 为线段 AD 上的一点,且 $\angle BED = \angle BAC = 2\angle DEC$. 求证:$BD = 2CD$.

证法 1 如图 1.46.1,设 AD 交 $\triangle ABC$ 的外接圆圆 O 于 F,联结 BF,FC.

由 $\angle EFB = \angle ACB$,$\angle BEF = \angle BAC$,可知 $\triangle EBF \backsim \triangle ACB$. 则 $EB = EF$.

由 E 引 BF 的垂线,G 为垂足,则 $BG = GF$,且 $\angle GEF = \frac{1}{2}\angle BEF = \angle FEC$.

又 $\angle EFC = \angle ABC = \angle EFB$,$EF = EF$,得 $\triangle EGF \cong \triangle EFC$.

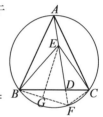

图 1.46.1

则 $FC = GF = \frac{1}{2}BF$,易知 FD 为 $\angle BFC$ 的平分线.

从而
$$\frac{BD}{DC} = \frac{BF}{FC} = 2$$
故
$$BD = 2CD$$

证法 2 如图 1.46.2,在 ED 延长线上取一点 F,使 $EF = EB$. 联结 BE,FC,GC. $\triangle EBF$ 与 $\triangle ABC$ 均为等腰三角形,且顶角相等.

从而 $\angle EFB = \angle ACB$,得 A,B,F,C 四点共圆.

由 E 引 BF 的垂线,G 为垂足,则 $BG = GF$,且 $\angle GEF =$

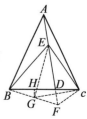

图 1.46.2

$\frac{1}{2}\angle BEF = \angle FEC$,又 $\angle BFA = \angle BCA = \angle ABC = \angle CFA$,$EF$ 为公用边,得 $\triangle EGF \cong \triangle ECF$.

可知
$$EG = EC$$
$$FG = FC$$

则 FE 为 GC 的中垂线.

由 G 引 FE 的平行线交 BC 于 H,易知 $BH = HD = DC$.

故
$$BD = 2CD$$

证法 3 如图 1.46.3,设 EG 为 $\angle BEF$ 的平分线,由 B 引 EG 的垂线交 AD 延长线于 F,G 为垂足,显然 $\triangle EGB \cong \triangle EGF$.

故 $\angle EFB = (180° - \angle BEF) \div 2 = (180° - \angle BAC) \div 2 = \angle ACB$,得 A,B,F,C 四点共圆,故 $\angle EFC = \angle ABC = \angle ACB = \angle EFG$.

又 $\angle GEF = \frac{1}{2}\angle BEF = \angle FEC$,$EF$ 为公用边.

则
$$\triangle GFE \cong \triangle CFE$$

从而有
$$S_{\triangle BGE} = S_{\triangle EGF} = S_{\triangle EFC}$$

从而
$$\frac{BD}{DC} = \frac{S_{\triangle BFE}}{S_{\triangle EFC}} = 2$$

即
$$BD = 2CD$$

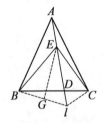

图 1.46.3

证法 4 如图 1.46.4,在 BE 上取一点 F,使 $BF = AE$.

由 $\angle BED = \angle BAC$,即 $\angle ABE + \angle BAE = \angle BAE + \angle EAC$,得 $\angle ABE = \angle EAC$.

又 $AB = CA$,可知 $\triangle ABF \cong \triangle CAE$.

因 $\angle DEC = \angle EAC + \angle ECA = \angle FBA + \angle FAB = \angle AFE$,而 $\angle BED = 2\angle DEC = 2\angle AFE = \angle AFE + \angle FAE$,得 $\angle AFE = \angle FAE$.

则

$$FE = AE = \frac{1}{2}BE$$

于是
$$S_{\triangle AEC} = S_{\triangle ABF} = S_{\triangle AFE}$$

故 $\dfrac{BD}{DC} = \dfrac{S_{\triangle ABE}}{S_{\triangle AEC}} = 2$,即 $BD = 2CD$.

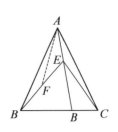

图 1.46.4

证法 5 如图 1.46.5,将 △ADC 绕 A 点按顺时针方向旋转 ∠BAC 的度数到 △AFB 位置. 显然, △AFD 是等腰三角形,且与 △ABC 顶角相等,底角也相等.

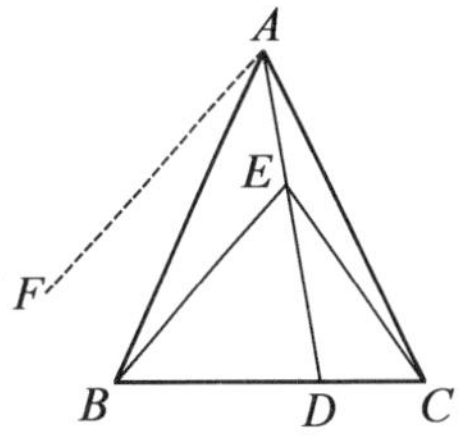

因 ∠BAE = ∠ADC − ∠ABC = ∠AFB − ∠AFD = ∠BFD.

又 ∠ABE = ∠FAB = ∠AFB 的外角 − ∠ABF = ∠ADB − ∠ADF = ∠BDF.

则 △FBD ∽ △AEB,故 $\dfrac{BD}{FB} = \dfrac{BE}{AE}$.

由证法 4 可知
$$AE = \frac{1}{2}BE$$

则
$$\frac{BD}{DC} = \frac{BD}{FB} = \frac{BE}{AE} = 2$$

即
$$BD = 2CD$$

图 1.46.5

注 若将 △ABD 绕点 A 按逆时针方向旋转 ∠BAC 的度数,得到图形与图 1.46.5 完全相同,证法一样.

证法 6 如图 1.46.6,设 BE 交 △ABC 的外接圆于 G,联结 GC.

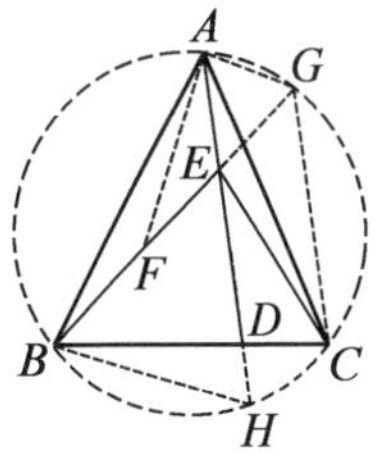

由
$$\angle BGC = \angle BAC = \angle BED$$

知
$$GC \parallel ED$$

图 1.46.6

易知 △EAG ∽ △ABC,可知 EG = EA.

由证法 4 已知 $AE = \dfrac{1}{2}BE$,故 $EG = \dfrac{1}{2}BE$,从而 $\dfrac{BD}{DC} = \dfrac{BE}{GE} = 2$,即 $BD = 2CD$.

在图 1.46.6 中,设 AD 交 $\triangle ABC$ 外接圆于 H,可由 $\triangle AEG \backsim \triangle BEH$,得
$$\frac{BH}{AG}=\frac{BE}{AE}=2,\text{故}\frac{BH}{HC}=2$$

得
$$\frac{BD}{DC}=\frac{BH}{HC}=2$$

故
$$BD=2CD$$

注 由 C 相 DA 的平行线交直线 BE 于 G,证法一样.

证法 7 如图 1.46.7,将 $\triangle ACE$ 绕点 A 按顺时针旋转 $\angle BAC$ 的角度到 $\triangle ABE'$ 位置,联结 $E'E$ 交 AB 于 F,则 $\angle E'AD=\angle BAC=\angle BED$,可知 $AE' /\!/ EB$,显然 $\triangle AE'E \backsim \triangle ABC$,有 $\angle AEF=\angle ABD$,可知 B,D,E,F 四点共圆.

联结 FD,则 $\angle BFD=\angle BED=\angle BAC$,有 $FD /\!/ AC$,故
$$\frac{BD}{DC}=\frac{BF}{FA}=\frac{BE}{AE'}$$

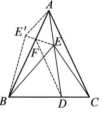

图 1.46.7

因 $AE'=AE$,由证法 4 可得 $BE=2AE$.

则 $\frac{BD}{DC}=2$,即 $BD=2CD$.

证法 8 如图 1.46.8,将 $\triangle ABD$ 绕点 A 按逆时针旋转 $\angle ABC$ 的角度到 $\triangle ACD'$ 位置,BE 落在 CE'.

由 $\angle CE'D'=\angle BED=\angle BAC=\angle DAD'$,可知 $E'C /\!/ AD$. 由 E 引 AD' 的平行线交 CE' 于 G,交 CD' 于 F.

因 $AE'=AE$,可知 $AEGE'$ 为菱形.

又
$$\angle DEF=\angle DAD'=\angle BAC$$
$$\angle DEC=\frac{1}{2}\angle BAC=\angle CEF$$

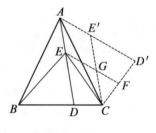

图 1.46.8

由
$$\angle ECG=\angle DEC$$

知
$$\angle CEF=\angle ECG$$

则

$$CG = EG = GE$$

由 $\angle ADB = \angle D' = \angle EFC$,可知 E, D, C, F 四点共圆.

而 $\angle DEC = \angle CEF$,可得 $CF = CD$.

从而

$$\frac{BD}{DC} = \frac{CD'}{DC} = \frac{2CF}{DC} = 2$$

故

$$BD = 2CD$$

以下证法参见了万喜人著作《数学竞赛平面几何典型题及新颖解》(哈尔滨工业大学出版社,2010)

证法 9 如图 1.46.9,因 $AB = AC$,则可将 △ABE 绕 A 旋转至 △ACF 位置,延长 BE 和 CF 相交于 G,联结 EF.

在等腰 △AEF 中,顶角 $\angle EAF = \angle A$,所以

$$\angle AEF = 90° - \frac{\angle A}{2}$$

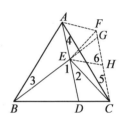

图 1.46.9

从而

$$\angle FEC = 180° - \angle AEF - \angle DEC = 90°$$

在 Rt△FEC 中,作斜边 CF 上的中线 EH,则

$$EH = CH = FH, 2EH = CF = BE$$

又因为 $\angle 4 = \angle A - \angle BAE = \angle 3 = \angle 5, AD \parallel CG$,

所以

$$\angle 6 = 2\angle ECH = 2\angle 2 = \angle 1 = \angle EGH$$

所以

$$EG = EH$$

从而

$$BE = 2EG$$

但

$$\frac{BD}{CD} = \frac{BE}{EG}$$

所以

$$BD = 2CD$$

证法 10 如图 1.46.10,作 $BF \parallel CE$ 交 ED 的延长线于 F,将 △ACE 绕点 A 绕旋转 $\angle A$ 至 △ABE' 位置.延长 BE' 和 EA 使它们相交于 G,联结 EE'. 易知

$$\angle 3 = 90° - \frac{\angle A}{2} = \angle 4$$

$$\angle EBG = \frac{\angle A}{2} = \angle G$$

所以
$$BG = 2BE' = 2CE$$

又
$$\angle G = \frac{\angle A}{2} = \angle 2 = \angle F$$

所以
$$BF = BG = 2CE$$

但
$$\frac{BD}{CD} = \frac{BF}{CE}$$

所以
$$BD = 2CD$$

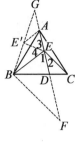

图 1.46.10

证法 11 如图 1.46.11，将 △ABD 以 AD 为折痕翻折至 △AB'D 的位置，联结 EB', CB'，则
$$\angle 7 = \angle 1 - \angle 2 = \frac{\angle A}{2}$$

$$\angle AB'D = \angle ABD = \angle ACD = 90° - \frac{\angle A}{2}$$

所以 A, D, C, B' 四点共圆. 所以
$$\angle 6 = \angle 4 = \angle A - \angle BAE = \angle 3 = \angle 5$$

从而
$$\angle EB'C = \angle AB'D = 90° - \frac{\angle A}{2}$$

$$\angle ECB' = 180° - \angle 7 - \angle EB'C = 90°$$

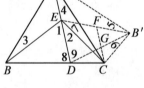

图 1.46.11

作 Rt△B'CE 斜边上的中线 CF 交 DB' 于 G，则
$$CF = EF = B'F$$

$$\angle FCE = \angle 7 = \frac{\angle A}{2} = \angle 2, CF \mathbin{/\mkern-6mu/} DE$$

所以
$$DG = B'G, BD = B'D = 2DG$$

但
$$\angle DCG = \angle 8 = \angle 9 = \angle DGC$$
所以
$$CD = DG$$
故
$$BD = 2CD$$

注 类似地,亦可将 $\triangle ACD$ 以 AD 为折痕翻折证明.

证法 12 如图 1.46.12,作 $AF \perp BC$ 于 F,再将 $\triangle AFC$ 以 AC 为折痕翻折至 $\triangle AGC$ 位置,联结 BG 交 AC 于 M,联结 DM.

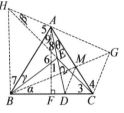

图 1.46.12

则
$$\angle 3 = \angle 4, BC = 2CF = 2CG$$
从而
$$\frac{BM}{GM} = \frac{BC}{CG} = 2$$
要证
$$\frac{BD}{DC} = 2$$
只要证明 $DM /\!/ CG$ 即可.

延长 CE 与 GA 交于 H,联结 BH. 因为
$$\angle 5 = \angle 6$$
所以 B,E,A,H 四点共圆,所以
$$\angle 7 = \angle 8 = \frac{\angle A}{2}$$
$$\angle HBC = \angle 7 + \angle ABC = 90° = \angle AGC$$
所以 H,B,C,G 四点共圆,所以
$$\alpha = \beta = \gamma = \angle A - \angle BAE = \theta$$
从而 A,B,D,M 四点共圆. 所以
$$\angle DMC = \angle ABD = \angle 3 = \angle 4, DM /\!/ CG$$
故
$$\frac{BD}{CD} = \frac{BM}{GM} = 2$$
即

$$BD = 2CD$$

证法 13 如图 1.46.13,作 $AF \perp BC$ 于 F,将 $\triangle AFC$ 以 AC 为折痕翻折至 $\triangle AGC$ 位置,联结 BG 交 AC 于 M,联结 DM;延长 AD 和 GC 相交于 H,联结 BH.
因为

$$\angle 3 = 180° - \angle 4 - \angle 5 = \angle A = \angle 1$$

所以 E,B,H,C 四点共圆,所以

$$\angle 6 = \angle 2 = \frac{\angle A}{2}$$

$$\angle ABH = \angle ABC + \angle 6 = 90°$$

又

$$\angle AGC = 90°$$

所以 A,B,H,G 四点共圆.

$$\angle HBG = \angle HAG$$

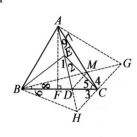

图 1.46.13

但

$$\angle 6 = \frac{\angle A}{2} = \angle 7$$

所以 $\angle 8 = \angle 9, A,B,D,M$ 四点共圆,所以

$$\angle DMC = \angle ABC = \angle 5 = \angle 4$$

所以

$$DM = CD, DM \parallel CG$$

所以

$$\frac{BD}{DM} = \frac{BC}{CG}$$

但

$$BC = 2CG$$

所以

$$BD = 2DM$$

故

$$BD = 2CD$$

证法 14 如图 1.46.14 作 $DF \parallel AC$ 交 AB 于 F,作 $\angle BFD$ 的平分线交 BD 于 H. 易知

$$FB = FD, BD = 2DH$$

作 $FG \parallel BC$ 交 AC 于 G,联结 EF, EG, DG. 因为

$$\angle BFD = \angle A = \angle 1$$

所以 F,B,D,E 四点共圆. 所以

$$\angle 3 = \angle FBD = \angle GCD = \angle 6$$

所以 A,F,E,G 四点共圆. 所以

$$\angle 4 = \angle 5 = \angle ABC = \angle ACB$$

所以 G,E,D,C 四点共圆. 所以

$$\angle FDG = \angle 7 = \angle 2 = \frac{\angle A}{2} = \angle 8, DG /\!/ FH$$

从而 $FGCD$ 和 $FHDG$ 均为平行四边形. 所以

$$CD = FG = DH$$

所以

$$BD = 2CD$$

证法 15 如图 1.46.15,作 BD 的中垂线,交 AB,BD 分别于 M,F,联结 DM,又作 $DN \perp DC$ 交 AC 于 N. 因为

$$\angle BMD = \angle A = \angle BED$$

所以 M,B,D,E 四点共圆,所以

$$AM \cdot AB = AE \cdot AD$$

又 $\angle DNC = \dfrac{1}{2}\angle A = \angle DEC$

所以 E,D,C,N 四点共圆,所以

$$AN \cdot AC = AE \cdot AD$$

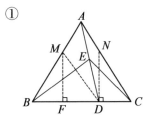

图 1.46.15

由①与②得

$$AM = AN$$

从而

$$MB = NC$$

于是

$$\text{Rt}\triangle MFB \cong \text{Rt}\triangle NDC, BF = CD$$

故

$$BD = 2BF = 2CD$$

证法 16 如图 1.46.16,延长 ED 交圆 EBC 于 F,$\angle BED$ 的平分线交圆 EBC 于 G,联结 BG,GF,CF. H,P 分别为直线 GF 与 AB,AC 的交点,因为

$$\angle BEG = \angle FEG = \angle CED$$

所以

且
$$BG = GF = CF$$
又
$$BC /\!/ GF$$

$$\angle H = \angle ABC = 90° - \frac{\angle A}{2}$$

$$\angle HBG = 180° - \angle GBC - \angle ABC = 90° - \frac{\angle A}{2}$$

所以
$$\angle H = \angle HBG$$
所以
$$BG = HG$$
同理
$$CF = PF$$
从而
$$HF = 2PF$$
但
$$\frac{BD}{HF} = \frac{CD}{PF}$$
所以
$$BD = 2CD$$

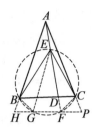

图 1.46.16

证法 17 如图 1.46.17,作 $DF \perp AB$ 于 F,$FG /\!/ BE$ 交 AE 于 G,$GH /\!/ CE$ 交 AC 于 H,联结 FH. 因为

$$\frac{BF}{AB} = \frac{EG}{AE} = \frac{CH}{AC}$$

所以
$$BF = CH$$
且
$$FH /\!/ BC$$
所以
$$\angle 3 = \angle 4 = \frac{\angle A}{2} = \angle 2 = \angle 5$$

所以 G,F,D,H 四点共圆,所以

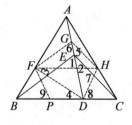

图 1.46.17

$$\angle 8 = \angle 7 = \angle 6 = \angle 1 = \angle A$$

作 Rt△BFD 的斜边 BD 上的中线 FP. 则
$$PF = PD$$

所以
$$\angle 9 = 2\angle 4 = \angle A$$

所以
$$\angle 8 = \angle 9$$

又
$$\angle HCD = \angle FBP, BF = CH$$

所以
$$\triangle CHD \cong \triangle BFP$$

所以
$$CD = BP = PD$$

故
$$BD = 2CD$$

证法 18 如图 1.46.18，作 $DF \perp AC$ 于 F，延长 DF 至 G，使 $FG = DF$；延长 GC 和 AD 使它们相交于 H，联结 BH；又作 $DP /\!/ AB$ 交 BH 于 P，$DQ /\!/ AC$ 交 CH 于 Q. 则
$$\angle 7 = \angle DCF = \angle FCG = \angle 5$$

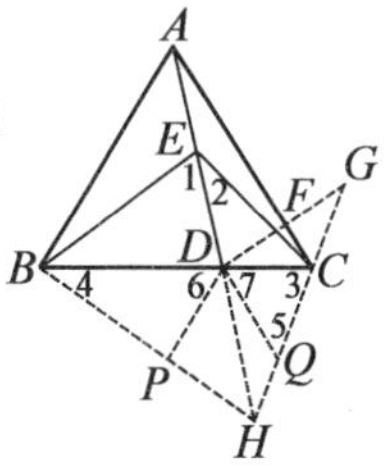

所以
$$CQ = CD = CG$$

从而
$$GQ = 2CD$$

因为
$$\angle 3 = \angle A = \angle 1$$

所以 E, B, H, C 四点共圆. 所以
$$\angle 4 = \angle 2 = \frac{\angle A}{2} = \angle G$$

又 $\angle 6 = \angle ABD = \angle DCF = \angle 5$
$$\frac{DP}{AB} = \frac{DH}{AH} = \frac{DQ}{AC}$$

所以
$$DP = DQ$$

图 1.46.18

所以
$$\triangle BPD \cong \triangle GDQ$$
所以
$$BD = GQ = 2CD$$

证法 19 如图 1.46.19，△EBC 的外接圆与 ED 的延长线相交于 F，联结 BF，CF。作 DG∥BF 交 AB 于 G，DK∥CF 交 AC 于 K。因为

$$\angle KDC = \angle 3 = \angle 1 = \angle A$$

所以 $\angle DKC = 180° - \angle KDC - \angle KCD = 180° - \dfrac{\angle A}{2} = \angle KCD$

作 ∠KDC 的平分线 DH，则 CK = 2CH，且 DH⊥CK
又因为

$$\dfrac{BG}{AB} = \dfrac{DF}{AF} = \dfrac{CK}{AC}$$

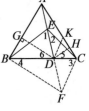

图 1.46.19

所以
$$BG = CK = 2CH$$
因为
$$\angle GBD = \angle HCD$$
所以
$$\text{Rt}\triangle BGD \backsim \text{Rt}\triangle CHD$$
所以
$$\dfrac{BD}{CD} = \dfrac{BG}{CH}$$
故
$$BD = 2CD$$

证法 20 如图 1.46.20，△EBC 的外接圆交 ED 的延长线于 F，过 A 作 GH∥BC 交 FB，FC 的延长线分别于 G，H。

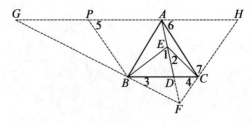

图 1.46.20

因为
$$\angle 3 = \angle 2 = \frac{\angle A}{2}$$
$$\angle ABC + \angle 3 = \left(90° - \frac{\angle A}{2}\right) + \frac{\angle A}{2} = 90°$$
所以 △ABG 为直角三角形,作斜边 AG 上之中线 BP. 则
$$AG = 2BP, \angle 5 = 2\angle G = 2\angle 3 = \angle A$$
又
$$\angle H = \angle 4 = \angle 1 = \angle A$$
所以 ∠5 = ∠H,BCHP 为等腰梯形. 所以
$$CH = BP$$
易知
$$\angle 6 = 90° - \frac{\angle A}{2} = \angle 7$$
所以
$$AH = CH = BP$$
故
$$AG = 2AH$$
但
$$\frac{CD}{BD} = \frac{AH}{AG}$$
所以
$$BD = 2CD$$

证法 21 如图 1.46.21, ED 的延长线交 △EBC 的外接圆于 F, 作 GH∥BC 交 FB, FC, AB, AC, AD(或它们的延长线)分别于 G, H, M, N, E'. P 为 GM 的中点.

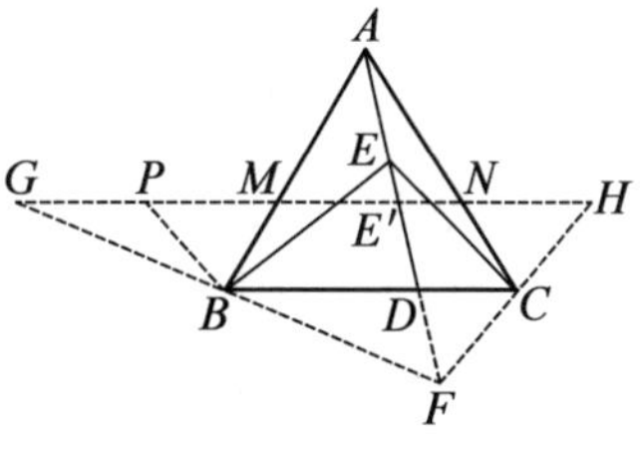

同证法 20 可得
$$GM = 2NH$$
所以
$$\frac{NE'}{ME'} = \frac{CD}{BD} = \frac{HE'}{GE'} = \frac{HE'}{GE'} = \frac{HE' - NE'}{GE' - ME'} = \frac{NH}{GM} = \frac{1}{2}$$
故
$$BD = 2CD$$

图 1.46.21

证法 22 如图 1.46.22,作 $BF // AC$ 交 AD 的延长线于 F,联结 CF.因为
$$\angle 3 = \angle A - \angle BAE = \angle 4 = \angle 5$$
所以
$$AC^2 = AB^2 = AE \cdot AF$$
于是
$$\triangle ACF \backsim \triangle AEC$$
所以
$$\angle ACF = \angle AEC$$

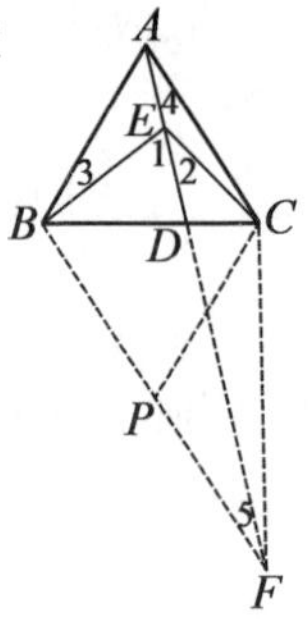

从而
$$\angle BCF = \angle AEC - \angle ACB = \left(180° - \frac{\angle A}{2}\right) - \left(90° - \frac{\angle A}{2}\right) = 90°$$
设 P 为 BF 的中点,联结 CP,则
$$CP = BP = PF$$
所以
$$\angle BCP = 90° - \frac{\angle A}{2} = \angle ABC$$
所以 $CP // AB$,又 $BP // AC$,所以 $ABPC$ 为平行四边形
$$2AC = 2BP = BF$$
但
$$\frac{BD}{CD} = \frac{BF}{AC}$$
所以
$$BD = 2CD$$

图 1.46.22

证法 23 如图 1.46.23,过 B 作 BC 的垂线交 CA,DA 的延长线分别于 F,G. 作 $GH // AF$ 交 BA 的延长线于 H,联结 FH 交 AG 于 K. 则
$$\angle BFC = 90° - \angle ACB = \frac{\angle A}{2} = \angle ABF$$
所以
$$AF = AB = AC$$
又
$$\angle GHA = \angle FAB = 180° - \angle A = \angle AEB$$

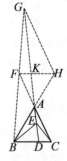

图 1.46.23

$$\angle GFA = 180° - \frac{\angle A}{2} = \angle AEC$$

所以 G,H,E,B 和 G,F,E,C 分别四点共圆. 所以
$$AH \cdot AB = AE \cdot AG = AF \cdot AC$$
故
$$AH = AF = AB = AC, FH /\!/ BC$$
所以
$$FK = CD$$
又
$$\left.\begin{array}{l}AB=AH\\AF/\!/GH\end{array}\right\}\Rightarrow\left.\begin{array}{l}BF=FG\\FH/\!/BC\end{array}\right\}\Rightarrow BD=2FK$$
所以
$$BD = 2CD$$

证法 24 如图 1.46.24,作 $CF /\!/ AB$ 交 AD 的延长线于 F,$FG /\!/ AC$ 交 AB 于 G,又作 $FH \perp BC$ 交 BC,AC 分别于 N,H.
则
$$\angle BGF = \angle A = \angle BEF$$
$$\angle CHF = 90° - \angle HCN = \frac{\angle A}{2} = \angle CEF$$

所以 G,B,F,E 和 H,C,F,E 分别四点共圆. 所以
$$AG \cdot AB = AE \cdot AF = AH \cdot AC$$

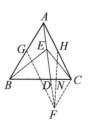

图 1.46.24

所以
$$AG = AH$$
从而
$$BG = CH$$
又
$$\angle CFN = 90° - \angle NCF = \frac{\angle A}{2} = \angle CHF$$
$AGFC$ 为平行四边形,所以
$$CH = CF = AG$$
于是
$$BG = CF = AG, AB = 2CF$$
但

$$\frac{BD}{CD} = \frac{AB}{CF}$$

故
$$BD = 2CD$$

证法 25 如图 1.46.25，F 为直线 AD 上任一点，$FG /\!/ AC$ 交 AB,BC 分别于 G,M，$FH \perp BC$ 交 BC,AC 分别于 N,H。GH 交 AD 于 K。

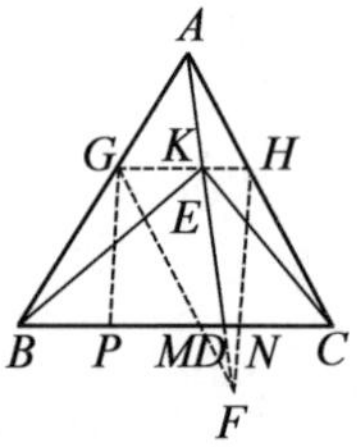

同证法 24 得：$BG = CH$。作 $GP \perp BM$ 于 P，则
$$\triangle GBP \cong \triangle HCN$$
所以
$$BM = 2BP = 2CN$$
又易知 $GH /\!/ BC$，所以
$$\frac{CD}{BD} = \frac{HK}{GK} = \frac{ND}{DM} = \frac{CD-DN}{BD-DM} = \frac{CN}{BM} = \frac{1}{2}$$
所以
$$BD = 2CD$$

图 1.46.25

证法 26 如图 1.46.26，作 $CF /\!/ AD$ 交 BA 和 BE 的延长线分别于 F,H，联结 AH，又作 $\angle PEC = \frac{\angle A}{2}$，边 EP 交 AC,CF 分别于 G,P，联结 FG,AP。因为
$$\angle 4 = \angle 1 = \angle A$$
所以 A,B,C,H 四点共圆。所以
$$\angle 5 = 90° - \frac{\angle A}{2} = \angle EAH, AE = EH$$
又
$$\angle 4 = \angle A = \angle DEP = \angle 3, EH = EP$$
所以 $AE = EP$，从而
$$\angle PAE = \frac{1}{2}\angle DEP = \angle 2$$
所以 $AP /\!/ CE$。所以 $AECP$ 为平行四边形。所以
$$AG = \frac{1}{2}AC = \frac{1}{2}AB$$
因为
$$\angle BAC = \angle 3$$

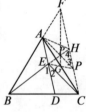

图 1.46.26

所以 A,G,P,F 四点共圆,又
$$\angle APG = \angle CEP = \frac{\angle A}{2} = \angle APF$$
所以
$$AF = AG = \frac{1}{2}AB$$
又因为
$$\frac{BD}{CD} = \frac{AB}{AF}$$
所以
$$BD = 2CD$$

证法 27 如图 1.46.27,以 D 为圆心,DC 长为半径画弧交 AC 于 F,联结 BF,DF,则 $\angle FDC = \angle A$,A,B,D,F 四点共圆.

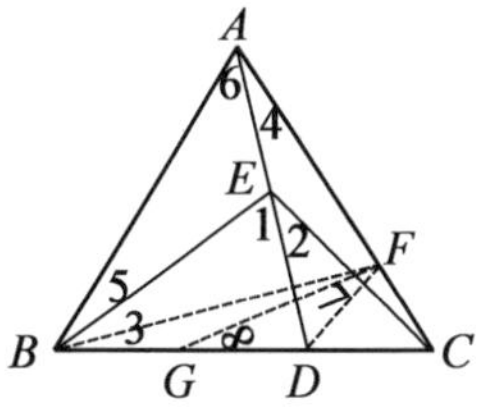

所以
$$\angle 3 = \angle 4 = \angle 5, \angle 7 = \angle 6$$
所以
$$\triangle FBD \backsim \triangle ABE$$

图 1.46.27

$$\frac{DF}{AE} = \frac{BF}{AB}$$

在 BD 上取点 G,使 $DG = DF$,联结 FG,则
$$\angle 8 = \frac{1}{2}\angle FDC = \frac{\angle A}{2} = \angle 2$$
从而
$$\angle BGF = \angle AEC$$
又
$$\angle 3 = \angle 4$$
所以
$$\triangle BFG \backsim \triangle ACE$$
$$\frac{BG}{AE} = \frac{BF}{AC}$$ ②

由式①和②及 $AB = AC$,得
$$BG = DF$$
又

$$DC = DF = DG$$

所以
$$BD = 2CD$$

注 将 BD 作一旋转变换,同样可以获证.

证法 28 如图 1.46.28,作 $BF \parallel AD$ 交 CA 的延长线于 F,要证 $BD = 2CD$,只要证明 $AF = 2AC$ 即可.

在 AF 上取点 G,使 $AC = AB = AC$,联结 BG. 因为
$$\angle FAB = 180° - \angle A = \angle BEA$$
$$\angle FBA = \angle BAE$$

所以
$$\triangle ABF \backsim \triangle EAB$$
$$\frac{AB}{AE} = \frac{BF}{AB}$$ ①

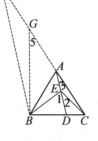

图 1.46.28

又
$$\angle F = \angle 3$$
$$\angle 5 = \frac{\angle A}{2} = \angle 2 \Rightarrow \angle FGB = \angle AEC$$

所以
$$\triangle FGB \backsim \triangle AEC$$
$$\frac{FG}{AE} = \frac{BF}{AC}$$ ②

由式①与②,可得
$$FG = AB = AC = AG$$

从而 $AF = 2AC$,故 $BD = 2CD$.

注 过 B 作 AC 的平行线,或过 D 作 AB 或 AC 的平行线,或过 C 作 AD 或 AB 的平行线,均可用此方法证明本题.

证法 29 如图 1.46.29,从 A 引 AB 的垂线交 BC(或其延长线)于 F. 设 G 为 BF 的中点,以 A 为圆心,AG 长为半径画弧交 BC 于另一点 H,联结 AH. 因为
$$\angle 3 = 90° - \angle ABC = \frac{\angle A}{2} = \angle 2$$

所以 A,E,C,F 四点共圆. 又
$$AG = GF = BG$$

所以

而
$$\angle 5 = 2\angle 3 = \angle A = \angle 1$$
$$\angle 4 = \angle 5$$
所以 $\angle 4 = \angle 1 \Rightarrow A, H, B, E$ 四点共圆. 故
$$CD \cdot DF = DE \cdot DA = BD \cdot DH$$
即
$$\frac{CD}{BD} = \frac{DH}{DF}$$

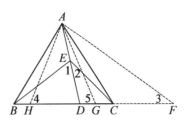

图 1.46.29

又
$$\angle HAC = 180° - \angle 4 - \angle ACB = 90° - \frac{\angle A}{2} = \angle ACB$$
所以
$$CH = AH = AG = \frac{1}{2}BF$$
$$DH = CH - CD = \frac{1}{2}BF - CD$$
所以
$$\frac{CD}{BD} = \frac{\frac{1}{2}BF - CD}{DF} = \frac{CD + \frac{1}{2}BF - CD}{BD + DF} = \frac{1}{2}$$
所以
$$BD = 2CD$$

证法 30 如图 1.46.30, ED 的延长线交 $\triangle EBC$ 的外接圆于 F, 联结 BF, CF. 则
$$\angle ABF = \angle ABC + \angle 3 = \angle ABC + \angle 2 = 90°$$
作 $BG \perp AF$ 于 G, 联结 CG. 则
$$AC^2 = AB^2 = AG \cdot AF$$
所以
$$\angle ACG = \angle 4 = \angle EBD$$
从而
$$\angle 5 = \angle 6 = \angle 7$$
所以
$$CD^2 = DG \cdot DA$$
作 $AH \perp BC$ 于 H, 则 H 为 BC 的中点.

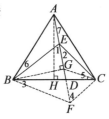

图 1.46.30

1 线段度量关系

因为 A,B,H,G 四点共圆,所以
$$DG \cdot DA = DH \cdot BD$$
所以
$$CD^2 = DH \cdot BD$$
即
$$\frac{CD}{BD} = \frac{DH}{CD} = \frac{CD+DH}{BD+CD} = \frac{CH}{BC} = \frac{1}{2}$$
故
$$BD = 2CD$$

证法 31 如图 1.46.31,在 BE 上取 $BF = AE$,联结 AF. 易知
$$\triangle ABF \cong \triangle CAE, BF = AE = EF$$
所以
$$S_{\triangle ABE} = 2S_{\triangle ABF} = 2S_{\triangle CAE}$$
又
$$\frac{BD}{CD} = \frac{S_{\triangle ABE}}{S_{\triangle CAE}}$$
所以
$$BD = 2CD$$

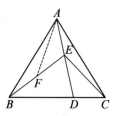

图 1.46.31

注 在 AE 的延长线上取点 F,使 $AF = BE$,联结 CF,同样可获证.

证法 32 如图 1.46.32,延长 BA 至 F,使 $AF = AC = AB$,联结 EF, CF,延长 BE 至 G. 因为
$$\angle AFC = \frac{\angle A}{2} = \angle 2$$
所以 A,E,C,F 四点共圆. 所以
$$\angle 6 = \angle 5 = \frac{\angle A}{2} = \angle 7$$
所以
$$\frac{BE}{AE} = \frac{BF}{AF} = 2$$
又
$$\angle 3 = \angle A - \angle BAE = \angle 4$$
所以

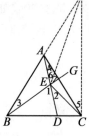

图 1.46.32

$$\frac{BD}{CD} = \frac{S_{\triangle ABE}}{S_{\triangle AEC}} = \frac{AB \cdot BE}{AC \cdot AE} = 2$$

即
$$BD = 2CD$$

证法 33 如图 1.46.33,过点 B 作 AB 的垂线交 AD 的延长线于 F,联结 CF. 则

$$\angle 3 = \frac{\angle A}{2} = \angle 2$$

所以 E,B,F,C 四点共圆. 所以

$$\angle 4 = \angle 1 = \angle A$$

从 F 引 AC 的垂线交 BC 的延长线于 H,G 为垂足. 因为

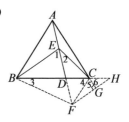

图 1.46.33

$$\angle 5 = 180° - \angle 4 - \angle ACB = 90° - \frac{\angle A}{2} = \angle 6$$

所以 G 为 FH 的中点,从而 $FH = 2FG$. 又

$$\angle H = \frac{\angle A}{2} = \angle 3$$

所以

$$BF = FH = 2FG$$

故

$$\frac{BD}{CD} = \frac{S_{\triangle ABF}}{S_{\triangle ACF}} = \frac{AB \cdot BF}{AC \cdot FG} = 2$$

即
$$BD = 2CD$$

证法 34 如图 1.46.34,作 $CF \parallel BE$ 交 ED 的延长线于 F. 在 AF 上取点 G,使 $AG = BE$,联结 CG. 因为

$$\angle 3 = \angle A - \angle BAE = \angle 4, AB = AC$$

所以

$$\triangle ABE \cong \triangle ACG$$

所以

$$AE = CG$$

$$\angle 5 = \angle 1 = 2\angle 2 \Rightarrow \angle 2 = \angle 6 \Rightarrow CG = EG$$

又

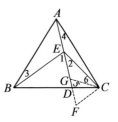

图 1.46.34

$$\angle 5 = \angle 1 = \angle F \Rightarrow CF = CG$$

所以
$$BE = AG = AE + EG = 2CF$$

但
$$\frac{BD}{CD} = \frac{BE}{CF}$$

所以
$$BD = 2CD$$

证法 35 如图 1.46.35,延长 CE 和 BE 交 $\triangle ABC$ 的外接圆分别于 F,H. 联结 BF 并延长交 DA 的延长线与 G, 联结 AF, AH, CH. 因为
$$\angle 4 = \angle A - \angle BAE = \angle 3$$

所以
$$\angle EBG = \angle 4 + \angle 6 = \angle 3 + \angle 5 = \angle 2 = \frac{\angle A}{2}$$

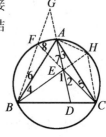

图 1.46.35

$$\angle G = \angle 1 - \angle EBG = \frac{\angle A}{2}$$

所以
$$\angle EBG = \angle G, BE = EG$$
$$\angle FAE = 180° - \angle 7 - \angle 8 = 90°$$
$$\angle G = \frac{\angle A}{2} = \angle 7$$

所以
$$AE = AG$$

从而
$$BE = EG = 2AE$$

又
$$\angle AHE = \angle ACB = 90° - \frac{\angle A}{2}$$

所以
$$\angle AHE = \angle HAE, AE = EH$$

于是
$$BE = 2EH$$

又

$$\angle EHC = \angle A = \angle 1, CH /\!/ DE$$

所以
$$\frac{BD}{CD} = \frac{BE}{EH}$$

故
$$BD = 2CD$$

证法 36 如图 1.46.36,延长 AD 交 $\triangle ABC$ 的外接圆于 F,联结 BF,CF. 因为

$$\angle 3 = \angle ACB = 90° - \frac{\angle A}{2}$$

$$\angle EBF = 180° - \angle 3 - \angle BED = 90° - \frac{\angle A}{2}$$

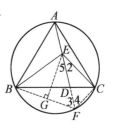

图 1.46.36

所以
$$\angle 3 = \angle EBF$$

作 BG 平分 $\angle BED$ 交 BF 于 G. 则
$$BG = GF, BF = 2FG$$

又
$$\angle 5 = \angle 2$$
$$\angle 3 = \angle ACB = \angle ABC = \angle 4$$

所以

所以
$$BF = 2FG = 2CF$$

但
$$\frac{BD}{CD} = \frac{BF}{CF} \text{(三角形内角平分线性质)}$$

所以
$$BD = 2CD$$

证法 37 可设 $\angle ABE = \angle EAC = \alpha$, 对 $\triangle ABE$ 和 $\triangle ACE$ 分别应用正弦定理得

$$\frac{AE}{\sin \alpha} = \frac{AB}{\sin A}, \frac{CE}{\sin \alpha} = \frac{AC}{\sin \frac{A}{2}}$$

所以

$$\frac{AE}{CE} = \frac{1}{2\cos\frac{A}{2}}$$

又

$$\frac{AE}{CE} = \frac{\sin\left(\frac{A}{2} - \alpha\right)}{\sin\alpha}(\text{对}\triangle ACE\text{用正弦定理})$$

所以

$$\frac{1}{2\cos\frac{A}{2}} = \frac{\sin\left(\frac{A}{2} - \alpha\right)}{\sin\alpha}$$

即

$$\sin\alpha = 2\sin\left(\frac{A}{2} - \alpha\right)\cos\frac{A}{2}$$

所以

$$\sin(A - \alpha) = 2\sin\alpha$$

又

$$\frac{BD}{\sin(A - \alpha)} = \frac{AB}{\sin\angle ADB} = \frac{AC}{\sin\angle ADC} = \frac{CD}{\sin\alpha}$$

所以

$$BD = 2CD$$

2 角度度量关系

2.1 相等

例1 在锐角 $\triangle ABC$ 中,AD 是 BC 边上的高,H 是线段 AD 内任一点,BH 和 CH 的延长线分别交 AC,AB 于 E,F. 求证:$\angle EDA = \angle FDA$.

证法1 过 E,F 分别作 $EK \perp BC$ 于 K,交 HC 于 N_1,作 $FG \perp BC$ 于 G. 交 BH 于 M_1,则 $FG // AD // EK$,所以

$$\frac{GD}{KD} = \frac{FH}{N_1H} = \frac{FM_1}{EN_1} = \frac{FM_1}{AH} \cdot \frac{AH}{EN_1} = \frac{FG}{AD} \cdot \frac{AD}{EK} = \frac{FG}{EK}$$

所以 $\text{Rt}\triangle FGD \backsim \text{Rt}\triangle EKD$.
从而
$$\angle FDG = \angle EDK$$
故
$$\angle FDA = \angle EDA$$

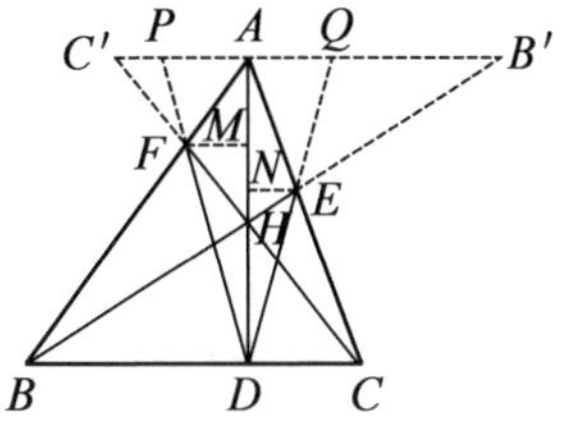

图 2.1.1

证法2 过 A 作直线 $C'B' // BC$,延长 BE,DE,DF,CF 分别交 $C'B'$ 于 B',Q,P,C',则

$$\frac{PA}{BD} = \frac{AF}{FB} = \frac{C'A}{BC}, \frac{QA}{DC} = \frac{AE}{EC} = \frac{B'A}{BC}$$

从而 $\dfrac{PA}{QA} = \dfrac{BD \cdot C'A}{DC \cdot B'A} = \dfrac{BD}{B'A} \cdot \dfrac{C'A}{DC} = \dfrac{DH}{HA} \cdot \dfrac{HA}{DH} = 1$.

即 $AP = AQ$. 于是 $\text{Rt}\triangle APD \cong \text{Rt}\triangle AQD$. 故 $\angle EDA = \angle FDA$.

证法3 如图 2.1.1,过 A 作 BC 的平行线. 与 DE 的延长线交于点 Q,与 CF 的延长线交于点 P.

则由 $\dfrac{AQ}{DC} = \dfrac{AE}{EC} = \dfrac{S_{\triangle BAE}}{S_{\triangle BEC}} = \dfrac{S_{\triangle HAE}}{S_{\triangle HCE}}$,有 $AQ = DC \cdot \dfrac{S_{\triangle HAE}}{S_{\triangle HCE}} = DC \cdot \dfrac{S_{\triangle HAB}}{S_{\triangle HBC}}$.

同理，$AP = BD \cdot \dfrac{S_{\triangle HAC}}{S_{\triangle HAC}}, BD = DC \cdot \dfrac{S_{\triangle HAB}}{S_{\triangle HAC}}$

由上述三式，有 $\dfrac{AQ}{AP} = \dfrac{DC}{BD} \cdot \dfrac{S_{\triangle HAB}}{S_{\triangle HAC}} = \dfrac{DC \cdot S_{\triangle HAB} \cdot S_{\triangle HAC}}{DC \cdot S_{\triangle HAC} \cdot S_{\triangle HAB}} = 1.$ 即 $AP = AQ.$

故 $\angle EDA = \angle FDA.$

证法 4 过 A 作 $C'B' \parallel BC$，与 DE、DF 的延长线交于点 Q, P，则

$$\dfrac{AP}{BD} = \dfrac{AF}{FB}, \dfrac{DC}{AQ} = \dfrac{CE}{EA}, \dfrac{BD}{DC} = \dfrac{BD}{DC}$$

此三式相乘得

$$\dfrac{AP}{AQ} = \dfrac{AF}{FB} \cdot \dfrac{BD}{DC} \cdot \dfrac{CE}{EA}$$

对 $\triangle ABC$ 及 H 应用塞瓦定理知

$$\dfrac{AF}{FB} \cdot \dfrac{BD}{DC} \cdot \dfrac{CE}{EA} = 1$$

即知

$$AP = AQ$$

下同证法 1. 知

$$\angle EDA = \angle FDA$$

证法 5 作 $EK \perp BC$ 于 K，作 $FG \perp BC$ 于 G，如图 2.1.2.

则

$$\dfrac{AF}{FB} = \dfrac{DG}{GB}, \dfrac{BD}{DC} = \dfrac{BD}{DC}, \dfrac{CE}{EA} = \dfrac{CK}{KD}$$

对 $\triangle ABC$ 及点 H 应用塞瓦定理，知 $\dfrac{AF}{FB} \cdot \dfrac{BD}{DC} \cdot \dfrac{CE}{EA} = 1.$

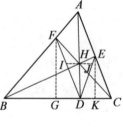

图 2.1.2

从而

$$\dfrac{DG}{GB} \cdot \dfrac{BD}{DC} \cdot \dfrac{CK}{KD} = 1$$

亦即

$$\dfrac{BD}{GB} \cdot \dfrac{CK}{DC} \cdot \dfrac{DG}{DK} = \dfrac{AD}{FG} \cdot \dfrac{EK}{AD} \cdot \dfrac{DG}{DK} = 1$$

亦即 $\dfrac{DG}{DK} = \dfrac{FG}{EK}$，于是 $\mathrm{Rt}\triangle DGF \backsim \mathrm{Rt}\triangle DKE.$ 有 $\angle FDG = \angle EDK.$ 故 $\angle EDA = \angle FDA.$

证法 6 过 F 作 $FM \perp AD$ 于 M,过 E 作 $EN \perp AD$ 于 N,则

$$\tan \angle ADF = \frac{FM}{DM} = \frac{AF \cdot \cos B}{BF \cdot \sin B}, \tan \angle ADE = \frac{EN}{DN} = \frac{AE \cdot \cos C}{CE \cdot \sin C}$$

在 $\triangle ABC$ 中,应用塞瓦定理,有 $\dfrac{AF}{FB} \cdot \dfrac{BD}{DC} \cdot \dfrac{CE}{EA} = 1$. 即 $\dfrac{\frac{AF}{FB}}{\frac{EA}{CE}} = \dfrac{DC}{BD}$.

于是,$\dfrac{\tan \angle ADF}{\tan \angle ADE} = \dfrac{\frac{AF}{FB} \cdot \cot B}{\frac{AE}{CE} \cdot \cot C} = \dfrac{DC \cdot \cot B}{BD \cdot \cot C} = \dfrac{DC \cdot \tan C}{BD \cdot \tan B} = \dfrac{AD}{AD} = 1$. 故 $\angle EDA = \angle FDA$.

证法 7 过 E、F 分别作 $EK \perp BC$ 于点 K,作 $FG \perp BC$ 于点 G. 联结 EF 交 AH 于点 L.

则 $FG /\!/ AD /\!/ EK$,有

$$\frac{GD}{DK} = \frac{FL}{LE} \qquad ①$$

$$\frac{FG}{EK} = \frac{FG}{AD} \cdot \frac{AD}{EK} = \frac{BF}{AB} \cdot \frac{AC}{EC} \qquad ②$$

对 $\triangle AFE$ 及点 H 应用塞瓦定理有

$$\frac{AB}{BF} \cdot \frac{FL}{LE} \cdot \frac{EC}{CA} = 1 \qquad ③$$

把①、②代入③整理得

$$\frac{GD}{DK} = \frac{FG}{EK}$$

所以
$$\text{Rt}\triangle FGD \backsim \text{Rt}\triangle EKD.$$

从而 $\angle FDG = \angle EDK$. 故 $\angle FDA = \angle EDA$

证法 8 过 H 作 $IJ /\!/ BC$ 交 DF 于 I,交 DE 于 J,如图 2.1.2.

对 $\triangle HBC$ 及点 A 应用塞瓦定理,有 $\dfrac{HE}{EB} \cdot \dfrac{BD}{DC} \cdot \dfrac{CF}{FH} = 1$.

则 $\dfrac{EH}{EB} \cdot BD = \dfrac{FH}{FC} \cdot DC$. 而 $\dfrac{HJ}{BD} = \dfrac{EH}{BH}, \dfrac{HI}{DC} = \dfrac{FH}{FC}$,

从而 $HI = HJ$. 即 $\text{Rt}\triangle IDH \cong \text{Rt}\triangle JDH$. 故 $\angle EDA = \angle FDA$.

证法 9 直线 FHC 截 $\triangle ABE$,由梅涅劳斯定理及共边比例定理(面积关系)

有　　$1 = \dfrac{AF}{FB} \cdot \dfrac{BH}{HE} \cdot \dfrac{EC}{CA} = \dfrac{S_{\triangle DAF}}{S_{\triangle DFB}} \cdot \dfrac{S_{\triangle DBH}}{S_{\triangle DHE}} \cdot \dfrac{S_{\triangle DEC}}{S_{\triangle DCA}}$

$= \dfrac{AD \cdot \sin\angle ADF}{BD \cdot \sin\angle BDF} \cdot \dfrac{BD}{ED \cdot \sin\angle HDE} \cdot \dfrac{ED \cdot \sin\angle EDC}{AD}$

$= \tan\angle ADF \cdot \cot\angle HDE$

即 $\tan\angle ADE = \tan\angle ADF$. 故 $\angle EDA = \angle FDA$.

证法 10　对 $\triangle ABC$ 及点 H 应用塞瓦定理，并由共边比例定理，有

$1 = \dfrac{AF}{FB} \cdot \dfrac{BD}{DC} \cdot \dfrac{CE}{EA} = \dfrac{S_{\triangle DAF}}{S_{\triangle DFB}} \cdot \dfrac{BD}{DC} \cdot \dfrac{S_{\triangle DCE}}{S_{\triangle DEA}}$

$= \dfrac{AD \cdot \sin\angle ADF}{BD \cdot \sin\angle FDB} \cdot \dfrac{BD}{DC} \cdot \dfrac{CD \cdot \sin\angle EDC}{AD \cdot \sin\angle ADE} = \tan\angle ADF \cdot \cot\angle ADE$

即 $\tan\angle ADE = \tan\angle ADF$. 故 $\angle EDA = \angle FDA$.

证法 11　由 BD,DO,OP,PB 组成的四边形(即完全四边形 $BPCOAD$)的一条对角线 BO 被另两条对角线 DP, AC 调和分割于点 G,E，所以 PD、PE、PB、PO 是一调和线束. 但 PB 与 PO 垂直，所以它们平分由 PD 与 PE 所成的角，故 $\angle DPA = \angle EPA$.

注　在 $\triangle ABC$ 中，AD,AE 分别为 $\angle A$ 的内、外角平分线.

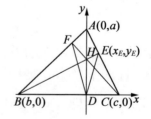

图 2.1.3

则有 $\dfrac{BD}{DC} = \dfrac{AB}{AC} = \dfrac{BE}{CE}$，即 $\dfrac{BD}{BE} = \dfrac{DC}{EC}$.

即称 BC 被点 D,E 调和分割，或称 AD,AE,AB,AC 为一调和线束，但 AD 与 AE 垂直，所以它们平分由 AB、AC 所成的角

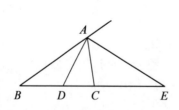

图 2.1.4

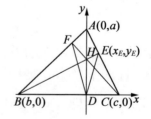

图 2.1.5

证法 12　以 BC 所在直线为 x 轴，点 D 为原点建立平面直角坐标系. 如图 2.1.5，设 $A(0,a),B(b,0),C(c,0),D(0,0),H(0,h)$. 则 BE 的方程为 $\dfrac{y-h}{x} = \dfrac{h}{-b}$,

AC 的方程为 $\dfrac{x}{c}+\dfrac{y}{a}=1$.

因此,点 E 的坐标由方程组 $\begin{cases} y=-\dfrac{h}{b}x+h \\ y=-\dfrac{a}{c}x+c \end{cases}$ 解得

即 $x_E=\dfrac{abc-bch}{ab-ch}$,$y_E=\dfrac{(b-c)ah}{ab-ch}$,则 $k_{DE}=\dfrac{y_E}{x_E}=\dfrac{(b-c)ah}{abc-bch}=\dfrac{b-c}{bc}\cdot\dfrac{ah}{a-h}$.

由图可知,只要把上式的 b,c 互换,便可得 $k_{DF}=\dfrac{c-b}{cb}\cdot\dfrac{ah}{a-h}=-k_{DE}$.

从而 $\angle EDC+\angle FDC=180°$,即锐角 $\angle FDB=\angle EDC$,故 $\angle EDA=\angle FDA$.

例 2 正方形 $ABCD$ 中,F 是 CD 的中点,E 是 BC 边上的一点,且 $AE=DC+CE$. 求证:AF 平分 $\angle DAE$.

证法 1 如图 2.2.1,联结 EF,并延长交 AD 延长线于 G.
在直角 $\triangle FDG$ 及 $\triangle FCE$ 中.
由 $FD=FC$,$\angle 1=\angle 2$,知
$$\triangle FDG\cong\triangle FCE$$
则
$$CE=DG.\ EF=FG$$
从而
$$AG=AD+DG=DC+CE=AE$$
又
$$EF=FG$$

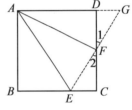

图 2.2.1

则 AF 是等腰 $\triangle AEG$ 底边上的中线,
故 AF 平分顶角 $\angle DAE$.

证法 2 如图 2.2.2,延长 AF 与 BC 的延长线交于 G. 则可由

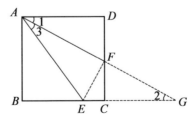

图 2.2.2

$$\triangle ADF \cong \triangle GCF$$
得
$$AD = CG$$
又
$$AE = DC + CE = GC + CE = GE$$
则 $\angle 2 = \angle 3$,因 $AD \parallel BC$,
则 $\angle 1 = \angle 2$ 故 $\angle 1 = \angle 3$.

证法 3 如图 2.2.3,以 CD 为直径作圆 F.
则 AD、BC 是圆的切线,再自 A 引圆 F 的切线 AE'.
设 G 是切点,则 $AG = AD$、$GE' = E'C$,则
$$AE' = AD + E'C = DC + CE'$$
从而 E' 即为题中所指的 E,即 AE 切圆 F 于 G.
由切线性质知
$$\angle DAF = \angle GAF$$

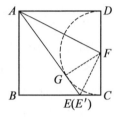

图 2.2.3

证法 4 如图 2.2.4,取 $AG = AB$,
则
$$GE = EC$$
设
$$\angle DAE = \alpha$$
则
$$\angle 3 = \frac{180° - \alpha}{2} = 90° - \frac{\alpha}{2}$$
从而
$$\angle 1 = 90° - \angle 3 = \frac{\alpha}{2}$$
又
$$EC = EG, \angle 2 = \angle 2$$
则
$$\angle 2 = \frac{\alpha}{2},即 \angle 1 = \angle 2$$
因 $\angle 2 + \angle 4 = 90°$,则 $\angle 1 + \angle 4 = 90°$,即
$$\angle DGC = 90°$$
因 F 是 DC 的中点,则 $GF = FD$.

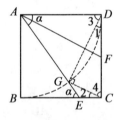

图 2.2.4

又
$$AG=AD, AF=AF$$
则
$$\triangle ADF \cong \triangle AGF$$
故
$$\angle DAF = \angle GAF$$

证法 5 如图 2.2.4.

设 $\angle DAE = \angle AEB = \alpha, AB = a.$

则
$$BE = a\cot\alpha, AE = \frac{a}{\sin\alpha}$$

从而
$$\frac{a}{\sin\alpha} = a + (a - a\cot\alpha)$$

即
$$\frac{1}{\sin\alpha} + \frac{\cos\alpha}{\sin\alpha} = 2$$

所以
$$2\sin\alpha - \cos\alpha = 1$$

即
$$2\sin\left(2\cdot\frac{\alpha}{2}\right) - \cos\left(2\cdot\frac{\alpha}{2}\right) = 1$$

$$4\sin\frac{\alpha}{2}\cos\frac{\alpha}{2} - 2\cos^2\frac{\alpha}{2} = 0$$

又
$$\cos\frac{\alpha}{2} \neq 0$$

则
$$\tan\frac{\alpha}{2} = \frac{1}{2}$$

又因
$$\tan\angle DAF = \frac{\frac{1}{2}\alpha}{\alpha} = \frac{1}{2}$$

则锐角
$$\frac{\alpha}{2} = \angle DAF$$
$$\alpha = 2\angle DAF$$

故
$$\angle DAF = \angle GAF$$

证法 6 如图 2.2.5,设 $AB = a, BE = x$,
则
$$\sqrt{a^2 + x^2} = a + (a - x)$$
$$a^2 + x^2 = (2a - x)^2$$
即
$$x = \frac{3}{4}a, EC = \frac{1}{4}a$$

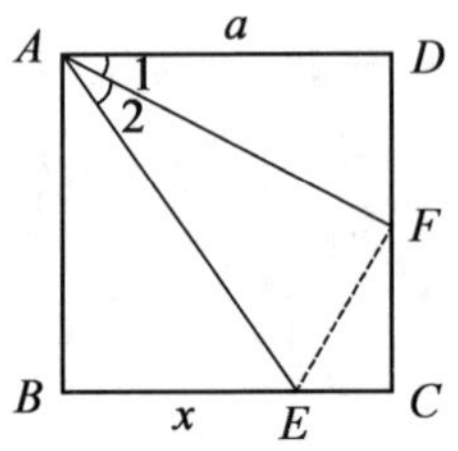

又
$$AE^2 = a^2 + \left(\frac{3}{4}a\right)^2 = \left(\frac{5}{4}a\right)^2$$
$$EF^2 = CE^2 + CF^2 = \left(\frac{1}{4}a\right)^2 + \left(\frac{1}{2}a\right)^2 = \frac{5}{16}a^2$$
$$AF^2 = a^2 + \left(\frac{a}{2}\right)^2 = \frac{20}{16}a^2$$

则
$$EF^2 + AF^2 = \frac{5}{16}a^2 + \frac{20}{16}a^2 = \left(\frac{5}{4}a\right)^2$$

从而
$$AE^2 = EF^2 + AF^2$$

即 $\angle AFE = 90°$.(勾股定理的逆定理)

在直角 $\triangle FDA$ 中
$$\tan \angle 1 = \frac{1}{2}$$

在直角 $\triangle EFA$ 中
$$\tan \angle 2 = \frac{\frac{\sqrt{5}}{4}a}{\frac{\sqrt{5}}{2}a} = \frac{1}{2}$$

图 2.2.5

从而 $\tan\angle 1 = \tan\angle 2$,故锐角 $\angle 1 = \angle 2$.

证法 7 如图 2.2.6,分别以 AD,AB 为实、虚轴,把图形放到复平面中,设正方形的边长为 1,则 A,B,C,D,F 的对应复数各是 0、i、$1+i$、1、$1+\frac{1}{2}i$. 设 E 点的对应复数为 $x+i$,(x 为实数.)则根据题意有

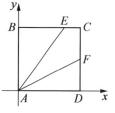

图 2.2.6

$$|x+i| = 1+(1-x)$$

即 $x^2 + 1 = (2-x)^2$,解得

$x = \frac{3}{4}$,故点 E 的对应复数为 $\frac{3}{4} + i$,但是

$$\left(1+\frac{1}{2}i\right)^2 = \frac{3}{4} + i$$

故

$$\arg\left[\frac{3}{4}+i\right] = 2\arg\left[1+\frac{1}{2}i\right]$$

即

$$\angle DAE = 2\angle DAF$$

故 AF 平分 $\angle DAE$.

例3 (第 21 届全俄数学奥林匹克题)试证:若凸五边形 $ABCDE$ 中,$\angle ABC = \angle ADE$,$\angle AEC = \angle ADB$,则 $\angle BAC = \angle DAE$.

证法 1 如图 2.3.1,设 BD 与 CE 交于点 F,联结 AF,则

$\angle ADF = \angle ADB = \angle AEC = \angle AEF$,即知 A,E,D,F 四点共圆.

此时,$\angle AFE = \angle ADE = \angle ABC$,即知 A,F,C,B 四点共圆.

于是,$\angle ACB = \angle AFB = \angle AED$,又已知 $\angle ABC = \angle ADE$.

故 $\angle BAC = \angle DAE$.

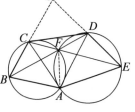

图 2.3.1

证法 2 如图 2.3.1,同证法 1. 圆 $AEDF$ 与圆 $AFCB$ 相交于 F,A. 延长 BC,ED 必相交于一点(因两圆相交、不是相切)

不妨设交于点 S,则 A 为完全四边形 $SCBFED$ 的密克尔点,知 $\triangle BAC \backsim \triangle DAE$.

从而 $\angle BAC = \angle DAE$.

证法 3 如图,同证法 1,圆 $AEDF$ 与圆 $AFCB$ 相交于 F,A,由相交两圆的内接三角形相似,即证.

例 4 (2009 年第 35 届俄罗斯数学奥林匹克题)A_1 和 C_1 分别是平行四边形 $ABCD$ 边 AB 和 BC 上的点. 线段 AC_1 和 CA_1 交于点 P. 三角形 AA_1P 和 CC_1P 的外接圆的第二个交点 Q 位于三角形 ACD 的内部. 证明:$\angle PDA = \angle QBA$.

证法 1 令 w_A 和 w_C 分别表示三角形 AA_1P 和 CC_1P 的外接圆,射线 AQ 和 CQ 分别交边 CD 和 AD 于点 C_2 和 A_2.

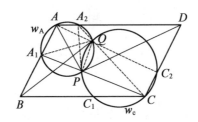

图 2.4.1

由 $AB \parallel CD$ 及 $A、A_1、P、Q$ 共圆,得
$$\angle PCC_2 = 180° - \angle AA_1P = \angle AQP = 180° - \angle PQC_2$$
从而知 $C、P、Q、C_2$ 共圆. 这推出 C_2 位于 w_C 上.

同理,A_2 位于 w_A 上.

进一步,由于 $A、A_1、P、A_2$ 共圆及 $AB \parallel CD$,有
$$\angle A_2PC = 180° - \angle A_1PA_2 = \angle A_1AA_2 = 180° - \angle A_2DC$$
即 A_2,P,C,D 四点共圆,

故
$$\angle PDA = \angle PDA_2 = \angle PCA_2 = \angle PCQ$$
同样地,可得 B,A_1,Q,C 四点共圆,进而有
$$\angle QBA = \angle QCA = \angle PCQ$$
故
$$\angle PDA = \angle PCQ = \angle QBA$$

证法 2 注意到 $\triangle AA_1P$ 和 $\triangle CC_1P$ 的两个外接圆的第二个交点为 Q,则知 Q 为完全四边形 BC_1CPAA_1 的密克尔点,从而知 $A_1、B、C、Q$ 四点共圆,有
$$\angle QBA = \angle QBA_1 = \angle QCA_1 \qquad ①$$

由于 Q 位于 $\triangle ACD$ 内,可设直线 CQ 交 AD 于点 A_2,由 $\angle DA_2Q = \angle QCC_1 = \angle APQ$,知 A_2 在圆 APQ 上. 联结 A_2P,注意到 $A、A_1、P、A_2$ 共圆及 $AB \parallel DC$,有

$\angle A_2PC = \angle A_1AA_2 = 180° - \angle A_2DC$,即知 A_2, P, C, D 四点共圆,从而
$$\angle PDA = \angle PDA_2 = \angle PCA_2 = \angle QCA_1 \qquad ②$$
由①、②知 $\angle PDA = \angle QBA$.

注 此例可归结两圆 w_1 与 w_2 相交于点 Q, P. 点 A 在圆 w_1 上,割线 AQ, AP 分别交圆 w_2 于点 C_2, C_1;点 C 在圆 w_2 上,割线 CQ, CP 分别交圆 w_1 于点 A_2, A_1. 直线 AA_1 与直线 CC_1 交于点 B,直线 AA_2 与直线 CC_2 交于点 D,则 $\angle ADP = \angle ABQ, \angle CBQ = \angle CDP$.

例 5 (1991 年国家集训队测试题)已知圆 O_1 与圆 O_2 外离,两条外公切线分别切圆 O_1 于点 A_1, B_1,切圆 O_2 于点 A_2, B_2,弦 A_1B_1, A_2B_2 分别交直线 O_1O_2 于点 M_1, M_2,圆 O 过点 A_1, A_2,分别交圆 O_1,圆 O_2 于点 P_1, P_2. 求证:$\angle O_1P_1M_1 = \angle O_2P_2M_2$.

证法 1 若圆 O_1 与圆 O_2 为等圆,则点 M_i 与 $O_i(i=1,2)$ 重合. $\angle O_1P_1M_1 = \angle O_2P_2M_2 = 0°$.

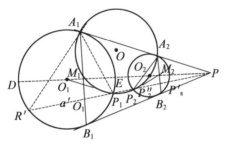

图 2.5.1

若圆 O_1 与圆 O_2 不是等圆,则可设两公切线 A_1A_2 与 B_1B_2 交于点 P,且 P 为圆 O_1 与圆 O_2 的外位似中心. 直线 O_1O_2 过点 P.

设直线 PP_1 交圆 O_1 于另一点 P'_1,交圆 O_2 于另一点 P'_2. 由 $\angle PA_2P'_2 = \angle A_2P_2P'_2 = \angle A_2A_1P_1 = \angle A_1P'_1P_1$ 知 A_1, P'_1, P'_2, A_2 四点共圆

由 $PM_1 \cdot PO_1 = PA^2 = PP_1 \cdot PP'_1$ 知 O_1, M_1, P_1, P'_1 四点共圆,则 $\angle O_1P_1M_1 = \angle O_1P'_1M_1$.

从而,由相似度变换得 $\angle O_1P_1M_1 = \angle O_1P'_1M_1 = \angle O_2P_2M_2$.

证法 2 设直线 A_1A_2 与 B_1B_2 交于点 P. 先证 P_1, P_2, P 三点共线.

联结 P_1P 交圆 O_2 于 P''_2,交圆 O_1 于 P'_1,联结 $A_1P'_1, A_2P''_2, A_1P_1$,则
$\angle A_2P''_2P = \angle A_1P'_1P = \angle P_1A_1P$,从而 A_1, A_2, P''_2, P_1 四点共圆,于是知 P_2 与 P''_2 重合,故 P_1, P_2, P 三点共线.

由 O_1, O_2, O 共线. 设此直线交圆 O_1 于 D, E. 则知 M_1, P 调和分割 DE,

从而 DE 的中点 O_1 满足 $O_1M_1 \cdot O_1P = O_1E^2 = O_1P_1^2$. 即有 $\dfrac{O_1P_1}{O_1M_1} = \dfrac{O_1P}{O_1P_1}$.

而 $\angle P_1O_1M_1$ 公用. 知 $\triangle O_1P_1M_1 \backsim \triangle O_1PP_1$, 有 $\angle O_1P_1M_1 = \angle O_1PP_1$.

同理. $\angle O_2P_2M_2 = \angle O_2PP_2$. 故 $\angle O_1P_1M_1 = \angle O_2P_2M_2$.

例 6 （1983 年 IMO24 试题）已知 A 为平面上两个半径不相等的圆 O_1 和圆 O_2 的交点，外公切线 P_1P_2 的切点为 P_1，P_2，另一外公切线 Q_1Q_2 的切点为 Q_1，Q_2，M_1，M_2 分别为 P_1Q_1，P_2Q_2 的中点. 求证：$\angle O_1AO_2 = \angle M_1AM_2$.

证法 1 如图 2.6.1，设 BA 交 P_1P_2 于 T，易知 $TP_1 = TP_2$.

由于 O_1O_2 是 A、B 两点的对称轴，可知 AB 与 M_1M_2 互相垂直平分.

则 $AM_1 = AM_2$.

由 O_1 引 O_2A 的平行线交圆 O_1 于 C，联结 CM_1，M_1B，O_1B，有
$$\angle O_1BM_1 = \angle O_1AM_1, \angle CO_1M_1 = \angle AO_2M$$

且
$$\dfrac{O_1P_1}{O_1M_1} = \dfrac{O_2P_2}{O_2M_2}$$

从而 $\dfrac{CO_1}{O_1M_1} = \dfrac{AO_2}{O_2M_2}$，得 $\triangle CO_1M_1 \backsim \triangle AO_2M_2$.

则
$$\angle O_1CM_1 = \angle O_2AM_2$$

于是 $CM_1 // AM_2 // M_1B$，可知 C，M_1，B 三点共线.

则
$$\angle O_1CM_1 = O_1BM_1$$

即
$$\angle O_1AM_1 = \angle O_2AM_2$$

故
$$\angle O_1AO_2 = \angle M_1AM_2$$

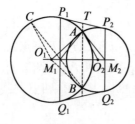

图 2.6.1

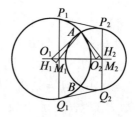

图 2.6.2

证法 2 如图 2.6.2,分别由 O_1, O_2 引 AM_1, AM_2 的垂线,H_1, H_2 为垂足. 有 $\angle O_1M_1H_1 = \angle AM_1M_2 = \angle AM_2O_2$,

则
$$\text{Rt}\triangle O_1H_1M_1 \backsim \triangle O_2H_2M_2$$

得
$$\frac{O_1H_1}{O_1M_1} = \frac{O_2H_2}{O_2M_2}$$

因
$$\frac{O_1A}{AO_2} = \frac{O_1P_1}{O_2P_2} = \frac{O_1M_1}{O_2M_2}$$

则
$$\frac{O_1H_1}{O_2H_2} = \frac{O_1M_1}{O_2M_2} = \frac{O_1A}{AO_2}$$

从而
$$\text{Rt}\triangle AO_1H_1 \backsim \triangle AO_2H_2$$

有
$$\angle O_1AM_1 = \angle O_2AM_2$$

故
$$\angle O_1AO_2 = \angle M_1AM_2$$

证法 3 如图 2.6.3,设 P_1P_2 与 Q_1Q_2 相交于 R,则 O_1, O_2, R 三点共线. 由 $O_1A^2 = O_1P_1^2 = O_1M_1 \cdot O_2R$,可知 $\triangle AO_1M_1 \backsim \triangle RO_1A$,得
$$\angle O_1AM_1 = \angle ARO_1$$

由 $O_2A^2 = O_2P_3^2 = O_2M_2 \cdot O_2R$,有 $\triangle O_2AM_2 \backsim \triangle O_2RA$,得
$$\angle O_2AM_2 = \angle ARO_1$$

则
$$\angle O_1AM_1 = O_2AM_2$$

即
$$\angle O_1AO_2 = \angle M_1AM_2$$

证法 4 如图 2.6.4,作 O_2 关于 AB 的对称点 R.

由证法 1 已知 $AM_1 = AM_2$.

由 $\dfrac{O_1P_1}{O_1M_1} = \dfrac{O_2P_2}{O_2M_2}$,可知 $\dfrac{O_1A}{O_1M_1} = \dfrac{AO_2}{O_2M_2} = \dfrac{AR}{M_1R}$.

从而 AM_1 为 $\angle O_1AR$ 之平分线,

2 角度度量关系

则
$$\angle O_1AM_1 = \angle M_1AR = \angle O_2AM_2$$

于是
$$\angle O_1AO_2 = \angle M_1AM_2$$

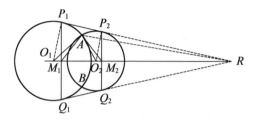

图 2.6.3

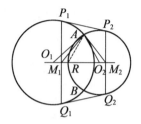

图 2.6.4

例7 设圆 O、圆 I 分别为 $\triangle ABC$ 的外接圆和内切圆,$\angle A$ 的外角平分线交圆 O 于点 P. 直线 PI 交圆 O 于点 T,圆 I 切 BC 于点 D,则 $\angle ATP = \angle DTP$.

证法 1 如图 2.7.1,设圆 O,圆 I 的半径分别为 R, r,延长 AI 交圆 O 于点 Q,则 Q 为 $\overset{\frown}{BC}$ 中点,从而 PQ 为圆 O 的直径,且 $PQ \perp BC$. 联结 ID,则 $PQ \parallel ID$. 从而 $\angle QPI = \angle DIT$.

注意到欧拉公式 $2Rr = R^2 - OI^2 = FI \cdot IE = PI \cdot IT$,从而 $\triangle IPQ \backsim \triangle DIT$. 于是
$$\angle DTP = \angle DTI = \angle IQP = \angle ATP$$

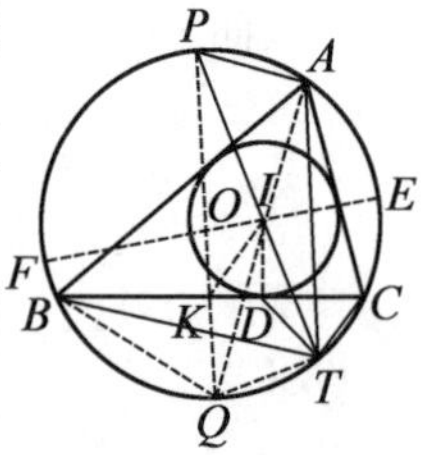

图 2.7.1

证法 2 如图 2.7.1,由内心性质,有 $OI^2 = QB^2 = QK \cdot QP$.

从而 $\triangle KIQ \backsim \triangle IPQ \Rightarrow \angle KIQ = \angle IPQ = \angle DIT \Rightarrow \angle KID = \angle QIT$.

注意 $\angle IDK = 90° = \angle ITQ$,即知 $\triangle IDK \backsim \triangle ITQ \Rightarrow \dfrac{ID}{IT} = \dfrac{IK}{IQ}$.

注意 $\angle KIQ = \angle DIT$. 则 $\triangle DIT \backsim \triangle KIQ \backsim \triangle IPQ$.

故 $\angle DTP = \angle DTI = \angle IQP = \angle ATP$.

例8 (2003 年土耳其数学奥林匹克题) 已知一个圆与 $\triangle ABC$ 的边 AB, BC 相切,边和 $\triangle ABC$ 的外接圆相切于点 T. 若 I 为 $\triangle ABC$ 的内心,证明:$\angle ATI = \angle CTI$.

证法 1 如图 2.8.1,设小圆圆心为 O',半径为 r,大圆圆心为 O,半径为 R,且圆 O' 与 AB, BC 分别切于 D, E 两点. 联结 DE, BO' 交于点 I'.

下面证明 $I' = I$.

延长 BO' 交圆 O 于点 F,易知 BF 平分 $\angle ABC$ 及 $\overset{\frown}{AC}$,则 O' 关于圆 O 的幂为

$$r(2R-r) = 2Rr - r^2 = BO' \cdot O'F = O'F \cdot \dfrac{r}{\sin\dfrac{B}{2}}$$

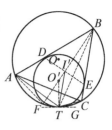

图 2.8.1

故

$$O'F = (2R-r)\sin\dfrac{B}{2}$$

于是,有

$$FI' = FO' + O'I' = (2R-r)\sin\dfrac{B}{2} + r\sin\dfrac{B}{2} = 2R\sin\dfrac{B}{2} = AF$$

从而

$$I' = I$$

联结 $BT, O'T$,有 $O'I' \cdot O'B = O'E^2 = r^2 = O'T^2$.

从而

$$\triangle O'I'T \backsim \triangle O'TB$$

故

$$\angle O'TI' = \angle O'BT$$

过点 T 作两圆的公切线 TG,于是,有

$$\angle CTI + \angle O'BC$$
$$= \angle CTI + \angle O'BT + \angle TBC$$
$$= \angle CTI + \angle O'TI + \angle TBC$$
$$= \angle CTO' + \angle TBC$$
$$= \angle CTO' + \angle CTG$$
$$= \angle O'TG = 90°$$

则

$$\angle CTI = 90° - \angle O'BC = 90° - \dfrac{\angle B}{2}$$

同理

$$\angle ATI = 90° - \dfrac{\angle B}{2} = \angle CTI$$

故命题得证.

证法 2 如图 2.8.2,设小圆的圆心为 O,又设圆 O' 与 AB, BC 分别切于点

D, E.

延长 TE 交 $\triangle ABC$ 的外接圆圆 O 于点 K,则由相切两圆的性质知 K 为 $\overset{\frown}{BC}$ 的中点. 于是,A,I,K 三点共线.

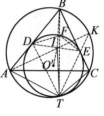

由曼海姆定理,知 I 为 DE 的中点.

设 BT 交圆 O' 于点 F. 联结 DF,EF,则由 $\triangle BDT \backsim \triangle BFD$,$\triangle BET \backsim \triangle BFE$ 有 $\dfrac{DT}{FD} = \dfrac{BT}{BD} = \dfrac{BT}{BE} = \dfrac{ET}{FE}$. 即有 $DT \cdot EF = DF \cdot ET$.

图 2.8.2

在四边形 $DTEF$ 中应用托勒密定理,有 $DT \cdot EF + DF \cdot ET = DE \cdot FT$.

亦即 $2DT \cdot EF = 2DI \cdot FT$,从而有 $\dfrac{DI}{FE} = \dfrac{DT}{FT}$.

注意 $\angle IDT = \angle EFT$. 从而 $\triangle DTI \backsim \triangle FTE$,即有 $\angle DTI = \angle FTE$.

于是,$\angle DTI = \angle BTK = \angle BAK = \angle DAI$,即知 A,T,I,D 四点共圆.

从而有 $\angle ATI = \angle BDI$.

同理,$\angle CTI = \angle BEI$. 而由 $BD = BE$ 知 $\angle BDI = \angle BEI$.

故 $\angle ATI = \angle CTI$.

例 9 (2007 年国家队集训题) 锐角 $\triangle ABC$ 的外接圆在 A 和 B 处的切线相交于点 D. M 是 AB 的中点. 证明:$\angle ACM = \angle BCD$.

证法 1 如图 2.9.1,延长 CM 至 C',使 $MC' = CM$,则知四边形 $CAC'B$ 为平行四边形. 过点 A 作与 CB 相切于点 C 的圆圆 O_1 与 CD 交于点 S,圆 O_1 与 DA 的延长线交于点 K. 联结 AS,BS,则

$$\angle ASD = \angle AKC = \angle ACB = \angle ABD$$

从而,A、D、B、S 四点共圆. 注意到 $DA = DB$,则 $\angle ASD = \angle DSB$,此时,$\angle ASC = 180° - \angle ASD = 180° - \angle DSB = \angle CSB$,又 $\angle SAC = \angle SCB$,从而 $\triangle ASC \backsim \triangle CSB$.

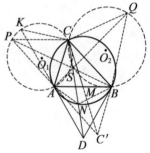

图 2.9.1

于是,$\angle ACS = \angle CBS$. 此说明过 B,S,C 的圆即圆 O_2 与 AC 切于点 C,则知 $\angle ACB$ 也为圆 O_2 的弦切角.

延长 BS 交圆 O_1 于 P,延长 AS 交圆 O_2 于点 Q,联结 PC,CQ,则 $\angle CSP = \angle CSQ$,且 $\angle CPA = \angle CSA$,$\angle CAP = \angle CSP$;$\angle CQB = \angle CSP$,$\angle CBQ = \angle CSQ$.

从而,$PC = AC$,$QC = BC$.

由 $\angle CBQ = \angle CQB = \angle BCA = 180° - \angle CBC$,则知 Q,B,C' 三点共线.

同理,P,A,C' 三点共线.

于是,C 为完全四边形 $C'BQSPA$ 的密克尔点. 因此,由密克尔的性质,$C,P,$ C',B 这四点共圆,即有 $\angle BCM = \angle BCC' = \angle BPC' = \angle APS = \angle ACS = \angle ACD$.

故 $\angle ACM = \angle ACD = \angle DCM + \angle BCM + \angle DCM = \angle BCD$.

证法 2 设 CD 交 $\triangle ABC$ 的外接圆于点 N. 联结 AN,BN.

由 $\triangle DAN \backsim \triangle DCA$, $\triangle DBN \backsim \triangle DCB$, 有 $\dfrac{AN}{CA} = \dfrac{DA}{DC} = \dfrac{DB}{DC} = \dfrac{NB}{BC}$, 从而 $AC \cdot NB = AN \cdot BC$.

对四边形 $ANBC$ 应用托勒密定理,有 $AC \cdot NB + AN \cdot BC = AB \cdot CN$.

于是,$2AC \cdot NB = 2AM \cdot CN$, 即有 $\dfrac{AC}{AM} = \dfrac{CN}{NB}$.

又 $\angle CAM = \angle CNB$, 从而 $\triangle CAM \backsim \triangle CNB$, 即有 $\angle ACM = \angle NCB$. 故 $\angle ACM = \angle BCD$.

证法 3 用复数法. 设 $\triangle ABC$ 外接圆为复平面上的单位圆,点 A,B,C,D,M 分别用复数 a,b,c,d,m 代表,则 $\angle ACM = \angle BCD \Leftrightarrow H = \dfrac{b-c}{d-c} : \dfrac{m-c}{a-c} \in R$.

$d = \dfrac{2ab}{a+b}, m = \dfrac{a+b}{2}$. 故 $H = \dfrac{(b-c)(a-c)}{c^2 - \dfrac{2cab}{a+b} - \dfrac{ac+bc}{2} + ab} = \overline{H} \Rightarrow H \in R$.

例 10 (2003 年保加利亚数学奥林匹克题) 设 H 为锐角 $\triangle ABC$ 的高线 CP 上的任一点,直线 AH,BH 分别交 BC,AC 于点 M,N. (1) 证明: $\angle NPC = \angle MPC$; (2) 设 O 是 MN 与 CP 的交点,一条通过 O 的任意的直线交四边形 $CNHM$ 的边于点 D,E. 证明:$\angle EPC = \angle DPC$.

(1) **证法 1** 如图 2.10.1,设 AM 交 PN 于点 K. 作 $\angle CPK' = \angle MPC$ 交 AM 于 K',则 PH,AB 分别平分 $\triangle PMK'$ 的内角 $\angle MPK'$ 及其外角. 则 A,H,K',M 为调和点列.

在完全四边形 $APBHCN$ 中,A,H,K,M 为调和点列.

从而 K' 与 K 重合. 故 $\angle NPC = \angle MPC$.

证法 2 如图 2.10.1,设 AM 交 PN 于点 K. 过 M 作 $TS // NP$ 交直线 PC,PB 分别于点 T,S,则在完全四边形 $APBHCN$ 中. 对调和线束 PA,PH,PK,PM 有 $MT = MS$. 注意到在 $Rt\triangle TPS$ 中,有 $MT = MP$.

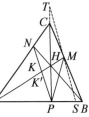

图 2.10.1

又注意到 $NP \parallel TS$，则 $\angle NPC = \angle PTM = \angle MPC$.

(2) **证法 1**　如图 2.10.2，不妨设 D 在 CM 上，E 在 NH 上．延长 PE 交 NC 于点 X.

由 (1) 知只要证 AD, BX, CP 三线共点即可，即有
$$\frac{CX}{XA} \cdot \frac{AP}{PB} \cdot \frac{BD}{DC} = 1$$

分别对 $\triangle CNH$ 及截线 PEX，对 $\triangle ABN$ 及截线 PEX，对 $\triangle BCH$ 及截线 DOE. 应用梅涅劳斯定理，有

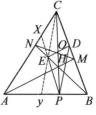

图 2.10.2

$$\frac{CX}{XN} \cdot \frac{NE}{EH} \cdot \frac{HP}{PC} = 1, \frac{XN}{NA} \cdot \frac{AP}{PB} \cdot \frac{BE}{EN} = 1, \frac{BD}{DC} \cdot \frac{CO}{OH} \cdot \frac{HE}{EB} = 1$$

在完全四边形 $CNAHBD$ 中，C, H, O, P 为调和点列. 有
$$\frac{HP}{PC} = \frac{HO}{OC}$$

以上四式相乘即证得结论.

证法 2　如图 2.10.2，不妨设 D 在 CM 上，E 在 NH 上. 延长 CE 交 AP 于点 Y.

由 (1) 知，只须证 YD, BE, CP 三线共点即可，即有 $\dfrac{BD}{DC} \cdot \dfrac{CE}{EY} \cdot \dfrac{YP}{PB} = 1$.

分别对 $\triangle BCH$ 及截线 DOE. 对 $\triangle CYP$ 及截线 EHB. 对 $\triangle BHP$ 及截线 CEY 应用梅涅劳斯定理有

$$\frac{BD}{DC} \cdot \frac{CO}{OH} \cdot \frac{HE}{EB} = 1, \frac{CE}{EY} \cdot \frac{YB}{BP} \cdot \frac{PH}{HC} = 1, \frac{BE}{EH} \cdot \frac{HC}{CP} \cdot \frac{PY}{YB} = 1$$

注意到 C, H, O, P 为调和点列. 有 $\dfrac{OH}{HP} = \dfrac{CO}{CP}$. 这四式相乘即证得结论.

证法 3　如图. 设 E 在 NH 上. D 在 CM 上，过 E 作 $KS \perp AB$ 交直线 BC 于 K，交 AB 于点 S. 作 $DT \perp AB$ 于点 T. 交 BN 于 Z，则 $KS \parallel CP \parallel DT$，有

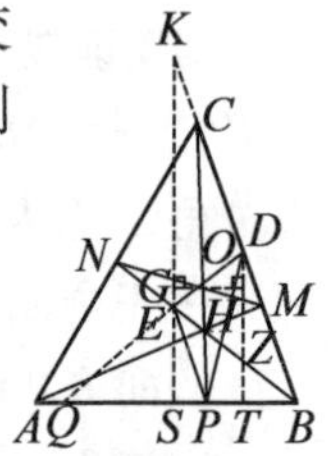

$$\frac{ES}{HP} = \frac{BS}{BP}, \frac{DT}{CP} = \frac{BT}{BP}$$

上述两式相除，有

图 2.10.3

$$\frac{ES}{DT} \cdot \frac{CP}{HP} = \frac{BS}{BT} = \frac{BE}{BZ} = \frac{EK}{DZ} = \frac{CO \cdot \dfrac{DE}{OD}}{OH \cdot \dfrac{DE}{OE}} = \frac{CO \cdot OE}{OH \cdot OD} = \frac{CO}{OH} \cdot \frac{PS}{PT}$$

注意到 C,H,O,P 为调和点列,有 $\dfrac{CP}{PH}=\dfrac{CO}{OH}$,从而
$$\dfrac{ES}{DT}=\dfrac{PS}{PT}$$
所以 $\mathrm{Rt}\triangle EPS \backsim \mathrm{Rt}\triangle DPT$. 故 $\angle EPC = \angle DPC$.

证法 4 如图 2.10.3,设 E 在 NH 上,D 在 CM 上. 当 $ED \nparallel AB$ 时. 设直线 DE 与直线 AB 交于点 Q. 过 O 作 $IJ//AB$ 分别交 PE,PD 于点 I,J. 注意 C,H,O,P 为调产列有
$$\dfrac{CP}{OC}=\dfrac{PH}{HC}$$
对 $\triangle QOP$ 及截线 CDB. 对 $\triangle OQP$ 及截线 EHB 应用梅氏定理,有
$$\dfrac{QD}{DO}\cdot\dfrac{OC}{CP}\cdot\dfrac{PB}{BQ}=1,\dfrac{OE}{EQ}\cdot\dfrac{QB}{BP}\cdot\dfrac{PH}{HO}=1$$
由上述三式相乘,有 $\dfrac{DO}{QD}=\dfrac{OE}{EQ}$. 于是 $\dfrac{OJ}{PQ}=\dfrac{DO}{QD}=\dfrac{OE}{EQ}=\dfrac{OI}{PQ}$. 即知 $OI=OJ$.

又 $PO\perp IJ$. 故 $\angle EPC = \angle DPC$. 当 $ED//AB$ 时,要易证结论成立.

例 11 (2006 年江西省竞赛题)$\triangle ABC$ 中,$AB=AC$,M 是 BC 的中点,D,E,F 分别是边 BC,CA,AB 上的点,且 $AE=AF$,$\triangle AEF$ 的外接圆交线段 AD 于点 P. 若点 P 满足 $PD^2=PE\cdot PF$. 证明:$\angle BPM = \angle CPD$.

证法 1 如图 2.11.1 在 $\triangle AEF$ 的外接圆中,由于 $AE=AF$,则 $\angle APE = \angle APF = \dfrac{1}{2}(180°-\angle A) = \angle ABC = \angle ACB$,因此,$P,D,B,F$ 及 P,D,C,E 分别四点共圆.

于是
$$\angle PDB = \angle PFA = \angle PEC$$
设点 P 在边 BC,CA,AB 上的射影分别为 A_1,B_1,C_1,则
$$\triangle PDA_1 \backsim \triangle PEB_1 \backsim \triangle PFC_1$$
由 $PD^2=PE\cdot PF$,得 $PA_1^2=PB_1\cdot PC_1$.

设 $\triangle ABC$ 的内心 I,下证:B,I,P,C 四点共圆.

联结 A_1B_1,A_1C_1,因 P,A_1,B,C_1 和 P,A_1,C,B_1 分别四点共圆,则
$$\angle A_1PC_1 = 180°-\angle ABC = 180°-\angle ACB = \angle A_1PB_1$$
由式 ① 有 $\dfrac{PA_1}{PB_1}=\dfrac{PC_1}{PA_1}$. 从而 $\triangle PB_1A_1 \backsim \triangle PA_1C_1$,因此 $\angle PB_1A_1 = \angle PA_1C_1$.

又 $\angle PB_1A_1 = \angle PCA_1$,$\angle PA_1C_1 = \angle PBC_1$,所以 $\angle PCA_1 = \angle PBC_1$.

注意到 $\angle PCA_1 = \angle PCI + \angle ICB$, $\angle PBC_1 = \angle PBI + \angle IBA$, $\angle ICB = \angle IBA$. 故 $\angle PCI = \angle PBI$. 因此, B、I、P、C 四点共圆. 设该圆为圆 O.

于是 $\angle BPC = \angle BIC = 90° + \dfrac{1}{2}\angle A = 180° - \angle B = 180° - \angle C$.

从而由弦切角定理的逆定理, 知 AB 与圆 O 切于点 B, AC 与圆 O 切于点 C. 延长 AD 交圆 BPC 于点 K, 则由 $\triangle ACP \backsim \triangle AKC$ 及 $\triangle ABP \backsim \triangle AKB$ 有 $BP \cdot KC = BK \cdot PC$.

对四边形 $PBKC$ 应用托勒密定理有 $\triangle PMP \backsim \triangle PKC$. 故知 $\angle BPM = \angle CPD$.

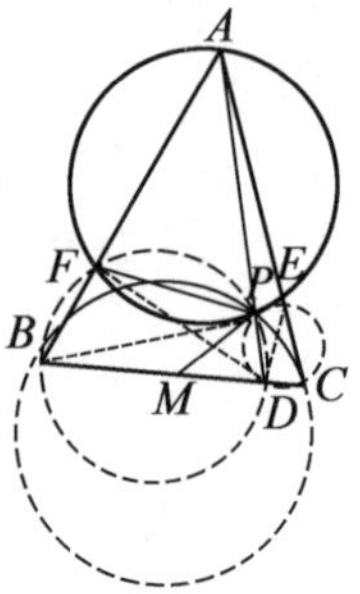

证法 2 如图 2.11.2, 同证法 1 知 P, D, B, F 及 P, D, C, E 分别四点共圆.

联结 DE, DF, PB, PC, 由 $\angle APE = \angle APF, PD^2 = PE \cdot PF$ 即 $\dfrac{PE}{PD} = \dfrac{PD}{PF}$ 知 $\triangle DPE \backsim \triangle FPD$, 于是

$$\angle ECP = \angle EDP = \angle DFP = \angle DBP$$

由弦切角定理的逆定理, 知 AC 与圆 PBC 切于点 C. 同理, AB 与圆 PBC 切于点 B.

同证法 1, 即知 $\angle BPM = \angle CPD$.

图 2.11.2

2.2 代数和

例 12 (2013 年第 53 届乌克兰数学奥林匹克题) 已知 O 是 $\triangle ABC$ 的外心, 点 E, F 分别在线段 OB, OC 上, 且 $BE = OF$, M, N 分别是 $\triangle AOE$、$\triangle AOF$ 外接圆上对应弧 $\overparen{AOE}$、$\overparen{AOF}$ 的中点, 证明: $\angle ENO + \angle FMO = 2\angle ABC$.

证法 1 如图 2.12, 取点 A 关于直线 BC 的对称点 D, 则 $\angle AOC = 2\angle ABC = \angle ABD$, $OA = OC$, $BA = BD$, 因此 $\triangle AOC \backsim \triangle ABD$.

同理, $\angle AOB = \angle ACD$, 且 $\triangle AOB \backsim \triangle ACD$.

在 BD, CD 上取点 P, Q, 使得

$$\angle APB = \angle AFO, \angle AQC = \angle AEO$$

因 $\angle ABP = \angle AOF$, 则 $\triangle ABP \backsim \triangle AOF$.

即有 $\dfrac{BP}{BD} = \dfrac{BP}{BA} = \dfrac{OF}{OA} = \dfrac{BE}{BO}$, 因此, $PE /\!/ DO$.

同理 $QF /\!/ DO$.

又由圆弧中点性质知等腰 $\triangle AME \backsim$ 等腰 $\triangle AOB$，且 $\triangle BAE \backsim \triangle OAM$，则 $\dfrac{OM}{BE} = \dfrac{AO}{AB}$，$\angle AOM = \angle ABE$.

又 $\triangle AOF \backsim \triangle ABP$，有 $\dfrac{OA}{BA} = \dfrac{OF}{BP}$，$\angle AOF = \angle ABP$，则

$$\dfrac{OM}{BE} = \dfrac{OF}{BP}$$

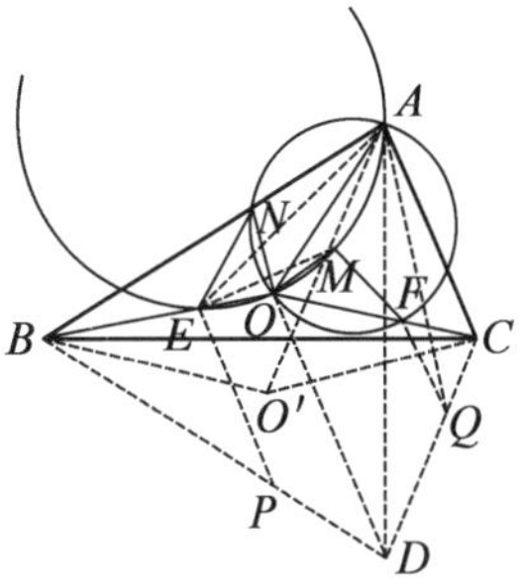

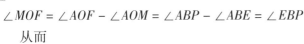

且

$$\angle MOF = \angle AOF - \angle AOM = \angle ABP - \angle ABE = \angle EBP$$

从而

$$\triangle MOF \backsim \triangle EBP$$

同理

$$\triangle EON \backsim \triangle QCF$$

故 $\angle ENO + \angle FMO = \angle QFC + \angle PEB = \angle DOC + \angle DOB = \angle BOC = 2\angle BAC$.

图 2.12.1

证法 2 由圆弧中点性质，知等腰 $\triangle AOB \backsim$ 等腰 $\triangle AME$，且 $\triangle AMO \backsim \triangle AEB$，其对应边夹角等于 $\angle BAO$. 于是 $OM // BA$，且 $\dfrac{OM}{OF} = \dfrac{OM}{BE} = \dfrac{AO}{AB} = \dfrac{OC}{BA}$.

注意到 $\dfrac{OC}{BA} = \dfrac{OM}{OF}$ 及 $OM // BA$. 据此可构造 $\triangle MOF \backsim \triangle O'BA$，只须平移 OC 到 BO' 即可. 因此，$\angle OMF = \angle BO'A$. 显然 O' 与点 O 关于 BC 对称.

此时，$\triangle NOE \backsim \triangle O'CA$. 从而，$\angle ENO = \angle AO'C$.

故

$$\angle ENO + \angle FMO = \angle BO'C = \angle BOC = 2\angle BAC$$

例 13 （2005 年第一届沙雷金几何奥林匹克题）在平面上给出一个角和其内部的一点 K. 证明：可以找到一点 M 具有以下性质：如果任意通过点 K 的直线与角的两边相交于点 A 和点 B，那么，MK 是 $\angle AMB$ 的平分线.

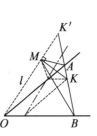

解法 1 如图 2.13.1，在通过点 K 且与 $\angle AOB$ 的两边相交于 A、B 的任意直线上，取点 K'，使 $\dfrac{AK'}{K'B} = \dfrac{AK}{KB}$.

由于所有的点 K' 位于通过角顶点 O 的直线 l 上，那么直

图 2.13.1

径为 KK' 的圆通过点 K 在 l 上射影点 M,在这种情况下总是满足等式 $\dfrac{AM}{MB} = \dfrac{AK}{KB}$,即 M 是所求的点.

解法 2 如图 2.13.2,设 O 为角的顶点,作 $\square KXOY$. 其两边位于角的两边上. 设 M 是关于 XY 与 K 对称的点,下面证明:点 M 是所求的点.

设通过 K 的直线与直线 OX 和 OY 相交于点 A 和点 B,则 $MX = KX, MY = KY$. $\triangle MXY \cong \triangle KXY \cong \triangle OYX$.

因此,$MOYX$ 是等腰梯形,有 $\angle MXO = \angle MYO$.

从而,$\angle MXA = 180° - \angle MXO = 180° - \angle MYO = \angle BYM$.

由 $\triangle AXK \sim \triangle KYB$ 有 $\dfrac{KX}{XA} = \dfrac{BY}{YK}$,即有 $\dfrac{MX}{XA} = \dfrac{KX}{XA} = \dfrac{BY}{YK} = \dfrac{BY}{YM}$.

于是,$\triangle MXA \sim \triangle BYM$. 此时 $\dfrac{MA}{BM} = \dfrac{MX}{BY} = \dfrac{KX}{BY} = \dfrac{AK}{KB}$.

故 MK 平分 $\angle AMB$.

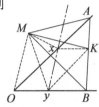

图 2.13.2

例 14 如图 2.14.1,AB 是圆 O 的直径,过 A、B 引两弦 AD 和 BE 相交于点 C,直线 AE 与 BD 相交于点 V,过 V 作圆 O 的切线 VT 切圆 O 于 T,联 TC 交 VO 于点 G,过 G 作圆 O 的割线交圆 O 于 P,Q,则 VO 平分 $\angle PVQ$.

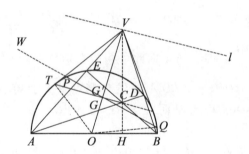

图 2.14.1

证法 1 联结 VC 并延长交 AB 于 H,则 A,H,C,E 四点共圆,由割线定理,有 $VE \cdot VA = VC \cdot VH$.

联结 OT,则
$$VT^2 = VE \cdot VA = VC \cdot VG \qquad ①$$

过 T 作 $TG' \perp AO$ 于 G',联 $G'C$,在 $\triangle VTO$ 中
$$VT^2 = VG' \cdot VO \qquad ②$$

由①②有 $VC \cdot VH = VG' \cdot VO$,知 O,H,C,G' 四点共圆.

故 $\angle OG'C + \angle OHC = 180°$,从而,$\angle OG'C = 90°$. 于是 T,G',C 共线,即 G' 与

G 重合.

联结 OP,OQ, 在圆 O 中,由 $TC \perp AO$ 及相交弦定理,有 $PG \cdot GQ = TG^2 = VG \cdot EO$, 则 V,P,O,Q 四点共圆.

而 $OP = OQ$, 所以 $\angle PVO = \angle OVQ$. 即 VO 平分 $\angle PVQ$.

证法 2 设直线 PQ 和过点 V 与 TC 平行的直线 l 交于点 W, 由于直线 l 是点 G 的极线. 则点 W 的极线过点 G. 从而点 W、G 调和分割 PQ. 而 $VG \perp VW$, 从而 VO 平分 $\angle PVQ$.

证法 3 易证 TC 在点 V 的切点弦上(可作切线 VS 切圆 O 于 S, 证 T,C,S 三点共线), 则点 V 对点 G 的阿波罗尼奥斯(Apollnis). 因为圆 O, 则 $\dfrac{AP}{PG} = \dfrac{AQ}{QG}$, 即 $\dfrac{AP}{AQ} = \dfrac{PG}{QG}$, 由角平分线定理的逆定理, 知 VO 平分 $\angle PVQ$.

例 15 如图 2.15.1, 在 $\triangle ABC$ 中, $\angle BAC$ 内的旁切圆与直线 BC、AB 的切点分别为 K,L, $\angle ABC$ 内的旁切圆与直线 AB、BC 的切点分别为 M,N. 让直线 KL 与 MN 的交点为 X. 求证:CX 平分 $\angle ACN$.

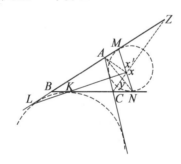

图 2.15.1

证法 1 令 $BC = a, CA = b, AB = c$, 则 $AL = BN = BM = \dfrac{1}{2}(a+b+c)$.

作 $\angle ACN$ 的角平分线, 分别交 AN,AM,BA 的延长线于点 Y,X',Z.

当 $a \neq b$ 时, 不妨设 $a > b$, 则

$$\dfrac{AY}{YN} = \dfrac{AC}{CN} = \dfrac{b}{\dfrac{1}{2}(a+b+c)-a} = \dfrac{2b}{b+c-a}$$

于是, $\dfrac{ZA}{ZB} = \dfrac{CA}{BC} = \dfrac{b}{a}$, 且 $ZB - ZA = c$,

因此, $ZB = \dfrac{ac}{a-b}, ZA = \dfrac{bc}{a-b}$.

对 △AMN 及截线 YX'Z 应用梅涅劳斯定理. 有 $\dfrac{AY}{YN} \cdot \dfrac{NX'}{X'M} \cdot \dfrac{MZ}{ZA} = 1$.

所以 $\dfrac{NX'}{X'M} = \dfrac{YN}{AY} \cdot \dfrac{ZA}{MZ} = \dfrac{c}{a+b}$.

对 △BMN 及截线 LKX 应用梅涅劳斯定理,有 $\dfrac{BK}{KN} \cdot \dfrac{NX}{XM} \cdot \dfrac{ML}{LB} = 1$.

所以 $\dfrac{XN}{XM} = \dfrac{c}{a+b}$. 故点 X' 与 X 重合,即 CX 平分 ∠ACN.

当 $a < b$ 时,类似可证.

当 $a = b$ 时,显然, $\dfrac{XN}{XM} = \dfrac{c}{a+b} = \dfrac{c}{2a}$. 而由 X'Y // BM 知

$\dfrac{X'N}{X'M} = \dfrac{YN}{AY} = \dfrac{CN}{AC} = \dfrac{b+c-a}{2b} = \dfrac{c}{2a}$. 此时点 X' 与 X 重合,故 CX 平分 ∠ACN.

证法 2 作 ∠ACN 的角平分线交 MN 于点 X',联结 AX',则 AX' ⊥ CX'.
于是 X' 也应在直线 LK 上(即顶点 B 所对的旁切圆的切点弦直线上).
即 X' 为直线 KL 与 MN 的交点,亦即 X' 与 X 重合,故 CX 平分 ∠ACN.

例 16 (1994 年第 35 届 IMO 预选题) 如图 2.16.1,直线 AB 过半圆圆心 O,分别过 A、B 作圆 O 的切线,切圆 O 于 D、C,AC 与 BD 交于点 E,自 E 作 AB 的垂线,垂足为 F,求证:EF 平分 ∠CFD.

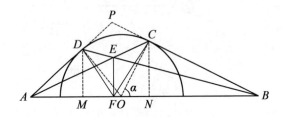

图 2.16.1

证法 1 用消点法证,首先要找出图中的点出现的次序,再依反序次消去出现的点证. 要证 ∠DFE = ∠CFE,即证明 ∠DFA = ∠CFB.

自 D、C 向 AB 引垂线,垂足分别为 M,N,则要证的结论为

$\dfrac{DM}{MF} = \dfrac{CN}{NF}$, 即 $\dfrac{DM}{CN} \cdot \dfrac{NF}{MF} = 1$.

作图过程为:①在圆 O 上任取两点 D,C;

②过 O 作 F 直线,与圆 O 在 D,C 处的切线交于点 A,B;

③取 AC 与 BD 的交点 E;

④分别自 D,E,C 向 AB 作垂线,得垂足 M,F,N.

这就给出了图中点的出现次序,现在反序次消去这些点.

设圆 O 的半径为 r,圆 O 上两点 D、C 的位置分别用 $\angle DOA = \beta, \angle COB = \alpha$ 来描述,则
$$DM = r\sin\beta, CN = r\sin\alpha$$

由 $\dfrac{NF}{AN} = \dfrac{CE}{AC} = \dfrac{S_{\triangle BCD}}{S_{ABCD}}, \dfrac{MF}{BM} = \dfrac{DE}{DB} = \dfrac{S_{\triangle ACD}}{S_{ABCD}}.$

于是得到
$$\frac{DM}{CN} \cdot \frac{NF}{MF} = \frac{\sin\beta}{\sin\alpha} \cdot \frac{S_{\triangle BCD} \cdot AN}{S_{\triangle ACD} \cdot BM} \qquad (*)$$

此时消去了 E,F. 为了消去 M,N,可用等式
$$AN = AO + ON = \frac{r}{\cos\beta} + r\cos\alpha = \frac{r(1 + \cos\alpha\cos\beta)}{\cos\beta}$$
$$BM = BO + OM = \frac{r}{\cos\alpha} + r\cos\beta = \frac{r(1 + \cos\alpha\cos\beta)}{\cos\alpha}$$

将上述式代入式 $(*)$ 得 $\dfrac{DM}{DN} \cdot \dfrac{NF}{MF} = \dfrac{\sin\beta}{\sin\alpha} \cdot \dfrac{\cos\alpha}{\cos\beta} \cdot \dfrac{S_{\triangle BCD}}{S_{\triangle ACD}}.$ $\qquad (**)$

此时,又消去了 M,N.

设 AD、BC 的延长线交于点 P,则
$$\frac{S_{\triangle BCD}}{S_{\triangle BPD}} = \frac{BC}{BP}, \frac{S_{\triangle ACD}}{S_{\triangle ACP}} = \frac{AD}{AP}$$

从而
$$\frac{S_{\triangle BCD}}{S_{\triangle ACD}} = \frac{BC \cdot AP \cdot S_{\triangle BPD}}{AD \cdot BP \cdot S_{\triangle ACP}} = \frac{BC \cdot AP \cdot BP \cdot PD}{AD \cdot BP \cdot AP \cdot PC}$$
$$= \frac{BC \cdot PD}{AD \cdot PC} = \frac{r \cdot \tan\alpha}{r \cdot \tan\beta} = \frac{\tan\alpha}{\tan\beta},$$

此时消去了点 C. 将上式代入 $(**)$,即得
$$\frac{DM}{DN} \cdot \frac{NF}{MF} = \frac{\sin\beta}{\sin\alpha} \cdot \frac{\cos\alpha}{\cos\beta} \cdot \frac{\tan\alpha}{\tan\beta} = 1$$

最后,消去了点 D.

证法 2 用对称法作辅助图,如图 2.16.2.

设 AD、BC 的延长线交于点 P,以 AB 为对称轴,作 $\triangle ABP$ 的对称图 $\triangle ABP'$,则圆 O 与 AP',BP' 分别切于点 C',D'.

由牛顿定理,知直线 AB,PP',CC',DD' 共点,设该点为 F',此时,AB 与 PP'

垂直于点 F'，联结 OD, OC，由 P, D, O, C 四点共圆，知点 F' 也在此圆上.

注意到 $PD = PC$，知 PF' 平分 $\angle DF'C$，

从而 $\angle AF'D = \angle BF'C$，$\angle ADF'$ 与 $\angle BCF'$ 互补.

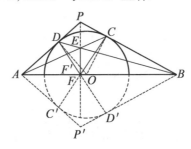

图 2.16.2

于是，由三角形正弦定理，有

$$\frac{AD}{AF'} = \frac{\sin \angle AF'D}{\angle ADF} = \frac{\sin \angle BF'C}{\sin \angle BCF'} = \frac{BC}{F'C}$$

即有

$$\frac{AF'}{F'C} \cdot \frac{BC}{CP} \cdot \frac{PD}{DA} = 1$$

故由塞氏定理的逆定理知，AC, BD, PF' 三直线共点于 E，即知 $EF' \perp AB$.

因为 $EF \perp AB$ 于 F，即知 F' 与 F 重合. 故由 PF' 平分 $\angle DF'C$，知 EF 平分 $\angle CFD$.

例 17 （2010 年美国数学奥林匹克题）凸五边形 $AXYZB$ 内接于以 AB 为直径的半圆. 由点 Y 分别向直线 AX, BX, AZ, BZ 作垂线，垂足分别为 P, Q, R, S. 记 O 为 AB 的中点. 证明：直线 PQ 与 RS 所夹的锐角等于 $\angle XOZ$ 的一半.

证法 1 此题中 $\angle XOZ$ 的大小是由作图所确定. 如图 2.17.1，由点 Y 向直线 AB 作垂线，垂足为 T.

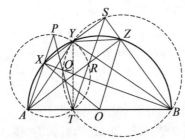

图 2.17.1

观察到 P, Q, T 分别为点 Y 向 $\triangle ABX$ 的三边所作垂线的垂足.

因为点 Y 在 $\triangle ABX$ 的外接圆上,所以,由西姆松定理得 P,Q,T 三点共线.
同理,S,R,T 三点共线.
接下来采用算两次技术证明:$\angle XOZ = 2\angle PTS$.
注意到
$$\frac{\angle XOZ}{2} = \frac{\overset{\frown}{XZ}{}^\circ}{2} = \frac{\overset{\frown}{XY}{}^\circ}{2} + \frac{\overset{\frown}{YZ}{}^\circ}{2} \overset{m}{=} \angle XAY + \angle ZBY = \angle PAY + \angle SBY$$
$$\angle PTS = \angle PTY + \angle STY$$
因为 $\angle APY = \angle ATY = 90°$,$\angle BTY = \angle BSY = 90°$.
所以,A,P,Y,T 与 B,S,Y,T 分别四点共圆.
故
$$\angle PTY = \angle PAY, \angle STY = \angle SBY.$$

证法 2 由于直线 YQ,YR 分别是边 BX,AZ 的垂线,则 BX 与 AZ 所夹的锐角等于 $\angle RYQ$.

因为点 X、Z 在以 AB 为直径的圆上,

所以,这个角为 $\frac{1}{2}(\overset{\frown}{AX}{}^\circ + \overset{\frown}{BZ}{}^\circ) = \frac{1}{2}(180° - \overset{\frown}{XZ}{}^\circ)$.

由于 $\angle AXB = \angle AZB = 90°$,则四边形 $PXQY,SZRY$ 为矩形.

故 $\angle PQY = 90° - \angle YXB = 90° - \frac{\overset{\frown}{YB}{}^\circ}{2}$, $\angle YRS = 90° - \angle AZY = 90° - \frac{\overset{\frown}{AY}{}^\circ}{2}$.

因此,PQ 与 RS 所夹的角为
$$\angle PQY + \angle YRS - \angle RYQ \overset{m}{=} \left(90° - \frac{\overset{\frown}{YB}{}^\circ}{2}\right) + \left(90° + \frac{\overset{\frown}{AY}{}^\circ}{2}\right) - \left(90° - \frac{\overset{\frown}{XZ}{}^\circ}{2}\right)$$
$$= \frac{\overset{\frown}{XZ}{}^\circ}{2} = \frac{\angle XOZ}{2}$$

例 18 在 $\triangle ABC$ 中,内切圆 I 和边 BC,CA,AB 分别相切于点 D,E,F. 求证:$\angle FDE = 90° - \frac{1}{2}\angle A$.

证法 1 如图 2.18.1,因 AB,BC,CA 与圆 O 分别切于 F,D,E,有 $\triangle BDF$, $\triangle CDE$ 均为等腰三角形,有
$$\angle BDF = \frac{1}{2}(180° - \angle B) = 90° - \frac{1}{2}\angle B$$
$$\angle CDE = \frac{1}{2}(180° - \angle C) = 90° - \frac{1}{2}\angle C$$

则 $\angle FDE = 180° - \angle BDF - \angle CDE$

$= \dfrac{1}{2}(\angle B + \angle C) = \dfrac{1}{2}(180° - \angle A)$

$= 90° - \dfrac{1}{2}\angle A.$

即 $\angle FDE = 90° - \dfrac{1}{2}\angle A.$

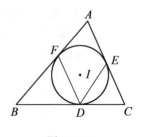

图 2.18.1

证法 2 如图 2.18.1,易知

$\angle FDE = 360° - \angle A - \angle AFD - \angle AED$

$= 360° - \angle A - [180° - \dfrac{1}{2}(180° - \angle B)] - [180° - \dfrac{1}{2}(180° - \angle C)]$

$= \dfrac{1}{2}(\angle B + \angle C) = 90° - \dfrac{1}{2}\angle A$

即 $\angle FDE = 90° - \dfrac{1}{2}\angle A.$

证法 3 如图 2.18.2,设 BI 交 FD 于 P, CI 交 DE 于 Q, M 为 BP 延长线上一点.

易知 BI, CI 分别为 DF, DE 的中垂线,有 P, D, Q, I 四点共圆,于是有

$\angle FDE = \angle MIC = \angle PBD + \angle ICD = \dfrac{1}{2}(\angle B + \angle C) = 90° - \dfrac{1}{2}\angle A$

即

$\angle FDE = 90° - \dfrac{1}{2}\angle A$

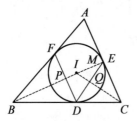   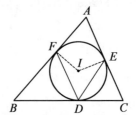

图 2.18.2   图 2.18.3

证法 4 如图 2.18.3. 联结 IE, IF. 由 AB, AC 是圆 O 的切线,有 $IF \perp AB$, $IE \perp AC$.

可知 A, F, I, E 四点共圆. 有 $\angle FIE = 180° - \angle A.$

在圆 I 中, $\angle FDE = \dfrac{1}{2}\angle FIE = 90° - \dfrac{1}{2}\angle A.$

即
$$\angle FDE = 90° - \frac{1}{2}\angle A$$

证法 5 如图 2.18.4,联结 AI,过 A 作 AI 的垂线,分别交 DE,DF 的延长线于 Q,P. 联结 FE.

易知 $EF /\!/ PQ$.

有
$$\angle AEQ = \angle DEC = \angle DFE = \angle P$$

$\angle Q$ 为公用,于是 $\triangle QAE \backsim \triangle QDP$.

所以 $\angle FDE = \angle QAE = 90° - \frac{1}{2}\angle BAC$.

即
$$\angle FDE = 90° - \frac{1}{2}\angle A$$

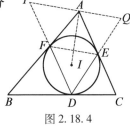

图 2.18.4

证法 6 如图 2.18.4,由证法 5 可知 $\angle P = \angle AEQ$,可得 P,D,E,A 四点共圆.

于是 $\angle FDE = \angle EAQ = 90° - \frac{1}{2}\angle A$.

即
$$\angle FDE = 90° - \frac{1}{2}\angle A$$

注 对称地有 A,F,D,Q 四点共圆,证法一样.

证法 7 如图 2.18.5,联结 FE. 由 AB,BC,CA 均与圆 O 相切,有 $AE = AF$.

则
$$\angle AEF = 90° - \frac{1}{2}\angle A$$

故
$$\angle FDE = \angle AEF = 90° - \frac{1}{2}\angle A$$

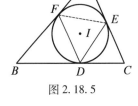

图 2.18.5

例 19 (2012 年第 38 届俄罗斯数学奥林匹克题)在凸四边形 $ABCD$ 中,已知 $AB \cdot CD = AD \cdot BC$. 证明:$\angle BAC + \angle CBD + \angle DCA + \angle ADB = 180°$.

证法 1 记 $f(ABCD)$ 为题中所求的四角之和.

当 A,B,C,D 四点共圆时,

$f(ABCD) = (\angle BAC + \angle CAD) + (\angle DCA + \angle ACB) = 180°$

显然,结论成立.

当 A,B,C,D 四点不共圆时,$\triangle BCD$ 的外接圆与直线 AC 有第二个交点 A'(A' 不同于 A),如图 2.19.1,则

$f(A'BCD) - f(ABCD)$
$= (\angle BA'C - \angle BAC) + (\angle A'DB - \angle ADB)$
$= \pm(\angle ABA' - \angle ADA')$

其中,最后一个括号前的正负号取决于点 A 与 A' 在直线 AC 上的位置顺序.

因为 $f(A'BCD) = 180°$,所以,只须证明

$$\angle ABA' = \angle ADA'$$

由题意得

$$\frac{AB}{BC} = \frac{AD}{DC} = k$$

将四边形 $A'BCD$ 的外接圆半径记作 R.

由正弦定理得

$$2R = \frac{BC}{\sin \angle BA'C} = \frac{CD}{\sin \angle CA'D}$$

将 k 乘以上式两端后得

$$\frac{AB}{\sin \angle AA'B} = \frac{AD}{\sin \angle AA'D}$$

再在 $\triangle ABA'$ 和 $\triangle ADA'$ 由运用正弦定理得

$$\frac{AA'}{\sin \angle ABA'} = \frac{AB}{\sin \angle AA'B} = \frac{AD}{\sin \angle AA'D} = \frac{AA'}{\sin \angle ADA'}$$

故

$$\sin \angle ABA' = \sin \angle ADA'$$

则 $\angle ABA'$ 与 $\angle ADA'$ 相等或和为 $180°$.

后一种情形是不可能的.

因为凹四边形 $ABA'D$ 的内角和为 $360°$,所以,$\angle ABA' + ADA' < 180°$.

证法 2 由题意得 $\frac{AB}{BC} = \frac{AD}{DC}$.

若该比值等于 1,则 $\triangle ABC$ 与 $\triangle ADC$ 均为等腰三角形.从而,四边形 $ABCD$ 关于直线 BD 对称.故

$$\angle BAC + \angle CBD + \angle DCA + \angle ADB$$
$$= \angle BAC + \angle ABD + \angle DAC + \angle ADB$$
$$= 180°$$

不妨设 $\dfrac{AB}{BC} = \dfrac{AD}{DC} > 1$.

如图 2.19.2,设 BK,BL 分别为 $\triangle ABC$ 的内、外角平分线,则
$$\frac{AK}{KC} = \frac{AL}{LC} = \frac{AB}{BC} = \frac{AD}{DC}$$

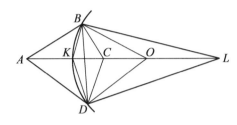

图 2.19.2

于是,DK,DL 分别为 $\triangle ADC$ 的内、外角平分线.
由此
$$\angle KBL = \angle KDL = 90°$$
故 B,K,D,L 四点共圆,圆心为线段 KL 的中点 O.
在等腰 $\triangle OKB$ 中,有
$$\angle OBK = \angle OKB = \angle ABK + \angle KAB$$
$$= \angle CBK + \angle CAB$$
则
$$\angle CAB = \angle OBK - \angle CBK = \angle OBC$$
这表明
$$\angle CAB + \angle CBD = \angle OBC + \angle CBD = \angle OBD$$
同理,在等腰 $\triangle ODK$ 中,有
$$\angle ODA = \angle ODK + \angle KDA = \angle OKD + \angle CDK = 180° - \angle DCA$$
故
$$\angle DCA + \angle ADB$$
$$= (180° - \angle ODA) + \angle ADB$$
$$= 180° - \angle ODB$$
于是,题中所求四个角的和为

$$\angle ODB + 180° - \angle ODB = 180°$$

例20 (《数学通报》数学问题1846)在$\triangle ABC$中,$\angle A = 90°$,$AB = AC$,点D_1、D_2在AC上,且$AD_1 = CD_2$,$AE_1 \perp BD_1$于E_1,延长AE_1交BC于F_1,$AE_2 \perp BD_2$于E_2,延长AE_2交BC于F_2. 求证:$\angle AD_1B + \angle AD_2B = \angle CD_1F_2 + \angle CD_2F_1$.

证法1 (构造全等三角形)

如图2.20.1,作角A的平分线交BD_1于G_1,则

$$\triangle ABG_1 \cong \triangle CAF_1$$

所以

$$AG_1 = CF_1$$

又

$$\angle C = \angle D_1AG_1 = 45°, AD_1 = CD_2$$

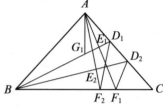

图2.20.1

所以

$$\triangle AD_1G_1 \cong \triangle CD_2F_1$$

所以

$$\angle AD_1G_1 = \angle CD_2F_1, 即\angle AD_1B = \angle CD_2F_1$$

同理,可证$\angle AD_2B = \angle CD_1F_2$.

所以

$$\angle AD_1B + \angle AD_2B = \angle CD_1F_2 + \angle CD_2F_1$$

注 由于证明$\angle AD_2B = \angle CD_1F_2$与证明$\angle AD_1B = \angle CD_2F_1$的道理相同,所以我们在后面的证明中,只证明$\angle AD_1B = \angle CD_2F_1$.

证法2 (构造全等三角形)

如图2.20.2,过D_1作BC的平行线D_1M交AB于M,交AF_1于G,则在$\triangle AMG$与$\triangle D_2CF_1$中,

$$AM = AD_1 = D_2C$$

$$\angle AMG = \angle D_2CF_1 = 45°$$

所以只须证明$MG = CF_1$即可.

为此,过M作$MN // AF_1$交BC于N,过C作$CH // AF_1$交BA的延长线于H.

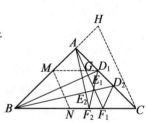

图2.20.2

因为$CH // AF_1$,所以$\angle ACH = \angle CAF_1 = \angle ABD_1$.

又$AB = AC$,所以$Rt\triangle ACH \cong Rt\triangle ABD_1$,所以$AH = AD_1 = AM$.

而 $MN /\!/ AF_1 /\!/ HC$,所以 $CF_1 = NF_1 = MG$,所以 $\triangle AMG \cong \triangle D_2CF_1$,所以
$$\angle CD_2F_1 = \angle MAG = \angle AD_1B$$

证法3 （构造相似三角形）

如图2.20.3,过 F_1 作 $F_1H \perp AC$ 于 H,并令 $D_2H = x, AD_1 = CD_2 = a, D_1D_2 = b$,则
$AC = AB = 2a + b, F_1H = CH = a - x$
由 $Rt\triangle ABD_1 \backsim Rt\triangle F_1AH$,得
$$\frac{a}{2a+b} = \frac{AD_1}{AB} = \frac{F_1H}{AD_2} = \frac{a-x}{a+b+x}$$

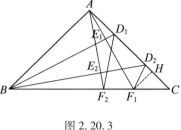

图 2.20.3

解得
$$x = \frac{a^2}{3a+b}$$
所以
$$\frac{D_2H}{F_1H} = \frac{x}{a-x} = \frac{a^2}{3a+b} \bigg/ \left(a - \frac{a^2}{3a+b}\right) = \frac{a}{2a+b} = \frac{AD_1}{AB}.$$
所以
$Rt\triangle ABD_1 \backsim Rt\triangle HF_1D_2$,所以 $\angle AD_1B = \angle HD_2F_1 = \angle CD_2F_1$

证法4 （构造平行线）

因为 $\angle AD_1B = \angle BAF_1$,为此过 C 作 $CG /\!/ AB$ 交 AF_1 的延长线于 G,如图2.20.4.

则
$$\angle G = \angle BAF_1$$
故只须证明 $\angle G = \angle CD_2F_1$ 即可.
因为 $CG /\!/ AB$,所以 $\angle ACG = 90°$.
所以 $Rt\triangle ABD_1 \cong Rt\triangle CAG$,故 $CG = AD_1 = CD_2$.
又
$$\angle F_1CD_2 = \angle F_1CG = 45°$$

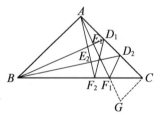

图 2.20.4

所以
$$\triangle CD_2F_1 \cong \triangle CGF_1$$
所以 $\angle G = \angle CD_2F_1$,从而有 $\angle AD_1B = \angle CD_2F_1$.

证法5 （构造平行线）

我们也可在点 A 处 $\angle AD_1B$ 的等角,使之与 $\angle CD_2F_1$ 处于同位角的位置.

为此,取 BD_1 的中点 M,联结 AM 并延长交 BC 于 N,如图 2.20.5.
则
$$MA = MB = MD_1$$
所以
$$\angle AD_1B = \angle D_1AM$$
所以只须证明 $AN // D_2F_1$ 即可.

因为 $MA = MB$,所以
$$\angle ABM = \angle BAM, \angle CAF_1 = \angle ABD_1 = \angle BAN$$
$$\angle ACF_1 = \angle ABN = 45°, AB = AC$$

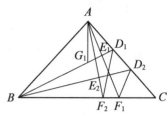

图 2.20.5

因此,$\triangle ABN \cong \triangle ACF_1$,所以 $BN = CF_1, AN = AF_1$.

所以
$$\frac{CF_1}{CN} = \frac{BN}{BF_1} = \frac{S_{\triangle ABN}}{S_{\triangle ABF_1}} = \frac{\frac{1}{2}AB \cdot AN \cdot \sin \angle BAN}{\frac{1}{2}AB \cdot AF_1 \cdot \sin \angle BAF_1}$$

$$= \frac{\sin \angle BAN}{\sin \angle BAF_1} = \frac{\sin \angle ABE_1}{\sin \angle BAE_1} = \tan \angle ABE_1 = \frac{AD_1}{AB} = \frac{CD_2}{AC}$$

所以
$$AN // F_1D_2$$
所以
$$\angle CD_2F_1 = \angle CAN = \angle AD_1B$$

证法 6 (构作垂心)

过 A 作 BC 的垂线交 BD_1 于 H,交 BC 于 M,如图 2.20.6.

因为
$$AM \perp BC, BH \perp AF_1$$
所以 H 为 $\triangle ABF_1$ 的垂心,
所以
$$F_1H \perp AB \Rightarrow F_1H // AC$$

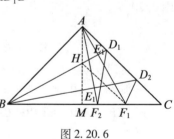

图 2.20.6

又 $\angle C = \angle HAC = 45°$,所以四边形 AHF_1C 为等腰梯形.

故 $AH = CF_1$,所以 $\triangle AHD_1 \cong \triangle CF_1D_2$,$\angle AD_1B = \angle CD_2F_1$.

注 以上证法均由河南杨宪立给出.

例21 △ABC 的三个内角 ∠A,∠B,∠C 的对边分别是 a,b,c,如果 $\dfrac{b}{a} = \dfrac{a+b}{a+b+c}$ 或 $a^2 = b^2 + bc$. 求证: $\angle A = 2\angle B$.

证法1 如图 2.21.1,延长 CA 到 D,使 AD=AB,则 $\angle ABD = \angle BDA$.
由 $a^2 = b^2 + bc$,即
$$BC^2 = AC^2 + AC \cdot AB = AC(AC+AB) = AC \cdot (AC+AD) = AC \cdot CD$$
得
$$\frac{BC}{AC} = \frac{CD}{BC}$$
又 $\angle BCD = \angle ACB$,可知
$$\triangle BCD \backsim \triangle ACB$$
于是
$$\angle ABC = \angle D$$
则
$$\angle BAC = \angle ABD + \angle D = 2\angle ABC$$
即
$$\angle A = 2\angle B$$

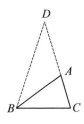

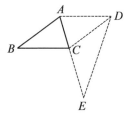

图 2.21.1　　　　图 2.21.2

证法2 如图 2.21.2,分别过 A,C 作 BC,BA 的平行线,得交点 D,延长 AC 到 E,使 CE=AD.

由 $\dfrac{a}{b+c} = \dfrac{b}{a}$,有 $\dfrac{BC}{AE} = \dfrac{AC}{AD}$.

且 $\angle ACB = \angle DAE$,得 $\triangle ACB \backsim \triangle DAE$.

于是 $\angle E = \angle B$,且 $\angle EDA = \angle BAC$.

而 $\angle CDE = \angle B$,且 $\angle ADC = \angle B$.

故 $\angle BAC = \angle EDA = \angle CDE + \angle ADC = 2\angle B$.

即 $\angle A = 2\angle B$.

证法 3 如图 2.21.3，分别过 B, C 作 AC, AB 的平行线得交点 E，延长 BE 到 D，使 $ED = CE$，联结 DC.

因
$$a^2 = b^2 + bc$$

有
$$\frac{BC}{BD} = \frac{AC}{BC}$$

又 $\angle ACB = \angle CBD$，得 $\triangle ABC \backsim \triangle CDB$.

于是
$$\angle DCB = \angle A, \angle D = \angle ABC$$

又
$$\angle ECD = \angle D = \angle ABC, \angle ECB = \angle ABC$$

则
$$\angle A = \angle DCB = \angle ECB + \angle ECD = 2\angle ABC$$

即
$$\angle A = 2\angle B$$

证法 4 如图 2.21.4，延长 BC 到 D，使 $CD = BC$，延长 AC 到 F，使 $CF = AC$，又延长 CF 到 E，使 $FE = FD$.

显然
$$\triangle CFD \cong \triangle CAB$$

可知 $DF // AB$，得
$$\angle CDF = \angle B \qquad \qquad ①$$

由 $a^2 = b^2 + bc$，有 $\dfrac{BC}{EC} = \dfrac{AC}{CD}$，且 $\angle ACB = \angle DCE$，得 $\triangle ACB \backsim \triangle DCE$，于是 $\angle E = \angle B$，且 $\angle EDC = \angle A$.

但 $\angle FDE = \angle E$，得
$$\angle FDE = \angle B \qquad \qquad ②$$

故 $\angle A = \angle EDC = \angle CDF + \angle FDE$ ③

由①②③得
$$\angle A = 2\angle B$$

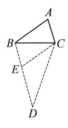
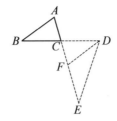

图 2.21.3 图 2.21.4

注 以上四种证法,构造出同一个与 △ABC 相似的三角形,仅仅是位置摆放不同.

证法 5 如图 2.21.5,由证法 1 可得 $CB^2 = CA \cdot CD$. 可知 BC 为 △ADB 外接圆的切线.

则
$$\angle ABC = \angle D, \angle DBA = \angle D$$

从而
$$\angle BAC = \angle DBA + \angle D = 2\angle ABC$$

即
$$\angle A = 2\angle B$$

证法 6 如图 2.21.6,由证法 4 可得 $\dfrac{BC}{EC} = \dfrac{AC}{CD}$,即 $BC \cdot CD = AC \cdot EC$. 可知 A,B,E,D 四点共圆,有 $\angle E = \angle B$.

而
$$\angle FDE = \angle E = \angle B, \angle CDF = \angle B$$

则
$$\angle A = \angle BDE = \angle CDF + \angle FDE = 2\angle B$$

即
$$\angle A = 2\angle B$$

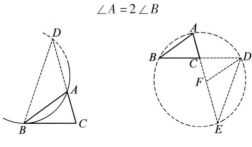

图 2.21.5 图 2.21.6

证法 7 如图 2.21.7. 在 BA 延长线上取一点 E，使 $AE = AC$，在 BA 上取一点 D，使 $BD = AC$. 联结 CD，CE.

由 $a^2 = b^2 + bc$，有 $\dfrac{b+c}{a} = \dfrac{a}{b}$. 即 $\dfrac{BE}{BC} = \dfrac{BC}{BD}$，$\angle B$ 公用，于是 $\triangle EBC \backsim \triangle CBD$. 得 $\angle BCD = \angle E = \angle ACE$，可知 $\angle ACB = \angle DCE$，且 $\dfrac{EC}{DC} = \dfrac{BC}{BD} = \dfrac{BC}{AC}$，即 $\dfrac{EC}{DC} = \dfrac{BC}{AC}$.

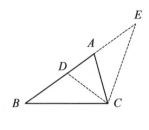

图 2.21.7

则 $\triangle ABC \backsim \triangle DCE$，但 $BD = AC = AE$，得 $BD + AD = AE + AD$. 即
$$AB = DE$$
于是
$$\triangle ABC \cong \triangle DEC$$
从而
$$\angle B = \angle E$$
故
$$\angle BAC = \angle ECA + \angle E = 2\angle B$$

证法 8 如图 2.21.8，延长 BA 至 E，使 $AE = AC$. 联结 CE，作 $CD \parallel AB$，在 CD 上取一点 D，使 $CD = AC$，联结 BD，AD.

由 $a^2 = b^2 + bc$，有
$\dfrac{b+c}{a} = \dfrac{a}{b}$，即 $\dfrac{BE}{BC} = \dfrac{BC}{DC}$.

又 $\angle BCD = \angle EBC$，得 $\triangle EBC \backsim \triangle BCD$.

则 $\angle CBD = \angle E = \angle ECA = \angle DAC$. 可知 A, B, C, D 四点共圆.

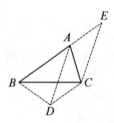

图 2.21.8

从而 $\angle ABC = \angle ADC = \angle E$.
于是
$$\angle BAC = \angle E + \angle ACE = 2\angle ABC$$
即
$$\angle A = 2\angle B$$

证法 9 如图 2.21.9,延长 BA 到 D,使 $AD = AC$. 设 $\triangle ACD$ 外接圆交 BC 于 E,有 $\triangle BDE \backsim \triangle BCA$.

故 $\dfrac{BD}{BC} = \dfrac{DE}{CA}$,即

$$\frac{b+c}{a} = \frac{DE}{b} \quad ④$$

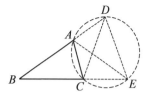

图 2.21.9

由 $a^2 = b^2 = bc$,有

$$\frac{b+c}{a} = \frac{a}{b} \quad ⑤$$

由④⑤可知 $DE = a$,又 $AD = AC$,$\angle ADE = \angle ACB$,可知 $\triangle ABC \cong \triangle AED$,得 $\angle B = \angle AED$.

则 $\angle AEC = \angle ADC = \angle ACD = \angle AED = \angle B$.

从而 $\angle BAC = \angle CED = \angle AEC + \angle AED = 2\angle B$.

即 $\angle A = 2\angle B$.

证法 10 如图 1.21.10,以 C 为圆心,以 CB 为半径作圆,半直线 AC 于 D,E,交 BA 延长线于 F,联结 FC.

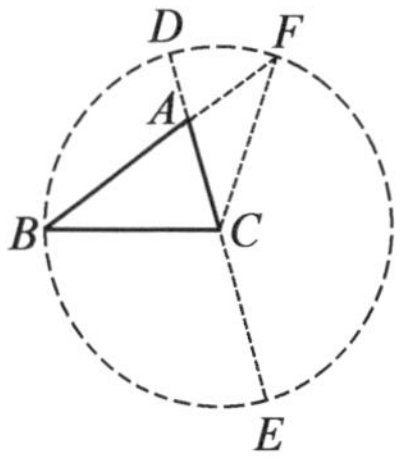

有 $BA \cdot AF = DA \cdot AE$

即

$$c \cdot AF = (a-b)(a+b) = a^2 - b^2 \quad ⑥$$

由

$$a^2 = b^2 + bc,有 a^2 - b^2 = bc \quad ⑦$$

图 2.21.10

由⑥⑦得 $AF = b$.

则 $\angle ACF = \angle F = \angle B$.

$\angle BAC = \angle ACF + \angle F = 2\angle B$

即 $\angle A = 2\angle B$.

证法 11 如图 2.21.11,以 C 为圆心,以 CA 长为半径作圆,交直线 AB 于 F,设 BC 交圆 C 于 D,E,有 $BF \cdot BA = BE \cdot BD$,即

$$BF \cdot C = (a-b)(a+b) = a^2 - b^2$$

由 $a^2 = b^2 + bc$,有 $a^2 - b^2 = bc = BF \cdot c$.

得

$$BF = b, 而 AC = FC = b = BF$$

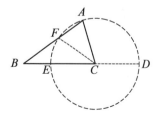

图 2.21.11

所以 $\angle FCB = \angle B$.

则
$$\angle A = \angle AFC = \angle FCB + \angle B = 2\angle B,$$

即
$$\angle A = 2\angle B.$$

证法 12 如图 2.21.12, 延长 BC 到 D, 使 $CD = AC$. 过 C 作 BA 的平行线交 AD 于 E, 在 AE 上取一点 F, 使 $AF = DE$, 联结 FC.

易知 $\triangle ACF \cong \triangle DCE$, 有 $\angle ACF = \angle ECD = \angle B$.

由 $CE \parallel BA$, 有 $\dfrac{BD}{CD} = \dfrac{AB}{CE}$; 由 $a^2 = b^2 + bc$, 有 $\dfrac{a+b}{b} = \dfrac{c}{a-b}$.

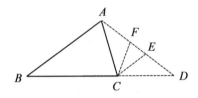

图 2.21.12

于是 $CE = a - b$. 得
$$\dfrac{BD - 2CD}{CD} = \dfrac{AD - 2ED}{ED}, 得 \dfrac{CE}{AC} = \dfrac{EF}{AF}.$$

(其中 $BD - 2CD = a + b - 2b = a - b = CE$)

从而 CF 是 $\angle ACE$ 的平分线,

则
$$\angle FCE = \angle B.$$

于是
$$\angle BAC = \angle ACE = 2\angle B,$$

即
$$\angle A = 2\angle B.$$

证法 13 如图 2.21.13, 以 BC 为直径作圆 O, 又以 C 为圆心, 以 CA 为半径作圆 C 交直线 AB 于 E. 圆 C 与圆 O 相交于 D, F, 联结 BD, DC, CE. 显然, BD 是圆 C 的切线, 有

$BC^2 - DC^2 = BD^2 = BE \cdot BA$, 即 $a^2 - b^2 = BE \cdot c$, 而由已知有 $a^2 - b^2 = bc$, 得 $BE = b = EC$.

则
$$\angle ABC = \angle ECB.$$

从而

$$\angle A = \angle AEC = \angle ECB + \angle ABC = 2\angle ABC$$

即
$$\angle A = 2\angle B$$

证法 14 如图 2.21.14,设 $\angle A$ 的平分线交 BC 于 D,有 $\dfrac{BD}{DC} = \dfrac{AB}{AC}$.

于是
$$\frac{BD+DC}{DC} = \frac{AB+AC}{AC}$$

则
$$\frac{AC}{DC} = \frac{AB+AC}{BD+DC} = \frac{b+c}{a} = \frac{b(b+c)}{ab} = \frac{a^2}{ab} = \frac{a}{b} = \frac{BC}{AC}$$

又 $\angle ACB = \angle DCA$,得 $\triangle ABC \backsim \triangle DAC$,

则
$$\angle BAC = 2\angle DAC = 2\angle ABC$$

故
$$\angle A = 2\angle B$$

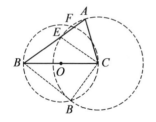

图 2.21.13

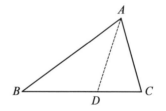

图 2.21.14

证法 15 如图 2.21.15,设 AD 为 $\triangle ABC$ 的角平分线,$\triangle ADC$ 的外接圆交 AB 于 E,联结 DE,有
$$\frac{BD}{DC} = \frac{AB}{AC} = \frac{c}{b}$$

则
$$\frac{BD}{DC} = \frac{c}{b+c}$$

即
$$\frac{BD}{a} = \frac{c}{b+c} = \frac{bc}{b(b+c)} = \frac{bc}{a^2}$$

从而

$$a \cdot BD = bc$$

又 $BC \cdot BD = BE \cdot BA$,可知 $BE = b = AC$.

由 AD 平行 $\angle EAC$,有 $ED = DC$.

又 $\angle BED = \angle ACD$,得 $\triangle BED \cong \triangle ADC$,故
$$\angle B = \angle DAC$$
即
$$\angle A = 2\angle B$$

证法 16 如图 2.21.15,过 C 作 AB 的平行线交 $\triangle ABC$ 的外接圆于 D,联结 DB, DA,显然,四边形 $ABDC$ 为等腰梯形,有
$$BD = AC = b, AD = BC = a$$
依托勒密定理,有 $AC \cdot BD + AB \cdot DC = AD \cdot BC$,即
$$b^2 + c \cdot DC = a^2.$$
由已知有 $a^2 = b^2 + bc$,可知 $DC = b$.

即 $CD = AC$,得
$$\angle DAC = \angle ADC = \angle BAD = \angle CBD.$$
即
$$\angle BAC = 2\angle ABC$$
故
$$\angle A = 2\angle B$$

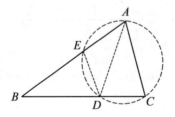

图 2.21.14

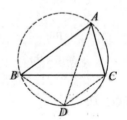

图 2.21.15

证法 17 如图 2.21.16,作 $\angle A$ 的平分线 AD 交 CB 于 D.

设
$$DC = x$$
则
$$BD = a - x$$
从而

$$\frac{x}{a-x} = \frac{b}{c}$$

即

$$x = \frac{ab}{b+c}$$

所以

$$CD \cdot CB = ax = \frac{a^2 b}{b+c} = \frac{b(b+c)b}{b+c} = b^2$$

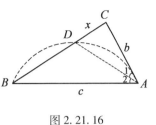

图 2.21.16

即

$$AC^2 = CD \cdot CB$$

从而 AC 是 $\triangle ABD$ 外接圆的切线.

即

$$\angle B = \angle 1, \angle 1 = \angle 2 = \angle B$$

故

$$\angle A = 2\angle B$$

证法 18 如图 2.21.16,由正弦定理设 R 是 $\triangle ABC$ 的外接圆半径,则

$$(2R\sin A)^2 - (2R\sin B)^2 = (2R\sin B) \cdot (2R\sin C)$$

即

$$\sin^2 A - \sin^2 B = \sin B \sin C$$

$$\frac{1-\cos 2A}{2} - \frac{1-\cos 2B}{2} = \sin B \sin C$$

$$\frac{\cos 2B - \cos 2A}{2} = \sin B \sin C$$

$$-\sin(A+B)\sin(B-A) = \sin B \sin C$$

又 A、B、C 是三角形的内角,则

$$\sin(A-B) = \sin B, \text{从而} \angle B = \angle A - \angle B$$

故 $\angle A = 2\angle B$.

或 $(A-B) + B = 180°$,这是不可能的.

所以 $\angle A = 2\angle B$.

证法 19 如图 2.21.16 由 $a^2 = b^2 + bc$,得

$$a^2 = b^2 + c^2 - 2bc\cos A$$

得

$$\cos A = \frac{c-b}{2b}$$

又

$$b^2 = a^2 - bc, b^2 = a^2 + c^2 - 2ac\cos B$$

得

$$\cos B = \frac{c+b}{2a}$$

所以

$$\cos 2B = 2\cos^2 B - 1 = \frac{2(c+b)^2 - 4a^2}{4a^2}$$

$$= \frac{2c^2 + 4cb + 2b^2 - 4a^2}{4a^2}$$

$$= \frac{c^2 - b^2}{2a^2} = \frac{(c-b)(c+b)}{2b(b+c)}$$

$$= \frac{c-b}{2b} = \cos A$$

即

$$\cos 2B = \cos A$$

由题意知 $A > B, A, 2B$ 均在 $0° - 180°$ 间，故

$$\angle A = 2\angle B$$

证法20 如图 2.21.17，作 $\angle CAD = \angle B$.
则由作法得

$$\triangle ACB \backsim \triangle DCA$$

则

$$\angle 1 = \angle A$$

从而

$$S_{\triangle ADC} : S_{\triangle BAC} = b^2 : a^2$$

设

$$S_{\triangle BAC} = ka^2$$

则

$$S_{\triangle ADC} = kb^2 \ (k \text{ 是常数})$$

从而

$$S_{\triangle ABD} = ka^2 - kb^2 = k(a^2 - b^2) = kbc$$

所以

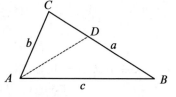

图 2.21.17

$$\frac{S_{\triangle ACD}}{S_{\triangle ABD}} = \frac{kb^2}{kbc} = \frac{b}{c}$$

但 $\frac{S_{\triangle ACD}}{S_{\triangle ABD}} = \frac{CD}{DB}$，则 $\frac{CD}{DB} = \frac{b}{c}$.

于是 AD 是 $\angle A$ 的平分线，即 $\angle A = 2\angle B$.

证法 21 如图 2.21.18，延长 CA 至 D，使 $AD = AB$，则 $\angle ADB = \angle ABD$.

由
$$a^2 = b(b+c)$$

有
$$CB^2 = CA \cdot CD$$

过点 A, B, D 作圆，由切割线定理的逆定理知 CB 是该圆的切线，由弦切角定理知 $\angle ABC = \angle ADB$.

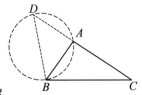

图 2.21.18

故
$$\angle BAC = 2\angle ADB = 2\angle ABC$$

证法 22 如图 2.21.19，延长 $\triangle ABC$ 的边 BC，使 $CD = CB$，过 A, B, D 三点作圆，又延长 AC 与圆交于 E，则 $\angle B = \angle E$.

因
$$a^2 = b(b+c)$$
$$BC \cdot CD = BC^2 = AC \cdot CE$$

则
$$CE = b + c$$

在 CE 上截取 $CF = AC$，则易证 $\triangle ABC \cong \triangle FDC$.

有
$$\angle A = \angle CFD, DF = AB = EF$$

所以
$$\angle E = \angle FDE$$

即 $\angle CFD = 2\angle E = 2\angle B$. 故 $\angle A = 2\angle B$.

证法 23 $\frac{b}{a} = \frac{a+b}{a+b+c} \Leftrightarrow a^2 = b(b+c)$

联想相交弦定理，如图 2.21.20，延长 BC 至 E，使 $CE = a$，延长 AC 至 F，使 $CF = b + c$. 作 $EG // AB$ 交 CF 于 G.

易知

$$\triangle EGC \cong \triangle BAC$$

所以
$$CG = b, EG = c = GF$$

所以
$$\angle A = \angle CGE = 2\angle F$$

又
$$a^2 = b(b+c)$$

即
$$BC \cdot CE = AC \cdot CF$$

所以 A, B, E, F 四点共圆,故
$$\angle F = \angle B, \angle A = 2\angle B$$

图 2.21.20

证法 24 如图 2.21.21 由题设 $a^2 - b^2 = bc$.

联想勾股定理,由条件知 $a > b$,作 $CD \perp AB$ 于 D,则垂足 D 在 AB 上,或在 BA 的延长线上,或合于 A.

① 若垂足 D 在 AB 上,如图 2.21.21(a)
$$a^2 - b^2 = BD^2 - AD^2 = (BD + AD)(BD - AD) = c \cdot (BD - AD)$$

所以 $BD - AD = b$.

在 BD 上取 $DE = AD$,联结 CE,则 $\triangle CAE$ 是等腰三角形,有
$$CE = CA = b, BE = BD - AD = b$$

所以 $BE = CE$

所以 $\angle A = \angle CEA = 2\angle B$

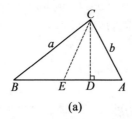
(a)

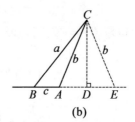
(b)

图 2.21.21

② 若垂足 D 在 BA 的延长线上,如图 2.21.21(b),类似可证 $\angle A = 2\angle B$.
③ 若垂足 D 合于 A,易证 $\angle A = 2\angle B$.

2.3 求角度

例22 设 H 是锐角 $\triangle ABC$ 的垂心，$AH = BC$. 求 $\angle A$.

解法1 如图 2.22.1,
在 $\triangle AFH$ 及 $\triangle CFB$ 中
$$\angle 1 = \angle 2, \angle 3 = \angle 4$$
$$AH = BC$$
从而
$$\triangle AFH \cong \triangle CFB$$
所以 $AF = FC$. 于是 $\triangle AFC$ 是等腰直角三角形，故 $\angle A = 45°$.

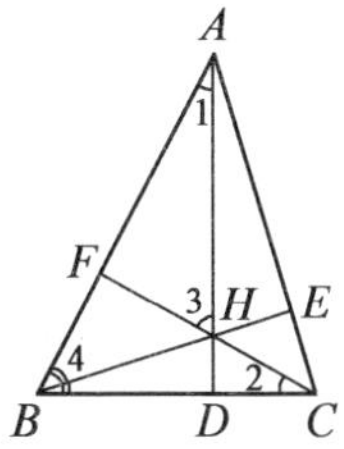

图 2.22.1

解法2 如图 2.22.2,过 B 作 $BG \perp BC$，BG 交 $\triangle ABC$ 的外接圆于 G，则 CG 是圆的直径.
从而
$$GA \perp CA$$
又
$$BH \perp CA$$
则
$$BH /\!/ GA$$
又
$$BG /\!/ HA$$
所以 $BHAG$ 是平行四边形.
又
$$BG = HA = BC$$
则
$$\angle BGC = \angle BCG = 45°, \angle GBC = 90°$$
故
$$\angle BAC = \angle BGC = 45°$$

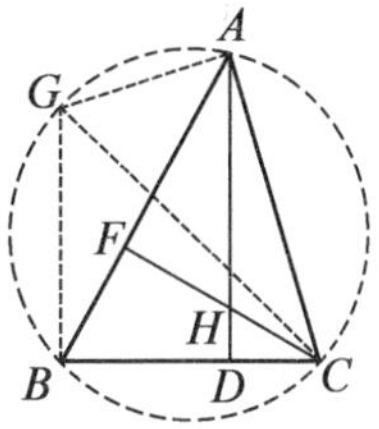

解法3 如图 2.22.3,作 $\square ABGH$，联结 CG.
则
$$GB = AH = BC$$
于是

图 2.22.2

$$\angle BCG = \angle CGB = 45°$$

由作法知
$$\angle GBC = \angle GHC = 90°$$

则 G、B、H、C 共圆

有
$$\angle EHC = \angle G = 45°$$

故
$$\angle A = \angle EHC = 45°$$

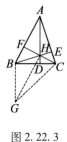

图 2.22.3

证法 4 如图 2.22.4,由题意可知:B,F,E,C 及 A,F,H,E 各为共圆点,圆 $BFEC$ 以 BC 为直径,圆 $AFHE$ 以 AH 为直径.

因
$$BC = AH$$

故两圆的直径相等.

即 $\angle A$ 与 $\angle ACF$ 是等圆对等弦的圆周角,所以
$$\angle A = \angle ACF$$

又
$$\angle AFC = 90°$$

则
$$\angle A = \angle ACF = 45°$$

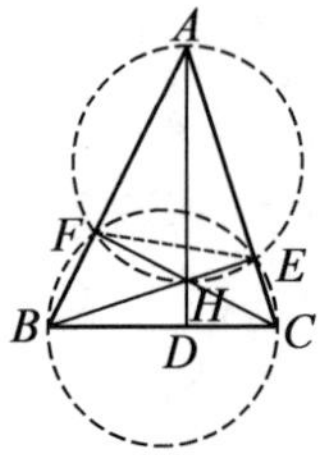

图 2.22.4

解法 5 如图 2.22.1,由第 1 章例 40 得
$$AH^2 + BC^2 = 4R^2 \text{（其中 } R \text{ 是} \triangle ABC \text{ 外接圆半径）}.$$

又 $AH = BC$,则 $BC^2 = 2R^2$,即
$$BC = \sqrt{2}R$$

但
$$BC = 2R\sin A$$

则
$$\sqrt{2}R = 2R\sin A$$

即
$$\sin A = \frac{\sqrt{2}}{2}$$

又 $\angle A$ 是锐角,故
$$\angle A = 45°$$

解法 6 如图 2.22.1.
$$AH = \frac{HF}{\cos B} = BF \cdot \cot A \cdot \sec B$$
$$= BC \cdot \cos B \cdot \cot A \cdot \sec B$$
即
$$AH = BC \cdot \cot A$$
由题意得
$$AH = BC$$
则
$$BC = BC \cdot \cot A$$
即
$$\cot A = 1$$
又 $\angle A$ 是锐角,故
$$\angle A = 45°$$

解法 7 因 H 为 $\triangle ABC$ 的垂心,则知 A,B,C,H 为垂心组,由垂心组的性质:垂心组组成的四个三角形的外接圆为等圆.即知 $\triangle ABC$ 与 $\triangle ABH$ 的外接圆相等,由 $AH = BC$,知等圆中,相等的弦所对的圆周角相等.即在 $\triangle ABE$ 中,由 $BE \perp AC$,$\angle ABE = \angle BAE$,即知 $\angle ABE = 45°$.故 $\angle A = 45°$.

解法 8 如图 2.22.5,以 AD 所在的直线为 x 轴,以 A 为原点,取直角坐标系.

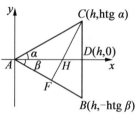

图 2.22.5

设
$$\angle DAC = \alpha$$
$$\angle DAB = -\beta,(\beta > 0)$$
D 的坐标是 $(h,0)$.
则 $C、B$ 的坐标分别是:$(h, h\tan\alpha)$,$(h, -h\tan\beta)$.
$$k_{CF} = -\frac{1}{k_{AB}} = \cot B$$
则 CF 的方程是 $\dfrac{y - h\tan\alpha}{x - h} = \cot\beta$.
令 $y = 0$,可求得 x_H.
即
$$\frac{-h\tan\alpha}{x_H - h} = \frac{1}{\tan\beta}$$

从而
$$x_H - h = -h\tan\alpha\tan\beta$$
于是
$$x_H = h(1 - \tan\alpha \cdot \tan\beta) = AH$$
$$BC = h\tan\alpha + h\tan\beta$$
由
$$AH = BC$$
得
$$h(\tan\alpha + \tan\beta) = h(1 - \tan\alpha \cdot \tan\beta)$$
则 $\dfrac{\tan\alpha + \tan\beta}{1 - \tan\alpha \cdot \tan\beta} = 1$，即 $\tan(\alpha+\beta) = 1$，又 $\alpha+\beta = \angle A$ 是锐角，则 $\alpha+\beta = 45°$，故 $\angle A = 45°$.

注 （1）本题的逆命题也是成立的，即设 H 为锐角 $\triangle ABC$ 的垂心. 若 $\angle A = 45°$，则 $AH = BC$. 其证明可将上述解法逆推改写即可. 因而本题可推广为：设 H 为锐角 $\triangle ABC$ 的垂心，则 $\angle A = 45°$ 的充要条件是 $AH = BC$.

（2）本题当 A 为钝角时，垂心 H 在 $\triangle ABC$ 外，此时图形如图.

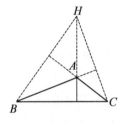

图 2.22.6

显然，图 2.22.6 可以看作图 2.22.1 中的 A 与 H 的位置互换而得，因此
$$\angle A = 180° - 45° = 135°$$

例 23 （2011 年第 74 届莫斯科数学奥林匹克题）在 $\triangle ABC$ 中作角平分线 BB_1 和 CC_1，现知 $\triangle BB_1C_1$ 的外心在直线 AC 上. 试求三角形的内角 $\angle C$.

解法 1 如图 2.23.1，延长 BC 交 $\triangle BB_1C_1$ 的外接圆圆 O 于点 K.

由 BB_1 平分 $\angle ABC$，知 $\angle KBB_1 = \angle C_1BB_1$，则 $KB_1 = C_1B_1$.

注意到 K 与 C_1 都在圆 O 上，且 O 在直线 AC 上，知 K 与 C_1 关于直线 AC 对称，即有 $\angle BCC_1 = \angle C_1CB_1 = \angle B_1CK$.

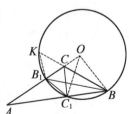

图 2.23.1

由这三个角的和为 $180°$，则每个角为 $60°$，即 $\angle ACB = 120°$.

解法 2 如图 2.23.1. 联结 OC_1，OB. 由 $\angle CBC_1 = 2\angle B_1BC_1 = \angle B_1OC_1 = \angle COC_1$，知 O，C，C_1，B 四点共圆. 于是 $\angle C_1OB = \angle C_1CB = \angle B_1CC_1 = \angle C_1BO$，

知 $\triangle OC_1B$ 为正三角形.

从而 $\angle C_1CB = 60°$. 故 $\angle ACB = 120°$.

注 还可利用 $\triangle BB_1C_1$ 的外接圆是点 A 与点 C 的阿波罗尼奥斯圆来求解.

例 24 (2005 第一届沙雷金几何奥林匹克题)两个圆的半径分别为 1 和 2,具有公共的圆心 O. 正 $\triangle ABC$ 的顶点 A 在大圆上,而边 BC 的中点 M 在小圆上. $\angle BOC$ 可能等于多少?

事实上,这个角或是 $60°$,或是 $120°$.

解法 1 当 A,O 在 BC 同侧时,如图 2.24(a).

设与 AB,AC 切于点 B,C 的圆为圆 O_1,下证 O 点在圆 O_1 上.

设直线 A 交小圆于点 P,Q,因为 M 为 BC 中点,则 M 在直线 AO_1 上,且 $MO_1 = \frac{1}{3}AM$. 设 G 为 AM 的三等分点,N 为 AG 中点.

注意到 O 为 PQ 中点,P 为 AO 中点,则 $NP // MQ$.

注意 $PM \perp MQ$,则 $NP \perp PM$,从而 $GP = GN = GM$. 又 $GP = \frac{1}{2}O_1O$,则

$$O_1O = 2GM = \frac{1}{2}AO_1 = O_1C,$$ 故知 O 点在圆 O_1 上.

由于 $\angle BO_1C = 120°$,则 $\angle BOC = 120°$.

当 A,O 在 BC 异侧时,如图(2.24.1(b)),类似地有 $\angle BOC = \frac{1}{2}\angle BO_1C = 60°$.

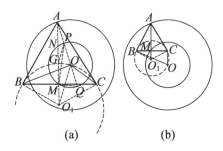

图 2.24.1

解法 2 仅证 A,O 在 BC 同侧情形,如图 2.24.2.

设 G 为 $\triangle ABC$ 的中线交点即重心,延长 OM 交大圆于点 K,则 $BKCO$ 是平行四边形.

注意到 $AG:GM = 2:1$,知点 G 也为 $\triangle AOK$ 的重心.

又 $AO = OK$,OG 是 AK 边上的中线,则 $OG \perp AK$,从而 $\triangle AGO \cong \triangle KGO$,即知

$AG = GK$,亦即知 K 在 $\triangle ABC$ 的外接圆上.故 $\angle BOC = \angle BKC = 180° - \angle A = 120°$.

解法3 如图 2.24.3,由题设条件有 $AO = 2OM$.

设 G 为 $\triangle ABC$ 的重心,则 $AG = 2GM$. 于是

$$\frac{AG}{GM} = \frac{AB}{BM} = \frac{AC}{CM} = \frac{AO}{OM} = 2$$

由此可得,点 B,G,O,C 位于线段为 $AM,\lambda = 2$ 的阿波罗尼奥斯圆上.于是 $\angle BOC = \angle BGC = 120°$.

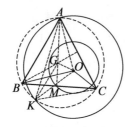
图 2.24.2

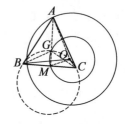
图 2.24.3

例25 设 I 为 $\triangle ABC$ 的内心,K,L,M 分别为 $\triangle ABC$ 的内切圆在边 BC,CA 及 AB 上的切点,已知通过点 B 且与 MK 平行的直线分别与直线 LM 及 LK 交于点 R 及 S. 证明: $\angle RIS$ 是一个锐角.

证法1 如图 2.25.1. 联结 IM, IB, IK,则 $IM \perp AB, IK \perp BC, IB \perp MK$ 且 IB 平分 $\angle ABC$. 由 $RS \parallel MK$ 得 $IB \perp RS$.

$\angle RIS$ 是锐角 $\Leftrightarrow \angle RIB < \angle ISB$

$\Leftrightarrow \tan \angle RIB < \tan \angle ISB$

$\Leftrightarrow \dfrac{BR}{IB} < \dfrac{IB}{BS}$

$\Leftrightarrow BR \cdot BS < IB^2$

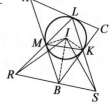
图 2.25.1

因为

$$\angle BMR = \angle AML = \angle MKL = \angle BSK$$
$$\angle BRM = \angle KML = \angle LKC = \angle BKS$$

所以

$$\triangle RBM \backsim \triangle KBS \Rightarrow \frac{BR}{BK} = \frac{BM}{BS}$$

所以

$$BR \cdot BS = BM \cdot BK = BM^2 = IB^2 - IM^2 < IB^2$$

故 $\angle RIS$ 是锐角.

证法2 如图 2.25.1,$\angle RIS$ 是锐角 $\Leftrightarrow IR^2 + IS^2 > RS^2 \Leftrightarrow BR^2 + IB^2 + BS^2 + IB^2 > (BR+BS)^2 \Leftrightarrow IB^2 > BR \cdot BS$.

在 $\triangle BMR$ 中

$$\frac{BR}{\sin\angle BMR} = \frac{BM}{\sin\angle BRM}$$

在 $\triangle BSK$ 中

$$\frac{BS}{\sin\angle BKS} = \frac{BK}{\sin\angle BSK}$$

又

$$\angle BMR = \angle BSK, \angle BRM = \angle BKS, BM = BK$$

所以

$$BR \cdot BS = BM^2 = IB^2 - IM^2 < IB^2$$

故 $\angle RIS$ 是锐角.

例26 设锐角 $\triangle ABC$ 的外心为 O,从 A 作 BC 的高,垂足为 P,且 $\angle BCA \geqslant \angle ABC + 30°$.证明:$\angle CAB + \angle COP < 90°$.(2001 年第 42 届 IMO 题)

证法1 如图 2.26.1,联结 OA, OB,作 $OD \perp AP$ 于 $D, OE \perp BC$ 于 E,则 $OEPD$ 为矩形.设 R 为 $\triangle ABC$ 的外接圆半径.

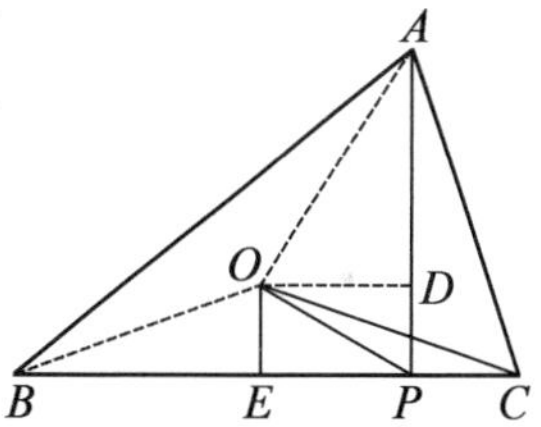

易知

$$\angle CAP = \angle OAB$$

又

$$OA = OB = OC = R$$

所以 $\angle OAP = \angle OAC - \angle OAB = \angle OCA - \angle OBA = \angle BCA - \angle ABC \geqslant 30°$

于是 Rt$\triangle ADO$ 中,有 $OD \geqslant \frac{1}{2}R$. 因为

$$EP = OD, EC < OC = R$$

所以

$$PC < \frac{1}{2}R$$

但

$$OP > OD \geqslant \frac{1}{2}R$$

图 2.26.1

所以 $OP > PC$. 从而 $\angle PCO > \angle COP$. 又因为

$$\angle CAB + \angle PCO = \angle EOC + \angle PCO = 90°$$

所以
$$\angle CAB + \angle COP < 90°$$

证法 2 如图 2.26.2，联结 OA, OB. 易知
$$\angle OAP = \angle OAC - \angle PAC$$
$$= 90° - \angle ABC - (90° - \angle ACB)$$
$$= \angle ACB - \angle ABC \geq 30°$$

设 Q 为 O 关于 AP 的对称点，联结 QP, QC. 延长 CO 交 $\triangle ABC$ 的外接圆于 F.

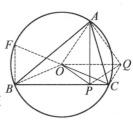

图 2.26.2

在 $\triangle AOQ$ 中，$\angle OAQ \geq 60°$，$OA = QA = R$，所以
$$OQ \geq R = OC$$

所以
$$\angle OCQ \geq \angle OQC$$

从而
$$\angle PCQ > \angle PQC$$

所以
$$PO = PQ > PC$$

所以
$$\angle PCO > \angle COP$$

又
$$\angle CAB + \angle PCO = \angle F + \angle BCF = 90°$$

故
$$\angle CAB + \angle COP < 90°$$

证法 3 如图 2.26.3，作 $OD \perp BC$ 于 D，记外接圆半径 $OC = R$，$\triangle ABC$ 三个内角分别为 A, B, C，则有
$$\angle COD = A, \angle OCD = 90° - A$$
$$CD = R\sin A, OD = R\cos A$$

在 $\triangle ACP$ 中
$$CP = AC\cos C = 2R\sin B \cdot \cos C$$
$$= R[\sin(B+C) - \sin(C-B)]$$

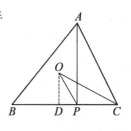

图 2.26.3

因为
$$90° > C - B \geq 30°$$

所以
$$CP \leqslant R\left(\sin A - \frac{1}{2}\right)$$
$$PD = CD - CP \geqslant R\sin A - R\left(\sin A - \frac{1}{2}\right) = \frac{R}{2}$$
$$OP^2 - CP^2 = OD^2 + PD^2 - CP^2 \geqslant R^2\left[\cos^2 A + \frac{1}{4} - \left(\sin A - \frac{1}{2}\right)^2\right]$$
$$= R^2\left[\cos^2 A + \sin A(1 - \sin A)\right] > 0$$

所以
$$CP < OP, \angle COP < \angle OCP = 90° - A$$

所以
$$A + \angle COP < 90°$$

3 平行

例1 (2010年第1届陈省身杯全国高中数学奥林匹克题) 在 $\triangle ABC$ 中, D,E 分别为边 AB,AC 的中点, BE 与 CD 交于点 G, $\triangle ABE$ 的外接圆与 $\triangle ACD$ 的外接圆交于点 $P(P\ne A)$, AG 的延长线与 $\triangle ACD$ 的外接圆交于点 $L(L\ne A)$. 求证: $PL/\!/CD$.

证法1 注意到 P 为完全四边形 $ADBGCE$ 的密克尔点, 则知 $\triangle PBD \backsim \triangle PEC$.

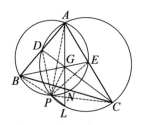

图 3.1.1

注意到 D,E 分别为 AB,AC 的中点, 则

$$\frac{AB}{AC}=\frac{BD}{EC}=\frac{DP}{CP}=\frac{\sin\angle DCP}{\sin\angle CDP}=\frac{\sin\angle BAP}{\sin\angle CAP} \quad \text{①}$$

由 $S_{\triangle ABG}=S_{\triangle ACG}$, 即 $\frac{1}{2}AB\cdot d_1=\frac{1}{2}AC\cdot d_2$, 有

$$\frac{AB}{AC}=\frac{d_2}{d_1}=\frac{d_2/AG}{d_1/AG}=\frac{\sin\angle CAG}{\sin\angle BAG} \quad \text{②}$$

由①,②有 $\frac{\sin\angle BAP}{\sin\angle CAP}=\frac{\sin\angle CAG}{\sin\angle BAG}$. 此时, 由斯坦纳定理的三角形式, 即知 $\angle BAP=\angle CAG=\angle CAL$. 从而 $\angle CPL=\angle DCP$. 故 $PL/\!/CD$.

证法2 如图 3.1.2 联结 PA,PC,PD,PE,PG. 则

$$\angle PCD=\angle PAD=\angle PEB$$

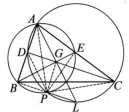

图 3.1.2

故 P,C,E,G 四点共圆, $\angle EPG = \angle ACG = \angle APD$.
于是
$$\angle DPG = \angle APE$$
又
$$\angle PDG = \angle PAC$$
因此
$$\triangle PDG \backsim \triangle PAE$$
知
$$\frac{PG}{DG} = \frac{PE}{AE} \qquad ①$$

由点 G 为 $\triangle ABC$ 的垂心, E 为 AC 的中点,得
$$GC = 2DG, AC = 2AE$$
则①为 $\dfrac{PG}{GC} = \dfrac{PE}{AC}$. 即 $\dfrac{PG}{PE} = \dfrac{CG}{CA}$.

又
$$\angle EPG = \angle ACG$$
因此
$$\triangle PEG \backsim \triangle CAG, \angle PEG = \angle CAG = \angle CPL$$
进而
$$\angle PCD = \angle CPL$$
故
$$PL \parallel CD$$

证法 3 如图 3.1.3,联结 PB.
则
$$\angle PCD = \angle PAD = \angle PEG$$
故 P,C,E,G 四点共圆, $\angle EPG = \angle ACG$.
由托勒密定理,知
$$PG \cdot EC + GE \cdot PC = GC \cdot PE$$
又
$$EC = \frac{1}{2} AC$$
得
$$PG \cdot AC + 2GE \cdot PC = 2GC \cdot PE \qquad ②$$

由 $\angle PBE = \angle PAE = \angle PDC$,得

$$\triangle PCD \backsim \triangle PEB, \frac{PC}{PE} = \frac{CD}{BE}$$

又点 G 为 $\triangle ABC$ 的重心,则有 $CD = 3DG, BE = 3GE, GC = 2DG$.
得

$$\frac{PC}{PE} = \frac{DG}{GE} = \frac{GC}{2GE}$$

即

$$2GE \cdot PC = GC \cdot PE \qquad ③$$

由②③得

$$PG \cdot AC = GC \cdot PE$$

即

$$\frac{PG}{GC} = \frac{PE}{AC}$$

由证法 2 知 $PL /\!/ CD$.

例 2 (2010 年国家集训队测试题)如图 3.2.1,设凸四边形 $ABCD$ 的两组对边的延长线分别交于点 E,F,$\triangle BEC$ 的外接圆与 $\triangle CFD$ 的外接圆交于 C,P 两点. 求证: $\angle BAP = \angle CAD$ 的充分必要条件是 $BD /\!/ EF$.

证法 1 如图 3.2.1,由 B,E,P,C 及 C,P,F,D 分别四点共圆,有 $\angle BEP = \angle PCF = \angle PDF$,即知 A,E,P,D 四点共圆.

同理,A,B,P,D 四点共圆. 于是,有 $\angle EAP = \angle EDP = \angle CFP$. ①

又 $\angle PEA = \angle PCF$,知 $\triangle AEP \backsim \triangle FCP$.

同理,$\triangle APF \backsim \triangle EPC$. 从而 $\frac{PF}{CP} = \frac{AF}{EC}$. ②

充分性. 若 $BD /\!/ EF$,则 $\frac{AD}{AF} = \frac{BD}{EF} = \frac{CD}{EC}$. 所以 $\frac{AF}{EC} = \frac{AD}{CD}$. 故 $\frac{PF}{CP} = \frac{AD}{CD}$.

又 $\angle ADC = \angle FPC$. 则 $\triangle ACD \backsim \triangle FCP \backsim \triangle AEP$.

从而 $\angle EAP = \angle CAD$,即 $\angle BAP = \angle CAD$.

必要性. 若 $\angle BAP = \angle CAD$,即 $\angle EAP = \angle CAD$,则由式①有 $\angle CFP = \angle CAD$.

又 $\angle ADC = \angle FPC$. 则 $\triangle CPF \backsim \triangle CDA$,所以 $\frac{PF}{CP} = \frac{AD}{CD}$.

注意到式②,则有 $\frac{AF}{EC} = \frac{AD}{CD}$. 因而 $\frac{EC}{CD} = \frac{AF}{AD}$.

对 $\triangle AED$ 及截线 BCF 应用梅涅劳斯定理,有 $\dfrac{AB}{BE}\cdot\dfrac{EC}{CD}\cdot\dfrac{DF}{FA}=1$.

因此 $\dfrac{AB}{BE}\cdot\dfrac{AF}{AD}\cdot\dfrac{EC}{CD}\cdot\dfrac{DF}{AF}=1$,从而 $\dfrac{AB}{BE}=\dfrac{AD}{DF}$.故 $BD/\!/EF$.

证法 2 如图 3.2.1,由题设有 $\angle PEB=\angle PCF=\angle PDF$,$\angle PBE=\angle PCE=\angle PFD$,知 $\triangle PEB\backsim\triangle PDF$,有

$$\dfrac{BE}{DF}=\dfrac{BP}{PF}$$

此时由 $\angle PBE=\angle PFD$,即知 P,F,A,B 四点共圆.

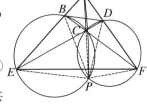

图 3.2.1

从而,有

$$\angle BFP=\angle BAP,\quad \angle PBF=\angle PAF \qquad ④$$

由③④又有

$$\dfrac{BE}{DF}=\dfrac{BP}{PF}=\dfrac{\sin\angle BFP}{\sin\angle PBF}=\dfrac{\sin\angle BAP}{\sin\angle PAF} \qquad ⑤$$

充分性. 当 $BD/\!/EF$ 时,有 $S_{\triangle BEC}=S_{\triangle DFC}$,即有

$$\dfrac{1}{2}BE\cdot d_1=\dfrac{1}{2}DF\cdot d_2$$

从而

$$\dfrac{BE}{DF}=\dfrac{d_2}{d_1}=\dfrac{d_2/AC}{d_1/AC}=\dfrac{\sin\angle CAD}{\sin\angle BAC} \qquad ⑥$$

于是,由⑤、⑥,有 $\dfrac{\sin\angle BAP}{\sin\angle PAF}=\dfrac{\sin\angle CAD}{\sin\angle BAC}$.从而由施坦纳定理的角的形式知 $\angle BAP=\angle CAD$.

必要性. 当 $\angle BAP=\angle CAD$ 时,知 $\dfrac{\sin\angle CAD}{\sin\angle BAC}=\dfrac{\sin\angle BAP}{\sin\angle PAF}$.

注意到式⑤,有

$$\dfrac{BE}{DF}=\dfrac{\sin\angle BAP}{\sin\angle PAF}=\dfrac{\sin\angle CAD}{\sin\angle BAC} \qquad ⑦$$

设点 C 到 BE,DF 的距离分别为 d_1,d_2,则

$$\dfrac{d_2}{d_1}=\dfrac{d_2/AC}{d_1/AC}=\dfrac{\sin\angle CAD}{\sin\angle BAC} \qquad ⑧$$

于是,由⑦⑧有 $\dfrac{BE}{DF}=\dfrac{d_2}{d_1}$,即知 $S_{\triangle BEC}=S_{\triangle DFC}$.故 $BD/\!/EF$.

证法 3 注意到 P 为完全四边形 $ABECFD$ 的密克尔点,联结 PE,PB,PC,PD,PF. 则由密克尔点的性质,知 $\triangle PBA \backsim \triangle PCD, \triangle PEB \backsim \triangle PDF$,即有

$$\frac{BP}{AB} = \frac{CP}{DC} \qquad \text{⑨}$$

$$\frac{BP}{BE} = \frac{FP}{FD} \qquad \text{⑩}$$

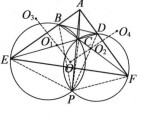

图 3.2.2

于是 $\angle BAP = \angle CAD \Leftrightarrow \angle BFP = \angle CFP = \angle CAD$,

注意 $\angle FPC = \angle ADC \Leftrightarrow \triangle FPC \backsim \triangle ADC \Leftrightarrow \frac{PF}{PC} = \frac{DA}{DC}$,即 $\frac{PF}{DA} = \frac{PC}{DC} \overset{\text{⑩⑨}}{\Leftrightarrow} \frac{\frac{BP}{BE} \cdot FD}{DA} = \frac{BP}{AB} \Leftrightarrow \frac{AB}{BE} = \frac{AD}{DF} \Leftrightarrow BD // EF$.

证法 4 如图 3.2.2,设过 A,E,D 的圆为圆 O_1,过 A,B,F 的圆为圆 O_2. 则圆 O_1 与圆 O_2 相交于点 A,P,即 AP 为其公共弦. 设 O 为 $\triangle AEF$ 的外心. 又设过点 E 且与 AF 切于点 A 的圆为圆 O_3,过点 F 且与 AE 切于点 A 的圆为圆 O_4,则圆 O_3 与圆 O_4 的公共弦 AQ 是 $\triangle AEF$ 的共轭中线,且 O,O_1,O_3 及 O,O_2,O_4 分别共线.

注意到 $\frac{OO_1}{O_1O_3} = \frac{FD}{DA}, \frac{OO_4}{O_2O_4} = \frac{EB}{BA}$,则

$\angle BAP = \angle CAD \Leftrightarrow$ 公共弦 AP 为 $\triangle AEF$ 的共轭中线 $\Leftrightarrow$ 圆 O_3 与圆 O_4 的公共弦 AQ 是 $\triangle AEF$ 的共轭中线 $\Leftrightarrow O_1O_2 // O_3O_4 \Leftrightarrow \frac{OO_1}{O_1O_3} = \frac{OO_2}{O_2O_4} \Leftrightarrow \frac{EB}{BA} = \frac{FD}{DA} \Leftrightarrow BD // EF$.

例 3 已知 CH 是 $\mathrm{Rt}\triangle ABC$ 的高($\angle C = 90°$),且与角平分线 AM,BN 分别交于 P,Q 两点. 证明:通过 QN,PM 中点的直线平行于斜边 AB.

证法 1 如图 3.3.1,令 E,F 分别为 QN,PM 的中点,联结 CE 并延长交 AB 于 K,联结 CF 并延长交 AB 于 T.

由 $\angle C = 90°, CH \perp AB$ 得

$$\angle BCH = \angle BAC$$

于是

$$\angle CNQ = \angle BAC + \angle ABN = \angle BCH + \angle CBQ = \angle CQN$$

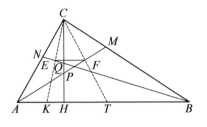

图 3.3.1

所以
$$CN = CQ$$

而 E 为 QN 的中点,故 $CE \perp NQ$.

又因 BN 平分 $\angle ABC$,所以,E 为 CK 的中点.

同理,F 为 CT 的中点,故 $EF // KT$,即 $EF // AB$.

证法 2 如图 3.3.2,令 E,F 分别为 QN,PM 的中点,作 $ES \perp AB$ 于 S,$NK \perp AB$ 于 K.

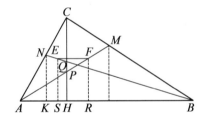

图 3.3.2

因 ES 是梯形 $NKHQ$ 的中位线,则
$$ES = \frac{1}{2}(NK + QH)$$

因 BN 平分 $\angle ABC$,且 $NK \perp AB$,$NC \perp BC$,则 $NK = CN$. 因
$$\angle CNQ = \angle BAC + \angle ABN = \angle BCH + \angle CBQ = \angle CQN$$
则
$$CN = CQ$$
故
$$ES = \frac{1}{2}(CQ + QH) = \frac{1}{2}CH$$

作 $FR \perp AB$ 于 R,同理可证:$FR = \frac{1}{2}CH$,故 $EF // AB$.

证法 3 如图 3.3.3,令 E,F 分别为 QN,PM 的中点,AM 与 BN 相交于 I,

联结 CE,CF,CI. 因
$$\angle CNQ = \angle BAC + \angle ABN = \angle BCH + \angle CBQ = \angle CQN$$

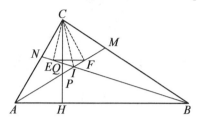

图 3.3.3

则
$$CN = CQ$$
又 E 为 NQ 的中点,故 $CE \perp NQ$,同理
$$CF \perp MP$$
所以 C,E,I,F 四点共圆,有
$$\angle FEI = \angle FCI$$
又
$$\angle FCI = 90° - \angle CIF = 90° - (\angle ACI + \angle CAI)$$
$$= 90° - \left(\frac{1}{2}\angle ACB + \frac{1}{2}\angle CAB\right)$$
$$= \frac{1}{2}\angle ABC = \angle ABI$$
所以
$$\angle FEI = \angle ABI$$
故
$$EF \;/\!/\; AB$$

证法 4 如图 3.3.4,设 X,Y 分别为 CB,CA 的中点,则 $XY \;/\!/\; AB$.

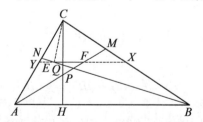

图 3.3.4

令 E 为 QN 的中点,联结 CE,EX. 易证

所以
$$CE \perp BE$$
$$XE = XB$$
有
$$\angle XEB = \angle XBE = \angle ABE$$
$$EX \text{ // } AB$$
故点 E 在直线 XY 上.

令 F 为 PM 的中点,同理可证,点 F 在直线 XY 上,于是 $EF \text{ // } AB$.

证法 5 如图 3.3.5,令 E, F 分别为 QN, PM 的中点. 易证
$$CE \perp QN$$

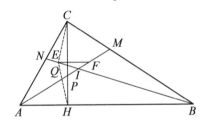

图 3.3.5

由
$$\angle CEB = \angle CHB = 90°$$
得 C, E, H, B 四点共圆.

所以
$$CE = EH$$
从而,点 E 在 CH 的中垂线上.

同理,点 F 在 CH 的中垂线上,因此
$$EF \perp CH$$
而
$$CH \perp AB$$
故
$$EF \text{ // } AB$$

例 4 AA_1 和 CC_1 是非等腰锐角 $\triangle ABC$ 的高, H 和 O 分别是 $\triangle ABC$ 的垂心和外心, B_0 是边 AC 的中点,直线 BO 交边 AC 于 P, 直线 BH 和 A_1C_1 交于 Q. 证明:直线 HB_0 和 PQ 平行.

证法 1 如图 3.4.1,延长 BP 交 $\triangle ABC$ 的外接圆于 B', 联结 AB', CB', 因为

$$CH \perp AB, B'A \perp AB$$

所以
$$CH /\!/ AB'$$

同理
$$AH /\!/ CB'$$

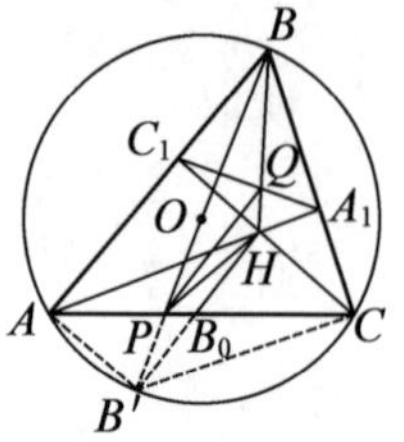

所以 $AB'CH$ 是平行四边形，从而 HB' 与 AC 互相平分，H, B_0, B' 三点共线.

图 3.4.1

易知
$$\triangle BA_1C_1 \backsim \triangle BAC$$

则
$$\frac{BC_1 \cdot BA_1}{BC \cdot BA} = \frac{S_{\triangle BA_1C_1}}{S_{\triangle BAC}} = \frac{A_1C_1^2}{AC^2}$$

又
$$\triangle HA_1C_1 \backsim \triangle AHC$$

则
$$\frac{A_1C_1^2}{AC^2} = \frac{S_{\triangle HA_1C_1}}{S_{\triangle HAC}} = \frac{HA_1 \cdot HC_1}{HA \cdot HC} = \frac{HA_1 \cdot HC_1}{B'C \cdot B'A}$$

所以
$$\frac{BC_1 \cdot BA_1}{BC \cdot BA} = \frac{HA_1 \cdot HC_1}{B'C \cdot B'A}$$

即
$$\frac{BC_1 \cdot BA_1}{HA_1 \cdot HC_1} = \frac{BC \cdot BA}{B'C \cdot B'A}$$

于是
$$\frac{S_{\triangle BC_1A_1}}{S_{\triangle HC_1A_1}} = \frac{S_{\triangle ABC}}{S_{\triangle B'AC}}$$

从而
$$\frac{BQ}{QH} = \frac{BP}{PB'}$$

故
$$PQ /\!/ HB_0$$

证法 2 如图 3.4.1，延长 BP 交 $\triangle ABC$ 的外接圆于 B'，联结 AB', CB'. 因为
$$CH \perp AB, B'A \perp AB$$

所以
$$CH /\!/ AB'$$
同理
$$AH /\!/ CB'$$
所以 $AB'CH$ 是平行四边形,从而 HB' 与 AC 互相平分,H,B_0,B' 三点共线.

易知
$$\angle AB'B = \angle ACB = \angle BHA_1$$
所以
$$\text{Rt}\triangle ABB' \backsim \text{Rt}\triangle A_1BH$$
又因 A,C,A_1,C_1 四点共圆,则
$$\angle BAP = \angle BA_1Q$$
从而点 P,Q 是上述相似三角形的对应点.

所以
$$\frac{BP}{BQ} = \frac{PB'}{QH}$$
故
$$PQ /\!/ HB_0$$

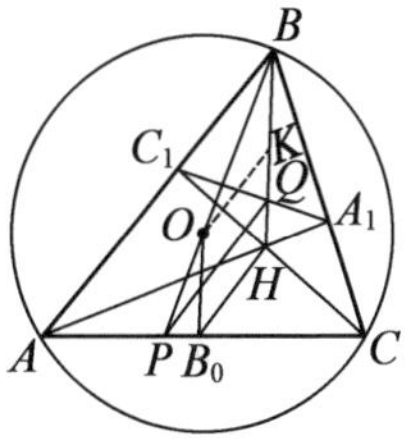

证法 3 如图 3.4.2,设 K 为 BH 的中点,联结 OK,因 $\angle HA_1B = \angle HC_1B = 90°$,则 B,A_1,H,C_1 四点共圆,且 K 为其圆心,则 K 为 $\triangle A_1BC_1$ 的外心.又
$$\triangle A_1BC_1 \backsim \triangle ABC$$
所以
$$\frac{BK}{KQ} = \frac{BO}{OP}$$
从而
$$OK /\!/ PQ$$
由垂外心定理得 $OB_0 \underline{\underline{/\!/}} \frac{1}{2}BH$,即 $OB_0 \underline{\underline{/\!/}} KH$,所以 OB_0HK 是平行四边形,$OK /\!/ HB_0$,故 $PQ /\!/ HB_0$.

图 3.4.2

4 垂直

例 1 三角形的顶点与外心连线垂直于另两顶点在对边射影的连线. 如图,在 $\triangle ABC$ 中, A,B 在对边上的射影分别为 E,F,则 $CO \perp EF$.

证法 1 如图 4.1.1,过点 C 作 $\triangle ABC$ 的外接圆的切线 CT,则由弦切角定理知

$$\angle TCB = \angle BAC$$

又因

$$AE \perp BC, BF \perp AC$$

则 A,B,E,F 四点共圆.

从而

$$\angle CEF = \angle BAC$$

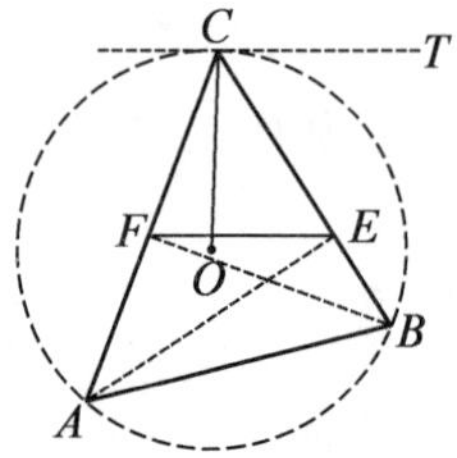

所以

$$\angle TCB = \angle CEF$$

从而

$$CT \parallel EF$$

又因

$$OC \perp CT$$

故

$$OC \perp EF$$

图 4.1.1

证法 2 过点 O 作 $OM \perp AC$ 交 AC 于点 M,如图 4.1.2 所示. 因 O 是 $\triangle ABC$ 的外接圆圆心,设 OC 与 BF 相交于 N,OC 与 EF 相交于 S,则由圆周角与圆心角的关系知

$$\angle COM = \angle CBA$$

又因

$$BF \perp AC$$

则

$$\angle CNF = \angle COM$$

从而

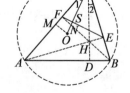

图 4.1.2

$$\angle CNF = \angle CBA$$

又因 $AE \perp BC, BF \perp AC$, 则 A, B, E, F 四点共圆.

从而

$$\angle CFS = \angle CBA$$

则

$$\angle CFS = \angle CNF$$

在 $\triangle CFS$ 与 $\triangle CNF$ 中, $\angle CFS = \angle CNF$(已证), $\angle FCS = \angle NCF$(公共角), 由相似三角形知

$$\angle CSF = \angle CFN = 90°(\text{由 } BF \perp AC)$$

故

$$OC \perp EF$$

证法3 如图 4.1.2, 过点 O 作 $OM \perp AC$ 交 AC 于点 M, 设 OC 与 EF 相交于 S, 由圆周角与圆心角的关系知

$$\angle COM = \angle CBA$$

在 $\triangle CMO$ 与 $\triangle CDB$ 中, $\angle CMO = \angle CDB = 90°$.

则 $\angle 1 = \angle 2$(三角形外心, 垂心是一对等角共轭点).

又因 $AE \perp BC, BF \perp AC$, 则 A, B, E, F 四点共圆.

从而 $\angle CFS = \angle CBA$, $\triangle CFS \sim \triangle CDB$.

于是 $CSF = CDB = 90°$, 即 $OC \perp EF$.

证法4 延长 CO 交圆 O 于 R, 联结 BR, 设 OC 与 EF 相交于 S, 如图 4.1.3 所示.

易得

$$\angle CRB = \angle CAB$$

又

$$AE \perp BC, BF \perp AC$$

则 A, B, E, F 四点共圆.

从而 $\angle CEF = \angle CAB$. 在 $\triangle CES$ 与 $\triangle CRB$ 中.

由 $\angle CES = \angle CRB$(已证), $\angle ECS = \angle RCB$(公共角)得

则 $\angle CSE = \angle CBR$, 又因 CR 是直径.

则 $\angle CBR = 90°$, 故 $\angle CSE = 90°$.

即

$$OC \perp EF$$

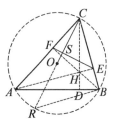

图 4.1.3

4 垂直

证法 5 如图 4.1.3,由于外心 O,垂心 H 是三角形的一对等角共轭点,而 E,F 分别为点 H 在 BC,AC 上的射影,则由等角线性质,知 $OC \perp EF$.

这其中可由 $\triangle MOC \backsim \triangle EHC$ 可证得.

例 2 (2005 年国家集训队集训题)已知 E,F 是 $\triangle ABC$ 的边 AB,AC 的中点,CM,BN 是边 AB,AC 上的高.联结 EF,MN 交于点 P.又设 O,H 分别是 $\triangle ABC$ 的外心,垂心,联结 AP,OH.求证:$AP \perp OH$.

证法 1 联结 AH 交 EF 于点 K,联结 AO 交 MN 于点 L.则由 $AH \perp BC$,知 $AK \perp EF$,由 AO 与过 A 的圆 O 的切线垂直,推得 $AO \perp MN$,即 $AL \perp MN$.

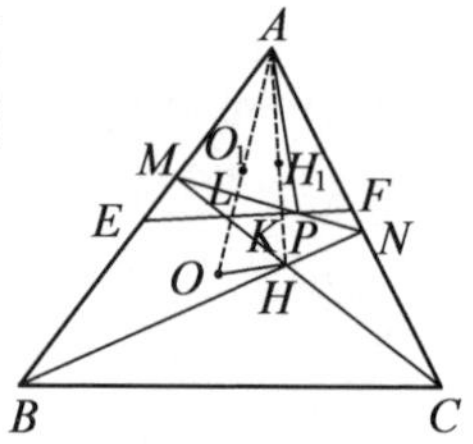

图 4.2.1

对 $\triangle PAH,\triangle PAO$ 分别应用余弦定理的变形式,得
$$PH^2 = AP^2 + AH^2 - 2AK \cdot AH$$
$$PO^2 = AP^2 + AO^2 - 2AL \cdot AO$$

上述两式相减得
$$PH^2 - PO^2 = AH^2 - AO^2 - 2AK \cdot AH + 2AL \cdot AO$$

显然 $K,H,N,F;E,M,N,F;E,M,L,O$ 分别四点共圆.有 $AK \cdot AH = AF \cdot AN = AM \cdot AE = AL \cdot AO$.从而 $PH^2 - PO^2 = AH^2 - AO^2$.由定差幂线定理,知 $AP \perp OH$.

证法 2 联结 AO,AH,设 O_1,H_1 分别为 AO,AH 的中点,

在 Rt$\triangle ANH$ 中,$NH_1 = \frac{1}{2}AH$.在 Rt$\triangle AMH$ 中,$MH_1 = \frac{1}{2}AH$,即点 H_1 在线段 MN 的中垂线上.

由 EF 是 $\triangle ABC$ 的中位线,O 在 BC 的中垂线上,知 O_1 也在线段 EF 的中垂线上.

对 $\triangle H_1 MN$ 及 MN 上的点 P,对 $\triangle O_1 EF$ 及 EF 上的点 P 分别应用斯特瓦尔特定理,有
$$H_1 P^2 = H_1 M^2 - MP \cdot PN, O_1 P^2 = O_1 E^2 - EP \cdot PF$$

上述两式相减并注意 M,E,N,F 四点共圆,得
$$H_1 P^2 - O_1 P^2 = H_1 M^2 - O_1 E^2 - MP \cdot PN + EP \cdot PF$$
$$= H_1 M^2 - O_1 E^2 = H_1 A^2 - O_1 A^2$$

由定差幂线定理,知 $AP \perp O_1 H_1$.故 $AP \perp OH$.

证法 3 显然 A,M,H,N 及 A,E,O,F 分别四点共圆,其直径分别为 AH,AO,其圆心 H_1,O_1 分别为 AH,AO 的中点,从而 $O_1 H_1 \text{ // } OH$.

注意到 M,E,N,F 四点共圆(该圆即为 $\triangle ABC$ 的九点圆,且圆心 V 为 OH

的中点),

此时,完全四边形 $AMEPNF$(或 $EFPNAM$)的密克尔点 Q 在对角线 AP 所在直线上.

于是,AQ 为圆 AMN 与圆 AEF 的公共弦. 从而 $O_1H_1 \perp AP$. 故 $AP \perp OH$.

证法4 注意到 B、C、N、M 四点共圆,有 $\angle AMN = \angle ACB = \angle AFE$,即知 M,E,N,F 四点共圆于圆 W_1,设 O,H 分别为 $\triangle ABC$ 的外心和垂心. 记以 AH 为直径的圆(即圆 $AMHN$)为圆 W_2,记以 AO 为直径的圆(即圆 $AEOF$)为圆 W_3,注意到由 $PM \cdot PN = PE \cdot PF$,知点 P 关于圆 W_1 和 W_2 有相同的幂,关于圆 W_1 和 W_3 也有相同的幂,从而知点 P 关于圆 W_2 和 W_3 有相同的幂. 那点 P 位于圆 W_2 和 W_3 的根轴上.

从而直线 AP 就是圆 W_2 和 W_3 的根轴所在直线.

于是知 AP 垂直于这两个圆的连心线. 又知圆 W_2 和 W_3 的圆心分别为线段 AH,AO 的中点,且连心线平行于直线 HO.

故 $OH \perp AP$.

证法5 记过点 M,E,N,F 的圆为 W_1,以 AH 为直径的圆为 W_2,以 AO 为直径的圆为 W_3(参见证法4).

设圆 W_2 与 W_3 相交于 A,L,则 $HL \perp AH$,$OL \perp AL$,

从而知 O,H,L 三点共线,即有 $OH \perp AL$.

下证 L 在 AP 上. 注意 LA,MN,EF 分别为圆 W_2 与 W_3,W_2 与 W_1,W_3 与 W_1 的公共弦(即根轴所在直线). 由根心定理知这三条直线共点,而直线 MN 与 EF 交于点 P,即根心为 P,故 L 在 AL 上,故 $OH \perp AP$.

证法3 (2013年第76届莫斯科数学奥林匹克题)在凸四边形 $ABCD$ 中,其中 $AB = BC$ 和 $AD = DC$. 设点 K,L 和 M 分别是线段 AB,CD 和 AC 的中点. 今知由点 A 所作直线 BC 的垂线同由点 C 所作直线 AD 的垂线交于点 H. 证明:$KL \perp HM$.

证法1 如图 4.3.1. 设 $HA \perp$ 直线 BC 于点 S,HC 交 AD 于点 P.

显然,A,S,C,P 四点共圆,且 AC 为其直径,$\angle ASC = \angle APC = 90°$.

同样,A,B,S,M 四点共圆,且 AB 为直径,圆心为 K.

D,M,C,P 四点共圆,且 CD 为直径,圆心为 L.

于是,直线 SA,CP 分别为两圆相交的公共弦所在

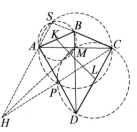

图 4.3.1

直线.

由根心定理知,HM 也为圆 $AMBS$ 与圆 $PDCM$ 根轴.

于是 $KL \perp HM$(两圆连心线垂直公共弦)

证法 2 令 $\vec{BC}=\boldsymbol{a},\vec{AD}=\boldsymbol{b},\vec{HA}=\boldsymbol{c},\vec{HC}=\boldsymbol{d}$,则 $\vec{KL}=\vec{KB}+\boldsymbol{a}+\vec{CL}=\vec{KA}+\boldsymbol{b}+\vec{DL}$,由此知 $2\vec{KL}=\boldsymbol{a}+\boldsymbol{b}$.

同理
$$2\vec{HM}=\boldsymbol{c}+\boldsymbol{d}$$

因此
$$KL \perp HM \Leftrightarrow (\boldsymbol{a}+\boldsymbol{b})(\boldsymbol{c}+\boldsymbol{d})=0$$

由题设条件,有 $AB=BC,AD=DC$. 即知直线 BD 是线段 AC 的中垂线.

因此,点 M 在直线 BD 上,且 $BD \perp AC$.

此时 $\boldsymbol{a}-\boldsymbol{b}=\vec{BM}+\vec{MC}+\vec{DM}+\vec{MA}=\vec{BM}+\vec{DM} \perp \vec{AC}=\boldsymbol{d}-\boldsymbol{c}$,则
$$(\boldsymbol{a}-\boldsymbol{b})\cdot(\boldsymbol{d}-\boldsymbol{c})=0$$

又 $HA \perp BC, HC \perp AD$,有 $\boldsymbol{a}\cdot\boldsymbol{c}=0$ 和 $\boldsymbol{b}\cdot\boldsymbol{d}=0$. 因而
$$(\boldsymbol{a}+\boldsymbol{b})\cdot(\boldsymbol{c}+\boldsymbol{d})$$
$$=\boldsymbol{a}\cdot\boldsymbol{c}+\boldsymbol{a}\cdot\boldsymbol{d}+\boldsymbol{b}\cdot\boldsymbol{c}+\boldsymbol{b}\cdot\boldsymbol{d}=-\boldsymbol{a}\cdot\boldsymbol{c}+\boldsymbol{a}\cdot\boldsymbol{d}+\boldsymbol{b}\cdot\boldsymbol{c}-\boldsymbol{b}\cdot\boldsymbol{d}$$
$$=(\boldsymbol{a}-\boldsymbol{b})(\boldsymbol{d}-\boldsymbol{c})=0$$

证法 3 如图 4.3.2,分别将 $\triangle AKD$ 和 $\triangle BKC$ 扩展为平行四边形 $AKQD$ 和 $BKRC$,则 $DRCQ$ 也为平行四边形,点 L 为其两条对角线的交点,因此,L 是线段 QR 的中点.

由 $AB=BC,AD=DC$,知 BD 是 AC 的中垂线,因而点 M 在直线 BD 上,且 $BD \perp AC$.

注意到向量 $\vec{AD}$ 与向量 $\vec{BC}$ 在直线 AC 上的正交投射相等,则知向量 $\vec{KQ}$ 与向量 $\vec{KR}$ 在该直线上的正交投影也相等. 因此 $QR \perp AC$.

于是,$\triangle KQR$ 的三条边 KQ,QR 和 RK 分别垂直于 $\triangle HCA$ 的三条边 HC,CA 和 AH,从而它们中对应的中线 KL 与 HM 也相互垂直.

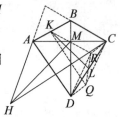

图 4.3.2

例 4 (2008—2009 年斯洛文尼亚国家队选拔试题)在锐角 $\triangle ABC$ 中,点 D 在边 AB 上,$\triangle BCD,\triangle ADC$ 的外接圆分别与边 AC,BC 交于点 E,F. 设 $\triangle CEF$ 的外心为 O. 证明:$\triangle ADE,\triangle ADC,\triangle DBF,\triangle DBC$ 的外心与点 D,O 六点共圆,且

$OD \perp AB$.

证法 1 如图 4.4.1,设 O_1, O_2, O_3, O_4 分别为 $\triangle ADE$, $\triangle ADC$, $\triangle DBF$, $\triangle DBC$ 的外心. 显然, 线段 O_1O_2, O_3O_4 分别垂直平分线段 AD, DB.

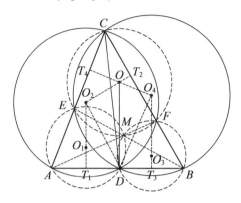

图 4.4.1

设 $\triangle ABC$ 其顶点所在内角为 α, β, γ, 点 T_1, T_2, T_3, T_4, T_5 分别为线段 AD, CF, BD, CE, CD 的中点, 由于四边形 $ADFC$ 为圆内接四边形, 则
$$\angle DFB = \angle DAC = \alpha$$
而 O_3 为锐角 $\triangle DBF$ 的外心, 则 $\angle DO_3T_3 = \angle DFB = \alpha$.

同理
$$\angle DO_2T_5 = \angle DFB = \alpha$$
又 O_2, T_5, O_4 三点共线, 则 $\angle DO_2O_4 = \angle DO_2T_5 = \alpha = \angle DO_3T_3$.
于是, $O_2、O_3、O_4、D$ 四点共圆.

同理, $O_4、D、O_1、O_2$ 四点共圆. 故点 $O_1、O_3$ 均在 $\triangle O_2O_4D$ 的外接圆上.

又 $\angle DO_2O_4 = \alpha, \angle O_2O_4D = \beta$, 则 $\angle O_4DO_2 = \gamma$.

另一方面. 由四边形 CT_4OT_2 为圆内接四边形及 $O_2, O, T_2; O_4, O_2, T_4$ 分别三点共线, 则 $\angle T_4OT_2 = \angle O_2OO_4 = 180° - \gamma$. 故 O, O_2, D, O_4 四点共圆. 所以六点共圆.

又 $\angle OO_4O_3 = \angle T_4O_4T_3 = 180° - \angle CAB = 180° - \alpha$, 且 $\angle DOO_4 = \angle DO_3T_3 = \alpha$.
从而 $OD /\!/ O_3O_4$, 故 $OD \perp AB$.

证法 2 如图 4.4.1, 联结 AF, BE 相交于点 M, 由于圆 BCD 与圆 ADC 相交于 C, D 两点. 则知 D 为完全四边形 $CEAMBF$ 的密克尔点, 即知圆 EAD 与圆 EAD 与圆 DBF 的另一交点为 M.

又由三角形的密克尔定理, 知圆 FCE 也过点 M, 即 M 在圆 FCE 上. 从而知

$OD \perp AB$.

在完全四边形 $CEAMBF$ 中,四个三角形 $\triangle ADE$,$\triangle ADC$,$\triangle DBF$,$\triangle DBC$ 的外心与其密克尔点 D 五点共圆(即斯坦纳圆).

设 O_2,O_4 分别为 $\triangle ADC$,$\triangle DBC$ 的外心,T_2,T_4 分别为 CF,CE 的中点,由于 CF,CE 分别为圆 O 与圆 O_2,圆 O 与圆 O_4 的公共弦,则 $O_2O \perp CF$ 于 T_2,$O_4O \perp CE$ 于 T_4. 从而
$$\angle O_2OO_4 = \angle T_2OT_4 = 180° - \angle ACB$$

注意到圆心角与圆周角的关系. 知 $\angle O_2DO = 90° - \angle A$,$\angle O_4DO = 90° - \angle B$.

于是,$\angle O_2DO_4 = \angle O_2DO + \angle O_4DO = 180° - \angle A - \angle B = \angle ACB$,即知 D,O_4,O,O_2 四点共圆.

故 $\triangle ADE$,$\triangle ADC$,$\triangle DBF$,$\triangle DBC$ 的外心与点 D,O 六点共圆.

例5 如图 4.5.1,设 H 是 $\triangle ABC$ 的垂心,P 是 $\triangle ABC$ 所在平面上任意一点,作 $HM \perp PB$ 于 M,交 AC 的延长线于点 J,作 $HN \perp PC$ 于 N,交 AB 的延长线于点 I. 求证:$PH \perp IJ$.

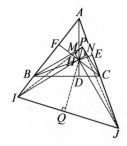

图 4.5.1

证法1 设 $\triangle ABC$ 的三条高 AD,BE,CF 交于点 H,则 A,B,D,E 四点共圆,从而
$$AH \cdot HD = BH \cdot HE$$
同理
$$BH \cdot HE = CH \cdot HF$$
令 $AH \cdot HD = BH \cdot HE = CH \cdot HF = \lambda$,则由 $IN \perp CN$,$CF \perp IF$ 知 C,N,F,I 共圆有
$$IH \cdot HN = CH \cdot HF = t$$
同理,$JH \cdot HM = BH \cdot HE = t$.

在射线 PH 上取点 Q,使得 $PH \cdot HQ = t$,则 P,I,Q,N 四点共圆.

所以, $\angle IQH = \angle INP = 90°$, 即 $PQ \perp QI$.

同理, $PQ \perp QJ$. 于是, I, Q, J 三点共线. 故 $PQ \perp IJ$, 即 $PH \perp IJ$.

证法 2 证明有 $PI^2 - PJ^2 = HI^2 - HJ^2$.

由 $HM \perp PB$, 有 $PH^2 - PJ^2 = BH^2 - BJ^2$. 由 $HN \perp PC$, 有 $PH^2 - PI^2 = CH^2 - CI^2$.

即有 $PJ^2 = PH^2 - BH^2 + BJ^2$, $PI^2 = PH^2 - CH^2 + CI^2$.

于是
$$PI^2 - PJ^2 = CI^2 - BJ^2 + BH^2 - CH^2 \qquad ①$$

由 $AH \perp BC$, 有
$$AB^2 - AC^2 = HB^2 - HC^2 = BH^2 - CH^2 \qquad ②$$

又由 $BH \perp AJ, CH \perp AI$, 有
$$AB^2 - BJ^2 = HA^2 - HJ^2, AC^2 - CI^2 = HA^2 - HI^2$$

从而由上述两式, 有
$$AB^2 - AC^2 - BJ^2 + CI^2 = HI^2 - HJ^2 \qquad ③$$

将②代入③有
$$BH^2 - CH^2 + CI^2 - BJ^2 = HI^2 - HJ^2 \qquad ④$$

再将①代入④即得 $PI^2 - PJ^2 = HI^2 - HJ^2$.

证法 3 同证法 1 有
$$IH \cdot HN = t = JH \cdot HM \qquad *$$

分别对 $\triangle PIH, \triangle PJH$ 应用广勾股定理. 有
$$PI^2 = IH^2 + HP^2 + 2HI \cdot HN, PJ^2 = JH^2 + HP^2 + 2HJ \cdot HM$$

上述两式相减, 并注意到 *式, 则
$$PI^2 - PJ^2 = HI^2 - HJ^2 + 2HI \cdot HN - 2HJ \cdot HM$$
$$= HI^2 - HJ^2$$

从而由定差幂线定理, 有 $PH \perp IJ$.

例 6 凸四边形 $ABCD$ 外切于圆 O, 两组对边所在的直线分别交于点 E, F, 对角线交于点 G. 求证: $OG \perp EF$.

证法 1 设圆 O 与边 AB, BC, CD, DA 的切点分别为 M, N, R, S, 则由牛顿定理知 AC、BD、MR、NS 四线共点于 G.

联结 OE 交 MG 于 H, 联结 OF 交 SG 于 H', 则 $GH \perp OE$, $GH' \perp OF$. 在 $\triangle HEG$ 和 $\triangle H'FG$ 中分别应用广勾股定理(或余弦定理的变形), 有

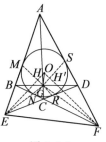

图 4.6.1

$$EG^2 = OG^2 + EO^2 - 2OE \cdot OH$$
$$FG^2 = OG^2 + FO^2 - 2OF \cdot OH'$$

注意到直角三角形的射影定理,有
$$OE \cdot OH = OM^2 = OS^2 = OF \cdot OH'.$$

从而
$$EG^2 - EO^2 = OG^2 - 2OE \cdot OH$$
$$= OG^2 - 2OF \cdot OH'$$
$$= FG^2 - FO^2$$

由定差幂线定理,知
$$OG \perp EF$$

证法 2 如图 4.6.2,设圆 O 与边 AB, BC, CD, DA 分别切于点 M, N, R, S, 则由牛顿定理知 AC, BD, MR, NS 四线共点于 G. 由切线长定理知 $EM = ER$, 应用余弦定理变形,有
$$EG^2 = EM^2 - MG \cdot GR \quad ①$$

同理
$$FG^2 = FS^2 - SG \cdot GN \quad ②$$

联结 MO, EO, FO, SO, 令圆 O 的半径为 r, 则
$$EM^2 = OE^2 - r^2, FS^2 = OF^2 - r^2 \quad ③$$

显然,有
$$MG \cdot GR = SG \cdot GN \quad ④$$

于是,由①②③④,有
$$EG^2 - EO^2 = FG^2 - FO^2$$

从而由定差幂线定理,知 $OG \perp EF$.

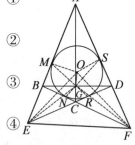

图 4.6.2

例 7 (2003 年中国国家集训队测试题)凸四边形 $ABCD$ 的对角线交于点 M, 点 P, Q 分别是 $\triangle AMD$ 和 $\triangle CMB$ 的重心, R, S 分别是 $\triangle DMC$ 和 $\triangle MAB$ 的垂心. 求证: $PQ \perp RS$.

证法 1 如图 4.7.1, 作 $\square AMDX$ 与 $\square CMBY$. 联结 $MX, MY, SA, SB, SX, SY, RC, RD, RX, RY$.

由重心性质, 知 P 在 MX 上且 $MP = \dfrac{1}{3}MX$, 点 Q 在 MY 上, 且 $MQ = \dfrac{1}{3}MY$. 所以 $PQ // XY$ 或 P, Q, X, Y 四点共线.

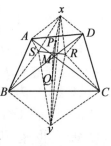

图 4.7.1

又因为 R 是 $\triangle CDM$ 的垂心,故 $DR \perp CM$,结合 $DX /\!/ CM$,可知 $DR \perp DX$. 同理,$CR \perp CY, AS \perp AX, BS \perp BY$. 所以

$$(SX^2 + RY^2) - (RX^2 + SY^2)$$
$$= (AS^2 + AX^2 + CR^2 + CY^2) - (DR^2 + DX^2 + SB^2 + BY^2)$$
$$= (AS^2 + BM^2 - BS^2 - AM^2) + (CR^2 + DM^2 - DR^2 - CM^2) = 0$$

于是,$SX^2 + RY^2 = RX^2 + SY^2$,故 $RS \perp XY$. 即 $RS \perp PQ$.

证法 2 以任意点 O 为原点,利用向量证明.

$$\vec{SR} \cdot \vec{PQ}$$
$$= (\vec{SM} + \vec{MR}) \cdot (\vec{Q} - \vec{P})$$
$$= (\vec{SM} + \vec{MP}) \cdot \frac{1}{3}(\vec{B} + \vec{M} + \vec{C} - \vec{A} - \vec{D} - \vec{M})$$
$$= \frac{1}{3}(\vec{SM} + \vec{MR})(\vec{AB} + \vec{DC})$$
$$= \frac{1}{3}(\vec{SM} \cdot \vec{AB} + \vec{SM} \cdot \vec{DC} + \vec{MR} \cdot \vec{AB} + \vec{MR} \cdot \vec{DC})$$
$$= \frac{1}{3}(\vec{SM} \cdot \vec{DC} + \vec{MR} \cdot \vec{AB})$$
$$= \frac{1}{3}(|SM| \cdot |DC| \cdot \cos(\frac{3\pi}{2} - \angle ADC - \angle DAB) + |MR| \cdot |AB| \cdot$$
$$\cos(\angle ADC + \angle DAB - \frac{3\pi}{2})$$
$$= \frac{1}{3}(|AB| \cdot \cot\angle AMB \cdot |DC| - \cot\angle DMC \cdot |DC| \cdot |AB|) \cdot$$
$$\cos(\frac{3\pi}{2} - \angle ADC - \angle DAB)$$
$$= 0$$

所以,命题成立.

注:SM 与 DC 的夹角为 $2\pi - \frac{\pi}{2} - \angle ADC - \angle DAB$,$MR$ 与 AB 所成的夹角为 $2\pi - \angle ADC - \angle DAB - \frac{\pi}{2}$.

$$SM = \frac{ME}{\cos\angle SME} = \frac{ME}{\sin A} = \frac{BM \cdot \cos\angle AMB}{\sin A} = 2R \cdot \cos\angle AMB$$
$$= \frac{AB}{\sin\angle AMB} \cdot \cos\angle AMB = AB \cdot \cot\angle AMB$$

例8 (2011年中国国家集训队测试题)如图4.8.1,设圆 O_1, O_2 相交,P 是它们的一个交点,它们的一条外公切线与圆 O_1、O_2 分别相切于点 A, B. 过点 A 且垂直于 BP 的直线与线段 O_1O_2 相交于点 C. 求证:$AP \perp PC$.

证法1 我们只须证明如下命题:设过点 A 且垂直于 BP 的直线与过点 P 且垂直于 AP 的直线交于 C,则 C 在 O_1O_2 上.

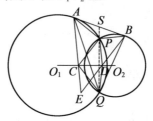

图 4.8.1

如图4.8.1,设圆 O_1 与圆 O_2 的另一交点为 Q,过 B 且垂直于 AP 的直线与过 P 且垂直于 BP 的直线交于 D,AC 与 BD 交于 E,则 P 为 $\triangle EAB$ 的垂心,所以
$$\angle BEA + \angle BPA = 180°$$

又 $\angle BQA = \angle BQP + \angle PQA = \angle ABP + \angle PAB$. 所以,$\angle BQA + \angle BPA = 180°$,因此,$\angle BEA = \angle BQA$,这说明点 E 在 $\triangle QAB$ 的外接圆上. 显然,$\triangle APC \backsim \triangle BPD$,所以
$$\frac{AC}{BD} = \frac{AP}{BP} = \frac{PC}{PD}$$

另一方面,延长 QP 与 AB 相交于点 S,容易知道 $AS^2 = SP \cdot SQ = BS^2$,所以 $AS = BS$,故 $\frac{AP}{AQ} = \frac{AS}{SQ} = \frac{BS}{SQ} = \frac{BP}{BQ}$,因此 $\frac{AC}{BD} = \frac{AQ}{BQ}$.

而 E 在 $\triangle QAB$ 的外接圆上,所以,$\angle QAC = \angle QBD$,这样便有 $\triangle QAC \backsim \triangle QBD$,于是,$\frac{QC}{QD} = \frac{AC}{BD} = \frac{PC}{PD}$,且 $\angle DEC = \angle DQC$.

显然 $PCED$ 是一个平行四边形,所以 $\angle CPD = \angle DEC = \angle DQC$. 因此 $\triangle PCD \backsim \triangle QCD$. 而 $\triangle PCD$ 与 $\triangle QCD$ 有一条对应边是公共的,所以 $\triangle PCD \cong \triangle QCD$.

于是,$CP = CQ$,$DP = DQ$,这意味着 CD 垂直平分圆 O_1 与圆 O_2 的公共弦

PQ,故 C 在 O_1O_2 上.

证法2 如图4.8.2,记 D 为 A 关于 O_1 的对称点,联结 PD,与连心线 O_1O_2 相交于点 C',现 $AP \perp PC'$,如果我们能证明此时 $BP \perp AC'$,因为在直线 O_1O_2 上使得 $AC \perp BP$ 的点 C 有且仅有一个,所以 C' 和 C 重合,原命题成立.

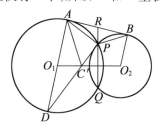

图4.8.2

以点 Q 记两圆除 P 外的另一个公共点,两圆的公共弦 PQ 与外公切线 AB 交于点 R,熟知 PQ 是两圆的根轴,故 $AR = RB$. PQ 与 O_1O_2 交于点 S.

由于 A, R, S, O_1 四点共圆,故 $\angle ARP = \angle DO_1C'$,又 $\angle RAP = \angle O_1DC'$,故 $\triangle ARP \sim \triangle DO_1C'$. 又由于 $DA = 2DO_1, AB = 2AR$,故 $\triangle ABP \sim \triangle DAC'$.

于是 $\angle ABP = \angle DAC' = 90° - \angle C'AB$,故 $BP \perp AC'$,因此原命题得证.

例9 (2009年中国国家集训队测试题) 圆 Γ 与圆 ω 内切于点 S,圆 Γ 的弦 AB 与圆 ω 相切于点 T,设圆 ω 的圆心为 O,P 为直线 AO 上一点.

证法1 (由曾驭龙给出)

如图4.9.1,联结 AS 交 ST 的垂直平分线于 R,作两圆的公切线,设其上与点 A 同侧的一点为 Q. 过 S 作 $SL \perp ST$,过 B 作 $BL \perp AB$,两条直线交于 L. 我们只需要证明 A、O、L 三点共线.

由于
$$\angle ATR = \angle QSR = \angle ABS$$
故 $TR /\!/ BS$. 又直线 RO 为线段 ST 的垂直平分线,故 $RO \perp TS$,故 $RO /\!/ SL$. 由于 OT、LB 均与 AB 垂直,故 $OT /\!/ LB$.

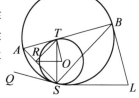

图4.9.1

因此,$\triangle TRO$ 与 $\triangle BSL$ 相似,并为以点 A 为位似中心的位似形,因此 A、O、L 三点共线,证毕.

证法2 (由庄梓铨等给出)

如图4.9.2,过点 A 作圆 ω 的另一条切线,切圆 ω 于点 R,交圆 Γ 于另一点 C. 我们先证明射线 ST 平分 $\angle ASB$.

事实上,延长 ST 交圆 Γ 于点 U,则 T 和 U 为两圆中的对应点,故过 U 作圆

Γ 的切线应与 AB 平行,故 $\overset{\frown}{AU}=\overset{\frown}{BU}$,即射线 ST 平分 $\angle ASB$.

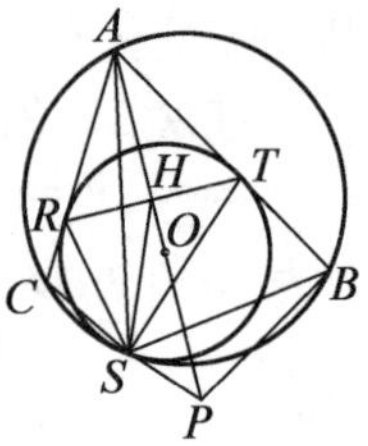

图 4.9.2

同理,射线 SR 平分 $\angle ASC$. 连续应用角平分线性质定理可得

$$\frac{SC}{CR}=\frac{SA}{AR}=\frac{SA}{AT}=\frac{SB}{BT} \quad ①$$

在线段 RT 上找一点 H,使得 $\angle RHS=\angle TBS$,则

$$\angle THS=\pi-\angle TBS=\angle RCS$$

又由于 $\angle HRS=\angle BTS$,故 $\triangle HRS\backsim\triangle BTS$,同理 $\triangle HTS\backsim\triangle CRS$.

利用①及相似,我们有

$$\frac{HR}{HS}=\frac{TB}{BS}=\frac{RC}{CS}=\frac{TH}{HS}$$

因此 $HR=HT$,即 H 是线段 RT 的中点. 由 $\angle RHS=\angle TBS$ 知 H,T,B,S 四点共圆.

因此对直线 AO 上一点 P,我们有

$$\begin{aligned} PB\perp AB &\Leftrightarrow P,B,T,H \text{ 四点共圆} \\ &\Leftrightarrow P,T,S,H \text{ 四点共圆} \\ &\Leftrightarrow PS\perp ST \end{aligned}$$

5 特殊图形

5.1 特殊多边形

例1 已知:▱*ABCD* 内接于圆 *O*. 求证:圆内接平行四边形 *ABCD* 是矩形.

证法1 如图 5.1.1,由四边形 *ABCD* 是平行四边形,有
$$\angle A = \angle C, \angle B = \angle D$$
由四边形 *ABCD* 内接于圆,有
$$\angle A + \angle C = 180°, \angle B + \angle D = 180°$$
于是
$$\angle A = \angle B = \angle C = 90°$$
故四边形 *ABCD* 是矩形.

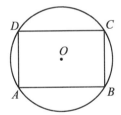

图 5.1.1   图 5.1.2

证法2 如图 5.1.1,联结 *AC*,*BD*.
由 $AB /\!/ DC$,有 $\overset{\frown}{AD} = \overset{\frown}{BC}$,得 $\overset{\frown}{DAB} = \overset{\frown}{ABC}$.
则
$$AC = BD$$
从而四边形 *ABCD* 是矩形.

证法3 如图 5.1.2,由 *ABCD* 是平行四边形,有
$$AB /\!/ CD$$
得

$$\overset{\frown}{AD}=\overset{\frown}{BC}$$

又 $AD/\!/BC$，得

$$\overset{\frown}{DC}=\overset{\frown}{AB}$$

则

$$\overset{\frown}{ADC}=\overset{\frown}{ABC}=180°, \overset{\frown}{DAB}=\overset{\frown}{DCB}=180°$$

于是

$$\angle A=\angle B=\angle C=\angle D=90°$$

故四边形 $ABCD$ 是矩形．

证法 4 如图 5.1.3，联结 AO,BO,CO,DO．由 $ABCD$ 是平行四边形，有 $AD=BC,AB=CD$．

又 $OA=OB=OC=OD$，可知

$$\triangle AOD\cong\triangle BOC,\triangle AOB\cong\triangle COD$$

于是 $\angle OAB=\angle OBA=\angle DCO=\angle CDO$，$\angle OAD=\angle OBC=\angle OCB=\angle ODA$．

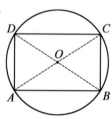

图 5.1.3

可知 $\angle DAB=\angle ABC=\angle BCD=\angle CDA=\dfrac{360°}{4}=90°$．

故四边形 $ABCD$ 是矩形．

证法 5 如图 5.1.2，设 AC,BD 相交于 K，有

$$KA\cdot KC=KB\cdot KD$$

而 $ABCD$ 是平行四边形，有

$$KA=KC,KB=KD$$

从而

$$KA^2=KB^2$$

则

$$KA=KB$$

在 $\triangle ABC$ 中，由 $KB=KA=\dfrac{1}{2}AC$，有

$$\angle ABC=90°$$

同理

$$\angle BCA=\angle CDA=90°$$

故四边形 $ABCD$ 是矩形．

例 2 已知四边形 $ABCD$ 是正方形，E 是其内的一点，且 $\angle EAD=\angle EDA=$

$15°$,求证△BCE是等边三角形.

证法 1 如图 5.2.1,在 $ABCD$ 内作△ABF,使 $\angle FAB = \angle ABF = 15°$,则△$ABF \cong$ △ADE.

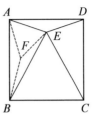

图 5.2.1

有
$$AF = FB = AE = DE$$
又
$$\angle FAE = 90° - 15° - 15° = 60°$$
则△FAE是等边三角形.

有
$$FE = AF = FB, \angle AFE = 60°$$
又
$$\angle AFB = 180° - 15° - 15° = 150°$$
则
$$\angle BFE = 360° - 60° - 150° = 150°$$
从而$\angle AFB = \angle BFE$.又BF公用,于是
$$\triangle ABF \cong \triangle BEF$$
则 $AB = BE$. 同理可证 $CD = CE$.

又因
$$BC = AB = CD$$
则
$$BC = BE = CE$$
故知△BCE是等边三角形.

证法 2 如图 5.2.2,在正方形 $ABCD$ 外作等边三角形 ADF,联结 FE.
因 $AF = FD, AE = DE$
$$\angle EAD = \angle EDA = 15°$$
则 EF 是 AD 的中垂线.

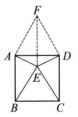

图 5.2.2

从而
$$\angle AFE = \angle EFD = 30°$$
又
$$\angle FAE = \angle FAD + \angle DAE = 60° + 15° = 75°$$
则
$$\angle AEF = 180° - 30° - 75° = 75°$$

从而
$$EF = AF = AD = AB$$

又由 $EF \perp AD, AB \perp AD$,知 $EF \parallel AB$.

则四边形 $ABEF$ 是平行四边形.

所以 $BE = AF = AB = BC$. 同理可得 $EC = BC$.

故 $\triangle BCE$ 是等边三角形.

证法 3 如图 5.2.3,设正方形边长为 a,过 E 作 $EG \perp AD$ 分别交 AD、BC 于 G、F.

因
$$\angle DAE = \angle ADE = 15°$$

则 $AE = DE$. 而 $EG \perp AD$,从而
$$AG = GD = \frac{1}{2}a, BF = FC = \frac{1}{2}a$$

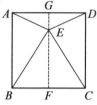

图 5.2.3

又
$$GE = \frac{a}{2} \cdot \tan 15° = \frac{a}{2} \cdot \tan(45° - 30°)$$
$$= \frac{2-\sqrt{3}}{2}a$$

则
$$EF = a - \frac{2-\sqrt{3}}{2}a$$
$$= \frac{\sqrt{3}}{2}a$$

又因 EF 是 BC 的中垂线,则
$$BE = EC = \sqrt{EF^2 + \left(\frac{a}{2}\right)^2}$$
$$= \sqrt{\left(\frac{\sqrt{3}}{2}a\right)^2 + \left(\frac{a}{2}\right)^2} = a = BC$$

故知 $\triangle EBC$ 是等边三角形.

证法 4 如图 5.2.4,在正方形外作 $\angle DAO = 60°$,过 E 作 $EG \perp AD$ 交 AD 于 G,G 为垂足.

因 $\angle OAD = 60°$,则 $\angle O = 30°$.

从而

又由
$$AO = 2AG = AD = AB$$
$$\angle EAB = 90° - 15° = 75°$$
$$\angle OAE = 60° + 15° = 75°$$

由 AE 公用

知
$$\triangle OAE \cong \triangle BAE$$

则
$$\angle ABE = \angle AOE = 30°$$

从而
$$\angle EBC = 90° - 30° = 60°$$

同理可证
$$\angle ECB = 60°$$

故知 $\triangle EBC$ 为等边三角形.

证法 5 如图 5.2.5,以 BC 为边向形内作等边 $\triangle BCO$,联结 OD,OA,则
$$\angle OCB = 60°$$

则
$$\angle CDO = \frac{1}{2}[180° - (90° - \angle OCB)] = 75°$$

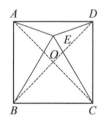

图 5.2.5

从而
$$\angle ADO = 90° - 75° = 15°$$

因为已知 $\angle ADE = 15°$,而 AD 为公共边,D 为公共顶点,$\angle ADE$ 与 $\angle ADO$ 都在 AD 的同旁,所以 ED 与 OD 重合. 同理可证 AO 与 AE 重合. 由于两直线的交点是唯一的,则 E 与 O 重合,从而 $\triangle EBC$ 与 $\triangle OBC$ 重合. 故知 $\triangle EBC$ 为等边三角形.

证法 6 如图 5.2.5,首先由对称性知 $BE = CE$. 假设 $\triangle EBC$ 不是等边三角形,则 $\angle BEC \neq 60°$. 若 $\angle BEC > 60°$,则可知 $BC > BE$,$AB > BE$.

从而
$$\angle BEA = \angle CED > 90° - 15° = 75°$$

于是
$$\angle BEC = 360° - \angle AEB - \angle DEC - \angle AED < 60°$$

这与假设矛盾.

所以 $\angle BEC > 60°$ 不成立. 同理可证 $\angle BEC < 60$ 也不能成立.

故知 $\angle BEC = 60°$，$\triangle BEC$ 为等边三角形.

证法 7 如图 5.2.6，由对称性易证 $BE = EC$，因此只要证 $\angle BEC = 60°$ 即可.

作
$$BP \perp AE$$
则
$$\angle PBA = \angle EAD = 15°$$
作
$$\angle RAB = 15°$$
则
$$RB = RA$$
有
$$\triangle BAR \cong \triangle ADE, AR = AE$$
又
$$\angle RAE = 90° - 2 \times 15° = 60°$$

则 $\triangle RAE$ 是等边三角形.

有 $BR = RE$，$\angle PRE = 30°$，从而 $\angle REB = \dfrac{1}{2} \angle PRE = 15°$.

同理可证
$$\angle SED = 60°, \angle SEC = 15°$$
则
$$\angle BEC = 360° - 150° - 2 \times 60° - 2 \times 15° = 60°$$

故 $\triangle BEC$ 是正三角形.

证法 8 如图 5.2.7，分别以 B, C 为圆心，以边长 BC 为半径作圆弧，两圆弧相交于点 E'，由作法知 AD 是这两圆弧的公切线且 $\triangle BE'C$ 为正三角形，$\angle ABE' = \angle E'CD = 30°$，从而 $\angle E'AD = \dfrac{1}{2} \angle ABE' = 15°$，$\angle E'DA = \dfrac{1}{2} \angle E'CD = 15°$.

由题设 $\angle EAD = \angle EDA = 15$，知 E' 与 E 重合，故 $\triangle BEC$ 为正三角形.

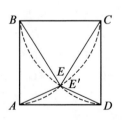

图 5.2.7

证法 9 设正方形边长为 a,在 $\triangle BEA$ 中,由余弦定理,有
$$BE^2 = a^2 + \left(\frac{a}{2\cos 15°}\right)^2 - 2 \cdot a \cdot \frac{a}{2\cos 15°} \cdot \cos 75°$$
$$= a^2 + \frac{a^2}{4\cos^2 15°} - \frac{a^2 \cdot \sin 15°}{\cos 15°}$$
$$= \frac{4\cos^2 15° + 1 - 2\sin 30°}{4\cos^2 15°} \cdot a^2 = a^2$$

即 $BE = a$.

同理 $EC = a$. 故 $\triangle BEC$ 为等边三角形.

证法 10 设 $AD = a$,由 $S_{ABCD} - (S_{\triangle BAE} - S_{\triangle CDE}) - S_{\triangle EAD} = S_{\triangle BEC}$,
即
$$a^2+ \frac{1}{2}a^2 - \frac{1}{2} \cdot a \cdot \frac{a}{2} \cdot \tan 15° = S_{\triangle BEC}$$

则
$$S_{\triangle BEC} = \frac{a^2}{2} - \frac{a^2}{4} \cdot \tan 15° = \frac{a^2}{2}\left(1 - \frac{1-\cos 30°}{2\sin 30°}\right)$$
$$= \frac{a^2}{2} \cdot \frac{\sqrt{3}}{2} = \frac{1}{2}a \cdot \frac{\sqrt{3}}{2}a = \frac{1}{2} \cdot BC \cdot h_E$$

从而点 E 到 BC 的距离为 $h_E = \frac{\sqrt{3}}{2}a$.

于是 $\tan \angle EBC = \dfrac{h_E}{\frac{1}{2}AD} = \sqrt{3}$,又 $\angle EBC$ 为锐角,则 $\angle EBC = 60°$.

同理 $\angle ECB = 60°$. 故 $\triangle BEC$ 为等边三角形.

证法 11 如图 5.2.8,过 E 作直线 $GF \parallel AD$ 交 CD 于 F.

设 $AD = 2b$, $\angle CEF = \alpha$,则 $b\tan\alpha + b \cdot \tan 15° = 2b$,即 $\tan\alpha = 2 - \tan 15° = \sqrt{3}$,又 α 为锐角,则 $\alpha = 60°$. 则 $\angle BCE = \alpha = 60°$. 同理 $\angle CBE = 60°$. 故结论获证.

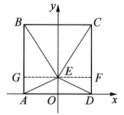

图 5.2.8

证法 12 如图 5.2.8,以 AD 中点 O 为原点,AD 所在直线为 x 轴建立直角坐标系. 设 $AD = 2b$,则
$$A(-b,0), D(b,0), C(b,2b), B(-b,2b), E(0, b\tan 15°)$$

于是

$$BE^2 = GE^2 + BG^2 = (-b)^2 + (2b - b \cdot \tan 15°)^2$$
$$= b^2(1 + 4 - 4\tan 15° + \tan^2 15°) = 4b^2$$

即 $BE = 2b$.

同理 $EC = 2b$. 故 $\triangle BEC$ 为等边三角形.

例 3 （2008 年江苏省竞赛题）已知点 O 为凸四边形 $ABCD$ 内的一点，$AO = OB, CO = OD, \angle AOB = \angle COD = 120°$. 点 E, F, G 分别是线段 AB, BC, CD 的中点. 求证：$\triangle EFG$ 为正三角形.

证法 1 如图 5.3.1，联结 AC, BD，则 $EF // AC$，$EF = \dfrac{1}{2}AC, FG // BD, FG = \dfrac{1}{2}BD$. 因为 $OA = OB, OC = OD$，且 $\angle AOB = \angle COD = 120°$，所以以 O 为中心、逆时针旋转 $120°$，则 $\triangle AOC$ 成为 $\triangle BOD$. 因此 $AC = BD$，并且 BD 逆时针转到 AC 的角为 $60°$，从而 $EF = FG$，并且 $\angle GFE = 60°$. 故 $\triangle EFG$ 为正三角形.

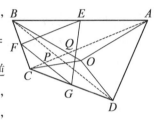

图 5.3.1

证法 2 若不用旋转的方法，证法如下.

在 $\triangle AOC$ 与 $\triangle BOD$ 中，$OA = OB, OC = OD$，
$$\angle AOC = \angle BOD = 120° + \angle BOC$$

所以，$\triangle ACO \cong \triangle BOD$，因此 $AC = BD$，并且 $\angle OAC = \angle OBD$. 设 AC 分别交 BD, BO 于点 P, Q，则

$$\angle DPA = \angle OBD + \angle PQB$$
$$= \angle OAC + \angle OQA$$
$$= 180° - \angle BOA$$
$$= 60°$$

由此易知

$$\angle GFE = \angle DPA = 60°$$

又易知 $EF = FG$，因此，$\triangle EFG$ 为正三角形.

证法 3 前已证 $\triangle AOC \cong \triangle BOD$，得 $AC = BD$，$\angle OBP = \angle OAP$. 取 AD 中点 K，联结 EK, GK，如图 5.3.2 则得 $EFGK$ 为菱形，且 B, P, O, A 共圆，则 $\angle APB = \angle AOB = 120°$，

因此
$$\angle EFG = \angle BPC = 60°$$

从而 $\triangle EFG$ 为正三角形.

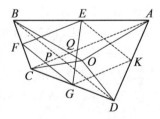

图 5.3.2

证法4 前已证$\triangle AOC \cong \triangle BOD$,得$AC=BD$. 取$OB,OC$中点$K,L$,联结$OE,OG,KE,KF,LG,LF$,如图5.3.3,由已知得,$OE\perp AB$,$\angle OBE=30^\circ$,因此$EK=OE=\frac{1}{2}OB$.

图5.3.3

同理

$$OG=OL=\frac{1}{2}OC$$

由F,K是OB,OC中点,可知

$$FK=\frac{1}{2}OC=OG$$

因此

$$\begin{aligned}\angle EOG &= \angle EOB+\angle BOC+\angle COG\\ &=60^\circ+\angle BOC+60^\circ\\ &=120^\circ+\angle BOC=\angle AOC=\angle EKF\end{aligned}$$

同理$\angle FLG=\angle EOG$. 因此$\triangle EKF\cong\triangle EOG$,$EF=EG$.
同理$FG=EG$. 从而$\triangle EFG$为正三角形.

证法5 以O为原点、与AB平行的直线为实轴建立复平面. 设点A,B,C,D,E,F,G表示复数a,b,c,d,e,f,g. 则$b=a\omega$,$d=c\omega$(其中$\omega=\cos\frac{2\pi}{3}+\mathrm{i}\sin\frac{2\pi}{3}$). 于是,$e=\frac{1}{2}(a+b)$,$f=\frac{1}{2}(b+c)$,$g=\frac{1}{2}(c+d)$. 可知$\overrightarrow{FE}=e-f=\frac{1}{2}(a-c)$

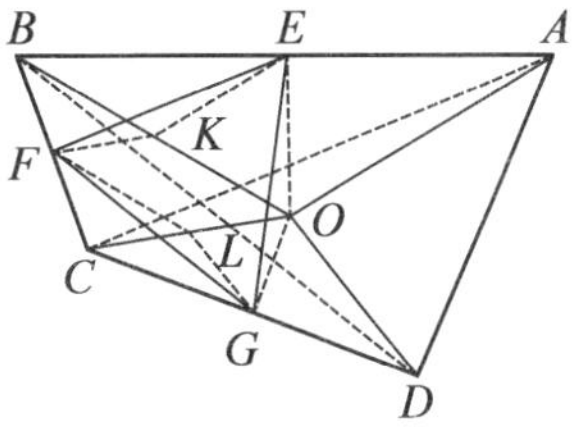

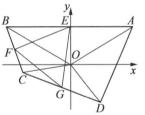

图5.3.4

$$\overrightarrow{FG}=g-f=\frac{1}{2}(d-b)=-\frac{1}{2}(a-c)\omega$$

因此

$$\begin{aligned}\frac{e-f}{g-f}&=-\frac{1}{\omega}\\ &=-\left[\cos\left(-\frac{2\pi}{3}\right)+\mathrm{i}\sin\left(-\frac{2\pi}{3}\right)\right]\\ &=\cos\frac{\pi}{3}+\mathrm{i}\sin\frac{\pi}{3}\end{aligned}$$

即向量 $\overrightarrow{FE}$ 由 $\overrightarrow{FG}$ 旋转 $\frac{\pi}{3}$ 得到,故 $\triangle EFG$ 为正三角形.

例 4 (2011 年浙江省竞赛题)在锐角 $\triangle ABC$ 中, $\angle A = \frac{\pi}{3}$,设在其内部同时满足 $PA \leqslant PB$ 和 $PA \leqslant PC$ 的点 P 的全体形成的区域 G 的面积为 $\triangle ABC$ 面积的 $\frac{1}{3}$. 证明: $\triangle ABC$ 为等边三角形.

证法 1 作 $\triangle ABC$ 的外接圆 O,作 $OE \perp AB$ 于点 E, $OF \perp AC$ 于点 F, $OM \perp BC$ 于点 M,则四边形 $AEOF$ 即为区域 G. 因 $S_{\text{四边形}AEOF} = \frac{1}{3} S_{\triangle ABC}$,

$$2S_{\text{四边形}AEOF} = 2S_{\triangle AOE} + 2S_{\triangle AOF} = S_{\triangle AOB} + S_{\triangle AOC}$$

所以

$$S_{\triangle BOC} = \frac{1}{3} S_{\triangle ABC}$$

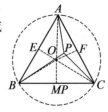

图 5.4.1

由已知 $\angle A = \frac{\pi}{3}$ 得 $\angle BOC = \frac{2\pi}{3}$, $\angle OBC = \frac{\pi}{6}$,则

$$OM = \frac{1}{2} R (R \text{ 为 } \triangle ABC \text{ 的外接圆半径})$$

又作 $AD \perp BC$ 于点 D,则 $AD \leqslant AO + OM = \frac{3}{2} R$, $S_{\triangle ABC} = \frac{1}{2} AD \cdot BC \leqslant \frac{1}{2} \cdot \frac{3R}{2} \cdot BC = 3 S_{\triangle BDC}$,当且仅当 A, O, M 共线时等号成立,即 $\triangle ABC$ 为等边三角形.

证法 2 作 $\triangle ABC$ 的外接圆 O,作 $OF \perp AC$ 于点 F, $OE \perp AB$ 于点 E,则区域 G 为四边形 $AEOF$. 显然 A, E, O, F 四点共圆,由 $\angle A = \frac{\pi}{3}$, $\angle AEO = \angle AFO = \frac{\pi}{2}$,知 $\angle EOF = \frac{2\pi}{3}$. 因 $S_{\text{四边形}AEOF} = \frac{1}{3} S_{\triangle ABC}$,即

$$\frac{1}{2} S_{\triangle AOB} + \frac{1}{2} S_{\triangle AOC} = \frac{1}{3} S_{\triangle AOB} + \frac{1}{3} S_{\triangle AOC} + \frac{1}{3} S_{\triangle BOC}$$

从而

$$S_{\triangle AOB} + S_{\triangle AOC} = 2 S_{\triangle BOC}$$

即 $\frac{1}{2} R^2 \cdot \sin \angle AOB + \frac{1}{2} R^2 \cdot \sin \angle AOC = 2 \cdot \frac{1}{2} R^2 \cdot \sin \angle BOC$,亦即 $\sin \angle AOB +$

$\sin\angle AOC = 2\sin\angle BOC$,从而

$$2\sin\frac{\angle AOB + \angle AOC}{2} \cdot \cos\frac{\angle AOB - \angle AOC}{2} = 2\sin\angle BOC \quad (*)$$

又 $\angle BOC = 2\angle A = \dfrac{2\pi}{3}$,则 $\angle AOB + \angle AOC = 2\pi - \angle BOC = \dfrac{4\pi}{3}$.

于是,由式(*)得

$$2\sin\frac{2\pi}{3} \cdot \cos\frac{\angle AOB - \angle AOC}{2} = 2 \cdot \frac{\sqrt{3}}{2}$$

即

$$\cos\frac{\angle AOB - \angle AOC}{2} = 1$$

从而 $\angle AOB - \angle AOC = 0$,即 $\angle AOB = \angle AOC = \dfrac{2\pi}{3}$.

故 $\angle ACB = \angle ABC = \dfrac{\pi}{3} = \angle ABC$,因此 $\triangle ABC$ 为等边三角形.

证法3 作 AC 的中垂线 OF,垂足为 F,作 AB 的中垂线 OE,垂足为 E,相交于点 O,则四边形 $AEOF$ 即为题设中的区域 G.

联结 AO,设 $AF = FC = b$,$AE = EB = c$,$\angle BAO - \angle CAO = 2\theta$.

由 $\angle A = \dfrac{\pi}{3}$,得 $\angle BAO = \dfrac{\pi}{6} + \theta$,$\angle CAO = \dfrac{\pi}{6} - \theta$,$\theta \in \left(-\dfrac{\pi}{6}, \dfrac{\pi}{6}\right)$

$$S_{\triangle AOE} = \frac{1}{2}\sin\left(\frac{\pi}{6} + \theta\right) \cdot c \cdot AO,\ S_{\triangle AOD} = \frac{1}{2}\sin\left(\frac{\pi}{6} - \theta\right) \cdot b \cdot AO$$

从而,$S_{\text{四边形}AEOF} = S_{\triangle AOE} + S_{\triangle AOF} = \dfrac{1}{2}AO \cdot \left[\sin\left(\dfrac{\pi}{6} + \theta\right) \cdot c + \sin\left(\dfrac{\pi}{6} - \theta\right) \cdot b\right]$.

又因为 $S_{\text{四边形}AEOF} = \dfrac{1}{3}S_{\triangle ABC} = \dfrac{1}{3} \cdot \dfrac{1}{2} \cdot \sin\dfrac{\pi}{3} \cdot 2b \cdot 2c = \dfrac{\sqrt{3}}{3}bc$,所以

$$\frac{1}{2}AO \cdot \left[\sin\left(\frac{\pi}{6} + \theta\right) \cdot c + \sin\left(\frac{\pi}{6} - \theta\right) \cdot b\right] = \frac{\sqrt{3}}{3}bc$$

将 $c = AO \cdot \cos\left(\dfrac{\pi}{6} + \theta\right)$,$b = AO \cdot \cos\left(\dfrac{\pi}{6} + \theta\right)$ 代入上式,并化简得

$$\frac{1}{4}\sin\left(\frac{\pi}{3} + 2\theta\right) + \frac{1}{4}\sin\left(\frac{\pi}{3} - 2\theta\right) = \frac{\sqrt{3}}{6}\left(\frac{1}{2} + \cos 2\theta\right)$$

即 $\cos 2\theta = 1$.

因 $2\theta \in \left(-\dfrac{\pi}{3}, \dfrac{\pi}{3}\right)$,则 $2\theta = 0$,从而 $\angle BAO = \angle CAO = \dfrac{\pi}{6}$.

$$b = AO \cdot \cos\frac{\pi}{6} = \frac{\sqrt{3}}{2} AO = c, \text{ 即 } AC = 2b = 2c = AB. \text{ 故 } \triangle ABC \text{ 为等边三角形}.$$

例 5 (2013 年全国高中数学联赛陕西赛区预赛题)如图 5.5.1,AB 是半圆 O 的直径,C 是半圆弧的中点,P 是 AB 延长线上一点,PD 与半圆 O 相切于点 D,$\angle APD$ 的平分线分别交 AC, BC 于点 E, F,求证:线段 AE, BF, EF 可以组成一个直角三角形.

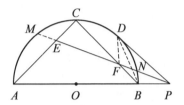

图 5.5.1

证法 1 如图 5.5.1,设直线 PE 交半圆 O 于 M、N 两点,联结 DE, DF, DB,则 $\angle APM \stackrel{m}{=} \frac{1}{2}(\overset{\frown}{AM} - \overset{\frown}{BN})$,$\angle DPM \stackrel{m}{=} \frac{1}{2}(\overset{\frown}{MC} + \overset{\frown}{CD} - \overset{\frown}{ND})$.

因为 $\angle APM = \angle DPM$,则 $\overset{\frown}{AM} - \overset{\frown}{BN} = \overset{\frown}{MC} + \overset{\frown}{CD} - \overset{\frown}{ND}$.

又 $\overset{\frown}{AM} + \overset{\frown}{MC} = \overset{\frown}{CD} + \overset{\frown}{CN} + \overset{\frown}{NB}$,从而 $\overset{\frown}{MC} = \overset{\frown}{ND}$.

于是

$$\angle DPM \stackrel{m}{=} \frac{1}{2}(\overset{\frown}{MC} + \overset{\frown}{CD} - \overset{\frown}{ND}) = \frac{1}{2}\overset{\frown}{DC} = \angle CBD$$

所以 P, D, F, B 四点共圆.

同理,P, D, E, A 四点共圆.

又 PE 平分 $\angle APD$,所以 $DF = BF, DE = AE$.

因为 $\angle PDE = 180° - \angle PAE = 135°$,$\angle PDF = \angle ABF = 45°$,所以 $\angle EDF = \angle PDE - \angle PDF = 90°$.

故

$$AE^2 + BF^2 = DE^2 + DF^2 = EF^2$$

即线段 AE, BF, EF 可以组成一个直角三角形.

证法 2 如图 5.5.2,联结 AD, BD,分别交 PE 于 X, Y,联结 ED, FD,则 $\angle PDB = \angle BAD, \angle XDY = \angle ACB = 90°$.

因

$$\angle DXY = \angle PAX + \angle APX = \angle PDB + \frac{1}{2}\angle APD$$

$$\angle DYX = \angle PDY + \angle DPY = \angle PDB + \frac{1}{2}\angle APD$$

所以

$$\angle DXY = \angle DYX = 45° = \angle ABC.$$

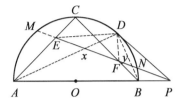

图 5.5.2

又

$$\angle ABC = \angle PFB + \angle BPF = \angle PFB + \frac{1}{2}\angle APD$$

所以 $\angle PDB = \angle PFB$. 从而 $P、D、F、B$ 四点共圆.

由于 PF 平分 $\angle BPF$，则 $BF = DF$.

又 $\angle DPE = \angle DBC = \angle DAE$，则 $P、D、E、A$ 四点共圆.

由 PE 平分 $\angle APD$，有 $AE = DE$.

又 $\angle EDX = \angle EPA = \angle BDF$，所以 $\angle EDF = \angle EDX + \angle XDF = \angle BDF + \angle XDF = \angle XDY = 90°$.

从而

$$AE^2 + BF^2 = DE^2 + DF^2 = EF^2$$

即线段 AE, BF, EF 能构成一个直角三角形.

证法 3 如图 5.5.3，过点 F 作 $FG // AC$ 交 AB 于点 G，联结 EG, DF，则 $\angle FGB = \angle CAB = 45°, GF = BF$.

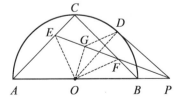

图 5.5.3

由证法 1 知，P, A, E, D 及 P, B, F, D 分别四点共圆，则有

$\angle PDF = 45° = \angle PGF, DF = BF = GF$,所以 $\triangle PDF \cong \triangle PGF$.
则
$$PD = PG$$
因为 PD 是半圆 O 的切线,所以
$$PG^2 = PD^2 = PB \cdot PA$$
即
$$\frac{PG}{PA} = \frac{PB}{PG}$$
又 $FG // AC$,所以
$$\frac{PF}{PE} = \frac{PG}{PA} = \frac{PB}{PG}$$
所以 $FB // EG$,则
$$\angle AGE = \angle ABC = 45°$$
从而
$$\angle EGF = 90°$$
所以四边形 $CEGF$ 为矩形,则 $GE = AE, GF = BF$. 故 $AE^2 + BF^2 = GE^2 + GF^2 = EF^2$.

即线段 AE, BF, EF 可以组成一个直角三角形.

注:由此题设还可推得如下结论:

结论 1 P, A, E, D 和 P, B, F, D 分别四点共圆.

这个结论在证法 1 中已经得到证明.

结论 2 四边形 $CDFE$ 为等腰梯形.

证明 如图 5.5.4,联结 CD, OC, OD,分别交 PE 于点 M, N,联结 ED, DF,则 $OC \perp PA, OD \perp PD$.

所以
$$\angle OMN = 90° - \angle APE, \angle ONM = \angle PND = 90° - \angle DPE$$

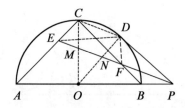

图 5.5.4

因为 $\angle APE = \angle DPE$,所以 $\angle OMN = \angle ONM$,则 $OM = ON$.

又 $OC=OD$,故 $CD /\!/ EF$.

由结论 1 知,P,B,F,D 四点共圆,所以 $\angle PDF = \angle ABF = 45°$.

因为
$$\angle CEF = \angle EAP + \angle APE = 45° + \angle APE$$
$$\angle DFE = \angle PDF + \angle DPF = 45° + \angle DPE$$

又 $\angle APE = \angle DPE$,所以
$$\angle CEF = \angle DFE$$

故四边形 $CDFE$ 为等腰梯形.

结论 3 $CE=BF,CF=AE$.

证明 由结论 1 知,$P、B、F、D$ 四点共圆,又 $\angle BPF = \angle DPF$,所以 $DF=BF$.

由结论 2 知,$CE=DF$,故 $CE=BF$.

同理
$$CF=AE$$

结论 4 点 $F、E$ 分别为 $\triangle POD$ 的内心和一个旁心.

证明 如图 5.5.5,联结 ED,CD,OD,FD,由结论 1 知,P,B,F,D 四点共圆,则 $\angle PDF = \angle ABF = 45°$.

因为 $OD \perp PD$,所以 $\angle ODP = 90° = 2\angle PDF$,即 DF 平分 $\angle ODP$.

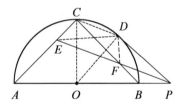

图 5.5.5

又 PF 平分 $\angle OPD$,所以 F 为 $\triangle POD$ 的内心.

由结论 2 知,四边形 $CDFE$ 为等腰梯形,所以 $\angle EDF = \angle ECF = 90°$,即 $DE \perp DF$.

所以 DE 平分 $\angle PDO$ 的外角.

又 PE 平分 $\angle OPD$,所以 E 为 $\triangle POD$ 的一个旁心.

结论 5 $OF /\!/ AD, OE /\!/ BD$.

证明 如图 5.5.6,联结 OD,则由结论 4 知,F 为 $\triangle POD$ 的内心,所以

$$\angle POF = \frac{1}{2}\angle POD = \angle BAD$$

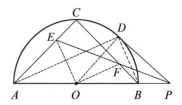

图 5.5.6

故 $OF \parallel AD$.

同理 $OE \parallel BD$.

结论 6 C, E, O, F 四点共圆, 且 $OE = OF$.

证明 如图 5.5.6, 由结论 4 知, F, E 分别为 $\triangle POD$ 的内心和一个旁心. 所以 OF, OE 分别平分 $\angle POD$ 和 $\angle AOD$, 则 $OE \perp OF$.

又 $CE \perp CF$, 所以 C, E, O, F 四点共圆.

因为 $\angle OFE = \angle POF + \angle OPF = \frac{1}{2}(\angle POD + \angle OPD) = 45°$.

又 $\angle EOF = 90°$, 所以 $\angle OEF = \angle OFE = 45°$.

故 $OE = OF$.

结论 7 设 $OG \perp PE$, 垂足为 G, 则 $OG = DG$, 且 G 为 EF 的中点.

证明 如图 5.5.7, 联结 OD, 因为 $OG \perp PE, OD \perp PD$, 所以 O, P, D, G 四点共圆.

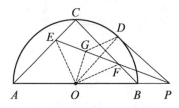

图 5.5.7

因为 PG 平分 $\angle OPD$, 所以 $OG = DG$.

联结 OE, OF, 则由结论 6 知, $OE = OF$, 又 $OG \perp PE$, 故 G 为 EF 的中点.

注 由结论 2 和结论 7 知, C, D, F, O, E 五点共圆, 且 G 为该圆的圆心.

结论 8 设 DA, DB 与 PE 分别交于点 X, Y, 则有

(1) $\dfrac{AX}{XD} = \dfrac{DY}{YB}$;

(2)A,B,F,X 和 A,B,Y,E 分别四点共圆.

证明 (1)如图 5.5.8,因为 $\angle APE = \angle DPE$,所以 $\dfrac{AX}{XD} = \dfrac{PA}{PD}$, $\dfrac{DY}{YB} = \dfrac{PD}{PB}$.

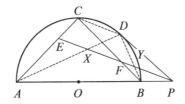

图 5.5.8

因为 PD 是半圆 O 的切线,所以 $PD^2 = PA \cdot PB$,即 $\dfrac{PA}{PD} = \dfrac{PD}{PB}$,故 $\dfrac{AX}{XD} = \dfrac{DY}{YB}$.

(2)联结 CD,则由结论 2 知,$CD // EF$,所以 $\angle AXE = \angle ADC = \angle ABC$.

故 A,B,F,X 四点共圆.

同理,A,B,Y,E 四点共圆.

例 6 (2010 年丝绸之路数学竞赛题)在凸四边形 $ABCD$ 中,已知 $\angle ADB + \angle ACB = \angle CAB + \angle DBA = 30°$,且 $AD = BC$. 证明:线段 AC,BD,CD 可以组成一个直角三角形.

此题首先可证得 $AD = AB = BC$.

事实上,若 $AB < AD$,则 $AB < BC$,

从而 $\angle ADB + \angle ACB < \angle DBA + \angle CAB$. 这与已知矛盾.

若 $AB > AD$,同样可导出矛盾.

故 $AD = AB = BC$.

回到原题,我们给出以下的证法:

证法 1 如图 5.6.1,在四边形 $ABCD$ 外作正 $\triangle GAB$,联结 GC 交 DB 的延长线于点 E,联结 GD 交 CA 的延长线于点 F. 设 AC 与 BD 的交点为 P.

则 $\angle APB = \angle CPD = 150°$,$\angle BPC = \angle APD = 30°$.

记 $\angle ADB = \alpha$,$\angle CAB = \beta$,则 $\angle ACB = 30° - \alpha$,$\angle DBA = 30° - \beta$.

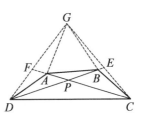

图 5.6.1

从而 $\angle CBG = \angle CBE + \angle EBG$

$= (\angle BPC + \angle ACB) + (180° - \angle GBA - \angle DBA)$

$= (60° - \alpha) + (90° + \beta) = 150° - \alpha + \beta$

$$\angle DAB = 180° - \angle ADB - \angle DBA = 150° - \alpha + \beta$$

所以
$$\angle CBG = \angle DAB$$

又 $BC = AD, BG = BA$,所以 $\triangle CBG \cong \triangle DAB$.

所以
$$CG = DB, \angle BGC = \angle ABD = 30° - \beta$$

同理
$$DG = CA, \angle AGD = \angle BAC = \beta$$

所以
$$\angle CGD = \angle CGB + \angle BGA + \angle AGD = 90°$$

所以
$$CD^2 = CG^2 + DG^2 = BD^2 + AC^2$$

即线段 AC, BD, CD 可以组成一个直角三角形.

证法 2 如图 5.6.2,设 AC 与 BD 的交点为 P,则 $\angle CPD = 150°$, $\angle APD = 30°$.

不妨设 $AD = AB = BC = 1, \angle ADB = \angle DBA = \alpha, \angle ACB = \angle CAB = \beta$.

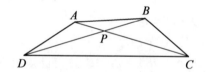

图 5.6.2

则 $BD = 2\cos\alpha, AC = 2\cos\beta$,且 $\alpha + \beta = 30°$.

所以
$$BD^2 + AC^2 = 4(\cos^2\alpha + \cos^2\beta)$$
$$= 2[(1+\cos 2\alpha) + (1+\cos 2\beta)]$$
$$= 4 + 4\cos(\alpha+\beta)\cos(\alpha-\beta) = 4 + 2\sqrt{3}\cos(\alpha-\beta) \quad ①$$

在 $\triangle APD$ 中,$PD = \dfrac{AD\sin(150°-\alpha)}{\sin 30°} = 2\sin(30°+\alpha)$.

同理
$$PC = 2\sin(30°+\beta)$$

在 $\triangle PCD$ 中,由余弦定理得

$$\begin{aligned}
CD^2 &= PD^2 + PC^2 - 2PD \cdot PC\cos 150° \\
&= 4\sin^2(30°+\alpha) + 4\sin^2(30°+\beta) + 4\sqrt{3}\sin(30°+\alpha)\sin(30°+\beta) \\
&= 2[1-\cos(60°+2\alpha)] + 2[1-\cos(60°+2\beta)] - \\
&\quad 2\sqrt{3}[\cos(60°+\alpha+\beta) - \cos(\alpha-\beta)] \\
&= 4 - 4\cos(60°+\alpha+\beta)\cos(\alpha-\beta) + 2\sqrt{3}\cos(\alpha-\beta) \\
&= 4 + 2\sqrt{3}\cos(\alpha-\beta) \qquad\qquad ②
\end{aligned}$$

由①②得
$$BD^2 + AC^2 = CD^2$$

即线段 AC, BD, CD 可组成一个直角三角形.

证法3 如图 5.6.3,设 AC 与 BD 交于点 P,$\triangle ADP$ 的外接圆半径为 R,设 $\angle ADB = 15°+\alpha, \angle CDB = 15°-\beta$,则 $\angle ACD = 15°+\beta$.

$\angle BCA = 15°-\alpha, \angle AED = 30°, AD = 2R \cdot \sin\angle AED = R$

易知,$\dfrac{BC}{\sin\angle BEC} = 2R$,所以 $\triangle BCP$ 的外接圆半径为 R.

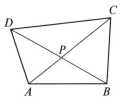

图 5.6.3

从而
$$\begin{aligned}
AC &= AP + PC \\
&= 2R[\sin(\alpha+15°) + \sin(45°-\alpha)] \\
&= 2R \cdot \cos(15°-\alpha)
\end{aligned}$$

同理
$$BD = 2R \cdot \cos(15°+\alpha)$$

则
$$\begin{aligned}
AC^2 + BD^2 &= 4R^2\left[\dfrac{1}{2}\cos(30°-2\alpha) + \dfrac{1}{2}\cos(30°+2\alpha) + 1\right] \\
&= 2R(\sqrt{3}\cos 2\alpha + 2) = 2R^2\left(\sqrt{3} \cdot \dfrac{1-\tan^2\alpha}{1+\tan^2\alpha} + 2\right)
\end{aligned}$$

在 $\triangle ACD$ 和 $\triangle BCD$ 中,由正弦定理得
$$\dfrac{CD}{R} = \dfrac{\sin(45°+\alpha)}{\sin(15°+\beta)} = \dfrac{\sin(45°-\alpha)}{\sin(15°-\beta)}$$

由合分比定理,得
$$\dfrac{CD}{R} = \dfrac{\sin 45° \cdot \cos\alpha}{\sin 15° \cdot \cos\beta} = \dfrac{\cos 45° \cdot \sin\alpha}{\cos 15° \cdot \sin\beta}$$

则 $\tan\beta = \tan 15° \cdot \tan\alpha = (2-\sqrt{3})\tan\alpha$. ①

$$\frac{CD^2}{R^2} = \frac{\sin 45° \cdot \cos 45° \cdot \sin \alpha \cdot \cos \alpha}{\sin 15° \cdot \cos 15° \cdot \sin \beta \cdot \cos \beta} = 2 \cdot \frac{\sin 2\alpha}{\sin 2\beta} = 2 \cdot \frac{\tan \alpha (1 + \tan^2 \beta)}{\tan \beta (1 + \tan^2 \alpha)} \quad ②$$

将式①代入式②得 $CD^2 = 2R^2 \cdot \dfrac{2 + \sqrt{3} + (2 - \sqrt{3})\tan^2 \alpha}{1 + \tan^2 \alpha} = AC^2 + BD^2$.

从而,命题获证.

例 7 (2013 年 IMO 54 试题)设三角形 ABC 的顶点 A 所对的旁切圆与边 BC 相切于点 A_1,类似地,分别用顶点 B 和 C 顶点 C 所对的旁切圆定义边 CA 上的点 B_1 和边 AB 上的点 C_1. 假设 $\triangle A_1B_1C_1$ 的外接圆圆心在三角形 ABC 的外接圆上. 证明:三角形 ABC 是直角三角形.

证法 1 因 $\triangle A_1B_1C_1$ 的外心在 $\triangle ABC$ 的外接圆上,知 $\triangle A_1B_1C_1$ 的外心在 $\triangle A_1B_1C_1$ 外,即知 $\triangle A_1B_1C_1$ 为钝角三角形. 不妨设 $\angle B_1A_1C_1 > 90°$. 从而,知 $\triangle A_1B_1C_1$ 的外心,A_1 在 B_1C_1 的异侧.

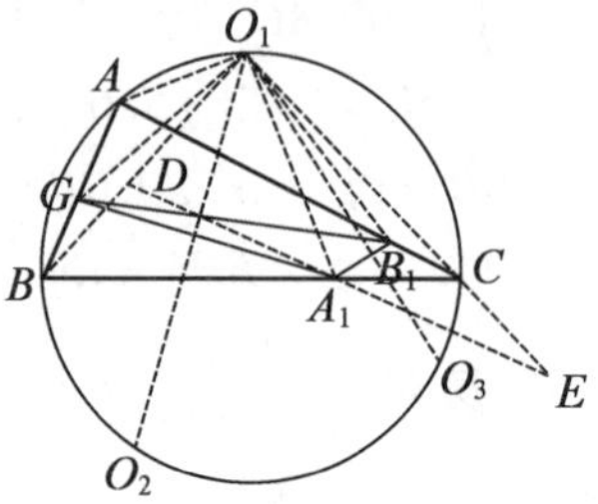

记 $\overset{\frown}{BAC}$ 的中点为 O_1. 则 $BO_1 = CO_1$.

注意到 $\angle O_1BC_1 = \angle O_1CB_1, BC_1 = CB_1$(旁心性质).

因此 $\triangle O_1BC_1 \cong \triangle O_1CB_1$. 于是 $O_1C_1 = O_1B_1$,即 O_1 在 B_1C_1 的中垂线上.

图 5.7.1

结合 O_1 在 $\triangle ABC$ 的外接圆上,因此知 O_1 就是 $\triangle A_1B_1C_1$ 的外心.

于是 $O_1A_1 = O_1B_1 = O_1C_1$.

在线段 BO_1 内取点 D,又在 O_1C 的延长线上取点 E,使得 $BD = CE = AO_1$.

由 $\angle DBA_1 = \angle O_1AB_1, BA_1 = AB_1$(旁心性质),则 $\triangle DBA_1 \cong \triangle O_1AB_1$.

由 $\angle O_1AC_1 = \angle ECA_1, AC_1 = CA_1$(旁心性质),则 $\triangle O_1AC_1 \cong \triangle ECA_1$.

于是 $DA_1 = O_1B_1 = O_1C_1 = EA_1$.

由 $\angle DA_1B = \angle O_1B_1A = 180° - \angle O_1B_1C = 180° - \angle O_1C_1B = \angle O_1C_1A = \angle EA_1C$,即知 D, A_1, E 三点共线.

结合 $A_1O_1 = A_1D = A_1E$ 推知 $\angle DO_1E = 90°$.

因 $\angle BAC = \angle DO_1E$,故 $\triangle ABC$ 是直角三角形.

证法 2 先证一个引理,设 O_1 为 $\overset{\frown}{BAC}$ 的中点,则 $O_1C_1 = O_1B_1$,且 O_1, A, C_1, B_1 共圆.

事实上,同证法 1 有 $\triangle O_1BC_1 \cong \triangle O_1CB_1$,则 $O_1C_1 = O_1B_1$,且 $\angle O_1C_1B = \angle O_1B_1C$.

回到原题. 显然点 A_1, B_1, C_1 在圆 $A_1B_1C_1$ 的某个半圆弧上, 即知 $\triangle A_1B_1C_1$ 为钝角三角形, 不妨设 $\angle B_1A_1C_1$ 为钝角, 从而点 O_1, A_1 在边 B_1C_1 的两侧.

又点 A, A_1 也在边 B_1C_1 的两侧, 因此, 点 O_1, A 在边 B_1C_1 的同侧.

注意到边 B_1C_1 的中垂线与圆 $A_1B_1C_1$ 交于两点(在边 B_1C_1 两侧). 知圆 $A_1B_1C_1$ 的圆心 O', O_1 是这些交点中的点. 因此, O_1, O' 在边 B_1C_1 同侧, 所以 O_1 与 O' 重合. 即 O_1 为圆 $A_1B_1C_1$ 的圆心.

由引理, 知直线 O_1O_2, O_1O_3 (O_2、O_3 分别为 $\overparen{ABC}, \overparen{BCA}$ 的中点) 分别为 A_1C_1, A_1B_1 的中垂线.

于是, $\angle C_1O_1B_1 = \angle C_1O_1A_1 + \angle A_1O_1B_1 = 2\angle O_2O_1A_1 + 2\angle A_1O_1O_3 = 2\angle O_2O_1O_3 = 180° - \angle BAC$.

另一方面, 又由引理, 有 $\angle C_1O_1B_1 = \angle C_1AB_1 = \angle BAC$.

则 $\angle BAC = 180° - \angle BAC$, 故 $\angle BAC = 90°$, 即 $\triangle ABC$ 是直角三角形.

5.2 相似形

例 8 (2006 年英国国家队选拔考试题) 圆内接四边形 $ABCD$ 内有一点 P, 满足 $\angle DPA = \angle PBA + \angle PCD$, 点 P 在三边 AB, BC, CD 上的射影分别为 E, F、G. 证明: $\triangle APD \backsim \triangle EFG$.

证法 1 如图 5.8.1, 由 $\angle DPA = \angle PBA + \angle PCD$, 知 $\triangle ABP$ 的外接圆与 $\triangle DPC$ 的外接圆相切于点 P.

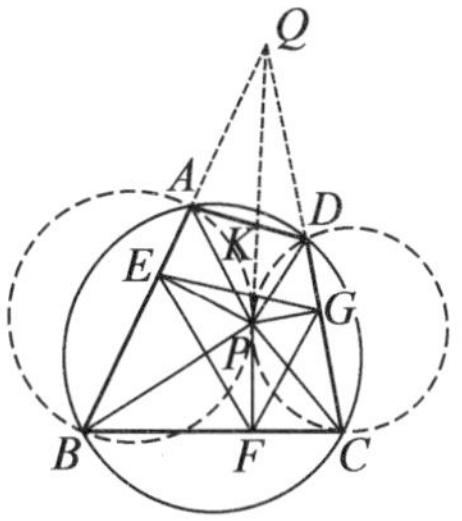

由根心定理, 圆 ABP 与圆 DPC 在点 P 的公切线、直线 AB、直线 CD 交于一点 Q, 且 $\angle QPB = \angle QAP$.

另一方面, 由于 $PE \perp AB, PF \perp BC, PG \perp CD$, 所以 P, E, B, F 及 P, E, Q, G 分别四点共圆, 从而
$$\angle FEP = \angle CBP, \angle PEG = \angle PQC$$
于是
$$\angle FEG = \angle FEP + \angle PEG = \angle FBP + \angle PQG$$
$$= 360° - (360° - \angle QPB) - \angle QCB = \angle QPB - \angle QCB$$
$$= \angle PAQ - \angle DAQ = \angle PAD$$
同理
$$\angle EGF = \angle ADP$$
故

图 5.8.1

$$\triangle APD \backsim \triangle EFG$$

证法2 由证法1知圆 ABP 与圆 DPC 在切点 P 的公切线、直线 AB,CD 交于一点 Q.

由 P,G,Q,E 及 P,E,B,F 分别四点共圆,有 $\angle PEG = \angle PQG$, $\angle FEP = \angle FBP$.

于是

$$\angle FEG = \angle FEP + \angle PEG = \angle PQG + \angle FBP$$

另一方面,设 PQ 与 AD 交于点 K,因 $\angle QPA = \angle PBA$, $\angle QKA = \angle PQG + \angle QDA = \angle PQG + \angle FBA$,所以 $\angle PAD = \angle QKA - \angle QPA = \angle PQG + \angle FBA - \angle PBA = \angle PQG + \angle FBP = \angle FEG$. 同理, $\angle ADP = \angle EGF$. 故 $\triangle APD \backsim \triangle EFG$.

例9 (2005年第31届俄罗斯数学奥林匹克题)设 $\triangle ABC$ 的三个旁切圆分别与边 BC,CA,AB 相切于点 A',B',C'. $\triangle AB'C'$, $\triangle AB'C'$, $\triangle A'BC'$ 的外接圆分别与 $\triangle ABC$ 的外接圆再次相交于点 C_1,A_1,B_1. 证明: $\triangle A_1B_1C_1$ 与 $\triangle ABC$ 的内切圆在各自三条边上的切点所形成的三角形相似.

证法1 如图5.9.1, $\triangle ABC$ 的内切圆切 BC,CA,AB 分别于 A_2,B_2,C_2,则

$$BC' = AC_2 = AB_2 = CB' \qquad ①$$

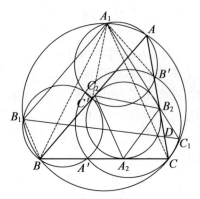

图5.9.1

联结 A_1B, A_1C', A_1C, A_1B',则由上述性质知 $\triangle A_1BC' \backsim \triangle A_1CB'$. 由式①,知 $\triangle A_1BC' \cong \triangle A_1CB'$. 有 $A_1B = A_1C$,即点 A_1 为 $\overset{\frown}{BAC}$ 的中点.

同理, B_1,C_1 分别为 $\overset{\frown}{CBA}, \overset{\frown}{ACB}$ 的中点.

设 AC 与 B_1C_1 交于点 D,则 $\angle ABB_1 = 90° - \frac{1}{2}\angle ABC$, $\angle BA_1C = 90° -$

$\frac{1}{2}\angle ACB$. 又 $\angle BA_1C = \angle BAC$,

则 $\angle ADB_1 = \angle ABB_1 + \angle CA_1C_1 = \angle ABB_1 + \angle BA_1C_1 - \angle BA_1C = 90° - \frac{1}{2}\angle ABC + 90° - \frac{1}{2}\angle ACB - \angle BAC = 90° - \frac{1}{2}\angle A = \angle AB_2C_2$.

于是 $B_1C_1 /\!/ B_2C_2$.

同理,$C_1A_1 /\!/ C_2A_2$,$A_1B_1 /\!/ A_2B_2$. 故 $\triangle A_1B_1C_1 \backsim \triangle A_2B_2C_2$.

证法 2 如图 5.9.2,经过旁切圆在三角形边上的切点 A',C' 分别作相应边的垂线,它们分别经过旁心 I_1,I_3,且相交于某点 O.

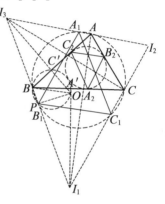

由 I_1,I_3 位于 $\angle B$ 外角平分线上,则 $\angle ABI_3 = \angle CBI_1$,又对于 $\mathrm{Rt}\triangle I_1A'B$,$\mathrm{Rt}\triangle I_3C'B$. 可知 $\angle BI_1A' = \angle BI_3C'$,即知 $\triangle OI_1I_3$ 为等腰三角形.

设 P 为线段 I_1I_3 的中点,则 $OP \perp I_1I_3$.

考虑以 OB 为直径的圆,易知点 A',C',P 都在该圆周上,所以,该圆就是 $\triangle BA'C'$ 的外接圆.

现在只须证点 P 位于 $\triangle ABC$ 的外接圆上,由此即知 $P = B_1$,于是,$\triangle A_1B_1C_1$ 就是 $\triangle I_1I_2I_3$ 的三边中点作为顶点的三角形,所以,它的三条边分别平行于 $\triangle BAC$ 的三个外角的平分线,三个外角的平分线分别平行于以 $\triangle BAC$ 的内切圆在三边上的切点为顶点的三角形三边. 从而,得出题中要证明结论.

图 5.9.2

作出 $\triangle ABC$ 的三个外角平分线和顶点 A,C 处的内角平分线,如图.

注意到同一个角的内、外角平分线相互垂直,因此点 I_1,C,A,I_3 都位于以 P 为圆心,I_1I_3 为直径的圆周上.

考察圆心角 $\angle API_3$. 由于 $\angle ACI_3 = \frac{1}{2}\angle C$,而 $\angle API_3$,$\angle ACI_3$ 分别是弧 $\overparen{AI_3}$ 所对的圆心角和圆周角,所以 $\angle API_3 = 2\angle ACI_3 = \angle C$,即 $\angle BPA = \angle BCA$,从而 A,B,P,C 四点共圆.

例 10 (2011 年中国国家集训队测试题) 如图 5.10.1,设 AA',BB',CC' 是锐角 $\triangle ABC$ 的外接圆的三条直径,P 是 $\triangle ABC$ 内任意一点,点 P 在 BC、CA、AB 上的射影分别为 D,E,F,X 是点 A' 关于点 D 的对称点,Y 是点 B' 关于点 E 的对称点,Z 是点 C' 关于点 F 的对称点.

求证:$\triangle XYZ \backsim \triangle ABC$.

证法 1 如图 5.10.1,设 O,H 分别为 $\triangle ABC$ 的外心和垂心,L,M,N 分别为 BC,CA,AB 的中点. 因 AA' 是 $\triangle ABC$ 的外接圆的直径,所以,L 是 HA' 的中点. 又 D 为 XA' 的中点,因此,$HX /\!/ LD$,且 $HX=2LD$.

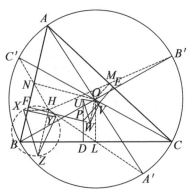

图 5.10.1

同理,$HY /\!/ ME$,且 $HY=2ME$;$HZ /\!/ NF$,且 $HZ=2NF$. 因 OL,OM,ON 分别为 BC,CA,AB 的垂直平分线,于是,作矩形 $OLDU,OMEV,ONFW$,则 U,V,W 分别在直线 PD,PE,PF 上,因此,$HX /\!/ OU$,且 $HX=2OU$;$HY /\!/ OV$,且 $HY=2OV$;$HZ /\!/ OW$,且 $HZ=2OW$.

从而存在一个位似系数等于 2 的位似变换,使四边形 $OUWV \to$ 四边形 $HXZY$. 显然,U,V,W 三点都在以 OP 为直径的圆上,也就是说,O,U,W,V 四点共圆,故 H,X,Z,Y 四点共圆.

不妨设 H,Z 分别位于直线 XY 两侧(其他两种情形同理可证),因为 $HX /\!/ BC,HY /\!/ CA,HZ /\!/ AB$,所以,$\angle YZX = 180° - \angle YHX = \angle ACB$,$\angle ZXY = \angle ZHY = \angle BAC$,故

$$\triangle XYZ \backsim \triangle ABC$$

证法 2 (由东北师大附中张文钟同学给出)引入原点为 O 的复平面,设圆 O 的半径为 1,仍以各点字母表示所在位置的复数,由 A,B,C 在圆 O 上知 $\bar{A} = \dfrac{1}{A}, \bar{B} = \dfrac{1}{B}, \bar{C} = \dfrac{1}{C}$,于是由 $PD \perp BC$ 于 D 知

$$\begin{cases} \dfrac{P-D}{C-B} = -\dfrac{\bar{P}-\bar{D}}{\bar{C}-\bar{B}} & (PD \perp BC) \\ \dfrac{C-D}{C-B} = \dfrac{\bar{C}-\bar{D}}{\bar{C}-\bar{B}} & (D \in BC) \end{cases}$$

视为关于 $D,\bar{D}$ 的方程,解出 $D = \dfrac{P+C-BC\bar{P}+B}{2}$. 由 A' 是圆 O 中 A 的对径点,知 $A' = -A$,故

$$X = 2D - A' = 2D + A = (P+A+B+C) - BC\bar{P}$$
$$= (P+A+B+C) - (ABC\bar{P})\bar{A}.$$

类似地有

$$Y = (P+A+B+C) - (ABC\bar{P})\bar{B}$$
$$Z = (P+A+B+C) - (ABC\bar{P})\bar{C}$$

但复平面上的变换 $\varphi: Z \to (A+B+C+P) + (-ABC\bar{P})\bar{Z}$ 可以视为由平移、对称、旋转、位似变换叠加的变换,因此 φ 是保角的,故以 $\varphi(A), \varphi(B), \varphi(C)$ 为顶点的三角形(顶点按顺序)与 $\triangle ABC$ 相似,即 $\triangle XYZ \backsim \triangle ABC$. 证毕.

5.3 其他图形

例11 (2013 年俄罗斯数学奥林匹克题)已知半径分别为 r_x, r_y, r_z 的圆 I_x、圆 I_y、圆 I_z 是三个两两不相交的圆,且三圆位于直线 t 的同一侧,分别与 t 切于点 X,Y,Z,Y 是线段 XZ 的中点,$r_x = r_z = r$,而 $r_y > r$. 设 p 是圆 I_x 与圆 I_y 的一条内公切线,q 是圆 I_y 与圆 I_z 的一条内公切线. 已知直线 p,q,t 围成一个非等腰三角形. 证明:该三角形的内切圆半径为 r.

证法1 如图 5.11.1,将直线 p,q,t 所围成的非等腰三角形的三个顶点分别记作 A,B,C. 设圆 I_y 与圆 I_z 的另一条内公切线为 q',另一条外公切线为 t'. 将直线 t' 与 q,t 的交点分别记为 A',B',直线 q' 与 t,t' 的交点分别记为 M,N.

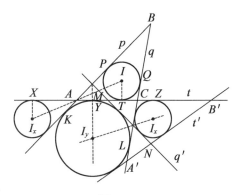

图 5.11.1

直线 p 经关于直线 I_yY 的对称变换后,要么变为直线 q,要么变为直线 q'. 但若变为 q,则 $\triangle ABC$ 为等腰三角形,此与题中条件不符,这表明,直线 p 与 q' 关于直线 I_yY 对称.

另一方面,直线 q 与 q'、t 与 t' 均关于连心线 I_yI_z 对称. 这表明
$$\angle B'A'C = \angle NMB' = \angle BAC$$

又 $\angle ACB = \angle A'CB'$,故
$$\triangle ABC \backsim \triangle A'B'C$$

由于圆 I_y 为两个三角形的分别与边 $AC,A'C$ 相切的公共旁切圆,于是,两个三角形的相似比为 1. 从而,彼此全等. 故其内切圆半径亦相等.

然而,$\triangle A'B'C$ 的内切圆为圆 I_z,由此即得题中结论.

注 另一种处理方法是证明 $\triangle ABC$ 与 $\triangle A'B'C$ 关于直线 CI_y 对称.

证法 2 如图 5.11.1,将直线 p,q,t 所围成的非等腰三角形的三个顶点分别记作 A,B,C. 将 $\triangle ABC$ 的内切圆记作圆 I,设其半径为 $r_0 = \dfrac{r}{k}$(事实上,题中要求证明 $k=1$). 将圆 I 与直线 p,q,t 的切点分别记为 P,Q,T,圆 I_y 与直线 p,q 的切点分别记为 K,L.

记 $x = AT, z = CT = AC - x$.

接下来证明:$AY = z$.

事实上,由同一点所作圆的两切线相等以及圆 I_y 和圆 I 的两条公切线相等,得
$$AY - CT = AK - CQ$$
$$= (PK - AP) - (QL - CL)$$
$$= CL - AP = CY - AT$$
$$= (AC - AY) - (AC - CT) = CT - AY$$

即 $AY - CT = CT - AY$.

故 $AY = CT = z$.

顺便指出
$$x \neq z$$

否则,$AT = AY$,这表明,点 Y 与 T 重合. 而 AC 与圆 I_y 和圆 I 切于该点,此时,$\triangle ABC$ 关于圆 I_y 和圆 I 的连心线对称. 从而为等腰三角形,此与题中条件矛盾.

显然
$$\triangle ITA \backsim \triangle I_xXA$$

所以
$$XA = \frac{I_x X}{IT} \cdot AT = \frac{r}{r_1} AT = kAT = kx$$
同理
$$ZC = kz$$
由 $XY = YZ$，得 $XA + AY = ZC + CY$.

这表明
$$kx + z = kz + x$$
$$\Rightarrow (kx - x) - (kz - z) = 0$$
$$\Rightarrow (k-1)(x-z) = 0$$

由上，$x \neq z$. 所以，$k = 1$.

6 特殊点

例 1 锐角 $\triangle ABC$ 外接圆上一点关于其垂心对称的充要条件是该点在其高的延长线上.

如图 6.1.1, 设 H 为锐角 $\triangle ABC$ 的垂心, 联结 AH 并延长交 BC 于点 D, 交其外接圆于点 K, 则 $HD = DK$. 反之联结 AH 并延长交 BC 于点 D, 在射线 HD 上取点 K, 使 $DK = HD$, 则点 K 在 $\triangle ABC$ 的外接圆上.

证法 1 如图 6.1.1, 设 BE, CF 分别为其高,
由 H 是 $\triangle ABC$ 的垂心,
知 B, D, H, F 共圆.
则
$$\angle 1 = \angle B$$
又
$$\angle 2 = \angle B$$

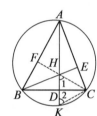

图 6.1.1

从而 CD 是等腰 $\triangle CHK$ 底边 HK 上的高. 故又是底边的中线, 故 $HD = DK$.
反之, 由 K 与 H 关于 BC 对称, 则 $\angle BKC = \angle BHC = 180° - \angle A$, 即知 K 在 $\triangle ABC$ 的外接圆上.

证法 2 如图 6.1.2, 引直径 AG.
联结 GK, 则 $GK \perp AK$.
从而
$$GK \parallel BC$$
联结 BG, 则 $BG \perp AB$.
又
$$CH \perp AB$$

图 6.1.2

则 $CH \parallel BG$. 同理 $BH \parallel GC$.
从而 $HBGC$ 是平行四边形.
于是 BC 与 HG 平分于 M.
在 $\triangle HGK$ 中, M 是 HG 的中点, $MD \parallel GK$, 故 D 是 HK 的中点.
反之, 同证法 1.

证法 3 如图 6.1.3.

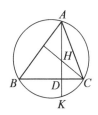

$$HD = DC \cdot \cot \angle CHD = DC \cdot \cot B$$
$$= b \cdot \cos C \cdot \cot B$$
$$= 2R\sin B \cdot \cos C \frac{\cos B}{\sin B}$$
$$= 2R\cos B \cdot \cos C$$

图 6.1.3

又因
$$DK \cdot DA = BD \cdot DC$$

则
$$DK \cdot b \cdot \sin C = b \cdot \cos C \cdot C \cdot \cos B$$

从而 $DK = \dfrac{C\cos C \cos B}{\sin C} = 2R\cos B \cdot \cos C$, 故 $HD = DK$.

反之,同证法 1.

例 2 (2006 年伊朗国家队选拔赛题)已知 $\triangle ABC$ 的外接圆半径等于 $\angle A$ 内的旁切圆半径,$\angle A$ 内的旁切圆与边 BC、AC、AB 分别切于点 M,N,L. 证明:$\triangle ABC$ 的外心 O 就是 $\triangle MNL$ 的垂心.

证法 1 设 $\triangle ABC$ 的外接圆的半径为 R,I_a 是 $\angle A$ 内的旁心,AI_a 与外接圆的交点为 $\overset{\frown}{BC}$ 的中点 M',如图 6.2.1. 则有
$$OM' \perp BC, I_aM \perp BC$$

又因为 $OM' = R = I_aM$,所以,四边形 $OM'I_aM$ 是平行四边形.

于是
$$I_aM' \ // \ OM$$

由于 $I_aM' \perp LN$,所以,$OM \perp LN$.

设 BI_a 与外接圆的交点为 N',则 N' 是 $\overset{\frown}{ABC}$ 的中点,且 $ON' \perp AC$.

又因为 $I_aN \perp AC$,且 $ON' = R = I_aN$,所以,四边形 $ON'I_aN$ 是平行四边形.

于是
$$I_aN' \ // \ ON$$

由于 $I_aN' \perp ML$,所以,$ON \perp ML$.

从而,O 为 $\triangle MNL$ 的垂心.

证法 2 如图 6.2.1,设 I_a 为 $\angle A$ 内的旁心,则 AI_a 为 $\angle A$ 的平分线,设 AI_a 交 BC 于 D,则
$$\angle OAI_a = \angle OAC - \frac{\angle A}{2} = \frac{\pi}{2} - \angle B - \frac{\angle A}{2}$$

$$\angle MI_aA = \frac{\pi}{2} - \angle ADC = \frac{\pi}{2} - \angle B - \frac{\angle A}{2} = \angle OAI_a$$

又 $MI_a = AO, AI_a = AI_a$,所以
$$\triangle MI_aA \cong \triangle OAI_a$$

则
$$OM \parallel AI_a$$

又 $AI_a \perp LN$,于是 $OM \perp LN$.
同理
$$ON \perp LM, OL \perp MN$$

故 O 为 $\triangle MNL$ 的垂心.

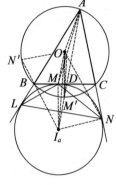

图 6.2.1

例 3 (2005 年第 18 届爱尔兰数学奥林匹克题)已知 $\triangle ABC$ 的三边 BC, CA, AB 上各有一点 D, E, F,且满足 AD, BE, CF 交于一点 G. 若 $\triangle AGE$, $\triangle CGD$, $\triangle BGF$ 的面积相等. 证明: G 是 $\triangle ABC$ 的重心.

证法 1 如图 6.3.1,设 $S_{\triangle AGE} = S_{\triangle CGD} = S_{\triangle BGF} = 1$, $S_{\triangle AGF} = x, S_{\triangle BGD} = y, S_{\triangle CGE} = z$. 由

$$\frac{AG}{GD} = \frac{x+1}{y} = \frac{z+1}{1}$$

$$\frac{BG}{GE} = \frac{x+1}{1} = \frac{y+1}{z}$$

$$\frac{CG}{GF} = \frac{z+1}{x} = \frac{y+1}{1}$$

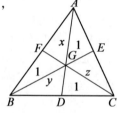

图 6.3.1

得

$$yz + y = x + 1 \qquad ①$$
$$zx + z = y + 1 \qquad ②$$
$$xy + x = z + 1 \qquad ③$$

式①+②+③得
$$xy + yz + zx = 3 \qquad ④$$

因 $\frac{AF}{FB} = x, \frac{BD}{DC} = y, \frac{CE}{EA} = z$,由塞瓦定理得
$$xyz = 1 \qquad ⑤$$

式①$\times x$+②$\times y$+③$\times z$,并利用式④和式⑤可得
$$(x+y+z)^2 + (x+y+z) - 12 = 0$$

于是
$$x + y + z = 3 \qquad ⑥$$

(负值不合题意,已舍去)

由式⑥,④,⑤,根据韦达定理知:x,y,z 是下列关于 α 的一元三次方程的三个根

$$\alpha^3 - 3\alpha^2 + 3\alpha - 1 = 0$$

即
$$(\alpha - 1)^3 = 0$$

这一方程有三重根 1,于是
$$x = y = z = 1$$

因此,D,E,F 是三边的中点.

故 G 是 $\triangle ABC$ 的重心.

证法 2 由式④得
$$3 = xy + yz + zx \geq 3\sqrt[3]{xy \cdot yz \cdot zx} (利用式⑤) = 3$$

当且仅当 $xy = yz = zx$ 时,上式等号成立. 所以
$$xy = yz = zx$$

从而
$$x = y = z = 1$$

证法 3 由式①-②得
$$z(y - x) + y - z = x - y$$

即
$$y - z = (x - y)(z + 1) \qquad ⑦$$

同理
$$z - x = (y - z)(x + 1) \qquad ⑧$$
$$x - y = (z - x)(y + 1) \qquad ⑨$$

若 $x = y$,代入式⑦得 $y = z$,即有 $x = y = z$,再代入①得 $x = 1$,故 $x = y = z = 1$.

若 $x \neq y$,则 $y \neq z, z \neq x$,由式⑦×⑧×⑨得
$$(z + 1)(x + 1)(y + 1) = 1 \qquad ⑩$$

而 x, y, z 均为正数,则 $z + 1 > 1, x + 1 > 1, y + 1 > 1$. 等式⑩无正数解.

故只有正整解 $x = y = z = 1$.

证法 4 设 $S_{\triangle AGE} = S_{\triangle CGD} = S_{\triangle BGF} = 1, S_{\triangle AGF} = x, S_{\triangle BGD} = y, S_{\triangle CGE} = z$.

因 $\dfrac{AF}{FB} = x, \dfrac{BD}{DC} = y, \dfrac{CE}{EA} = z$,由塞瓦定理得 $xyz = 1$.

假设 $x > 1$,则 $yz < 1$. 由
$$\frac{AG}{GD} = \frac{1 + z}{1} = \frac{x + 1}{y}$$

得

$$yz+y=x+1>2$$

从而 $y>1$,有

$$\frac{BD}{DC}=\frac{x+1}{z+1}=\frac{y}{1}>1$$

即 $x>z$,又由

$$\frac{AF}{BF}=\frac{z+1}{y+1}=\frac{x}{1}>1$$

得 $z>y$,于是 $z>y>1$,从而

$$\frac{CE}{EA}=\frac{y+1}{x+1}=\frac{z}{1}>1$$

即 $y>x$. 故 $x>z>y>x$,矛盾.

所以,$x\leq 1$,同理 $x\geq 1$,故 $x=1$. 同理 $y=1,z=1$. 因此,D,E,F 是三边的中点,从而 G 是 $\triangle ABC$ 的重心.

例4 (1995 年全国初中联赛题)已知 $\angle ACE=\angle CDE=90°$,点 B 在 CE 上,$CA=CB=CD$,过 A,C,D 三点的圆交 AB 于点 F. 求证:F 是 $\triangle CDE$ 的内心.

证法1 如图 6.4.1,由等腰 $Rt\triangle ACB$ 和垂直、共圆易知,$\angle CDF=45°$.

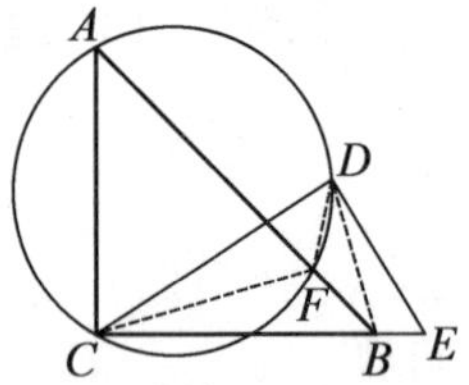

故 DF 平分 $\angle CDE(=90°)$.

由等腰 $\triangle CBD$ 及 $\angle CBA=45°=\angle CDF$.

又知 $\triangle BCF\cong\triangle DCF$,则 CF 平分 $\angle BCD$.

故 F 为 $\triangle CDE$ 的内心.

图 6.4.1

注 也可利用等腰 $\triangle CBD$ 两底角同时减去 $45°$ 而直接计算出 $\angle CFB=\angle CFD$.

证法2 由 $CB=CA$ 推出 $\angle CAF=45°$ 后,即略去 B 点,抹去 BF,BD,如图 6.4.2 所示,同前易证 $\angle CDF=\angle FDE=45°$.

设 CE 与圆 O 的交点为 A',则 AA' 为圆 O 的直径 ($\angle ACB=90°$).

则 $A'D\perp AD$,作出直径 CG,则由 $\triangle CAD$ 等腰,知 $CG\perp AD$,则 $A'D\parallel CG$.

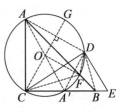

图 6.4.2

再联结 OF,则由 $\angle COF=2\angle CAF=90°$.

又知 $OF\perp CG$,则 $OF\perp A'D$,从而 OF 平分 $\overset{\frown}{A'D}$.

即 CF 平分 $\angle DCA'$,即 $\angle DCE$.

故 F 是 $\triangle CDE$ 的内心.

例5 (2006年福建省竞赛题)圆 O 为 $\triangle ABC$ 的外接圆,AM,AT 分别为中线和角平分线,过点 B,C 的圆 O 的切线相交于点 P,联结 AP 与 BC 和圆 O 分别相交于点 D,E. 求证:点 T 是 $\triangle AME$ 的内心.

证法1 先证明 AT 是 $\angle MAE$ 的平分线,即证 $\angle BAM = \angle CAP$.

如图6.5.1,作 $CF \perp AB$ 于 F,联结 MF,则 $FM = \dfrac{1}{2}BC = MC$.

又 $\angle BAC = \angle BCP$,则 $\dfrac{FA}{AC} = \cos \angle BAC = \cos \angle BCP = \dfrac{CM}{PC} = \dfrac{FM}{PC}$.

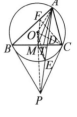

图 6.5.1

$$\dfrac{FA}{FM} = \dfrac{CA}{CP}$$

由 $\angle AFM = 180° - \angle BFM = 180° - \angle FBC = \angle ACP$,知 $\triangle AFM \backsim \triangle ACP$,则 $\angle BAM = \angle CAP$.

再证 MD 是 $\angle AME$ 的平分线.

由 M 是 BC 中点,则知 PO 过点 M,且 $OP \perp BC$,联结 OA,OC,OE,则由切割线定理及射线定理,可得 $PE \cdot PA = PC^2 = PM \cdot PO$,即知 M,O,A,E 四点共圆.
于是
$$\angle OMA = \angle OEA = \angle OAE = \angle PME$$
故 $\angle AMD = \angle EMD$,即点 T 是 $\triangle AME$ 的内心.

证法2 (运用调和四边形性质证)由 $\triangle PBE \backsim \triangle PAB$ 及 $\triangle PCE \backsim \triangle PAC$,有
$$\dfrac{BE}{AP} = \dfrac{PB}{PA} = \dfrac{PC}{PA} = \dfrac{CE}{AC}$$
从而有 $AB \cdot EC = BE \cdot AC$,又由托勒密定理,有
$$AB \cdot EC + BE \cdot AC = AE \cdot BC$$
即有
$$2AB \cdot EC = AE \cdot BC = 2BM \cdot AE$$
(这样的式与可根据需要写出不同形式)

亦即 $\dfrac{AB}{BM} = \dfrac{AE}{EC}$,又 $\angle ABM = \angle AEC$.

从而△ABM∽△AEC,故∠BAM=∠EAC=∠CAP.即AT平分∠MAE.
注意到调和四边形等角共轭点的性质(M为BC中点,同上可证得结论).
知△BEM∽△AEC,即有
$$\angle BME = \angle ACE$$
由△ABM∽△AEC,有
$$\angle AMB = \angle ACE$$
即知∠AMC=∠EMC,即MD平分∠AME.

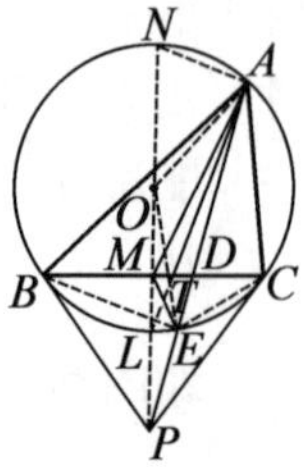

证法3 设直线OP交圆O于点N,L,则M在OP上,L在直线AT上.

由NA⊥AL,且M,P调和分割NL,则知AL平分∠MAP,即AT平分∠MAE.

注意到PM⊥MC,且P,D调和分割EA,则知MD平分∠AME.

故T为△AME的内心.

图6.5.2

证法4 先看一条引理:如图6.5.3,设A_1,A_2是△ABC的BC边上的两点,若$\angle BAA_1 = \angle CAA_2$,则

$$\frac{AB^2}{AC^2} = \frac{BA_1}{A_1C} \cdot \frac{BA_2}{A_2C}$$ ①

事实上,设$\angle BAA_1 = \angle CAA_2 = \alpha, \angle A_1AA_2 = \beta$,则

$$\frac{BA_1}{A_1C} = \frac{S_{\triangle ABA_1}}{S_{\triangle AA_1C}} = \frac{\frac{1}{2}AB \cdot AA_1 \cdot \sin\alpha}{\frac{1}{2}AC \cdot AA_1 \cdot \sin(\alpha+\beta)}$$

$$= \frac{AB \cdot \sin\alpha}{AC \cdot \sin(\alpha+\beta)}.$$

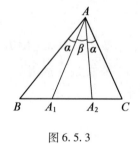

图6.5.3

同理

$$\frac{BA_2}{A_2C} = \frac{AB \cdot \sin(\alpha+\beta)}{AC \cdot \sin\alpha}$$

上述两式相乘即证得结论成立.

回到原题的证明:欲证∠BAM=∠DAC,只须证有$\frac{AB^2}{AC^2} = \frac{BM}{MC} \cdot \frac{BD}{DC}$.

由于M是BC的中点,即需证$\frac{AB^2}{AC^2} = \frac{BD}{DC}$成立即可.

因为 $\dfrac{BD}{DC} = \dfrac{S_{\triangle ABD}}{S_{\triangle ADC}} = \dfrac{AB \cdot \sin \angle BAD}{AC \cdot \sin \angle CAD}$.

从而,又只须证 $\dfrac{AB}{AC} = \dfrac{\sin \angle BAD}{\sin \angle CAD}$ 成立即可.

而 $\dfrac{\sin \angle BAD}{\sin \angle CAD} = \dfrac{\sin \angle BCE}{\sin \angle CBE} = \dfrac{BE}{EC} = \dfrac{AB}{AC}$,故结论获证.

例 6 (2002 年第 10 届土耳其数学奥林匹克题)两圆圆 O_1 与圆 O_2 外切于点 A,且内切于另一圆 Γ 于点 B,C,令 D 是小圆内公切线割 Γ 的弦的中点. 证明:当 B,C,D 不共线时,A 是 $\triangle BCD$ 的内切圆圆心.

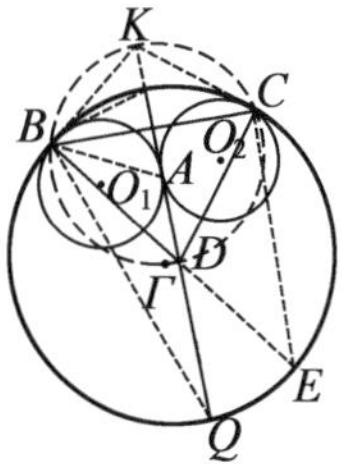

证法 1 设过点 B,C 的圆 Γ 的切线交于点 K,则知 K 为圆 Γ、圆 O_1、圆 O_2 的根心,且 K,B,Γ,C 四点共圆.

又 $\Gamma D \perp KD$,则点 D 在圆 $KB\Gamma C$ 上,且 $\overset{\frown}{BK} = \overset{\frown}{KC}$,即 K 为弧 $\overset{\frown}{BC}$ 的中点,从而即知 KD 平分 $\angle BDC$.

又 $KB = KA = KC$,则由内心的判定,知 A 为 $\triangle BDC$ 的内心.

证法 2 设过点 B、C 的圆 Γ 的切线交于点 K,则知 K,B,Γ,D,C 五点共圆. 记直线 AD 分别交圆 Γ 于 P,Q 两点,延长 BD 交圆 Γ 于点 E,联结 CE 则由 $\angle BDK = \angle BCK = \angle BEC$,知 $PQ \parallel CE$,即知 $\overset{\frown}{PC} = \overset{\frown}{QE}$,从而 $\angle PBC = \angle QBE$.

又由内切两圆的性质知 BA 平分 $\angle PBQ$. 从而 BA 平分 $\angle CBD$, 同理,CA 平分 $\angle BCD$. 故知 A 为 $\triangle BCD$ 的内心.

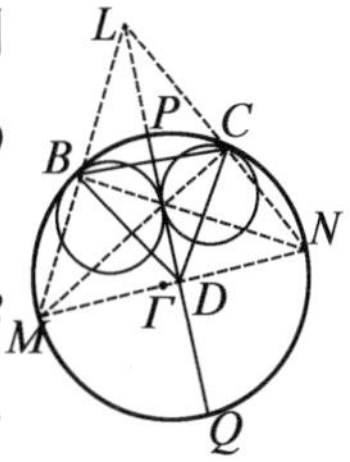

图 6.6.1

证法 3 设直线 AD 交圆 Γ 于 P、Q 两点,直线 CA,BA 分别交圆 Γ 于 M,N,由内切两圆的性质知 M,N 分别为弧 $\overset{\frown}{PBQ}$、$\overset{\frown}{PCQ}$ 的中点,且 M,Γ,D,N 共线,即 MN 为圆 Γ 的直径.

此时,$\angle MBN = \angle MCN = 90°$,注意 $\Gamma D \perp PQ$,即知 M,D,A,B 及 D,N,C,A 分别四点共圆,从而,知三条根轴 MB,QP,NC 共点于 L.

于是,知 A 为 $\triangle LMN$ 的垂心. 而 $\triangle BDC$ 为 $\triangle LMN$ 的垂心的垂足三角形,故 A 为 $\triangle BDC$ 的内心.

图 6.6.2

例 7 (2004 年第 21 届巴尔干地区数学奥林匹克题)如图 6.7.1 设 O 是锐角 $\triangle ABC$ 的外心,分别以 $\triangle ABC$ 三边的中点为圆心作过点 O 的圆. 这三个圆两两相交于异于 O 的交点分别为 K,L,M. 求证:点 O 是 $\triangle KLM$ 的内心.

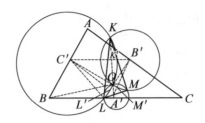

图 6.7.1

证法 1 设 A', B', C' 分别为边 BC, CA, AB 的中点,由于 $OA' \perp BC$, $B'C' \parallel BC$,所以 $OA' \perp B'C'$.

同理,$OB' \perp A'C'$. 从而点 O 为 $\triangle A'B'C'$ 的垂心.

又 $B'C'$ 是 KO 的中垂线,于是 KO 的中点 K' 是点 O 在 $B'C'$ 上的射影. 同理,LO, MO 的中点 L', M' $\triangle A'B'C'$ 的垂心的垂足三角形,从而点 O 为 $\triangle K'L'M'$ 的内心.

注意到 $\triangle KLM$ 与 $\triangle K'L'M'$ 是位似图,且位似中心为 O,位似比为 2. 故 O 为 $\triangle KLM$ 的内心.

证法 2 如图 6.7.1. 联结 $BO, C'L, C'O$,在圆 C' 中,有

$$\angle LKO = \frac{1}{2} \angle OC'L$$

而 $\triangle OC'A' \cong \triangle LC'A'$,有

$$\angle OC'A' = \angle LC'A'$$

由 O, C', B, A' 共圆,知

$$\angle A'BO = \angle A'C'O = \frac{1}{2} \angle OC'L = \angle LKO$$

同理

$$\angle A'CO = \angle MKO, 而 \angle A'BO = \angle A'CO, 从而 \angle LKO = \angle MKO$$

即 OK 平分 $\angle LKM$.

同理,LO 平分 $\angle KLM$,故 O 为 $\triangle KLM$ 的内心.

例 8 (2008 年江西省竞赛题)AD 是直角三角形 ABC 斜边 BC 上的高 ($AB < AC$),I_1, I_2 分别是 $\triangle ABD$,$\triangle ACD$ 的内心,$\triangle AI_1I_2$ 的外接圆圆 O 分别交 AB, AC 于点 E, F,直线 EF, BC 交于点 M. 证明:I_1, I_2 分别是 $\triangle ODM$ 的内心与旁心.

证法 1 如图 6.8.1,联结 $DI_1, DI_2, DI_1, AI_2, I_1F$,由于 $\angle EAF = 90°$,则圆心 O 在 EF 上,设直线 EF 交 AD 于点 O',并简记 $\triangle ABC$ 的三内角为 A, B, C,由于

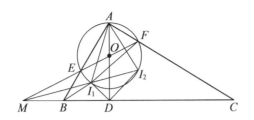

图 6.8.1

$$\angle I_1BD = \frac{B}{2} = \frac{1}{2}\angle DAC = \angle I_2AD$$

$$\angle I_1DB = 45° = \angle I_2DA$$

所以 $\triangle DBI_1 \backsim \triangle DAI_2$，得 $\dfrac{DI_1}{DI_2} = \dfrac{DB}{DA}$. 由于

$$\angle I_1DI_2 = 90° = \angle BDA$$

故 $\triangle I_1DI_2 \backsim \triangle BDA$，因此 $\angle DI_1I_2 = B$，$\angle AI_1D = 90° + \dfrac{B}{2}$. 注意

$$\angle AI_1D = \angle AI_1F + \angle FI_1I_2 + \angle DI_1I_2$$

$$\angle AI_1F = \angle AEF$$

$$\angle FI_1I_2 = \angle FAI_2 = \frac{B}{2}$$

所以

$$\angle AEF = 90° - B = C = \angle DAB$$

因此 $O'E = O'A$，同理得 $O'F = O'A$，故 O' 与 O 重合，即圆心 O 在 AD 上，而

$$\angle EOD = \angle OEA + \angle OAE = 2\angle OAE = 2C$$

$$\angle EOI_1 = 2\angle EAI_1 = \angle BAD = C$$

所以 OI_1 平分 $\angle DOM$. 同理得 OI_2 平分 $\angle DOF$，即 I_1 是 $\triangle ODM$ 的内心，I_2 是 $\triangle ODM$ 的旁心.

证法 2 如图 6.8.2，因为 $\triangle BAC = 90°$，故 $\triangle AI_1I_2$ 的外接圆圆心 O 在 EF 上，联结 OI_1, OI_2, I_1D, I_2D，则由 I_1, I_2 为内心可知，$\angle I_1AI_2 = 45°$，所以

$$\angle I_1OI_2 = 2\angle I_1AI_2 = 90° = \angle I_1DI_2$$

于是 O, I_1, D, I_2 四点共圆，所以

$$\angle I_2I_1O = \angle I_1I_2O = 45°$$

又因为

$$\angle I_2DO = \angle I_2I_1O = 45° = \angle I_2DA$$

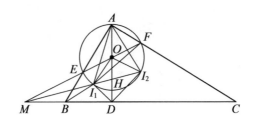

图 6.8.2

因此点 O 在 AD 上,即 O 为 EF 与 AD 的交点. 设 AD 与圆 O 交于另一点 H,而由

$$\angle EAI_1 = \angle I_1AH, \angle HAI_2 = \angle FAI_2$$

可知 I_1, I_2 分别为 $\overset{\frown}{EH}, \overset{\frown}{HF}$ 的中点,所以

$$\angle EOI_1 = \angle DOI_1, \angle DOI_2 = \angle FOI_2$$

因此,点 $I_1 、 I_2$ 分别为 $\triangle OMD$ 的内心与旁心.

例9 (2011年美国边有队选拔赛题) 设 $\triangle ABC$ 是非等边三角形,其外接圆为圆 Γ,过点 B,C 的圆 O 与边 AB,AC 分别交于点 E,D,P 为圆 Γ 的优弧 $\overset{\frown}{BAC}$ 上一点. 证明:直线 BD,CE,OP 交于一点的充分必要条件是 $\triangle PBD, \triangle PCE$ 有相同的内心.

证法1 充分性.

若 $\triangle PBD, \triangle PCE$ 有相同的内心 I,不妨假设点 P 在圆 Γ 的弧 $\overset{\frown}{AC}$ 上,如图 6.9.1.

因为 PI 平分 $\angle BPD$ 和 $\angle EPC$,所以

$$\angle EPB = \angle DPC$$

又

$$\angle PBE = \angle PBA = \angle PCA = \angle PCD$$

故

$$\triangle PEB \backsim \triangle PDC$$

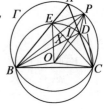

图 6.9.1

这表明,存在一个以点 P 为位似旋转中心的位似旋转变换将 $\triangle PDC$ 变为 $\triangle PEB$.

于是,存在以点 P 为位似旋转中心的位似旋转变换将 $\triangle PED$ 变为 $\triangle PBC$.

特别地,有 $\angle DEP = \angle CBP$.

故

$$\angle EPC = \angle EPD + \angle DPC$$
$$= 180° - \angle DEP - \angle PDE + 180° - \angle CDP - \angle PCD$$
$$= (360° - \angle PDE - \angle CDP) - \angle DEP - \angle PCD$$
$$= \angle EDC - \angle CBP - \angle PCA$$

因为 B,C,D,E 和 A,B,C,P 均四点共圆,所以
$$\angle EPC = \angle EDC - \angle CBP - \angle PCA$$
$$= 180° - \angle CBE - \angle CBP - \angle PBA$$
$$= 180° - \angle CBE - \angle CBE$$
$$= 180° - 2\angle CBE$$

由 O 是 $\triangle BEC$ 的外心得
$$\angle COE = 2\angle CBE$$
故
$$\angle EPC = 180° - 2\angle CBE = 180° - \angle COE$$

从而,C,P,E,O 四点共圆.

同理,B,P,D,O 四点共圆.

考虑四边形 $BCDE$、四边形 $CPEO$、四边形 $BPDO$ 的外接圆,其两两的根轴为直线 BD,CE,OP.

因此,这三条直线 BD,CE,OP 交于这三个圆心的根心.

必要性.

不妨假设点 P 在圆 Γ 的弧 $\overset{\frown}{AC}$ 上,且 BD,CE,OP 交于一点 X.

因为 $\angle EBC < 90°$,所以 $\triangle BEC$ 的外心 O 和点 B 均在线段 CE 的同侧.

同理,点 O,C 也在线段 BD 的同侧.

于是,点 O 在 $\triangle BXC$ 内.

设 P_1 为射线 OX 上一点,满足 $OX \cdot OP_1 = OB^2$,且设 OP_1 与圆 Γ 交于点 I.

首先证明:$\triangle P_1BD$、$\triangle P_1CE$ 的内心均为 I.

事实上,$OX \cdot OP_1 = OE^2$,$\angle P_1OE = \angle XOE$
$\Rightarrow \triangle XOE \backsim \triangle EOP_1 \Rightarrow \angle OEP_1 = \angle OXE$.

因为 $OI = OE$,所以,$\angle OEI = \angle EIO$,则
$$\angle IEP_1 = \angle OEP_1 - \angle OEI = \angle EXO - \angle EIO = \angle XEI$$
即 EI 平分 $\angle CEP_1$.

同理,CI 平分 $\angle P_1CE$. 因此,I 是 $\triangle P_1CE$ 的内心.

同理,I 是 $\triangle P_1BD$ 的内心.

其次证明:点 P 与 P_1 重合.

由于点 O 在 $\triangle BXC$ 内,则射线 OX 和 $\overset{\frown}{BAC}$ 在直线 BC 的同侧.

故只须证明 B,A,P_1,C 四点共圆.

因为 B,C,D,E 四点共圆,所以 $\triangle BEX \backsim \triangle CDX \Rightarrow \frac{EX}{DX}=\frac{BE}{CD}$.

在 $\triangle P_1EX$ 和 $\triangle P_1DX$ 中,由角平分线定理得

$$\frac{P_1E}{P_1D}=\frac{P_1E}{EX}\cdot\frac{EX}{DX}\cdot\frac{DX}{P_1D}=\frac{P_1I}{IX}\cdot\frac{BE}{CD}\cdot\frac{IX}{P_1I}=\frac{BE}{CD}$$

同理

$$\frac{BP_1}{CP_1}=\frac{BE}{CD}$$

由 $\frac{P_1E}{P_1D}=\frac{BE}{CD}=\frac{BP_1}{CP_1}\Rightarrow \triangle P_1EB \backsim \triangle P_1DC$,则

$$\angle ABP_1=\angle EBP_1=\angle DCP_1=\angle ACP_1$$

从而 B,A,P_1,C 四点共圆.

证法 2　必要性.

设 BD,CE,OP 三线共点于 F,OP 与圆 O 交于点 I.

设圆 O 的半径为 r,在射线 OF 上取点 P',使 $OF\cdot OP'=r^2$,则

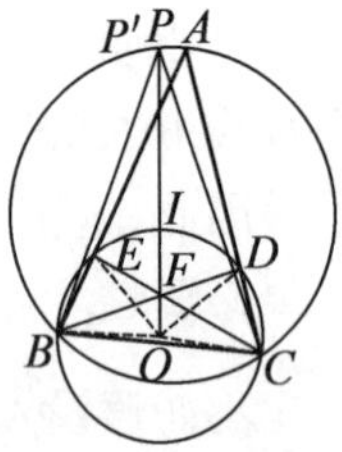

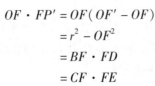

图 6.9.2

$$\begin{aligned}OF\cdot FP'&=OF(OF'-OF)\\&=r^2-OF^2\\&=BF\cdot FD\\&=CF\cdot FE\end{aligned}$$

于是,B,O,D,P' 及 C,O,E,P' 分别四点共圆.

$$\begin{aligned}\text{从而}\angle BP'C&=\angle BP'O+\angle CP'O=\angle BDO+\angle CEO\\&=180^\circ-(\angle DOF+\angle FOE)-\angle BDE-\angle CED\\&=180^\circ-(\angle DOF+\angle BED)-(\angle FOE+\angle CED)\\&=180^\circ-\angle BCD-\angle CBE=\angle BAC\end{aligned}$$

即知 B,C,A,P' 共圆.

因此,P' 为射线 OF 与 $\triangle ABC$ 外接圆的交点,即点 P' 与 P 重合,

亦即 B,O,D,P 及 C,O,E,P 分别四点共圆.

由 $OB=OD=OI$,$OC=OE=OI$ 及三角形内心性质,知 I 为 $\triangle PBD$,$\triangle PCE$ 的内心.

充分性.

设 I 是 $\triangle PBD$、$\triangle PCE$ 的共同内心,则 $\angle BPI = \angle IPD$,$\angle EPI = \angle IPC$. 因此
$$\angle BPE = \angle CPD$$
又 $\angle PBE = \angle PBA = \angle PCA = \angle PCD$,于是,$\angle PEA = \angle PDA$.

从而,P,E,D,A 四点共圆,即 P 为 $\triangle ADE$ 的外接圆与 $\triangle ABC$ 外接圆的交点(另一交点为 A),即知满足充分性的点 P 是唯一的.

又由前面的必要性证明知,射线 OF 与 $\triangle ABC$ 外接圆的交点满足充分性,故 OP,BD,CE 三线共点.

证法 3 **必要性.**

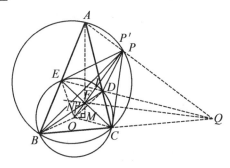

图 6.9.3

如图 6.9.3,设 BD,CE,OP 共点于 F,OP 与圆 O 交于点 I,设圆 O 的半径为 r.

由于 $AB \neq AC$,则知直线 BC 与 ED 必相交,不妨设交于点 Q,联结 AQ 交圆 ABC 于点 P',则在完全四边形 $BCQDAE$ 中,P' 为其密克尔点,且 $OP' \perp AQ$.

又在完全四边形 $AEBFCD$,$QDEFBC$ 中,设其密克尔点分别为 M,N,则 M 在直线 AF 上,且 $OM \perp AF$;N 在直线 QF 上,且 $ON \perp QF$. 于是,即知 O 为 $\triangle AFQ$ 的垂心,从而,$OF \perp AQ$,即知 $OP \perp AQ$,所以 P' 与 P 重合.

由 $OF \cdot OP = \overrightarrow{OF} \cdot \overrightarrow{OP} = \overrightarrow{OF} \cdot \overrightarrow{OP} + \overrightarrow{OF} \cdot \overrightarrow{PA} = \overrightarrow{OF} \cdot (\overrightarrow{OP} + \overrightarrow{PA})$
$= \overrightarrow{OF} \cdot \overrightarrow{OA} = (\overrightarrow{ON} + \overrightarrow{NF}) \cdot \overrightarrow{OA} = \overrightarrow{ON} \cdot \overrightarrow{OA} = r^2$

有 $OF \cdot FP = OF(OP - OF) = r^2 - OF^2 = BF \cdot FD = CF \cdot FE$

即知 B,O,D,P 及 C,O,E,P 分别四点共圆.

由 $OB = OD = OI$,$OC = OE = OI$ 及三角形内心性质,知 I 为 $\triangle PBD$,$\triangle PCE$ 的内心.

充分性.

设 I 是 $\triangle PBD$, $\triangle PCE$ 的共圆内心,则 $\angle BPI = \angle IPD$, $\angle EPI = \angle IPC$.

因此, $\angle BPE = \angle CPD$. 而 $\angle PBE = \angle PBA = \angle PCA = \angle PCD$.

则 $\angle PEA = \angle PDA$, 即知 A, E, D, P 四点共圆.

从而 P 为完全四边形 $BCQDAE$ 的密克尔点, 即有 $OP \perp AQ$.

又由必要性的证明知, $OF \perp AQ$, 故 O, F, P 共线, 即 BD, CE, OP 共点.

例 10 (IMO46 试题) 给定凸四边形 $ABCD$, $BC = AD$, 且 BC 不平行于 AD, 设点 E 和 F 分别在边 BC 和 AD 的内部, 满足 $BE = DF$. 直线 AC 和 BD 相交于点 P, 直线 EF 和 BD 相交于点 Q, 直线 EF 和 AC 相交于点 R. 证明: 当点 E 和 F 变动时, $\triangle PQR$ 的外接圆经过除点 P 外的另一个定点.

证法 1 由于 $BC \not\parallel AD$, 则知圆 APD 与圆 PBC 除交于点 P 外, 必还另交于一点, 设交于点 M, 且 M 为定点.

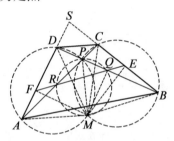

图 6.10.1

联结 MA, MB, MC, MD, MP, 则
$$\angle MAD = \angle MPB = \angle MCB, \angle MDA = \angle MPA = \angle MBC. \quad (*)$$

于是, $\triangle MDA \backsim \triangle MBC$, 有
$$\frac{MD}{MB} = \frac{MA}{MC} = \frac{DA}{BC} = \frac{DF}{BE}$$

注意到 $(*)$ 式, 知 $\triangle MDF \backsim \triangle MBE$. 即有
$$\frac{MD}{MB} = \frac{MF}{ME}$$

从而, $\triangle MEF \backsim \triangle MBD \backsim \triangle MCA$, 即有
$$\angle MEF = \angle MBD = \angle MCA$$

即知 M, B, E, Q 及 M, E, C, R 分别四点共圆.

从而 $\angle MQB = \angle MEB = \angle MRP$. 故 Q, P, R, M 四点共圆. 其中 M 为定点.

证法 2 由 $BC \not\parallel AD$, 可设直线 BC 与直线 AD 交于点 S, 则在完全四边形

$SDAPBC$ 中,M 为其密克尔点,且 $\triangle MDA \backsim \triangle MBC$. 即有
$$\frac{MD}{MB} = \frac{MA}{MC} = \frac{DA}{BC}$$
又由 $\dfrac{DA}{BC} = \dfrac{DF}{BE} = \lambda$ 可得 $\triangle MEF \backsim \triangle MBD \backsim \triangle MCA$,即有
$$\angle MEF = \angle MBD = \angle MCA$$
即有圆 $MBEQ$ 与圆 $MECR$ 相交于 E,M,则 M 为完全四边形 $CPRQBE$ 的密克尔点.

故 Q,P,R,M 四点共圆,其中 M 为定点.

7 相切

7.1 直线与圆相切

例1 △ABC 内接于圆 O,∠A < 90°,过 B,C 分别作圆 O 的切线 XB,YC. 从 O 作 $OP \parallel AB$ 交 XB 于 P,作 $OQ \parallel AC$ 交 YC 于 Q. 证明:PQ 与圆 O 相切.

证法1 如图 7.1.1,在 PB 延长线上取点 R,使 $BR = CQ$. 易知

$$\triangle OBR \cong \triangle OCQ$$

则

$$OR = OQ$$

由

$$\angle POR = \angle POB + \angle COQ, \angle POQ = \angle BAC = \frac{1}{2}\angle BOC$$

有

$$\angle POQ = \angle POR$$

又 PO 为公用边,可知

$$\triangle POR \cong \triangle OPQ$$

则 △POQ 的边 PQ 上的高线等于 OB.
故 PQ 为圆 O 的切线.

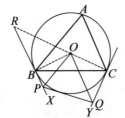

图 7.1.1

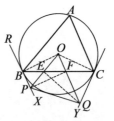

图 7.1.2

证法2 如图 7.1.2,设 OP 交 BC 于 E,CQ 交 BC 于 F.

由 $\angle CBX = \angle A = \angle O$，有 B、P、F、O 四点共圆. 得 $\angle OPF = \angle OBF$.

同理可证 $\angle OQE = \angle OCE$，而 $\angle OBF = \angle OCE$，得 $\angle OPF = \angle OQE$，于是 P, Q, F, E 四点共圆.

则
$$\angle EPQ = \angle CFQ = \angle OFE = \angle ACB = \angle ABR = \angle OPB$$

即有
$$\angle EPQ = \angle OPB$$

故 PQ 为圆 O 的切线.

例 2 (2014 年 IMO55 试题) 在凸四边形 $ABCD$ 中，已知 $\angle ABC = \angle CDA = 90°$，点 H 是 A 向 BD 引的垂线的垂足，点 S, T 分别在边 AB, AD 上，使得 H 在 $\triangle SCT$ 的内部，且 $\angle CHS - \angle CSB = 90°$，$\angle THC - \angle DTC = 90°$. 证明：直线 BD 与 $\triangle TSH$ 的外接圆相切.

证法 1 如图 7.2.1，设过点 C 且垂线 SC 的直线与 AB 交于点 Q，由 $\angle AQC = 90° - \angle CSB = 90° - (\angle CHS - 90°) = 180° - \angle CHS$，则 S, H, C, Q 四点共圆，且 SQ 为其直径，其中 CK 为其圆心.

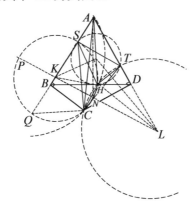

图 7.2.1

同理 $\triangle THC$ 的圆心 L 在直线 AD 上.

欲证 BD 与 $\triangle SHT$ 的外接圆相切，只须证 HS 与 HT 的中垂线的交点在 AH 上，而上述两条线段的中垂线恰为 $\angle AKH$，$\angle ALH$ 的平分线.

从而只须证有 $\dfrac{AK}{KH} = \dfrac{AL}{LH}$ 成立即可.

当 A, H, C 三点共线时，有 $AK = AL$，$KH = LH$. 即证结论.

当 A, H, C 三点不共线时,则设过这三点的圆为 Γ.

注意到 AC、AH 为等角线,若 $\angle CAH$ 的平分线 AN 交圆 Γ 于点 N,则 AN 平分 $\angle BAD$.

又注意到两圆心连线 KL 垂直平分 CH,且 $HN = NC$,

从而点 N,圆 Γ 的中心 P 均在直线 KL 上.这表明:圆 Γ 为过点 K、L 的一个阿波罗尼斯圆.由此即证得结论 $\dfrac{AK}{AL} = \dfrac{NK}{NL} = \dfrac{HK}{HL}$,故有 $\dfrac{AK}{KH} = \dfrac{AL}{LH}$.

证法 2 如图 7.2.2,延长 CB 至点 E,使得 $BE = BC$;延长 CD 至点 F,使得 $DF = DC$.

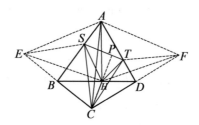

图 7.2.2

联结 AE, SE, AF, TF, HE, HF.

先证明:$CH \perp ST$.

作 $SP_1 \perp CH$ 于点 P_1;$TP_2 \perp CH$ 于点 P_2.

由
$$\angle SHP_1 = 180° - \angle CHS$$
$$= 180° - (90° + \angle CSB) = \angle SCB$$

则
$$\text{Rt}\triangle SHP_1 \backsim \text{Rt}\triangle SCB \Rightarrow \dfrac{HP_1}{BC} = \dfrac{SH}{SC} \Rightarrow HP_1 = \dfrac{BC \cdot SH}{SC}$$

因为 $\angle ABC = 90°$,所以,AB 为线段 CE 的中垂线.

从而
$$\angle SEC = \angle SCB = \angle SHP_1$$

于是,S, E, C, H 四点共圆.

由托勒密理得
$$SH \cdot CE + CH \cdot SE = SC \cdot EH$$

注意到,$CE = 2BC, SE = SC$.

故
$$BC \cdot SH = \frac{1}{2} SC(EH - CH) \Rightarrow HP_1 = \frac{1}{2}(EH - CH)$$

类似地
$$HP_2 = \frac{1}{2}(FH - CH)$$

在 Rt△AHD 和 Rt△ABC 中,由
$$\angle ADH = \angle ACB$$

得
$$\angle DAH = \angle CAB = \angle EAB$$

故
$$\angle HAE = \angle DAB = \angle HAF$$

又 $AE = AC = AF$,则 △AHE ≌ △AHF ⇒ $EH = FH$,

故 $HP_1 = HP_2$,点 P_1 与 P_2 重合(记为点 P),且 S, P, T 三点共线,$CH \perp ST$ 于点 P.

又 $\angle AHE = \angle AHF = \frac{1}{2} \angle EHF$,由

$\angle SHP = \angle SCB = \angle SHE, \angle THP = \angle TCD = \angle THF$,得 $\angle SHT = \frac{1}{2} \angle EHF$.

所以
$$\angle AHF = \angle SHT$$

故
$$\angle SHA = \angle THF = \angle THP \Rightarrow \angle BHS = \angle HTP$$

因此,直线 BD 与 △TSH 的外接圆相切.

证法 3[①] 如图 7.2.3,延长 CB 至点 E,使得 $CB = BE$;延长 CD 至点 F,使得 $CD = DF$.

设 X 为直线 EC 与 SH 的交点,Y 为直线 FC 与 TH 的交点.则点 X 在线段 EC 的延长线上,点 Y 在线段 FC 的延长线上.

则 AB 垂直平分线段 CE,AD 垂直平分线段 CF.

从而,$CS = ES, CT = FT$,且 A 为 △CEF 的外心.

---

① 高继扬,浦鸿铭. 一道 IMO 试题的另证[J]. 中等数学,2014(12):20-21.

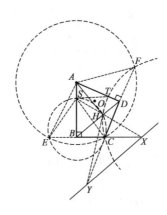

图 7.2.3

因为 $BD \parallel EF, AH \perp BD$,所以,$AH \perp EF$.

由此,AH 垂直平分 EF,$HE = HF$.

又
$$\angle CHS = 90° + \angle BSC = 180° - \angle SCB = 180° - \angle SEB,$$
则 S, E, C, H 四点共圆.

从而
$$XH \cdot XS = XC \cdot XE \qquad ①$$

同时,由 $CS = ES$,且点 S, H 在直线 CE 的同侧,知 SH 为 $\angle CHE$ 的外角平分线.

类似地,有
$$YC \cdot YF = YH \cdot YT \qquad ②$$

且 TH 为 $\angle CHT$ 的外角平分线.

据题意,知点 C, H 在直线 AB 的同侧.

因此
$$CH < EH = FH$$

由外角平分线定理知
$$\frac{CX}{XE} = \frac{CH}{HE} = \frac{CH}{HF} = \frac{CY}{YF}$$

于是,$XY \parallel EF$.

从而,$XY \perp AH$.

又由式①②,知直线 XY 即为 $\triangle CEF$ 的外接圆与 $\triangle TSH$ 的外接圆(记其外心 O)的根轴.

于是
$$XY \perp AO$$
所以,A,O,H 三点共线.
因此
$$OH \perp XY, OH \perp BD$$
故 BD 为圆 O 在点 H 处的切线.

证法 4 记 $\angle THA = \alpha, \angle DAH = \beta, AH = a, BH = b, DH = d, DT = x$.

如图 7.2.4,延长 TH, DC,交于点 L. 在 AH 上取点 M,使得 $MT \perp TH$;在 AH 上取点 N,使得 $NS \perp SH$. 作 $TR \perp AH$ 于点 R,作 $MU \perp AD$ 于点 U,作 $HV \perp AD$ 于点 V.

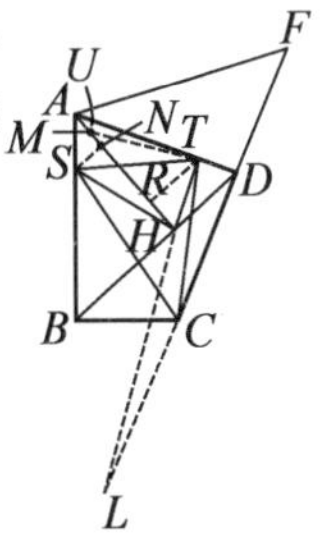

接下来证明:点 M 与 N 重合.

由 $\angle DAH = \beta$,知
$$\angle ADH = 90° - \beta, \angle BDC = \beta$$
由题意,知四边形 $ABCD$ 有外接圆.
故
$$\angle ABD = \angle ACD$$
又 $\angle AHB = \angle ADC = 90°$,则
$$\triangle ADC \backsim \triangle AHB$$
$$\Rightarrow DC = b \cdot \frac{\sqrt{a^2 + d^2}}{a}$$
$$\Rightarrow TC^2 = TD^2 + DC^2 = x^2 + \frac{b^2(a^2 + d^2)}{a^2}$$

图 7.2.4

由张角定理知
$$\frac{1}{d} = \frac{\cos\beta}{DL} + \frac{\sin\beta}{x} \Rightarrow DL = \frac{xd\cos\beta}{x - d\sin\beta}$$

由余弦定理知
$$TH^2 = x^2 + d^2 - 2xd\sin\beta$$

而 $\dfrac{TL}{TH} = \dfrac{DL}{DH\sin(90° - \beta)} = \dfrac{x}{x - d\sin\beta}$,于是
$$TL \cdot TH = \frac{TL}{TH} \cdot TH^2$$
$$= (x^2 + d^2 - 2xd\sin\beta)\frac{x}{x - d\sin\beta}$$

由

$$\angle THC - \angle DTC = 90°$$
$$\Rightarrow \angle THC = \angle TCL$$
$$\Rightarrow TC^2 = TL \cdot TH$$
$$\Rightarrow x^2 + \frac{b^2(a^2+d^2)}{a^2} = (x^2 + d^2 - 2xd\sin\beta)\frac{x}{x - d\sin\beta}$$
$$\Rightarrow x^2 + \frac{b^2(a^2+d^2) - a^2d^2}{a^2 d\sin\beta}x - \frac{b^2(a^2+d^2)}{a^2} = 0 \quad ①$$
$$\Rightarrow x = \frac{a^2d^2 - a^2b^2 - b^2d^2 + \sqrt{k}}{2a^2 d\sin\beta} \quad ②$$

由点 T 在 AD 上知应取正根，其中
$$k = a^4b^4 + b^4d^4 + a^4d^4 + 2a^2b^4d^2 + 2a^2b^2d^4 - 2a^4b^2d^2$$
关于 b, d 是对称的.

注意到
$$\tan\alpha = \frac{TR}{RH} = \frac{(\sqrt{a^2+d^2} - x)d}{ax}$$
$$\tan(\alpha + \beta) = \frac{DL}{DT} = \frac{\dfrac{xd\cos\beta}{x - d\sin\beta}}{x} = \frac{d\cos\beta}{x - d\sin\beta}$$
$$\frac{AM}{AH} = \frac{MU}{HV} = \frac{MU}{TV} \cdot \frac{TV}{VH} = \frac{MT}{TH} \cdot \frac{TV}{VH}$$
$$= \frac{\tan\alpha}{\tan(\alpha+\beta)} = \frac{(x - d\sin\beta)(\sqrt{a^2+d^2} - x)}{ax\cos\beta}$$
$$= \frac{(\sqrt{a^2+d^2} - x)(\sqrt{a^2+d^2}x - d^2)}{a^2 x}$$
$$= \frac{1}{a^2}\left(-\sqrt{a^2+d^2}\,x - \frac{d^2\sqrt{a^2+d^2}}{x} + a^2 + 2d^2\right) \quad ③$$

由式①知
$$\frac{1}{x} = \frac{a^2}{a^2b^2 + b^2d^2}x + \frac{a^2b^2 + b^2d^2 - a^2d^2}{(a^2b^2 + b^2d^2)d\sin\beta}$$

代入式③得
$$\frac{AM}{AH} = \frac{1}{a^2}\left(-\frac{a^2b^2 + b^2d^2 + a^2d^2}{a^2b^2 + b^2d^2}\sqrt{a^2+d^2}\,x - \frac{a^2b^2 + b^2d^2 - a^2d^2}{b^2} + a^2 + 2d^2\right)$$

结合式②知
$$\frac{AM}{AH} = \frac{1}{a^2}\left[-(a^2b^2 + b^2d^2 + a^2d^2)\frac{\sqrt{k}}{2a^2b^2d^2} + \frac{a^4d^4 + a^4b^4 + b^4d^4 + 2a^2b^4d^2 + 2a^2b^2d^4}{2a^2b^2d^2}\right]$$

从而,$\dfrac{AM}{AH}$ 关于 b,d 对称.

所以,$\dfrac{AM}{AH} = \dfrac{AN}{AH}$,即点 M 与 N 重合.

故 M,S,H,T 四点共圆,其外心在 AH 上,且 $AH \perp BD$.

因此,直线 BD 与 $\triangle TSH$ 的外接圆相切.

例 3 (2009 年 IMO50 预选题,2010 年印度国家队选拔赛题)在圆内接四边形 $ABCD$ 中,对角线 AC 与 BD 交于点 E,AD 与 BC 交于点 F,G,H 分别为边 AB,CD 的中点. 证明:FE 与 $\triangle EGH$ 的外接圆相切.

证法 1 如图 7.3.1,延长 GH,与 EF 交于点 P.

欲证结论成立即证 PE 与 $\triangle EGH$ 的外接圆相切,只要证

$$\angle PEH = \angle PGE \text{ 或 } \dfrac{GP}{HP} = \dfrac{EG^2}{EH^2}.$$

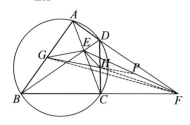

图 7.3.1

为此,联结 FG,FH.

易证 $\triangle ABE \backsim \triangle DCE$,$\triangle ABF \backsim \triangle CDF$

利用相似三角形对应中线的比等于相似比得

$$\dfrac{EG}{EH} = \dfrac{AB}{DC} = \dfrac{FG}{FH}$$

$$\Rightarrow \dfrac{EG \cdot FG}{EH \cdot FH} = \dfrac{EG^2}{EH^2}$$

又易证

$$\triangle BGF \backsim \triangle DHF, \triangle AGE \backsim \triangle DHE$$

$$\Rightarrow \angle BGF = \angle DHF, \angle AGE = \angle DHE$$

$$\Rightarrow \angle BGF + \angle AGE = \angle DHF + \angle DHE = \angle EHF$$

$$\Rightarrow \angle EGF = 180° - (\angle BGF + \angle AGE) = 180° - \angle EHF$$

$$\Rightarrow \sin \angle EGF = \sin \angle EHF$$

$$\Rightarrow \dfrac{GP}{HP} = \dfrac{S_{\triangle GEF}}{S_{\triangle HEF}} = \dfrac{EG \cdot FG \sin \angle EGF}{EH \cdot FH \sin \angle EHF} = \dfrac{EG^2}{EH^2}$$

由此不难得到
$$\angle PEH = \angle PGE$$
从而，PE 与 $\triangle EGH$ 的外接圆相切，即 FE 与 $\triangle EGH$ 的外接圆相切．

证法 2 如图 7.3.2.

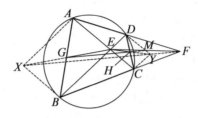

图 7.3.2

因为 $\angle BAD = \angle FCD$，所以
$$\triangle FAB \backsim \triangle FCD$$

设变换 $\mathscr{T}$ 是关于 $\angle DFC$ 的角平分线作对称后再以 F 为位似中心，$\dfrac{FA}{FC}$ 为位似比作位似变换．则 $\mathscr{T}$ 将 F 变为 F，C 变为 A，D 变为 B，H 变为 G．

注意到 $\triangle FCA \backsim \triangle FDB$．则
$$\frac{FA}{FC} = \frac{FB}{FD}$$

又 $\angle ADB = \angle ACB$，故 DE 关于变换 $\mathscr{T}$ 的像是过点 B 且平行于 AC 的线段，CE 关于变换 $\mathscr{T}$ 的像是过点 A 且平行于 BD 的线段．

于是，点 E 的像 X 是 $\square BEAX$ 的第四个顶点．

特别地，有 $\angle HEF = \angle GXF$．

因为 G 是 $\square BEAX$ 的对角线 AB 的中点，所以，G 也是 EX 的中点．

设 Y 是 $\square DECY$ 的第四个顶点．类似可得 $\mathscr{T}$ 将 Y 变为 E，且 H 是 EY 的中心．

从而
$$HG /\!/ XY$$

又因为 FX, FE 关于 $\angle DFC$ 的角平分线对称，FY, FE 关于 $\angle DFC$ 的角平分线对称，所以，F, X, Y 三点共线．故
$$\angle GXF = \angle EGH$$

由 $\angle HEF = \angle EGH$，知 EF 与过点 E, G, H 的圆相切于点 E．

证法 3 如图 7.3.3．设边 AB 与 DC 交于点 M，FE 分别与 HG, AB, DC 交于

点 T, P, Q.

显然，EF 与 $\triangle EGH$ 的外接圆相切当且仅当
$$\frac{TG}{TH} = \frac{GE^2}{EH^2}$$

令 $AB = a, DC = b, GM = \lambda, HM = \mu$.

在 $\triangle FDC$ 中，由塞瓦定理知
$$\frac{FA}{AD} \cdot \frac{DQ}{QC} \cdot \frac{CB}{BF} = 1$$

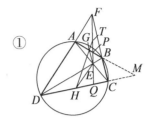

图 7.3.3

而直线 MBA 为 $\triangle FDC$ 的梅涅劳斯线，于是
$$\frac{FA}{AD} \cdot \frac{DM}{MC} \cdot \frac{CB}{BF} = 1$$

故
$$\frac{DQ}{QC} = \frac{DM}{MC} \Rightarrow \frac{DH + HQ}{CH - HQ} = \frac{DH + HM}{HM - HC}$$

又因 $DH = CH$，所以
$$HC^2 = HQ \cdot HM$$

同理
$$CB^2 = GP \cdot GM$$

从而，$GP = \frac{GB^2}{GM} = \frac{a^2}{4\lambda}$, $PM = \lambda - \frac{a^2}{4\lambda} = \frac{4\lambda^2 - a^2}{4\lambda}$，则 $\frac{PM}{GP} = \frac{4\lambda^2 - a^2}{a^2}$.

同理
$$\frac{QM}{HQ} = \frac{4\mu^2 - b^2}{b^2}$$

又直线 QPT 为 $\triangle MGH$ 的梅涅劳斯线，于是 $\frac{MP}{PG} \cdot \frac{GT}{TH} \cdot \frac{HQ}{QM} = 1$. 故
$$\frac{GT}{TH} = \frac{PG}{MP} \cdot \frac{QM}{HQ} = \frac{a^2}{4\lambda^2 - a^2} \cdot \frac{4\mu^2 - b^2}{b^2}$$

若
$$4\lambda^2 - a^2 = 4\mu^2 - b^2$$

则
$$\frac{GT}{TH} = \frac{a^2}{b^2}$$

由于 $\triangle EBA \sim \triangle ECD$，$EG$ 与 EH 为对应中线，从而
$$\frac{EG^2}{EH^2} = \frac{AB^2}{CD^2} = \frac{a^2}{b^2}$$

因此,式①成立.

接下来用解析几何的知识证明式②.

设 $M(0,0)$,四边形 $ABCD$ 的外接圆方程为
$$x^2 + y^2 + 2gx + 2fy + c = 0$$

直线 MA 的方程为 $y = mx$.

令 $A(x_1, y_1)$,$B(x_2, y_2)$,x_1, x_2 为方程
$$(1+m^2)x^2 + (2g + 2fm)x + c = 0$$

的两个根.则
$$x_1 + x_2 = -\frac{2g + 2fm}{1+m^2}, x_1 x_2 = \frac{c}{1+m^2}$$

而 $G\left(\frac{x_1 + x_2}{2}, m\left(\frac{x_1 + x_2}{2}\right)\right)$,因此
$$\lambda^2 = GM^2 = (1+m^2)\left(\frac{x_1 + x_2}{2}\right)^2$$

又
$$a^2 = AB^2 = (1+m^2)(x_1 - x_2)^2$$
$$= (1+m^2)[(x_1 + x_2)^2 - 4x_1 x_2]$$

故
$$4\lambda^2 - a^2 = 4(1+m^2)x_1 x_2 = 4c$$

同理
$$4\mu^2 - b^2 = 4c$$

所以
$$4\lambda^2 - a^2 = 4\mu^2 - b^2$$

7.2 圆与圆相切

例4 已知锐角 $\triangle ABC$ 的内切圆圆 I 与边 BC 切于点 K. AD 是 $\triangle ABC$ 的高,M 是 AD 的中点.如果 N 是圆 I 与 KM 的交点.证明:圆 I 与 $\triangle BCN$ 的外接圆相切于点 N.

证法 1 当 $AB = AC$ 时,显然,这两个圆的圆心距等于这两个圆的半径之差.

当 $AB \neq AC$ 时,不妨设 $AB < AC$.

设 BC 的中垂线交直线 NK 于 F,交 BC 于 E.设 $\triangle BCN$ 的外心为 O,$\triangle ABC$

的三边长分别为 a, b, c, $l = \frac{1}{2}(a+b+c)$, 则 $BK = l - b$, $KC = l - c$. 于是

$$BK \cdot KC = (l-b)(l-c)$$

又

$$BD = c \cdot \cos B = \frac{1}{2a}(c^2 + a^2 - b^2)$$

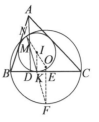

图 7.4.1

$KE = BE - BK = \frac{1}{2}(b-c)$, $DK = BK - BD = \frac{1}{a}(b-c)(l-a)$.

设 $\angle MKD = \varphi$, 则 $\tan \varphi = \frac{MD}{DK} = \frac{\frac{1}{2}a \cdot AD}{(b-c)(l-a)} = \frac{S_{\triangle ABC}}{(b-c)(l-a)}$.

设 r 为 $\triangle ABC$ 的内切圆半径, 则 $NK = 2r \cdot \sin \varphi$, $KF = KE \cdot \sec \varphi$. 于是

$$NK \cdot KF = 2r \cdot \tan \varphi \cdot KE = \frac{r \cdot S_{\triangle ABC}}{l-a} = \frac{S_{\triangle ABC}^2}{l(l-a)}$$
$$= (l-b)(l-c) = BK \cdot KC$$

因此, 点 F 在 $\triangle BCN$ 的外接圆上.

因 $IK \parallel OF$, 则 $\angle FNO = \angle NFO = \angle NKI = \angle FNI$.

所以, N, I, O 三点共线. 因此, 圆 I 与 $\triangle BCN$ 的外接圆相切于点 N.

证法 2 不妨设 $AB < AC$, 只须证 N, I, O 共线.

设 F 为直线 NK 与 $\triangle BCN$ 的外接圆的交点(不同于点 N), 则 $OF = ON$, 于是 $\angle OFN = \angle ONF$, 而 $IN = IK$, 故 $\angle IKN = \angle INK$, 从而 N, I, O 共线的充要条件是这些角相等, 即 $IK \parallel OF$.

注意到 $IK \perp BC$, 故只须证明 $OF \perp BC$, 即证 F 为弧 $\overset{\frown}{BC}$ 的中点, 为此, 我们证明 NKF 平分 $\angle BNC$. 即证 $\frac{BN}{CN} = \frac{BK}{KC}$. 记 $\angle MKD = \varphi$. 由余弦定理, 得

$$BN^2 = BK^2 + NK^2 - 2NK \cdot BK \cdot \cos \varphi$$
$$CN^2 = CK^2 + NK^2 + 2NK \cdot CK \cdot \cos \varphi$$

于是, 只须证明 $\frac{BK^2}{CK^2} = \frac{BK^2 + NK^2 - 2NK \cdot BK \cdot \cos \varphi}{CK^2 + NK^2 + 2CK \cdot NK \cdot \cos \varphi}$, 即证 $(CK - BK)NK = 2BK \cdot CK \cdot \cos \varphi$.

由于 $NK = 2r \cdot \sin \varphi$, 故只须证明: $2r(CK - BK) \cdot \tan \varphi = 2BK \cdot CK$.

而 $\tan \varphi = \dfrac{MD}{DK} = \dfrac{\frac{1}{2}AD}{DK} = \dfrac{c \cdot \sin B}{2(l - b - c \cdot \cos B)}$，$BK = r \cdot \cot \dfrac{B}{2}$，$CK = r \cdot \cot \dfrac{C}{2}$.

故只须证 $\dfrac{\left(\cot \dfrac{C}{2} - \cot \dfrac{B}{2} \cdot c \cdot \sin B\right)}{a + c - b - 2c \cdot \cos B} = \cot \dfrac{B}{2} \cdot \cot \dfrac{C}{2}$，由正弦定理 $a = c \cdot \cos B + b \cdot \cos C$，转为证明

$\sin C \cdot \sin B \left(\cot \dfrac{C}{2} - \cot \dfrac{B}{2}\right) = \cot \dfrac{B}{2} \cdot \cot \dfrac{C}{2} (\sin C - \sin B + \sin B \cdot \cos C - \sin C \cdot \cos B)$

利用半角分式，两边约去 $\sin \dfrac{B-C}{2}$，只须证 $\sin B \cdot \sin C = 4 \sin \dfrac{B}{2} \cdot \sin \dfrac{C}{2} \cdot \cos \dfrac{C}{2}$. 此式显然成立，命题获证.

例 5 （2007 年第 24 届伊朗数学奥林匹克题）已知 O 是 $\triangle ABC$ 内一点，满足 $OA = OB + OC$，点 B'、C' 分别是 $\overset{\frown}{AOC}$、$\overset{\frown}{AOB}$ 的中点，求证：$\triangle COC'$ 和 $\triangle BOB'$ 的外接圆相切.

证法 1 如图 7.5.1，设 X、Y 分别是射线 OB、OC 上的点，使得 $OX = OY = OA$，P、Q 分别使得 $\triangle AXP \backsim \triangle AOC$，$\triangle AYQ \backsim \triangle AOB$ 的点，D 是 A 关于 XY 的对称点，则有 $\triangle AC'B \backsim \triangle AOX$.

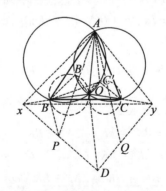

图 7.5.1

于是，$\triangle ABX \backsim \triangle AC'O$.

又 $\triangle AXP \backsim \triangle AOC$，则四边形 $AXPB \backsim$ 四边形 $AOCC'$，所以 $\triangle OCC' \backsim$

△XPB.

又 O 为 △AXY 的外心,则 $\angle AXP = \angle AOC = 2\angle AXY = \angle AXD$,即知点 P 在 XD 上.

而 $\dfrac{XP}{XD} = \dfrac{XP}{XA} = \dfrac{OC}{OA} = \dfrac{XB}{XO}$,于是,△OCC′ ∽ △XPB ∽ △XDO.

类似地
$$\triangle OBB' \backsim \triangle YDO$$

从而
$$\angle BB'O + \angle CC'O = \angle DOY + \angle DOX = \angle BOC$$

因此,△COC′ 和 △BOB′ 的外接圆相切.

证法 2 如图 7.5.2,设 X, Y 分别是射线 OB, OC 上的点,使得 $OX = OY = OA$,联结 AX, AY, XY.

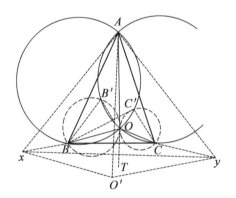

图 7.5.2

由圆弧中点性质,知等腰 △AOX ∽ 等腰 △AC′B,且 △AC′O ∽ △ABX,其对应边夹角等于 $\angle XAO$.

于是 $OC' \parallel XA$,且 $\dfrac{OC'}{OC} = \dfrac{OC'}{XB} = \dfrac{AO}{AX} = \dfrac{OY}{XA}$.

注意到 $\dfrac{OY}{XA} = \dfrac{OC'}{OC}$ 及 $OC' \parallel XA$,据此可构造 △C′OC ∽ △O′XA,只须平移 OY 到 XO' 即可.

因此,$\angle O'C'C = \angle XO'A$,显然 O' 与 O 关于 XY 对称.

此时,△B′OB ∽ △O′YA. 从而 $\angle BB'O = \angle AO'Y$.

从而
$$\angle BB'O + \angle CC'O = \angle XO'Y = \angle BOC$$

过 O 作直线 OT,使得 $\angle TOB = \angle BB'O$,即 OT 为圆 BOB' 的切线.

此时,$\angle TOC = \angle CC'O$,即知 OT 与圆 COC' 相切.

因此,$\triangle COC'$ 和 $\triangle BOB'$ 的外接圆相切.

例 6 (2015 年 IMO 56 试题)在锐角 $\triangle ABC$ 中,$AB > AC$. 设 Γ 为其外接圆,H 为垂心,F 为由顶点处所引高的垂足,M 为边 BC 的中点,Q,K 为圆 Γ 上的点,使得 $\angle HQA = \angle HKQ = 90°$. 若点 A,B,C,K,Q 互不相同,且按此顺序排列在圆 Γ. 证明:$\triangle KQH$ 的外接圆与 $\triangle FKM$ 的外接圆相切.

证法 1 如图 7.6.1,延长 QH 与圆 Γ 交于点 A',由 $\angle AQH = 90°$,知 AA' 为圆 Γ 的直径.

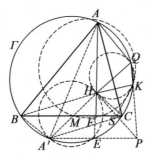

图 7.6.1

由 $A'B \perp AB, CH \perp AB$,知 $A'B \parallel CH$.

同理 $A'C \parallel BH$. 即知 $BA'CH$ 为平行四边形.

由 M 为 BC 中点. 则知 M 为 $A'H$ 的中点.

延长 AF 交圆 Γ 于点 E,注意 E 与 H 关于 BC 对称,则知 $A'E \parallel BC$,MF 为 $\triangle HA'E$ 的中位线.

设直线 $A'E$ 与直线 QK 交于点 P,HP 与直线 BC 交于点 S,则 S 为 HP 的中点.

注意圆 QKH 与圆 HEA' 的直径分别为 QH,HA',则知这两个圆切于点 H. 又对于圆 Γ 有 $PK \cdot PQ = PE \cdot PA'$,知 P 对上述两个圆的幂相等,即 P 在这两个圆的根轴上,亦即 HP 为这两个圆根轴,亦即 HP 为这两个圆的切线,从而 $HP \perp A'Q$.

于是在 $\text{Rt}\triangle HPK$ 中有 $SK = SH$,且知 SK 为圆 KQH 的切线. 在 $\text{Rt}\triangle HMS$ 中,$SF \cdot SM = SH^2 = SK^2$.

从而知 SK 为圆 FKM 的切线.

故圆 KQH 与圆 FKM 切于点 K.

证法 2 如图 7.6.2,同证法 1 延长 QH 与圆 $\varGamma$ 交于点 A',知 AA' 为圆 $\varGamma$ 的直径,且 M 为 $A'H$ 的中点.

由 $\mathrm{Rt}\triangle HFM \backsim \mathrm{Rt}\triangle HQA$,有 $HM \cdot HQ = HA \cdot HF$.

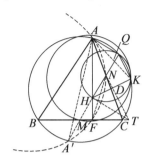

图 7.6.2

设过点 A,A',F 的圆与 HQ 交于点 N,则由相交弦定理,有 $HA \cdot HF = HA' \cdot HN = 2HM \cdot HN$.

从而 $HQ = 2HN$,即 N 为 HQ 的中点,亦即知 N 为 $\triangle KQH$ 外接圆的圆心(因 $\angle HKQ = 90°$).

此时由 $\triangle HA'A \backsim \triangle HFN$,有

$$\frac{AA'}{NF} = \frac{HA'}{HF} \qquad ①$$

注意到 $\angle HKQ = 90° = \angle A'KA$,有

$$\angle A'KH = 90° - \angle HKA = \angle AKQ$$

又 $\angle HA'K = \angle QA'K = \angle QAK$,从而 $\triangle HA'K \backsim \triangle QAK$,即有

$$\frac{HA'}{QA} = \frac{A'K}{AK} = \frac{HK}{QK} \qquad ②$$

由 $\angle HKQ = 90° = \angle A'KA, \frac{A'K}{AK} = \frac{HK}{QK}$ 知 $\triangle HKQ \backsim \triangle A'KA$,有

$$\frac{HQ}{AA'} = \frac{HK}{A'K} \qquad ③$$

过点 H 作 $HT \perp A'Q$ 交射线 FC 于点 T,易知 $\mathrm{Rt}\triangle TFH \backsim \mathrm{Rt}\triangle HQA$,有

$$\frac{TF}{HQ} = \frac{FH}{QA} \qquad ④$$

由①×④得

$$\frac{TF}{NF} = \frac{HA'}{QA} \cdot \frac{HQ}{AA'} \qquad ⑤$$

将②③代入⑤得 $\frac{TF}{NF} = \frac{HK}{AK}$.

注意 $\angle TFH = 90° = \angle HKQ$，有 $\angle AFN = \angle AA'N = \angle AA'Q = \angle AKQ$，从而 $\angle TFN = \angle HKA$

从而 $\triangle TFN \backsim \triangle HKA$，于是 $\angle FTN = \angle KHA$，

联结 TN 交 HK 于点 D，则知 T, F, H, D 四点共圆，即知 $\angle TDH = \angle TFH = 90°$.

所以 TN 垂直平分 HK，此时，即知 TK 为 $\triangle QHK$ 外接圆的切线.

且 $TK^2 = TH^2 = TF \cdot TM$，此即知 TK 为 $\triangle FKM$ 的外接圆的切线.

故圆 KQA 与圆 FKM 切于点 K.

例 7 （2015 年 IMO56 试题）在锐角 $\triangle ABC$ 中，$AB > AC$，设 Γ 为其外接圆，H 为垂心，F 为由顶点处所引高的垂足，M 为边 BC 的中点，Q, K 为圆 Γ 上的点，使得 $\angle HQA = \angle HKQ = 90°$. 若点 A, B, C, K, Q 互不相同，且按此顺序排列在圆 Γ. 证明：$\triangle KQH$ 的外接圆与 $\triangle FKM$ 的外接圆相切.

证法 1 如图 7.7.1，延长 QH 与圆 Γ 交于点 A'，由 $\angle AQH = 90°$，知 AA' 为圆 Γ 的直径.

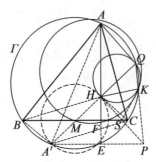

图 7.7.1

由 $A'B \perp AB, CH \perp AB$，知 $A'B // CH$.

同理 $A'C // BH$. 即知 $BA'CH$ 为平行四边形.

由 M 为 BC 中点，则知 M 为 $A'H$ 的中点.

延长 AF 交圆 Γ 于点 E，注意 E 与 H 关于 BC 对称，则知 $A'E // BC$，MF 为 $\triangle HA'E$ 的中位线.

设直线 $A'E$ 与直线 QK 交于点 P，HP 与直线 BC 交于点 S，则 S 为 HP 的中

点.

注意圆 QKH 与圆 HEA' 的直径分别为 QH, HA',则知这两个圆切于点 H. 又对于圆 Γ 有 $PK \cdot PQ = PE \cdot PA'$,知 P 对上述两个圆的幂相等,即 P 在这两个圆的根轴上,亦即 HP 为这两个圆根轴,亦即 HP 为这两个圆的切线,从而 $HP \perp A'Q$.

于是,在 $\mathrm{Rt}\triangle HPK$ 中,有 $SK = SH$. 从而有 $\angle HQK = \angle KHS = \angle HKS$,由弦切角定理的逆定理,知 SK 为圆 KQH 的切线.

又在 $\mathrm{Rt}\triangle HMS$ 中,有 $SF \cdot SM = SH^2 = SK^2$,由切割线定理的逆定理知 SK 为圆 FKM 的切线.

故圆 KQH 与圆 FKM 切于点 K.

证法 2 如图 7.7.2,由 $\angle AQH = 90°$,延长 QH 与圆 Γ 交于点 A',知 AA' 为圆 Γ 的直径,且 M 为 $A'H$ 的中点.

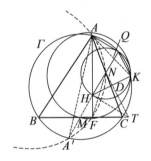

图 7.7.2

由 $\mathrm{Rt}\triangle HFM \backsim \mathrm{Rt}\triangle HQA$,有 $HM \cdot HQ = HA \cdot HF$.

设过点 A, A', F 的圆与 HQ 交于点 N,则由相交弦定理,有
$$HA \cdot HF = HA' \cdot HN = 2HM \cdot HN$$

从而 $HQ = 2HN$. 即 N 为 HQ 的中点,亦即知 N 为 $\triangle KQH$ 外接圆的圆心(因 $\angle HKQ = 90°$).

此时由 $\triangle HA'A \backsim \triangle HFN$,有
$$\frac{AA'}{NF} = \frac{HA'}{HF} \qquad \qquad ①$$

注意到 $\angle HKQ = 90° = \angle A'KA$,有
$$\angle A'KH = 90° - \angle HKA = \angle AKQ$$

又 $\angle HA'K = \angle QA'K = \angle QAK$,从而 $\triangle HA'K \backsim \triangle QAK$,即有
$$\frac{HA'}{QA} = \frac{A'K}{AK} = \frac{HK}{QK} \qquad \qquad ②$$

由 $\angle HKQ = 90° = \angle A'KA$, $\dfrac{A'K}{AK} = \dfrac{HK}{QK}$ 知 $\triangle HKQ \backsim \triangle A'KA$, 有

$$\dfrac{HQ}{AA'} = \dfrac{HK}{A'K} \qquad ③$$

过点 H 作 $HT \perp A'Q$ 交射线 FC 于点 T, 易知 $Rt\triangle TFH \backsim Rt\triangle HQA$, 有

$$\dfrac{TF}{HQ} = \dfrac{FH}{QA} \qquad ④$$

由 ① × ④ 得

$$\dfrac{TF}{NF} = \dfrac{HA'}{QA} \cdot \dfrac{HQ}{AA'} \qquad ⑤$$

将式 ②③ 代入式 ⑤ 得 $\dfrac{TF}{NF} = \dfrac{HK}{AK}$.

注意 $\angle TFH = 90° = \angle HKQ$, 有 $\angle AFN = \angle AA'N = \angle AA'Q = \angle AKQ$, 从而 $\angle TFN = \angle HKA$.

从而 $\triangle TFN \backsim \triangle HKA$, 于是 $\angle FTN = \angle KHA$.

联结 TN 交 HK 于点 D, 则知 T, F, H, D 四点共圆. 即知 $\angle TDH = \angle TFH = 90°$. 所以 TN 垂直平分 HK. 由前述作法 HT 为圆 QHK 的切线, 从而由对称性即知 TK 为圆 QHK 的切线. 此时, $TK^2 = TH^2 = TF \cdot TM$, 由切割线定理的逆定理, 知 TK 为圆 FKM 的切线.

故圆 KQH 与圆 FKM 切于点 K.

证法 3 如图 7.7.3, 设 $\triangle KFM$ 的外心为 L, QH 的中点为 D, QO 与圆 O 交于点 P. 则 K, H, P 三点共线.

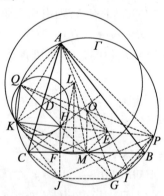

图 7.7.3

由 H 为垂心知

$$\angle JCB = \angle JAB = \angle BCH \Rightarrow HF = FJ$$

设 QH 与圆 O 交于点 G, 与 BC 交于点 M'.

则 A, O, G 三点共线, $\angle AJG = 90°$.

故 $BC /\!/ JG \Rightarrow M'$ 为 HG 的中点

$\Rightarrow OM' \perp BC \Rightarrow$ 点 M 与 M' 重合

$\Rightarrow Q、H、M$ 三点共线, 且 M 为 HG 的中点.

设 KM 与圆 O 交于点 I, 取 PH 的中点 E.

由四边形 $AQGP$ 为矩形知

EO 为 AQ 的中垂线, 且 $EM \perp HG \Rightarrow Q, K, M, E$ 四点共圆

$\Rightarrow \angle IAP = \angle IKP = \angle MQE = \angle EAP \Rightarrow A, E, I$ 三点共线.

由 $\angle KAF = \angle KPJ = \angle KEF \Rightarrow A, K, F, E$ 四点共圆

$\Rightarrow \angle DKM = \angle DKH + \angle HKM = \angle DHK + \angle PAI = \angle APH + \angle PAI = \angle AEK = \angle AFK$.

又 $\angle FKM = \dfrac{1}{2}\angle FLM = \angle AFL$, 故

$$\angle DKF = \angle LFK = \angle LKF$$

$\Rightarrow K, D, L$ 三点共线,

即知原结论成立.

证法 4 如图 7.7.4, 设 O 为圆 Γ 的圆心, 过点 M 作 MH 的垂线, 与圆 Γ 交于点 P, R, 联结 QP, QR, 记 N, T 分别为 PR, HQ 的中点, 作 $OY \perp AQ$ 于点 Y, OY 与 AH 交于点 X.

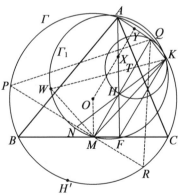

图 7.7.4

则

$$OY /\!/ HQ$$

由
$$OA = OQ \Rightarrow AY = YQ \Rightarrow AX = XH$$
由垂心的性质知
$$AH = 2OM \Rightarrow OM = XH$$
又
$$OM \perp BC, AH \perp BC \Rightarrow OM /\!/ XH$$
故四边形 $OMHX$ 为平行四边形 $\Rightarrow MH /\!/ OX$
结合 $HQ /\!/ OX$, 得 Q, H, M 三点共线.
类似地, 有 N, H, K 三点共线.
由垂心性质, 知点 H 关于 M 的对称点 H' 在圆 Γ 上.^注
由 $PR \perp HM \Rightarrow$ 点 H, H' 关于 PR 对称
$\Rightarrow A, Q, F, M, Q, K, M, N$ 分别四点共圆
$\Rightarrow HA \cdot HF = HM \cdot HQ = HN \cdot HK$
$\Rightarrow A, K, F, N$ 四点共圆
$\Rightarrow \angle KFH = \angle ANH.$
由 $AQ \perp QM, QM \perp PR$, 得 $AQ /\!/ PR$.
由对称性知
$$\angle ANQ = 2\angle ONQ = 2\angle NQH = 2\angle HKM$$
又 $\angle QNH = \angle HMK$, 故
$$\angle KFH = \angle ANQ + \angle QNH = 2\angle HKM + \angle HMK$$
由直角三角形性质得
$$\angle TKM = \angle TKH + \angle HKM$$
$$= \angle THK + \angle HKM$$
$$= 2\angle HKM + \angle HMK = \angle KFH$$
$$\Rightarrow \angle MFK = \angle MFA + \angle AFK$$
$$= 90° + \angle KFH = 90° + \angle TKM$$

经过点 M 且与 $\triangle KQH$ 的外接圆内切于点 K 的圆为 Γ_1, 延长 KT, 与圆 Γ_1 交于点 W. 则 KW 为圆 Γ_1 的直径.
故
$$\angle MWK = 90° - \angle TKM$$
$$\Rightarrow \angle MFK + \angle MWK = 180°$$
又点 F、W 在直线 MK 的两侧, 于是, 点 F 在圆 Γ_1 上.

注 三角形的垂心关于边中点的对称点在三角形的外接圆上, 且为相交顶

点的对径点(这一点,垂心与相应边的两端点构成平行四边形的四顶点).

证明 用字母表示,设 H 为 $\triangle ABC$ 的垂心,M 为 BC 的中点.

当 $\triangle ABC$ 为直角三角形时,结论显然成立.

当 $\triangle ABC$ 为非直角三角形时,如图 7.7.5 延长 HM 至 A',使 $MA' = HM$,即 A' 为 H 关于 M 的对称点.此时 $BA'CH$ 为平行四边形,$\angle BA'C = \angle BHC = 180° - \angle BAC$,即知 A' 在 $\triangle ABC$ 的外接圆上.

注意到 $BA' \parallel HC, HC \perp BA$,有 $BA' \perp BA$.故 AA' 为 $\triangle ABC$ 的外接圆直径,即 A' 为 A 的对径点.

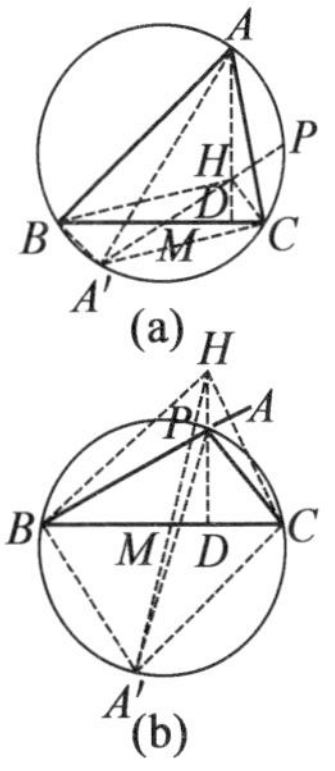

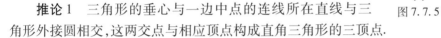

图 7.7.5

推论 1 三角形的垂心与一边中点的连线所在直线与三角形外接圆相交,这两交点与相应顶点构成直角三角形的三顶点.

推论 2 如图 7.7.5 设 M 为 $\triangle ABC$ 的边 BC 的中点,垂心 H 与 M 的连线交 $\triangle ABC$ 的外接圆于 P(为非对径点),点 A 在边 BC 上的射影为 D,则 M,D,P,A 四点共圆.

推论 3 如图 7.7.5,在 $\triangle ABC$ 中,A' 为 A 的对称点,P 为直线 MH 与外接圆的另一交点,D 为 A 的边 BC 上的射影,则过点 A', D', A 三点的圆与 HP 的交点 N 为 HP 的中点.

事实上,由推论 2.有 $HM \cdot HP = HA \cdot HD = HA' \cdot HN = 2HM \cdot HN$,即 $HP = 2HN$.故知 N 为 HP 的中点.

例 8 (2014年亚太地区数学奥林匹克题)圆 ω 与 Ω 交于点 A, B,点 M 为圆 ω 的弧 $\overparen{AB}$ 中点(在圆 Ω 内),圆 ω 的弦 MP 交圆 Ω 于 Q(点 Q 在圆 ω 内).直线 l_P 为过点 P 的圆 ω 的切线,直线 l_α 为过点 Q 的圆 Ω 的切线.证明:由直线 l_P, l_Q 和 AB 围成的三角形的外接圆与圆 Ω 相切.

证法 1 利用位似.

如图 7.8.1,记 $X = AB \cap l_P, Y = AB \cap l_Q, Z = l_P \cap l_Q$,不妨设 $AX < AY$,记 $F = MP \cap AB$,点 R 为直线 PQ 与圆 Ω 的第二个交点,在圆 Ω 上取点 S, T 分别使得 $SR \parallel AB$、$RT \parallel l_P$.由于点 M 为圆 ω 的弧 $\overparen{AB}$ 中点,所以过点 M 的圆 ω 的切线 $l_M \parallel AB$,从而 $\angle XFP = \angle XPF$,那么我们有

$$\angle PRT = \angle MPX = \angle PFX = \angle PRS$$

也就是说点 Q 为 $\overparen{TQS}$ 的中点,所以 $SQ \parallel l_Q$,也就是说 $\triangle RST$ 与 $\triangle XYZ$ 的对应边互相平行,这样便存在一个位似变换 $\mathscr{H}$,将 $\triangle RST$ 映成 $\triangle XYZ$.

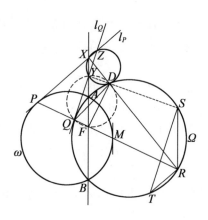

图 7.8.1

记 D 为 XR 与圆 Ω 的第二个交点. 我们将证明 D 为位似变换 $\mathcal{H}$ 的变换中心, 而由于 D 在圆 Ω 上, 所以这将进一步推出 $\triangle RST$ 与 $\triangle XYZ$ 的外接圆相切. 而要证明 D 为位似变换 $\mathcal{H}$ 的变换中心, 只须证明 $D \in SY$.

由于 $\angle PFX = \angle XPF$, 我们有
$$XF^2 = XP^2 = XA \cdot XB = XD \cdot XR$$
那么 $\dfrac{XF}{XD} = \dfrac{XR}{XF}$, 所以 $\triangle XDF \backsim \triangle XFR$, 因此
$$\angle DFX = \angle XRF = \angle DRQ = \angle DQY$$
这说明点 D, Y, Q, F 四点共圆, 所以
$$\angle YDQ = \angle YFQ = \angle SRQ = 180° - \angle SDQ$$
这正说明了 Y, D, S 三点共线且 D 在 Y, S 之间.

证法2 利用点 D 为直线 MP, PZ, l_P, l_Q 围成的完全四边形的密克尔点, 如图 7.8.2.

记 $X = AB \cap l_P, Y = AB \cap l_Q, Z = l_P \cap l_Q$, 不妨设 $AX < AY$, 记 $F = MP \cap AB$, 点 R 为直线 PQ 与圆 Ω 的第二个交点, D 为 XR 与圆 Ω 的第二个交点. 我们可以用不同于证法一的方法证明 $XP = XF$. 过点 P 作一圆与圆 ω 内切且与直线 AB 相切与点 M'. 两圆内切说明两圆是以公切点 P 为中心位似, 由于点 M 为圆 ω 的弧 AB 中点, 所以点 M 有关圆 ω 的切线 $l_M \parallel AB$, 从而该位似将点 M' 映成了点 M, 故 MM' 的连线经过位似中心点 P, 所以 $M' = F$, 由切线长定理便得到 $XP = XF$. 由圆幂定理可得
$$XP^2 = XA \cdot XB = XD \cdot XR = XF^2$$

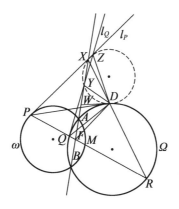

图 7.8.2

利用 △XPD ∽ △XRP, 得

$$XP^2 = XD \cdot XR$$

可推得 ∠XPD = ∠PRX, 而由

$$\angle XFD = \angle XRF = \angle XRP$$

可得 ∠XPD = ∠XFD, 从而 X, P, F, D 四点共圆. 另一方面, ZQ 为圆 Ω 的切线, 所以

$$\angle YQD = \angle ZQD = \angle XRP$$
$$= \angle XPD = \angle XFD = \angle YFD$$

从而 Y, Q, F, D 四点共圆, 进一步

$$\angle ZPD = \angle XPD = \angle XRP = \angle ZQD$$

可推得 Z, P, Q, D 四点共圆, 利用之前的两对四点共圆, 可得

$$\angle QZD = \angle DPQ = \angle DPF$$
$$= \angle DXF = \angle DXY$$

所以 X, Y, Z, D 四点共圆 (事实上, 通过开始的两对四点共圆, 我们便可说明点 D 为直线 MP, PZ, l_P, l_Q 围成的完全四边形的密克尔点, 从而可得到后两对四点共圆). 最后我们证明点 D 为 △RST 的外接圆与 △XYZ 的外接圆的唯一公共点.

我们过点 D 作圆 Ω 的切线 DW, 交 AB 于点 W. 我们只须证明 DW 也为 △XYZ 的外接圆的切线. 由于

$$\angle WDQ + \angle EDX + \angle QDR = 180°$$

而△DQR 的内角和
$$\angle DQR + \angle QRD + \angle QDR = 180°$$
由 DW 为切线便知 $\angle WDX = \angle QRD$,而由 Z,P,Q,D 四点共圆可推得 $\angle DQR = \angle DZX$,所以对比前两式可得 $\angle WDX = \angle DZX$,这说明了 DW 也是 △XYZ 的外接圆的切线,原命题得证.

8 点共直线

例1 （2004年国家集训队测试题）圆心为 O_1 和 O_2 的两个等圆相交于 P,Q 两点，O 是公共弦 PQ 的中点，过 P 任作两条割线 AB 和 CD（AB,CD 均不与 PQ 重合），点 A,C 在圆 O_1 上，点 B,D 在圆 O_2 上，联结 AD 和 BC，点 M,N 分别是 AD,BC 的中点，已知 O_1 和 O_2 不在两圆的公共部分内，点 M,N 均不与点 O 重合，求证：M,N,O 三点共线.

证法1 如图 8.1.1，设 S,T 分别为 CD,AB 的中点，联结 OS,OT，则由相交两圆性质知，$OS = OP = OT$，即知 $\triangle OST$ 为等腰三角形，亦即知点 O 在 ST 的中垂线上，

由题设，可证 $MSNT$ 为菱形，即知 M,N 也在线段 ST 的中垂线上，故 M,N,O 三点共线.

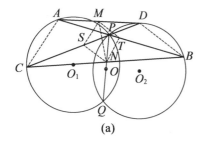
(a)

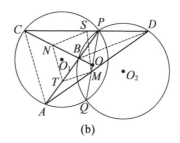
(b)

图 8.1.1

证法2 取 AB,CD 的中点 T,S，由相交两圆性质知，$QA = QB, QC = QD$. 又注意到 $\triangle BQA \sim \triangle CQD$，从而 $\triangle CQA \cong \triangle DQB$，故 $AC = BD$.
从而 $MSNT$ 为菱形，M,N 在线段 ST 的中垂线上.

由 $AQ = BQ$ 知，$TQ \perp PT$. 由 O 为 PQ 中点，知 $TO = \dfrac{1}{2}PQ$.

同理，$SO = \dfrac{1}{2}PQ$（$SQ \perp CD$），即 $TO = SO$，O 也在线段 ST 的中垂线上.

故 M,N,O 三点共线.

证法 3 如图 8.1.2,联结 $AC,BD,O_1A,O_1C,O_2D,O_2B$.

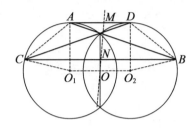

图 8.1.2

由圆 O_1 与圆 O_2 为等圆,则 $CO_1=O_2B,AO_1=DO_2$.
应用等圆性质,知 $AC=DB$.

分别在四边形 $ACBD,O_1O_2BC,O_1O_2DA$ 中应用对边相等的四边形性质知,直线 MN 与直线 AC、DB 成等角;直线 ON 与直线 O_1C,O_2B 成等角;直线 OM 与直线 O_1A,O_2D 成等角.

注意到同时与两相交(或平行)直线成等角的直线是相互平行的,从而知直线 MN,ON,OM 重合,故 M,N,O 三点共线.

例 2 (2009 年福建省竞赛题)如图 8.2.1,圆 O 与线段 AB 切于点 M,且与以 AB 为直径的半圆切于点 $E,CD\perp AB$ 于点 D,CD 与以 AB 为直径的半圆交于点 C,且与圆 O 切于点 F,联结 AC,CM. 求证:(1)A,F,E 三点共线;(2)$AC=AM$;(3)$MC^2=2MD\cdot MA$.

证法 1 (1)设 AB 的中点为.

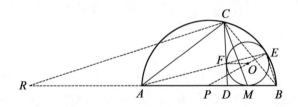

图 8.2.1

由题设条件知圆 P 与圆 O 内切于点 E,故 P,O,E 三点共线. 联结 FO.
由 $CD\perp AB,CD$ 切圆 O 于点 F 知 $CD\perp OF,FO/\!/AP,\angle EOF=\angle EPA$.
因为 $OE=OF,PE=PA$,所以 $\angle OEF=\angle PEA$,即知 A,F,E 三点共线.

(2)在圆 O 中,由切割线定理知 $AM^2=AF\cdot AE$.

联结 EB,由于 $AE \perp EB$,则 E,F,D,B 四点共圆. 故 $AD \cdot AB = AF \cdot AE$. 联结 BC,则 $AC \perp CB$. 因此,$AC^2 = AD \cdot AB = AF \cdot AE = AM^2$. 故 $AC = AM$.

(3)延长 MA 至点 R,使 $AR = AM$. 联结 CR,由(2)中 $AC = AM$ 知 $RC \perp CM$. 故 $MC^2 = MD \cdot MR = 2MD \cdot MA$.

证法2 (1)由设直线 EF 交以 AB 为直径的圆于 A',则 A' 为 CD 所在弦对的弧的中点. 而 AB 是垂直于 CD 的直径,从而 A' 与 A 重合. 故 A,F,E 三点共线.

(2)同证法(2)有 $AM^2 = AF \cdot AE = AD \cdot AB$.

联结 BC. 在 $\triangle ABC$ 应用广勾股定理,有 $AC^2 = BC^2 + AB^2 - 2BA \cdot BD = AB^2 - AC^2 + AB^2 - 2BA \cdot BD$,即

$$AC^2 = AB^2 - BA \cdot BD = AB(AB - BD) = AD \cdot AB = AM^2$$

(3)由三角形的广勾股定理,有 $MC^2 = AM^2 + AC^2 - 2AM \cdot AD$.

而 $AM = AC$,则 $MC^2 = 2AM^2 - 2AM \cdot AD = 2AM \cdot DM$.

例3 如图,圆 O_1 与圆 O_2 内切于点 T,P 是小圆圆 O_1 上一点,过点 P 的切线交大圆圆 O_2 于 A,B,直线 TP 交圆 O_2 于 Q,联结 AT,BT 分别交圆 O_1 于 E,F,直线 EF 与 TQ 交于点 G,直线 AG,BG 分别交圆 O_2 于 C,D,则 $C,E,Q;D,F,Q$ 分别三点共线.

证法1 延长 TA 到 M,使 $AM = FB$. 联结 QM,QB,MF,设 MF 与 AB 交于点 N,如图 8.3.1.

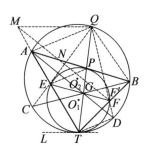

图 8.3.1

由于 Q 为 $\overparen{AB}$ 的中点,有 $AQ = BQ$,又 $\angle MAQ = \angle QBF$,则 $\triangle MAQ \cong \triangle FBQ$. 从而 $MQ = QF$,$\angle AQM = \angle BQF$.

由 GT 平分 $\angle ETF$,有 $\dfrac{EG}{GF} = \dfrac{TE}{TF}$.

由 $EF \parallel AB$,有 $\dfrac{TE}{TF} = \dfrac{EA}{FB} = \dfrac{EA}{AM}$.

从而 $\dfrac{EG}{GF} = \dfrac{EA}{AM}$,于是 $AG \parallel MF$,即有 $\angle DAB = \angle FNB$.

由 $\angle AQM = \angle BQF$,有 $\angle MQF = \angle AQB$.

又 $\triangle QMF$ 与 $\triangle QAB$ 均为等腰三角形,且顶角相等,则 $\angle NFQ = \angle NBQ$.

于是,N,F,B,Q 四点共圆,则 $\angle BQF = \angle BNF = \angle BAD = \angle BQD$,故 Q,F,D 共线.

同理 C,E,Q 三点共线.

证法 2 联结 EP,TD,过点 T 作公切线 LT,则

$$\angle GFT = \angle EPT = \angle ETL = \angle ADT = \angle GDT$$

于是知 $G、T、D、F$ 四点共圆.

又联结 QD 交 BT 于 F',则由 Q 为劣弧 $\overset{\frown}{AB}$ 的中点,有 $\overset{\frown}{AQ} = \overset{\frown}{QB}$,即知 $\angle GTF' = \angle QTB = \angle ADQ = \angle GDF'$,于是知 G,T,D,F' 四点共圆.

由 F' 与 F 均在 BT 上,从而 F 与 F' 重合,故 Q,F,D 三点共线.

同理 C,E,Q 三点共线.

例 4 (1995 年第 12 届伊朗数学奥林匹克,1997 年 97 届匈牙利数学奥林匹克,2002 年第 51 届保加利亚数学奥林匹克题)设 $\triangle ABC$ 的内切圆与边 BC,CA,AB 分别相切于点 D,E,F. 求证:$\triangle ABC$ 的外心 O,内心 I 与 $\triangle DEF$ 的垂心 H' 三点共线.

证法 1 如图 8.4.1 所示,设 $\triangle ABC$ 的内切圆半径和外接圆半径分别为 $r,R,R = kr$. 考虑以 I 为中心,位似比为 $-k$ 的位似变换 $H(I,-k)$. 设 $\triangle DEF \xrightarrow{H(I,-k)} \triangle D'E'F'$,则 $D'I = R$.

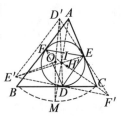

图 8.4.1

再设 $\triangle ABC$ 的外接圆上的 $\overset{\frown}{BC}$(不含点 A)的中点为 M,则 $OM \underline{\underline{\parallel}} D'I$,所以四边形 $OMID'$ 为平行四边形,于是,$D'O \parallel IM$.

注意到 A,I,M 共线,所以 $D'O \parallel AI$. 又 $AI \perp FE$,则 $D'O \perp FE$.

但 $FE \parallel E'F'$,从而 $D'O \perp E'F'$. 同理,$E'O \perp F'D'$,即知 O 是 $\triangle D'E'F'$ 的垂心.

因此 $H' \xrightarrow{H(I,-k)} 0$. 故 H', I, O 共线, 且 $\dfrac{H'I}{IO} = \dfrac{r}{R}$.

证法 2 如图 8.4.2 所示, 设直线 DH', EH', FH' 分别与 $\triangle ABC$ 的内切圆圆 I 交于另一点 P, Q, R, 则 $\triangle DEF$ 的三边分别垂直平分 $H'P, H'Q, H'R$. 所以 $DQ = DH' = DR$, 即知 H' 为 $\triangle PQR$ 的内心, 由此, 知 $QR \parallel BC$.

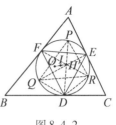

图 8.4.2

同理, $RP \parallel CA, PQ \parallel AB$.

因此, $\triangle ABC$ 与 $\triangle PQR$ 是位似的.

而 O, I 分别为 $\triangle ABC$ 与 $\triangle PQR$ 的外心, I, H' 分别为 $\triangle ABC$ 与 $\triangle PQR$ 的内心, 故 O, I, H' 三点共线, 且 $\dfrac{HI}{IO} = \dfrac{r}{R}$.

证法 3 对 $\triangle DEF$ 应用欧拉线定理, 知 I, G', H' 垂线, 而 O, I, G' 共线 故 H', I, O 共线.

例 5 如图 8.5.1, 在锐角 $\triangle ABC$ 中, $AB > AC, CD, BE$ 分别是边 AB, AC 上的高, DE 与 BC 的延长线交于点 T, 过点 D 作 BC 的垂线交 BE 于点 F, 过点 E 作 BC 的垂线交 CD 于点 G. 证明: F, G, T 三点共线.

证法 1 如图, 设过 D、E 的垂线分别交 BC 于 M, N, 在 Rt$\triangle BEC$ 和 Rt$\triangle BDC$ 中, 由射影定理, 得 $CE^2 = CN \cdot CB, BD^2 = BM \cdot BC$.

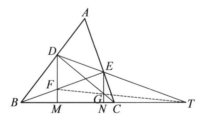

图 8.5.1

则
$$\frac{CN}{BM} = \frac{CE^2}{BD^2}$$

又 Rt$\triangle CNG \backsim$ Rt$\triangle CDB$, Rt$\triangle BMF \backsim$ Rt$\triangle BEC$, 则
$$GN = \frac{BD}{CD} \cdot CN, FM = \frac{CE}{BE} \cdot BM$$

于是

$$\frac{GN}{FM} = \frac{BD \cdot BE}{CD \cdot CE} \cdot \frac{CN}{BM} = \frac{BD \cdot BE}{CD \cdot CE} \cdot \frac{CE^2}{BD^2} = \frac{BE \cdot CE}{BD \cdot CD} \qquad ①$$

在 Rt△BEC 和 Rt△BDC 中,由面积关系,得

$$BE \cdot CE = EN \cdot BC, BD \cdot CD = DM \cdot BC$$

则

$$\frac{BE \cdot CE}{BD \cdot CD} = \frac{EN}{DM} = \frac{TN}{TM} \qquad ②$$

由①②得

$$\frac{GN}{FM} = \frac{TN}{TM} \qquad (*)$$

又 $GN /\!/ FM$,故 F, G, T 三点共线.

证法 2 如图 8.5.2,设 CD 与 BE 相交于点 H,则 H 为 △ABC 的垂心. 记 DF, EG, AH 与 BC 的交点分别为 M, N, R.

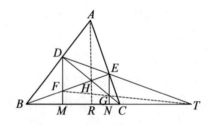

图 8.5.2

由 $DM /\!/ AR /\!/ EN$,有

$$\frac{DF}{FM} = \frac{AH}{HR} = \frac{EG}{GN}$$

由合比定理,得

$$\frac{DM}{FM} = \frac{EN}{GN}$$

则

$$\frac{GN}{FM} = \frac{EN}{DM} = \frac{TN}{TM}$$

故 F, G, T 三点共线.

证法 3 在 △ABC 中,直线 DET 分别交 BC, CA, AB 于 T, E, D,由梅涅劳斯定理,得

$$\frac{BT}{TC} \cdot \frac{CE}{EA} \cdot \frac{AD}{DB} = 1$$ ③

如图,设 CD 与 BE 相交于 H,则 H 为 $\triangle ABC$ 的垂心,$AH \perp BC$.
因 $DF \perp BC, EG \perp BC$,则 $DF \parallel AH \parallel EG$.
有 $\dfrac{CE}{EA} = \dfrac{CG}{GH}, \dfrac{AD}{DB} = \dfrac{HF}{FB}$,代入③得 $\dfrac{BT}{TC} \cdot \dfrac{CG}{GH} \cdot \dfrac{HF}{FB} = 1$.
根据梅涅劳斯定理的逆定理,F, G, T 三点共线.

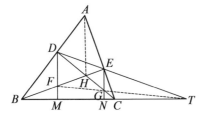

图 8.5.3

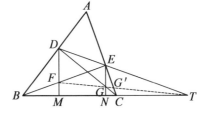

图 8.5.4

证法 4 如图 8.5.4,联结 FT 交 EN 于 G',易知 $\dfrac{DF}{FM} = \dfrac{EG'}{G'N}$.

为了证明 F, G, T 三点共线,只须证明 $\dfrac{DF}{FM} = \dfrac{EG}{GN}$ 即可.

因

$$\frac{DF}{FM} = \frac{S_{\triangle BDF}}{S_{\triangle BMF}} = \frac{\frac{1}{2}BD \cdot BF\sin\angle ABE}{\frac{1}{2}BM \cdot BF\sin\angle CBE} = \frac{BD}{BM} \cdot \frac{\sin\angle ABE}{\sin\angle CBE}$$

$$\frac{EG}{GN} = \frac{S_{\triangle CEG}}{S_{\triangle CMG}} = \frac{\frac{1}{2}CE \cdot CG\sin\angle ACD}{BD\sin\angle BCD} = \frac{CE}{CN} \cdot \frac{\sin\angle ACD}{\sin\angle BCD}$$

又

$$\frac{BD}{BM} = \frac{BC}{BD}, \frac{CE}{ON} = \frac{BC}{CE}$$

则

$$\frac{DF}{FM} = \frac{BC\sin\angle ABE}{BD\sin\angle CBE}, \frac{EG}{GN} = \frac{BC\sin\angle ACD}{CE\sin\angle BCD}$$ ④

由 $CD \perp AB, BE \perp CA$,有 B, D, E, C 四点共圆.
则

$$\angle ABE = \angle ACD \qquad ⑤$$

又

$$\frac{BD}{\sin\angle BCD} = BC = \frac{CE}{\sin\angle CBE}$$

则

$$BD\sin\angle CBE = CE\sin\angle BCD \qquad ⑥$$

将⑤⑥代入④,得

$$\frac{DF}{FM} = \frac{EG}{GN}$$

故 F,G,T 三点共线.

例6 (2001年第64届莫斯科数学奥林匹克题)在一个顶点为 M 的角内标出一个点 A,由点 A 发出一个球,它先到达角的一边上的一点 B,然后被反射到另一条边上的点 C,又被弹回了点 A(反射角＝入射角).证明:$\triangle BCM$ 的外心位于直线 AM 上.

证法1 如图8.6.1,作 $\triangle MBC$ 的外接圆圆 O,点 M 的对称点记为 H,注意半圆上圆周角是直角,则 $HB \perp MB$, $HC \perp MC$. 由于反射角＝入射角. 即知 BH 是 $\angle ABC$ 的平分线,HC 是 $\angle ACB$ 的平分线. 从而 H 为 $\triangle ABC$ 的内心.

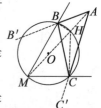

图8.6.1

设点 B' 在射线 AB 上,点 C' 在射线 AC 上,易知点 M 就是 $\angle B'BC$ 的平分线与 $\angle BCC'$ 的平分线的交点,因此,点 M 是 $\triangle ABC$ 的在 $\angle A$ 内的旁切圆的旁心,

于是它在 $\angle BAC$ 的平分线上. 这表明直径 HM 及点 O 都在 $\angle BAC$ 的平分线 AM 上.

证法2 记 $\triangle BCM$ 的外心为 O,则

$$\angle BMO = 90° - \frac{1}{2}\angle MOB = 90° - \angle BCM \qquad ①$$

设点 A 关于 MB 的对称点为 F,关于 MC 对称的点为 E.

由对称性知,$MA = MF$, $MA = ME$,所以点 A, E 和 F 都在同一个以点 M 为圆心的圆上. 又由"反射角＝入射角"推知,E, C, B, F 四点共线. 于是有

$$\angle BMA = \frac{1}{2}\angle FMA = \angle AEF = \angle AEC = 90° - \angle BCM \qquad ②$$

比较①②得
$$\angle BMO = \angle BMA$$
上式表明 M,O,A 三点共线.

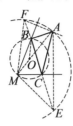
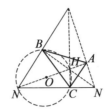

图 8.6.2　　　　图 8.6.3

证法 3　以 $\triangle ABC$ 为垂心的垂足三角形作 $\triangle MNL$ 如图. 则 $\triangle MBC$ 的外心 O 在 $\triangle MNL$ 的高线 AM 上, $\triangle ABC$ 的内心 H 即 $\triangle MNL$ 的垂心, 显然 M,O,H,A 四点共线. 由此即知结论成立.

例 7　在完全四边形 $ABCDEF$ 中, A,B,D,F 四点共圆于圆 O, 过 B,F 分别作圆 O 的切线交于点 P, 则 (1) $\angle BPF = \angle C + \angle E$; (2) C,P,E 三点共线.

证明 (1)　联结 BF.

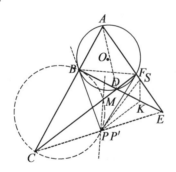

图 8.7.1

注意到
$$\angle ABD + \angle AFD = 180°, \angle C + \angle A + \angle AFD = 180°$$
$$\angle E + \angle A + \angle ABD = 180°$$
从而
$$\angle E + \angle C = 180° - 2\angle A$$
又
$$PB = PF, \angle PBF = \angle PFB = \angle A$$

故
$$\angle BPF = 180° - 2\angle A = \angle E + \angle C.$$

(2) **方法**1　帕斯卡定理的特殊情形.

方法2　联结 AD,过 P 作 DF 的平行线交 BE 于点 K,过 K 作 AD 的平行线交 AE 于点 S,联结 PS. 由 $PK \parallel CF$ 知 $\angle KPF = \angle DFP$.

又 $\angle KBF = \angle DFP = \angle KPF$,知 K,F,B,P 共圆.

同理 K,S,F,B 四点共圆.（由 $\angle ESK = \angle FAD = \angle FBD = \angle FBK = \angle FPK$ 即证）.

从而 K,S,F,B,P 五点共圆.

于是,有 $\angle PSE = \angle PBF = \angle BAF$,从而 $PS \parallel CA$.

此时,$\triangle ACD$ 与 $\triangle SPK$ 的三组对边分别平行,且两组对应顶点 A,S 和 D,K 的连线交于点 E,从而 E 为其位似中心. 故 C,P,E 三点共线.

方法3　作 $\triangle BCP$ 的外接圆交 CF 于点 M,联结 BM,MP. 于是
$$\angle PMC = \angle PBC = \angle BFA$$
从而
$$\angle PMF = \angle EFB$$

又 $\angle PFM = \angle EBF$,则 $\triangle PFM \backsim \triangle EBF$. 有 $\dfrac{PF}{FM} = \dfrac{EB}{BF}$,即 $\dfrac{BF}{FM} = \dfrac{EB}{PF}$.

注意 $PF = PB$,有 $\dfrac{BF}{FM} = \dfrac{EB}{BP}$. 而 $\angle BFM = \angle EBP$,则 $\triangle BFM \backsim \triangle EBP$. 即有 $\angle BMF = \angle EPB$. 又 $\angle BMC = \angle BPC$,且 $\angle BMF + \angle BMC = 180°$,则 $\angle EPB + \angle BPC = 180°$. 故 C,P,E 三点共线.

方法4　设过点 F 的圆 O 的切线交 CE 于点 P',则 $\angle CFP' = \angle FBE$, $\angle EFP' = \angle FBA = 180° - \angle FBC$. 于是 $\dfrac{CP'}{P'E} = \dfrac{S_{\triangle FCP'}}{S_{\triangle FP'E}} = \dfrac{FC \cdot \sin \angle CFP'}{FE \cdot \sin \angle EFP'} = \dfrac{FC \cdot \sin \angle FBE}{FE \cdot \sin \angle FBC} = \dfrac{FC}{\sin \angle FBC} \cdot \dfrac{\sin \angle FBE}{FE} = \dfrac{BF}{FE} \cdot \dfrac{\sin \angle E}{\sin \angle C} = \dfrac{\sin \angle E}{\sin \angle C}$.

同理,设过点 B 的圆 O 的切线交直线 CE 于点 P'',则 $\dfrac{CP''}{P''E} = \dfrac{\sin \angle E}{\sin \angle C}$.

于是 $\dfrac{CP'}{P'E} = \dfrac{CP''}{P''E}$,即 $\dfrac{CP'}{CE} = \dfrac{CP''}{CE}$,亦即 P' 与 P'' 重合于点 P. 故 C,P,E 三点共线.

例8　(2006 年第 9 届香港数学奥林匹克题)凸四边形 $ABCD$ 的外接圆的

圆心为 O,已知 $AC\neq BD$,AC 与 BD 交于点 E. 若 P 为四边形 $ABCD$ 内部一点,使得 $\angle PAB+\angle PCB=\angle PBC+\angle PDC=90°$. 求证:$O,P,E$ 三点共线.

证法 1 如图 8.8.1

图 8.8.1

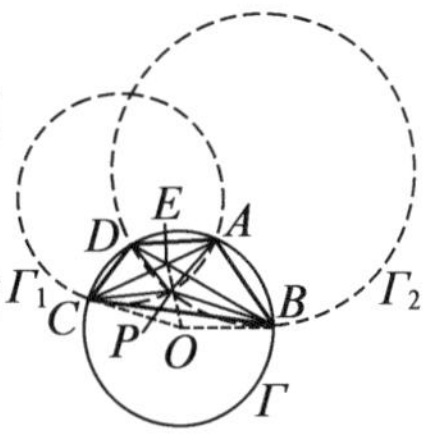

记四边形 $ABCD$ 的外接圆为圆 Γ, $\triangle APC$ 的外接圆为圆 Γ_1,$\triangle BPD$ 的外接圆为圆 Γ_2.

易知,圆 Γ 和 Γ_1 的根轴是直线 AC,圆 Γ 和 Γ_2 的根轴是直线 BD.

由于 P 是圆 Γ_1 和 Γ_2 的公共点,因此,P 在圆 Γ_1 和 Γ_2 的根轴上.

又 E 是 AC 与 BD 的交点,则 E 是圆 Γ,Γ_1,Γ_2 的根心. 从而,直线 PE 是圆 Γ_1 和 Γ_2 的根轴.

为证明 O,P,E 三点共线,只须证明 O 对圆 Γ_1 和 Γ_2 的幂相等,即 O 也在这两个圆的根轴上.

由外角的性质知

$$\angle APC=\angle PAB+\angle ABC+\angle PCB=90°+\frac{1}{2}\angle AOC$$

而

$$\begin{aligned}\angle ACO&=\frac{1}{2}(180°-\angle AOC)\\&=180°-\left(90°+\frac{1}{2}\angle AOC\right)\\&=180°-\angle APC\end{aligned}$$

这表明,OC 与圆 Γ_1 切于点 C.

同理,OB 与圆 Γ_2 切于点 B.

由 $OC=OB$ 知,点 O 对圆 Γ_1 和 Γ_2 的幂相等. 从而,O,P,E 三点共线.

证法 2 如图 8.8.2. 延长线段 AP,BP,CP,DP,分别交四边形 $ABCD$ 的外接圆 Γ 于点 A',B',C',D'. 则

图 8.8.2

$$\begin{aligned}90°&=\angle PAB+\angle PCB\\&=\frac{1}{2}\angle A'OB+\frac{1}{2}\angle C'OB\\&=\frac{1}{2}\angle A'OC'\end{aligned}$$

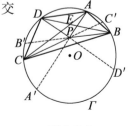

于是,$A'C'$ 是圆 Γ 的一条直径.

同理,$B'D'$ 也是圆 Γ 的一条直径.

故 $A'C' \cap B'D' = O$.

记直线 $B'A$ 和 $C'D$ 的交点为 Q.

对圆 Γ 上的六个点 B,B',A,C,C',D 应用帕斯卡定理知

$$BB' \cap CC' = P, B'A \cap C'D = Q$$

$$AC \cap BD = E$$

故 P,Q,E 三点共线.

对圆 Γ 上的六个点 A,A',C',D,D',B' 应用帕斯卡定理知

$$AA' \cap DD' = P, A'C' \cap D'B' = O$$

$$C'D \cap B'A = Q$$

故 P,O,Q 三点共线.

从而,O,P,E 三点共线.

例 9 (2013 年 IMO 54 试题) 如图 8.9.1, 设三角形 ABC 是一个锐角三角形. 其垂心为 H. 设 W 是边 BC 上一点, 与顶点 B,C 均不重合, M 和 N 分别是过顶点 B 和 C 的高的垂足. 记三角形 BWN 的外接圆为 ω_1, 设 X 是 ω_1 上一点, 且 WX 是 ω_1 的直径. 类似地, 记三角形 CWM 的外接圆为 ω_2. 设 Y 是 ω_2 上一点, 且 WY 是 ω_2 的直径. 证明: X,Y 和 H 共线.

证法 1 显然,B,C,M,N 四点共圆. 记此圆为 ω. ω 与 ω_1 的公共弦 BN 与 ω 与 ω_2 的公共弦 CM 的交点是 A, 于是知 A 为 ω_1,ω_2 和 ω 的根心, ω_1 与 ω_2 的另一个交点 V 显然在 AW 上.

因 WX 和 WY 分别是 ω_1 和 ω_2 的直径. 因此 $WV \perp XV, WV \perp YV$, 从而推知 X,V,Y 三点共线.

又 HM,HN 分别与 AM,AN 垂直, 因此. AH 是 $\triangle AMN$ 外接圆的直径.

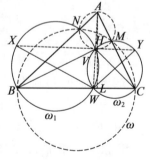

图 8.9.1

由三角形的密克尔定理, 知 V 也在 $\triangle AMN$ 的外接圆上.

从而 $HV \perp AV$, 故 X,H,V,Y 共线, 即 X,Y 和 H 共线.

证法 2 如图 8.9.2, 设 AL 是边 BC 上的高. (设圆 ω_1 与 ω_2 的另一交点为

V,下证 X, V, H, Y 四点共线.

由 $\angle BNC = \angle BMC = 90°$,知 B, C, M, N 共圆. 记该圆于 W.

由于 WZ, BN, CM 分别为圆 ω_1 与 ω_2, ω 与 ω_1, ω 与 ω_2 的根轴,从而三线交于一点.

又 BN 与 CM 交于点 A,则 WZ 过点 A.

因 WX, WY 分别为圆 ω_1, ω_2 的直径,则 $\angle WVX = \angle WVY = 90°$,知 $X、Y$ 在这点 V 且与 WV 垂直的直线 l 上.) 同证法1.

由 $\angle BNH = \angle BLH = 90°$,知 B, L, H, N 四点共圆.

由圆幂定理,知

$$AL \cdot AH = AB \cdot AN = AW \cdot AV \qquad ①$$

若点 H 在直线 AW 上,则点 H 与 V 重合. 若点 H 不在直线 AW 上,则由①得 $\dfrac{AV}{AH} = \dfrac{AL}{AW}$. 于是 $\triangle AHV \sim \triangle AWL$. 故 $\angle HVA = \angle WLA = 90°$.

所以,点 H 也在直线 l 上. 即 X, Y 和 H 共线.

证法3 过 W 作 BC 的垂线交 BM 于点 P,交 CN 于点 Q,令 D 为过点 A 的高线的垂足,则 $\angle BNQ = \angle BWQ = 90°$,知 Q 在圆 BNW 上,且 BQ 为其直径,从而四边形 $BXQW$ 为矩形.

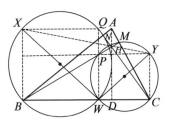

图 8.9.3

同理四边形 $CYPW$ 边为矩形.

从而 $BX = WQ = \dfrac{WC \cdot DH}{DC}$,$CY = WP = \dfrac{WB \cdot DH}{DB}$.

于是 X, H, Y 共线 $\Leftrightarrow \dfrac{DH - CY}{XB - CY} = \dfrac{DC}{BC} \Leftrightarrow BC \cdot DH = DC \cdot BX + CY \cdot BD \Leftrightarrow BC \cdot DH = WC \cdot DH + WB \cdot DH \Leftrightarrow BC = BW + WC$.

而最后一式是恒等式,故 X, H, Y 三点共线.

例 10 (中等数学 2010(5)数奥训练题 129)如图 8.10.1，$\triangle ABC$ 的三条高线 AD,BE,CF 交于点 H，P 是 $\triangle ABC$ 内的任意一点．求证：$\triangle APD$，$\triangle BPE$，$\triangle CPF$ 的外心 O_1,O_2,O_3 三点共线．

证法 1 过点 P 作直线 $PR \perp PA, PS \perp PB$，$PT \perp PC$，与 $\triangle ABC$ 的三边 BC,CA,AB 所在的直线分别交于 R,S,T，联结 AR,BS,CT，则易知这三条线段的中点分别是 $\triangle APD$，$\triangle BPE$，$\triangle CPF$ 的外心 O_1,O_2,O_3．

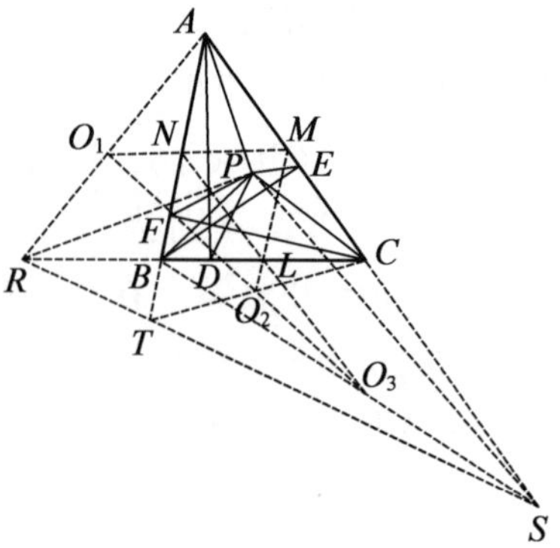

首先证明：R,S,T 三点共线．

注意到：若平面上一个角的两边与另一角的两边对应垂直，则这两个角相等或互补，可推之

$$\angle BPT = \angle CPS, \angle APT = \angle CPR$$

$$\angle APS + \angle BPR = 360° - \angle APR - \angle BPS = 180°$$

图 8.10.1

于是

$$\frac{BR}{RC} \cdot \frac{CS}{SA} \cdot \frac{AT}{TB} = \frac{S_{\triangle PBR}}{S_{\triangle PRC}} \cdot \frac{S_{\triangle PCS}}{S_{\triangle PSA}} \cdot \frac{S_{\triangle PAT}}{S_{\triangle PTB}} = \frac{S_{\triangle PCS}}{S_{\triangle PTB}} \cdot \frac{S_{\triangle PAT}}{S_{\triangle PRC}} \cdot \frac{S_{\triangle PBR}}{S_{\triangle PSA}}$$

$$= \frac{PC \cdot PS \cdot \sin\angle CPS}{PT \cdot PB \cdot \sin\angle BPT} \cdot \frac{PA \cdot PT \cdot \sin\angle APT}{PR \cdot PC \cdot \sin\angle CPR} \cdot \frac{PB \cdot PR \cdot \sin\angle BPR}{PS \cdot PA \cdot \sin\angle APS} = 1$$

对 $\triangle BCA$ 应用梅涅劳斯定理的逆定理，知 R,S,T 三点共线．

接下来证明：O_1,O_2,O_3 三点共线．(对完全四边形 $SCABRT$ 应用牛顿线定理即证）

作出 $\triangle ABC$ 的三边 BC,CA,AB 的中点，分别记为 L,M,N．易知 M,V,O_1,N，L,O_2 和 L,M,O_3 分别三点共线，则 $\dfrac{NO_1}{O_1M} = \dfrac{BR}{RC}, \dfrac{LO_2}{O_2N} = \dfrac{CS}{SA}, \dfrac{MO_3}{O_3L} = \dfrac{AT}{TB}$．

于是 $\dfrac{NO_1}{O_1M} \cdot \dfrac{MO_3}{O_3L} \cdot \dfrac{LO_2}{O_2N} = \dfrac{BR}{RC} \cdot \dfrac{CS}{SA} \cdot \dfrac{AT}{TB} = 1$．由梅涅劳斯定理（对 $\triangle NLM$）知 O_1,O_2,O_3 三点共线．

证法 2 点 H 对 $\triangle APD$ 的外接圆的幂为 $HD \cdot HA$，对 $\triangle BPE$ 的外接圆的幂为 $HE \cdot HB$，对 $\triangle CPF$ 的外接圆的幂为 $HF \cdot HC$．由 A,B,D,E 共圆，知 $HD \cdot HA = HE \cdot HB$．

同理，$HD \cdot HA = HE \cdot HB = HF \cdot HC$，即点 H 对三个圆的幂相同.

又显然点 P 对这三个圆的幂相同. 于是，直线 PH 是这三个圆中两个圆的根轴.

因此，$\triangle APD, \triangle BPE, \triangle CPF$ 的外接圆除点 P 外还有一个公共点 Q，且 PQ 通过点 H.

由连心线垂直平分公共弦知，O_1, O_2, O_3 三点均在线段 PQ 的垂直平分线上.

例 11 设 D 是 $\triangle ABC$ 的 BC 边上任意一点，I 是 $\triangle ABC$ 的内心，圆 O_1 与 AD, BD 均相切，同时与 $\triangle ABC$ 的外接圆相切；圆 O_2 与 AD, CD 均相切，同时与 $\triangle ABC$ 的外接圆相切，则 O_1, I, O_2 三点共线.

证法 1 如图 8.11.1，设圆 O_1 与 BD, AD 分别切于点 E, F，圆 O_2 与 AD, CD 分别切于点 G, H.

由曼海姆定理的推广，可推知直线 EF 与 GH 的交点，即为 $\triangle ABC$ 的内心 I.

显然，$O_1D \perp EI, HG \perp DO_2, O_1D \perp O_2D$，从而 $EI \perp GH$. 由此说明 GF 为圆 IGF 的直径. 而 EH 为圆 IEH 的直径，$O_1E \perp EH, O_1F \perp GF, O_1E = O_1F$，所以点 O_1 对圆 IGF 与圆 IEH 的幂相等，因而点 O_1 在圆 IGF 与圆 IEH 的根轴上.

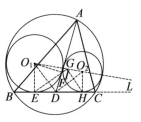

图 8.11.1

同理，点 O_2 也在圆 IGF 与圆 IEH 的根轴上.

因此，直线 O_1O_2 即为圆 IGF 与圆 IEH 的根轴. 显然点 I 在这两圆的根轴上.

证法 2 由曼海姆定理推广，知 E, F, I 及 H, I, G 分别三点共线，故直线 EF 与 GH 交于点 I.

易知 $DO_1 \perp DO_2, O_1D \perp EI$，有 $EI \parallel DO_2$. 同理 $O_1D \parallel GH$，且易知 $O_1E \parallel O_2H$.

由帕普斯定理，可得 O_1, I, O_2 三点共线.

证法 3 延长 O_1O_2 交 BC 的延长线于点 L，同证法 2，知 I 为直线 EF 与 GH 的交点，设 EF 交 O_1O_2 于点 M，HG 交 O_1O_2 于点 N. 则由 $EM \parallel O_2D, HN \parallel O_1D$，$O_1E \parallel O_2H$. 有

$$\frac{LO_2}{LM} = \frac{LD}{LE}, \frac{LN}{LO_1} = \frac{LH}{LD}, \frac{LO_2}{LO_1} = \frac{LH}{LE}$$

前面两式相乘得 $\dfrac{LO_2}{LO_1} \cdot \dfrac{LN}{LM} = \dfrac{LH}{LE}$，代入第三式知 M、N 重合于点 I. 故 O_1、I、O_2 三点共线.

例 12 （2014 年第二届"学数学"数学奥林匹克题）在 $\triangle ABC$ 中（$AB \neq AC$），AT 是 $\angle BAC$ 的平分线，M 是边 BC 的中点，H 是垂心，HM 与 AT 相交于点 D. 过点 D 作 $DE \perp AB$，$DF \perp AC$，垂足分别为点 E、F. 求证：E、H、F 三点共线.

证法 1 如图 8.12.1，延长线段 HM 到点 Q，使得 $QM = MH$，则四边形 $BQCH$ 是平行四边形，于是 $\angle BQC = \angle BHC = 180° - A$，从而点 Q 在 $\triangle ABC$ 的外接圆上.

又由 $BH \perp AC$，$CH \perp AB$ 可知 $\angle ABQ = \angle ACQ = 90°$，因此 Q 是 A 的对径点.

记射线 MH 与 $\triangle ABC$ 的外接圆相交于点 P，则 $\angle APQ = 90°$. 又 $DE \perp AB$，$DF \perp AC$，所以，P、A、E、D、F 五点共圆.

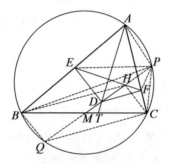

图 8.12.1

由
$$\angle PEB = 180° - \angle PEA$$
$$= 180° - \angle AFP = \angle PFC$$
$$\angle PBE = \angle PBA = \angle PCA = \angle PCF$$

知 $\triangle PEB \backsim \triangle PFC$，从而
$$\dfrac{PB}{PC} = \dfrac{BE}{CF} \qquad ①$$

由点 M 是 BC 中点，知 $S_{\triangle BPQ} = S_{\triangle CPQ}$，即
$$\dfrac{1}{2} PB \cdot BQ \sin \angle PBQ = \dfrac{1}{2} PC \cdot CQ \sin \angle PCQ$$

由 $\angle PBQ + \angle PCQ = 180°$，知 $\sin \angle PBQ = \sin \angle PCQ$，因此
$$PB \cdot BQ = PC \cdot CQ$$

即
$$\frac{PB}{PC} = \frac{BQ}{CQ} \quad ②$$

由四边形 $BQCH$ 是平行四边形,知
$$BQ = CH, CQ = BH$$

结合式①②可知
$$\frac{BE}{CF} = \frac{BH}{CH}$$

又 $\angle ABH = \angle ACH = 90° - \angle A$

故
$$\triangle BEH \backsim \triangle CFH$$

从而
$$\angle BEH = \angle CFH$$

即
$$\angle AEH = \angle AFH$$

假设 E,H,F 不共线,则由四边形 $AEDF$ 的对称性可知 H 在角平分线 AT 上,则 $\triangle ABC$ 必为等腰三角形,与已知条件矛盾.于是只可能 E,H,F 三点共线. 证毕.

证法2 改为证等价命题:如图 8.12.2,在 $\triangle ABC$ 中 ($AB \neq AC$),H 是垂心,过点 H 作直线 EF,与 AB,AC 分别相交于点 E,F,且使得 $AE = AF$,过点 E,F 分别作 AB,AC 垂线相交于点 D,HD 与 BC 相交于点 M,则 M 是 BC 中点.为此作高 BS,CR,则

$$S_{\triangle BDH} = \frac{1}{2}BH \cdot SF, S_{\triangle CDH} = \frac{1}{2}CH \cdot RE$$

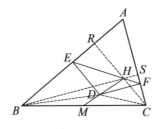

图 8.12.2

容易证明

$$\triangle BEH \backsim \triangle CFH, \text{Rt}\triangle EHR \backsim \text{Rt}\triangle FHS$$

所以
$$\frac{BH}{CH} = \frac{HR}{HS} = \frac{RE}{SF}$$

因此 $S_{\triangle BDH} = S_{\triangle CDH}$,即 M 是 BC 中点.

证法 3 如图 8.12.3,作 $\triangle ABC$ 的外接圆圆 O,延长 AO 交圆 O 于点 N,联结 NB、NC. 因为 $NB \perp AB, CH \perp AB$,所以 $CH /\!/ NB$. 同理可知 $BH /\!/ NC$,所以,四边形 $BHCN$ 为平行四边形,H, M, N 三点共线.

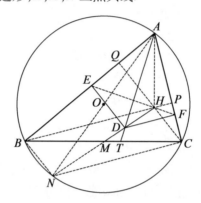

图 8.12.3

延长 BH,交 AC 于点 P,延长 CH,交 AB 于点 Q. 联结 HA, HE, HF. 易知 AD 平分 $\angle HAN$,且

$$\triangle AHQ \backsim \triangle ANC$$

所以
$$\frac{HQ}{HE} = \frac{HQ}{NC} = \frac{AH}{AN} = \frac{DH}{DN} = \frac{EQ}{EB}$$

所以 EH 平分 $\angle BHQ$. 同理可知 FH 平分 $\angle CHP$,所以 $\angle EHQ = \angle FHC$,因此,E, H, F 三点共线.

证法 4 如图 8.12.4,延长 BH,交 AC 于点 P,延长 CH,交 AB 于点 Q,则 B, C, P, Q 四点共圆,且圆心为 M. 过点 H,作 $JK \perp HM$,分别与 AB, AC 相交于点 J, K,根据蝴蝶定理知 $HJ = HK$,所以 $DJ = DK$. 注意到 AD 平分 $\angle JAK$,所以 A, J, D, K 四点共圆. 根据西姆松定理知 E, H, F 三点共线.

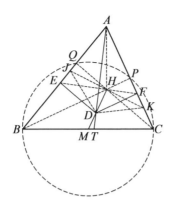

图 8.12.4

注 本解答由合肥一中刘邦亚同学给出.

证法 5 如图 8.12.5,延长 AT 交圆 O 于 N,则 O,M,N 共线.
设 R 为圆 O 的半径,易知

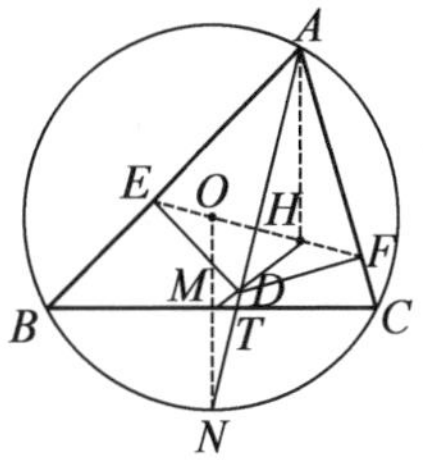

$$AH = 2R\cos A$$

$$OM = R\cos A$$

$$AN = \frac{b+c}{2\cos\dfrac{A}{2}}$$

$$AD = \frac{AH}{AH+MN} \cdot AN$$

$$= \frac{2\cos A}{1+\cos A} \cdot \frac{b+c}{2\cos\dfrac{A}{2}}$$

$$AE = AF = AD\cos\frac{A}{2}$$

$$= \frac{(b+c)\cos A}{1+\cos A}$$

图 8.12.5

由张角公式,只要证明

$$\frac{\sin A}{AH} = \frac{\cos B}{AF} + \frac{\cos C}{AE} = \frac{\cos B + \cos C}{AE}$$

即证

$$\frac{AE}{AH} = \frac{(b+c)\cos A}{1+\cos A} \cdot \frac{1}{2R\cos A}$$

$$= \frac{\sin B + \sin C}{1 + \cos A} = \frac{\cos B + \cos C}{\sin A}$$

即证
$$\cos A\cos B - \sin A\sin B + \cos C\cos A - \sin C\sin A + \cos B + \cos C = 0$$

即证
$$\cos(A+B) + \cos(C+A) + \cos B + \cos C = 0$$

该式显然成立.

例 13 设 I, O 分别为 $\triangle ABC$ 的内心、外心，$\angle A$ 的旁切圆分别与直线 BC、CA、AB 切于 D, E, F. 求证：若线段 EF 的中点在 $\triangle ABC$ 的外接圆上，则 I, O, D 三点共线.

证法 1 设 $\triangle ABC$ 的 $\angle A$ 内的旁切圆的圆心为 I_A，则 I_A 在 $\triangle AFE$ 的外接圆 ω 上. 设 O 与 EF 的另一交点为 N，则由圆幂定理，有 $FN \cdot FM = AF \cdot BF, NE \cdot ME = CE \cdot AE$.

而 $FB = BD, CE = DC, FM = ME, AF = AE$，则

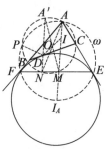

图 8.13.1

$$\frac{FN}{NE} = \frac{FN \cdot FM}{NE \cdot ME} = \frac{BF \cdot AF}{CE \cdot AE} = \frac{BF}{CE} = \frac{BD}{DC} \quad (*)$$

设圆 O 与圆 W 另一交点为 P，以 P 为位似中心作位似旋转变换，使圆 $W \to$ 圆 O. 则 $F \to B, E \to C, FE \to BC$，由式 $(*)$ 知 $N \to D$. 再设 $A \to A'$，则 A' 在圆 O 上，且 AA' 为圆 W 的切线，$AA' \perp AM$，从而 $A'M$ 为圆 O 的直径，且 $A'M \perp BC$. 又 AN 为圆 O 直径，知 $AA'NM$ 为矩形.

因 $\triangle PND \backsim \triangle PAA'$，而 $NP \perp PA$，则 $ND \perp AA'$，即知 D 在 $A'N$ 上.

注意到 $A'M \perp BC, DI_A \perp BC$，则 $A'M // DI_A$.

又 $A'D // MI_A$，即知 $A'DMI_A$ 是一个平行四边形，于是 $A'D = MI_A = IM$，从而 ID 过 $A'M$ 的中点，即 $\triangle ABC$ 的外心 O. 故 I, O, D 三点共线，且 O 为 ID 的中点.

证法 2 若 $BC // FE$，则结论显然成立，

下证 $BC \neq FE$ 的情形.

设 $\triangle ABC$ 的三个旁心分别为 I_A, I_B, I_C. EF 的中点为 M，又设 T 为 DE 的中点.

由 EF 和 DE 的中垂线分别是 $\angle A$ 的平分线和 $\angle C$ 的外角平分线，所以点 M, T 分别在 II_A 和 $\angle C$ 的外角平分线 CI_A 上.

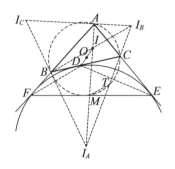

图 8.13.2

显然,I_C,A,I_B,I_B,C,I_A,I_A,B,I_C 分别三点共线. 注意到 M 在圆 O 上,则知 M 为 $\overset{\frown}{BC}$ 的中点,且 M 是 BC 的中垂线与直线 II_A 的交点.

四边形 I_ABIC 可内接于圆,其圆心即为 II_A 的中点.

由 $\angle IBI_A = \angle ICI_A = 90°$ 推知,于是 M 为 II_A 的中点.

注意到 B,I,I_B 三点共线,且 $I_BB \perp I_CI_A$,$DF \perp BI_A$,MT 是 $\triangle FDE$ 的中位线,则 $MT \parallel FD \parallel II_B$,进而知 MT 是 $\triangle I_AII_B$ 的中位线,即 T 为 I_AI_B 的中点 D 位于 I_AI_B 的中垂线上.

同理,D 位于 I_AI_C 的中垂线上. 即知 D 为 $\triangle I_AI_BI_C$ 的外心.

又 I 为 $\triangle I_AI_BI_C$ 的垂心,O 为其九点圆圆心. 故 O 为 DI 的中点即共线.

例 14 如图 8.14.1,AB 是圆 O 的直径,过 A,B 引两条弦 AD,BE,延长 AE 与 BD 交于点 P,过点 A,D 的圆的切线交于点 R,过点 B,E 的圆的切线交于点 S. 求证:点 P 在线段 RS 上.

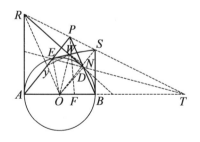

图 8.14.1

证法 1 设 RD 与 ES,AP 与 OR,BP 与 OS 分别交于点 W,Y,N,联结 OD,OE,OW,YW,WN,则 $\angle YOW = \angle YOD - \angle WOD = \dfrac{1}{2}(\angle AOD - \angle EOD) =$

$\frac{1}{2}\angle AOE = \angle ABE = 180° - \angle AES = \angle PEW(\text{或} YEW).$

从而 Y, O, W, E 四点共圆.

又 ES 是圆 O 的切线,则 $\angle WEO = \angle WYO = 90°$.

同理, $\angle WDO = \angle WNO = 90°$. 因此, W, Y, E, O, D, N 六点共圆.

由帕斯卡定理知, R, P, S 三点共线.

证法2 设点 P 在 AB 上的射影为 F, 直线 RS 与直线 AB 交于点 T.

因 $RO \perp AD, BP \perp AD$, 所以 $RO // PB$. 同理, $OS // AP$.

又由 RA, SB 及 PF 均垂直于 AB, 则 $RA // PF // SB$. 从而

$$\text{Rt}\triangle RAO \backsim \text{Rt}\triangle PFB, \text{Rt}\triangle SBO \backsim \text{Rt}\triangle PFA$$

于是 $\dfrac{RA}{AO} = \dfrac{PF}{FB}, \dfrac{SB}{BO} = \dfrac{PF}{FA}$, 即 $RA \cdot FB = AO \cdot PF, SB \cdot FA = BO \cdot PF$.

而 $AO = BO$, 则 $RA \cdot FB = SB \cdot FA$, 即有 $\dfrac{RA}{SB} = \dfrac{FA}{FB}$.

所以 $\dfrac{AT}{BT} = \dfrac{RA}{SB} = \dfrac{FA}{FB}$, 即有 $FB \cdot AT = BT \cdot FA$.

亦即 $FB(AT + BT) = BT(FA + FB)$(两边同加上 $EB \cdot BT$).

则

$$FB = \frac{BT(FA + FB)}{AT + TB} = \frac{BT(AT - BT)}{AT + TB} \qquad ①$$

$$FB + BT = \frac{BT(AT - BT)}{AT + TB} + \frac{BT(AT + BT)}{AT + TB} = \frac{2AT \cdot BT}{AT + TB} \qquad ②$$

$$\frac{RA}{PF} = \frac{AO}{FB} = \frac{\frac{1}{2}(AT - BT)}{FB} \xlongequal{①} \frac{AT + BT}{2BT} \xlongequal{②} \frac{AT}{FB + BT} = \frac{AT}{FT}$$

因此, 点 P 在直线 RT 上.

又点 F 在 A, B 之间, 所以点 P 在 RS 之间, 即上 P 在线段 RS 上.

证法3 因 $O_1O_2 \perp PC$, 则 $O_1O_2 // AB$.

又 AB 为直径, 则 $AC \perp BD, BC \perp AE$. 而 O_1, O_2 分别为圆心, 它们平分直径, 知 AO_1, BO_2, DE 共点.

例15 圆 O_1 与圆 O_2 相交于点 M, N(或外切于点 M), 且分别与圆 O 内切

于点 T_1,T_2,P 为圆 O 上任一点,弦 PT_1,PT_2 分别交圆 O_1,圆 O_2 于 E_1,E_2,则 E_1E_2 是圆 O_1 与圆 O_2 的外公切线的充要条件是点 P 在直线 MN(或过切点 M 的公切线)上.

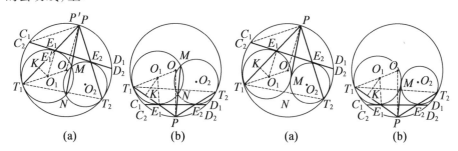

图 8.15.1　　　　　　　　　图 8.15.2

证法 1　如图 8.15.1 及 8.15.2,设与圆 O_1 切于点 E_1 的直线交圆 O 于 C_1,D_1,与圆 O_2 切于点 E_2 的直线交圆 O_2 于 C_2,D_2.则由前述结论知,P 分别为弧 $\overparen{C_1D_1}$,$\overparen{C_2D_2}$ 的中点,且

$$PC_1^2 = PE_1 \cdot PT_1, PC_2^2 = PE_1 \cdot PT_1$$

于是

E_1E_2 是圆 O_1 与圆 O_2 的外公切线 $\Leftrightarrow$ 弦 C_1D_1 与弦 C_2D_2 重合 $\Leftrightarrow PC_1^2 = PC_2^2 \Leftrightarrow PE_1 \cdot PT_1 = PE_2 \cdot PT_2 \Leftrightarrow$ 点 P 关于圆 O_1,圆 O_2 的幂相等 $\Leftrightarrow$ 点 P 在圆 O_1 与圆 O_2 的根轴上 $\Leftrightarrow$ 点 P 在直线 MN 上(或过切点 M 的公切线)上.

证法 2　充分性.设直线 MN(或过切点 M 的公切线)交圆 O 于 P',联结 $P'T_1$,$P'T_2$ 分别交圆 O_1,圆 O_2 于 E_1',E_2',则 $P'E_1' \cdot P'T_1 = P'M \cdot P'N$(或 $P'M^2$)$= P'E_2' \cdot P'T_2$,即知 T_1,T_2,E_2',E_1' 四点共圆,即有 $\angle P'E_1'E_2' = \angle P'T_2T_1$.

联结 O_1E_1',OP',作 $O_1K \perp T_1E_1'$ 于点 K. 显然,T,O_1,O 三点共线,由 $E_1'O_1 /\!/ P'O$ 有 $\angle KO_1E_1' = \dfrac{1}{2}\angle T_1O_1E_1' = \dfrac{1}{2}\angle TOP' = \angle P'T_2T_1 = \angle P'E_1'E_2'$.

于是

$$\angle KE_1'O_1 + P'E_1'E_2' = \angle KE_1'O_1 + \angle KO_1E_1' = 90°$$

从而 $O_1E_1' \perp E_1'E_2'$,即 $E_1'E_2'$ 是圆 O_1 的切线,即知 E_1' 与 E_1 重合.

同理,E_2' 与 E_2 重合.

必要性.当 E_1E_2 是圆 O_1 与圆 O_2 的外公切线时,由前述结论,直线 T_1E_1,T_2E_2 与圆 O 的交点均是弧 $\overparen{C_1D_1}$(直线 E_1E_2 分别与圆 O 交于 C_1,D_1 点)的中点

P',由 $P'C_1^2 = P'D_1^2$,有 $P'E_1 \cdot P'T_1 = P'E_2 \cdot P'T_2$,即知 P' 在圆 O_1 与圆 O_2 的根轴上. 亦即点 P' 与点 P 重合.

例 16 (2014 年欧洲女子数学奥林匹克题)在 $\triangle ABC$ 中,点 D,E 分别是边 AB,AC 上的点,且满足 $DB = BC = CE$. 设直线 CD 与 BE 相交于点 F. 证明: $\triangle ABC$ 的内心 I、$\triangle DEF$ 的垂心 H、$\triangle ABC$ 的外接圆的弧 $\overset{\frown}{ABC}$ 的中点 M 在一条直线上.

证法 1 如图 8.16.1,由 $DB = BC = CE$,知 $BI \perp CD, CI \perp BE$.

则 I 是 $\triangle BFC$ 的垂心. 记直线 BI 与 CD 的交点为 K,直线 CI 与 BE 的交点为 L,则由圆幂定理(或垂心的性质),知

$$IB \cdot IK = IC \cdot IL \qquad ①$$

过点 D 作 EF 的垂线,垂足为 U,过点 E 作 DF 的垂线,垂足为 V,则 DU 与 EV 交于点 H,从而由圆幂定理(或垂心的性质),有

$$DH \cdot HU = EH \cdot HV \qquad ②$$

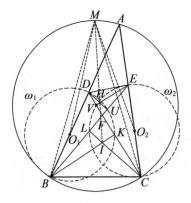

图 8.16.1

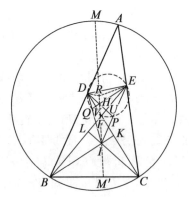

图 8.16.2

记以线段 BD,CE 为直径的圆分别为圆 ω_1,ω_2,则 B,K,D,U 及 L,C,V,E 分别在 ω_1,ω_2 上. 由①②知点 I,H 对圆 ω_1 和 ω_2 的幂相等,即直线 IH 是圆 ω_1 和圆 ω_2 的根轴.

记圆 ω_1,ω_2 的圆心分别为 O_1,O_2,则 $MB = MC, BO_1 = CO_2, \angle MBO_1 = \angle MCO_2$,从而

$$\triangle MBO_1 \cong \triangle MCO_2$$

因此, $MO_1 = MO_2$. 而圆 ω_1 与圆 ω_2 半径相等,所以点 M 对圆 ω_1 和 ω_2 的幂相等,即点 M 在这两个圆的根轴上,亦即 M,I,H 三点共线.

证法 2 如图 8.16.2,同证法 1 标记点 K,L,U,V. 记直线 DU 与 EI 的交点

为 P,直线 EV 与 DI 的交点为 Q.

由 $DB=BC=CE$,知
$$BI\perp CD, CI\perp BE$$
于是,$BI\parallel EV$,则
$$\angle IEB=\angle IBE=\angle UEH$$
类似地,$CI\parallel DU$
$$\angle IDC=\angle ICD=\angle VDH$$
由于 $\angle UEH=\angle VDH$,故 D,Q,F,P,E 五点共圆,因此
$$IP\cdot IE=IQ\cdot ID$$
记 $\triangle HEP$ 的外接圆与直线 HI 的另一个交点为点 R. 由
$$IH\cdot IR=IP\cdot IE=IQ\cdot ID$$
知 D,Q,H,R 四点共圆,于是
$$\angle DQH=\angle EPH=\angle DFE=\angle BFC=180°-\angle BIC=90°-\frac{1}{2}\angle BAC$$
由 D,Q,H,R 和 E,P,H,R 分别四点共圆,得
$$\angle DRH=\angle ERH=180°-\left(90°-\frac{1}{2}\angle BAC\right)$$
$$=90°+\frac{1}{2}\angle BAC$$
从而,点 R 在 $\triangle DEH$ 内,并且
$$\angle DRE=360°-\angle DRH-\angle ERH=180°-\angle BAC$$
这表明,A,D,R,E 四点共圆.

由 $MB=MC, BD=CE, \angle MBD=\angle MCE$,得
$$\triangle MBD\cong\triangle MCE$$
于是 $\angle MDA=\angle MEA$. 从而,M,D,E,A 四点共圆,进而有 M,D,R,E,A 五点共圆. 这样,我们就有
$$\angle MRE=180°-\angle MAE$$
$$=180°-\left(90°-\frac{1}{2}\angle BAC\right)=90°-\frac{1}{2}\angle BAC$$
又由 $\angle ERH=90°+\frac{1}{2}\angle BAC$

可知,I,H,R,M 四点共线.

证法 3 在坐标平面内进行讨论. 设点 B,C,D,E 的坐标分别为 $B(b_x,b_y)$、$C(c_x,c_y)$、$D(d_x,d_y)$、$E(e_x,e_y)$,则由

$$\vec{BI} \cdot \vec{CD} = 0, \vec{CI} \cdot \vec{BE} = 0$$
$$\vec{EH} \cdot \vec{CD} = 0, \vec{DH} \cdot \vec{BE} = 0$$

可得
$$\vec{IH} \cdot (\vec{PB} - \vec{PC} - \vec{PE} + \vec{PD}) = 0$$

(P 为平面内任意一点). 从而,直线 IH 的斜率 $k_{IH} = \dfrac{c_x + e_x - b_x - d_x}{b_y + d_y - c_y - e_y}$.

设 x 轴与直线 BC 重合,并设
$$\angle BAC = \alpha, \angle ABC = \beta, \angle ACB = \gamma$$

由 $BD = BC = CE$,知
$$c_x - b_x = BC$$
$$e_x - d_x = BC - BC\cos\beta - BC\cos\gamma$$
$$b_y = c_y = 0$$
$$d_y - e_y = BC\sin\beta - BC\sin\gamma$$

从而,直线 IH 的斜率 $k_{IH} = \dfrac{2 - \cos\beta - \cos\gamma}{\sin\beta - \sin\gamma}$.

下面我们证明 $k_{MI} = k_{IH}$. 设 $\triangle ABC$ 的内切圆和外接圆的半径分别为 r 和 R,由
$$\angle BMC = \angle BAC = \alpha, BM = MC$$

得
$$m_y - i_y = \dfrac{BC}{2}\cot\dfrac{\alpha}{2} - r$$
$$m_x - i_x = \dfrac{AC - AB}{2}$$

其中,(m_x, m_y),(i_x, i_y) 分别为点 M, I 的坐标. 从而直线 MI 的斜率
$$k_{MI} = \dfrac{BC\cot\dfrac{\alpha}{2} - 2r}{AC - AB}$$

由正弦定理,得
$$\dfrac{BC}{\sin\alpha} = \dfrac{AC}{\sin\beta} = \dfrac{AB}{\sin\gamma} = 2R$$

则
$$BC\cot\dfrac{\alpha}{2} = 4R\cos^2\dfrac{\alpha}{2} = 2R(1 + \cos\alpha)$$

且

$$\frac{r}{R} = \cos \alpha + \cos \beta + \cos \gamma - 1$$

从而

$$\frac{BC\cot \frac{\alpha}{2} - 2r}{AC - AB} = \frac{2R(1 + \cos \alpha) - 2r}{2R(\sin \beta - \sin \gamma)}$$

$$= \frac{2 - \cos \beta - \cos \gamma}{\sin \beta - \sin \gamma}$$

即 $k_{MI} = k_{IH}$，因此 I, H, M 三点共线.

证法 4 如图 8.16.3，记射线 BI, CI 分别与 $\triangle ABC$ 的外接圆相交于点 P, Q. 过点 D 作 EF 的垂线，与 BI 相交于点 R，过点 E 作 DF 的垂线，与 CI 相交于点 S.

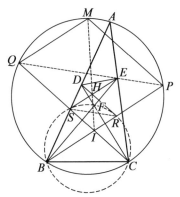

图 8.16.3

由 BI 是等腰 $\triangle CBD$ 的内角平分线，知 $BI \perp CD$，又 $EH \perp DF$，故 $HS \parallel RI$，类似地，$HR \parallel SI$. 因此四边形 $HSIR$ 是平行四边形.

由 M 是弧 $\widehat{BAC}$ 的中点，知

$$\angle MPI = \angle MPB = \angle MQC = \angle MQI$$

$$\angle PIQ = \frac{\widehat{PA}° + \widehat{CB}° + \widehat{AQ}°}{2}$$

$$= \frac{\widehat{PC}° + \widehat{CB}° + \widehat{BQ}°}{2} = \angle PMQ$$

因此，四边形 $MPIQ$ 是平行四边形.

由 CI 是等腰 $\triangle BCE$ 的内角平分线,知 $\triangle BSE$ 也是等腰三角形,于是
$$\angle FBS = \angle EBS = \angle SEB = \angle HEF$$
$$= \angle HDF = \angle RDF = \angle FCS.$$

从而,B,S,F,C 四点共圆.类似地,B,F,R,C 四点共圆.因此,B,S,R,C 四点共圆.结合 B,Q,P,C 四点共圆,易得 $SR \parallel QP$.

这表明,平行四边形 $HSIR$ 和平行四边形 $MQIP$ 位似,因此,M,H,I 三点共线.

例 17 (2014 年欧洲女子数学奥林匹克题)在 $\triangle ABC$ 中,点 D,E 分别是边 AB,AC 上的点,且满足 $DB = BC = CE$. 设直线 CD 与 BE 相交于点 F. 证明:$\triangle ABC$ 的内心 I,$\triangle DEF$ 的垂心 H,$\triangle ABC$ 的外接圆的弧 $\overset{\frown}{BAC}$ 的中点 M 在一条直线上.

证法 1 如图 8.17.1,由 $DB = BC = CE$,知 $BI \perp CD, CI \perp BE$,则 I 是 $\triangle BFC$ 的垂心.记直线 BI 与 CD 的交点为 K,直线 CI 与 BE 的交点为 Q,则由圆幂定理,知

$$IB \cdot IK = IC \cdot IL \quad \text{①}$$

记点 D 作 EF 的垂线,垂足为 U,过点 E 作 DF 的垂线,垂足为 V,则由圆幂定理,知

$$DH \cdot HU = EH \cdot HV \quad \text{②}$$

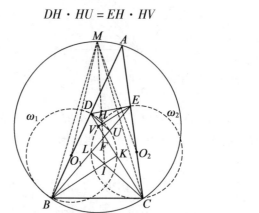

图 8.17.1

记以线段 BD,CE 为直径的圆分别为圆 ω_1,ω_2,则 B,K,D,U 及 L,C,V,E 分别在 ω_1,ω_2 上,由①②知点 I,H 对圆 ω_1 和 ω_2 的幂相等,即直线 IH 是圆 ω_1 和圆 ω_2 的根轴.

记圆 ω_1,ω_2 的圆心分别为 O_1,O_2,则 $MB = MC, BO_1 = CO_2, \angle MBO_1 =$

$\angle MCO_2$,从而
$$\triangle MBO_1 \cong \triangle MCO_2$$
因此,$MO_1 = MO_2$. 而圆 ω_1 与圆 ω_2 半径相等,所以点 M 对圆 ω_1 和 ω_2 的幂相等,即点 M 在这两个圆的根轴上,亦即 M,I,H 三点共线.

证法 2 如图 8.17.2,同证法 1 标记点 K,L,U,V. 记直线 DU 与 EI 的交点为 P,直线 EV 与 DI 的交点为 Q.

由 $DB = BC = CE$,知
$$BI \perp CD, CI \perp BE$$
于是,$BI \parallel EV$,则
$$\angle IEB = \angle IBE = \angle UEH$$

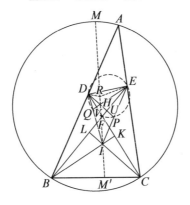

图 8.17.2

类似地,$CI \parallel DU$
$$\angle IDC = \angle ICD = \angle VDH$$
由于 $\angle UEH = \angle VDH$,故 D,Q,F,P,E 五点共圆,因此
$$IP \cdot IE = IQ \cdot ID$$
记 $\triangle HEP$ 的外接圆与直线 HI 的另一个交点为点 R. 由
$$IH \cdot IR = IP \cdot IE = IQ \cdot ID$$
知 D,Q,H,R 四点共圆,于是
$$\angle DQH = \angle EPH = \angle DFE = \angle BFC = 180° - \angle BIC = 90° - \frac{1}{2}\angle BAC$$
由 D,Q,H,R 和 E,P,H,R 分别四点共圆,得

$$\angle DRH = \angle ERH = 180° - \left(90° - \frac{1}{2}\angle BAC\right)$$
$$= 90° + \frac{1}{2}\angle BAC$$

从而,点 R 在 $\triangle DEH$ 内,并且
$$\angle DRE = 360° - \angle DRH - \angle ERH = 180° - \angle BAC$$

这表明,A,D,R,E 四点共圆.

由 $MB = MC, BD = CE, \angle MBD = \angle MCE$,
得
$$\triangle MBD \cong \triangle MCE$$

于是 $\angle MDA = \angle MEA$. 从而,M,D,E,A 四点共圆,进而有 M,D,R,E,A 五点共圆. 这样,我们就有
$$\angle MRE = 180° - \angle MAE$$
$$= 180° - \left(90° - \frac{1}{2}\angle BAC\right)$$
$$= 90° - \frac{1}{2}\angle BAC$$

又由 $\angle ERH = 90° + \frac{1}{2}\angle BAC$.

可知,I,H,R,M 四点共线.

证法 3 在坐标平面内进行讨论. 设点 B,C,D,E 的坐标分别为 $B(b_x,b_y)$, $C(c_x,c_y), D(d_x,d_y), E(e_x,e_y)$,则由
$$\vec{BI} \cdot \vec{CD} = 0, \vec{CI} \cdot \vec{BE} = 0$$
$$\vec{EH} \cdot \vec{CD} = 0, \vec{DH} \cdot \vec{BE} = 0$$

可得
$$\vec{IH} \cdot (\vec{PB} - \vec{PC} - \vec{PE} + \vec{PD}) = 0$$

(P 为平面内任意一点). 从而,直线 IH 的斜率 $k_{IH} = \dfrac{c_x + e_x - b_x - d_x}{b_y + d_y - c_y - e_y}$.

设 x 轴与直线 BC 重合,并设
$$\angle BAC = \alpha, \angle ABC = \beta, \angle ACB = \gamma$$

由 $DB = BC = CE$,知
$$c_x - b_x = BC$$

$$e_x - d_x = BC - BC\cos\beta - BC\cos\gamma$$
$$b_y = c_y = 0$$
$$d_y - e_y = BC\sin\beta - BC\sin\gamma$$

从而,直线 IH 的斜率 $k_{IH} = \dfrac{2 - \cos\beta - \cos\gamma}{\sin\beta - \sin\gamma}$.

下面我们证明 $k_{MI} = k_{IH}$. 设 $\triangle ABC$ 的内切圆和外接圆的半径分别为 r 和 R,由

$$\angle BMC = \angle BAC = \alpha, BM = MC$$

得

$$m_y - i_y = \dfrac{BC}{2}\cot\dfrac{\alpha}{2} - r$$

$$m_x - i_x = \dfrac{AC - AB}{2}$$

其中 (m_x, m_y), (i_x, i_y) 分别为点 M, I 的坐标. 从而直线 MI 的斜率

$$k_{MI} = \dfrac{BC\cot\dfrac{\alpha}{2} - 2r}{AC - AB}$$

由正弦定理,得

$$\dfrac{BC}{\sin\alpha} = \dfrac{AC}{\sin\beta} = \dfrac{AB}{\sin\gamma} = 2R$$

则

$$BC\cot\dfrac{\alpha}{2} = 4R\cos^2\dfrac{\alpha}{2} = 2R(1 + \cos\alpha)$$

且

$$\dfrac{r}{R} = \cos\alpha + \cos\beta + \cos\gamma - 1$$

从而

$$\dfrac{BC\cot\dfrac{\alpha}{2} - 2r}{AC - AB} = \dfrac{2R(1 + \cos\alpha) - 2r}{2R(\sin\beta - \sin\gamma)}$$
$$= \dfrac{2 - \cos\beta - \cos\gamma}{\sin\beta - \sin\gamma}$$

即 $k_{MI} = k_{IH}$,因此 I, H, M 三点共线.

证法 4 如图 8.17.3,记射线 BI, CI 分别与 $\triangle ABC$ 的外接圆相交于点 P, Q. 过点 D 作 EF 的垂线,与 BI 相交于点 R,过点 E 作 DF 的垂线,与 CI 相交于

点 S.

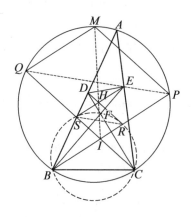

图 8.17.3

由 BI 是等腰 $\triangle CBD$ 的内角平分线,知 $BI \perp CD$,又 $EH \perp DF$,故 $HS \parallel RI$. 类似地,$HR \parallel SI$,因此四边形 $HSIR$ 是平行四边形.

由 M 是 $\overparen{BAC}$ 的中点,知
$$\angle MPI = \angle MPB = \angle MQC = \angle MQI$$
$$\angle PIQ = \frac{\overparen{PA}° + \overparen{CB}° + \overparen{AQ}°}{2}$$
$$= \frac{\overparen{PC}° + \overparen{CB}° + \overparen{BQ}°}{2} = \angle PMQ$$

因此,四边形 $MPIQ$ 是平行四边形.

由 CI 是等腰 $\triangle BCE$ 的内角平分线,知 $\triangle BSE$ 也是等腰三角形,于是
$$\angle FBS = \angle EBS = \angle SEB = \angle HEF$$
$$= \angle HDF = \angle RDF = \angle FCS$$

从而,B,S,F,C 四点共圆. 类似地,B,F,R,C 四点共圆. 因此,B,S,R,C 四点共圆. 结合 B,Q,P,C 四点共圆,易得 $SR \parallel QP$.

这表明,平行四边形 $HSIR$ 和平行四边形 $MQIP$ 位似,因此,M,H,I 三点共线.

例 18 (2004 年第 48 届斯洛文尼亚数学奥林匹克题)设 O,P 是平面上两个不同的点,四边形 $ABCD$ 是个平行四边形,两条对角线相交于点 O,点 P 不在直线 AB 关于直线 CD 对称的图形上,M,N 分别线段 AP,BP 的中点,Q 是直线 MC 与直线 ND 的交点. 证明:P,Q,O 三点共线,且点 Q 的位置与 $\square ABCD$ 的选择无关.

证法 1 探讨点 Q 的双重位置. 如图 8.18.1, 注意到直线 MN,AB,DC 都是相互平行的, 则 $\triangle MQN \backsim \triangle CQD$.

类似地, $\triangle ABP \backsim \triangle MNP$.

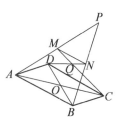

图 8.18.1

于是, 有 $|MN| = \dfrac{1}{2}|AB| = \dfrac{1}{2}|DC|$.

同时还有 $|CQ| = 2|MQ|, |DQ| = 2|NQ|$.

由于 CM, DN 分别是 $\triangle ACP$ 与 $\triangle DBP$ 的中线, 点 Q 就是这两个三角形的共同的重心, 线段 OP 也是这两个三角形的中线, 因此, Q, P, O 三点共线, 点 Q 位于从 O 到 P 的线段的 $\dfrac{1}{3}$ 处, 所以, 点 Q 的位置与平行四边形 $ABCD$ 的选择无关.

注 由于题中给的条件是点 P 不位于直线 AB 关于直线 CD 对称的图形上, 这就保证了 MC 与 ND 不重合.

证法 2 记 $a = \overrightarrow{OA}, b = \overrightarrow{OB}$, 并设 $\overrightarrow{OP} = \lambda a + \mu b$, 于是, 有

$$\overrightarrow{OM} = \dfrac{1}{2}(1+\lambda)a + \dfrac{1}{2}\mu b$$

$$\overrightarrow{ON} = \dfrac{1}{2}\lambda a + \dfrac{1}{2}(1+\mu)b$$

由于 $\overrightarrow{OQ}$ 可以用两种方式表述

$$\overrightarrow{OQ} = s\overrightarrow{ON} + (1-s)\overrightarrow{OD} = t\overrightarrow{OM} + (1-t)\overrightarrow{OC}$$

由此可导出

$$\dfrac{1}{2}s\lambda a + \dfrac{1}{2}s(1+\mu)b - (1-s)b = \dfrac{1}{2}t(1+\lambda)a + \dfrac{1}{2}t\mu b - (1-t)a$$

由于向量 a 与 b 线性无关, 有

$$\dfrac{1}{2}s\lambda = \dfrac{1}{2}t(1+\lambda) - (1-t) \qquad ①$$

$$\dfrac{1}{2}s(1+\mu) - (1-s) = \dfrac{1}{2}t\mu \qquad ②$$

由①可得

$$\lambda(s-t) = 3t - 2 \qquad ③$$

由②可得

$$\mu(s-t) = 2 - 3s \qquad ④$$

③+④, 得

$$(\lambda+\mu+3)(s-t)=0$$

因此,有 $s=t$(由于点 P 不位于直线 AB 关于直线 CD 对称的图形上,可断定 $\lambda+\mu\neq-3$).

由①可得 $t=\dfrac{2}{3}$,由②可得 $s=\dfrac{2}{3}$.将 s 的值代入到 $\overrightarrow{OQ}$ 中,可得

$$\overrightarrow{OQ}=\dfrac{1}{3}(\lambda a+\mu b)=\dfrac{1}{3}\overrightarrow{OP}$$

例 19 如图 8.19.1,已知 $\triangle ABC$,点 X 是直线 BC 上的动点,且点 C 在点 B,X 之间. 又 $\triangle ABX,\triangle ACX$ 的内切圆有两个不同的交点 P,Q. 证明:PQ 经过一个不依赖于点 X 的定点.

证法 1 首先看如下的引理:三角形的一个顶点关于内切圆的切点弦直线,另一个顶点处的角平分线,还剩下一点与其对边的三角形中位线,这三线交于点.

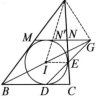

如图 8.19.1,设角平分线 BI 与点 C 处关于内切圆的切点弦直线 DE 交于点 G,下证中位线 MN 也过点 G.

图 8.19.1

联结 AI,IE,则

$$\angle AIG=180°-\angle AIB=180°-\left(90°+\dfrac{1}{2}\angle C\right)$$

$$=90°-\dfrac{1}{2}\angle C=\angle DEC=\angle AEG$$

从而知 A,I,E,G 四点共圆. 有 $\angle AGI=\angle AEI=90°$.

取 AB 的中点 M,联结 MG 交 AC 于 N',则由 $BM=MG$ 知 $MG\parallel BC$,从而知 N' 与 N 重合. 故中位线 MN 过点 G.

下面回到原题的证明:

如图 8.19.2,设 $\triangle ABX,\triangle ACX$ 的内切圆与 BX 分别切于点 D,F,与 AX 分别切于点 E,G,则有 $DE\parallel FG$,且 DE,FG 与 $\angle AXB$ 的角平分线垂直.

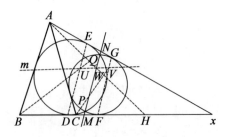

图 8.19.2

设直线 PQ 分别交 BX,AX 于点 M,N,则由 $MD^2 = MP \cdot MQ = MF^2$,$NE^2 = NP \cdot NQ = NG^2$ 知 M,N 分别为 DF,EG 的中点,即 $PQ \parallel DE \parallel FG$,且 PQ 和 DE,FG 是等距的.

注意到 AB,AC,AX 的中点是共线的,设此线为 m,则在 $\triangle ABX$ 中应用引理,知 DE 过直线 m 与 $\angle ABX$ 的平分线的交点 U,且 U 为定点.

由于 UV 的中点 W 在直线 PQ 上,而 W 不依赖于点 X 的变动,故 PQ 经过不依赖于点 X 的定点.

证法2 设 $\triangle ABX$,$\triangle ACX$ 的内切圆与 BX 切于点 D,F,与 AX 切于点 E,G. 设 M,N 分别为 DF,EG 的中点,则 $MD^2 = MF^2$,$NE^2 = NG^2$,即 M,N 都在 $\triangle ABX$,$\triangle ACX$ 的内切圆的根轴 PQ 上,即 N,Q,P,M 四点共线.

在射线 BC 上取点 H,使得 $BH = \frac{1}{2}(AB + BC + CA)$.

联结 AH,设 W 为 AH 的中点,由切线长公式得 $XF = XG = \frac{XA + XC - CA}{2}$,$XD = XE = \frac{1}{2}(XA + XB - AB)$,则

$$XM = XN = \frac{XF + XD}{2} = \frac{1}{4}(2XA + 2XC + BC - CA - AB)$$

故

$$AN = XA - XN = XA - \frac{1}{4}(2XA + 2XC + BC - CA - AB)$$
$$= \frac{1}{4}(2XA - 2XC - BC - CA + AB)$$
$$MH = MX - HX = \frac{1}{4}(2XA + 2XC + BC - CA - AB) - (BC + XC - \frac{AB + BC + CA}{2})$$
$$= \frac{1}{4}(2XA - 2XC - BC + AC + AB)$$

当 X 与 H 重合时,$XC = HC = HB - BC = \frac{1}{2}(AB - BC + CA)$.

所以,$XN = AN$,即 N 与 W 重合,此时 MN 过 W.

当 X 与 H 不重合时,对 $\triangle AHX$ 有 $\frac{AN}{NX} \cdot \frac{HW}{WA} \cdot \frac{MX}{MH} = \frac{AN}{MH} \cdot \frac{MX}{NX} \cdot \frac{HW}{WA}$

由上知 $AN = MH$,$MX = NX$,$HW = WA$. 所以 $\frac{AN}{NX} \cdot \frac{XM}{MH} \cdot \frac{HW}{WA} = 1$. 由梅涅劳斯定理和逆定理,知 N,W,M 三点共线.

综上,知 PQ 恒过点 W.

证法 3 如图 8.19.3,将已知 △ABC 置于直角坐标系中,B 为原点,BX 与 x 轴重合. 设圆 O_1,圆 O_2 与 △ABS,△ACX 各边切点依次为点 K,D,E,F,G. 动点 X 在直线 BC 上移动时,引起公共弦 PQ 所在直线 MN 发生旋转,为探寻到旋转的中心,必须发现其中稳定因素. 而图中含有大量的局部对称元素.

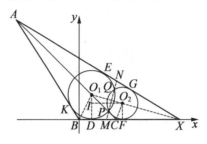

图 8.19.3

从线段对称知

$$FX = \frac{1}{2}(AX + CX - AC)$$

$$DX = \frac{1}{2}(AX + BX - AB)$$

由此得

$$DF = DX - FX = \frac{1}{2}(AC + BC - AB)$$

设不变量 $DF = m$.

由 $DM^2 = MF^2 = MP \cdot MQ$,知 M 为 DF 的中点,动直线 MN 经过点 $M\left(x_D + \frac{m}{2}, 0\right)$($x_D$ 为点 D 的横坐标).

探究动直线 MN 的斜率 k_{MN}. 注意到图中角的对称性,设定角

$$\frac{1}{2}\angle ABX = \angle O_1BD = \alpha$$

$$\frac{1}{2}\angle ACX = \angle O_2CF = \beta$$

设圆 O_1、圆 O_2 的半径分别为 R,r.

由图中构造的矩形和直角三角形得

$$R = BD\tan\alpha = x_0\tan\alpha$$

$$r = CF\tan\beta = (x_D + m - |BC|)\tan\beta$$

$$\tan\angle O_1O_2I = \frac{R-r}{IO_2} = \frac{x_D\tan\alpha - (x_D + m - |BC|\tan\beta)}{m}$$

根据 $O_1O_2 \perp MN$,推知

$$k_{MN} = \frac{1}{\tan\angle O_1O_2I}$$

因此,直线 MN 的方程为

$$y = \frac{m}{x_D(\tan\alpha - \tan\beta) + (|BC| - m)\tan\beta}\left(x - x_D - \frac{m}{2}\right) \quad \text{①}$$

由于点 X 变动与切点 D 相关,根据式①知,切点 D 的横坐标 x_D 决定了直线 MN 的形状.

因锐角 $\beta > \alpha$,$\tan\beta - \tan\alpha > 0$,所以,式①可改写为

$$y = \frac{\dfrac{m}{\tan\beta - \tan\alpha}}{-x_D + \dfrac{(|BC| - m)\tan\beta}{\tan\beta - \tan\alpha}}\left(x - x_D - \frac{m}{2}\right) \quad \text{②}$$

当 $x - x_D - \dfrac{m}{2} = -x_D + \dfrac{(|BC| - m)\tan\beta}{\tan\beta - \tan\alpha}$ 时,

$$y = \frac{m}{\tan\beta - \tan\alpha}$$

于是,动直线 MN 经过定点

$$\left(\frac{m}{2} + \frac{(|BC| - m)\tan\beta}{\tan\beta - \tan\alpha}, \frac{m}{\tan\beta - \tan\alpha}\right)$$

注 充分挖掘"对称"资源(线段对称、角对称),渐进、有序地探究到:x_D 与公共弦所在的直线有关,而与所过定点无关,从而使问题顺利获解.

例 20 设点 A 是圆 O 外一点,过点 A 作圆 O 的切线,切点分别为 B,C. 圆 O 的切线 l 与 AB,AC 分别交于点 P,Q,过点 P 且平行于 AC 的直线与 BC 交于点 R. 证明:无论 l 如何变化,QR 恒过一定点.

证法 1 如图 8.20.1,过点 O 作垂直于 AO 的直线分别交 AB,AC 于点 D,E.

我们断言 QR 恒过点 D.

设 DQ 与 BC 交于点 S,只须证 $PS \parallel AC$. 即 $S = R$.

设切线 PQ 与圆 O 切于点 T. 记 $\alpha = \angle BOD = \angle COE = \angle BAO = \angle CAO$,$\beta = \angle BPO = \angle TPO$,$\gamma = \angle CQO = \angle TQO$,则

$$2(\alpha + \beta + \gamma) = \pi, \angle AOP = \pi - \alpha - \beta = \frac{\pi}{2} + r.$$

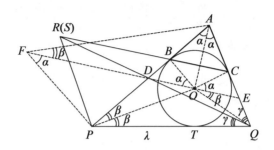

图 8.20.1

过点 P 作 AB 的垂线与 ED 的延长线交于点 F,则

A,P,O,F 四点共圆(以 AF 为直径),即有 $\angle AFP = \pi - \angle AOP = \dfrac{\pi}{2} - \gamma$, 从而有 $\angle AFD = \dfrac{\pi}{2} - \gamma - \alpha = \angle QOE$.

由 $PF \parallel BO$(与 AP 均垂直)知 $\angle PFD = \alpha$.

由对应角相等即 $\angle ADF = \angle EDP = \angle QEO$ 及 $\angle AFD = \angle QOE$ 可得 $\triangle AFD \backsim \triangle QOE$, $Rt\triangle PFD \backsim Rt\triangle COE$.

于是,有 $\triangle APF \backsim \triangle QCO$,从而有 $\dfrac{AP}{PD} = \dfrac{QC}{CE}$.

由于 $CS \parallel DE$,知 $\dfrac{QC}{CE} = \dfrac{QS}{SD}$. 因此,$\dfrac{AP}{PD} = \dfrac{QS}{SD}$.

于是,$PS \parallel AQ$.

由于 AQ 与 AC 为同一直线,故 $PS \parallel AC$.

证法 2 设 QR 交 AP 于点 D,下面证 D 为定点.

设圆 O 的半径为 1, $\angle OAC = \theta$,则 θ 为定值.

设 $\angle OQC = \alpha$, $\angle OPB = \beta$, $AC = AB = x$, $QC = QT = y$, $PB = PT = z$.

对 $\triangle ABC$ 及截线 QDR 应用梅涅定理得 $\dfrac{BD}{DA} \cdot \dfrac{AQ}{QC} \cdot \dfrac{CR}{RB} = 1$.

又 $AC \parallel BP$,则 $\dfrac{CR}{RB} = \dfrac{AP}{PB}$,从而 $\dfrac{BD}{DA} \cdot \dfrac{AQ}{QC} \cdot \dfrac{AP}{PB} = 1$.

即 $\dfrac{BD}{BD+BA} \cdot \dfrac{AC+CQ}{QC} \cdot \dfrac{AB+BP}{PB} = 1$.

亦即 $\dfrac{BD}{BD+x} \cdot \dfrac{x+y}{y} \cdot \dfrac{x+z}{z} = 1$,解得 $BD = \dfrac{yz}{x+y+z}$.

易见 $x = \cot\theta$, $y = \cot\alpha$, $z = \cot\beta$,其中 $\alpha + \beta = 90° - \theta$, $\tan(\alpha+\beta) = \cot\theta$.

故
$$BD = \frac{\cot\alpha \cdot \cot\beta}{\cot\theta + \cot\alpha + \cot\beta}$$

$$\frac{1}{BD} = \cot\theta \cdot \tan\alpha\tan\beta + \tan\alpha + \tan\beta$$

$$= \cot\theta \cdot \tan\alpha \cdot \tan\beta + \tan(\alpha+\beta)(1 - \tan\alpha \cdot \tan\beta)$$

$$= \cot\theta$$

即 $BD = \tan\theta$ 为定值. 故 D 为定点.

即 QR 恒过一定点.

注 点 D 实际上与 AC 平行的圆的切线与直线 AB 的交点;也是过圆心 O 和 BC 平行的直线与 AB 的交点;也是直线 RQ 与直线 AB 的交点. 亦即点 D 是位似变换的不动点. 位似中心为点 Q,始终有 $\triangle QRP \backsim \triangle QDK$,如图 8.20.2.

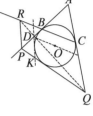

图 8.20.2

例 21 (2005 年白罗斯数学奥林匹克题)如图 8.21.1,已知:AA_1,BB_1,CC_1 是锐角 $\triangle ABC$ 的 3 条高,证明:点 C_1 到线段 AC,BC,BB_1,AA_1 的垂足在同一条直线上.

证法 1[①] (应用西姆松定理)如图 8.21.1,设 $\triangle ABC$ 的 3 条高线 AA_1,BB_1,CC_1 的交点为 H(垂心),B_2,A_2,M,N 分别是点 C_1 到线段 AC,BC,BB_1,AA_1 的垂足. 因为 $HB_1 \perp AC$,$HC_1 \perp AB$,所以点 A,B_1,H,C_1 共圆. 又 $C_1B_2 \perp AB_1$,$C_1N \perp AH$,$C_1M \perp B_1H$,则由西姆松定理可知,点 B_2,M,N 共线,同理可证点 A_2,M,N 共线,因此点 B_2,N,M,A_2 共线.

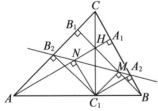 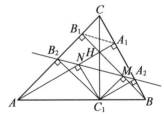

图 8.21.1　　　　　　　图 8.21.2

证法 2 (应用梅涅劳斯定理的逆定理)

如证法 1 所设,联结 A_1B_1 如图 8.21.2,由

$$BB_1 \perp AC, C_1B_2 \perp AC$$

---

① 由北京朝阳区郭璋、袁京生老师给出.

得
$$BB_1 \mathbin{/\mkern-2mu/} C_1B_2\,(HB_1 \mathbin{/\mkern-2mu/} C_1B_2)$$
因此
$$\frac{B_2B_1}{AB_2} = \frac{BC_1}{C_1A}, \frac{CB_2}{B_2B_1} = \frac{CC_1}{C_1H}$$
同理可证
$$\frac{AN}{NA_1} = \frac{AC_1}{C_1B}, \frac{A_1A_2}{A_2C} = \frac{HC_1}{CC_1}$$
因为
$$\frac{CB_2}{B_2A} \cdot \frac{AN}{NA_1} \cdot \frac{A_1A_2}{A_2C} = \frac{B_2B_1}{B_2A} \cdot \frac{CB_2}{B_2B_1} \cdot \frac{AN}{NA_1} \cdot \frac{A_1A_2}{A_2C}$$
$$= \frac{BC_1}{C_1A} \cdot \frac{CC_1}{HC_1} \cdot \frac{AC_1}{C_1B} \cdot \frac{HC_1}{CC_1} = 1$$

所以点 B_2, N, A_2 共线. 同理可证点 A_2, M, B_2 共线, 故点 B_2, N, M, A_2 共线.

证法 3 （应用平行公理）

如证法 1 所设, 联结 A_1B_1, B_2N, NM. 因为
$$C_1B_2 \mathbin{/\mkern-2mu/} BB_1, C_1N \mathbin{/\mkern-2mu/} BC$$
所以
$$\frac{AB_2}{B_2B_1} = \frac{AC_1}{C_1B} = \frac{AN}{NA_1}$$
即
$$B_2N \mathbin{/\mkern-2mu/} B_1A_1$$
又因为 $C_1M \mathbin{/\mkern-2mu/} AC$, 所以
$$\frac{NH}{HA_1} = \frac{HC_1}{HC} = \frac{HM}{HB_1}$$

即 $MN \mathbin{/\mkern-2mu/} B_1A_1$, 故点 B_2, N, M 共线. 同理可证点 N, M, A_2 共线, 因此点 B_2, N, M, A_2 共线.

证法 4 （应用两角互补）

如证法 1 所设, 因为 $C_1B_2 \perp AC, C_1A_2 \perp BC$, 所以点 C_1, B_2, C, A_2 共圆, 从而
$$\angle CB_2A_2 = \angle CC_1A_2 = 90° - \angle C_1CA_2 = \angle ABC$$
同理可证点 B_2, A, C_1, N 共圆, 从而
$$\angle AB_2N = 90° + \angle C_1B_2N = 90° + \angle C_1AA_1 = 90° + 90° - \angle ABC$$
$$= 180° - \angle ABC$$

得 $\angle AB_2N + \angle CB_2A_2 = 180°$.

所以点 B_2, N, A_2 共线. 同理可证点 A_2, M, B_2 共线.

因此点 B_2, N, M, A_2 共线.

证法5 （坐标法）

以点 C_1 为原点,直线 AB 为 x 轴,建立如图 8.21.3 所示的直角坐标系. 设点 A, B, C 的坐标分别为 $(a,0), (b,0), (0,c)$. 由 $k_{AC} = -\dfrac{c}{a}$,可知直线 AC 的方程为

$$y = -\dfrac{c}{a}(x-a) \qquad ①$$

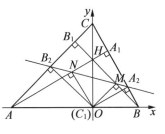

图 8.21.3

由 $k_{OB_2} = \dfrac{a}{c}$,可知直线 OB_2 的方程为

$$y = \dfrac{a}{c}x \qquad ②$$

由式①,式②,解得 $x = \dfrac{ac^2}{a^2+c^2}, y = \dfrac{a^2c}{a^2+c^2}$,即点 B_2 的坐标为 $\left(\dfrac{ac^2}{a^2+c^2}, \dfrac{a^2c}{a^2+c^2}\right)$. 同理可得

$$A_2\left(\dfrac{bc^2}{b^2+c^2}, \dfrac{b^2c}{b^2+c^2}\right), M\left(\dfrac{a^2b}{a^2+c^2}, -\dfrac{abc}{a^2+c^2}\right), N\left(\dfrac{a^2b}{b^2+c^2}, -\dfrac{abc}{b^2+c^2}\right)$$

从而

$$\overrightarrow{B_2N} = \left(\dfrac{ab^2}{b^2+c^2} - \dfrac{ac^2}{a^2+c^2}, -\dfrac{abc}{b^2+c^2} - \dfrac{a^2c}{a^2+c^2}\right) = \dfrac{a(a^2+ab)}{(a^2+c^2)(b^2+c^2)}(ab-c^2, -c(a+b))$$

$$\overrightarrow{B_2M} = \left(\dfrac{a^2b}{a^2+b^2} - \dfrac{ac^2}{a^2-c^2}, -\dfrac{abc}{a^2+c^2} - \dfrac{a^2c}{a^2+c^2}\right) = \dfrac{a}{a^2+c^2}(ab-c^2, -c(a+b))$$

因此

$$\overrightarrow{B_2N} = \left(\dfrac{a^2+ab}{b^2+c^2}\right)\overrightarrow{B_2M}$$

得 $\overrightarrow{B_2N}$ 与 $\overrightarrow{B_2M}$ 共线,即点 B_2, N, M 共线. 同理可证点 A_2, M, N 共线,因此 B_2, N, M, A_2 四点共线.

例22 （2009 中国国家集训队测试题）在凸四边形 $ABCD$ 中,$\angle DCA$ 与 $\angle CDB$ 的外角平分线分别是边 CB 与 DA,E、F 分别为 AC、BD 的延长线上的点,且 C、E、F、D 四点共圆. 平面上的一点 P 使得 DA 是 $\angle PDE$ 的外角平分线,CB 是 $\angle PCF$ 的外角平分线. 边 AD 与 BC 所在直线交于点 Q. 求证:点 P 在边

AB 上的充分必要条件是点 Q 在线段 EF 上.

证法 1 （由国家集训队队员 曾驭龙给出）设 $\angle CDE = \angle BDP = \alpha$，$\angle EDQ = \angle PDA = \gamma$，$\angle DCF = \angle ACP = \beta$，$\angle FCQ = \angle PCB = \theta$.

设射线 AD, BC 分别交 EF 于 Q_1, Q_2，则由正弦定理，有

$$\frac{FQ_1}{EQ_1} = \frac{\dfrac{FD \cdot \sin\angle FDQ_1}{\sin\angle DQ_1 F}}{\dfrac{EA \cdot \sin\angle EAQ_1}{\sin\angle EQ_1 A}} = \frac{FD \cdot \sin\angle ADC}{EA \cdot \sin\angle CAD} = \frac{FD \cdot AC}{EA \cdot DC}$$

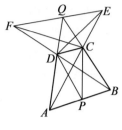

图 8.22.1

同理有

$$\frac{FQ_2}{EQ_2} = \frac{FB \cdot DC}{EC \cdot DB}$$

因此点 Q 在线段 EF 上

$$\Leftrightarrow \frac{FQ_1}{EQ_1} = \frac{FQ_2}{EQ_2}$$

$$\Leftrightarrow \frac{FD \cdot AC}{EA \cdot DC} = \frac{FB \cdot DC}{EC \cdot DB}$$

设直线 DP, CP 分别交 AB 于 P_1, P_2. 由面积公式（正弦定理亦可）得

$$\frac{CE}{AE} = \frac{CD\sin\alpha}{AD\sin\gamma}$$

$$\frac{BF}{DF} = \frac{BC\sin\theta}{DC\sin\beta}$$

代入上式得:点 Q 在线段 EF 上

$$\Leftrightarrow \frac{AC}{CD} \cdot \frac{CD\sin\alpha}{AD\sin\gamma} = \frac{CD}{BD} \cdot \frac{BC\sin\theta}{DC\sin\beta}$$

$$\Leftrightarrow \frac{BD\sin\alpha}{AD\sin\gamma} = \frac{BC\sin\theta}{AC\sin\beta}$$

$$\Leftrightarrow \frac{BP_1}{AP_1} = \frac{BP_2}{AP_2}$$

$$\Leftrightarrow 点 P 在线段 AB 上$$

证毕.

证法 2 （由国家集训队队员 苏钧给出）首先证明充分性,假设点 Q 在线段 EF 上.

设直线 AC 与 BD 相交于点 M,作 $\angle CMD$ 的外角平分线分别交 AD,BC 于 R,S.

由条件,Q,R,S 为三角形 CMD 的三个旁心,故 $\triangle CMD$ 为 $\triangle RQS$ 的垂足三角形.

设 CP 与 $\triangle CMD$ 的外接圆 ω(即 $\triangle RQS$ 的九点圆)相交于点 X. 则
$$\angle CXM = \pi - \angle CDM = \angle CDF$$
又 $\angle XCM = \angle DCF$,故 $\triangle XCM \backsim \triangle DCF$,$\dfrac{MC}{XC} = \dfrac{FC}{DC}$.

由垂足的性质易知 $\triangle SCM \backsim \triangle DCQ$,故 $\dfrac{SC}{MC} = \dfrac{DC}{QC}$. 结合上一个比例式知 $\dfrac{SC}{XC} = \dfrac{FC}{QC}$,又由于 $\angle XCS = \angle QCF$,故 $\triangle XCS \backsim \triangle QCF$,故 $\angle SXC = \angle FQC$.

同理设 DP 与圆 ω 相交于点 Y,联结 BX 交圆 ω 于另一点 Z_1,联结 AY 交圆 ω 于另一点 Z_2.

由
$$BX \cdot BZ_1 = BM \cdot BD = BS \cdot BQ$$
知 S,X,Z_1,Q 四点共圆,因此
$$\angle QZ_1C = \pi - \angle CZ_1X - \angle XSC$$
$$= \pi - \angle CFD - \angle QFC$$
$$= \pi - \angle EFM$$

同理有 $\angle QZ_2D = \pi - \angle FEM$,故
$$\angle QZ_1C + \angle QZ_2D + \angle DZ_1C$$
$$= (\pi - \angle EFM) + (\pi - \angle FEM) + (\pi - \angle EMF)$$
$$= 2\pi$$

因此 $\angle QZ_1D = \angle QZ_2D$,即 Z_1,Z_2 为同一点,记其为 Z.

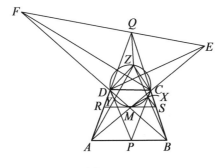

图 8.22.2

在圆内接六边形 $XCMDYZ$ 中使用帕斯卡定理得 A,P,B 三点共线,充分性得证.

再证必要性. 假设 P 在 AB 上但 Q 并不在 EF 上,延长 EQ 交直线 BD 于 F',在直线 DP 上取一点 P',使 $\angle P'CB = \angle F'CQ$,显然 P' 与 P 不同,但由充分性的证明知 P' 在 AB 上. 矛盾.

例 23 设圆 O 与 $\angle APB$ 的边分别切于点 A,B,过点 P 的两条割线分别交圆 O 于 C,D 和 E,F(C 在 P 与 D 之间,E 在 P 与 F 之间),若直线 CF 与 DE 交于点 Q,直线 CE 与 DF 交于点 R,则 A,Q,B,R 四点共线.

证法 1 如图 8.23.1,联结 AC,AD,BE,BF.
由 $\triangle PAC \backsim \triangle PDA$,$\triangle PDF \backsim \triangle PEC$,$\triangle PEB \backsim \triangle PBF$

有
$$\frac{CA}{AD} = \frac{PA}{PD},\frac{DF}{EC} = \frac{PD}{PE},\frac{BE}{FB} = \frac{PE}{PB}$$

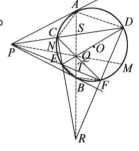

图 8.23.1

上述三式相乘,并注意 $PA = PB$,得
$$\frac{CA}{AD} \cdot \frac{DF}{FB} \cdot \frac{BE}{EC} = \frac{PA}{PD} \cdot \frac{PD}{PE} \cdot \frac{PE}{PB} = 1$$

于是,由塞瓦定理角元形式的推论知 AB,DE,CF 三线共点于 Q. 故 A,Q,B 三点共线.

同理 A、B、R 三点共线. 故 A,Q,B,K 四点共线.

证法 2 如图 8.23.1,联结 DA,DB,EA,EB,FA,FB,CA,CB.
设 DE 与 AB 交于点 Q_1,CF 与 AB 交于点 Q_2,则 Q_1 分 AB 所成的比为
$$\frac{AQ_1}{Q_1B} = \frac{S_{\triangle ADQ_1}}{S_{\triangle BDQ_1}} = \frac{DA \cdot \sin \angle ADQ_1}{DB \cdot \sin \angle BDQ_1} = \frac{DA}{DB} \cdot \frac{AE}{EB} \qquad ①$$

同理
$$\frac{AQ_2}{Q_2B} = \frac{FA}{FB} \cdot \frac{AC}{CB} \qquad ②$$

由 $\triangle PAD \backsim \triangle PCA$,$\triangle PDB \backsim \triangle PBC$ 有 $\frac{DA}{AC} = \frac{PA}{PC}$,$\frac{DB}{BC} = \frac{PB}{PC}$,故
$$\frac{DA}{DB} = \frac{AC}{BC} \qquad ③$$

同理
$$\frac{EA}{EB} = \frac{AF}{BF} \qquad ④$$

由①,②,③,④得 $\dfrac{AQ_1}{Q_1B} = \dfrac{AQ_2}{Q_2B}$,有 $\dfrac{AQ_1}{AB} = \dfrac{AQ_2}{AB}$,即 Q_1 与 Q_2 重合于 Q. 故 A,Q,B 共线.

同理,A,B,R 三点共线. 故 A,Q,B,R 四点共线.

证法 3 设 M 为完全四边形 $PCDQFE$ 的密克尔点,则 M 在直线 PQ 上,且 $OM \perp PQ$.注

于是,P,A,O,M,B 五点共圆,则 $\angle PBM + \angle PAM = 180°$.

又由 $PQ \cdot PM = PE \cdot PF = PB^2$,知 $\triangle PQB \backsim \triangle PBM$,即有 $\angle PQB = \angle PBM$.

同理

$$\angle PQA = \angle PAM$$

故 $\angle PQA + \angle PQB = \angle PAM + \angle PBM = 180°$,即知 A,Q,B 三点共线.

同理,$A、B、R$ 三点共线. 故 A,Q,B,R 四点共线.

注 可作 $\triangle DCQ$ 的外接圆交直线 PQ 于点 M,推知 M 在 $\triangle EPQ$ 的外接圆上,再证 D,F,M 共圆来证得 $DM \perp PQ$.

证法 4 设 M 为完全四边形 $PCDQFE$ 的密克尔点,则 C,D,M,Q 及 P,D,M,E 分别四点共圆.

即有 $PC \cdot PD = PQ \cdot PM, DQ \cdot QE = PQ \cdot QM$. 两式相减有 $PC \cdot PD - DQ \cdot QE = PQ \cdot PM - PQ \cdot QM = PQ^2$.

注意到 $PA = PB$,联结 AQ 交圆 O 于 B',则 $PA^2 = PC \cdot PD, AQ \cdot QB' = DQ \cdot QE$.

于是 $PA^2 - AQ \cdot QB' = PQ^2$,由斯特瓦尔特定理之逆,知 $PB' = PA = PB$. 故 B' 与 B 重合. 故 A,Q,B 三点共线.

同理 A,B,R 三点共线,故 A,Q,B,R 四点共线.

证法 5 如图 8.23.1,设直线 PQ 交圆 O 于 $N,M(N$ 在 P,Q 之间).

则

$$\dfrac{NQ}{QM} \cdot \dfrac{NQ}{QM} = \dfrac{S_{\triangle NCF}}{S_{\triangle MCF}} \cdot \dfrac{S_{\triangle NDE}}{S_{\triangle MDE}} = \dfrac{NC \cdot NF}{MC \cdot MF} \cdot \dfrac{ND \cdot NE}{MD \cdot ME}$$

$$= \dfrac{NC \cdot NF}{MD \cdot ME} \cdot \dfrac{ND \cdot NE}{MC \cdot MF} = \dfrac{PC \cdot PN}{PM \cdot PE} \cdot \dfrac{PN \cdot PE}{PC \cdot PM} = \dfrac{PN}{PM} \cdot \dfrac{PN}{PM}$$

即 $\dfrac{NQ}{QM} = \dfrac{NP}{PM}$,亦即知 N,M 调和分割 PQ.

设 AB 与直线 PQ 交于点 Q',则由 P,Q 调和分割 NM.

知 $\dfrac{NQ'}{Q'M} = \dfrac{NP}{PM}$. 从而知 Q' 与 Q 重合.

故 A,Q,B 三点共线.

同理,可证 A,B,R 三点共线,故 A,Q,B,R 四点共线.

证法 6 如图 8.23.1,设 AB 分别交 PD,PF 于点 S,T.

由 P,S 调和分割 CD,有 $\dfrac{PC}{PD}=\dfrac{CS}{SD}$,即

$$PC \cdot SD = PD \cdot CS$$
$$= (PS+SD)(PS-PC) = (PS^2 + SD \cdot PS - SP \cdot PC) - SD \cdot PC$$
$$= PS \cdot CD - PC \cdot SD$$

从而

$$\dfrac{SD}{PS} = \dfrac{CD}{2PC} \qquad \text{⑤}$$

同理,由 P,T 调和分割 EF,有 $\dfrac{PE}{PF}=\dfrac{ET}{TF}$,亦有

$$\dfrac{PT}{ET} = \dfrac{2PF}{EF} \qquad \text{⑥}$$

又

$$\dfrac{EQ}{QD} = \dfrac{S_{\triangle ECF}}{S_{\triangle DCF}} = \dfrac{EC \cdot EF}{DC \cdot DF} = \dfrac{EF}{CD} \cdot \dfrac{PC}{PF} \qquad \text{⑦}$$

由⑤⑥⑦三式相乘得

$$\dfrac{DS}{SP} \cdot \dfrac{PT}{TE} \cdot \dfrac{EQ}{QD} = 1$$

于是,对 $\triangle PED$ 应用梅涅劳斯定理的逆定理,知 S,Q,T 三点共线.

故 A,Q,B 三点共线.

同理,A,B,R 三点共线. 故 A,Q,B,R 四点共线.

例 24 如图 8.24.1,$\triangle ABC$ 的外心为 O,CD 为高线,M 为边 AC 的中点,射线 DM 与以 AD 为直径的圆 Γ 的另一个交点为 Y,圆 Γ 与圆 O 的另一个交点为 X,直线 DO 与 AC 交于点 Z. 证明:X,Y,Z 三点共线.

证法 1 重新令 Z 表示 XY 与 AC 的交点,即证 Z,O,D 三点共线.

如图 8.24.1,设圆 Γ 与 AC 的另一个交点为 T. 则 $DT /\!/ OM$.

取 AD 的中点 N,N 为圆心.

则连心线 $ON \perp AX$.

从而

$$DX /\!/ ON$$

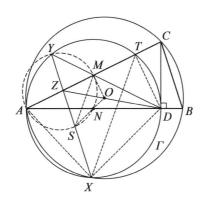

图 8.24.1

设 ON 与 XY 交于点 S. 则 $\triangle SOM$ 与 $\triangle XDT$ 已有两组边平行.
下面证第三组边也平行,即 $SM \parallel XT$.
事实上,由
Y,A,X,D 四点共圆, $SN \parallel XD$
$\Rightarrow \angle NSY = \angle DXY = \angle DAY$
$\Rightarrow Y,A,S,N$ 四点共圆.
又 $\angle AYM = \angle ANM = 90°$
$\Rightarrow Y,A,N,M$ 四点共圆.
故 Y,A,S,N,M 五点共圆
$\Rightarrow \angle YSM = \angle YAM = \angle YAT = \angle YXT$
$\Rightarrow SM \parallel XT$.
最后,由 $\triangle SOM$ 与 $\triangle XDT$ 位似,且位似中心为 Z 而得证.

证法 2 仍令 Z 表示 XY 与 AC 的交点,欲证 Z,O,D 三点共线.
注意到, XY 与 AC, CD 与 XD 的交点分别为 Z,D,O 可看作两条直径的交点,还不是六个均在圆上的点所生成的.
如图 8.24.2,延长 XY,CD,XD,分别与圆 O 交于点 L,G,P.
由 $\angle AXP = 90°$,知 AP 过圆心 O.
事实上 LG 也过圆心 O.
这是因为:
（ⅰ）四边形 $ACBG$ 的对角线互相垂直,而内接于圆,
则易证 $MD \perp BG$.

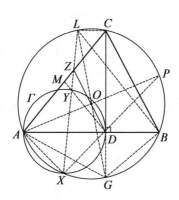

图 8.24.2

(ii) $LB \parallel MD$,这是由 X,A,L,B,X,A,Y,D 分别四点共圆
$\Rightarrow \angle YDA = \angle YXA = \angle LBA$
而得到.

于是,对圆 O 上六点 G,X,A,L,C,P 用帕斯卡定理证得 Z,O,D 三点共线.

9 直线共点

例 1 在锐角 $\triangle ABC$ 中,$AB>AC$,CD,BE 分别是边 AB,AC 上的高,过点 D 作 BC 的垂线交 BE 于点 F,交 CA 的延长线于点 P,过点 E 作 BC 的垂线交 CD 于点 G,交 BA 的延长线于点 Q. 证明:BC,DE,FG,PQ 四条直线相交于一点.

证法 1 如图 9.1.1,由 $AB>AC$,知 DE 与 BC 的延长线必相交,设交点为 T. 设过 D、E 的垂线分别交 BC 于 M,N,则 $CN \cdot CB = CE^2$,$BM \cdot BC = BD^2$.

故

$$\frac{CN}{BM} = \frac{CE^2}{BD^2}$$

而

$$GN = \frac{BD}{CD} \cdot CN, \quad FM = \frac{CE}{BE} \cdot BM$$

故

$$\frac{GM}{FM} = \frac{BD \cdot BE}{CD \cdot CE} \cdot \frac{CN}{BM} = \frac{BD \cdot BE}{CD \cdot CE} \cdot \frac{CE^2}{BD^2}$$

$$= \frac{BE \cdot CE}{BD \cdot CD} \qquad \text{①}$$

又因

$$BE \cdot CE = EN \cdot BC, \quad BD \cdot CD = DM \cdot BC$$

所以

$$\frac{BE \cdot CE}{BD \cdot CD} = \frac{EN}{DM} = \frac{TN}{TM} \qquad \text{②}$$

由①②得 $\dfrac{GN}{FM} = \dfrac{TN}{TM}$,因此,$F$,$G$,$T$ 三点共线.

由 $\dfrac{QN}{BN} = \dfrac{CD}{BD}$,$BN \cdot BC = BE^2$ 相乘得 $QN \cdot BC = \dfrac{BE^2 \cdot CD}{BD}$.

又 $\dfrac{PM}{CM} = \dfrac{BE}{BD}$,$CM \cdot BC = CD^2$ 相乘得 $PM \cdot BC = \dfrac{CD^2 \cdot BE}{CE}$,

两式相除得

$$\frac{QN}{PM} = \frac{BE \cdot CE}{BD \cdot CD} \qquad ③$$

由②③得

$$\frac{QN}{PM} = \frac{TN}{TM}$$

由 P,Q,T 三点共线，即 BC、DE、FG、PQ 四条直线都过点 P，亦即这四条直线相交于一点．

证法2 如图 9.1.2，设 CD,BE 相交于点 H，则 H 为 $\triangle ABC$ 的垂心，并记 DF,EG,AH 与 BC 的交点分别为 M,N,R．

因 $AB > AC$，故 DE 与 BC 的延长线必相交，设其交点为 T．

由 $PM \parallel AR \parallel QN$，得

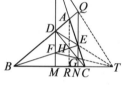

图 9.1.2

$$\frac{DF}{FM} = \frac{AH}{HR} = \frac{EG}{GN}, \frac{PD}{DM} = \frac{AH}{HR} = \frac{QE}{EN}$$

由合比定理，得

$$\frac{DM}{FM} = \frac{EN}{GN}, \frac{PM}{DM} = \frac{QN}{EN}$$

所以，有

$$\frac{GN}{FM} = \frac{EN}{DM} = \frac{TN}{TM}, \frac{PM}{QN} = \frac{DM}{EN} = \frac{TM}{TN}$$

故 F,G,T 及 P,Q,T 三点均共线，所以说，BC,DE,FG,PQ 四条直线相交于点．

证法3 如图 9.1.3，设 CD,BE 相交于点 H，则 H 为 $\triangle ABC$ 的垂心，则 $AH \perp BC$．因 $AB > AC$，故 DE 与 BC 的延长线必相交，设其交点为 T，分别对 $\triangle ABC$ 和直线 DET，$\triangle HBC$ 和直线 DET 应用梅涅劳斯定理．

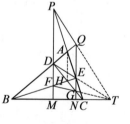

图 9.1.3

得 $\dfrac{BT}{TC} \cdot \dfrac{CE}{EA} \cdot \dfrac{AD}{DB} = 1, \dfrac{BT}{TC} \cdot \dfrac{CD}{DH} \cdot \dfrac{HE}{EB} = 1$．

由于 $DF \perp BC, EG \perp BC$，则 $PE \parallel AH \parallel QG$．

从而 $\dfrac{CE}{EA} = \dfrac{CG}{GH}, \dfrac{AD}{DB} = \dfrac{HF}{FB}, \dfrac{CD}{DH} = \dfrac{CD}{PA}, \dfrac{HE}{EB} = \dfrac{AQ}{QB}$．

于是，有 $\dfrac{BT}{TC} \cdot \dfrac{CG}{GH} \cdot \dfrac{HF}{FB} = 1, \dfrac{BT}{TC} \cdot \dfrac{CP}{PA} \cdot \dfrac{AQ}{QB} = 1$．

故由梅涅劳斯定理的逆定理知有 F,G,T 及 P,Q,T 三点均共线.

所以 BC,DE,FG,PQ 四条直线相交于一点.

证法 4 如图 9.1.4,因 $AB>AC$,故 DE,FG,PQ 均与 BC 的延长线相交,设其交点依次为 T,T',T''. 设 CD,BE 相交于点 H,则 H 为 $\triangle ABC$ 的垂心,联结 AH,则分别对 $\triangle ABC$ 和直线 DE、$\triangle HBC$ 和直线 FG、$\triangle ABC$ 和直线 PQ、$\triangle HBC$ 和直线 DE 应用梅涅劳斯定理,有

$$\frac{AD}{DB}\cdot\frac{BT}{TC}\cdot\frac{CE}{EA}=1, \frac{HF}{FB}\cdot\frac{BT'}{T'C}\cdot\frac{CG}{GH}=1$$

$$\frac{AQ}{QB}\cdot\frac{BT''}{T''C'}\cdot\frac{CP}{PA}=1, \frac{HE}{EB}\cdot\frac{BT}{TC}\cdot\frac{CD}{DH}=1$$

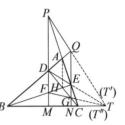

图 9.1.4

由 $DF\parallel AH\parallel EG$,可得 $\frac{AD}{DB}=\frac{HF}{FB},\frac{CE}{EA}=\frac{CG}{GH}$;

由 $PF\parallel AH\parallel QG$,可得 $\frac{AQ}{QB}=\frac{HE}{EB},\frac{CP}{PA}=\frac{CD}{DH}$.

所以,有 $\frac{BT}{TC}=\frac{BT''}{T''C'}=\frac{BT'}{T'C}$,由此,可见 T 与 T',T'' 三点必重合.

故 BC,DE,FG,PQ 四条直线相交于一点.

注 证法 2—证法 4 由山东李耀文给出.

证法 5 如图 9.1.5,因 $AB>AC$,故 DE 与 BC 的延长线必相交,设其交点为 T,并记 DF,EG 分别与 BC 相交于点 M,N.

联结 PF 交 NE 的延长线于点 Q',易知有 $\frac{PD}{DM}=\frac{Q'E}{EN}$.

为了证明 P,Q,T 三点共线,只须证 $\frac{PD}{DM}=\frac{QE}{EN}$ 即可.

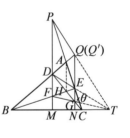

图 9.1.5

不妨设 $\angle DBE=\alpha$,$\angle CBE=\beta$,$\angle DCE=\theta$,$\angle BCD=\gamma$.

因为 $\frac{PD}{DM}=\frac{S_{\triangle PCD}}{S_{\triangle MCD}}=\frac{PC}{MC}\cdot\frac{\sin\theta}{\sin\gamma},\frac{QE}{EN}=\frac{S_{\triangle BQE}}{S_{\triangle BNE}}=\frac{BQ}{BN}\cdot\frac{\sin\alpha}{\sin\beta}$.

由于 $\mathrm{Rt}\triangle PCM\backsim\mathrm{Rt}\triangle BCE$,得 $\frac{PC}{MC}=\frac{BC}{EC}$.

$\mathrm{Rt}\triangle BQN\backsim\mathrm{Rt}\triangle CBD$,得 $\frac{BQ}{BN}=\frac{BC}{BD}$.

所以 $\dfrac{PD}{DM} = \dfrac{BC}{EC} \cdot \dfrac{\sin \theta}{\sin \gamma}, \dfrac{QE}{EN} = \dfrac{BC}{BD} \cdot \dfrac{\sin \alpha}{\sin \beta}.$

由于 $DM \perp BC, EN \perp BC$,可知 B,D,E,C 四点共圆.

所以 $\angle \alpha = \angle \theta$,又 $\dfrac{CE}{\sin \beta} = BC = \dfrac{BD}{\sin \gamma}.$

故 $BD \cdot \sin \beta = CE \cdot \sin \gamma$,因此,有 $\dfrac{PD}{DM} = \dfrac{QE}{EN}$,可见 Q 与 Q' 必重合.

所以说 P,Q,T 三点共线,同理可证 $F、G、T$ 三点共线.

故 BC,DE,FG,PQ 四条直线相交于一点.

例 2 如图 9.2.1,设 P 为 $\triangle ABC$ 内任一点,在形内作射线 AL,BM,CN,使得 $\angle CAL = \angle PAB, \angle MBC = \angle PBA, \angle NCA = \angle BCP$. 求证:$AL,BM,CN$ 三线共点.

证法 1 设 AL 交 BC 于 L,BM 交 CA 于 M,CN 交 AB 于 N,则由正弦定理有

$$\dfrac{BL}{LC} = \dfrac{AB \cdot \sin \angle BAL}{AC \cdot \sin \angle CAL} = \dfrac{AB \cdot \sin \angle PAC}{AC \cdot \sin \angle PAB}$$

同理

$$\dfrac{CM}{MA} = \dfrac{BC \cdot \sin \angle PBA}{AB \cdot \sin \angle PBC}$$

$$\dfrac{AN}{NB} = \dfrac{AC \cdot \sin \angle PCB}{BC \cdot \sin \angle PCA}$$

将上述三式相乘,并应用正弦定理,有

$$\dfrac{BL}{LC} \cdot \dfrac{CM}{MA} \cdot \dfrac{AN}{NB} = \dfrac{\sin \angle PAC}{\sin \angle PAB} \cdot \dfrac{\sin \angle PBA}{\sin \angle PBC} \cdot \dfrac{\sin \angle PCB}{\sin \angle PCA} = \dfrac{PC}{PA} \cdot \dfrac{PA}{PB} \cdot \dfrac{PB}{PC} = 1$$

由塞瓦定理的逆定理,知 AL,BM,CN 共点.

证法 2 设 AL 交 BC 于 L,BM 交 CA 于 M,CN 交 AB 于 N,直线 AP 交 BC 于 D,直线 BP 交 AC 于 E,直线 CP 交 AB 于 F.

对 $\triangle ABC$ 及点 P,应用塞瓦定理,有 $\dfrac{AF}{FB} \cdot \dfrac{BD}{DC} \cdot \dfrac{CE}{EA} = 1.$ ①

在 $\triangle ABL$ 和 $\triangle ACL$ 中应用正弦定理,有

$$\dfrac{BL}{LC} = \dfrac{BL}{AL} \cdot \dfrac{AL}{LC} = \dfrac{\sin \angle BAL}{\sin \angle B} \cdot \dfrac{\sin \angle C}{\sin \angle LAC} = \dfrac{\sin \angle PAC}{\sin \angle PAB} \cdot \dfrac{\sin \angle C}{\sin \angle B}$$

$$= \dfrac{\sin \angle PAC}{\sin \angle C} \cdot \dfrac{\sin \angle B}{\sin \angle PAB} \cdot \dfrac{\sin^2 \angle C}{\sin^2 \angle B} = \dfrac{DC}{AD} \cdot \dfrac{AD}{BD} \cdot \dfrac{\sin^2 \angle C}{\sin^2 \angle B} = \dfrac{DC}{BD} \cdot \dfrac{\sin^2 \angle C}{\sin^2 \angle B}$$

同理
$$\frac{CM}{MA} = \frac{AE}{EC} \cdot \frac{\sin^2 \angle A}{\sin^2 \angle C}, \frac{AN}{NB} = \frac{BF}{FA} \cdot \frac{\sin^2 \angle B}{\sin^2 \angle A}$$

以上三式相乘,并注意到式①,有
$$\frac{BL}{LC} \cdot \frac{CM}{MA} \cdot \frac{AN}{NB} = \frac{DC}{BD} \cdot \frac{AE}{EC} \cdot \frac{BF}{FA} = 1$$

由塞瓦定理的逆定理,知 AL, BM, CN 共点.

证法 3 设 AL 交 BC 于 L, BM 交 AC 于 M, CN 交 AB 于 N,直线 AP 交 BC 于 D,直线 BP 交 AC 于 E,直线交 AB 于 F. 对 $\triangle ABC$ 及点 P,应用角元形式的塞瓦定理,有
$$\frac{\sin \angle PAB}{\sin \angle PAC} \cdot \frac{\sin \angle PBC}{\sin \angle PBA} \cdot \frac{\sin \angle PCA}{\sin \angle PCB} = 1$$

由题设 $\angle PAB = \angle CAL, \angle PBA = \angle CBM, \angle PCB = \angle ACN$,则有 $\angle BAL = \angle PAC, \angle ABM = \angle PBC, \angle BCN = \angle PCA$.

于是
$$\frac{\sin \angle BAL}{\sin \angle CAL} \cdot \frac{\sin \angle CBM}{\sin \angle ABM} \cdot \frac{\sin \angle ACN}{\sin \angle BCN}$$
$$= \frac{\sin \angle PAC}{\sin \angle PAB} \cdot \frac{\sin \angle PBA}{\sin \angle PBC} \cdot \frac{\sin \angle PCB}{\sin \angle PCA}$$
$$= \frac{1}{\frac{\sin \angle PAB}{\sin \angle PAC} \cdot \frac{\sin \angle PBC}{\sin \angle PBA} \cdot \frac{\sin \angle PCA}{\sin \angle PCB}}$$
$$= \frac{1}{1} = 1$$

对 $\triangle ABC$,应用角元形式的塞瓦定理的逆定理,知 AL, BM, CN 三线共点.

例 3 (2000 年 IMO 41 预选题) 设 O, H 分别为 $\triangle ABC$ 的外心和垂心. 证明:在 BC, CA, AB 上分别存在点 D, E, F,使得 $OD + DH = OE + EH = OF + FH$,且直线 AD, BE, CF 共点.

证法 1 如图 9.3.1,延长 AH 交 BC 于点 K,交圆 O 于点 L. 联结 OL 交 BC 于点 D,则 $HK = KL$. 从而 $DH = KL$,且 $OD + DH = OL = R$(圆 O 半径).

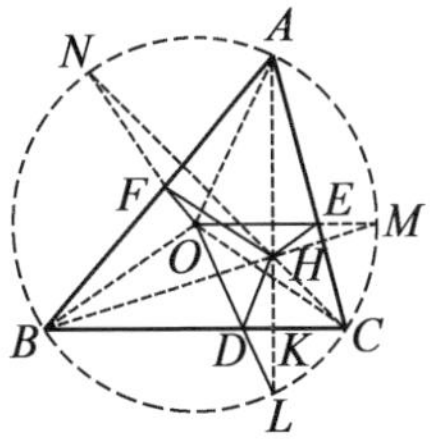

类似地有 $E \in CA, F \in AB$,使得 $OE + EH = OF + FH = R$. 联结 OB, OC, OA,则
$$\angle BOD = 2\angle BAL = 2(90° - \angle B) = 180° - 2\angle B$$

图 9.3.1

同理
$$\angle COD = 180° - 2\angle C$$
于是
$$\frac{BD}{DC} = \frac{S_{\triangle OBD}}{S_{\triangle ODC}} = \frac{\sin\angle BOD}{\sin\angle COD} = \frac{\sin 2\angle B}{\sin 2\angle C}$$
同理
$$\frac{CE}{EA} = \frac{\sin 2\angle C}{\sin 2\angle A}, \frac{AF}{FB} = \frac{\sin 2\angle A}{\sin 2\angle B}$$

从而 $\frac{BD}{DC} \cdot \frac{CE}{EA} \cdot \frac{AF}{FB} = 1$. 由塞瓦定理的逆定理知 AD, BE, CF 三线共点.

证法2 如图9.3.1,设三条高分别交圆 O 于 L, M, N, OL 交 BC 于 D, OM 交 CA 于 E, ON 交 AB 于点 F. 同证法1有 $D \in BC, E \in CA, F \in AB$. 满足条件.

由 $\angle BOD = 2\angle BAL = 2\angle BCN = \angle BOF$. 同理 $\angle COD = \angle COE, \angle AOE = \angle AOF$.

注意 $\frac{BD}{DC} = \frac{\sin\angle BOD}{\sin\angle COD}$ 等三式即证结论.

注 上述例题可推广为:设 P, Q 为 $\triangle ABC$ 内的一双等角共轭点.
则在 BC, CA, AB 上分别存在点 D, E, F, 使得
$$PD + DQ = PE + EQ = PF + FQ$$
且 AD, BE, CF 共点.

证明 如图9.3.2,作点 P 关于 BC, CA, AB 的对称点 L, M, N, 联结 $QL, QM, QN, BL, LC, CM, MA, AN, NB$.

由作图知
$$PD = DL, PD + DQ = LQ$$
同理
$$PE + EQ = MQ, PF + FQ = NQ$$
因为
$$\angle LCB = \angle PCB = \angle QCA$$
所以
$$\angle QCL = \angle ACB$$
同理
$$\angle QCM = \angle ACB$$
所以

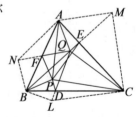

图9.3.2

又因为
$$\angle QCL = \angle QCM$$
$$CL = CP = CM, CQ = CQ$$

所以
$$\triangle LCQ \cong \triangle MCQ, LQ = MQ$$

同理
$$MQ = NQ$$

所以
$$PD + DQ = PE + EQ = PF + FQ$$

由 $\triangle LCQ \cong \triangle MCQ$ 同时得到
$$\angle CQL = \angle CQM$$

同理
$$\angle AQM = \angle AQN, \angle BQN = \angle BQL$$

又因为
$$\frac{BD}{DC} = \frac{S_{\triangle QBD}}{S_{\triangle QDC}} = \frac{QB\sin\angle BQL}{QC\sin\angle CQL}$$

同理
$$\frac{CE}{EA} = \frac{QC\sin\angle CQM}{QA\sin\angle AQM}, \frac{AF}{FH} = \frac{QA\sin\angle AQN}{QB\sin\angle BQN}$$

故
$$\frac{BD}{DC} \cdot \frac{CE}{EA} \cdot \frac{AF}{FB} = 1$$

所以 AD, BE, CF 共点.

例4 如图 9.4.1, AB 是圆 O 的直径, 过 A, B 引两弦 AD 和 BE 相交于点 C, 直线 AE, BD 相交于点 P, 圆 O_1 与圆 O 相切于点 E, 且与 PC 相切于点 C, 圆 O_2 与圆 O 相切于点 D, 且与 PC 相切于点 C. 则直线 AO_1, BO_2, DE 共点.

证法1 由题设知, E 为圆 O 与圆 O_1 的位似中心.

由于 OB、O_1C 分别垂足于 PC, 则 $OB \parallel O_1C$, 所以 E, C, B 三点共线. 同理, D, C, A 三点共线.

设 $\angle APB = \gamma$, 则 $\triangle DEP \sim \triangle ABP$, 相似比 $\frac{DP}{AP} = \cos\gamma$, 且点 E, D 在以 PC 为直径的圆上.

设 DE 交 PC 于点 Q. 下面证明: 点 Q 在 AO_1 上.

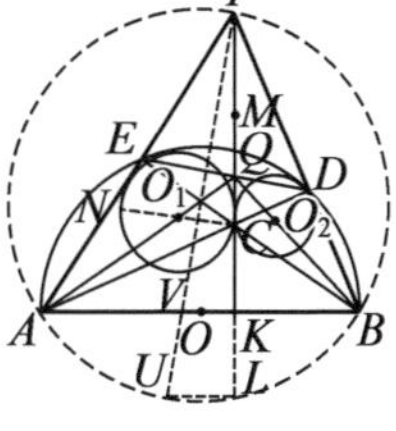

图 9.4.1

设 AP 与圆 O_1 的第二个交点为 N,则 NC 是圆 O_1 的直径.

由梅涅劳斯定理的逆定理,要证 A,O_1,Q 三点共线,只要证 $\dfrac{PA}{AN}\cdot\dfrac{NO_1}{O_1C}\cdot\dfrac{CQ}{QP}=1$. 又 $NO_1=O_1C$,则只要证 $\dfrac{PA}{AN}=\dfrac{PQ}{QC}$.

设直线 PC 交 AB 于 K,则 $\dfrac{PA}{AN}=\dfrac{PK}{KC}$.

设 $\triangle ABC$ 的外接圆为 Ω,CU 为其直径,CU、AB 交于点 V,延长 PK 交圆 Ω 于 L.

因 $AB /\!/ UL$,则 $\angle APU=\angle BPL$.

又 $\angle EDP=\angle BAP$,$\angle DEP=\angle ABP$,$\dfrac{ED}{AB}=\cos\gamma$,利用 $\triangle PED\backsim\triangle PBA$,直线 PQ 与 PV 关于 $\angle APB$ 的平分线对称,因此

$$\dfrac{PQ}{QC}=\dfrac{PV}{VU}$$

由于 C 是 $\triangle ABP$ 的垂心,则 $KL=KC$,于是

$$\dfrac{PK}{KC}=\dfrac{PK}{KL}$$

又 $AB /\!/ UL$,有 $\dfrac{PV}{VU}=\dfrac{PK}{KL}$,则

$$\dfrac{PA}{AN}=\dfrac{PK}{KC}=\dfrac{PK}{KL}=\dfrac{PV}{VU}=\dfrac{PQ}{QC}$$

从而点 Q 在直线 AO_1 上.

同理点 Q 在直线 BO_2 上. 故 AO_1,BO_2,DE 三线共点.

证法 2 设 M 为 PC 的中点,则 M 是四边形 $PECD$ 的外接圆的圆心.

由 O_1O_2 与 AB 均垂直于直线 PC,则 $O_1O_2 /\!/ AB$.

又 MO_1 是圆 M 与圆 O_1 的连心线,则 MO_1,AP 均垂直于 EC,有 $MO_1 /\!/ AP$. 同理

$$MO_2 /\!/ PB$$

因此,$\triangle ABP$ 与 $\triangle O_1O_2M$ 的对应边平行,且不全等,于是,对应顶点的连线交于一点 Q,且 Q 为这两个三角形的位似中心.

考虑直线 AOB 和 O_1CO_2,由于 AC,OO_2 交于点 D,AO_1,BO_2 交于点 Q,OO_1,BC 交于点 E,由帕普斯定理知 D,Q,E 三点共线. 即 Q 为 AO_1,BO_2,DE 的公共点.

例 5 (2016 年 IMO 57 试题)在 $\triangle BCF$ 中,$\angle B$ 为直角. 在直线 CF 上取点

A,使得 $FA=FB$,且 F 在点 A 和 C 之间;取点 D,使得 $DA=DC$,且 AC 为 $\angle DAB$ 的平分线;取点 E,使得 $EA=ED$,且 AD 为 $\angle EAC$ 的平分线. 设 M 为线段 CF 的中点,取点 X 使得 $AMXE$ 为平行四边形,$AM/\!/EX$,$AE/\!/MX$. 证明:直线 BD,FX,ME 三线共点.

证法 1 如图 9.5.1,由条件得

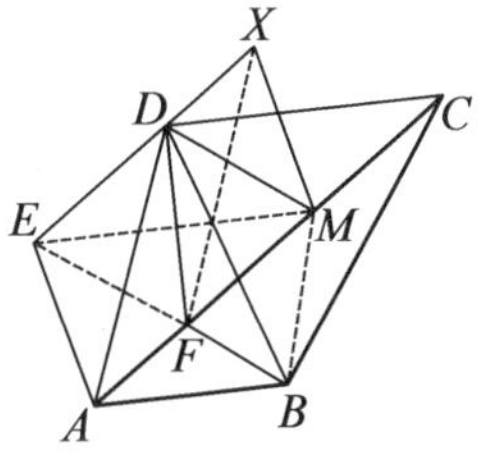

$$\angle FAB = \angle FBA = \angle DAC = \angle DCA$$
$$= \angle EAD = \angle EDA = \alpha$$

由 $\triangle ABF \backsim \triangle ACD \Rightarrow \dfrac{AB}{AC} = \dfrac{AF}{AD}$

$$\Rightarrow \triangle ABC \backsim \triangle AFD$$

又 $EA=ED$,有

$$\angle AFD = \angle ABC = 90° + \alpha = 180° - \dfrac{1}{2}\angle AED$$

于是,点 F 在以 E 为圆心、EA 为半径的圆周上.
特别地

$$EF = EA = ED$$

图 9.5.1

又 $\angle EFA = \angle EAF = 2\alpha = \angle BFC$,知 B,F,E 三点共线.
由于 $\angle EDA = \angle MAD$,因此,$ED/\!/AM$.
从而,E,D,X 三点共线.
由 M 为 Rt$\triangle CBF$ 斜边 CF 的中点,知

$$MF = MB$$

在等腰 $\triangle EFA$,等腰 $\triangle MFB$ 中,由

$$\angle EFA = \angle MFB, AF = BF$$
$$\Rightarrow \triangle AEF \cong \triangle BMF$$
$$\Rightarrow BM = AE = XM$$
$$BE + BF + FE = AF + FM = AM = EX$$

从而

$$\triangle EMB \cong \triangle EMX$$

又 $EF=ED$,点 D 与 F,点 X 与 B 分别关于 EM 对称,于是,直线 BD 与 XF 关于 EM 对称. 由此,BD,FX,ME 三线共点.

证法 2 (由江西黄瑞熙给出)
如图 9.5.2,由题设,有

$$\angle EAD = \angle EDA = \angle DAC$$
$$= \angle BAF = \angle ABF = \alpha$$

则 $ED \parallel AC$.

又 $AM \parallel EX$, 故 E, D, X 三点共线.

由 $DA = DC$, 于是

$$\angle AED = \angle ADC = 180° - 2\alpha$$
$$\angle ABC = 90° + \alpha$$

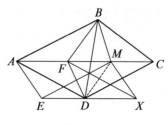

图 9.5.2

在 $\triangle ABC$ 的外接圆弧 $\overset{\frown}{AC}$(不含点 B) 上任取一点 S, 则

$$\angle ASC = 180° - \angle ABC = 90° - \alpha = \frac{1}{2}\angle ADC$$

故 D 为 $\triangle ABC$ 的外心

$$\Rightarrow DA = DB = DC$$

又 $DM = DM, BM = FM = CM$, 从而

$$\triangle BDM \cong \triangle CDM$$
$$\Rightarrow \angle ACB = \angle AFB - 90° = 90° - 2\alpha$$
$$\angle BCD = \angle CBD = 90° - \alpha$$
$$\Rightarrow \angle BDM = \angle CDM = \alpha$$
$$\Rightarrow BM = CM = DM$$
$$\Rightarrow M \text{ 为 } \triangle BCD \text{ 的外心}$$

结合 $\angle BAM = \angle BDM$, 知 A, B, D, M 四点共圆.

又 $\angle ADE = \angle DAE = \angle CDM = \angle DCM$, 则

$$\triangle EAD \cong \triangle MDC$$
$$\Rightarrow EM \parallel CD$$
$$\Rightarrow \angle AME = \angle ACD = \angle ADE$$
$$\Rightarrow A、B、M、D、E \text{ 五点共圆}$$
$$\Rightarrow \angle EBA = \angle EDA = \angle FBA = \alpha$$
$$\Rightarrow E, F, B \text{ 三点共线}$$

已知 $\square AMXE$, 故

$$\angle EXM = \angle EAC = \angle MDX = 2\alpha$$
$$\Rightarrow MB = MC = MX = MD = ME$$
$$\Rightarrow D, F, B, C, X \text{ 五点共圆, 且圆心为 } M$$
$$\Rightarrow \angle BME = \angle BAM = \angle DBE = \angle DAE = \angle DBM = \angle DAM = \alpha$$
$$\Rightarrow EM, BD, XF \text{ 分别平分 } \angle BEX, \angle EBX, \angle BXE$$

由对称性,知 ME, FX, BD 三线共点.

例 6 (2016 年 IMO 57 试题) 在 $\triangle BCF$ 中, $\angle B$ 为直角. 在直线 CF 上取点 A, 使得 $FA = FB$, 且 F 在点 A 和 C 之间, 取点 D, 使得 $DA = DC$, 且 AC 为 $\angle DAB$ 的平分线; 取点 E, 使得 $EA = ED$, 且 AD 为 $\angle EAC$ 的平分线. 设 M 为线段 CF 的中点, 取点 X 使得 $AMXE$ 为平行四边形, $AM \parallel EX, AE \parallel MX$. 证明: 直线 BD, FX, ME 三线共点.

证法 1 如图 9.6.1. 由题设条件中的等腰三角形及角平分线, 知
$$\angle FAB = \angle FBA = \angle DAC = \angle DCA = \angle EAD = \angle EDA = \alpha$$
由 $\triangle ABF \backsim \triangle ACD$, 有
$$\frac{AB}{AC} = \frac{AF}{AD} \Rightarrow \triangle ABC \backsim \triangle AFD$$

又 $EA = ED$, 有 $\angle AFD = \angle ABC = 90° + \alpha = 180° - \frac{1}{2} \angle AED$.

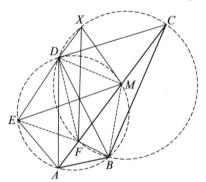

图 9.6.1

于是, 点 F 在以 E 为圆心、EA 为半径的圆周上.

从而 $EF = EA = ED$.

由 $\angle EFA = \angle EAF = 2\alpha = \angle BFC$, 知 B, F, E 三点共线.

由 $\angle EDA = \angle MAD$, 知 $ED \parallel AM$, 从而 E, D, X 三点共线.

注意到 M 为 $\text{Rt} \triangle CBF$ 斜边 CF 的中点, 知 $MF = MB$.

在等腰 $\triangle EFA$, 等腰 $\triangle MFB$ 中, 由 $\angle EFA = \angle MFB, AF = BF$, 知 $\triangle AEF \cong \triangle BMF$, 于是 $BM = AE = XM, BE = BF + FE = AF + FM = AM = EX$.

从而, $\triangle EMB \cong \triangle EMX$.

又 $EF = ED$, 点 D 与 F, 点 X 与 B 分别关于 EM 对称, 于是, 直线 BD 与 XF 关于 EM 对称, 由此, BD, FX, ME 三线共点.

证法 2 如图 9.6.1，由题设条件知 $\angle EAD = \angle EDA = \angle DAC = \angle BAF = \angle ABF = \alpha$，即知 $ED // AC$. 注意 $AM // EX$，则知 E, D, X 三点共线.

由 $DA = DC$，于是，$\angle AED = \angle ADC = 180° - 2\alpha$，$\angle ABC = 90° + \alpha$.

在 $\triangle ABC$ 的外接圆的弧 $\overset{\frown}{AC}$（不含点 B）上任取一点 S'，则

$$\angle ASC = 180° - \angle ABC = 90° - \alpha = \frac{1}{2}\angle ADC,$$ 从而知 D 为 $\triangle ABC$ 的外心.

于是 $DA = DB = DC$. 注意 $DM = DM, BM = FM = CM$，从而 $\triangle BDM \cong \triangle CDM$.

推知 $\angle ACB = \angle AFB - 90° = 90° - 2\alpha$，$\angle BCD = \angle CBD = 90° - \alpha$.

则有 $\angle BDM = \angle CDM = \alpha$，即有 $BM = CM = DM$，从而 M 为 $\triangle BCD$ 的外心.

结合 $\angle BAM = \angle BDM$，知 A, B, M, D 四点共圆.

又 $\angle ADE = \angle DAE = \angle CDM = \angle DCM$，则 $\triangle EAD \cong \triangle MDC$，有 $ED \underline{\underline{//}} MC$，即有 $EM // DC$.

于是 $\angle AME = \angle ACD = \angle ADE$，则推知 A, B, M, D, E 五点共圆.

从而，有 $\angle EBA = \angle EDA = \angle FBA = \alpha$，推知 E, F, B 三点共线.

因 $AMXE$ 为平行四边形，则 $\angle EXM = \angle EAC = \angle MDX = 2\alpha$.

所以 $MB = MC = MX = MD = ME$，则 D, F, B, C, X 五点共圆，且圆心为 M.

从而 $\angle BME = \angle BAM = \angle DBE = \angle DAE = \angle DBM = \angle DAM = \alpha$，于是，$EM, BD, XF$ 分别平分 $\angle BEX, \angle EBM, \angle MXE$. 由对称性，知 ME, FX, BD 三线共点.

例 7 （2008 年国家集训队测试题）如图 9.7.1，设 P, Q, R 分别是锐角三角形 ABC 的边 BC, CA, AB 上的点，使得 $\triangle PQR$ 是正三角形，并且它还是这样的内接正三角形中面积最小的. 求证:点 A 到 QR 的垂线，点 B 到 RP 的垂线和点 C 到 PQ 的垂线，这三条直线共点.

证法 1 由于 $\triangle ABC$ 为锐角三角形，在 $\triangle PQR$ 形内可作以 RP 为弦，对 PQ 张角为 $\pi - A$ 的圆弧；也可作一条以 RP 为弦，$\pi - B$ 的圆弧，设两弧的交点为 M（实际上 M 为密克尔点），则

$$\angle RMQ = \pi - A, \angle RMP = \pi - B$$
$$\angle PMQ = 2\pi - (\pi - A) - (\pi - B)$$
$$= A + B = \pi - C$$

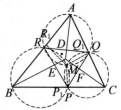

图 9.7.1

从而，$A, R, M, Q; B, P, M, R; C, P, M, Q$ 分别四点共圆.

过 M 作 $\triangle ABC$ 的三边的垂线，在 BC, CA, AB 上的垂足分别为 P_1, Q_1, R_1.

不妨设 R_1 在线段 AR 上,记 $\angle R_1MR = \theta$,则 $\angle R_1MP = \pi - B = \angle R_1MR = \theta$. 同理
$$\angle QMQ = \theta$$
于是
$$\text{Rt}\triangle MBR \backsim \text{Rt}\triangle MP_1P \backsim \text{Rt}\triangle MQ_1Q$$
从而
$$\frac{MR}{MR_1} = \frac{MP}{MP_1} = \frac{MQ}{MQ_1} = \frac{1}{\cos\theta} \qquad ①$$

由 $\dfrac{MR}{MR_1} = \dfrac{MP}{MP_1}$ 及 $\angle R_1MP_1 = \angle RMP$. 知 $\triangle R_1MP_1 \backsim \triangle RMP$,得
$$\frac{P_1R_1}{PR} = \frac{MR_1}{MR} = \cos\theta$$
同理
$$\frac{P_1Q_1}{PQ} = \cos\theta, \frac{Q_1R_1}{QR} = \cos\theta$$

由 $\dfrac{P_1R_1}{PR} = \dfrac{MR_1}{MR} = \dfrac{Q_1R_1}{QR} = \cos\theta$,可知 $\triangle PQR \backsim \triangle P_1Q_1R_1$,相似比为 $\cos\theta$.

故 $\triangle P_1Q_1R_1$ 也为 $\triangle ABC$ 的内接正三角形,且 $\dfrac{S_{\triangle P_1Q_1R_1}}{S_{\triangle PQR}} = \cos^2\theta$. 由面积的最小性必有 $\cos\theta = 0$,即 $\theta = 0$. 故
$$MP \perp AB, MQ \perp BC, MR \perp CA \qquad ②$$

设过 A,B,C 好作的三垂线分别为 AD,BE,CF,点 D,E,F 分别在 RQ,RP,PQ 上,则
$$\frac{\sin\angle QAD}{\sin\angle RAD} = \frac{\cos\angle AQR}{\cos\angle ARQ} = \frac{\cos\angle AMR}{\cos\angle AMQ} = \frac{MR/AM}{MQ/AM} = \frac{MR}{MQ}$$
同理
$$\frac{\sin\angle RBE}{\sin\angle PBE} = \frac{MP}{MR}, \frac{\sin\angle PCF}{\sin\angle QCF} = \frac{MQ}{MP}$$

这样,则有 $\dfrac{\sin\angle QAD}{\sin\angle RAD} \cdot \dfrac{\sin\angle RBE}{\sin\angle PBE} \cdot \dfrac{\sin\angle PCF}{\sin\angle QCF} = 1$,由角元形式的塞瓦定理知 AD,BE,CF 共点.

证法 2 如图 9.7.2,作 $\triangle CPQ,\triangle AQR,\triangle BRP$ 的外接圆,交得密克尔点 M,则

$$\begin{aligned}\angle BMC &= \angle BMP + \angle PMC = \angle BRP + \angle PQC \\ &= (\pi - \angle ARP) + (\pi - \angle PQA) \\ &= 2\pi - \angle ARP - \angle PQA = \angle RPQ + \angle RAQ \\ &= \frac{\pi}{3} + A\end{aligned}$$

图 9.7.2

同理

$$\angle RMA = \frac{\pi}{3} + B$$

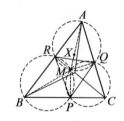

由上知,M 为定点.所有这样的正三角形 PQR(面积不一定最小)都相当于以 M 为中心,将其中的一个三角形作刚体旋转而得.因此,这些三角形都有共同的旋转中心 M.要使 $\triangle PQR$ 面积最小,即需 MP 最小,这要求 P 为 M 在 BC 上的垂足.同理,Q,R 分别为 M 在 AC,AB 上的垂足.

现在任取一点 X,使得 $XA \perp PQ$,则

$$\angle XAQ = \frac{\pi}{2} - \angle AQR = \frac{\pi}{2} - \angle AMR = \angle MAR$$

因此,A 到 QR 的垂线在 $\triangle BAC$ 中是 AM 的等角线.

从而,A 到 QR 的垂线,B 到 RP 的垂线,C 到 PQ 的垂线,都是经过点 M 的等角共轭点.故这三条直线共点于定点 M 的等角共轭点.

例 8 (1996 年 IMO 37 预选题)设 P 是 $\triangle ABC$ 内一点,$\angle APB - \angle ACB = \angle APC - \angle ABC$.又设 D,E 分别是 $\triangle APB$ 及 $\triangle APC$ 的内心.证明:AP,BD,CE 交于一点.

证法 1 如图 9.8.1,作 $\angle BAF = \angle PCB = \angle 4$,$\angle ABF = \angle PBC = \angle 3$,设 AF 与 BF 相交于 F,联结 PF,则

图 9.8.1

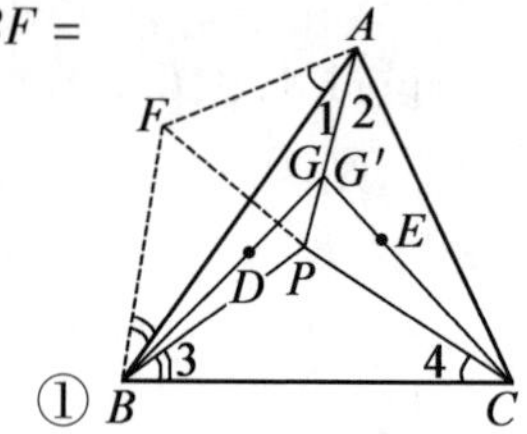

$$\triangle ABF \backsim \triangle CBP$$

所以

$$\frac{BF}{BP} = \frac{FA}{CP}$$

又

$$\frac{BF}{BP} = \frac{AB}{BC}, \angle FBP = \angle ABC$$

所以

$$\triangle FBP \backsim \triangle ABC$$

于是

$$\frac{BF}{AB} = \frac{FP}{AC} \qquad \text{②}$$

且
$$\angle FPB = \angle C$$

所以
$$\angle FPA = \angle APB - \angle C$$

又
$$\angle FAP = \angle 1 + \angle FAB = \angle 1 + \angle 4 = \angle APC - \angle B$$
$$\angle APB - \angle C = \angle APC - \angle B$$

所以
$$\angle FPA = \angle FAP, FA = FP$$

式①÷②得
$$\frac{AB}{BP} = \frac{AC}{CP}$$

设 BD 交 AP 于 G, CE 交 AP 于 G', 因 BD 平分 $\angle ABP$, CE 平分 $\angle ACP$, 由三角形内角平分线性质得

$$\frac{AG}{GP} = \frac{AB}{BP} = \frac{AC}{CP} = \frac{AG'}{G'P}$$

所以 G 与 G' 重合.

即 AP, BD, CE 交于一点.

证法2 如图9.8.2, 作 $\angle BAF = \angle PAC = \angle 2$, $\angle ABF = \angle APC$, 边 AF 与 BF 相交于 F, 联结 CF. 则
$$\triangle ABF \backsim \triangle APC$$

所以
$$\frac{AF}{AC} = \frac{BF}{CP}$$

又
$$\frac{AB}{AP} = \frac{AF}{AC}$$
$$\angle 1 = \angle FAC$$

所以
$$\triangle ABP \backsim \triangle AFC$$

于是

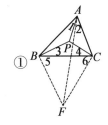

图9.8.2

$$\frac{AB}{AF} = \frac{BP}{CF} \quad ②$$

且
$$\angle APB = \angle ACF$$

所以 $\angle 5 = \angle ABF - \angle B = \angle APC - \angle B = \angle APB - \angle C = \angle ACF - \angle C = \angle 6$,

从而 $BF = CF$.

所以式①×②可得
$$\frac{AB}{AC} = \frac{BP}{CP}$$

即
$$\frac{AB}{BP} = \frac{AC}{CP}$$

下同证法1.

证法 3 如图9.8.3,作 $\angle APM = \angle C, PM$ 交 AB 于 M, $\angle APN = \angle B, PN$ 交 AC 于 N,联结 MN.

$$\angle MAN + \angle MPN = \angle A + \angle B + \angle C = 180°$$

所以 A,M,P,N 四点共圆. 所以
$$\angle AMN = \angle APN = \angle B$$

所以
$$MN \parallel BC$$

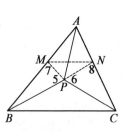

图9.8.3

从而
$$\frac{AB}{AC} = \frac{BM}{CN}$$

又
$$\angle 5 = \angle APB - \angle C = \angle APC - \angle B = \angle 6$$
$$\angle 7 + \angle 8 = 180°$$

所以
$$\frac{BM}{BP} = \frac{\sin \angle 5}{\sin \angle 7} = \frac{\sin \angle 6}{\sin \angle 8} = \frac{CN}{CP}$$

即
$$\frac{BM}{CN} = \frac{BP}{CP}$$

故

即
$$\frac{AB}{AC} = \frac{BP}{CP}$$

$$\frac{AB}{BP} = \frac{AC}{CP}$$

下同证法 1.

证法 4 如图 9.8.4,作 $PR \perp BC$ 于 $R, PK \perp AC$ 于 K, $PT \perp AB$ 于 T,联结 RK, KT, RT.

因为 B, R, P, T 四点共圆, BP 为直径,由正弦定理得
$$RT = BP\sin\angle B$$

同理
$$RK = CP\sin\angle C$$

因为
$$\angle RTK = \angle 5 + \angle 6 = \angle 2 + \angle 3$$
$$\angle APB - \angle C = \angle APC - \angle B = \angle 1 + \angle 4$$
$$= \angle 7 + \angle 8 = \angle RKT$$

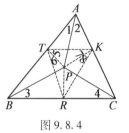

图 9.8.4

所以
$$RT = RK$$

所以
$$BP\sin\angle B = CP\sin\angle C$$

于是
$$\frac{BP}{CP} = \frac{\sin\angle C}{\sin\angle B} = \frac{AB}{AC}$$

即
$$\frac{AB}{BP} = \frac{AC}{CP}$$

下同证法 1.

证法 5 如图 9.8.5,作 $\triangle ABC$ 的外接圆,设 AP, BP, CP 的延长线与圆分别相交于 R, K, T. 因为
$$\angle RKT = \angle 5 + \angle 6 = \angle 1 + \angle 4 = \angle APC - \angle B$$
$$= \angle APB - \angle C = \angle 2 + \angle 3 = \angle 7 + \angle 8$$
$$= \angle RTK$$

所以

$$RK = RT$$

又因为 △ABP ∽ △KRP，△ACP ∽ △TRP．
所以
$$\frac{AB}{BP} = \frac{RK}{PR} = \frac{RT}{PR} = \frac{AC}{CP}$$

下同证法1．

证法6 如图9.8.6，延长 AP 交 BC 于 K，交△ABC 的外接圆于 F，联结 BF, CF．

$$\angle APC - \angle ABC = \angle AKC + \angle PCK - \angle ABC$$
$$= \angle PCK + \angle KCF = \angle PCF$$

图9.8.5

同理
$$\angle APB - \angle ACB = \angle PBF$$

由假设，有 $\angle PCF = \angle PBF$．
所以
$$\frac{PB}{\sin\angle PFB} = \frac{PF}{\sin\angle PBF} = \frac{PF}{\sin\angle PCF} = \frac{PC}{\sin\angle PFC}$$

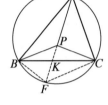

图9.8.6

所以
$$\frac{PB}{PC} = \frac{\sin\angle PFB}{\sin\angle PFC} = \frac{\sin\angle ACB}{\sin\angle ABC} = \frac{AB}{AC}$$

即
$$\frac{AB}{BP} = \frac{AC}{CP}$$

下同证法1．

证法7 如图9.8.7，将△BCP，△CAP，△ABP 沿△ABC 的三边翻折至形外，分别成为△BCK，△CAS，△ABT，联结 KS, ST, KT．在△BKT 中
$$BK = BP = BT, \angle TBK = 2\angle B$$

所以
$$\angle BTK = 90° - \angle B$$

类似 $\angle ATS = 90° - \angle A$．
所以
$$\angle KTS = \angle ATB - (\angle BTK + \angle ATS)$$
$$= \angle APB - (180° - \angle B - \angle A)$$
$$= \angle APB - \angle C$$

同理
$$\angle KST = \angle APC - \angle B$$

由条件知
$$\angle KTS = \angle KST$$
所以
$$KT = KS$$
在 $\triangle BKT$ 中
$$KT = 2BK\sin\frac{\angle TBK}{2} = 2BP\sin\angle B = 2BP\cdot\frac{AC}{2R}$$
$$= \frac{1}{R}\cdot BP\cdot AC\,(R\text{ 为 }\triangle ABC\text{ 的外接圆半径})$$

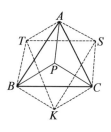

图 9.8.7

同理
$$KS = \frac{1}{R}\cdot CP\cdot AB$$
所以
$$BP\cdot AC = CP\cdot AB$$
即
$$\frac{AB}{BP} = \frac{AC}{CP}$$

下同证法 1.

例 9（1995 年第 36 届国际数学奥林匹克题）设 A,B,C,D 是一条直线上依次排列的 4 个不同点，分别以 AC,BD 为直径的两圆交于点 X 和 Y，直线 XY 交 BC 于点 Z，P 为直线 XY 上异于点 Z 的一点，直线 CP 与以 AC 为直径的圆交于 C 和 M，直线 BP 与以 BD 为直径的圆交于 B 和 N，求证：AM,XY,DN 三线共点.

证法 1 记直线 AM 与 XY 的交点为 E，联结 ED.
因
$$\angle PCZ = 90° - \angle A = \angle AEZ$$
则 $\triangle EAZ \backsim \triangle CPZ$. 从而
$$\frac{AZ}{PZ} = \frac{EZ}{CZ}$$

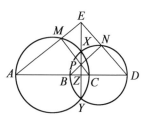

图 9.9.1

故
$$EZ\cdot PZ = AZ\cdot CZ = XZ\cdot YZ$$
$$= BZ\cdot DZ$$
即

$$\frac{BZ}{EZ} = \frac{PZ}{DZ}$$

又由

$$\angle PZB = 90° = \angle EZD$$

则

$$\triangle PBZ \backsim \triangle DEZ$$

从而

$$\angle EDZ = \angle BPZ = 90° - \angle PBZ = \angle D$$

故直线 ED 与 ND 重合, 即直线 AM, XY, DN 三线共点.

证法 2 记直线 AM 与 XY 的交点为 E, 联结 EN.

因 $\angle PCZ = 90° - \angle A = \angle MEP, \angle EMP = 90° = \angle PZC$.

则 $\triangle EMP \backsim \triangle CZP$. 从而

$$\frac{EP}{CP} = \frac{MP}{PZ}$$

于是

$$EP \cdot PZ = MP \cdot PC = XP \cdot PY = BP \cdot PN$$

即 $\dfrac{EP}{BP} = \dfrac{PN}{PZ}$. 又因 $\angle BPZ = \angle EPN$.

则 $\triangle EPN \backsim \triangle BPZ$. 从而

$$\angle ENP = \angle BZP = 90°$$

于是

$$\angle ENP + \angle PND = 180°$$

即 E, N, D 三点共线, 亦即 AM, XY, DN 三线共点.

证法 3 记直线 AM 与 XY 的交点为 E, 于是直线 AME 与 $\triangle PZC$ 的三边延长线都相交, 由梅涅劳斯定理有

$$1 = \frac{PE}{ZE} \cdot \frac{AZ}{AC} \cdot \frac{CM}{PM} = \frac{PE}{ZE} \cdot \frac{CM}{AC} \cdot \frac{AZ}{PM} \qquad ①$$

因 $\angle AMC = 90° = \angle PZC, \angle PZB = 90° = \angle BND$.

则

$$\triangle CAM \backsim \triangle CPZ, \triangle BDN \backsim \triangle BPZ$$

从而

$$\frac{CM}{AC} = \frac{CZ}{PC}, \frac{BN}{BD} = \frac{BZ}{BP}$$

又
$$AZ \cdot CZ = XZ \cdot YZ = BZ \cdot DZ$$
$$MP \cdot PC = XP \cdot PY = BP \cdot PN$$

则
$$\frac{CM}{AC} \cdot \frac{AZ}{PM} = \frac{AZ}{MP} \cdot \frac{CZ}{PC} = \frac{BZ}{BP} \cdot \frac{DZ}{PN} = \frac{BN}{BD} \cdot \frac{DZ}{PN} \quad ②$$

将②代入①,得到
$$1 = \frac{PE}{EZ} \cdot \frac{BN}{BD} \cdot \frac{DZ}{PN} = \frac{PE}{EZ} \cdot \frac{DZ}{BD} \cdot \frac{BN}{PN}$$

由梅涅劳斯定理的逆定理知 E, N, D 三点共线,所以 AM, XY, DN 三线共点.

证法 4 分别记直线 XY 与 AM, DN 的交点为 E 和 E'. 直线 EPZ 与 $\triangle MAC$ 相截,直线 $E'PZ$ 与 $\triangle NBD$ 相截,由梅涅劳斯定理有
$$\frac{EM}{EA} \cdot \frac{AZ}{CZ} \cdot \frac{CP}{PM} = 1, \frac{NP}{PB} \cdot \frac{BZ}{DZ} \cdot \frac{DE'}{NE'} = 1$$

因
$$\angle AZE = \angle EMP = \angle CZP = 90°$$
$$\angle MEP = \angle AEZ = 90° - \angle A = \angle PCZ$$

则
$$\triangle EAZ \backsim \triangle EPM \backsim \triangle CPZ$$

从而
$$\frac{EM}{PM} = \frac{CZ}{PZ}, \frac{CP}{CZ} = \frac{EA}{EZ}$$

于是
$$1 = \frac{EM}{PM} \cdot \frac{CP}{CZ} \cdot \frac{AZ}{EA} = \frac{CZ}{PZ} \cdot \frac{EA}{EZ} \cdot \frac{AZ}{EA} = \frac{CZ}{EZ} \cdot \frac{AZ}{PZ}$$

即
$$EZ = \frac{AZ \cdot CZ}{PZ} = \frac{XZ \cdot YZ}{PZ}$$

同理 $E'Z = \frac{XZ \cdot YZ}{PZ}$. 从而 $E'Z = EZ$.

即点 E' 与 E 重合.

故 AM, XY, DN 三线共点.

证法 5 分别记直线 XY 与 AM, DN 的交点为 E 和 E'. 由相交弦定理有
$$AZ \cdot CZ = XZ \cdot YZ = BZ \cdot DZ$$

在 $\triangle EAZ$ 和 $\triangle E'DZ$ 中应用正弦定理有

$$\frac{EZ}{\sin A} = \frac{AZ}{\sin \angle AEZ}$$

$$\frac{E'Z}{\sin D} = \frac{DZ}{\sin \angle DE'Z}$$

从而

$$E'Z = \frac{DZ \cdot \sin D}{\sin \angle DE'Z} = \frac{DZ \cdot \sin \angle BPZ}{\sin \angle PBZ}$$

$$= \frac{DZ \cdot BZ}{PZ} = \frac{AZ \cdot CZ}{PZ} = \frac{AZ \cdot \sin \angle CPZ}{\sin \angle PCZ}$$

$$= \frac{AZ \cdot \sin A}{\sin \angle AEZ} = EZ$$

于是点 E' 与 E 重合.

故 AM, XY, DN 三线共点.

证法 6 分别记直线 XY 与 AM, DN 的交点为 E 和 E'.

因

$$\angle EMC = 90° = \angle EZC$$

则 E, M, Z, C 四点共圆.

从而

$$EP \cdot PZ = MP \cdot PC = XP \cdot PY$$

同理

$$E'P \cdot PZ = NP \cdot PB = XP \cdot PY$$

则 $EP = E'P$. 从而点 E' 与 E 重合.

故 AM, XY, DN 三线共点.

证法 7 如图 9.9.2, 分别记直线 XY 与 AM, DN 的交点为 E 和 E', 联结 PA, PD. 由相交弦定理有

$$MP \cdot PC = XP \cdot PY = BP \cdot PN$$

因

$$\angle AMP = 90° = \angle PND, EZ \perp AD$$

则

$$\frac{AZ \cdot EP}{DZ \cdot E'P} = \frac{S_{\triangle EAP}}{S_{\triangle E'DP}} = \frac{EA \cdot PM}{E'D \cdot PN}$$

$$= \frac{EA \cdot PB}{E'D \cdot PC}$$

又 $\triangle PBZ \backsim \triangle DE'Z, \triangle PCZ \backsim \triangle AEZ$.

则

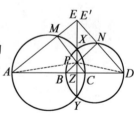

图 9.9.2

①

$$\frac{PB}{PZ} = \frac{DE'}{DZ}, \frac{PZ}{PC} = \frac{AZ}{AE}$$

从而

$$\frac{PB}{PC} = \frac{PB}{PZ} \cdot \frac{PZ}{PC} = \frac{DE'}{DZ} \cdot \frac{AZ}{AE} \qquad ②$$

将②代入①,得到

$$\frac{AZ \cdot EP}{DZ \cdot E'P} = \frac{EA}{E'D} \cdot \frac{DE'}{DZ} \cdot \frac{AZ}{AE} = \frac{AZ}{DZ}$$

则 $EP = E'P$. 从而点 E' 与 E 重合.

故 AM, XY, DN 三线共点.

例 10 (2005 年越南国家队选拔考试题)如图,已知圆 I,圆 O 分别为 $\triangle ABC$ 的内切圆、外接圆,圆 I 分别切 BC, CA, AB 于点 D, E, F. 作圆 $\omega_a, \omega_b, \omega_c$, 记 ω_a 切圆 I、圆 O 于点 D, K, ω_b 切圆 I、圆 O 于点 E, M, ω_c 切圆 I、圆 O 于点 F, N. 证明:

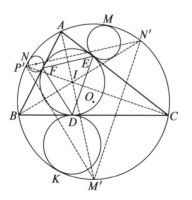

图 9.10.1

(1) DK, EM, FN 共点于 P;

(2) $\triangle DEF$ 的垂心在直线 OP 上.

证明 (1)如图 9.10.1,设 Q 为圆 O 和圆 I 的内位似中心,显然,Q 位于 OI 上.

由位似变换性质知圆 O 和圆 I 的内位似中心、圆 ω_a 和圆 I 的外位似中心、圆 O 和圆 ω_a 的内位似中心三点共线.

但圆 O 和圆 I 的内位似中心为 Q,圆 ω_a 和圆 I 的外位似中心为 D(因为两圆切于 D),圆 O 和圆 ω_a 的内位似中心为 K(因为两圆切于 K),于是,点 Q, D, K 三点共线. 也就是说,点 Q 位于直线 DK 上.

同理,点 Q 位于直线 EM 和 FN 上.

因此,直线 DK, EM 和 FN 交于点 Q.

由此,结论(1)成立.

(2) 只要证明 $\triangle DEF$ 的垂心在 OQ 上.

因为点 Q 在 OI 上,所以,直线 OQ 就是 OI. 于是,只须证明 $\triangle DEF$ 的垂心在直线 OI 上,也就是证明 $\triangle DEF$ 的垂心、$\triangle ABC$ 的内心 I、$\triangle ABC$ 的外心 O 三点共线.

证法 1 用位似变换证明.

如图 9.10.1,设 $\angle A, \angle B, \angle C$ 的平分线分别交圆 O 于 M', N', P'. 容易证

$$P'M' \parallel DF, M'N' \parallel DE, P'N' \parallel EF$$

于是,$\triangle DEF$ 和 $\triangle M'N'P'$ 位似.

设两三角形的位似中心为 T.

因为 $\triangle M'N'P'$ 的外心为 O,$\triangle DEF$ 的外心为 I,所以,O, I, T 三点共线.

又因为 $\triangle M'N'P'$ 的垂心为 I,$\triangle DEF$ 的垂心为 H',则 I, H', T 三点共线. 所以,I, T, O, H' 四点共线,即 H' 在 OI 上.

证法 2 如图 9.10.2,设 $\triangle DEF$ 在边 EF, DE, FD 上的垂足分别为 X, Y, Z. 易证

$$XY \parallel AC$$
$$XZ \parallel AB$$
$$YZ \parallel BC$$

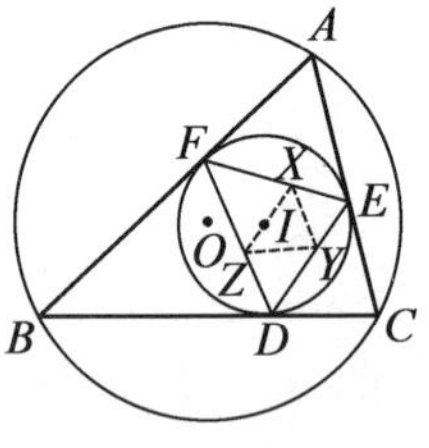

$\triangle XYZ$ 和 $\triangle ABC$ 位似,设位似中心为 S. 记 $\triangle XYZ$ 的内心为 H,则 S, I, H 三点共线. 而 $\triangle XYZ$ 的内心 H 即为 $\triangle DEF$ 的垂心,即 S 位于 $\triangle DEF$ 的外心和垂心连线(欧拉线)上.

图 9.10.2

设 $\triangle XYZ$ 的外心为 G,于是,S, O, G 三点共线.

因为 $\triangle XYZ$ 的外心 G 为 $\triangle DEF$ 的九点圆圆心,所以,G, S 都在 $\triangle DEF$ 的欧拉线上,O 也在 $\triangle DEF$ 的欧拉线上. 于是,S, I, H, O, G 五点共线,即 H 在 OI 上.

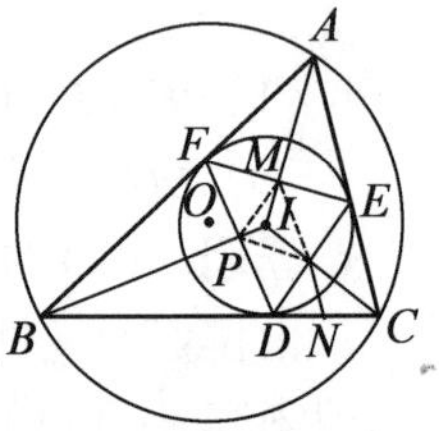

证法 3 如图 9.10.3,作反演变换 (I, r^2),EF, DE, DF 的中点 M, N, P 的反演点分别为 A, C, B.

设 $\triangle MNP$ 的外心为 W(即为 $\triangle DEF$ 的九点圆圆心).

图 9.10.3

$\triangle MNP$ 外接圆的反演圆为 $\triangle ABC$ 的外接圆. 于是,I, W, O 三点共线.

因为 IW 在 $\triangle DEF$ 的欧拉线上,所以,$\triangle DEF$ 的垂心在 OI 上(因为 $\triangle DEF$ 的垂心也在其欧拉线上).

证法 4 因为 $\triangle DEF$ 的重心 G'、垂心 H、外心 I 三点共线（都在欧拉线上），所以，证明 G' 位于 OI 上. 如 G',O,I 三点共线, 则 H,O,I 三点共线.

如图 9.10.4, 设 $\triangle DEF$ 外接圆半径为 r, $\triangle ABC$ 外接圆半径为 R, BC 的中点为 M, AI 分别交 EF,BC 于点 L,K, IG' 交 BC 于点 S.

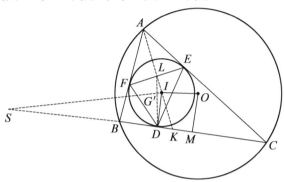

图 9.10.4

不妨设 $AC > AB$. 由三角关系知

$$\begin{cases} abc = 4Rpr \\ a = 2R\sin A, r = (p-a)\tan\dfrac{A}{2} \\ \sin A = 2\sin\dfrac{A}{2}\cdot\cos\dfrac{A}{2} \\ \cos A = 1 - 2\sin^2\dfrac{A}{2} \end{cases}$$

$$\begin{cases} DM = \dfrac{b-c}{2}, DK = \dfrac{(b-c)(p-a)}{b+c} \\ AK^2 = \dfrac{4bcp(p-a)}{(b+c)^2}, IL\cdot IA = r^2 \\ OM = R|\cos A|, \dfrac{IA}{b+c} = \dfrac{IK}{a} = \dfrac{AK}{2p} \end{cases}$$

$$\dfrac{IK}{IL} = \dfrac{IK\cdot IA}{IL\cdot IA} = \dfrac{a(b+c)}{4p^2 r^2} AK^2$$

$$= \dfrac{a(b+c)}{4p^2 r^2}\cdot\dfrac{4bcp(p-a)}{(b+c)^2} = \dfrac{abc(p-a)}{pr^2(b+c)} \Rightarrow \dfrac{IK}{IL} = \dfrac{4R(p-a)}{r(b+c)} \qquad ①$$

对 $\triangle LDK$ 和截线 $SG'I$, 由梅涅劳斯定理得

$$\dfrac{SD}{SK}\cdot\dfrac{IK}{IL}\cdot\dfrac{G'L}{G'D} = 1$$

由式①知

$$\frac{SD}{SK} = \frac{r(b+c)}{2R(p-a)}$$

$$\Rightarrow \frac{SD}{r(b+c)} = \frac{SK}{2R(p-a)}$$

$$= \frac{DK}{2R(p-a) - r(b+c)}$$

$$= \frac{(b-c)(p-a)}{(b+c)[2R(p-a) - r(b+c)]}$$

$$\Rightarrow SD = \frac{r(b-c)(p-a)}{2R(p-a) - r(b+c)}$$

$$\Rightarrow SM = SD + DM$$

$$= \frac{r(b-c)(p-a)}{2R(p-a) - r(b+c)} + \frac{b-c}{2}$$

$$= (b-c)\frac{2R(p-a) - ar}{2[2R(p-a) - r(b+c)]}$$

$$\Rightarrow \frac{SM}{SD} = \frac{2R(p-a) - ar}{2r(p-a)}$$

$$= \frac{2R(p-a) - a(p-a)\tan\frac{A}{2}}{2r(p-a)}$$

$$= \frac{2R - a\tan\frac{A}{2}}{2r}$$

$$= \frac{2R - 2R\sin A \cdot \tan\frac{A}{2}}{2r}$$

$$= \frac{R}{r}\left(1 - 2\sin\frac{A}{2} \cdot \cos\frac{A}{2} \cdot \tan\frac{A}{2}\right)$$

$$= \frac{R}{r}\left(1 - 2\sin^2\frac{A}{2}\right) = \frac{R\cos A}{r} = \frac{OM}{ID}$$

$$\Rightarrow S \in OI \Rightarrow O \in SI \equiv G' \in OI$$

例 11 设点 P 在 $\triangle ABC$ 三边 BC, CA, AB 上的射影分别 X, Y, Z. 在射线 PX 上取一点 X', 过 X', X, Y 的圆交射线 PY 于 Y', 过 $X', X'Z$ 的圆交射线 PZ 于 Z', 则 AX', BY', CZ' 三线共点或互相平行.

证法 1 如图 9.11.1, 设直线 $X'Y'$ 与 AB 交于点 R, 直线 $X'Z'$ 与 AC 交于点

S,直线 $Z'Y'$ 与 BC 交于点 T.

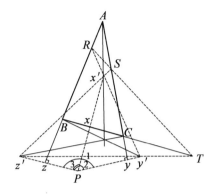

图 9.11.1

由题设,有 $PX \cdot PX' = PY \cdot PY' = PZ \cdot PZ'$,记

$$\angle Z'PY' = \angle 1, \angle XPY' = \angle 2$$
$$\angle Z'PX = \angle 3$$

注意到线段的比等于其在一直线上的射影比,有

$$\frac{Z'T}{TY'} = \frac{PX - PZ' \cdot \cos\angle 3}{PX - PY' \cdot \cos\angle 2} = \frac{PX \cdot PX' - PZ' \cdot PX' \cdot \cos\angle 3}{PX \cdot PX' - PY' \cdot PX' \cdot \cos\angle 2} \quad ①$$

同理

$$\frac{Y'R}{RX'} = \frac{PZ \cdot PZ' - PZ' \cdot PY' \cdot \cos\angle 1}{PZ \cdot PZ' - PZ' \cdot PX' \cdot \cos\angle 3}$$

$$\frac{X'S}{SZ'} = \frac{PY \cdot PY' - PY' \cdot PX' \cdot \cos\angle 2}{PY \cdot PY' - PY' \cdot PZ' \cdot \cos\angle 1} \quad ②$$

注意到①②,有 $\dfrac{Z'T}{TY'} \cdot \dfrac{Y'R}{RX'} \cdot \dfrac{X'S}{SZ'} = 1$.

对 $\triangle Z'Y'X'$ 应用梅涅斯定理的逆定理,知 R, S, T 三点共线.

考虑 $\triangle ABC$ 与 $\triangle X'Y'Z'$,由于其对应边所在直线的交点 S, T, R 共线. 则应用笛沙格定理的推论,知对应顶点的连线共点或互相平行.

故直线 AX', BY', CZ' 三线共点或互相平行.

证法 2 如图 9.11.2,设 $PX \cdot PX' = PY \cdot PY' = PZ \cdot PZ' = k$. 设 X' 在 AC,AB 上的射影分别为 X_B, X_C,则 $\angle PX'X_B$ 与 $\angle C$ 互补,$\angle PX'X_C$ 与 $\angle B$ 互补.

从而

$$X'X_B = PY \pm PX' \cdot \cos C = PY \pm \frac{k}{PX} \cdot \cos\angle C$$

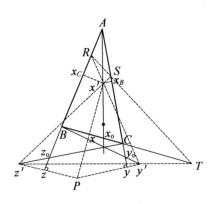

图 9.11.2

同理

$$X'X_C = PZ \pm \frac{k}{PX} \cdot \cos B$$

于是

$$\frac{\sin\angle X'AB}{\sin\angle X'AC} = \frac{X'X_C}{X'X_B} = \frac{PZ \pm \dfrac{k}{PX} \cdot \cos B}{PY \pm \dfrac{k}{PX} \cdot \cos C} = \frac{PX \cdot PZ \pm k \cdot \cos B}{PX \cdot PY \pm k \cdot \cos C}$$

同理

$$\frac{\sin\angle Y'BC}{\sin\angle Y'BA} = \frac{PY \cdot PX \pm k \cdot \cos C}{PY \cdot PZ \pm k \cdot \cos A}, \frac{\sin\angle Z'CA}{\sin\angle Z'CB} = \frac{PZ \cdot PY \pm k \cdot \cos A}{PZ \cdot PX \pm k \cdot \cos B}$$

上述三式相乘得

$$\frac{\sin\angle X'AB}{\sin\angle X'AC} \cdot \frac{\sin\angle Y'BC}{\sin\angle Y'BA} \cdot \frac{\sin\angle Z'CA}{\sin\angle Z'CB} = 1.$$

对 $\triangle ABC$ 应用塞瓦定理的角元形式知 AX', BY', CZ' 三线共点或互相平行.

注 AX', BY', CZ' 三线共点

$$\Leftrightarrow AX_O、BY_O、CZ_O \text{ 三线共点} \Leftrightarrow \frac{BX_O}{X_OC} \cdot \frac{CY_O}{Y_OA} \cdot \frac{AZ_O}{Z_OB} = 1$$

$$\Leftrightarrow \frac{\sin\angle BAX'}{\sin\angle X'AC} \cdot \frac{\sin\angle Y'BC}{\sin\angle Y'BA} \cdot \frac{\sin\angle Z'CA}{\sin\angle Z'CB} = 1$$

10 线段比例式

例1 在 $\triangle ABC$ 中,$\angle A:\angle B=1:2$. 求证:$\dfrac{a}{b}=\dfrac{a+b}{a+b+c}$,或 $b^2=a^2+ac$. 其中 a,b,c 分别为顶点 A,B,C 所对的边长.

证法1 如图 10.1.1,作 $\angle B$ 的平分线交 AC 于 D. 易知 $\triangle BCD \backsim \triangle ACB$.
有 $AD=BD$,且 $\dfrac{BC}{AC}=\dfrac{CD}{BC}=\dfrac{BD}{AB}=\dfrac{AD}{AB}$,即有

$$\dfrac{a}{b}=\dfrac{CD}{a}=\dfrac{AD}{c}$$

从而

$$\dfrac{a}{b}=\dfrac{a+CD+AD}{a+b+c}=\dfrac{a+b}{a+b+c}$$

即

$$\dfrac{a}{b}=\dfrac{a+b}{a+b+c}$$

证法2 如图 10.1.2,延长 CB 到 D,使 $DB=AB$,联结 AD. 可知 $\angle D=\angle DAB=\dfrac{1}{2}\angle ABC=\angle BAC$,易知 $\triangle ABC \backsim \triangle CAD$,有 $\dfrac{DC}{AC}=\dfrac{AC}{BC}$,即 $\dfrac{a+c}{b}=\dfrac{b}{a}$. 两边加上 1,得 $\dfrac{a+b+c}{b}=\dfrac{b+a}{a}$,即有 $\dfrac{a}{b}=\dfrac{a+b}{a+b+c}$.

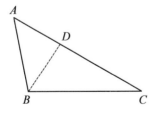

图 10.1.1

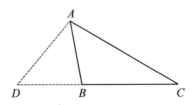

图 10.1.2

类似地,我们把构造的 $\triangle ADC$ 与已知的 $\triangle ABC$ 按不同的位置摆放,同样可以得证. 例如:以 AB,AC 为邻边作 $\square ABDC$,延长 BC 到 E,使 $CE=CD$(图 10.1.3).

以 AB,BC 为邻边作 $\square ABCE$，延长 AE 到 D，使 $ED=EC$（图 10.1.4）。延长 AC 到 D，使 $CD=AC$，延长 BC 到 E，使 $CE=BC$，联结 ED，延长 BE 到 F，使 $EF=ED$（图 10.1.5）。

证法 3　如图 10.1.6，在 AB 延长线上取 D,E 两点，使 $DC=BC,EC=AC$。易知 $\triangle EAC \backsim \triangle CAD$。

可得 $\dfrac{AE}{AC}=\dfrac{AC}{AD}$，即 $\dfrac{a+c}{b}=\dfrac{b}{a}$，以下同证法 2。

类似地，将 $\triangle ABC$ 沿 AB 的中垂线翻折到 $\triangle BAD$ 位置，延长 AB 到 E，使 $BE=BC$，易知 $\triangle EAC \backsim \triangle ACD$（如图 10.1.7），证法相同。

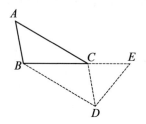

图 10.1.3

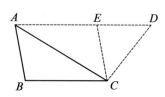

图 10.1.4

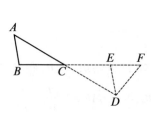

图 10.1.5

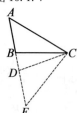

图 10.1.6

证法 4　如图 10.1.8，延长 AC 到 D，使 $CD=BC$。联结 BC，由 C 引 AB 的平行线交 BD 于 E。作 $\angle BCE$ 的平分线交 BD 于 F，作 $\angle ABC$ 的平分线交 AC 于 G，则 $BG \parallel FC$。显然 $CE=CF,GA=GB$，由 GB 平分 $\angle ABC$，易知

$$AG=\dfrac{bc}{a+c}, GC=\dfrac{ab}{a+c}$$

则

$$BG=\dfrac{bc}{a+c}$$

由 $\dfrac{CD}{GD}=\dfrac{CF}{GB}$，有 $CF=\dfrac{bc}{a+b+c}$，可知

$$CE = \frac{bc}{a+b+c}$$

由 $\frac{AB}{CE} = \frac{AD}{CD}$, 得

$$\frac{a}{b} = \frac{a+b}{a+b+c}$$

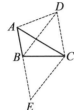

图 10.1.7

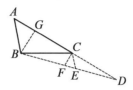

图 10.1.8

证法 5 如图 10.1.9, 延长 CB 到 D, 使 $BD = BA$. 联结 AD, 则 $\angle CDA = \angle DAB = \frac{1}{2}\angle ABC = \angle BAC$. 可知 AC 为 $\triangle ADB$ 的外接圆的切线. 所以 $AC^2 = CB \cdot CD$, 即 $\frac{DC}{AC} = \frac{AC}{BC}$, 所以 $\frac{a+c}{b} = \frac{b}{a}$, 两边加 1, 即得

$$\frac{a}{b} = \frac{a+b}{a+b+c}$$

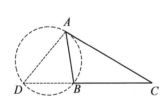

图 10.1.9

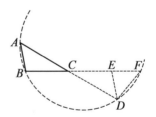

图 10.1.10

证法 6 如图 10.1.10, 延长 AC 到 D, 使 $CD = AC$, 设 BC 的延长线交 $\triangle ABD$ 的外接圆于 F, 由 D 引 BA 的平行线交 BF 于 E. 有 $CE = BC$, $\angle EDC = \angle CAB = \frac{1}{2}\angle ABC = \frac{1}{2}\angle CDF = \angle EDF = \angle EFD$, 得 $EF = ED = AB$. 由相交弦定理, 有 $AC \cdot CD = BC \cdot CF$, 即 $b^2 = a(a+c)$ 或 $\frac{b}{a} = \frac{a+c}{b}$, 两边加 1, 得 $\frac{a+b}{a} = \frac{a+b+c}{b}$, 故 $\frac{a}{b} = \frac{a+b}{a+b+c}$.

证法 7　如图 10.1.11,延长 AB 到 D,使 $BD = BC$,$\triangle BDC$ 的外接圆交 AC 于 E. 联结 DE. 设 $\angle A = a$,则 $\angle ABC = 2a$,$BD = BC$.

有
$$\angle BDC = \angle BCD = \frac{1}{2}\angle ABC = a$$

在 $\triangle ADC$ 中,$\angle ECD = 180° - 2a$,$\angle CED = \angle CBD = 180° - 2a$.

则 $\angle ECD = \angle CED$,可知
$$DE = DC = AC$$

由 $\triangle AED \backsim \triangle ABC$,有 $\dfrac{AD}{AC} = \dfrac{DE}{BC}$,得 $\dfrac{a+c}{b} = \dfrac{b}{a}$.

两边加 1 后变形得
$$\frac{a}{b} = \frac{a+b}{a+b+c}$$

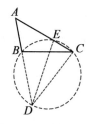 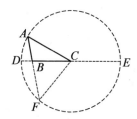

图 10.1.11　　　　图 10.1.12

证法 8　如图 10.1.12,以 C 为圆心,CA 为半径作圆 C,交直线 AB 于 F,又交直线 BC 于 D,E 两点,联结 FC. 由 $\angle F = \angle A$,$\angle FCB = \angle ABC - \angle F = \angle F$,得 $BF = BC$. 由相交弦定理,有 $AB \cdot BF = DB \cdot BE$.

即
$$ca = (b-a)(b+a)$$

则
$$b^2 - a^2 = ac$$

于是 $b^2 + ab = a^2 + ab + ac$,得
$$b(a+b) = a(a+b+c)$$

故
$$\frac{a}{b} = \frac{a+b}{a+b+c}$$

证法 9　如图 10.1.13,以 C 为圆心,以 CB 为半径作圆交 AC 于 E,交 AC 延长线于 D,交直线 AB 于 F,联结 CF.

设 $\angle A = a$,又
$$\angle F = \angle CBF = 180° - 2a$$
则
$$\angle ACF = 180° - a - (180° - 2a) = a$$
从而 $\angle ACF = \angle A$,得 $AF = FC = BC = a$,由 $\dfrac{AD}{AB} = \dfrac{AF}{AE}$,得
$$\dfrac{b+a}{c} = \dfrac{a}{b-a}$$
同证法 8 可得
$$\dfrac{a}{b} = \dfrac{a+b}{a+b+c}$$

证法 10 如图 10.1.14,以 CA 为直径作圆 O,又以 C 为圆心,以 BC 为半径作圆 C,两圆交点为 D,E,又 AB 交圆 C 于 F,联结 CD,CE,CF,AD.

由上法已证 $AF = FC = BC = a$.

因 AC 是圆 O 的直径,有 $AD \perp CD$,可知 AD 是圆 C 的切线.

由 $AC^2 - DC^2 = AD^2 = AB \cdot AF$,得
$$b^2 - a^2 = c \cdot a$$

由证法 8 可得 $\dfrac{a}{b} = \dfrac{a+b}{a+b+c}$.

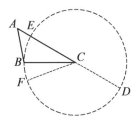

图 10.1.13

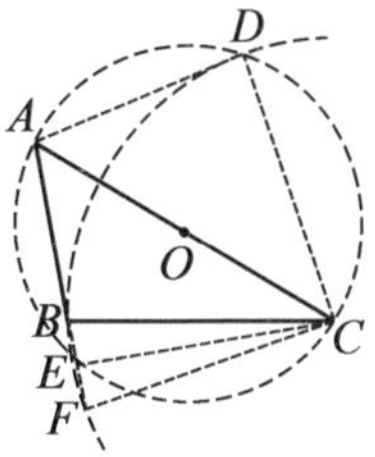

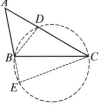

图 10.1.14

证法 11 如图 10.1.15,设 BD 为 $\angle ABC$ 的平分线,$\triangle DBC$ 的外接圆交直线 AB 于 E. 联结 EC.

因
$$\angle ACE = \angle ABD = \angle A$$
则 $EC = AE$,$\angle E = \angle DBC + \angle DCB = \angle A + \angle DCB = \angle CBE$.

从而
$$CE = BC$$

图 10.1.15

由 $\dfrac{AD}{DC} = \dfrac{AB}{BC}$,有
$$\dfrac{AD}{AD+DC} = \dfrac{AB}{AB+BC}$$
即 $\dfrac{AD}{b} = \dfrac{c}{a+c}$,得
$$AD = \dfrac{bc}{a+c}$$
由 $AB \cdot AE = AD \cdot AC$,得
$$c \cdot a = \dfrac{bc}{a+c} \cdot b$$
从而 $\dfrac{a+c}{b} = \dfrac{b}{a}$,两边加 1,可得
$$\dfrac{a}{b} = \dfrac{a+b}{a+b+c}$$

证法 12 如图 10.1.16,设 $\angle B$ 的平分线交 $\triangle ABC$ 的外接圆于 D.

易知 $AD = DC = BC = a$, $\triangle ABC \cong \triangle BAD$, 得
$$BD = AC$$
由托勒密定理,有
$$AB \cdot DC + AD \cdot BC = AC \cdot BD$$
即 $ca + a^2 = b^2$,由前面证法可得
$$\dfrac{a}{b} = \dfrac{a+b}{a+b+c}$$

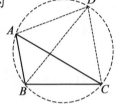

图 10.1.16

证法 13 如图 10.1.16,设 $\triangle ABC$ 的外接圆半径为 R,则由正弦定理,有 $a = 2R\sin A, b = 2R\sin B$
$$c = 2R\sin C$$
$$= 2R\sin(\pi - 2A - A)$$
$$= 2R\sin 3A$$
故
$$a(a+c) = 4R^2 \sin A(\sin A + \sin 3A)$$
$$= 8R^2 \sin A \cdot \sin\dfrac{A+3A}{2}\cos\dfrac{A-3A}{2}$$
$$= 8R^2 \sin A \sin 2A \cos A$$
$$= 4R^2 \sin^2 2A = 4R^2 \sin^2 B = b^2$$

证法 14 如图 10.1.16 由正弦定理,有
$$b\sin A = a\sin B \text{ 得 } a\sin 2A = b\sin A$$
则
$$2a\sin A\cos A = b\sin A$$
从而
$$\cos A = \frac{b}{2a}$$
又 $a^2 = b^2 + c^2 - 2bc \cdot \cos A$,即 $a^2 = b^2 + c^2 - 2bc \cdot \dfrac{b}{2a}$.

于是
$$a^3 = b^2 a + c^2 a - b^2 c$$
从而
$$a^3 - c^2 a = b^2 a - b^2 c$$
则
$$a(a+c)(a-c) = b^2(a-c)$$
当 $a \neq c$ 时,得
$$b^2 = a(a+c)$$
即
$$b^2 = a^2 + ac$$

当 $a = c$ 时,$\triangle ABC$ 成为等腰三角形,且 $\angle B = 90°$.
所以 $b^2 = a^2 + c^2$,又 $a = c$,则 $b^2 = a(a+c)$ 也成立.

证法 15 如图 10.1.16,由射影定理得 $a\cos B + b\cos A = c$,因 $\angle B = 2\angle A$.
则
$$a\cos 2A + a\cos A = c$$
即
$$2a\cos^2 A - a + b\cos A = c, 2a\cos^2 A + b\cos A = a + c$$
由证法 14,得
$$\cos A = \frac{b}{2a}$$
从而 $2a \cdot \dfrac{b^2}{4a^2} + b \cdot \dfrac{b}{2a} = a + c$,即 $\dfrac{b^2}{2a} + \dfrac{b^2}{2a} = a + c$.

则
$$2b^2 = 2a(a+c)$$

故
$$b^2 = a(a+c)$$

证法 16 如图 10.1.16,由余弦定理得
$$\begin{aligned}
b^2 &= a^2 + c^2 - 2ac\cos B \\
&= a^2 + c^2 - 2ac\cos 2A \\
&= a^2 + c(c - 2a\cos 2A) \\
&= a^2 + c\left(\frac{a\sin C}{\sin A} - 2a\cos 2A\right) \\
&= a^2 + c\left(\frac{a\sin 3A}{\sin A} - 2a\cos 2A\right) \\
&= a^2 + ca \cdot \frac{\sin 3A - 2\sin A\cos 2A}{\sin A} \\
&= a^2 + ca \cdot \frac{\sin(A+2A) - 2\sin A\cos 2A}{\sin A} \\
&= a^2 + ac \cdot \frac{\sin(2A-A)}{\sin A} = a^2 + ac
\end{aligned}$$

证法 17 如图 10.1.17,作 $\angle BAF = \angle B$,AF 与 BC 的延长线交于 F,再作 $\angle B$ 的平分线,分别交 AC 及 AF 于 D 及 G,则由题意及作法知 $\triangle FAB$ 是等腰三角形,D 是它的内心,联结 FD 延长交 AB 于 E,则 FE 平分 $\angle B$,平分 AB,且垂直于 AB.

由等腰三角形的性质知 $BG = AC = a$,$CG \parallel BA$.
则 $\angle 1 = \angle 2 = \angle 3$,从而 $BC = CG$.

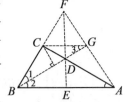

图 10.1.17

从而
$$\cos\angle 1 = \frac{\frac{1}{2}BG}{BC} = \frac{\frac{1}{2}AC}{BC} = \frac{b}{2a}$$

$$\cos\angle A = \frac{AE}{AD} = \frac{\frac{1}{2}C}{\frac{bc}{a+c}} = \frac{a+c}{2b}$$

又 $\angle 1 = \frac{1}{2}\angle B = \angle A$,则
$$\cos\angle 1 = \cos\angle A$$

从而 $\frac{b}{2a} = \frac{a+c}{2b}$, 故

$$b^2 = a(a+c)$$

例 2 在 $\triangle ABC$ 中,顶点 A,B,C 所对的边长分别为 a,b,c. 若 $\angle A = 2\angle B = 4\angle C$, 则 $\frac{1}{a} + \frac{1}{b} = \frac{1}{c}$.

证法 1 如图 10.2.1, 在 BC 上取一点 D, 使 $AD = AB$. 设 $\angle C = \alpha$, 则 $\angle B = 2\alpha$, $\angle BAC = 4\alpha$, $\angle ADB = \angle B = 2\alpha$,

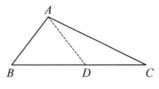

图 10.2.1

从而 $\angle DAC = \alpha$, 故 $DC = AD = AB = c$, $BD = a - c$. 因为 $\angle DAB = 3\alpha = \frac{1}{2}(180° - \angle DAC)$, 可知 AB 是 $\triangle ADC$ 的 $\angle DAC$ 外角平分线, 有 $\frac{AB}{AC} = \frac{BD}{BC}$, 即 $\frac{c}{b} = \frac{a-c}{a}$.

则 $ac = ab - bc$.

两边同除以 abc, 得

$$\frac{1}{a} + \frac{1}{b} = \frac{1}{c}$$

证法 2 如图 10.2.2, 在 BA 延长线上取一点 D, 使 $\angle DCA = \angle ACB = \alpha$. 易知 $\angle D = \angle DAC = 3\alpha$, $\angle DCB = \angle DBC = 2\alpha$.

则 $CD = CA = BD = b$, $AD = b - c$.

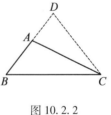

图 10.2.2

因 CA 是 $\triangle CDB$ 的内角平分线, 有 $\frac{BC}{DC} = \frac{AB}{AD}$, 即 $\frac{a}{b} = \frac{c}{b-c}$, 可得 $ab = bc + ac$, 故 $\frac{1}{a} + \frac{1}{b} = \frac{1}{c}$.

证法 3 如图 10.2.3, 在 CA 延长线上取一点 D, 使 $BD = BC = a$, 过 A 作 DB 的平行线交 BC 于 E.

$$\angle CAE = \angle D = \angle C = \alpha$$
$$\angle DAB = \angle ABC + \angle C = 3\alpha$$

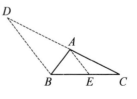

图 10.2.3

则 $\angle DBA = 3\alpha$, 故 $DA = DB = BC = a$. $\angle AEB = \angle EAC + \angle C = 2\alpha$.

从而 $\angle AEB = \angle ABE$, 故 $AE = AB = EC$. 由 $AE // DB$,

有 $\dfrac{DC}{AC} = \dfrac{DB}{AE}$.

即
$$\frac{a+b}{b} = \frac{a}{c}$$

两边同除以 a，就是 $\dfrac{1}{a} + \dfrac{1}{b} = \dfrac{1}{c}$.

证法 4 如图 10.2.4，延长 BA 到 E，使 $\angle ECA = \angle ACB = \alpha$，过 E 引 AC 的平行线交 BC 延长线于 D.

$$\angle CED = \angle ECA = \alpha, \angle D = \angle ACB = \alpha$$

则
$$\angle CED = \angle D, EC = CD$$

又
$$\angle BED = \angle BAC = 4\alpha$$

则
$$\angle BEC = 3\alpha = \angle EAC$$

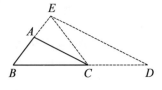

图 10.2.4

从而 $EC = AC = b$，故 $CD = b$.

于是 $BD = a + b$，$\angle ECB = 2\alpha = \angle EBC$，得
$$BE = EC = AC = b$$

由 $AC /\!/ ED$，可知 $\dfrac{BC}{BD} = \dfrac{BA}{BE}$，即 $\dfrac{a}{a+b} = \dfrac{c}{b}$.

故
$$ac + bc = ab$$

两边同除以 abc，得 $\dfrac{1}{a} + \dfrac{1}{b} = \dfrac{1}{c}$.

证法 5 如图 10.2.5，在 CA 延长线上取一点 D，使 $BD = BC$，由 A 作 CB 的平行线交 DB 于 E.

$$\angle EAB = \angle ABC = 2\alpha$$
$$\angle AEB = \angle EAD + \angle D = 2\alpha$$

则 $\angle EAB = \angle AEB$，可知 $EB = AB = c$.

从而
$$DE = a - c$$

又 $\angle DAE = \angle C = \alpha$，$\angle EAB = \angle ABC = 2\alpha$.

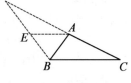

图 10.2.5

则 $\angle DAB=3\alpha$,而 $\angle D=\alpha$.

从而
$$\angle DBA=3\alpha$$

故 $\angle DAB=\angle DBA$,得 $DA=DB=BC=a$.

由 $EA\,//\,BC$,有 $\dfrac{DA}{AC}=\dfrac{DE}{EB}$,即 $\dfrac{a}{b}=\dfrac{a-c}{c}$. 两边同除以 a,得 $\dfrac{1}{a}+\dfrac{1}{b}=\dfrac{1}{c}$.

证法 6 如图 10.2.6,延长 CA 到 D,使 $AD=AB$,延长 AB 到 E,使 $BE=BC$. 设 $\angle ACB=\alpha$,则 $\angle ABC=2\alpha$, $\angle BAC=4\alpha$, $\angle E=\angle BCE=\dfrac{1}{2}\angle ABC=\alpha$, $\angle D=\angle DBA=\dfrac{1}{2}\angle BAC=2\alpha$.

易知 $\triangle DBC\backsim\triangle BAC$,有 $\dfrac{DC}{BC}=\dfrac{BC}{AC}$,即

$$\dfrac{b+c}{a}=\dfrac{a}{b}$$

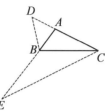

图 10.2.6

易知 $\triangle EAC\backsim\triangle CAB$,有
$$\dfrac{AE}{AC}=\dfrac{AC}{AB}$$
即
$$\dfrac{a+c}{b}=\dfrac{b}{c}$$

①②两式相加,得
$$\dfrac{b+c}{a}=\dfrac{b}{c}-\dfrac{c}{b}$$

整理得
$$\dfrac{1}{a}+\dfrac{1}{b}=\dfrac{1}{c}$$

证法 7 如图 10.2.7,在 BC 上取一点 D,使 $\angle DAC=\angle ACB=\alpha$,则 $\angle BAD=3\alpha$, $\angle ABD=\angle ADB=2\alpha$,故 $AD=AB=c$,分别由 B,C 引 AD 的平行线交 CA,BA 延长线于 E,F. $\angle E=\angle DAC=\alpha=\angle ACB$,得 $EB=BC=a$. $\angle FCA=\angle CAD=\alpha$, $\angle FAC=\angle ABC+\angle ACB=3\alpha$, $\angle F=180°-\angle FAC-\angle FCA=3\alpha$.

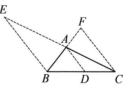

图 10.2.7

从而 $\angle FAC = \angle F$，得
$$FC = AC = b$$
由 $EB \parallel AD \parallel FC$，有
$$\frac{AD}{FC} = \frac{BD}{BC}, \frac{AD}{EB} = \frac{DC}{BC}$$
则
$$\frac{AD}{FC} + \frac{AD}{EB} = \frac{BD + DC}{BC} = 1$$
从而
$$\frac{1}{FC} + \frac{1}{EB} = \frac{1}{AD}$$
即
$$\frac{1}{a} + \frac{1}{b} = \frac{1}{c}$$

证法 8 如图 10.2.8，设 AD, BE 为 $\triangle ABC$ 的角平分线，由 D 引 BE 的平行线交 AC 于 F.
$$\angle FDC = \angle EBC = \frac{1}{2}\angle ABC = \angle C = \alpha$$
则 $FD = FC$，且 $\angle AFD = 2\alpha = \angle B$. 又 $\angle BAD = \angle FAD = 2\alpha$.

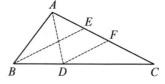

图 10.2.8

从而
$$\angle ADB = \angle ADF = 3\alpha$$
$AD = AD$，可知 $\triangle ABD \cong \triangle AFD$，有 $AF = AB = c$.

在 $\triangle ADF$ 中，$\angle AFD = \angle FAD$，有 $AD = DF = FC = AC - AF = b - c$，由 $\triangle ABC \sim \triangle DAC$，有 $\frac{AB}{BC} = \frac{AD}{AC}$，即 $\frac{c}{a} = \frac{b-c}{b}$，两边都除以 c，得 $\frac{1}{a} + \frac{1}{b} = \frac{1}{c}$.

证法 9 如图 10.2.9，作 $\triangle ABC$ 的外接圆，设优弧 $\overset{\frown}{BC}$ 的四等分点是 D, E, F，联结 AD, BD, CD. $BD = AB = c, AD = AC = b, DC = BC = a$，由托勒密定理，有
$$BC \cdot AD = AC \cdot BD + AB \cdot DC$$
即
$$ab = bc + ca$$
故

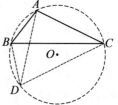

图 10.2.9

$$\frac{1}{a}+\frac{1}{b}=\frac{1}{c}$$

证法 10 如图 10.2.10,将△ABC 沿 BC 的中垂线翻折到△DCB 位置. 设 AC,BD 交于 E,联结 AD. 易知 ABCD 为等腰梯形. 令 $\angle C = \alpha$.

则 $\angle DAC = \angle ACB = \alpha, \angle ACD = 2\alpha - \alpha = \alpha = \angle ACB$.

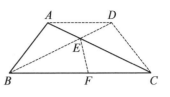

图 10.2.10

从而
$$AD = DC = AB = c$$

在 BC 上取一点 F,使 FC = DC,有
$$\triangle EFC \cong \triangle EDC$$

则
$$\angle EFC = \angle BDC = \angle BAC = 4\alpha$$

于是 $\angle BFE = 3\alpha$,可知 $\angle BEF = 3\alpha$.

从而
$$BE = BF = a - c$$

显然△DAC ∽ △EBC,有
$$\frac{BE}{BC} = \frac{AD}{AC}$$

即
$$\frac{a-c}{a} = \frac{c}{b}$$

两边都除以 c,就有
$$\frac{1}{a}+\frac{1}{b}=\frac{1}{b}$$

类似地,由 A 引 BC 的平行线交△ABC 的外接圆于 D,同样可证.

证法 11 如图 10.2.11,将△ABC 沿 BC 的中垂线翻折到△DCB 位置. 设 AC,BD 交于 E. 联结 AD. 在 AC 上取一点 F,使 FC = DC.

由上法可证 AD = DC = AB.

从而 FC = AB = c,故
$$AF = AC - FC = b - c$$

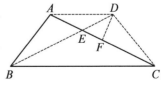

图 10.2.11

易知 $\triangle FDA \backsim \triangle ABC$，有 $\dfrac{AF}{AC} = \dfrac{AD}{BC}$，即 $\dfrac{b-c}{b} = \dfrac{c}{a}$，两边同除以 c，得 $\dfrac{1}{a} + \dfrac{1}{b} = \dfrac{1}{c}$.

类似地，由 A 引 BC 的平行线交 $\triangle ABC$ 的外接圆于 D，同样可证.

证法 12　如图 10.2.12，由 A 引 BC 的平行线，并在线上取点 F，使 $AF = FC$.

由
$$\angle FAC = \angle ACB = \alpha$$
则
$$\angle FCA = \alpha$$

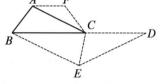

图 10.2.12

由 B 引 AC 的平行线，并在线上取一点 E，使 $BE = BC$. 联结 EC.

延长 BC 到 D，使 $CD = AC$，联结 ED. 易知 $\triangle CED \cong \triangle ABC$，得 $\angle D = \angle ACB = \alpha = \angle CBE$.

所以 $BE = ED$，且 $\triangle EBD \backsim \triangle FAC$.

故 $\dfrac{BD}{AC} = \dfrac{BE}{AF}$，即 $\dfrac{a+b}{b} = \dfrac{a}{c}$，两边同除以 a，可得
$$\dfrac{1}{a} + \dfrac{1}{b} = \dfrac{1}{c}$$

类似地，A 引 BC 的平行线交 $\triangle ABC$ 的外接圆于 F，由 B 引 AC 的平行线交 $\triangle ABC$ 的外接圆于 E，在 BC 延长线取 D，使 $CD = AC$，联结 FC, EC, ED，证法一样.

证法 13　如图 10.2.13，在 BC 上取点 F，使 $AF = AB$，有 $\angle AFB = \angle B = 2\alpha$.

从而 $\angle FAC = \alpha$，得 $AF = FC = AB$.

在 AC 上取点 E，使 $CE = CF = AB$，有
$$AE = b - c$$

由 A 引 EF 的平行线交 BC 于 D. 显然 $ADFE$ 为等腰梯形

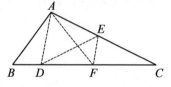

图 10.2.13

$$\angle ADE = \angle DAF = 2\alpha, \angle AED = \angle AFD = 2\alpha$$

所以 $\angle ADE = \angle AED$，得
$$AD = AE = b - c$$

由 $\angle BAD = 4\alpha - 3\alpha = \alpha = \angle C$，可知 $\triangle ABD \backsim \triangle CBA$，有

$$\frac{AD}{AB} = \frac{AC}{BC}$$

即

$$\frac{b-c}{c} = \frac{b}{a}$$

两边同除以 b，得

$$\frac{1}{a} + \frac{1}{b} = \frac{1}{c}$$

证法 14 先看一条引理:设 M 为圆弧 $\overset{\frown}{BC}$ 的中点，A 是该圆弧所在圆周上另一点，且 $AB > AC$，A 与 M 位于弦 BC 的异侧，则 $MA^2 - MB^2 = BA \cdot AC$.

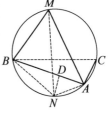

事实上，如图 10.2.14，取 $\overset{\frown}{BAC}$ 的中点 N，作 $ND \perp AB$ 于 D，则由阿基米德折线定理，有 $BD = DA + AC$，即 $BD - DA = AC$.

又由勾股定理，知 $BN^2 = BD^2 + DN^2$，$AN^2 = AD^2 + DN^2$.

此两式相减得

$$BN^2 - NA^2 = BD^2 - AD^2 = (BD + AD)(BD - DA) = AB \cdot AC \quad ①$$

因 M 为圆弧 $\overset{\frown}{BC}$ 的中点，则 MN 为圆的直径.

有

$$BM^2 + BN^2 = MN^2 = MA^2 + NA^2$$

从而

$$MA^2 - MB^2 = BN^2 - NA^2 \xlongequal{①} AB \cdot AC$$

图 10.2.14

下面回到原题的证明：

如图 10.2.15. 作 $\triangle ABC$ 的外接圆，又作 $\angle ABC$ 的平分线交圆于 M，作 $\angle BAC$ 的平分线交圆于 N，则 M, N 分别为 $\overset{\frown}{AC}$，优弧 $\overset{\frown}{BC}$ 的中点，即知

$AM = MC = AB = c$，且 $AM \parallel BC$.

$CN = NB = AC = b$，且 $AB \parallel CN$.

于是，$ABCM$ 及 $ABNC$ 均为等腰梯形.

从而有 $BM = AC = b$，$AN = BC = a$.

由引理，知

$$MB^2 - MA^2 = AB \cdot BC$$
$$NA^2 - NB^2 = AB \cdot AC$$

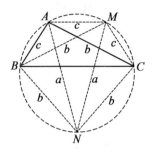

图 10.2.15

即有 $b^2 - c^2 = ac, a^2 - b^2 = bc.$
上述两式相加,得 $a^2 - ac = c(b+c)$,即

$$\frac{b+c}{a} = \frac{a-c}{c} = \frac{a}{c} - 1 \qquad ①$$

又由 $b^2 + bc = a^2$ 有

$$\frac{b+c}{a} = \frac{a}{b} \qquad ②$$

由①②得 $\dfrac{a}{c} - \dfrac{b}{c} = 1.$ 故

$$\frac{1}{a} + \frac{1}{b} = \frac{1}{c}$$

证法 15 同证法 14,作图 10.2.15. 此时,知 N 为优弧 $\overparen{BC}$ 的中点,$AM \parallel BC$,有 $NM = NA = A.$

在四边形 $ANCM$ 中应用托勒密定理,有

$$AN \cdot CM + AM \cdot NC = AC \cdot MN$$

即

$$ac + bc = ab$$

故

$$\frac{1}{a} + \frac{1}{b} = \frac{1}{c}$$

证法 16 如图 10.2.16,记 $\angle C = \theta$,延长 CA 到 D,使 $AD = AB$,联结 BD,延长 AD 至 E,使 $DE = BD$,联结 $BE.$ 则

$$AE = BE = a, BD = DE = a - c$$

因为

$$\angle DBA = \angle ABC$$

所以
$$\frac{BD}{BC} = \frac{AD}{AC}$$

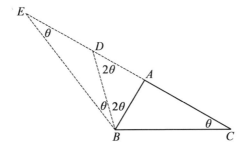

图 10.2.16

即
$$\frac{a-c}{a} = \frac{c}{b} \Rightarrow \frac{1}{a} + \frac{1}{b} = \frac{1}{c}$$

证法 17 如图 10.2.17，记 $\angle C = \theta$，作 $\angle B$ 的平分线 BD，在 BC 上取 $BE = AB$，联结 DE. 则
$$\angle DBC = \theta, \triangle BED \cong \triangle BAD$$

所以
$$\angle CED = 3\theta = \angle CDE$$

所以
$$BD = DC = CE = a - c$$

因为
$$\triangle ADB \backsim \triangle ABC$$

所以
$$\frac{AB}{AC} = \frac{BD}{BC}$$

即
$$\frac{c}{b} = \frac{a-c}{a} \Rightarrow \frac{1}{a} + \frac{1}{b} = \frac{1}{c}$$

证法 18 如图 10.2.18，记 $\angle C = \theta$，作 $\angle A$ 的平分线 AD，在 AC 上取 $AE = AB$，联结 DE. 则
$$\triangle AED \cong \triangle ABD$$

所以

$$\angle AED = 2\theta = \angle DAE, \angle EDC = \theta = \angle C$$

于是
$$AD = DE = CE = b - c$$

因为
$$\triangle ABC \backsim \triangle DAC$$

所以
$$\frac{AB}{AD} = \frac{BC}{AC}$$

即
$$\frac{c}{b-c} = \frac{a}{b} \Rightarrow \frac{1}{a} + \frac{1}{b} = \frac{1}{c}$$

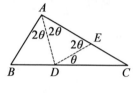

图 10.2.18

证法 19 如图 10.2.19,记 $\angle C = \theta$,在 BC 上取 $CD = AC$,联结 DA 并延长至 E,使 $AE = AB$,联结 CE,则
$$\triangle AEC \cong \triangle ABC (SAS)$$

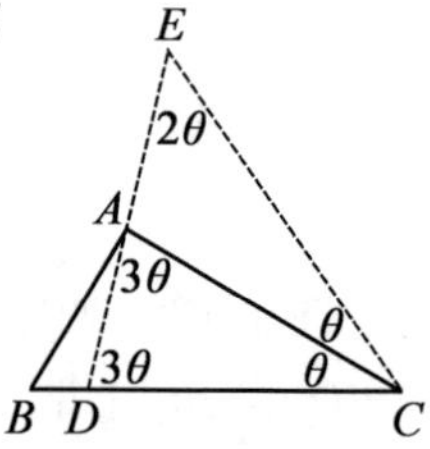

所以
$$\angle E = \angle B = 2\theta = \angle DCE$$

所以
$$DE = DC = b$$

从而
$$AD = b - c$$

易知
$$\triangle DBA \backsim \triangle ABC$$

所以
$$\frac{AB}{BC} = \frac{AD}{AC}$$

即
$$\frac{c}{a} = \frac{b-c}{b} \Rightarrow \frac{1}{a} + \frac{1}{b} = \frac{1}{c}$$

图 10.2.19

证法 20 如图 10.2.20,记 $\angle C = \theta$,在 CA 的延长线上取点 D,使 $BD = BC$,延长 DB 至 E,则
$$\angle D = \theta, \angle DAB = 3\theta = \angle DBA$$

所以
$$AD = BD = a$$

易知
$$\angle CBE = 2\theta = \angle ABC$$
所以
$$\frac{AB}{BD} = \frac{AC}{CD}(三角形外角平分线定理)$$
即
$$\frac{c}{a} = \frac{b}{a+b} \Rightarrow \frac{1}{a} + \frac{1}{b} = \frac{1}{c}$$

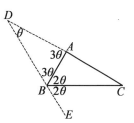

图 10.2.20

证法 21 如图 10.2.21,记 $\angle C = \theta$,延长 AB 至 D,使 $BD = BC$,联结 CD,在 CD 上取 $CE = AC$,联结 BE. 则
$$\angle D = \angle BCD = \theta$$
$$\triangle EBC \cong \triangle ABC$$
从而
$$\angle DEB = 3\theta = \angle DBE$$
所以 $DE = BD = a$.
从而 $CD = a + b$.
因为 BC 平分 $\angle ACD$,所以
$$\frac{AC}{CD} = \frac{AB}{BD}$$

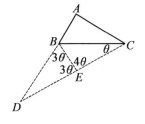

图 10.2.21

即
$$\frac{b}{a+b} = \frac{c}{a} \Rightarrow \frac{1}{a} + \frac{1}{b} = \frac{1}{c}$$

证法 22 如图 10.2.22,记 $\angle C = \theta$,延长 BA 至 D,使 $AD = AC$,联结 CD 并延长至 E,使 $DE = AD$,联结 AE. 则
$$\angle BDC = 2\theta$$
所以
$$CD = a$$
又
$$DE = AD = b$$
所以
$$CE = a + b$$
易知
$$\triangle ABC \backsim \triangle ACE$$

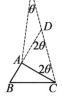

图 10.2.22

所以
$$\frac{AB}{AC} = \frac{BC}{CE}$$
即
$$\frac{c}{b} = \frac{a}{a+b} \Rightarrow \frac{1}{a} + \frac{1}{b} = \frac{1}{c}$$

证法 23 如图 10.2.23,记 $\angle C = \theta$,延长 BA 至 D,使 $AD = b$,联结 CD.延长 AD 至 E,使 $DE = DC$.联结 CE.则
$$\angle ADC = 2\theta = \angle B$$
所以
$$DE = DC = a$$
从而
$$AE = a + b$$
易知
$$\angle ECA = 3\theta = \angle EAC$$
所以
$$CE = AE = a + b$$
又
$$\triangle ABC \backsim \triangle CBE$$
所以
$$\frac{AB}{BC} = \frac{AC}{CE}$$
即
$$\frac{c}{a} = \frac{b}{a+b} \Rightarrow \frac{1}{a} + \frac{1}{b} = \frac{1}{c}$$

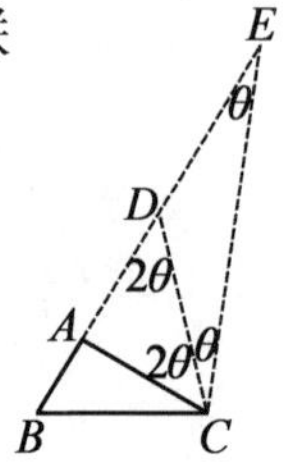

图 10.2.23

证法 24
$$\angle A = 2\angle B \Rightarrow a^2 = b^2 + bc \Rightarrow \frac{a}{b} = \frac{b+c}{a}$$
$$\angle B = 2\angle C \Rightarrow b^2 = c^2 + ac \Rightarrow \frac{c}{b-c} = \frac{b+c}{a}$$
所以
$$\frac{a}{b} = \frac{c}{b-c} \Rightarrow \frac{1}{a} + \frac{1}{b} = \frac{1}{c}$$

证法 25 记 $\angle C = \theta$, R 为 $\triangle ABC$ 外接圆半径,则

$$\frac{1}{a} + \frac{1}{b} = \frac{1}{2R\sin 4\theta} + \frac{1}{2R\sin 2\theta}$$

$$= \frac{\sin 4\theta + \sin 2\theta}{2R\sin 4\theta \sin 2\theta}$$

$$= \frac{2\sin 3\theta \cos \theta}{2R\sin 3\theta \cdot 2\sin \theta \cos \theta}$$

$$= \frac{1}{2R\sin \theta} = \frac{1}{c} \, (\text{因为 } \sin 4\theta = \sin 3\theta)$$

证法 26 记 $\angle C = \theta$,因为

$$\frac{a}{\sin 4\theta} = \frac{b}{\sin 2\theta} = \frac{c}{\sin \theta}$$

所以

$$\cos 2\theta = \frac{a}{2b}, \cos \theta = \frac{b}{2c}$$

而

$$\cos 2\theta = 2\cos^2 \theta - 1$$

所以

$$\frac{a}{2b} = 2\left(\frac{b}{2c}\right)^2 - 1$$

即

$$ac^2 = b^3 - 2bc^2 \qquad ①$$

又 $a = b\cos \theta + c\cos 2\theta = b \cdot \dfrac{b}{2c} + c \cdot \dfrac{a}{2b}$(射影定理).

所以

$$2abc = b^3 + ac^2 \qquad ②$$

式② - 式①,整理即得

$$\frac{1}{a} + \frac{1}{b} = \frac{1}{c}$$

注 证法 16 ~ 26 参见了万喜人的著作《数学竞赛平面几何典型题及新颖解》(哈尔滨工业大学出版社,2010)的有关内容.

例 3 如图 10.3.1,在 $\text{Rt}\triangle ABC$ 中,$\angle ACB$ 为直角,$CD \perp AB$ 于 D,$\triangle ADC$ 和 $\triangle CDB$ 的内心分别为 I_1, I_2. I_1, I_2 与 CD 关于 K,则 $\dfrac{1}{BC} + \dfrac{1}{AC} = \dfrac{1}{CK}$.

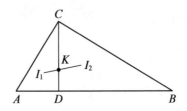

图 10.3.1

证法1 如图 10.3.2，延长 BC 至 E，使 $CE = AC$，联结 AE，设 I_1I_2 的双向延长线分别交 AC, BC 于 M, N，再联结 CI_1, DI_1, DI_2，另设 $\triangle ADC$ 和 $\triangle CDB$ 的内切圆的半径分别为 r_1, r_2。

因为 $\angle ACB = 90°$，$CD \perp AB$，所以
$$\text{Rt}\triangle ACD \backsim \text{Rt}\triangle CBD$$
于是
$$\frac{AC}{BC} = \frac{r_1}{r_2} = \frac{\sqrt{2}r_1}{\sqrt{2}r_2} = \frac{DI_1}{DI_2}$$

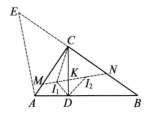

图 10.3.2

而 $\angle I_1DI_2 = 90°$，所以
$$\triangle I_1DI_2 \backsim \triangle ACB$$
所以
$$\angle I_2ID = \angle BAC$$
从而 A, D, I_1, D 四点共圆．

于是
$$\angle CMN = \angle ADI_1 = 45°$$
即有 $\angle CNM = 45°$，所以
$$\angle CMN = \angle CNM$$
亦有
$$CM = CN$$

在 $\triangle CI_1M$ 和 $\triangle CI_1D$ 中，因为 $\angle MCI_1 = \angle DCI_1$、$\angle CMI_1 = \angle CDI_1$、$CI_1 = CI_1$．
所以 $\triangle CI_1M \cong \triangle CI_1D$，从而 $CM = CD$．
所以
$$CM = CN = CD \qquad ①$$

在 $\triangle ABE$ 和 $\triangle KCM$ 中
因为 $CE = AC$，从而
$$\angle E = \angle CAE$$

所以
$$\angle E = \frac{1}{2}\angle ACB = \frac{1}{2}\times 90° = 45°$$
于是 $\angle E = \angle CMK$, 而 $\angle ABE = \angle KCM$.
所以 $\triangle ABE \backsim \triangle KCM$, 所以
$$\frac{AB}{BE} = \frac{CK}{CM}$$
即
$$CK \cdot BE = CM \cdot AB \qquad ②$$
而
$$AC \cdot BC = AB \cdot CD \qquad ③$$

把②③和①先后代入 $\frac{CK}{BC} + \frac{CK}{AC}$, 得

$$\frac{CK}{BC} + \frac{CK}{AC} = \frac{CK}{BC}\left(1 + \frac{BC}{AC}\right) = \frac{CK}{BC} \cdot \frac{AC+BC}{AC}$$

$$= \frac{CK}{BC} \cdot \frac{CE+BC}{AC} = \frac{CK}{BC} \cdot \frac{BE}{AC}$$

$$= \frac{CK \cdot BE}{BC \cdot AC} = \frac{CM \cdot AB}{BC \cdot AC} = 1$$

即 $\frac{CK}{BC} + \frac{CK}{AC} = 1$, 所以

$$\frac{1}{BC} + \frac{1}{AC} = \frac{1}{CK}$$

证法 2 如图 10.3.3, 联结 DI_1, DI_2, 分别联结 AI_1, BI_2 并延长交于 I, 设 $\triangle ABC$ 的三边 BC, CA, AB 分别为 a, b, c, 又设 $\triangle ACD, \triangle CDB$ 和 $\triangle ABC$ 内切圆的半径分别为 r_1, r_2, r.

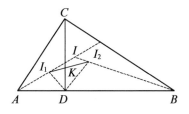

图 10.3.3

因为
$$\angle ACB = 90°, CD \perp AB$$

所以
$$Rt\triangle ACD \backsim Rt\triangle ABC$$

所以 $\dfrac{AC}{AB} = \dfrac{r_1}{r}$，即
$$\dfrac{b}{c} = \dfrac{r_1}{r}$$

所以 $r_1 = \dfrac{br}{c}$，同理
$$r_2 = \dfrac{ar}{c}$$

于是
$$DI_1 = \dfrac{\sqrt{2}\,br}{c} \qquad ①$$
$$DI_2 = \dfrac{\sqrt{2}\,ar}{c} \qquad ②$$

而
$$r = \dfrac{1}{2}(a+b-c) \qquad ③$$

在 $\triangle DI_1K$，$\triangle DI_2K$ 和 $\triangle I_1DI_2$ 中，由面积等式，得
$$S_{\triangle DI_1K} + S_{\triangle DI_2K} = S_{\triangle I_1DI_2}$$

即
$$\dfrac{1}{2}DI_1 \cdot DK \cdot \sin 45° + \dfrac{1}{2}DI_2 \cdot DK \cdot \sin 45° = \dfrac{1}{2}DI_1 \cdot DI_2$$

亦即
$$\dfrac{\sqrt{2}}{2}(DI_1+DI_2) \cdot DK = DI_1 \cdot DI_2 \qquad ④$$

把①②③代入④，得
$$\dfrac{\sqrt{2}}{2}\left(\dfrac{\sqrt{2}\,br}{c}+\dfrac{\sqrt{2}\,ar}{c}\right) \cdot DK = \dfrac{\sqrt{2}\,br}{c} \cdot \dfrac{\sqrt{2}\,ar}{c}$$

所以
$$DK = \dfrac{2abr}{c(a+b)} = \dfrac{2ab \cdot \dfrac{1}{2}(a+b-c)}{c(a+b)} = \dfrac{ab(a+b-c)}{c(a+b)}$$

从而

$$CK = CD - DK = \frac{ab}{c} - \frac{ab(a+b-c)}{c(a+b)} = \frac{ab}{a+b}$$

于是
$$CK(BC + AC) - AC \cdot BC = \frac{ab}{a+b}(a+b) - ab = ab - ab = 0$$

即 $CK(BC + AC) = AC \cdot BC$,亦即
$$CK \cdot AC + CK \cdot BC = AC \cdot BC$$

所以
$$\frac{1}{BC} + \frac{1}{AC} = \frac{1}{CK}$$

证法 3 如图 10.3.4,设 $I_1 I_2$ 的双向延长线分别交 AC, BC 于 M, N,联结 CI_1, DI_1, DI_2,又设 $\triangle ACD$ 和 $\triangle CDB$ 内切圆的半径分别为 r_1, r_2.

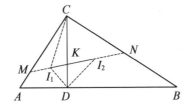

图 10.3.4

因为
$$\angle ACB = 90°, CD \perp AB$$

所以
$$\text{Rt}\triangle ACD \backsim \text{Rt}\triangle CBD$$

所以
$$\frac{AC}{BC} = \frac{r_1}{r_2} = \frac{\sqrt{2}r_1}{\sqrt{2}r_2} = \frac{DI_1}{DI_2}$$

而 $\angle I_1 D I_2 = 90°$,所以
$$\triangle I_1 D I_2 \backsim \triangle ACB$$

所以
$$\angle I_2 I_1 D = \angle BAC$$

从而 A, D, I_1, M 四点共圆.
于是
$$\angle CMN = \angle ADI_1 = 45°$$

而
$$\angle MCI_1 = \angle DCI_1, CI_1 = CI_1$$
所以
$$\triangle CI_1M \cong \triangle CI_1D$$
从而 $CM = CD$,同理
$$CN = CD$$
于是
$$CM = CN = CD$$
不妨设 $\angle B = \angle ACD = \alpha$,则
$$\angle DCB = 90° - \alpha$$
在 $\triangle CMK, \triangle CNK$ 和 $\triangle MCN$ 中,由面积等式,得
$$S_{\triangle CMK} + S_{\triangle CNK} = S_{\triangle MCN}$$
即
$$\frac{1}{2}CM \cdot CK \cdot \sin\alpha + \frac{1}{2}CN \cdot CK \cdot \sin(90°-\alpha) = \frac{1}{2}CM \cdot CN \cdot \sin 90°$$
所以
$$\frac{\sin\alpha}{CN} + \frac{\sin(90°-\alpha)}{CM} = \frac{\sin 90°}{CK}$$
即
$$\frac{\sin\alpha}{CN} + \frac{\cos\alpha}{CM} = \frac{1}{CK}$$
在 $Rt\triangle CDB$ 和 $Rt\triangle ACD$ 中,由锐角三角函数,得
$$\sin\alpha = \frac{CD}{BC}, \cos\alpha = \frac{CD}{AC}$$
所以
$$\frac{\frac{CD}{BC}}{CN} + \frac{\frac{CD}{AC}}{CM} = \frac{1}{CK}$$
即
$$\frac{1}{BC} + \frac{1}{AC} = \frac{1}{CK}$$

证法4 令 $\angle ACD = \alpha$,则
$$\angle DCB = 90° - \alpha$$
由张角定理,有

$$\frac{\sin 90°}{CK} = \frac{\sin(90° - \alpha)}{CM} + \frac{\sin \alpha}{CN} \qquad (*)$$

注意到证法 3 中知
$$CM = CD = CN$$

则
$$\sin(90° - \alpha) = \sin A = \frac{CD}{AC} = \frac{CM}{AC}$$

$$\sin \alpha = \sin B = \frac{CD}{BC} = \frac{CN}{BC}$$

于是,由式(*)有
$$\frac{1}{CK} = \frac{1}{AC} + \frac{1}{BC}$$

证法 5 如图 10.3.5,延长 AC 至 R,使 $CR = CB$. 由证法 1 知 $CM = CN$. 从而由 $\angle KCN = \angle BAR$,$\angle CNK = 45° = \angle BRA$,知

$$\triangle BAR \backsim \triangle KCN$$

于是
$$AR \cdot CK = AB \cdot CN$$

即
$$(AC + CR) \cdot CK = AB \cdot CD$$

亦即
$$(AC + CB) \cdot CK = AC \cdot CB$$

故
$$\frac{1}{CK} = \frac{1}{AC} + \frac{1}{BC}$$

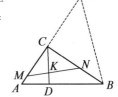

图 10.3.5

证法 6 如图 10.3.6,延长 AC 至点 R,使 $CR = CB$. 设直线 I_1I_2 交 AC 于 M,交 BC 于 N,注意到 $Rt\triangle ADC \backsim Rt\triangle CDB$. 有

$$\frac{DI_1}{DI_2} = \frac{AC}{BC}$$

又 $\angle I_1DI_2 = \frac{1}{2}\angle ADB = 90° = \angle ACB$,知 $Rt\triangle I_2DI_1 \backsim Rt\triangle ACB$.

从而 $\angle I_2I_1D = \angle A$,即知 M,A,D,I_1 四点共圆.

于是 $\angle CMI_1 = \angle ADI_1 = \angle CDI_1 = 45°$. 从而
$$MI_1 = DI_1$$

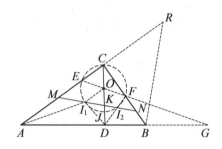

图 10.3.6

所以 $\triangle CMI_1 \cong \triangle CDI_1$，故 $CM = CD$. 同理
$$CN = CD.$$

于是，$\triangle BAR \backsim \triangle KCN$. (其中 $\angle BAR = \angle KCN, \angle BRA = 45° = \angle KNC$)

所以 $\dfrac{BA}{KC} = \dfrac{AR}{CN}$，即 $AR \cdot CK = AB \cdot CN$，亦即
$$(AC + CB) \cdot CK = AB \cdot CD = AC \cdot BC$$

故
$$\dfrac{1}{BC} + \dfrac{1}{AC} = \dfrac{1}{CK}.$$

注 （1）在上图中，若 $\triangle AI_1I_2$ 的外接圆 O 分别交 AC 于点 E，交 BC 于 F. 直线 EF 交直线 AB 于 G，则 I_1, I_2 分别为 $\triangle ODG$ 的旁心与内心.

事实上，由 $\angle I_1OI_2 = 2\angle I_1AI_2 = 90° = \angle I_1DI_2$，知 O, I_1, D, I_2 四点共圆.

从而 $\angle OI_2I_1 = \angle OI_1I_2 = 45°$，又 $\angle I_2DO = \angle I_2I_1O = 45° = \angle I_2DC$，则知点 O 在 CD 上.

设圆 O 交 CD 于点 J，则知 I_2 为弧 $\overparen{JF}$ 的中点，I_1 为弧 $\overparen{EJ}$ 的中点，从而知 OI_2 平分 $\angle FOJ, OI_1$ 平分 $\angle EOJ$，由此即推知 I_2, I_1 分别为 $\triangle ODG$ 的内心与旁心.

（2）在上述注（1）证明中的 J 可推证为 $\triangle DI_1I_2$ 的内心.

事实上，由 $Rt\triangle I_1DI_2 \cong Rt\triangle ACB$，知 $\angle DI_1I_2 = \angle CAB = \angle BCD$.

由 $\angle JI_1I_2 = \angle JCI_2 = \dfrac{1}{2}\angle BCD = \dfrac{1}{2}\angle DI_1I_2$，知 JI_1 平分 $\angle I_2I_1D$. 故知 J 为 $\triangle DI_1I_2$ 的内心.

证法 7 以点 D 为坐标原点，以边 AB 所在的直线为 x 轴，以高 CD 所在的直线为 y 轴，建立如图 10.3.7 的直角坐标系，设 $C(0,1), B(a,0)$，又设 $\triangle ADC$ 和 $\triangle CBD$ 内切圆的半径分别为 r_1, r_2，于是可先求出直线 BC 和 AC 的斜率.

因为 $B(a,0), C(0,1)$.
所以直线 BC 的斜率为
$$K_{BC} = \frac{0-1}{a-0} = -\frac{1}{a}$$

因为 $AC \perp BC$, 所以直线 AC 的斜率为 a.
所以直线 AC 的方程为
$y - 1 = a(x-0)$, 即 $y = ax + 1$.
当 $y = 0$ 时, $x = -\frac{1}{a}$, 所以 $A\left(-\frac{1}{a}, 0\right)$.

由 $r_2 = \frac{1}{2}(CD + DB - BC)$, 得
$$r_2 = \frac{1}{a}(1 + a - \sqrt{1+a^2}) \qquad ①$$

又因为
$$\angle ACB = 90°, CD \perp AB$$
所以
$$\text{Rt}\triangle ACD \backsim \text{Rt}\triangle CBD$$
所以 $\frac{CD}{DB} = \frac{r_1}{r_2}$, 即
$$r_1 = \frac{CD}{DB} r_2 = \frac{r_2}{a}$$

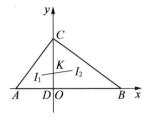

图 10.3.7

从而
$$I_1\left(-\frac{r_2}{a}, \frac{r_2}{a}\right), I_2(r_2, r_2)$$

于是直线 $I_1 I_2$ 的方程为
$$\frac{y - \frac{r_2}{a}}{x + \frac{r_2}{a}} = \frac{r_2 - \frac{r_2}{a}}{r_2 + \frac{r_2}{a}}$$

化简整理, 得
$$(1-a)x + (1+a)y = 2r_2 \qquad ②$$

把①代入②, 得
$$(1-a)x + (1+a)y = 1 + a - \sqrt{1+a^2}$$

当 $x=0$ 时，$y = 1 - \dfrac{\sqrt{1+a^2}}{1+a}$

所以
$$K\left(0, 1 - \dfrac{\sqrt{1+a^2}}{1+a}\right)$$

于是
$$CK = \sqrt{\left[1 - \left(1 - \dfrac{\sqrt{1+a^2}}{1+a}\right)\right]^2}$$
$$= \dfrac{\sqrt{1+a^2}}{1+a}$$

而
$$BC = \sqrt{1+a^2},\ AC = \sqrt{\left(-\dfrac{1}{a}\right)^2 + 1^2} = \dfrac{\sqrt{1+a^2}}{a}$$

所以
$$\dfrac{1}{CK} = \dfrac{1+a}{\sqrt{1+a^2}}$$

$$\dfrac{1}{BD} + \dfrac{1}{AC} = \dfrac{1}{\sqrt{1+a^2}} + \dfrac{a}{\sqrt{1+a^2}} = \dfrac{1+a}{\sqrt{1+a^2}}$$

故
$$\dfrac{1}{BC} + \dfrac{1}{AC} = \dfrac{1}{CK}$$

例 4 如图 10.4.1，在 △OPQ 中，∠POQ = 120°，OR 为 ∠POQ 的平分线. 求证：$\dfrac{1}{OP} + \dfrac{1}{OQ} = \dfrac{1}{OR}$.

证法 1 如图 10.4.1，延长 PO 到 B，使 OB = OQ，延长 QO 到 A，使 OA = OP. 则 △OPA 及 △OBQ 均为等边三角形. BQ // OR // AP. 有

$$\dfrac{OR}{PA} + \dfrac{OR}{BQ} = \dfrac{QR}{QP} + \dfrac{RP}{QP} = \dfrac{QP+RP}{QP} = \dfrac{QP}{QP} = 1$$

从而 $\dfrac{1}{PA} + \dfrac{1}{BQ} = \dfrac{1}{OR}$，得

$$\dfrac{1}{OP} + \dfrac{1}{OQ} = \dfrac{1}{OR}$$

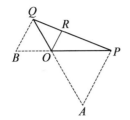
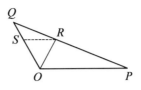

图 10.4.1   图 10.4.2

证法 2 如图 10.4.2,由 R 引 PO 的平行线交 QO 于 S,则 $\triangle ORS$ 为正三角形. 有 $SR = OR = OS$.

从而
$$\frac{OR}{OP} + \frac{OR}{OQ} = \frac{SP}{OP} + \frac{OS}{OQ} = \frac{QS}{OQ} + \frac{OS}{OQ} = 1$$

即
$$\frac{1}{OP} + \frac{1}{OQ} = \frac{1}{OR}$$

证法 3 如图 10.4.3,设 OR 与 $\triangle POQ$ 的外接圆相交于 S,则 $\triangle SPQ$ 为正三角形,有 $SQ = SP = PQ$,且 $\triangle OQR \backsim \triangle PSR$, $\triangle OPR \backsim \triangle QSR$. 得
$$\frac{OR}{OP} + \frac{OR}{OQ} = \frac{QR}{SQ} + \frac{RP}{SP} = \frac{QR}{PQ} + \frac{RP}{PQ} = \frac{PQ}{PQ} = 1$$

故
$$\frac{1}{OP} + \frac{1}{OQ} = \frac{1}{OR}$$

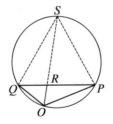
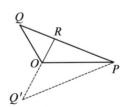

图 10.4.3   图 10.4.4

证法 4 如图 10.4.4,设 O' 为 Q 关于 OP 的对称点,则 $\triangle POQ' \cong \triangle POQ$, $\angle Q'OP + \angle POR = 120° + 60° = 180°$,故 R, O, Q' 在一条直线上,且 OP 为 $\angle QPQ'$ 的平分线.

从而

$$\frac{OQ}{OR} = \frac{OQ'}{OR} = \frac{PQ'}{PR} = \frac{PQ}{PR} = \frac{PR+RQ}{PR} = 1 + \frac{RQ}{PR} = 1 + \frac{OQ}{OP}$$

故

$$\frac{1}{OP} + \frac{1}{OQ} = \frac{1}{OR}$$

证法 5 如图 10.4.5,过 P 作 OR 的平行线 PM,分别过 Q,R 作 OP 的平行线交 PM 于 M,T,设 OR 交 QM 于 S.

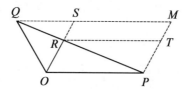

图 10.4.5

因

$$\frac{OR}{OP} = \frac{PT}{RT} = \frac{PM}{QM} = \frac{QS}{QM}, \frac{OR}{OQ} = \frac{OR}{OS} = \frac{PT}{PM} = \frac{RT}{QM} = \frac{SM}{QM}$$

则

$$\frac{OR}{OP} + \frac{OR}{OQ} = \frac{QS}{QM} + \frac{SM}{QM} = 1$$

故

$$\frac{1}{OP} + \frac{1}{OQ} = \frac{1}{OR}$$

例 5 两圆外切,求证它们的外公切线长是两圆直径的比例中项.

证法 1 如图 10.5.1,设点 P 是圆 O_1, O_2 的公切点,联结 T_1P 并延长交圆 O_2 于 Q_2,联结 T_2P 并延长交圆 O_1 于 Q_1,两圆的内公切线交外公切线 T_1T_2 于 T,则 $PT = TT_1 = TT_2$.

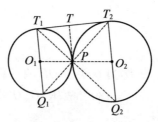

图 10.5.1

则 T_1T_2 是 △T_1PT_2 的外接圆的直径.

从而
$$\angle T_1PT_2 = 90°$$
于是 T_1Q_1 及 T_2Q_2 分别是圆 O_1 和圆 O_2 的直径.
在 $\triangle T_1Q_1T_2$ 与 $\triangle T_2Q_2T_1$ 中, $\angle T_2T_1P = \angle Q_1$, $\angle T_1T_2P = \angle Q_2$.
则
$$\triangle T_1Q_1T_2 \sim \triangle T_2T_1Q_2$$
所以
$$\frac{T_1T_2}{T_2Q_2} = \frac{T_1Q_1}{T_1T_2}$$
即
$$T_1T_2^2 = T_1Q_1 \cdot T_2Q_2$$

证法2 如图 10.5.2, 联结 PT_1, PT_2, TP 为圆 O_1 和圆 O_2 的内公切线, 联结 TO_1, TO_2.

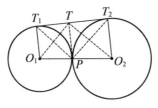

图 10.5.2

由 $T_1T = TP = TT_2$, 得
$$\angle T_2T_1P + \angle T_1T_2R = 90°$$
因
$$O_1T_1 \perp T_1T$$
$$O_1O_2 \perp TP$$
则 T, T_1, O_1, P 四点共圆.
同理 T, P, O_2, T_2 四点共圆.
则
$$\angle TT_1P = \angle PO_1T$$
$$\angle TT_2P = \angle PO_2T$$
从而
$$\angle PO_1T + \angle PO_2T = 90°$$
即 $\triangle O_1O_2T$ 为直角三角形.
于是

$$TP^2 = O_1P \cdot O_2P$$

故

$$T_1T_2^2 = 2O_1P \cdot 2O_2P$$

证法 3 如图 10.5.3,过 O_1 作 $O_1Q \parallel T_1T_2$. 设圆 O_1 和圆 O_2 的半径分别为 R_1 和 R_2,则

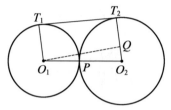

图 10.5.3

$$(R_1 + R_2)^2 = (R_1 - R_2)^2 + T_1T_2^2$$

即

$$T_1T_2^2 = 2R_1 \cdot 2R_2$$

证法 4 以两圆的切点为原点,以其圆心连线为 x 轴,取直角坐标系,如图 10.5.4.

设外公切线 T_1T_2 的方程为

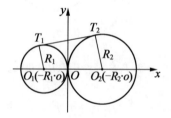

图 10.5.4

$$y = kx + b \ (b > 0)$$

法线式是 $\dfrac{kx - y + b}{-\sqrt{k^2+1}} = 0$.

设两圆的半径分别为 R_1, R_2,
由 O_1 到外公切线的距离为 R_1
则

$$R_1 = \left| \dfrac{-kR_1 + b}{-\sqrt{k^2+1}} \right|$$

同理

$$R_2 = \left| \frac{kR_2 + b}{-\sqrt{k^2+1}} \right|$$

从而
$$(k^2+1)R_1^2 = k^2R_1^2 - 2kR_1b + b^2$$
$$(k^2+1)R_2^2 = k^2R_2^2 + 2kR_2b + b^2$$

即
$$R_1^2 = b^2 - 2kR_1b$$
$$R_2^2 = b^2 + 2kR_2b$$

消去 k 得
$$\frac{b^2 - R_1^2}{R_1} = \frac{R_2^2 - b^2}{R_2}$$

则
$$R_2b^2 - R_2 \cdot R_1^2 = R_1 \cdot R_2^2 - b^2 R_1$$

于是
$$(R_2 + R_1)b^2 = (R_1 + R_2)R_1R_2$$

则
$$b^2 = R_1 \cdot R_2$$

又
$$b = \frac{T_1T_2}{2}, R_1 = \frac{d_1}{2}, R_2 = \frac{d_2}{2}$$

故
$$T_1T_2^2 = d_1d_2 = T_1Q_1 \cdot T_2Q_2$$

例 6 圆上任意一点到一弦的距离是该点到此弦两端的切线的距离的比例中项.

证法 1 如图 10.6.1.

设 P 是圆上任一点. AB 是弦,QA、QB 是过 A,B 的两条切线,$PC \perp AB$,$PD \perp QA$,$PE \perp QB$,联结 PA,DC 及 PB,EC.

则 P,D,A,C 及 P,C,B,E 各为共圆点.

则 $\angle 1 = \angle 2,\angle 2 = \angle 3$(弦切角),$\angle 3 = \angle 4$.

从而
$$\angle 1 = \angle 4$$

同理可证

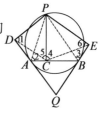

图 10.6.1

$$\angle 5 = \angle 6$$

则 $\triangle PDC \backsim \triangle PCE$，有 $\dfrac{PD}{PC} = \dfrac{PC}{PE}$，或 $PC^2 = PD \cdot PE$.

注 当 P 取在劣弧 $\overset{\frown}{AB}$ 上时，结论一样成立.

证法 2 如图 10.6.1，联结 PA, PB.

则由 $\angle PAD = \angle PBC$（弦切角）.

得直角

$$\triangle PDA \backsim \triangle PCB$$

从而

$$\dfrac{PD}{PC} = \dfrac{PA}{PB}$$

同理可证

$$\triangle PEB \backsim \triangle PCA$$

则 $\dfrac{PC}{PE} = \dfrac{PA}{PB}$，故 $\dfrac{PD}{PC} = \dfrac{PC}{PE}$，或 $PC^2 = PD \cdot PE$.

证法 3 如图 10.6.2.

设 $\angle PAD = \angle PBA = \alpha$，$\angle PAC = \angle PBE = \beta$.

则

$$PD = PA \cdot \sin \alpha$$
$$PC = PA \cdot \sin \beta = PB \cdot \sin \alpha$$
$$PE = PB \cdot \sin \beta$$

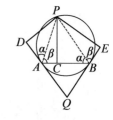

图 10.6.2

从而

$$PD \cdot PE = PA \cdot PB \cdot \sin \alpha \cdot \sin \beta$$
$$PC^2 = PA \cdot \sin \beta \cdot PB \cdot \sin \alpha$$

故

$$PD \cdot PE = PC^2$$

证法 4 如图 10.6.3，以圆心为原点，x 轴平行弦 AB. 取直角坐标系.

设 A、B 的坐标分别为

$$(-x_1, y_1), (x_1, y_1)$$

P 点坐标为 (x_2, y_2)，则 C 点坐标是 (x_2, y_1).

设圆半径为 R，则圆方程是 $x^2 + y^2 = R^2$.

切线 QA、QB 的方程分别是

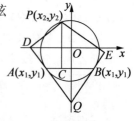

图 10.6.3

$$-x_1x + y_1y = R^2 \text{ 及 } x_1x + y_1y = R^2$$

从而

$$|PD| = \left|\frac{-x_1x_2 + y_1y_2 - R^2}{R}\right|$$

$$|PE| = \left|\frac{x_1x_2 + y_1y_2 - R^2}{R}\right|$$

则

$$|PD| \cdot |PE| = \left|\frac{(y_1y_2 - R^2 - x_1x_2)(y_1y_2 - R^2 + x_1x_2)}{R^2}\right|$$

$$= \frac{1}{R^2}|(y_1y_2 - R^2)^2 - x_1^2x_2^2|$$

$$= \frac{1}{R^2}|y_1^2y_2^2 - 2R^2y_1y_2 + R^4 - x_1^2x_2^2|$$

$$= \frac{1}{R^2}|y_1^2y_2^2 - 2R^2y_1y_2 + R^4 - (R^2 - y_1^2)(R^2 - y_2^2)|$$

$$= \frac{1}{R^2}|y_1^2y_2^2 - 2R^2y_1y_2 + R^4 - R^4 - y_1^2y_2^2 + R^2y_1^2 + R^2y_2^2|$$

$$= |y_1 - y_2|^2 = PC^2$$

注 若过 P 引切线 MN. 如图 10.6.4,过 A 引 $AM \perp MN$,过 B 引 $BN \perp MN$.

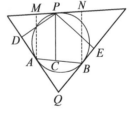

图 10.6.4

则

$$AM = PD, BN = PE$$

由

$$PC^2 = PD \cdot PE$$

得

$$PC^2 = AM \cdot BN$$

从而可得下述结论:"设 P 是圆上一点,AB 是不过 P 的一条弦,则 P 到 AB 的距离是 A,B 至点 P 的切线距离的比例中项."

例7 (2011年日本数学奥林匹克题)设 H 是锐角 $\triangle ABC$ 的垂心,M 是 BC 边的中点,过 H 作 AM 的垂线,垂足为 P. 证明:$AM \cdot PM = BM^2$.

证法1 如图 10.7.1,设 BH 与 AC 交于点 X,AH 的中点为 N.

由 $\angle AXH = \angle APH = 90°$,知点 P,X 在以 AH 为直径的圆上(若 $AB = AC$,则 P,H 重合,X 也在以 AH 为直径的圆上). 于是,$\angle AXN = \angle XAN$.

又因为$\angle BXC = 90°$,所以,点X在以BC为直径的圆上.

易知,$\angle CXM = \angle XCM$,且$XM = BM$.

由$\angle NXM = 180° - (\angle AXN + \angle CXM) = 180° - (\angle XAN + \angle XCM) = 90°$.

知MX与以AH为直径的圆切于点X.

于是
$$AM \cdot PM = XM^2 = BM^2$$

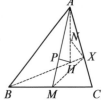

图 10.7.1

下面的证法由北京的马殿荣给出(见《中学数学研究》2014(9))

证法2 (利用相似三角形)联结AH, BH,并延长交对边于D, E,联结ME,如图 10.7.2. 因M是边BC的中点.

则$BM = ME$,$\angle MEB = \angle MBE = \angle CAD$. 又由$H, P, A, E$四点共圆,则$\angle HEP = \angle HAP$. 于是$\angle MEB + \angle HEP = \angle CAD + \angle HAP$,即$\angle MEP = \angle MAE$,从而$\triangle MEP \backsim \triangle MAE$. 故得$\dfrac{PM}{ME} = \dfrac{ME}{MA}$,即$AM \cdot PM = BM^2$.

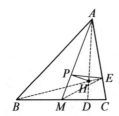

图 10.7.2

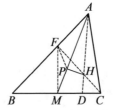

图 10.7.3

证法3 (利用相似三角形)联结AH, CH,并延长交对边于D, F,联结MF,如图 10.7.3,由M是边BC的中点,知$BM = MF$,$\angle MFC = \angle MCF = \angle BAD$. 又由$H, P, F, A$四点共圆,有$\angle HFP = \angle HAP$. 于是$\angle MFC - \angle HFP = \angle BAD - \angle HAP$,即$\angle MFP = \angle MAF$,从而$\triangle MFP \backsim \triangle MAF$. 故得$\dfrac{PM}{MF} = \dfrac{MF}{MA}$,即$AM \cdot PM = BM^2$.

下面的证法都均为过A, B, C作对边的平行线,交于A_1, B_1, C_1,作$\triangle A_1 B_1 C_1$的外接圆,圆心为H,联结$A_1 A$(过BC的中点M),并延长交圆H于A_2.

证法4 (利用相似三角形)联结$PB, A_2 C_1$,如图 10.7.4. 因$HP \perp A_1 A_2$,则P为$A_1 A_2$的中点,又B为$A_1 C_1$的中点,从而$PB \parallel A_2 C_1$,于是$\angle BPM = \angle C_1 A_2 A_1 = \angle C_1 B_1 A_1 = \angle B$ 于是$\triangle BPM \backsim \triangle ABM$,所以$\dfrac{PM}{BM} = \dfrac{BM}{AM}$,故$AM \cdot PM = BM^2$.

证法 5 (利用相似三角形)联结 PB, A_2C_1, 如图 10.7.4, 因 $HP \perp A_1A_2$, 则 P 为 A_1A_2 的中点, 又 B 为 A_1C_1 的中点, 从而 $PB /\!/ A_2C_1$, 又 $BC /\!/ C_1B_1$, 于是 $\angle PBM = \angle A_2C_1B_1 = \angle CA_1M$, 则 $\triangle PBM \backsim \triangle CA_1M$, 于是 $\dfrac{PM}{BM} = \dfrac{MC}{MA_1}$, 注意 $AM = MA_1$, 则得 $AM \cdot PM = BM^2$.

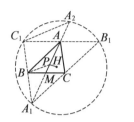
图 10.7.4

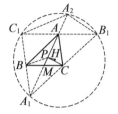
图 10.7.5

证法 6 (利用四点共圆)联结 PB, PC, A_2C_1, A_2B_1, 如图 10.7.5, 因 B, P, C 分别是 A_1C_1, A_1A_2, A_1B_1 的中点, 则 $PB /\!/ A_2C_1, PC /\!/ A_2B_1$, 有 $\angle BPC = \angle C_1A_2B_1$, 于是 B, P, C, A_1 四点共圆, 则 $PM \cdot MA_1 = BM \cdot MC$.

因 $AM = MA_1, BM = MC$, 则 $AM \cdot PM = BM^2$.

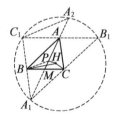
图 10.7.6

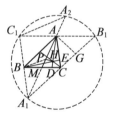
图 10.7.7

证法 7 (利用五点共圆)联结 HB, HC, 如图 10.7.6. 由 $HP \perp PA_1, HB \perp BA_1, HC \perp CA_1$, 知 H, P, B, A_1, C 五点共圆, 于是 $PM \cdot MA_1 = BM \cdot MC$. 又 $AM = MA_1, BM = MC$, 则 $AM \cdot PM = BM^2$.

证法 8 (借助余弦定理)联结 AH, BH, CH, 并延长交对边于 D, E, F, 作 $AG \perp A_1B_1, G$ 垂足, 如图 10.7.7. 由余弦定理知
$$BM^2 = AM^2 + AB^2 - 2AM \cdot AB\cos\angle BAM = AM^2 - (2AM\cos\angle AA_1G - AB)AB$$
又 $2AM\cos\angle AA_1G - AB = AA_1\cos\angle AA_1G - AB = GA_1 - A_1C = GC = AF$, 则 $BM^2 = AM^2 - AF \cdot AB$. 因 H, D, B, F 四点共圆, H, D, M, P 四点共圆, 则 $AF \cdot AB = AH \cdot AD = AP \cdot AM$, 于是 $BM^2 = AM^2 - AP \cdot AM$, 即 $BM^2 = AM \cdot PM$.

证法 9 (借助余弦定理)联结 AH, BH, 并延长对边于 D, E, 如 10.7.8, 由余弦

10 线段比例式

定理知 $BC^2 = AB^2 + AC^2 - 2AB \cdot AC\cos A, AA_1^2 = AB^2 + BA_1^2 - 2AB \cdot BA_1\cos \angle ABA_1$, 即 $4BM^2 = AB^2 + AC^2 - 2AB \cdot AC\cos A, 4AM^2 = AB^2 + AC^2 + 2AB \cdot AC\cos A$, 由此 $BM^2 = AM^2 - AB \cdot AC\cos A$, 又 $AE = AB\cos A$, 则 $BM^2 = AM^2 - AE \cdot AC$. 又因 H,P,M,D 四点共圆, H,D,C,E 四点共圆, 则 $AP \cdot AM = AH \cdot AD = AE \cdot AC$, 于是 $BM^2 = AM^2 - AP \cdot AM$, 即 $BM^2 = AM \cdot PM$.

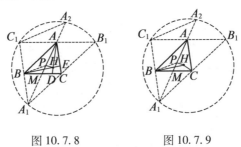

图 10.7.8　　　　图 10.7.9

证法 10　（借助正弦定理）联结 PB, HB, HC, 如图 10.7.9.

由正弦定理知 $\dfrac{AM}{\sin B} = \dfrac{BM}{\sin \angle BAM}, \dfrac{PM}{\sin \angle PBM} = \dfrac{BM}{\sin \angle BPM}$, 由 $HP \perp PA_1, HB \perp BA_1, HC \perp CA_1$, 知 H, P, B, A_1, C 五点共圆, 于是 $\angle B = \angle BCA_1 = \angle BPM$, $\angle BAM = \angle AA_1C = \angle PBM$, 故将上面两等式相乘则得 $AM \cdot PM = BM^2$.

例 8　设 P, Q 为 $\triangle ABC$ 两腰 AB、AC 上的点, 且 $AP = AQ$, 若 PQ 交 BC 上的中线 AM 于 N, 则 $\dfrac{PN}{NQ} = \dfrac{AC}{AB}$.

证法 1　如图 10.8.1, 分别由 B, C 引 PQ 的平行线交 AM 于 E、F.

因 $FC \parallel BE, BM = MC$, 有 $BE = FC$.

由 $\dfrac{PN}{BE} = \dfrac{AP}{AB}, \dfrac{FC}{NQ} = \dfrac{AC}{AQ}$, 有

$$\dfrac{PN \cdot FC}{BE \cdot NQ} = \dfrac{AP \cdot AC}{AB \cdot AQ}$$

因其中 $AP = AQ, BE = FC$.
故
$$\dfrac{PN}{NQ} = \dfrac{AC}{AB}$$

图 10.8.1

证法 2　如图 10.8.2, 延长 AM 至 A', 使 $A'M = AM$, 四边形 $ABA'C$ 为平行四边形. 由 C 引 PQ 的平行线交 AB 于 E, 交 AM 于 F.

有
$$\frac{PN}{NQ}=\frac{EF}{FC}=\frac{AE}{A'C}=\frac{AC}{AB}$$
故
$$\frac{PN}{NQ}=\frac{AC}{AB}$$

图 10.8.2

证法 3 如图 10.8.3,分别由 P,Q 引 AM 的平行线交 BC 于 E,F.

$$\frac{EM}{BM}=\frac{AP}{AB}$$
$$\frac{MC}{MF}=\frac{AC}{AQ}$$

①②两式相乘,并注意 $AP=AQ,BM=MC$,有

$$\frac{EM\cdot MC}{BM\cdot MF}=\frac{AP\cdot PC}{AB\cdot AQ}$$

即

$$\frac{EM}{MF}=\frac{AC}{AB}$$

由 $PE\parallel NM\parallel QF$,有

$$\frac{PN}{NQ}=\frac{EM}{MF},\frac{PN}{NQ}=\frac{AC}{AB}$$

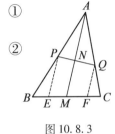

图 10.8.3

证法 4 如图 10.8.4,分别由 B,C 引 MA 的平行线交直线 PQ 于 E,F.

$$\frac{PN}{PE}=\frac{PA}{PB}\Rightarrow\frac{PN}{EN}=\frac{AP}{AB}$$
$$\frac{QF}{NQ}=\frac{QC}{AQ}\Rightarrow\frac{NF}{NQ}=\frac{AC}{AQ}$$

③④两式相乘,得

$$\frac{PN\cdot NF}{EN\cdot NQ}=\frac{AP\cdot AC}{AB\cdot AQ}$$

注意式中 $EN=NF$、$AP=AQ$.
故
$$\frac{PN}{NQ}=\frac{AC}{AB}$$

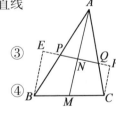

图 10.8.4

证法 5 如图 10.8.5

$$\frac{S_{\triangle APN}}{S_{\triangle ABM}} = \frac{AP \cdot AN}{AB \cdot AM}$$

$$\frac{S_{\triangle ANQ}}{S_{\triangle AMC}} = \frac{AN \cdot AQ}{AM \cdot AC}$$

⑤⑥两式相除,得

$$\frac{S_{\triangle APN}}{S_{\triangle AMC}} = \frac{AP \cdot AN \cdot AM \cdot AC}{AB \cdot AM \cdot AN \cdot AQ} = \frac{AC}{AB}$$

又

$$\frac{S_{\triangle APN}}{S_{\triangle ANQ}} = \frac{PN}{NQ}$$

故

$$\frac{PN}{NQ} = \frac{AC}{AB}$$

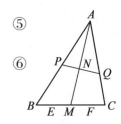

图 10.8.5

证法 6 如图 10.8.6,设直线 PQ 与 BC 延长线相交于 E. 由梅涅劳斯定理

$$\frac{AB}{AP} \cdot \frac{PN}{NE} \cdot \frac{EM}{BM} = 1$$

$$\frac{AQ}{AC} \cdot \frac{NE}{QN} \cdot \frac{CM}{ME} = 1$$

两式相乘,得

$$\frac{AB \cdot AQ \cdot PN \cdot NE \cdot EM \cdot CM}{AP \cdot AC \cdot NE \cdot QN \cdot BM \cdot ME} = 1$$

故

$$\frac{PN}{NQ} = \frac{AC}{AB}$$

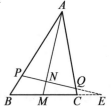

图 10.8.6

证法 7 如图 10.8.7,分别由 P,Q 引 BC 的平行线交 AM 于 E,F. 由

$$\frac{AP}{AB} = \frac{PE}{BM}, \frac{AQ}{AC} = \frac{FQ}{MC}$$

且 $AP = AQ, BM = MC$,有

$$AB \cdot PE = AC \cdot FQ$$

从而

$$\frac{PE}{FQ} = \frac{AC}{AB}$$

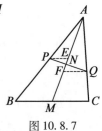

图 10.8.7

又
$$\frac{PN}{NQ} = \frac{PE}{FQ}$$
故
$$\frac{PN}{NQ} = \frac{AC}{AB}$$

例 9 延长等腰 △ADE 的两腰 AD 至 B, AE 至 C, 若直线 BC 与直线 DE 交于点 P, 则 $\frac{BP}{CP} = \frac{BD}{CE}$.

证法 1 如图 10.9.1, 过 C 作 BA 的平行线, 交 PD 于 Q.

由 $AD = AE$, 有 $CQ = CE$.

则
$$\frac{BP}{CP} = \frac{BD}{CQ} = \frac{BD}{CE}$$
即
$$BP : CP = BD : CE$$

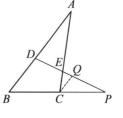

图 10.9.1

证法 2 如图 10.9.2, 过 B 作 CA 的平行线, 交 PD 的延长线于 Q.

由 $AD = AE$, 有 $BD = BQ$.

则
$$\frac{BP}{CP} = \frac{BQ}{CE} = \frac{BD}{CE}$$
即
$$BP : CP = BD : CE$$

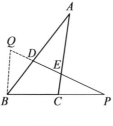

图 10.9.2

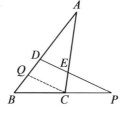

图 10.9.3

证法 3 如图 10.9.3, 过 C 作 PD 的平行线, 交 AB 于 Q.

由 $AD = AE$, 有 $DQ = EC$.

则
$$\frac{BP}{CP} = \frac{BD}{QD} = \frac{BD}{EC}$$
即
$$BP:CP = BD:CE$$

证法 4 如图 10.9.4，过 B 作 DP 的平行线，交 AC 的延长线于 Q.

由 $AD = AE$，有 $DB = EQ$.

由 $\dfrac{BC}{CP} = \dfrac{CQ}{CE}$，有
$$\frac{BC + CP}{CP} = \frac{CQ + CE}{CE}$$
即
$$\frac{BP}{CP} = \frac{EQ}{CE} = \frac{DB}{CE}$$
故
$$BP:CP = BD:CE$$

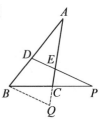

图 10.9.4

证法 5 如图 10.9.5，分别过 A,B,C 作 PD 的垂线，Q,M,N 为垂足.

易知
$$\frac{BD}{AD} = \frac{BM}{AQ}, \frac{CE}{AE} = \frac{CN}{AQ}$$

两式相除，并代入 $AD = AE$，得
$$\frac{BD}{CE} = \frac{BM}{CN} = \frac{BP}{CP}$$
故
$$BP:CP = BD:CE$$

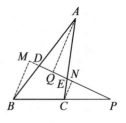

图 10.9.5

证法 6 如图 10.9.6，直线 PED 截 $\triangle ACB$ 各边，依梅涅劳斯定理，有
$$\frac{BP}{CP} \cdot \frac{CE}{AE} \cdot \frac{AD}{DB} = 1$$

其中 $AD = AE$，得
$$\frac{BP}{CP} \cdot \frac{CE}{DB} = 1$$

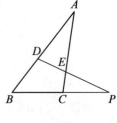

图 10.9.6

即
$$BP:CP = BD:CE$$

例 10 圆内接四边形 $BCED$ 的两组对边延长线分别相交,即 BD 与 CE 的延长线交于点 A,BC 与 DE 的延长线相交于点 F,则 $\dfrac{CF}{AD}=\dfrac{EF}{AE}$.

证法 1 如图 10.10.1,过 E 作 AB 的平行线交 BC 于 G.

在 △ADE 与 △ACB 中,由 ∠ADE = ∠ACB,∠A = ∠A,得 ∠AED = ∠ABC. 或直接由圆内接四边形性质知 ∠AED = ∠ABC.

在 △FEC 与 △FGE 中,有 ∠FEC = ∠AED = ∠ABC = ∠EGF,即 ∠FEC = ∠EGF,及 ∠EFG 为公用,得 △FEC ∽ △FGE.

有
$$\frac{CF}{EF}=\frac{EC}{EG}$$

易知 △ADE ∽ △ECG,有
$$\frac{AD}{EC}=\frac{AE}{EG} \text{ 或 } \frac{AD}{AE}=\frac{EC}{EG}$$

于是
$$\frac{CF}{EF}=\frac{AD}{AE} \text{ 或 } \frac{CF}{AD}=\frac{EF}{AE}$$

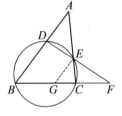
图 10.10.1

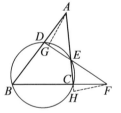
图 10.10.2

证法 2 如图 10.10.2,分别过 A,F 作 DF,AC 的垂线,G,H 为垂足,易知 Rt△ADG ∽ Rt△FCH,有
$$\frac{CF}{AD}=\frac{HF}{GA}$$

易知 Rt△AGE ∽ Rt△FHE,有
$$\frac{HF}{GA}=\frac{EF}{AE}$$

故

$$\frac{CF}{AD} = \frac{EF}{AE}$$

证法 3 如图 10.10.3,在 DE 上取一点 G,使 $AG = AD$,有
$$\angle AGD = \angle ADG = \angle ACB$$
则
$$\angle AGE = \angle FCE$$
易知 $\triangle AGE \backsim \triangle FCE$,有
$$\frac{CF}{AG} = \frac{EF}{AE}$$
故
$$\frac{CF}{AD} = \frac{EF}{AE}$$

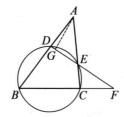 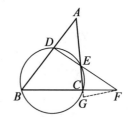

图 10.10.3　　　　图 10.10.4

注:对称地,如图 10.10.4,在直线 AC 上取一点 G,使 $FG = FC$,证法一样.

证法 4 如图 10.10.5,易知 $\triangle FEC \backsim \triangle FBD$,有
$$\frac{EF}{BF} = \frac{EC}{BD}$$
由直线 DEF 截 $\triangle ABC$ 的三边,依梅涅劳斯定理,有
$$\frac{BF}{CF} \cdot \frac{CE}{AE} \cdot \frac{AD}{BD} = 1$$
则
$$\frac{BF}{CF} \cdot \frac{AD}{AE} \cdot \frac{EF}{BF} = 1$$
即
$$\frac{CF}{AD} = \frac{EF}{AE}$$

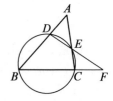

图 10.10.5

证法 5 如图 10.10.6. 过 C 作 BA 的平行线交 DF 于 G，有
$$\frac{AD}{AE} = \frac{GC}{CE}$$
由 $\angle FCG = \angle B = \angle AED = \angle FEC$，有 $\triangle FEC \backsim \triangle FCG$，得
$$\frac{GC}{CE} = \frac{CF}{EF}$$
于是
$$\frac{AD}{AE} = \frac{CF}{EF}$$
故
$$\frac{CF}{AD} = \frac{EF}{AE}$$

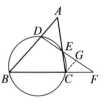

图 10.10.6

证法 6 如图 10.10.7, 过 B 作 DF 的平行线交 AC 的延长线于 G, 在 AC 上取一点 H, 使 $BH = BC$.

由 $\angle ADE = \angle ACB = \angle BHC$，$\angle AED = \angle G$，得
$$\triangle ADE \backsim \triangle BHG$$
有 $\dfrac{AD}{BH} = \dfrac{AE}{BG}$，又有 $\dfrac{AD}{BC} = \dfrac{AE}{BG}$ 或 $\dfrac{AD}{AE} = \dfrac{BC}{BG} = \dfrac{CF}{EF}$.

故
$$\frac{CF}{AD} = \frac{EF}{AE}$$

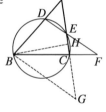

图 10.10.6

证法 7 如图 10.10.8, 过 B 作 CA 的平行线交 FD 延长线于 G, 在 AC 上取一点 H, 使 $FH = FC$.

有
$$\angle BDG = \angle ADE = \angle ACB = \angle FCH = \angle FHE$$
即
$$\angle BDG = \angle FHE$$
又
$$\angle G = \angle FEH$$
得
$$\triangle GBD \backsim \triangle EFH$$
于是

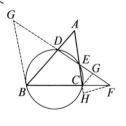

图 10.10.8

$$\frac{CF}{BD} = \frac{HF}{BD} = \frac{EF}{BG} \text{ 或 } \frac{CF}{EF} = \frac{BD}{GB}$$

而

$$\frac{AD}{AE} = \frac{BD}{GB}$$

故 $\dfrac{CF}{EF} = \dfrac{AD}{AE}$ 或 $\dfrac{CF}{AD} = \dfrac{EF}{AE}$.

证法 8 如图 10.10.9,过 A 作 FB 的平行线交 FD 延长线于 G,在 $\triangle ADE$ 与 $\triangle ACB$ 中,由 $\angle ADE = \angle ACB$,有

$$\angle AED = \angle B = \angle GAD$$

可知 $\triangle AGD \backsim \triangle EGA$,得

$$\frac{AD}{AE} = \frac{AG}{GE} = \frac{CF}{EF}$$

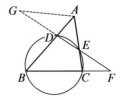

图 10.10.9

即 $\dfrac{AD}{AE} = \dfrac{CF}{EF}$.

故 $\dfrac{CF}{AD} = \dfrac{EF}{AE}$.

证法 9 如图 10.10.10,过 A 作 DF 的平行线交 BF 延长线于 G,在 DE 上取一点 H,使 $AH = AD$,由

$\angle AHD = \angle ADH = \angle ACB$,可知 $\angle AHE = \angle ACG$,又 $\angle AED = \angle CAG$,得 $\triangle AHE \backsim \triangle GCA$.

于是

$$\frac{AH}{AE} = \frac{CG}{AG}$$

又

$$\frac{CG}{AG} = \frac{CF}{EF}$$

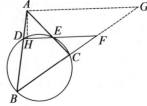

图 10.10.10

则

$$\frac{CF}{EF} = \frac{AH}{AE} = \frac{AD}{AE}$$

故

$$\frac{CF}{AD} = \frac{EF}{AF}$$

证法 10 如图 10.10.11,过 F 作 CA 的平行线交 BA 延长线于 G,在 DF 上取一点 H,使 $GH = GD$.

有 ∠GHD = ∠GDH = ∠ACB,可知
$$\angle GHF = \angle ECF$$
又 ∠GFH = ∠AED = ∠FEC. 得
$$\triangle GHF \backsim \triangle FCE$$
有
$$\frac{CF}{GH} = \frac{EF}{GF} 或 \frac{CF}{EF} = \frac{GH}{GF} = \frac{GD}{GF} = \frac{AD}{AE}$$
即
$$\frac{CF}{EF} = \frac{AD}{AE}$$
故
$$\frac{CF}{AD} = \frac{EF}{AE}$$

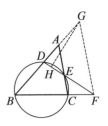

图 10.10.11

例 11 如图 10.10.12,过 F 作 AB 的平行线交 AC 延长线于 G,在 AG 上取一点 H,使 FH = FC.

有
$$\angle FHC = \angle FCH = \angle ADC = \angle EFG$$
又由 ∠HEF = ∠FEG,得
$$\triangle EHF \backsim \triangle EFG$$
于是 $\frac{FH}{GF} = \frac{EF}{EG}$,即
$$\frac{CF}{EF} = \frac{GF}{EG} = \frac{AD}{AE}$$
故
$$\frac{CF}{AD} = \frac{EF}{AE}$$

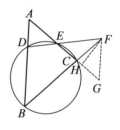

图 10.10.12

例 12 如图 10.10.13,在 BC 上取一点 G,使 AG = AC. 有 ∠AGC = ∠ACG = ∠ADE,得 ∠AGB = ∠BDF.

则
$$\triangle ABG \backsim \triangle FBD$$
于是
$$\frac{AB}{BF} = \frac{AG}{DF} = \frac{AC}{DF} 或 \frac{AB}{AC} = \frac{BF}{DF}$$

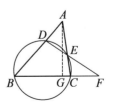

图 10.10.13

由 $\angle ADE = \angle ACB$,有 D,B,C,E 四点共圆,得 $AD \cdot AB = AE \cdot AC$, $FE \cdot DF = FC \cdot BF$,即 $\dfrac{AB}{AC} = \dfrac{AE}{AD}, \dfrac{BF}{DF} = \dfrac{FE}{FC}$. 故 $\dfrac{AE}{AD} = \dfrac{FE}{CF}$,即 $\dfrac{CF}{AD} = \dfrac{EF}{AE}$.

证法 13 如图 10.10.14,过 C 作 FD 的平行线交 AB 于 G.

由 $\angle ADE = \angle ACB$,有 D,B,C,E 四点共圆,得 $\angle B = \angle AED = \angle ACG$.

则
$$\triangle ABC \backsim \triangle ACG$$

有

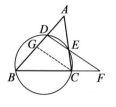

图 10.10.14

$$\dfrac{AE}{AD} = \dfrac{AC}{AG} = \dfrac{BC}{GC}$$

由 $FE \cdot FD = FC \cdot FB$,有

$$\dfrac{EF}{CF} = \dfrac{BF}{DF} = \dfrac{BC}{GC}$$

于是

$$\dfrac{AE}{AD} = \dfrac{EF}{CF}$$

即

$$\dfrac{CF}{AD} = \dfrac{EF}{AE}$$

证法 14 如图 10.10.15,过 D 作 AC 的平行线交 BF 于 G,有 $\angle DGB = \angle ACB = \angle ADE$,且 $\angle BDG = \angle A$,得 $\triangle BGD \backsim \triangle EDA$.

于是

$$\dfrac{AE}{AD} = \dfrac{BD}{DG}$$

易知 $\angle FDG = \angle AED = \angle B$,可知 $\triangle FDG \backsim \triangle FBD$,有

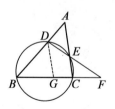

图 10.10.15

$$\dfrac{BD}{DG} = \dfrac{FB}{FD} = \dfrac{EF}{FC}$$

则

$$\dfrac{AE}{AD} = \dfrac{EF}{FC}$$

即

$$\frac{FC}{AD} = \frac{FE}{AE}$$

证法 15 如图 10.10.16,过 D 作 BC 的平行线交 AC 于 G,有 $\angle AGD = \angle ACB = \angle ADE$.

得
$$\triangle ADG \backsim \triangle AED$$

于是 $\frac{AE}{AD} = \frac{DE}{DG} = \frac{EF}{CF}$,即

$$\frac{AE}{AD} = \frac{EF}{CF}$$

故
$$\frac{CF}{AD} = \frac{EF}{AE}$$

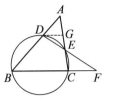

图 10.10.16

证法 16 如图 10.10.17,过 E 作 CB 的平行线交 AB 于 G.

有
$$\angle AEG = \angle ACB = \angle ADE$$

则
$$\triangle ADE \backsim \triangle AEG$$

于是有
$$\frac{AE}{AD} = \frac{GE}{DE} = \frac{BF}{DF}$$

易知 $\triangle FEC \backsim \triangle FBD$,有

$$\frac{EF}{CF} = \frac{BF}{DF}$$

故
$$\frac{AE}{AD} = \frac{EF}{CF}$$

即
$$\frac{CF}{AD} = \frac{EF}{AE}$$

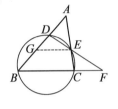

图 10.10.17

例 11 (2013 年美国数学奥林匹克题)在 $\triangle ABC$ 中,已知点 P, Q, R 分别位于边 BC, CA, AB 上,圆 $\Gamma_A, \Gamma_B, \Gamma_C$ 分别是 $\triangle AQR, \triangle BRP, \triangle CPQ$ 的外接圆,线段 AP 与圆 $\Gamma_A, \Gamma_B, \Gamma_C$ 分别交于点 X, Y, Z. 证明: $\frac{YX}{XZ} = \frac{BP}{PC}$.

证法 1 如图 10.11.1.

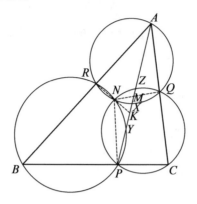

图 10.11.1

设圆 Γ_1 和 Γ_2 交于异于点 R 的另一点 N,则
$$\angle PNQ = 360° - \angle QNR - \angle RNP$$
$$= 360° - (180° - \angle QAR)(180° - \angle RBP)$$
$$= \angle QAR + \angle RBP$$
$$= 180° - \angle QCP$$

所以 P,N,Q,C 四点共圆,即圆 $\Gamma_A,\Gamma_B,\Gamma_C$ 交于一点 N(其实上为三角形的密克尔点).

若圆 Γ_A 和 Γ_B 相切于点 R,则 $\angle QRP = \angle RAQ + \angle RBP = 180° - \angle PCQ$,此时圆 $\Gamma_A,\Gamma_B,\Gamma_C$ 也交于一点.

设直线 AP 与直线 RN 交于点 K,直线 AP 与直线 QN 交于点 M. 设
$$\angle NPX = \angle NPY = \alpha, \angle NXA = \angle BRK = \beta$$

由于
$$\frac{MP}{MX} = \frac{S_{\triangle MNP}}{S_{\triangle MNX}} = \frac{NP \cdot \sin\angle MNP}{NX \cdot \sin\angle MNX} = \frac{\sin\beta}{\sin\alpha} \cdot \frac{\sin C}{\sin\angle PAQ}$$

$$\frac{KY}{AK} = \frac{S_{\triangle KRY}}{S_{\triangle ARK}} = \frac{RY \cdot \sin\angle KRY}{RA \cdot \sin\angle ARK} = \frac{\sin\angle PAB}{\sin B} \cdot \frac{\sin\alpha}{\sin\beta}$$

有 $\dfrac{KY}{AK} \cdot \dfrac{MP}{MX} = \dfrac{\sin\angle PAB}{\sin B} \cdot \dfrac{\sin C}{\sin\angle PAQ} = \dfrac{\sin\angle PAB}{\sin\angle PAQ} \cdot \dfrac{AB}{AC} = \dfrac{BP}{CP}.$

另一方面,由 $PK \cdot KY = KN \cdot KP = AK \cdot KX$ 得

$$AP \cdot KY = (AK+KP) \cdot KY = AK \cdot KY + KP \cdot KY$$
$$= AK \cdot KY + AK \cdot XK = AK \cdot XY$$

同理,由 $MZ \cdot MP = MN \cdot MQ = MX \cdot MA$ 得
$$MP \cdot XZ = MP \cdot (XM+MZ) = MP \cdot XM + MP \cdot MZ$$
$$= MP \cdot XM + MA \cdot MX = MX \cdot AP$$

因此 $\dfrac{XY}{XZ} = \dfrac{KY}{AK} \cdot \dfrac{MP}{MX}$,由此推出 $\dfrac{YX}{XZ} = \dfrac{BP}{PC}$.

证法 2 (由湖北黄樊给出)

如图 10.11.2,过点 X 作 $MN \parallel BC$ 分别与 AB,AC 交于点 M,N.

联结 XR,XQ,YM,ZN

由 $\angle AMX = \angle ABP = \angle AYR$,知 X,M,R,Y 四点共圆.

同理,Z,Q,N,X 四点共圆.

故
$$\angle XQN = \angle ARX = \angle MRX$$

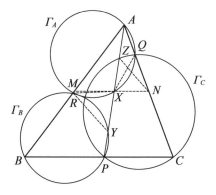

图 10.11.2

又 $\angle XYM = \angle MRX$, $\angle XZN = \angle XQN$,则
$$\angle XYM = \angle XZN$$

从而
$$\triangle XYM \backsim \triangle XZN$$

所以
$$\frac{XY}{XZ} = \frac{XM}{XN} = \frac{PB}{PC}$$

例 12 P 是圆外一点,O 是圆心,割线 PO 交圆于 A,B 二点,过 P 引圆的切

线 PC，C 是切点，过 C 引 $CD \perp PB$，则 A，B 调和分割 PD，即 $\dfrac{PA}{AD} = \dfrac{PB}{BD}$.

证法 1 如图 10.12.1，因 AB 是圆的直径，则 $\angle ACB = 90°$.

由 $\triangle PCA \sim \triangle PBC$，有

$$\frac{CA}{BC} = \frac{PC}{PB} = \frac{PA}{PC}$$

从而

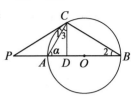

图 10.12.1

$$\frac{PA}{PB} = \frac{AC^2}{BC^2} = \frac{AD \cdot AB}{BD \cdot AB} = \frac{AD}{BD}$$

即

$$PA : AD = PB : BD$$

证法 2 如图 10.12.1.

因 AB 是直径，C 是半圆上的一点，则 $\angle ACB$ 是直角，由

$$CD \perp AB$$

知

$$\angle 2 = \angle 3$$

又 PC 是圆的切线.

则

$$\angle 1 = \angle 2$$

从而 $\angle 1 = \angle 3$. 由三角形内角平分线性质.

有

$$\frac{PA}{AD} = \frac{PC}{CD}$$

又 $AC \perp BC$.

则 BC 是 $\triangle DCP$ 的 $\angle DCP$ 外角的角平分线.

从而

$$\frac{PB}{BD} = \frac{PC}{CD}$$

故

$$\frac{PA}{AD} = \frac{PB}{BD}$$

证法 3 如图 10.12.1.

设 $\angle CAD = \alpha$

则
$$\angle 2 = \angle 1 = 90° - \alpha$$
设圆的半径为 R.
则
$$AD = 2R\cos^2\alpha$$
$DB = 2R\sin^2\alpha$. 从而
$$\frac{AD}{DB} = \cot^2\alpha$$

在 △PAC 中
$$\frac{PA}{\sin\angle 1} = \frac{AC}{\sin\angle P}$$
即 $\dfrac{PA}{\sin(90°-\alpha)} = \dfrac{AC}{\sin\angle P}$,从而
$$PA = \frac{AC\cos\alpha}{\sin\angle P}$$

在 △PBC 中
$$\frac{PB}{\sin(90°+\angle 1)} = \frac{BC}{\sin\angle P}$$
即 $\dfrac{PB}{\sin(180°-\alpha)} = \dfrac{BC}{\sin\angle P}$,从而
$$PB = \frac{BC\sin\alpha}{\sin\angle P}$$

所以
$$\frac{PA}{PB} = \frac{\dfrac{AC\cos\alpha}{\sin\angle P}}{\dfrac{BC\sin\alpha}{\sin\angle P}} = \frac{AC\cos\alpha}{BC\sin\alpha} = \frac{2R\cos\alpha\cos\alpha}{2R\sin\alpha\sin\alpha} = \cot^2\alpha$$

故
$$\frac{PA}{PB} = \frac{AD}{DB}$$

证法 4 如图 10.12.2,以圆直径 AB 所在的直线为 x 轴以圆心 O 为原点,取直角坐标系.设圆半径为 r,则点 B 的坐标是 $(r,0)$,点 A 坐标是 $(-r,0)$.

设 C 点坐标是 (x_1,y_1)
则 PC 的方程是

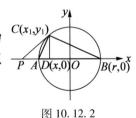

图 10.12.2

$$x_1 x + y_1 y = r^2$$

则点 P 横坐标是

$$x_P = \frac{r^2}{x_1}$$

从而

$$|PA| = \left| \frac{r^2}{x_1} + r \right| = \frac{r}{|x_1|} \cdot |r + x_1| = \frac{r}{|x_1|} |x_1 - (-r)|$$

$$= \frac{r|AD|}{|x_1|}$$

$$|PB| = \left| \frac{r^2}{x_1} - r \right| = \frac{r}{|x_1|} |r - x_1| = \frac{r|DB|}{x_1}$$

故 $\dfrac{|PA|}{|PB|} = \dfrac{|AD|}{|DB|}$，即

$$\frac{PA}{AD} = \frac{PB}{BD}$$

例 13 （2016 年湖南省中学生数学夏令营试题）设 $\triangle ABC$ 的内切圆分别切边 BC, CA, AB 于点 D, E, F，直线 AD 交 EF 于点 H。若直线 FE 与直线 BC 交于点 G，求证：$\dfrac{FH}{HE} = \dfrac{FG}{GE}$。

证法 1 如图 10.13.1，易知 $AE = AF, BF = BD, CD = CE$。对 $\triangle ABC$ 及截线 FEG 应用梅涅斯定理，有

$$\frac{AF}{FB} \cdot \frac{BG}{GC} \cdot \frac{CE}{EA} = 1$$

亦即

$$\frac{DB}{BG} = \frac{DC}{CG}$$

对 $\triangle DGH$ 及截线 AFB 应用梅涅斯定理，有

$$\frac{DB}{BG} \cdot \frac{GF}{FH} \cdot \frac{HA}{AD} = 1 \qquad ②$$

对 $\triangle DGH$ 及截线 AEC 应用梅涅劳斯定理，有

$$\frac{DC}{CG} \cdot \frac{GE}{EH} \cdot \frac{HA}{AD} = 1 \qquad ③$$

由②③有

$$\frac{DB}{BG} \cdot \frac{GF}{FH} = \frac{DC}{CG} \cdot \frac{GE}{EH} \qquad ④$$

由①④得 $\dfrac{GF}{FH}=\dfrac{GE}{EH}$,故 $\dfrac{FH}{HE}=\dfrac{FG}{GE}$.

证法 2 如图 10.13.1,易知 $AE=AF$,$BF=BD$,$CD=CE$. 于是,有

$$\dfrac{AF}{FB}\cdot\dfrac{BD}{DC}\cdot\dfrac{CE}{EA}=1$$

由塞瓦定理的逆定理,知 AD,BE,CF 三线共点. 不妨设为点 P.
对 $\triangle FEB$ 及截线 AHP 应用梅涅劳斯定理,有

$$\dfrac{FH}{HE}\cdot\dfrac{EP}{PB}\cdot\dfrac{BA}{AF}=1 \qquad ⑤$$

又对 $\triangle FEB$ 及点 $C(EA,FP,BG$ 三线共点于 C)应用塞瓦定理,有

$$\dfrac{FG}{GE}\cdot\dfrac{EP}{PB}\cdot\dfrac{BA}{AF}=1 \qquad ⑥$$

比较⑤⑥即得 $\dfrac{FH}{HE}=\dfrac{FG}{GE}$.

证法 3 如图 10.13.2,对 $\triangle ABC$ 及截线 FEG 应用梅涅劳斯定理,有

$$\dfrac{AF}{FB}\cdot\dfrac{BG}{GC}\cdot\dfrac{CE}{EA}=1$$

注意到 $AF=AE$,$BF=DB$,$CE=DC$,则可得 $\dfrac{BG}{DB}=\dfrac{CG}{DC}$(即 D,G 调和分割 BC).

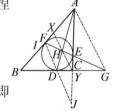

图 10.13.2

联结 AG,过点 D 作 $IJ/\!/AG$ 交 AB 于 I,交直线 AC 于点 J,则

$$\dfrac{AG}{DI}=\dfrac{BG}{DB}=\dfrac{CG}{DC}=\dfrac{AG}{DJ}$$

从而知 D 为 IJ 的中点. 过点 H 作 $XY/\!/IJ$ 交 AB 于点 X,交直线 AC 于点 Y,则 H 为 XY 的中点,即 $XH=HY$. 于是

$$\dfrac{FH}{FG}=\dfrac{XH}{AG}=\dfrac{HY}{AG}=\dfrac{HE}{EG}$$

故

$$\dfrac{FH}{HE}=\dfrac{FG}{GE}$$

例14 （2013年阿根廷数学奥林匹克题）在 $Rt\triangle ABC$ 中，已知斜边 AC、直角边 BC 上各有一点 D,E，使得 $AB=AD=BE$，且 $BD\perp DE$. 求 $\dfrac{AB}{BC}$ 和 $\dfrac{BC}{CA}$.

解法1 令 $BC=a, CA=b, AB=c$. 如图 10.14.1.
设 BE 的中点为 F. 联结 AF, DF.

因 $BD\perp DE$. 则知 $DF=\dfrac{1}{2}BE=BF$.

又 $AB=AD$，则 $ABFD$ 为筝形，即 AF 垂直平分 BD.
从而 AF 为 $\angle A$ 的平分线，于是有

$$\dfrac{AB}{BF}=\dfrac{AC}{CF}.$$

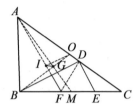

图 10.14.1

由 $AB=c, BF=\dfrac{c}{2}, CA=b, CF=a-\dfrac{c}{2}$，得

$$\dfrac{c}{\dfrac{c}{2}}=\dfrac{b}{a-\dfrac{c}{2}}\Rightarrow b+c=2a$$

在 $Rt\triangle ABC$ 中，由 $b^2=a^2+c^2\Rightarrow (2a-c)^2=a^2+c^2\Rightarrow 3a=4c$.

设 $a=4d, c=3d(d>0)$. 则 $b=\sqrt{a^2+b^2}=5d$.
故

$$\dfrac{AB}{BC}=\dfrac{3}{4}, \dfrac{BC}{CA}=\dfrac{4}{5}.$$

解法2 由 $AB=AD=BE$，设 I, O 分别为 $\triangle ABC$ 的内心和外心，则 $IO\perp DE$.
在 $Rt\triangle ABC$ 中，O 为 AC 的中点，I 在直线 AF 上（F 为 BE 中点），且 $AF\perp BD$.

由题设 $BD\perp DE$，即知 $IO\parallel BD$. 从而 $IO\perp AF$，即 $IO\perp AI\Rightarrow AB+AC=2BC$.
以下同证法1.

例15 如图 10.15.1，$\triangle ABC$ 的一个旁切圆圆 O 分别切边 BC 及 AB, AC 的延长线于点 $D, E, F, BH\perp OC$ 于点 $H, CG\perp OB$ 于点 G，联结 GH，过点 D 作 $DN\perp GH, BN, CN$ 分别交 AC, AB 的延长线于点 M, W. 证明：$\dfrac{EW}{FM}=\dfrac{BD}{CD}$.

证法1 首先证明一个结论. 如图 10.15.1，联结 EF 交 OB, OC 于点 G', H'，则 $G'=G, H'=H$. 即证明 $BH'\perp OC, CG'\perp OB$.

事实上，联结 DG', DE, DF，易知
$\triangle BEG'\cong \triangle BDG'$，则 $\angle BDG'=\angle BEG'=\angle AEF=\angle AFG'$，所以 C, D, G', F

四点共圆.

又 $\angle G'CD = \angle G'FD = \angle EDB$,故 $CG' // OE$,即 $CG' \perp OB$.
同理,$BH' \perp OC$. 下面回到原题.

由以上证明知,E, G, H, F 四点共线.

在 $\triangle DEF$ 中
$$\frac{EN}{FN} = \frac{\cot \angle DEN}{\cot \angle DFN} = \frac{\cot \angle DOC}{\cot \angle DOB} = \frac{BD}{CD} = \frac{BE}{CF}$$

又 $\angle BEN = \angle CFN$,则 $\triangle BEN \backsim \triangle CFN$,有
$$\angle BNE = \angle CNF$$

由 $\angle BNE = \angle FNM$, $\angle ENW = \angle CNF$,得
$$\angle ENW = \angle FNM$$

易知 $\angle NEW = \angle NFM$,所以 $\triangle ENW \backsim \triangle FNM$. 因此
$$\frac{EW}{FM} = \frac{EN}{FN} = \frac{BD}{CD}$$

证法 2 由三角形内(旁)切圆的性质知 E, G, H, F 共线.

设直线 BC 与 EF 交于点 P(或无穷远点 P),则 D, P 调和分别 BC,即知 NB, NC, ND, NP 为调和线束,而 $DN \perp NP$,则知 $\angle BNG = \angle CNH$.

从而 $\angle ENW = \angle FNM$. 易知 $\angle NEW = \angle NFM$,所以 $\triangle ENW \backsim \triangle FNM$ 故
$$\frac{EW}{FM} = \frac{EN}{FN} = \frac{\cot \angle DEN}{\cot \angle DFN} = \frac{\cot \angle DOC}{\cot \angle DOB} = \frac{BD}{CD}$$

例 16 (2003 年第 35 届加拿大数学奥林匹克题)如图,三个圆有公共弦 AB,任一条过点 A 的直线 l 与三个圆的交点依次为 X, Y, Z,其中 $X \neq B$. 证明:$\frac{XY}{YZ}$ 为定值.

证法 1 如图 10.16.1,设三个圆的圆心依次为 O_1, O_2, O_3.

因三个圆有公共弦 AB,则 O_1, O_2, O_3 共线. 过 O_1, O_2, O_3 分别作 l 的垂线交 l 于 H_1, H_2, H_3. 易知
$$AX = 2AH_1, AY = 2AH_2, AZ = 2AH_3$$

故 $\frac{XY}{YZ} = \frac{H_1 H_2}{H_2 H_3} = \frac{O_1 O_2}{O_2 O_3}$ 为定值.

证法 2 如图 10.16.2,过点 A 另作一条固定的直线依次交三个圆于 X', Y', Z',则由相交两圆的内接三角形均相似,知 $\triangle BXY \backsim$

$\triangle BX'Y'$, $\triangle BYZ \backsim \triangle BY'Z'$, 即有
$$\frac{BX}{BX'} = \frac{XY}{X'Y'}, \frac{BY}{BY'} = \frac{YZ}{Y'Z'}$$

又
$$\angle BXX' = \angle BAX' = \angle BAY' = \angle BYY'$$
$$\angle XX'B = 180° - \angle YAB = \angle YY'B$$

从而 $\triangle BXX' \backsim \triangle BYY'$. 即有
$$\frac{BX}{BX'} = \frac{BY}{BY'}$$

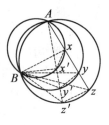

图 10.16.2

于是, $\frac{XY}{X'Y'} = \frac{YZ}{Y'Z'}$. 故 $\frac{XY}{YZ} = \frac{X'Y'}{Y'Z'}$ 为定值.

注 上述命题的逆命题也是成立的,即有如下结论.

结论 三个圆两两相交共一条公共弦的充分必要条件是从一交点引出两条射线波这三圆截得的对应线段成比例.

此结论的必要性证明如上,下面仅证充分性.

证法1 如图 10.16.2,设三个圆的圆心依次为 O_1, O_2, O_3, 三个圆的公共交点为 A, 过 A 任作二条直线分别与三个圆的交点依次为 $X, Y, Z; X', Y', Z'$, 且满足 $\frac{XY}{YZ} = \frac{X'Y'}{Y'Z'}$.

又设圆 O_2 与圆 O_3 的另一个交点为 B, 下证圆 O_1 也过点 B.

设过 A, B, X 的圆 O' 交直线 AZ' 于 X'', 则由必要性知, 有
$$\frac{XY}{YZ} = \frac{X''Y'}{Y'Z'}$$

此时, $\frac{X''Y'}{Y'Z'} = \frac{X'Y'}{Y'Z'}$ 即 X'' 与 X' 重合, 即 O' 与 O_1 重合. 故圆 O_1 也过点 B.

证法2 当有 $\frac{XY}{YZ} = \frac{X'Y'}{Y'Z'}$ 时, 由位似变换的性质, 知存在以 B 为位似旋转中心的位似旋转变换, 使得 ZX 变为 $Z'X'$. 注意到条件 $\frac{XY}{YZ} = \frac{X'Y'}{Y'Z'}$. 有 $Y \to Y'$. 又 ZY 与 $Z'Y'$ 所有直线相交于点 A, 因此, B, A, Z, Z' 四点共圆, B, A, X, X' 四点共圆, B, A, Y, Y' 四点共圆. 因此, 三圆两两相交共一条公共弦 AB.

例17 (2010 年第 24 届北欧数学竞赛题) 设圆 $\Gamma_A, \Gamma_B, \Gamma_C$ 交于点 O, 且 Γ_A 与 Γ_B, Γ_B 与 Γ_C, Γ_C 与 Γ_A 的另一个交点分别为点 C, A, B, 直线 AO, BO, CO 分别与圆 $\Gamma_A, \Gamma_B, \Gamma_C$ 交于点 X, Y, Z (X, Y, Z 不同于点 O). 证明: $\frac{AY}{AZ} \cdot \frac{BZ}{BX} \cdot$

$\dfrac{CX}{CY} = 1.$

证法 1 如图 10.17.1,设 $\angle AOY = \alpha$, $\angle AOZ = \beta$, $\angle ZOB = \gamma$,则 $\alpha + \beta + \gamma = 180°$.

注意到
$$\angle ACY = \angle YOA = \angle BOX = \angle BCX = \alpha$$
$$\angle ABZ = \angle AOZ = \angle COX = \angle CBX = \beta$$
$$\angle BAZ = \angle BOZ = \angle COY = \angle CAY = \gamma$$

则
$$\triangle CYA \backsim \triangle CBX \backsim \triangle ZBA$$

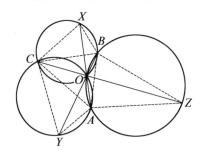

图 10.17.1

从而
$$\dfrac{AY}{CY} = \dfrac{AB}{BZ}, \dfrac{CX}{BX} = \dfrac{AZ}{AB}$$

于是
$$\dfrac{AY}{AZ} \cdot \dfrac{BZ}{BX} \cdot \dfrac{CX}{CY} = \dfrac{AB \cdot CY}{BZ} \cdot \dfrac{BX}{CX \cdot AB} \cdot \dfrac{BZ}{BX} \cdot \dfrac{CX}{CY} = 1$$

证法 2 由相交两圆的内接三角形均相似,知 $\triangle CYB \backsim \triangle CAX$,即有 $\dfrac{CY}{CA} = \dfrac{CB}{CX}$,又 $\angle YCA = \angle YOA = \angle XOB = \angle BCX$.

从而 $\triangle CYA \backsim \triangle CBX$,同理 $\triangle CBX \backsim \triangle ZBA$.

于是 $\triangle CYA \backsim \triangle ZBA$,有
$$\dfrac{AY}{CY} = \dfrac{AB}{BZ}, \dfrac{CX}{BX} = \dfrac{AZ}{AB}$$

故
$$\dfrac{AY}{AZ} \cdot \dfrac{BZ}{BX} \cdot \dfrac{CX}{CY} = \dfrac{AB \cdot CY}{BZ} \cdot \dfrac{BX}{CX \cdot AB} \cdot \dfrac{BZ}{BX} \cdot \dfrac{CX}{CY} = 1$$

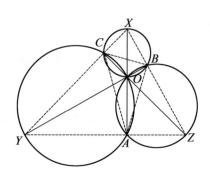

图 10.17.2

结论 两圆相交于 O,A,过 O 的割线段 YB,CZ 分别交第一个圆于 Y,C,交第二个圆于 B,Z. 直线 AO 交 $\triangle BOC$ 的外接圆于点 X,则

$$\frac{AY}{AZ} \cdot \frac{BZ}{BX} \cdot \frac{CX}{CY} = 1$$

推论 当 YB,CZ 分别过两圆的圆心时,则 O 为 $\triangle XYZ$ 的垂心.

例 18 M 为圆 O 的弦 AB 的中点,C 为圆上任意一点,切线 AD 交 CB 延长线于 D,延长 DM 交 AC 于 E. 求证: $\dfrac{AD^2}{BD^2} = \dfrac{CE}{AE}$.

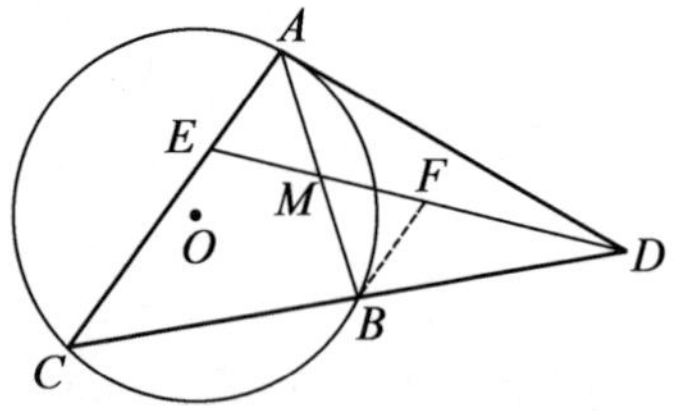

证法 1 如图 10.18.1,过 B 作 CA 的平行线交 DE 于 F.

因 M 为 AB 中点,有
$$FB = AE$$
则

$$\frac{AD^2}{BD^2} = \frac{CD \cdot BD}{BD^2} = \frac{CD}{BD} = \frac{EC}{FB} = \frac{EC}{AE}$$

图 10.18.1

即 $\dfrac{AD^2}{BD^2} = \dfrac{CE}{AE}$.

证法 2 如图 10.18.2,过 B 作 DE 的平行线交 AC 于 F. 由 M 为 AB 中点,有 $EF = AE$.

于是

$$\frac{AD^2}{BD^2} = \frac{CD \cdot BD}{BD^2} = \frac{CD}{BD} = \frac{CE}{EF} = \frac{CE}{AE}$$

即

$$\frac{AD^2}{BD^2} = \frac{CE}{AE}$$

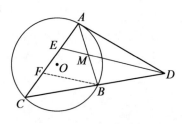

图 10.18.2

证法 3 如图 10.18.3,过 C 作 BA 的平行线交直线 DE 于 F. 有

$$\frac{AD^2}{BD^2} = \frac{BD \cdot CD}{BD^2} = \frac{CD}{BD} = \frac{FC}{MB} = \frac{FC}{AM} = \frac{EC}{AE}$$

则

$$\frac{AD^2}{BD^2} = \frac{CE}{AE}$$

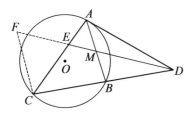

图 10.18.3

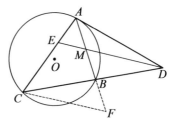

图 10.18.4

证法 4 如图 10.18.4,过 C 作 ED 的平行线,交 AB 延长线于 F.

$$\frac{AD^2}{BD^2} = \frac{CD \cdot BD}{BD^2} = \frac{CD}{BD} = \frac{MF}{MB} = \frac{MF}{AM} = \frac{EC}{AE}$$

即

$$\frac{AD^2}{BD^2} = \frac{CE}{AE}$$

证法 5 如图 10.18.5,过 A 作 DC 的平行线交直线 DE 于 F. 由 M 为 AB 中点,有

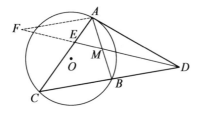

图 10.18.5

$$\triangle MAF \cong \triangle MBD$$

则

$$AF = BD$$

$$\frac{AD^2}{BD^2} = \frac{CD \cdot BD}{BD^2} = \frac{CD}{BD} = \frac{CD}{AF} = \frac{CE}{AE}$$

即

$$\frac{AD^2}{BD^2} = \frac{CE}{AE}$$

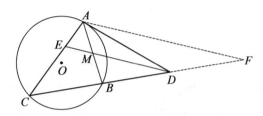

图 10.18.6

证法 6 如图 10.18.6,过 A 作 ED 的平行线交 CD 延长线于 F. 由 M 为 AB 中点,可知 D 为 BF 中点.

则

$$\frac{AD^2}{BD^2} = \frac{CD \cdot BD}{BD^2} = \frac{CD}{BD} = \frac{CD}{DF} = \frac{CE}{AE}$$

即

$$\frac{AD^2}{BD^2} = \frac{CE}{AE}$$

证法 7 如图 10.18.7,过 B 作 DA 的平行线交直线 DE 于 F. 易知四边形 $AFBD$ 为平行四边形,有 $AF \underline{\underline{\parallel}} BD$.

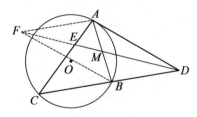

图 10.18.7

则

$$\frac{AD^2}{BD^2} = \frac{CD \cdot BD}{BD^2} = \frac{CD}{BD} = \frac{CD}{AF} = \frac{CE}{AE}$$

即
$$\frac{AD^2}{BD^2}=\frac{CE}{AE}$$

证法 8 如图 10.18.8,分别过 A,B,C 作 DE 的垂线, F,G,H 为垂足.

图 10.18.8

有
$$AF=GB$$
则
$$\frac{AD^2}{BD^2}=\frac{CD\cdot BD}{BD^2}=\frac{CD}{BD}=\frac{CH}{GB}=\frac{CH}{AF}=\frac{CE}{AE}$$
即
$$\frac{AD^2}{BD^2}=\frac{CE}{AE}$$

证法 9 如图 10.18.9,联结 CM.
易知
$$S_{\triangle ADM}=S_{\triangle BDM}$$
$$\frac{CD}{BD}=\frac{S_{\triangle CBM}+S_{\triangle DBM}}{S_{\triangle DBM}}=\frac{S_{\triangle CDM}}{S_{\triangle BDM}}$$ ①
$$\frac{CE}{AE}=\frac{S_{\triangle CDE}}{S_{\triangle ADE}}=\frac{S_{\triangle CEM}}{S_{\triangle AEM}}=\frac{S_{\triangle CDE}-S_{\triangle CEM}}{S_{\triangle ADE}-S_{\triangle AEM}}$$
$$=\frac{S_{\triangle CDM}}{S_{\triangle ADM}}=\frac{S_{\triangle CDM}}{S_{\triangle BDM}}$$ ②

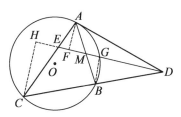

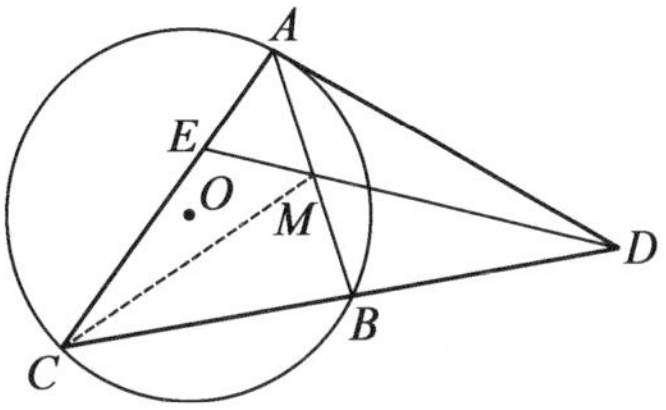

图 10.18.9

由①②,有
$$\frac{CD}{BD}=\frac{CE}{AE}$$
则

$$\frac{AD^2}{BD^2} = \frac{CD \cdot BD}{BD^2} = \frac{CD}{BD} = \frac{CE}{AE}$$

即

$$\frac{AD^2}{BD^2} = \frac{CE}{AE}$$

例 19 如图 10.19.1，圆 O_1、圆 O_2 内切于点 P，圆 O_1 的弦 AB 切圆 O_2 于 C，设圆 O_1、圆 O_2 的半径分别为 R, r. 求证：$\dfrac{AC^2}{AP^2} = \dfrac{R-r}{R}$.

证法 1 如图 10.19.1，设 AP 交 O_2 于点 D，作直线 O_1O_2，与圆 O_1 交于点 E，与圆 O_2 交于点 F，则切点 P 在连心线 O_1O_2 上，联结 AE, DF.

因为 EP 为圆 O_1 的直径，FP 为圆 O_2 的直径，

所以

$$\angle PAE = \angle PDF = 90°$$

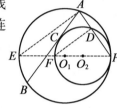

图 10.19.1

所以

$$AE \parallel DF$$

所以

$$\frac{EF}{EP} = \frac{AD}{AP}$$

由切割线定理，得

$$AC^2 = AD \cdot AP$$

所以

$$\frac{AC^2}{AP^2} = \frac{AD \cdot AP}{AP^2} = \frac{AD}{AP} = \frac{EF}{EP} = \frac{2R-2r}{2R} = \frac{R-r}{R}$$

证法 2 如图 10.19.2，设 AP 交圆 O_2 于点 D，联结 AO_1, DO_2，作直线 O_1O_2，则切点 P 在连心线 O_1O_2 上.

因为

$$O_1A = O_1P, O_2D = O_2P$$

所以

$$\angle O_1AP = \angle O_2DP = \angle APO_1$$

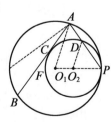

图 10.19.2

所以

$$O_1A \parallel O_2D$$

所以

$$\frac{AD}{AP} = \frac{O_1O_2}{O_1P}$$

由切割线定理,得
$$AC^2 = AD \cdot AP$$

所以
$$\frac{AC^2}{AP^2} = \frac{AD \cdot AP}{AP^2} = \frac{AD}{AP} = \frac{O_1O_2}{O_1P} = \frac{R-r}{R}$$

例 20 三角形的中线被过另一顶点的直线所截得的两线段之比等于这条直线截另边所得线段之比的两倍.

如图 10.20.1,设 AD 为 $\triangle ABC$ 一中线,引任一直线 CEF 交 AD 于 E,交 AB 于 F. 求证:$\dfrac{AE}{ED} = \dfrac{2AF}{FB}$.

证法 1 如图 10.20.1,由 B 引 DA 的平行线交 CF 的延长线于 G. 由 $BD = DC$,可知 $DE = \dfrac{1}{2}GB$. 在 $\triangle AFE$ 和 $\triangle BFG$ 中,有

$$\frac{AE}{GB} = \frac{AF}{FB}$$

即
$$\frac{AE}{2DE} = \frac{AF}{FB}$$

故
$$\frac{AE}{ED} = \frac{2AF}{FB}$$

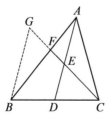
图 10.20.1

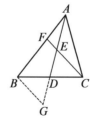
图 10.20.2

证法 2 如图 10.20.2,由 B 引 FC 的平行线交 AD 延长线于 G. 有

$$\frac{AE}{ED} = \frac{AE}{\frac{1}{2}EG} = \frac{2AF}{FB}$$

证法 3 如图 10.20.3，由 A 引 CB 的平行线交 CF 的延长线于 G. 有

$$\frac{AE}{ED} = \frac{GA}{DC} = \frac{GA}{\frac{1}{2}BC} = \frac{2AF}{FB}$$

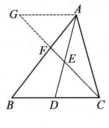
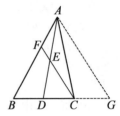

图 10.20.3　　　　图 10.20.4

证法 4 如图 10.20.4，由 A 引 FC 的平行线交 BC 的延长线于 G. 有

$$\frac{AE}{ED} = \frac{CG}{DC} = \frac{CG}{\frac{1}{2}BC} = \frac{2AF}{BF}$$

证法 5 如图 10.20.5，由 D 引 CF 的平行线交 AB 于 G. 有

$$\frac{AE}{ED} = \frac{AF}{FG} = \frac{AF}{\frac{1}{2}FB} = \frac{2AF}{FB}$$

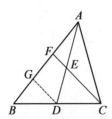
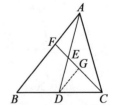

图 10.20.5　　　　图 10.20.6

证法 6 如图 10.20.6，由 D 引 BA 的平行线交 FC 于 G. 有

$$\frac{AE}{ED} = \frac{AF}{DG} = \frac{AF}{\frac{1}{2}FB} = \frac{2AF}{FB}$$

证法 7 如图 10.20.7,联结 BE. 设 $\triangle EDC$ 的面积为 x,$\triangle BEF$ 的面积为 y,$\triangle AFE$ 的面积为 z,则 $\triangle EBD$ 的面积为 x,$\triangle AEC$ 的面积为 $y+z$.

由 $\dfrac{AF}{FB} = \dfrac{S_{\triangle AFC}}{S_{\triangle BFC}} = \dfrac{S_{\triangle AFE}}{S_{\triangle BFE}} = \dfrac{S_{\triangle SEC}}{S_{\triangle CEB}} = \dfrac{y+z}{2x}$ 及 $\dfrac{AE}{ED} = \dfrac{S_{\triangle AEC}}{S_{\triangle DEC}} = \dfrac{y+z}{x}$

有

$$\frac{AE}{ED} = \frac{2AF}{FB}$$

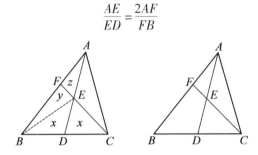

图 10.20.7　　　图 10.20.8

证法 8 如图 10.20.8,由梅涅劳斯定理,有

$$\frac{AF}{FB} \cdot \frac{BC}{DC} \cdot \frac{DE}{EA} = 1$$

将 $BC = 2DC$ 代入,即得

$$\frac{AE}{ED} = \frac{2AF}{FB}$$

证法 9 如图 10.20.9,由 B 引 AC 的平行线交 AD 的延长线于 G.
由 $BD = DC$,有 $AD = DG$.
从而 $BGCA$ 是平行四边形,联结 CG,有

$$\frac{AE}{EG} = \frac{AE}{AE+2DE} = \frac{AF}{GC} = \frac{AF}{AB} = \frac{AF}{BF+AF}$$

得

$$\frac{AE}{AE+2DE} = \frac{AF}{BF+AF}$$

则

$$\frac{AE}{2DE} = \frac{AF}{BF}$$

即

$$\frac{AE}{ED} = \frac{2AF}{FB}$$

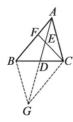
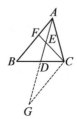

图 10.20.9　　　　　　　图 10.20.10

证法 10　如图 10.20.10，由 C 引 AB 的平行线交 AD 的延长线于 G．（证法同 9，略）

证法 11　如图 10.20.11，由 C 引 DA 的平行线交 BA 的延长线于 G．
有

$$\frac{AE}{GC} = \frac{AF}{FG} = \frac{AF}{AF+AB} = \frac{AF}{FB+2AF}, \frac{AE}{GC} = \frac{AE}{2AD} = \frac{AE}{2AE+2ED}$$

则

$$\frac{AF}{FB+2AF} = \frac{AE}{2ED+2AE}$$

可得

$$\frac{AF}{BF} = \frac{AE}{2ED}$$

即

$$\frac{AE}{ED} = \frac{2AF}{FB}$$

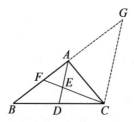
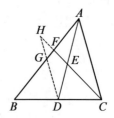

图 10.20.11　　　　　　图 10.20.12

证法 12　如图 10.20.12，由 D 引 CA 的平行线交 AB 于 G，交 CF 延长线于 H．
有

$$\frac{AE}{ED} = \frac{AC}{HD} = \frac{2GD}{HG+GD} \qquad ①$$

还有
$$\frac{AF}{FB} = \frac{AF}{FG+BG} = \frac{AF}{AF+2FG} \qquad ②$$

由 $\dfrac{AF}{FG} = \dfrac{AC}{HG}$,有

$$\frac{AF}{2FG} = \frac{AC}{2HG} = \frac{2GD}{2HG} = \frac{GD}{HG}$$

故
$$\frac{GD}{HG} = \frac{AF}{2FG}$$

于是
$$\frac{GD}{HG+GD} = \frac{AF}{AF+2FG} \qquad ③$$

对照①②③,即有 $\dfrac{AE}{ED} = \dfrac{2AF}{FB}$.

证法 13 如图 10.20.13,过 F 作 BC 的平行线交 AD 于 G. 易知

$$\frac{AG}{AD} = \frac{FG}{BD} = \frac{FG}{DC} = \frac{EG}{ED}$$

即
$$\frac{AG}{AD} = \frac{EG}{ED} = \frac{AG+EG}{AD+ED} = \frac{AE}{AE+2DE}$$

于是
$$\frac{AG}{AD} = \frac{AE}{AE+2DE}$$

可知
$$\frac{AG}{AD-AG} = \frac{AD}{2DE}$$

即
$$\frac{AG}{DG} = \frac{AE}{2DE}$$

则

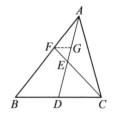

图 10.20.13

故
$$\frac{AF}{BF} = \frac{AE}{2DE}$$

$$\frac{AE}{ED} = \frac{2AF}{FB}$$

证法 14 如图 10.20.14,过 E 作 AC 的平行线交 BC 于 H,过 E 作 AB 的平行线,分别交 AC,BC,于 K,G.

有 $\frac{GD}{BD} = \frac{DE}{DA} = \frac{DH}{DC}$. 其中 $BD = DC$,得

$$GD = DH$$

又有

$$BG = HC$$

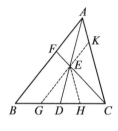

图 10.20.14

于是

$$\frac{AF}{FB} = \frac{KE}{EG} = \frac{HC}{GH} = \frac{BG}{2GD}$$

且

$$\frac{AE}{ED} = \frac{BG}{GD}$$

故

$$\frac{AE}{ED} = \frac{2AF}{FB}$$

证法 15 如图 10.20.15,过 E 作 BC 的平行线,分别交 AB, AC 于 G, H. 过 E 作 AB 的平行线,分别交 AC, BC 于 K, L.

由 $BD = DC$,有 $GE = EH$. 可知 EK 为 $\triangle AGH$ 的中位线,有 $AK = KH$.

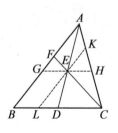

图 10.20.15

于是

$$\frac{AF}{FB} = \frac{KE}{EL} = \frac{KH}{HC} = \frac{\frac{1}{2}AH}{HC} = \frac{\frac{1}{2}AE}{ED}$$

故

$$\frac{AE}{ED} = \frac{2AF}{FB}$$

证法 16 如图 10.20.16,过 F 作 BC 的平行线交 AC 于 G. 分别过 F, G 作 AD 的平行线交 BC 于 K, H. FK、BG 交于 L, FC、GH 交于 P. 易知 B, E, G 三点共

线.联结 BE, EG.

易知 $LE = EG$.

于是

$$\frac{AE}{ED} = \frac{FL}{LK}$$

$$\frac{2AF}{FB} = \frac{2EL}{LB} = \frac{GL}{LB} = \frac{FL}{LK}$$

故

$$\frac{AE}{ED} = \frac{2AF}{FB}$$

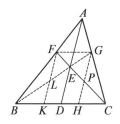

图 10.20.16

例21 如图 10.21.1，$\triangle ABC$ 的中线 AD 与角平分线 CF 相交于点 E. 求证 $\frac{AC}{BC} = \frac{AE}{2DE}$.

证法1 在 $\triangle ABC$ 中，由
$$\angle ACF = \angle BCF$$
可得
$$\frac{AC}{CD} = \frac{AE}{DE}$$
又因
$$CD = \frac{1}{2}BC$$
则
$$\frac{AC}{\frac{1}{2}BC} = \frac{AE}{DE}$$
故
$$\frac{AC}{BC} = \frac{AE}{2DE}$$

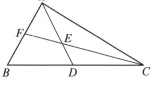

图 10.21.1

证法2 由 $\angle ACF = \angle BCF$.

可得 $\frac{AC}{CD} = \frac{AE}{DE}$，即 $\frac{AC}{2CD} = \frac{AE}{2DE}$.

又因 D 为 BC 的中点，即 $2CD = BC$.

故

$$\frac{AC}{BC} = \frac{AE}{2DE}$$

证法 3 如图 10.21.2，延长 ED 到 M，使 $DM = DE$，联结 BE, BM, MC. 又由
$$DB = DC$$
则四边形 $EBMC$ 是平行四边形. 从而 $EC \parallel BM$，即 $FE \parallel BM$.

则 $\dfrac{AF}{BF} = \dfrac{AE}{EM}$. 又 $EM = 2DE$，有 $\dfrac{AF}{BF} = \dfrac{AE}{2DE}$.

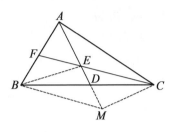

图 10.21.2

又由 CE 是 $\triangle ABC$ 的角平分线可得 $\dfrac{AF}{FB} = \dfrac{AC}{BC}$.

故
$$\frac{AC}{BC} = \frac{AE}{2DE}$$

证法 4 如图 10.21.3，过点 B 作 $BG \parallel AD$，交 CF 的延长线于 G，易证 $\triangle AEF \backsim \triangle BGF$.

则
$$\frac{AE}{BG} = \frac{AF}{BF}$$

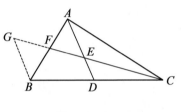

图 10.21.3

而 DE 是 $\triangle CBG$ 的中位线，有
$$BG = 2DE$$
从而
$$\frac{AE}{2DE} = \frac{AF}{BF}$$

因 CF 是 $\triangle ABC$ 的角平分线，则
$$\frac{AC}{BC} = \frac{AF}{BF}$$

故
$$\frac{AC}{BC} = \frac{AE}{2DE}$$

证法 5 如图 10.21.4，过 D 作 $DH \parallel AB$，交 CE 于点 H，易证 $\triangle AEF \backsim \triangle DEH$.

则
$$\frac{AF}{DH} = \frac{AE}{DE}$$

又因 DH 是 $\triangle BCF$ 的中位线,则
$$DH = \frac{1}{2}BF$$
从而
$$\frac{AF}{\frac{1}{2}BF} = \frac{AE}{DE}$$
即
$$\frac{AF}{BF} = \frac{AE}{2DE}$$
由 CF 是 $\triangle ABC$ 的角平分线,有
$$\frac{AC}{BC} = \frac{AF}{BF}$$
故
$$\frac{AC}{BC} = \frac{AE}{2DE}$$

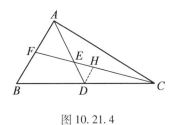

图 10.21.4

证法 6 如图 10.21.5,过点 D 作 $DG\mathbin{/\mkern-6mu/} CF$ 交 BF 于点 G,则 $BG=GF$,则 $\frac{AE}{DE}=\frac{AF}{GF}$. 又
$$FG = BG = \frac{1}{2}BF$$
有
$$\frac{AE}{2DE} = \frac{AF}{BF}$$
又因 CF 是 $\triangle ABC$ 的角平分线,则
$$\frac{AF}{BF} = \frac{AC}{BC}$$
故
$$\frac{AC}{BC} = \frac{AE}{2DE}$$

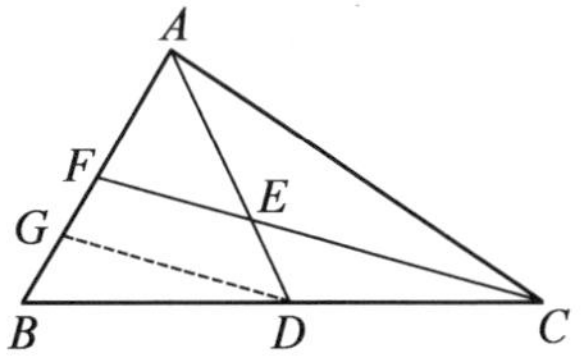

图 10.21.5

例 22 如图 10.22.1,设 P 为 $\triangle ABC$ 内任一点,AP 交 BC 于 D,BP 交 AC 于 E,CP 交 AB 于 F. 求证:$\dfrac{PD}{AD} + \dfrac{PE}{BE} + \dfrac{PF}{CF} = 1$.

证法 1 如图 10.22.1,分别由 P,A 引 BC 的垂线,M,N 为垂足.

易知 $\dfrac{PM}{AN} = \dfrac{PD}{AD}$.

$$\dfrac{S_{\triangle PBC}}{S_{\triangle ABC}} = \dfrac{\dfrac{1}{2}BC \cdot PM}{\dfrac{1}{2}BC \cdot AN} = \dfrac{PM}{AN} = \dfrac{PD}{AD}$$

同理,有

$$\dfrac{PE}{BE} = \dfrac{S_{\triangle PCA}}{S_{\triangle BCA}},\ \dfrac{PF}{CF} = \dfrac{S_{\triangle PAB}}{S_{\triangle CAB}}$$

则

$$\dfrac{PD}{AD}+\dfrac{PE}{BE}+\dfrac{PF}{CF}=\dfrac{S_{\triangle PBC}}{S_{\triangle ABC}}+\dfrac{S_{\triangle PCA}}{S_{\triangle BCA}}+\dfrac{S_{\triangle PAB}}{S_{\triangle CAB}}=\dfrac{S_{\triangle PBC}+S_{\triangle PCA}+S_{\triangle PAB}}{S_{\triangle ABC}}=\dfrac{S_{\triangle ABC}}{S_{\triangle ABC}}=1$$

即

$$\dfrac{PD}{AD}+\dfrac{PE}{BE}+\dfrac{PF}{CF}=1$$

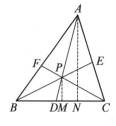

图 10.22.1

证法 2 如图 10.22.2,由 P 分别引 AC, AB 的平行线交 BC 于 N, M.

有 $\dfrac{PD}{AD}=\dfrac{MD}{BD}=\dfrac{DN}{DC}=\dfrac{MD+DN}{BD+DC}=\dfrac{MN}{BC},\ \dfrac{PE}{BE}=\dfrac{NC}{BC},\ \dfrac{PF}{CF}=\dfrac{BM}{BC}$.

则

$$\dfrac{PD}{AD}+\dfrac{PE}{BE}+\dfrac{PF}{CF}=\dfrac{MN}{BC}+\dfrac{NC}{BC}+\dfrac{BM}{BC}$$

$$=\dfrac{BM+MN+NC}{BC}=\dfrac{BC}{BC}=1$$

即

$$\dfrac{PD}{AD}+\dfrac{PE}{BE}+\dfrac{PF}{CF}=1$$

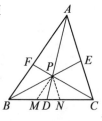

图 10.22.2

证法 3 如图 10.22.3,以 BC, CA 为邻边作 $\square AQBC$. 由 P 引 BC 的平行线分别交 BQ, CA, BA 于 M, N, R.

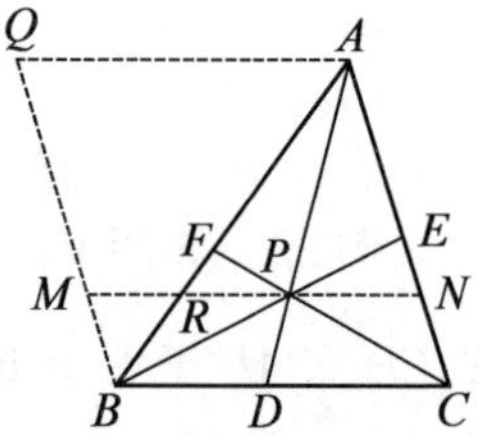

有

$$\dfrac{PD}{AD}=\dfrac{RB}{AB}=\dfrac{MR}{AQ}=\dfrac{MR}{MN}$$

$$\dfrac{PE}{BE}=\dfrac{PN}{BC}=\dfrac{PN}{MN},\ \dfrac{PF}{CF}=\dfrac{PR}{BC}=\dfrac{PR}{MN}$$

于是

图 10.22.3

$$\frac{PD}{AD}+\frac{PE}{BE}+\frac{PF}{CF}=\frac{MR+PN+PR}{MN}=\frac{MN}{MN}=1$$

即

$$\frac{PD}{AD}+\frac{PE}{BE}+\frac{PF}{CF}=1$$

证法 4 如图 10.22.4，由 P 引 BC 的平行线交 AB 于 M，交 AC 于 N.

有

$$\frac{PE}{BE}=\frac{PN}{BC}, \frac{PF}{CF}=\frac{MP}{BC}$$

又由

$$\frac{AP}{AD}=\frac{PN}{DC}=\frac{MP}{BD}=\frac{MP+PN}{BD+DC}=\frac{MN}{BC}$$

有

$$\frac{AP}{AD}=\frac{MN}{BC}$$

于是

$$\frac{AD-AP}{AD}=\frac{BC-MN}{BC}$$

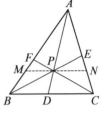

图 10.22.4

即

$$\frac{PD}{AD}=\frac{BC-MN}{BC}$$

则 $\dfrac{PD}{AD}+\dfrac{PE}{BE}+\dfrac{PF}{CF}=\dfrac{PN}{BC}+\dfrac{MP}{BC}+\dfrac{BC-MN}{BC}=\dfrac{PN+MP+BC-MN}{BC}=\dfrac{BC}{BC}=1.$

故

$$\frac{PD}{AD}+\frac{PE}{BE}+\frac{PF}{CF}=1$$

证法 5 如图 10.22.5，过 P 分别作 BC, CA, AB 的平行线交另两边于 G, H, I, J, L, K.

$$\frac{PE}{BE}+\frac{PF}{CF}=\frac{PH}{BC}+\frac{GP}{BC}=\frac{GH}{BC}$$

同理

$$\frac{PF}{CF}+\frac{PD}{AD}=\frac{JI}{AC}, \frac{PE}{BE}+\frac{PD}{AD}=\frac{KL}{AB}$$

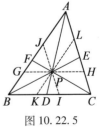

图 10.22.5

以上三式相加，得

$$2\left(\frac{PD}{AD}+\frac{PE}{BE}+\frac{PF}{CF}\right)=\frac{GH}{BC}+\frac{JI}{AC}+\frac{KL}{AB}$$

$$=\frac{BK+IC}{BC}+\frac{BI}{BC}+\frac{LC}{BC}=\frac{2BC}{BC}=2$$

即

$$\frac{PD}{AD}+\frac{PE}{BE}+\frac{PF}{CF}=1$$

例23 三角形的两边及所夹中线被一条直线所截,则中线的上段与中线之比是两边的上段与其边之比的等差中项.

如图 10.23.1,若 AM 是 $\triangle ABC$ 边 BC 上的中线,任作一条直线分别交 AB,AC,AM 于点 P,Q,N,则 $\dfrac{AB}{AP}+\dfrac{AC}{AQ}=\dfrac{2AM}{AN}$.

证法1 如图 10.23.1,若 $PQ\,/\!/\,BC$,则结论显然成立.

设 PQ 交 BD 延长线于 D,由 A 引 PQ 的平行线交直线 BC 于 E,有

$$\frac{AB}{AP}+\frac{AC}{AQ}=\frac{BE}{DE}+\frac{CE}{DE}=\frac{BE+CE}{DE}=\frac{2ME}{DE}=\frac{2AM}{AN}$$

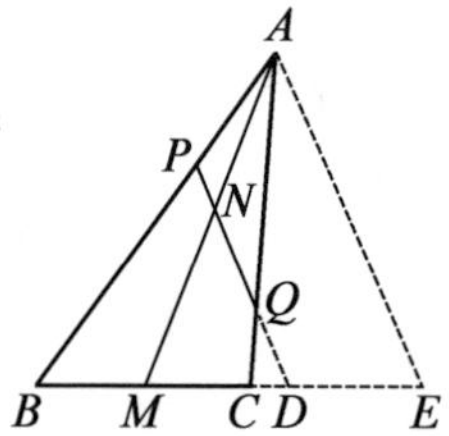

即

$$\frac{AB}{AP}+\frac{AC}{AQ}=\frac{2AM}{AN}$$

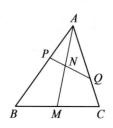

图 10.23.1

证法2 如图 10.23.2.

$$\frac{S_{\triangle APQ}}{S_{\triangle ABC}}=\frac{AP\cdot AQ}{AB\cdot AC}$$

$$\frac{S_{\triangle APN}}{S_{\triangle ABM}}=\frac{AP\cdot AN}{AB\cdot AM}$$

$$\frac{S_{\triangle ANQ}}{S_{\triangle AMC}}=\frac{AN\cdot AQ}{AM\cdot AC}$$

由 M 为 BC 中点,有 $S_{\triangle ABM}=S_{\triangle ACM}$,显然 $S_{\triangle ABC}=S_{\triangle ABM}+S_{\triangle ACM}$.

图 10.23.2

则

$$\frac{S_{\triangle APQ}}{S_{\triangle ABC}}=\frac{S_{\triangle APN}}{S_{\triangle ABC}}+\frac{S_{\triangle ANQ}}{S_{\triangle ABC}}=\frac{S_{\triangle APN}}{2S_{\triangle ABM}}+\frac{S_{\triangle ANQ}}{2S_{\triangle ACM}}$$

于是

$$\frac{AP\cdot AQ}{AB\cdot AC}=\frac{1}{2}\left(\frac{AP\cdot AN}{AB\cdot AM}+\frac{AN\cdot AQ}{AM\cdot AC}\right)$$

化简得
$$\frac{AB}{AP}+\frac{AC}{AQ}=\frac{2AM}{AN}$$

证法 3 如图 10.23.3，分别过 B,C 作 MA 的平行线，交直线 PQ 于 E,F，有

$$\frac{AB}{AP}+\frac{AC}{AQ}=\frac{BE+AN}{AN}+\frac{FC+AN}{AN}$$
$$=\frac{2AN+(BE+FC)}{AN}=\frac{2AN+2MN}{AN}=\frac{2AM}{AN}$$

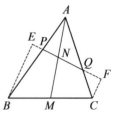

图 10.23.3

证法 4 如图 10.23.4，分别过 B,C 作 PQ 的平行线交直线 AM 于 E,F，有

$$\frac{AB}{AP}+\frac{AC}{AQ}=\frac{AE}{AN}+\frac{AF}{AN}=\frac{AE+AF}{AN}=\frac{2AM}{AN}$$

即
$$\frac{AB}{AP}+\frac{AC}{AQ}=\frac{2AM}{AN}$$

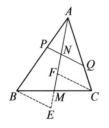 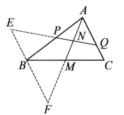

图 10.23.4　　　　图 10.23.5

证法 5 如图 10.23.5，过 B 作 AC 的平行线交直线 PQ 于 E，交 AM 延长线于 F.

易知 $MF=AM, BF=AC$.

有
$$\frac{AB}{AP}+\frac{AC}{AQ}=\frac{EB+AQ}{AQ}+\frac{AC}{AQ}=\frac{EB+AC+AQ}{AQ}=\frac{EF+AQ}{AQ}=\frac{FN+AN}{AN}=\frac{2AM}{AN}$$

即
$$\frac{AB}{AP}+\frac{AC}{AQ}=\frac{2AM}{AN}$$

注 对称地，由 C 作 BA 的平行线，证法一样.

证法6 如图10.23.6,过 B 作 MA 的平行线交直线 CA 于 E,交 QP 于 F. 有

$$AE = AC, BE = 2AM$$

$$\frac{AB}{AP} + \frac{AC}{AQ} = \frac{BF + AN}{AN} + \frac{AE}{AQ} = \frac{BF + AN}{AN} + \frac{EF - AN}{AN}$$

$$= \frac{BF + EF}{AN} = \frac{EB}{AN} = \frac{2AM}{AN}$$

即

$$\frac{AB}{AP} + \frac{AC}{AQ} = \frac{2AM}{AN}$$

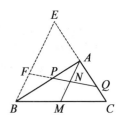

图 10.23.6

注 对称地,过点 C 作 AM 的平行线,证法一样.

证法7 如图10.23.7,过 A 作 BC 的平行线交直线 PQ 于 E, PQ, BC 相交于 F.

$$\frac{AB}{AP} + \frac{AC}{AQ} = \frac{BF + AE}{AE} + \frac{AE + CF}{AE} = \frac{2AE + 2MF}{AE} = \frac{2(AE + MF)}{AE} = \frac{2AM}{AN}$$

即

$$\frac{AB}{AP} + \frac{AC}{AQ} = \frac{2AM}{AN}$$

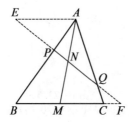   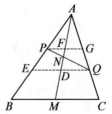

图 10.23.7   图 10.23.8

证法8 如图10.23.8,过 Q 作 CB 的平行线分别交 AM、AB 于 D, E,过 P 作 BC 的平行线分别交 AM, AC 于 F, G.

可知 E, N, G 三点共线,并且有

$$\frac{AF}{AD} = \frac{NF}{ND}$$

可得

$$\frac{1}{AD} + \frac{1}{AF} = \frac{2}{AN}$$

即

$$\frac{AM}{AD}+\frac{AM}{AF}=\frac{2AM}{AN}$$

故
$$\frac{AB}{AP}+\frac{AC}{AQ}=\frac{2AM}{AN}$$

例 24 （2001 年湖南省中学生数学夏令营题）自圆外一点 P 引圆 O 的两切线 PE,PF,其中 E,F 为切点,过点 P 任意引圆的一条割线交圆 O 于 A,B,交 EF 于 C.证明: $\frac{1}{PC}=\frac{1}{2}\left(\frac{1}{PA}+\frac{1}{PB}\right)$.

证法 1 如图 10.24.1

$$\frac{1}{PC}=\frac{1}{2}\left(\frac{1}{PA}+\frac{1}{PB}\right) \quad ①$$

$$\Leftrightarrow PA\cdot PB=PC\cdot\frac{PA+PB}{2} \quad ②$$

因 $PA\cdot PB=PE^2$.

若作 $ON\perp AB$ 于 N,则 N 为 AB 的中点,且 $PN=\frac{PA+PB}{2}$.

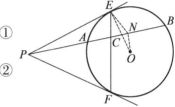

图 10.24.1

则式②$\Leftrightarrow PE^2=PC\cdot PN\Leftrightarrow \frac{PE}{PC}=\frac{PN}{PE}$. ③

为证式③,只须证 $\triangle PCE \backsim \triangle PEN$.

由 $ON\perp PN,OE\perp PE\Rightarrow O,N,E,P$ 四点共圆$\Rightarrow\angle ENP=\angle EOP=90°-\angle EPO=\angle CEP$.

又 $\angle EPC=\angle NPE$,从而 $\triangle CEP\backsim\triangle ENP$.

故式③成立,从而式①成立.

证法 2 如图 10.24.2,延长 PB 到 P' 使 $BP'=AP$,则 $PP'=PA+PB$.

延长 PF 到 Q,使 $PQ=2PF$,易得
$$\angle Q=\angle FCP$$
又 $\angle FBC$ 公用,则 $\triangle PFC\backsim\triangle PP'Q$.

从而
$$\frac{PC}{PQ}=\frac{PF}{PP'}\Rightarrow\frac{PC}{2PF}=\frac{PF}{PA+PB}$$

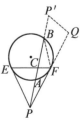

图 10.24.2

$$\Rightarrow \frac{2}{PC} = \frac{PA + BP}{PF^2} = \frac{PA + PB}{PA \cdot PB}$$

$$\Rightarrow \frac{1}{PC} = \frac{1}{2}\left(\frac{1}{PA} + \frac{1}{PB}\right)$$

证法 3 要证原等式成立,即要证 $PC(PA + PB) = 2PA \cdot PB$.
由斯特瓦尔特定理得

$$EC \cdot PE^2 + CF \cdot PF^2 = (EC + CF) \cdot PC^2 + \frac{EC \cdot CF}{EC + CF} \cdot EF^2$$

$$\Rightarrow EF \cdot PE^2 = EF \cdot PC^2 + EC \cdot CF \cdot EF$$
$$\Rightarrow PE^2 = PC^2 + EC \cdot CF \Rightarrow PA \cdot PB = PC^2 + AC \cdot BC$$
$$\Rightarrow 2PA \cdot PB = 2PC^2 + 2(PC - PA)(PB - PC)$$
$$\Rightarrow 2PA \cdot PB = 2PC^2 + 2PC \cdot PB - 2PC^2 - 2PA \cdot PB + 2PA \cdot PC$$
$$\Rightarrow 2PA \cdot PB = 2PC(PB + PA) - 2PA \cdot PB$$
$$\Rightarrow 2PA \cdot PB = PC(PA + PB)$$
$$\Rightarrow \frac{1}{PC} = \frac{1}{2}\left(\frac{1}{PA} + \frac{1}{PB}\right)$$

证法 4 要证:$\frac{1}{PC} = \frac{1}{2}\left(\frac{1}{PA} + \frac{1}{PB}\right)$,即证:$\frac{2}{PC} = \frac{1}{PA} + \frac{1}{PB} \Leftrightarrow 2PA \cdot PB = PC \cdot PB + PC \cdot PA \Leftrightarrow PE^2 + PF^2 = PC \cdot PB + PC \cdot PA$,又 $AE \perp EO, PF \perp FO$,则 P, E, F, O 四点共圆.

则 $\angle PEF = \angle POF$,即
$$\angle PEC = \angle PBP, \angle P = \angle P$$

又因 $\angle EBP = \angle EFM, \angle NOF = \angle FEO = \angle EFM = \angle EFM$.
则 $\triangle PEC \backsim \triangle PBE$,即
$$\frac{PE}{PB} = \frac{PC}{PE}, PB \cdot PC = PE^2$$

同理 $PC \cdot PA = PF^2$,即 $PE^2 + PF^2 = PC \cdot PB + PC \cdot PA$,原命题即证.

证法 5 由 $\frac{1}{PC} - \frac{1}{PB} = \frac{1}{PA} - \frac{1}{PC}$,即证 $\frac{BC}{PC \cdot PB} = \frac{AC}{PC \cdot PA}$,即证 $BC \cdot PA = PB \cdot AC$.

延长 PC 交圆于 B,则 $EC \cdot CF = AC \cdot BC$.
对 $\triangle PEF$ 及边 EF 上的点 C 运用斯特瓦尔特定理,有
$$PE^2 \cdot EC + PF^2 \cdot CF = PC^2 \cdot EF + EC \cdot CF \cdot EF$$
又由 $PE = PF$,得

$$PE^2 = PC^2 + EC \cdot CF$$

即
$$PE^2 = PC^2 + AC \cdot BC$$
$$= PC^2 + (PC - PA)(PB - PC)$$
$$= PC^2 - PC^2 - PA \cdot PB + PB \cdot PC + PC \cdot PA$$

亦即
$$2PA \cdot PB = PA \cdot PC + PB \cdot PC \Rightarrow \frac{1}{PC} = \frac{PA + PB}{2PA \cdot PB}$$

证法 6 设 OP 交 EF 于 M，作 $ON \perp AB$ 于 N，则 N 为中点.
$$PE^2 = PA \cdot PB \qquad ①$$
$$PM \cdot PO = PE^2 \qquad ②$$
$$PA + PB = 2PN \qquad ③$$

由 $\triangle PMC \backsim \triangle PNO$，则
$$PM \cdot PO = PC \cdot PN \qquad ④$$

由式②④可得
$$PE^2 = PC \cdot PN \qquad ⑤$$

由式①③⑤，可得 $PC \cdot PN = PA \cdot PB$.
$$\frac{2PN}{2PA \cdot PB} = \frac{1}{PC}, \frac{1}{2}\left(\frac{1}{PA} + \frac{1}{PB}\right) = \frac{1}{PC}$$

证法 7 如图 10.24.3，联结 PO 交 EF 于点 M，则 $PM \perp EF$，联结 EO，则 $PM \cdot PO = PE^2 = PA \cdot PB$，从而知 A, M, O, B 四点共圆.

于是
$$\angle PMA = \angle ABO = \angle BAO = \angle BMO$$

注意到 $CM \perp PM$，则知 MC 为 $\triangle AMB$ 的平分线，PM 为 $\angle AMB$ 的外角平分线，从而 $\dfrac{AC}{CB} = \dfrac{MA}{MB} = \dfrac{AP}{PB}$（即知 P, C 调和分割 AB）.

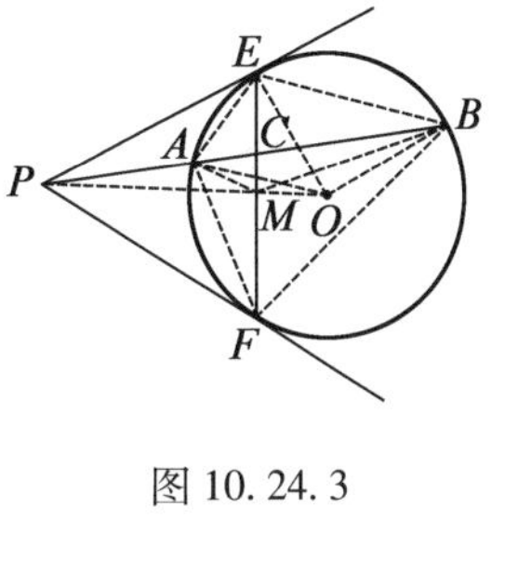

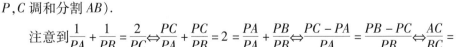

图 10.24.3

注意到 $\dfrac{1}{PA} + \dfrac{1}{PB} = \dfrac{2}{PC} \Leftrightarrow \dfrac{PC}{PA} + \dfrac{PC}{PB} = 2 = \dfrac{PA}{PA} + \dfrac{PB}{PB} \Leftrightarrow \dfrac{PC - PA}{PA} = \dfrac{PB - PC}{PB} \Leftrightarrow \dfrac{AC}{BC} = \dfrac{AP}{BP}$. 即证得结论成立.

证法 8 如图 10.24.3，联结 AE, EB, AF, FB. 由 $\triangle PAE \backsim \triangle PBE$，$\triangle PFA \backsim$

$\triangle PBF$,有

$$\frac{AE}{BE} = \frac{PE}{PB} = \frac{PF}{PB} = \frac{AF}{BF}(即知四边形 AEBF 为调和四边形)$$

于是

$$\frac{AC}{CB} = \frac{S_{\triangle AEF}}{S_{\triangle BEF}} = \frac{AE \cdot AF}{BE \cdot BF} = \frac{AF^2}{BF^2} \qquad ①$$

又由 $\triangle PFA \backsim \triangle PBF$,有 $\frac{AF}{BF} = \frac{PF}{PB} = \frac{PA}{PF}$,从而

$$\frac{AF^2}{BF^2} = \frac{PF}{PB} \cdot \frac{PA}{PF} = \frac{PA}{PB} \qquad ②$$

由式①②有 $\frac{AC}{CB} = \frac{PA}{PB}$. 下同证法 7(略).

证法 9 如图 10.24.3,联结 AE, AF, BE, BF. 有

$$PE^2 = PA \cdot PB \qquad ①$$

由 $\triangle PEA \backsim \triangle PBE$,有

$$\frac{PA}{PE} = \frac{PE}{PB} = \frac{EA}{BE} \qquad ②$$

由 $\triangle PAF \backsim \triangle PFB$,有

$$\frac{PA}{PF} = \frac{PF}{PB} = \frac{AF}{FB} \qquad ③$$

由式①②③,有

$$\frac{EA}{EB} \cdot \frac{AF}{BF} = \frac{PE}{PB} \cdot \frac{PF}{PB} = \frac{PE^2}{PB^2} = \frac{PA \cdot PB}{PB^2} = \frac{PA}{PB} \qquad ④$$

由

$$\frac{S_{\triangle AEF}}{S_{\triangle BEF}} = \frac{\frac{1}{2}AE \cdot AF \cdot \sin\angle EAF}{\frac{1}{2}BE \cdot BF \cdot \sin\angle EBF} = \frac{AE \cdot AF}{BE \cdot BF}$$

及

$$\frac{S_{\triangle AEF}}{S_{\triangle BEF}} = \frac{\frac{1}{2}EF \cdot h_1}{\frac{1}{2}EF \cdot h_2} = \frac{AC}{CB}(其中 h_1, h_2 分别为 A、B 到 EF 的距离)$$

得

$$\frac{AE \cdot AF}{BE \cdot BF} = \frac{AC}{CB} \qquad ⑤$$

由式④⑤得

$$\frac{AC}{BC} = \frac{AP}{BP}$$

例 25 任意四边形 $ABCD$ 的一组对边 BA 与 CD 交于 M，过 M 作割线交另一组对边所在直线于 H, L，交对角线所在直线于 H', L'. 求证：$\dfrac{1}{MH} + \dfrac{1}{ML} = \dfrac{1}{MH'} + \dfrac{1}{ML'}$.

证法 1 如图 10.25.1，记 $\angle BML = \alpha, \angle CML = \beta, \angle BMC = \alpha + \beta$
由张角公式得

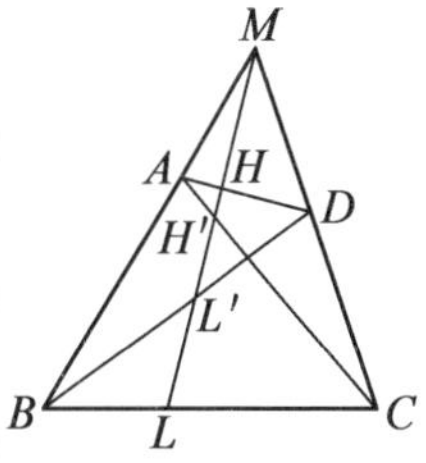

$$\frac{\sin(\alpha+\beta)}{MH} = \frac{\sin\alpha}{MD} + \frac{\sin\beta}{MA} \qquad ①$$

$$\frac{\sin(\alpha+\beta)}{MH'} = \frac{\sin\alpha}{MC} + \frac{\sin\beta}{MA} \qquad ②$$

$$\frac{\sin(\alpha+\beta)}{ML'} = \frac{\sin\alpha}{MD} + \frac{\sin\beta}{MA} \qquad ③$$

$$\frac{\sin(\alpha+\beta)}{ML} = \frac{\sin\alpha}{MC} + \frac{\sin\beta}{MB} \qquad ④$$

图 10.25.1

由 ① + ④ - ② - ③ 得

$$\frac{\sin(\alpha+\beta)}{MH} + \frac{\sin(\alpha+\beta)}{MH} - \frac{\sin(\alpha+\beta)}{MH'} - \frac{\sin(\alpha+\beta)}{ML'} = 0$$

故

$$\frac{1}{MH} + \frac{1}{ML} = \frac{1}{MH'} + \frac{1}{HL'}$$

证法 2 对 $\triangle ML'D$ 及直线 BLC 应用梅涅劳斯定理，有

$$\frac{ML}{LL'} \cdot \frac{L'B}{BD} \cdot \frac{DC}{CM} = 1$$

同理，对 $\triangle DL'H$ 及直线 BAM，对 $\triangle MHD$ 及截线 $CH'A$，有

$$\frac{L'M}{MH} \cdot \frac{HA}{AD} \cdot \frac{DB}{BL'} = 1, \qquad \frac{HH'}{H'M} \cdot \frac{MC}{CD} \cdot \frac{DA}{AH} = 1$$

上述三述相乘得

$$\frac{ML}{LL'} \cdot \frac{L'M}{MH} \cdot \frac{HH'}{H'M} = 1 \Leftrightarrow \frac{HH'}{MH \cdot H'M} = \frac{LL'}{ML \cdot L'M}$$

$$\Leftrightarrow \frac{H'M - MH}{MH \cdot H'M} = \frac{ML - ML'}{ML \cdot L'M}$$

$$\Leftrightarrow \frac{1}{MH} + \frac{1}{ML} = \frac{1}{MH'} + \frac{1}{HL'}$$

例26 如图 10.26.1,凸四边形 $ABCD$ 的一组对边 BA 与 CD 的延长线交于 M,且 $AD \not\parallel BC$,过 M 作截线交另一组对边所在直线于 H, L,交对角线所在直线于 H', L'. 求证: $\dfrac{1}{MH} + \dfrac{1}{ML} = \dfrac{1}{MH'} + \dfrac{1}{ML'}$.

证法 1 如图 10.26.1,对 △$ML'D$ 及直线 BLC 由梅涅劳斯定理得

$$\frac{ML}{LL'} \cdot \frac{L'B}{BD} \cdot \frac{DC}{CM} = 1 \qquad ①$$

对 △$DL'H$ 及直线 BAM 由梅涅劳斯定理得

$$\frac{L'M}{MH} \cdot \frac{HA}{AD} \cdot \frac{DB}{BL'} = 1 \qquad ②$$

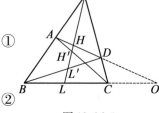

图 10.26.1

对 △MHD 及直线 $CH'A$ 由梅涅斯定理得

$$\frac{HH'}{H'M} \cdot \frac{MC}{CD} \cdot \frac{DA}{AH} = 1 \qquad ③$$

由 ①×②×③ 得

$$\frac{ML}{LL'} \cdot \frac{L'M}{MH} \cdot \frac{HH'}{H'M} = 1$$

所以

$$\frac{HH'}{MH \cdot H'M} = \frac{LL'}{ML \cdot L'M}$$

所以

$$\frac{H'M - MH}{MH \cdot H'M} = \frac{ML - ML'}{ML \cdot L'M}$$

故

$$\frac{1}{MH} + \frac{1}{ML} = \frac{1}{MH'} + \frac{1}{HL'}$$

证法 2 设 AD 与 BC 的延长线相交于 O. △BML 和 △CML 均被直线 AO 所截,选用梅涅劳斯定理,有

$$\frac{BA}{AM} = \frac{HL}{MH} \cdot \frac{OB}{LO} \qquad ①$$

$$\frac{CD}{DM} = \frac{HL}{MH} \cdot \frac{OC}{LO} \qquad ②$$

由①·LC+②·BL,得

$$LC \cdot \frac{BA}{AM} + BL \cdot \frac{CD}{DM} = \frac{HL}{MH} \cdot \frac{BO \cdot LC + OC \cdot BL}{LO} \qquad ③$$

注意到 $OB \cdot LC + OC \cdot BL = BC \cdot LO$(直线上的托勒密定理),则式③变为

$$LC \cdot \frac{BA}{AM} + BL \cdot \frac{CD}{DM} = BC \cdot \frac{HL}{MH} \qquad ④$$

又由 BD 截 $\triangle LCM$ 和 AC 截 $\triangle LBM$,选用梅涅劳斯定理,有

$$BC \cdot \frac{LL'}{L'M} = BL \cdot \frac{DC}{MD} \qquad BC \cdot \frac{LH'}{H'M} = LC \cdot \frac{AB}{AM}$$

将此结果代入式④整理,即得欲证结论.

注 当 $AD \parallel BC$,式④显然成立,故仍有结论成立. 此题是二次曲线蝴蝶定理的推论.

例 27 圆的内接四边形中,每条对角线的两组邻边乘积之和的商,等于两条对角线之商.①②③

如图 10.27.1,若四边形 $ABCD$ 内接于圆,则

$$\frac{DA \cdot AB + BC \cdot CD}{AB \cdot BC + CD \cdot DA} = \frac{AC}{BD}$$

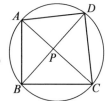

图 10.27.1

证法 1 (利用正弦定理)如图 10.27.1,四边形 $ABCD$ 内接于圆,设 $DA = a, AB = b, BC = c, CD = d, AC = e, BD = f$. 因

$$\angle DAB + \angle BCD = 180°$$

则 $\sin\angle DAB = \sin\angle BCD \xrightarrow{\text{记}} m$

又 $\angle ABC + \angle CDA = 180°$,则

$$\sin\angle ABC = \sin\angle CDA \xrightarrow{\text{记}} n$$

---

① 杨洪林. 托勒密定理的佳配——中苏镇定理[J]. 中学数学研究,2005(8):42-43.
② 孙幸荣,汪飞. 两个优美的几何恒等式[J]. 数学通报,2005(2):27.
③ 尚强. 初等数学复习及研究(平面几何)习题解答[M]. 哈尔滨工业大学出版社, 2009:142.

由 $S_{\triangle DAB} + S_{\triangle BCD} = S_{\triangle ABC} + S_{\triangle CDA}$,有

$$\frac{1}{2}abm + \frac{1}{2}cdm = \frac{1}{2}bcn + \frac{1}{2}dan$$

则

$$\frac{ab+cd}{bc+da} = \frac{n}{m}$$

设 r 为圆的半径,由正弦定理

$$\frac{e}{n} = 2r = \frac{f}{m}$$

所以

$$\frac{e}{f} = \frac{n}{m}$$

故

$$\frac{ab+cd}{bc+da} = \frac{e}{f} \qquad (*)$$

注 可直接由面积等式,有

$$\frac{adf}{4r} + \frac{bcf}{4R} = \frac{abe}{4r} + \frac{cde}{4r}$$

即证.

证法 2 （利用余弦定理）记号同上. 因

$$\angle ABC + \angle ADC = 180°$$

则

$$\cos\angle ABC + \cos\angle ADC = 0$$

由余弦定理

$$e^2 = b^2 + c^2 - 2bc\cos\angle ABC$$
$$e^2 = a^2 + d^2 - 2ad\cos\angle ADC$$

则

$$\frac{b^2+c^2-e^2}{2bc} + \frac{a^2+d^2-e^2}{2ad} = 0$$

即

$$ad(b^2+c^2-e^2) + bc(a^2+d^2-e^2) = 0$$

整理后得

$$(ab+cd)(ac+bd) = e^2(ad+bc) \qquad ①$$

同理可得

$$(ad+bc)(ac+bd) = f^2(ab+cd) \quad ②$$

式①÷式②并化简即得式(*).

证法3 (利用相似形性质) 如图10.27.1,四边形 $ABCD$ 内接于圆,设 $DA=a, AB=b, BC=c, CD=d, PA=e, PB=f, PC=g, PD=h.$ 由
$$\triangle PAD \backsim \triangle PBC, \triangle PAB \backsim \triangle PDC$$

有
$$\frac{e}{f} = \frac{h}{g} = \frac{a}{c}, \frac{e}{h} = \frac{f}{g} = \frac{b}{d}$$

故
$$\frac{ab+cd}{bc+da} = \frac{\frac{a}{c} \cdot \frac{b}{d} + 1}{\frac{b}{d} + \frac{a}{c}} = \frac{\frac{e}{f} \cdot \frac{f}{g} + 1}{\frac{f}{g} + \frac{h}{g}} = \frac{e+g}{f+h}$$

例28 已知圆内接凸四边形 $ABCD$,两组对边 AB 和 DC,AD 和 BC 分别交于点 E, F,M, N 分别为 AC, BD 的中点. 证明: $\dfrac{2MN}{EF} = \left| \dfrac{AC}{BD} - \dfrac{BD}{AC} \right|.$

证法1 如图10.28.1,以 B, C, D 为顶点作 $\square BCDK$,延长 DK 交 AB 于点 P,延长 BK 交 AD 于点 Q,联结 AK, PQ, CK,则 C, N, K 共线.

不妨设 $AC \geqslant BD.$ 由中位线定理知 $AK = 2MN.$

由 $\angle EDP = \angle DCF = \angle EAD,$ 知
$$\triangle EDA \backsim \triangle EPD$$

则

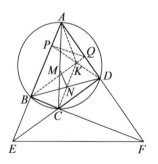

图 10.28.1

$$\frac{EP}{EA} = \frac{S_{\triangle EDP}}{S_{\triangle EAD}} = \frac{PD^2}{AD^2} = \frac{\sin^2 \angle PAD}{\sin^2 \angle APD}$$

同理

$$\frac{FQ}{FA} = \frac{BQ^2}{BA^2} = \frac{\sin^2 \angle BAQ}{\sin^2 \angle AQB}$$

又 $\angle APQ + \angle AQB = \angle ABC + \angle ADC = 180°$，则 $\dfrac{EP}{EA} = \dfrac{FQ}{FA}$，即 $PQ /\!/ EF$.

由 A,P,K,Q 四点共圆，得

$$\frac{AC}{BD} = \frac{\sin \angle ABC}{\sin \angle BAD} = \frac{\sin \angle APK}{\sin \angle PAQ} = \frac{AK}{PQ}$$

又 $EF = \dfrac{AE}{AP} \cdot PQ$，于是

$$\frac{2MN}{EF} = \frac{AK}{EF} = \frac{AK \cdot AP}{PQ \cdot AE}$$

从而，问题等价于证明

$$\frac{AK}{PQ} \cdot \frac{AP}{AE} = \frac{AK}{PQ} - \frac{PQ}{AK} = \frac{AK^2 - PQ^2}{AK \cdot PQ}$$

$$\Leftrightarrow AK^2 \cdot AP = (AK^2 - PQ^2) AE$$

$$\Leftrightarrow AK^2 \cdot PE = PQ^2 \cdot AE$$

$$\Leftrightarrow \frac{PE}{AE} = \frac{PQ^2}{AK^2}$$

因为 $\triangle PQD \backsim \triangle AKD$，则 $\dfrac{EP}{EA} = \dfrac{PD^2}{AD^2} = \dfrac{PQ^2}{AK^2}$，从而结论成立.

证法 2 如图 10.28.2，设 $AC = k \cdot BD$，以 F 为位似中心，$\angle AFB$ 的平分线为内反射轴，k 为位似比作位似轴反射变换，则 $B \to A, D \to C$. 设 $E \to E_1$，则 $E_1 F = kEF$.

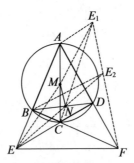

图 10.28.2

同样，以 k^{-1} 为位似比作位似轴反射变换，则 $A \to B, C \to D$. 设 $E \to E_2$，则 $E_2 F = k^{-1} \cdot EF$，且 E_1、E_2 都在 EF 关于 $\angle AFB$ 的平分线对称的直线上.

所以
$$E_1E_2 = |E_1F - E_2F| = |k - k^{-1}|EF$$

另一方面,由 $\triangle ECA \backsim \triangle EBD$,$\triangle E_1AC \backsim \triangle EBD$ 知 $\triangle ECA \backsim \triangle F_1AC$. 从而 $\triangle ECA \cong \triangle F_1AC$,所以四边形 CE_1AE 为平行四边形. 因此 M 是 EE_1 的中点,同理 N 是 EE_2 的中点.

于是
$$MN = \frac{1}{2}E_1E_2 = \frac{1}{2}|k - k^{-1}| \cdot EF$$

故
$$\frac{2MN}{EF} = |k - k^{-1}| = \left|\frac{AC}{BD} - \frac{BD}{AC}\right|$$

11 点共圆

例1 (1995年第36届国际数学奥林匹克预选题)如图11.1.1,$\triangle ABC$的内切圆分别切三边 BC,CA,AB 于点 D,E,F,点 X 是 $\triangle ABC$ 内的一点,$\triangle XBC$ 的内切圆也与 BC 切于点 D 并与 CX,XB 分别切于点 Y 和 Z,求证:E,F,Z,Y 四点共圆.

证法1 若 $EF /\!/ BC$,则 $AB = AC$. 这时 AD 为图形的对称轴,因而四边形 $EFZY$ 是等腰梯形,当然四点共圆.

若 EF 不平行于 BC,记两条直线的交点为 P. 由梅涅劳斯定理有

$$\frac{AF}{FB} \cdot \frac{BP}{CP} \cdot \frac{CE}{EA} = 1$$

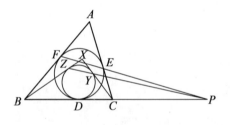

图 11.1.1

因

$$AF = AE, XZ = XY$$
$$CE = CD = CY$$
$$BF = BD = BZ$$

则

$$1 = \frac{AF}{BF} \cdot \frac{BP}{CP} \cdot \frac{CE}{AE}$$
$$= \frac{BP}{BF} \cdot \frac{CE}{CP} = \frac{BP}{BZ} \cdot \frac{CY}{CP}$$
$$= \frac{XZ}{BZ} \cdot \frac{BP}{CP} \cdot \frac{CY}{XY}$$

由梅涅劳斯定理的逆定理知 Z,X,P 三点共线.

从而
$$PZ \cdot PY = PD^2 = PE \cdot PF$$
故 E, F, Z, Y 四点共圆.

证法 2 设 FE, BC 相交于 L, 则由梅涅劳斯定理有
$$\frac{CL}{LB} \cdot \frac{BF}{FA} \cdot \frac{AE}{EC} = 1$$
从而
$$\frac{CL}{LB} = \frac{EC}{BF} = \frac{CD}{DB}$$
于是 L 是 BC 延长线上一个定点(即 $\angle A$ 的外角平分线与 BC 的交点).
同理 YZ 与 BC 的交点也是 L.
因 $LE \cdot LF = CD^2 = LY \cdot LZ$,
故四边形 $EFZY$ 是圆内接四边形.

例 2 (2008 年美国数学奥林匹克题)设 $\triangle ABC$ 是一个不等边的锐角三角形, M, N, P 分别为边 BC, CA, AB 上的中点. 边 AB, AC 上的中垂线分别交射线 AM 于点 D, E, 直线 BD 和 CE 在三角形 ABC 内交于点 F. 求证: A, N, F, P 四点共圆.

证法 1 设 O 为 $\triangle ABC$ 的外心. 如果
$$\angle APO = \angle ANO = \angle AFO = 90°$$ ①

则 A, P, O, F, N 五点在以 AO 为直径的圆周上. 事实上,式①中的前两个角显然为直角,因为 OP, ON 分别为 AB 和 AC 的中垂线. 因此我们只须证明 $\angle AFO = 90°$.

不失一般性,设 $AB > AC$,如图 11.2.1. 因为 PO 为 AB 的中垂线,所以 $\triangle ADB$ 为等腰三角形,且 $AD = BD$. 同理, $\triangle AEC$ 为等腰三角形且 $AE = CE$. 设 $x = \angle ABD = \angle BAD$, $y = \angle CAE = \angle ACE$, 则 $x + y = \angle BAC$.

在 $\triangle ABM$ 和 $\triangle ACM$ 中应用正弦定理,得
$$\frac{BM}{\sin x} = \frac{AB}{\sin \angle BMA}, \frac{CM}{\sin y} = \frac{AC}{\sin \angle CMA}$$
再由 $\sin \angle BMA = \sin \angle CMA$ 可得
$$\frac{BM}{CM} \cdot \frac{\sin y}{\sin x} = \frac{AB}{AC} \cdot \frac{\sin \angle CMA}{\sin \angle BMA} = \frac{AB}{AC}$$
因为 $BM = MC$,所以

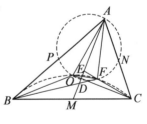

图 11.2.1

$$\frac{\sin x}{\sin y} = \frac{AC}{AB} \qquad ②$$

在 △ABF 和 △ACF 中应用正弦定理,得

$$\frac{AF}{\sin x} = \frac{AB}{\sin \angle AFB}, \frac{AF}{\sin y} = \frac{AC}{\sin \angle AFC}$$

两式相比可得

$$\frac{\sin x}{\sin y} = \frac{AC}{AB} \cdot \frac{\sin \angle AFB}{\sin \angle AFC}$$

再由式②有

$$\sin \angle AFB = \sin \angle AFC \qquad ③$$

因为 $\angle ADF$ 是 △ADB 的一个外角,所以 $\angle EDF = 2x$. 类似地, $\angle DEF = 2y$. 则

$$\angle EFD = 180° - 2x - 2y = 180° - 2\angle BAC$$

因此 $\angle BFC = 2\angle BAC = \angle BOC$, 故 B,O,F,C 四点共圆. 而

$$\angle AFB + \angle AFC = 360° - 2\angle BAC > 180°$$

由式③有 $\angle AFB = \angle AFC = 180° - \angle BAC$. 由 B,O,F,C 四点共圆, △BOC 为等腰三角形及顶角 $\angle BOC = 2\angle BAC$, 可得 $\angle OFB = \angle OCB = 90° - \angle BAC$. 因此

$$\angle AFO = \angle AFB - \angle OFB = (180° - \angle BAC) - (90° - \angle BAC) = 90°$$

证法 2 我们在 △APN 的外接圆上取一点 K, 使得 $\angle KAN = \angle BAM$. 下面证明 $K = F$.

由 A,P,K,N 四点共圆知 $\angle AKN = \angle APN = \angle ABM$, 又 $\angle KAN = \angle BAM$, 则

△AKN ∽ △ABM (这是以 A 为中心的旋转相似).

因此 △AKB ∽ △ANM. 又 $MN // AB$, 故

$$\angle ABK = \angle AMN = \angle MAB$$

而 D 在 AB 的中垂线上,则

$$\angle ABD = \angle DAB = \angle MAB$$

由式④⑤有 $\angle ABK = \angle ABD$.

故 B,D,K 共线.

同理, C,E,K 共线(取 $\angle KAN = \angle BAM$ 同时包含 $\angle KAP = \angle CAM$).

故 K 是 BD 与 CE 的交点, 即 $K = F$.

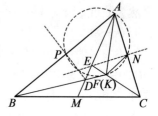

图 11.2.2

例 3 (2006 年 IMO 47 预选题)已知梯形 $ABCD$ 的上、下底边满足 $AB >$

CD,点 K,L 分别在边 AB,CD 上,且满足 $\dfrac{AK}{KB}=\dfrac{DL}{LC}$. 设在线段 KL 上存在点 P,Q,满足 $\angle APB=\angle BCD$,$\angle CQD=\angle ABC$. 证明:P,Q,B,C 四点共圆.

证法 1 由 $AB\parallel CD$,$\dfrac{AK}{KB}=\dfrac{DL}{LC}$,知 AD,BC,KL 交于一点 S.注(1)

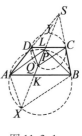

如图 11.3.1,设 SK 与 $\triangle ABP$,$\triangle CDQ$ 的外接圆的另一个交点分别为 X,Y.

则
$$\angle AXB=180°-\angle APB=180°-\angle BCD=\angle ABC$$

从而,BC 与 $\triangle ABP$ 的外接圆切于点 B.注(2)

同理,BC 与 $\triangle CDQ$ 的外接圆切于点 C.

于是,$SP\cdot SX=SB^2$.

由于 S 是 $\triangle CDQ$ 的外接圆与 $\triangle BAX$ 的外接圆的位似中心,则
$$\dfrac{SQ}{SX}=\dfrac{SC}{SB}\Rightarrow SP\cdot SQ=SB\cdot SC$$

故 P,Q,B,C 四点共圆.

图 11.3.1

注 (1)设直线 AD 与直线 KL 交于点 S_1,直线 KL 与直线 BC 交于点 S_2. 注意 $AB\parallel CD$,有 $\dfrac{S_1K}{S_1L}=\dfrac{AK}{DL}=\dfrac{KB}{LC}=\dfrac{S_2K}{S_2L}$,从而 S_1 与 S_2 重合. 即知直线 BC,KL,AD 交于一点 S.

(2)由条件 $\angle APB=\angle BCD$ 得 $\angle AXB=\angle ABC$,由弦切角定理的逆定理即得结论.

证法 2 如图 11.3.2.

设 AD,KL,BC 交于点 S,AP,DQ 交于点 E,BP,CQ 交于点 F. 则
$$\angle EPF+\angle FQE=\angle BCD+\angle ABC=180°$$

故 P,E,Q,F 四点共圆.

分别将 DQ,CQ 视为 $\triangle ASP,\triangle BSP$ 的梅涅劳斯线,由梅涅劳斯定理分别得

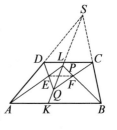

图 11.3.2

$$\dfrac{AD}{DS}\cdot\dfrac{SQ}{QP}\cdot\dfrac{PE}{EA}=1$$

$$\dfrac{BC}{CS}\cdot\dfrac{SQ}{QP}\cdot\dfrac{PF}{FB}=1$$

由于 $AB /\!/ CD$, 则 $\dfrac{AD}{DS} = \dfrac{BC}{CS}$.

于是, $\dfrac{PE}{EA} = \dfrac{PF}{FB}$. 从而, $EF /\!/ AB$.

又
$$\angle BCD = \angle BCF + \angle FCD = \angle BCQ + \angle EFQ = \angle BCQ + \angle EPQ$$

且
$$\angle BCD = \angle APB = \angle EPQ + \angle QPF$$

则
$$\angle BCQ = \angle QPF$$

无论点 Q 在 P,K 之间, 还是点 P 在 Q,K 之间, 均有 P,Q,B,C 四点共圆.

例 4 (2006 年法国国家队选拔考试题) 已知 $\triangle ABC$ 满足 $AC + BC = 3AB$, 其内心为 I, 内切圆与边 BC 和 CA 的切点分别为 D,E. 设 D,E 关于 I 的对称点分别为 K,L. 证明: A,B,K,L 四点共圆.

证法 1 如图 11.4.1, 令 C' 为 C 关于 I 的对称点. 作 $C'A' \perp CA$ 于 A', $C'B' \perp CB$ 于 B'.

由 $AC + CB = 3AB$, 知 $CD = CE = AB$.

又 $C'B' /\!/ ID$, $CI = IC'$, 则 $DB' = CD$, $C'B' = 2ID = EL$.

注意 $AE + BD = AB = CD = DB' + BD$.

则 $BB' = AE$, 且 $\angle AEL = \angle C'B'B = 90°$.

故 $\triangle AEL \cong \triangle BB'C'$, 有 $C'B = AL$.

因 $C'L = CE = AB$, 则 $\triangle ABL \cong \triangle C'LB$.

从而 $\angle LAB = \angle LC'B$, 即知 A,L,B,C' 四点共圆.

同理 A,K,B,C' 四点共圆. 故 A,K,L,B 四点共圆.

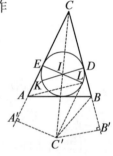

图 11.4.1

证法 2 设 CI 与 $\triangle ABC$ 的外接圆交于点 P.

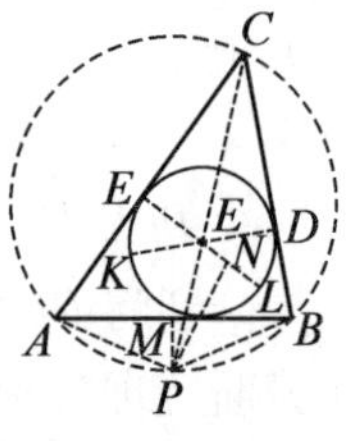

又设 M 为 AB 边的中点, 点 P 在 EL 上的射影为 N.

因 $AC + BC = 3AB$, 则 $CE = CD = AB = 2BM$.

又 $\angle ACP = \angle ABP$, 则 $\triangle ECI \backsim \triangle MBP$, 且相似比为 $2:1$.

由于 $PA = PI = PB$, $\angle NPI = \angle ECI$, 则
$$\triangle PNI \cong \triangle BMP.$$

从而 $IE = 2PM = 2IN$, 即 N 为 IL 的中点. 于是, PN 是 IL 的中垂线.

图 11.4.2

从而 $PB = PI = PL$.

因此,A,B,L,K 四点共圆,圆心为 P.

注 上述例题的逆命题也是成立的. 即若 A,B,K,L 四点共圆. 圆心为 P,则由 $\triangle PNI \cong \triangle PNL \cong \triangle BMP$,知 $IE = 2IN = 2PM$.

又由 Rt$\triangle ECI \backsim$ Rt$\triangle MBP$,且相似比为 $2:1$,即 $CE = 2MB = AB$. 于是 $AC + BC = 2CE + AB = 3AB$. 从而有 A,B,K,L 四点共圆的充要条件是 $AC + BC = 3AB$.

例 5 (1998 年第 39 届国际数学奥林匹克题)凸四边形 $ABCD$ 中,两对角线 AC 和 BD 互相垂直,两对边 AB 与 CD 不平行,且 AB 与 CD 的垂直平分线交于形内的一点 P. 证明:$ABCD$ 为圆内接四边形的充要条件是 $\triangle ABP$ 的面积等于 $\triangle CDP$ 的面积.

证法 1 必要性. 如图 11.5.1 所示,不妨设 BA 和 CD 交于点 Q,AC 与 BD 交于点 G. E,F 分别为 AB 与 CD 的中点,H 为 EG 的延长线与 CD 的交点.

若 A,B,C,D 四点共圆,由条件 GE 为 Rt$\triangle AGB$ 的斜边上的中线,可知
$$\angle HGC = \angle AGE = \angle GAE = \angle BDC$$
从而
$$\angle HGC + \angle HCG = \angle GDC + \angle DCG = 90°$$
故 $EH \perp CD$. 从而 $EG // PF$.

同理可证 $GF // PE$. 于是四边形 $PFGE$ 为平行四边形.

此时 $PF = EG = \frac{1}{2}AB$,$PE = GF = \frac{1}{2}CD$. 这表明
$$S_{\triangle AEP} = \frac{1}{2}AB \cdot PE = \frac{1}{4}AB \cdot CD = \frac{1}{2}PF \cdot CD = S_{\triangle CDP}$$

充分性. 若 $S_{\triangle ABP} = S_{\triangle CDP}$,则有
$$\frac{EG}{GF} = \frac{AB}{CD} = \frac{PF}{EP}$$

而在 $\triangle GEF$ 与 $\triangle PFE$ 中,有
$$\angle EGF = \angle EGB + \angle BGC + \angle FGC$$
$$= 90° + \angle QBD + \angle QCA$$
$$= 90° + (\angle GDC - \angle Q) + \angle GCD$$
$$= 180° - \angle Q = \angle EPF$$

从而 $\triangle GEF \backsim \triangle PFE$,而 $EF = EF$,故 $\triangle GEF \cong \triangle PFE$.

由此易证,四边形 $PFGE$ 为平行四边形.

于是 $EH \perp CD$,这表明
$$\angle CDB = 90° - \angle DGH = 90° - \angle EGB = 90° - \angle ABG = \angle BAC$$

所以 A,B,C,D 四点共圆.

证法2 必要性. 即当 A,B,C,D 四点共圆时, 有 $S_{\triangle ABP} = S_{\triangle CDP}$.
设两条垂直的对角线 AC 与 BD 交于一点 K. 从而

$$90° = \angle AKB = \angle DBC + \angle ACB$$
$$\overset{m}{=} \frac{1}{2}(\overset{\frown}{AB} + \overset{\frown}{CD})$$
$$= \frac{1}{2}(\angle APB + \angle CPD)$$

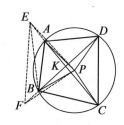

图 11.5.2

从而 $\sin\angle APB = \sin\angle CPD$.
又由于 A,B,C,D 共圆, 且 AB 与 CD 不平行.
故 P 为 $ABCD$ 外接圆的圆心.
从而 $PA = PB = PC = PD$.
故

$$S_{\triangle ABP} = \frac{1}{2} \cdot PA \cdot PB \cdot \sin\angle APB$$
$$= \frac{1}{2} \cdot PC \cdot PD \cdot \sin\angle CPD$$
$$= S_{\triangle CDP}$$

充分性. 即当 $S_{\triangle ABP} = S_{\triangle CDP}$ 时, 有 A,B,C,D 四点共圆.
如果 $PA = PD$, 那么, 由 P 的定义可知 A,B,C,D 都在一个以 P 为圆心的圆周上.

否则, 不失一般性, 假设 $PA < PD$, 于是可在 KA 延长线上取一点 E, 使 $PE = PD$; 在 KB 延长线上取一点 F, 使 $PF = PC$.
则凸四边形 $EDCF$ 满足 E,D,C,F 共圆, 且对角线 $EC \perp FD$.
对其应用前述必要性的证明可知 $S_{\triangle PEF} = S_{\triangle PCD}$.
另一方面, 无论 P 位置如何, 总有直线 BP 与线段 AC 相交, 可知 E 到直线 BP 的距离一定大于 A 到直线 BP 的距离, 有 $S_{\triangle ABP} < S_{\triangle EBP}$.
类似地, 直线 EP 必与线段 BD 相交. 从而 F 到直线 PE 的距离一定大于 B 到直线 PE 的距离.
有 $S_{\triangle EFP} > S_{\triangle ERP}$. 从而, $S_{\triangle EFP} > S_{\triangle ABP} = S_{\triangle CDP}$.
与前述矛盾, 故假设不成立. 故必有 $PA = PD$, 即 A,B,C,D 共圆.
综上知: A,B,C,D 四点共圆的充分必要条件为 $\triangle ABP$ 与 $\triangle CDP$ 面积相等.

证法3 充分性. 因 $AB \not\parallel CD$, 令 E 是 AB 和 CD 的交点, 因 P 是 AB 及 CD

的垂直平分线的交点.

设 AB、CD 的中点分别为 M,N,AC 与 BD 交于 Q,所以 $PM \perp AB$,$PN \perp PC$.

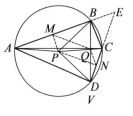

图 11.5.3

故由 $S_{\triangle ABP} = S_{\triangle PCD}$,知
$$\frac{1}{2}AB \cdot MP = \frac{1}{2}CD \cdot PN$$

又由 Rt$\triangle AQB$ 及 Rt$\triangle CQD$,知
$$\frac{1}{2}AB = MQ = AM = BM$$
$$\frac{1}{2}CD = QN = DN = CN$$

所以
$$MQ \cdot MP = QN \cdot PN$$
即
$$\frac{MQ}{QN} = \frac{PN}{PM} \qquad ①$$

又 $PM \perp AB$,$PN \perp CD$,知
$$\angle MPN = 180° - \angle E = \angle BDE + \angle DBE$$
$$= \angle QDC + (\angle AQB + \angle BAQ) = \angle QDC + 90° + \angle BAQ$$
$$= \angle DQN + 90° + \angle AQM = \angle MQN \qquad ②$$

由式①②知 $\triangle MPN \backsim \triangle MQN$. 从而
$$\frac{MP}{QN} = \frac{PN}{MQ} = \frac{MN}{NM} = 1$$

有 $MP = QN$,$PN = MQ$ 和 $MP = QN = NC$,$PN = MQ = MB$.
知 Rt$\triangle BMP \cong$ Rt$\triangle PNC$. 所以 $PB = PC$.
由题设 P 是 AB,CD 中垂线的交点知
$$PB = PA, PC = PD.$$

故 $PA = PB = PC = PD$. 所以 A,B,C,D 四点共圆.

例 6 (2008-2009 年斯洛文尼亚国家队选拔试题)在锐角 $\triangle ABC$ 中,点 D 在边 AB 上,$\triangle BCD$,$\triangle ADC$ 的外接圆分别与边 AC,BC 交于点 E,F. 设 $\triangle CEF$ 的外心为 O. 证明:$\triangle ADE$,$\triangle ADC$,$\triangle DBF$,$\triangle DBC$ 的外心与点 D,O 六点共圆,且 $OD \perp AB$.

证法 1 如图 11.6.1,设 O_1, O_2, O_3, O_4 分别为 $\triangle ADE$,$\triangle ADC$,$\triangle DBF$,

$\triangle DBC$ 的外心,显然,线段 O_1O_2, O_3O_4 分别垂直平分线段 AD, DB.

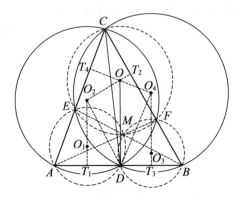

图 11.6.1

设 $\triangle ABC$ 其顶点所在内角为 α, β, γ,点 T_1, T_2, T_3, T_4, T_5 分别为线段 AD, CF, BD, CE, CD 的中点,由于四边形 $ADFC$ 为圆内接四边形,则

$$\angle DFB = \angle DAC = \alpha$$

而 O_1 为锐角 $\triangle DBF$ 的外心,则 $\angle DO_3T_3 = \angle DFB = \alpha$.

同理

$$\angle DO_2T_5 = \angle DFB = \alpha$$

又 O_2, T_5, O_4 三点共线,则 $\angle DO_2O_4 = \angle DO_2T_5 = \alpha = \angle DO_3T_3$.

于是,O_2, O_3, O_4, D 四点共圆.

同理,O_4, D, O_1, O_2 四点共圆. 故点 O_1, O_3 均在 $\triangle O_2O_4D$ 的外接圆上.

又 $\angle DO_2O_4 = \alpha, \angle O_2O_4D = \beta$,则 $\angle O_4DO_2 = \gamma$.

另一方面. 由四边形 CT_4OT_2 为圆内接四边形及 $O_2, O, T_2; O_4, O_2, T_4$ 分别三点共线,则 $\angle T_4OT_2 = \angle O_2OO_4 = 180° - \gamma$. 故 O, O_2, D, O_4 四点共圆. 所以六点共圆.

又 $\angle OO_4O_3 = \angle T_4O_4T_3 = 180° - \angle CAB = 180° - \alpha$

且 $\angle DOO_4 = \angle DO_3T_3 = \alpha$.

从而 $OD \parallel O_3O_4$,故 $OD \perp AB$.

证法 2 如图 11.6.1 联结 AF, BE 相交于点 M,由于圆 BCD 与圆 ADC 相交于 C, D 两点. 则知 D 为完全四边形 $CEAMBF$ 的密克尔点. 即知圆 EAD 与圆 DBF 的另一交点为 M.

又由三角形的密克尔定理,知圆 FCE 也过点 M,即 M 在圆 FCE 上,从而知 $OD \perp AB$.

在完全四边形 $CEAMBF$ 中,四个三角形 $\triangle ADE$,$\triangle ADC$,$\triangle DBF$,$\triangle DBC$ 的外心与其密克尔点 D 五点共圆(即斯坦纳圆).

设 O_2,O_4 分别为 $\triangle ADC$,$\triangle DBC$ 的外心,T_2,T_4 分别为 CF,CE 的中点. 由于 CF,CE 分别为圆 O 与圆 O_2,圆 O 与圆 O_4 的公共弦,则 $O_2O \perp CF$ 于 T_2,$O_4O \perp CE$ 于 T_4. 从而
$$\angle O_2OO_4 = \angle T_2OT_4 = 180° - \angle ACB$$
注意到圆心角与圆周角的关系,知 $\angle O_2DO = 90° - \angle A$,$\angle O_4DO = 90° - \angle B$.

于是,$\angle O_2DO_4 = \angle O_2DO + \angle O_4DO = 180° - \angle A - \angle B = \angle ACB$. 即知 D,O_4,O,O_2 四点共圆.

故 $\triangle ADE$,$\triangle ADC$,$\triangle DBF$,$\triangle DBC$ 的外心与点 D,O 六点共圆.

例 7 (2008 年 IMO 49 试题)已知 H 是锐角三角形 ABC 的垂心,以边 BC 的中点为圆心,过点 H 的圆与直线 BC 相交于两点 A_1,A_2;以边 CA 的中点为圆心,过点 H 的圆与直线 CA 相交于两点 B_1,B_2;以边 AB 的中点为圆心,过点 H 的圆与直线 AB 相交于两点 C_1,C_2.

证明:六点 A_1,A_2,B_1,B_2,C_1,C_2 共圆.

证法 1 B_0、C_0 分别为边 CA、AB 的中点. 设以边 B_0 为圆心,过点 H 的圆与以 C_0 为圆心,过点 H 的圆的另一个交点为 A',则 $A'H \perp C_0B_0$. 由于 B_0,C_0 分别是边 CA,AB 的中点,所以 $C_0B_0 \parallel BC$,从而 $A'H \perp BC$,于是点 A' 在 AH 上.

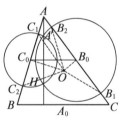

图 11.7.1

由切割线定理
$$AC_1 \cdot AC_2 = AA' \cdot AH = AB_1 \cdot AB_2$$
所以,B_1,B_2,C_1,C_2 四点共圆.

分别作 B_1B_2,C_1C_2 的垂直平分线,设它们相交于点 O,则 O 是四边形 B_1,B_2,C_1,C_2 的外接圆圆心,也是 $\triangle ABC$ 的外心,且
$$OB_1 = OB_2 = OC_1 = OC_2$$
同理可得,$OA_1 = OA_2 = OB_1 = OB_2$,所以,$A_1$,$A_2$,$B_1$,$B_2$,$C_1$,$C_2$ 六点都是在以 O 为圆心,OA_1 为半径的圆上,故六点 A_1,A_2,B_1,B_2,C_1,C_2 共圆.

证法 2 设三角形 ABC 的外心为 O,D,E,F 分别是边 BC,CA,AB 上的中点,联结 DF,交 BH 于点 P,则 $BH \perp DF$,于是由勾股定理得
$$BF^2 - FH^2 = BP^2 - PH^2 = BD^2 - DH^2$$

①

$$BO^2 - A_1O_2 = BD^2 - A_1D^2 = BD^2 - DH^2 \quad ②$$

同理可得

$$BO^2 - C_2O_2 = BF^2 - FH^2 \quad ③$$

所以，由①②③可得，$A_1O = C_2O$.

易知 $A_1O = A_2O, C_1O = C_2O$，故

$$A_1O = A_2O = C_1O = C_2O$$

同理，$A_1O = A_2O = B_1O = B_2O$，所以，六点 $A_1, A_2, B_1, B_2, C_1, C_2$ 在以 O 为圆心的圆上.

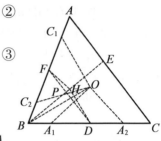

图 11.7.2

例8 (IMO 49 试题) 已知 H 是锐角 $\triangle ABC$ 的垂心，以边 BC 的中点的圆心，过点 H 的圆与直线 BC 相交于两点 A_1, A_2；以边 CA 的中点为圆心过点 H 的圆与直线 CA 相交于两点 B_1, B_2；以边 AB 的中点为圆心，过点 H 的圆与直线 AB 相交于两点 C_1, C_2. 证明：六点 $A_1, A_2, B_1, B_2, C_1, C_2$ 共圆.

证法1 如图 11.8.1，设 $\triangle ABC$ 的外心为 O, A_0, B_0, C_0 分别是边 BC, CA, AB 的中点. 联结 A_0C_0 交 BH 于 P，则 $BH \perp A_0C_0$. 于是，由勾股定理（或定差幂定理）得

$$BC_0^2 - C_0H^2 = BP^2 - PH^2 = BA_0^2 - A_0H^2$$
$$BO^2 - A_1O^2 = BA_0^2 - A_1A_0^2 = BA_0^2 - A_0H^2$$

同理. $BO^2 - C_0O^2 = BC_0^2 - C_0H^2$. 从而由前三式可得 $A_1O = C_2O$.

易知 $A_1O = A_2O, C_1O = C_2O$. 故 $A_1O = A_2O = C_1O = C_2O$.

同理，$A_1O = A_2O = B_1O = B_2O$. 故六点 $A_1, A_2, B_1, B_2, C_1, C_2$ 共圆.

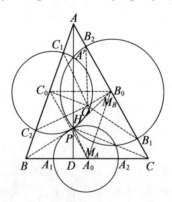

图 11.8.1

证法2 设 B_0, C_0 分别为边 CA, AB 的中点，又设以 B_0 为圆心过点 H 的圆

与以 C_0 为圆心,过点 H 的圆的另一个交点为 A',则 A',则 $A'H \perp C_0B_0$.

又 $C_0B_0 // BC$,则 $A'H \perp BC$.

于是点 A' 在 AH 上.

由割线定理,得
$$AC_1 \cdot AC_2 = AA' \cdot AH = AB_1 \cdot AB_2$$

知 B_1, B_2, C_1, C_2 四点共圆.

分别作 B_1B_2, C_1C_2 的垂直平分线,设其交点为 O,则 O 是四边形 $B_1B_2C_1C_2$ 的外接圆圆心,也是 $\triangle ABC$ 的外心,且 $OB_1 = OB_2 = OC_1 = OC_2$.

同理
$$OA_1 = OA_2 = OB_1 = OB_2$$

因此,$A_1, A_2, B_1, B_2, C_1, C_2$ 六点都是在以 O 为圆心,OA_1 为半径的圆上.

证法 3 先证 B_1, B_2, C_1, C_2 四点共圆.

同理,B_1, B_2, A_1, A_2 和 C_1, C_2, A_1, A_2 分别四点共圆.

由戴维斯定理即知结论成立.

证法 4 如图 11.8.1,设 B_0, C_0 分别是边 CA, AB 的中点,设以 B_0 为圆过点 H 的圆与以 C_0 为圆心过点 H 的圆相交于另一点 A' 则 $A'H \perp C_0O_0$,又 $C_0B_0 // BC$,即知 $A'H \perp BC$,于是点 A' 在 AH 上. 由割线定理,有 $AC_1 \cdot AC_2 = AA' \cdot AH = AB_1 \cdot AB_2$. 设 O 为 $\triangle ABC$ 的外心,则应用等腰三角形的性质,有 $AO^2 = C_1O^2 + AC_1 \cdot AC_2, AO^2 = B_2O^2 + AB_2 \cdot AB_1$.

于是 $C_1O = B_2O$,即有 $C_1O = C_2O = B_1O = B_2O$.

同理,$A_1O = C_1O$,即有 $A_1O = A_2O = C_1O = C_2O$. 故 $A_1, A_2, B_1, B_2, C_1, C_2$ 六点共圆.

例9 若圆内接凸四边形的对边乘积相等,则过对角线交点引直线平行四边形的每边与两邻边相交的八点共圆.

证法 1 如图 11.9.1,设凸四边形 $ABCD$ 内接于圆,AC 与 BD 交于点 P.

令 $BC = a, CD = b, DA = c, AB = d, AC = e, BD = f$,则由托勒密定理,有 $ac + bd = ef$.

又由题设 $ac = bd$,则 $ac = bd = \frac{1}{2}ef$.

设 M 为 BD 的中点,由 $\angle ABM = \angle ABD = \angle ACD$,注意到 $\frac{d}{\frac{1}{2}f} = \frac{e}{b}$,即

$$\frac{AB}{BM} = \frac{AC}{CD}$$

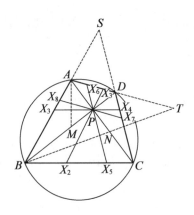

图 11.9.1

知 $\triangle ABM \backsim \triangle ACD$.

于是 $\angle BAM = \angle CAD$. 过点 B 作直线 BT 交 AD 的延长线于点 T, 使 $\angle ATB = \angle ABD$, 对 $\triangle ABD \backsim \triangle ATB$, 有

$$\frac{AB}{AD} = \frac{AT}{AB} \qquad ①$$

设 BT 交 AC 于 N, 注意到 $\angle BAM = \angle NAT$ (即 $\angle CAD$), 及 M 为 BD 中点, 知 N 为 BT 的中点. 对 $\triangle DBT$ 及截线 APN 应用梅涅劳斯定理, 有 $\frac{DP}{PB} \cdot \frac{BN}{NT} \cdot \frac{TA}{AD} = 1$.

将式①代入上式, 并注意 $BN = NT$, 有

$$\frac{DP}{PB} = \frac{AD}{AT} = \frac{AD^2}{AB^2} \qquad ②$$

过点 P 作的平行线的交点如图, 由 $PX_1 \parallel BA$, 有

$$AX_1 = \frac{AD}{BD} \cdot BP = \frac{BP \cdot AD}{BD}$$

同理

$$AX_6 = \frac{AP \cdot AD}{AC}, AX_8 = \frac{DP \cdot AB}{DB}, AX_3 = \frac{AP \cdot AB}{AC}$$

于是

$$\frac{AX_1 \cdot AX_6}{AX_8 \cdot AX_3} = \frac{BP \cdot AD^2}{PD \cdot AB^2} \qquad ③$$

将式②代入式③得 $AX_1 \cdot AX_6 = AX_8 \cdot AX_3$, 从而 X_1, X_6, X_8, X_3 共圆 ω_1.

同理, X_6, X_1, X_4, X_7 共圆 ω_2.

设直线 BA 与 CD 交于点 S. 注意到 $\angle AX_3P = \angle ABC = \angle ADS = \angle SX_7P$, 知

X_3, X_7, X_8, X_4 四点共圆 ω_3. 此时,若所得三圆 ω_1、ω_2、ω_3 不重合,则根据根轴的性质(共点或平行),$\triangle SBC$ 的三边也就得共点或互相平行,这明明不可能,所以这三圆非重合不可(此亦可由戴维斯定理:三角形的每边所在直线上有一对点(可重合),若每两对点同在一圆上,则三对点(即六点)都在同一圆上.)即 $X_3, X_8, X_6, X_1, X_4, X_7$ 六点共圆.

同理,$X_4, X_7, X_5, X_2, X_3, X_8$ 六点共圆,故 $X_1, X_2, \cdots, X_8$ 这八点共圆.

证法 2 若有一组对边平行,则这个圆内接四边形为正方形,此时结论显然成立. 下面考虑对边均不平行的情形:

设八个交点如图. 由 $X_1 X_2 /\!/ AB, X_5 X_6 /\!/ CD$,则
$\angle X_1 X_2 X_5 = \angle ABC = 180° - \angle ADC = \angle X_1 X_6 X_5$, 即 X_2, X_5, X_1, X_6 共圆.

而 $\dfrac{BX_8}{BA} = \dfrac{BP}{BD} = \dfrac{BX_5}{BC}$,则 $\dfrac{BX_8}{BX_5} = \dfrac{BA}{BC}$.

又 $PX_2 /\!/ BX_3, PX_3 /\!/ BX_2$,知四边形 $BX_3 PX_2$ 为平行四边形.

则 $BX_2 = PX_3$,从而
$$\frac{BX_2}{BX_3} = \frac{\sin \angle PBX_3}{\sin \angle BPX_3} = \frac{\sin \angle DBA}{\sin \angle DBC} = \frac{AD}{CD}$$

又 $AB \cdot CD = BC \cdot DA$,所以
$$\frac{BA}{BC} = \frac{DA}{DC}$$

故 $\dfrac{BX_8}{BX_5} = \dfrac{BX_2}{BX_3}$,即 $BX_8 \cdot BX_3 = BX_2 \cdot BX_5$,即 X_8, X_3, X_2, X_5 共圆. 同理,X_8, X_3, X_1, X_6 四点共圆.

假设 $X_8, X_3, X_2, X_5, X_1, X_6$ 六点不共圆,则过 X_8, X_3, X_2, X_5 的圆 O_1,过 X_2, X_5, X_1, X_6 的圆 O_2. 过 X_8, X_3, X_1, X_6 的圆 O_3 这 3 个圆互不相同.

注意到 AB 是圆 O_1 与圆 O_3 的根轴,BC 是圆 O_2 与圆 O_1 的根轴,AD 是圆 O_3 与圆 O_1 的根,则 AB、BC、AD 这三线交于一点或互相平行. 矛盾!

故 $X_8, X_3, X_2, X_5, X_1, X_6$ 六点共圆.

同理,$X_8, X_3, X_2, X_5, X_7, X_4$ 六点共圆. 故八点共圆.

例 10 (2006 年第 55 届捷克和斯洛伐克数学奥林匹克题)已知非等边 $\triangle ABC, \angle A, \angle B$ 的平分线分别与对边交于点 $K, L, \triangle ABC$ 的内心、外心、垂心分别为 I、O、H. 给出下列两个命题:

(1) KL 是 $\triangle ALI$、$\triangle BHI$ 和 $\triangle BKI$ 的外接圆的切线;

(2) A, B, K, L, O 五点共圆.

证明:命题(1)和命题(2)是等价的.

证法1 注意到:A,B,K,L 四点共圆,当且仅当 $\angle CAB = \angle CBA$;

KL 与 $\triangle BKI$ 外接圆相切(切点为 K),当且仅当 $\angle LKA = \angle LBK = \dfrac{1}{2}\angle CBA$;

KL 与 $\triangle ALI$ 外接圆相切(切点为 L),当且仅当 $\angle KLB = \angle KAC = \dfrac{1}{2}\angle CAB$;

因此,A,B,K,L 四点共圆,当且仅当 KL 与 $\triangle BKI$,$\triangle ALI$ 的外接圆均相切.

下面只须考虑:$\triangle ABC$ 是以 AB 为底的等腰三角形时的情况,如图 11.10.1.

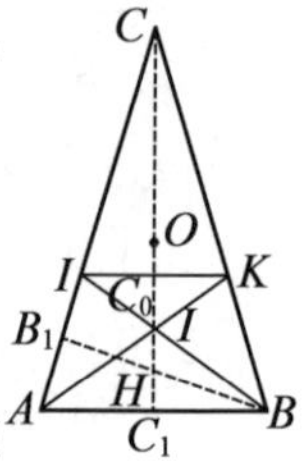

若 A,B,K,L,O 五点共圆,则

$$\angle AKB = 180° - \dfrac{1}{2}\angle CAB - \angle CBA = \angle ACB + \dfrac{1}{2}\angle CAB$$

显然,O 与 C 应在 AB 的同侧,否则,若 O 在 AB 上或 O 与 C 在 AB 的异侧,则

$$\angle AOB = 360° - 2\angle ACB$$

图 11.10.1

于是,$\angle AOB + \angle AKB = 360° - 2\angle ACB + \angle ACB + \dfrac{1}{2}\angle CAB = 180° + \dfrac{3}{2}\angle CAB + \angle ABC > 180°$,矛盾.

从而

$$\angle AOB = 2\angle ACB$$

因此,A,B,K,O 四点共圆,当且仅当

$$2\angle ACB = \angle ADB + \dfrac{1}{2}\angle CAB$$

即

$$\angle CAB = \angle CBA = 2\angle ADB = 72°$$

若 $\triangle BHI$ 的外接圆与 KL 相切,设切点为 K'. 由于 $\triangle BKI$ 的外接圆与 KL 切于点 K,且这两个圆的根轴 BI 与它们的外公切线交于点 L,所以,L 是 KK' 的中点或 K 与 K' 重合(即 $\triangle BHI$ 与 $\triangle BKI$ 的外接圆是同一个圆).

设 AB 的中垂线分别与 AB,LK 交于点 C_1,C_0,则 I,H 均在线段 C_0C_1 上,且 $\triangle BHI$ 的外心与点 B 在 C_0C_1 的同侧.

从而,$\triangle BHI$ 的外接圆与 LK 的切点只能是点 K,即 B,K,I,H 四点共圆.

注意到 $\angle C_1HB = \angle CAB$,$\angle IKB = \angle ACB + \dfrac{1}{2}\angle CAB$,

则 $\angle CAB = \angle ACB + \dfrac{1}{2}\angle CAB$,即

$$\angle CAB = \angle CBA = 2\angle ACB = 72°$$

综上所述,命题(1)、(2)均等价于 $\triangle ABC$ 是等腰三角形,且 $\angle CAB = \angle CBA = 2\angle ACB = 72°$.

证法 2 如图 11.10.2,若命题(1)成立,即 KL 是 $\triangle ALI$,$\triangle BHI$ 和 $\triangle BKI$ 的外接圆的切线. 由 LK 与 $\triangle BIK$ 外接圆相切,则 $\angle LKI = \angle KBI = \angle LBA$. 所以,$A$, B, K, L 四点共圆.

故

$$\dfrac{1}{2}\angle CBA = \angle KBL = \angle KAL = \dfrac{1}{2}\angle CAB$$

因此,$\triangle ABC$ 为等腰三角形,C 为顶点.

因为 $LI \cdot LB = LK^2$,又 LK 与 $\triangle BHI$ 外接圆相切,设切点为 K',所以 $LK'^2 = LK^2$,于是,$K = K'$.

从而,K 在 $\triangle BHI$ 外接圆上,因此,K, B, H, I 四点共圆,

故

$$\angle IHB = \pi - \angle IKB = \dfrac{3}{2}\angle CBA$$

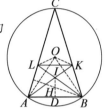

图 11.10.2

延长 IH 与 AB 交于点 D.

因为 $\triangle ABC$ 为等腰三角形,则 $IH \perp AB$.

从而,$\angle IHB = \pi - \angle DHB = \pi - \left(\dfrac{\pi}{2} - \angle HBD\right) = \pi - \angle CAB = \pi - \angle CBA$

于是,$\pi - \angle CBA = \dfrac{3}{2}\angle CBA$,进而,$\angle CBA = 72°$,$\angle ACB = 36°$.

所以

$$\angle AOB = 2\angle ACB = 72° = \angle AKB$$

因此,O, K, B, A 四点共圆.

故 O, K, B, A, L 五点共圆,即命题(2)成立.

若命题(2)成立,即 A, B, K, L, O 五点共圆,则 $\angle LKA = \angle LBA = \angle KBL$.

所以,LK 为 $\triangle BIK$ 外接圆切线. 同理,LK 也为 $\triangle AIL$ 外接圆切线.

因为 $\angle LBK = \angle LAK$,所以,$\triangle CAB$ 为等腰三角形,C 为顶点.

例 11 (IMO 46 试题)给定凸四边形 $ABCD$,$BC = AD$,且 BC 不平行于 AD,设点 E 和点 F 分别在边 BC 和 AD 的内部,满足 $BE = DF$. 直线 AC 和 BD 相交于点 P,直线 EF 和 BD 相交于点 Q,直线 EF 和 AC 相交于点 R. 证明:当点 E 和点

F 变动时,$\triangle PQR$ 的外接圆经过除点 P 外的另一个定点.

证法 1 由于 $BC \nparallel AD$,则知圆 APD 与圆 PBC 除交于点 P 外,必还另交于一点,设交于点 M,且 M 为定点.

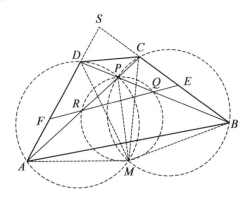

图 11.11.1

联结 MA,MB,MC,MD,MP,则

$$\angle MAD = \angle MPB = \angle MCB, \angle MDA = \angle MPA = \angle MBC \quad (*)$$

于是,$\triangle MDA \backsim \triangle MBC$,有

$$\frac{MD}{MB} = \frac{MA}{MC} = \frac{DA}{BC} = \frac{DF}{BE}$$

注意到式(*),知 $\triangle MDF \backsim \triangle MBE$,即有

$$\frac{MD}{MB} = \frac{MF}{ME}$$

从而,$\triangle MEF \backsim \triangle MBD \backsim \triangle MCA$,即有

$$\angle MEF = \angle MBD = \angle MCA$$

即知 M,B,E,Q 及 M,E,C,R 分别四点共圆.

从而 $\angle MQB = \angle MEB = \angle MRP$. 故 Q,P,R,M 四点共圆,其中 M 为定点.

证法 2 由 $BC \nparallel AD$,可设直线 BC 与直线 AD 交于点 S,则在完全四边形 $SDAPBC$ 中,M 为其密克尔点,且 $\triangle MDA \backsim \triangle MBC$,即有

$$\frac{MD}{MB} = \frac{MA}{MC} = \frac{DA}{BC}$$

又由 $\dfrac{DA}{BC} = \dfrac{DF}{BE} = \lambda$,可得

$$\triangle MEF \backsim \triangle MBD \backsim \triangle MCA$$

即有圆 $MBEQ$ 与圆 $MECR$ 相交于 E,M,则 M 为完全四边形 $CPRQBE$ 的密

克尔点.

故 Q,P,R,M 四点共圆,其中 M 为定点.

证法 3 如图 11.11.2,设 M,N 分别是 BD,AC 的中点,S 是 CD 的中点,直线 MN 交 AD,BC 分别于 T,L. 联结 SM,SN.

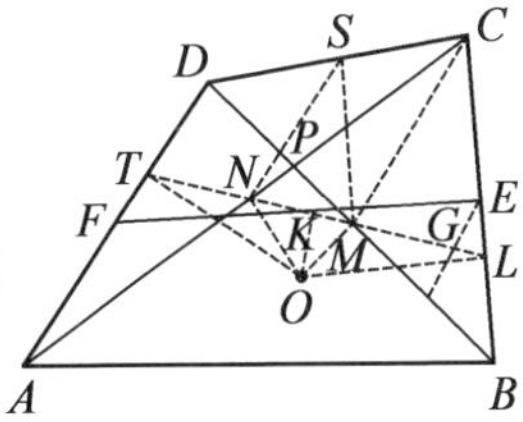

因 BC 不平行于 AD,则过 T,L 分别与 AD,BC 垂直的直线必相交于一点 O,且 O 为一个定点.

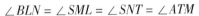

图 11.11.2

下面证明 $\triangle PQR$ 的外接圆经过点 O.

由 $SM \underline{\parallel} \dfrac{1}{2}BC = \dfrac{1}{2}AD \underline{\parallel} SN$,则
$$\angle BLN = \angle SML = \angle SNT = \angle ATM$$

即知
$$\angle OLT = \angle OTL, OL = OT$$

作 $CH \parallel AD$ 交 TL 于 H,联结 OA,OC,则
$$\triangle CNH \cong \triangle ANT$$

有 $\angle CNH = \angle ATN = \angle BLN$,故
$$\angle CHL = \angle CLH$$

从而
$$CL = CH = AT$$

于是,$\mathrm{Rt}\triangle OCL \cong \mathrm{Rt}\triangle OAT, OA = OC$,从而 $ON \perp AC$,

同理
$$OM \perp BD$$

可见,若 FE 与 TL 重合,则命题成立.

若 FE 与 TL 不重合,设它们相交于点 K,要证明 $\triangle PQR$ 的外接圆过点 O,由西姆松定理的逆定理,只要证明 $OK \perp EF$ 即可.

由 $CL = AT, BE = DF, BC = AD$ 知 $EL = FT$.

作 $EG \parallel AD$ 交 TL 于点 G,则
$$\angle EGL = \angle ATM = \angle ELG$$

因此,$EG = EL = FT$,故
$$\triangle KEG \cong \triangle KFT, KE = KF$$

又 $\mathrm{Rt}\triangle OEL \cong \mathrm{Rt}\triangle OFT$,有 $OE = OF$,故 $OK \perp EF$.

12 圆共点

例1 （2006年第35届美国数学奥林匹克题）在四边形 $ABCD$ 中，点 E 和点 F 分别在边 AD 和 BC 上，且 $\dfrac{AE}{ED}=\dfrac{BF}{FC}$. 射线 FE 分别交线段 BA 和 CD 的延长线于点 S 和点 T. 求证：$\triangle SAE$，$\triangle SBF$，$\triangle TCF$ 和 $\triangle TDE$ 的外接圆有一个公共点.

证法1 如图12.1.1，设 P 为 $\triangle TCF$ 和 $\triangle TDE$ 的外接圆的另一交点，由 P，E，D，T 四点共圆，有 $\angle PET=\angle PDT$.

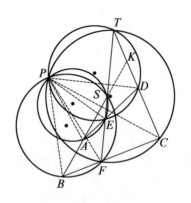

图 12.1.1

由 P，F，C，T 四点共圆，有
$$\angle PFE=\angle PFT=\angle PCT=\angle PCD$$
从而 $\triangle PEF \backsim \triangle PDC$（相交两圆的内接三角形相似）

即有 $\dfrac{PF}{PE}=\dfrac{PC}{PD}$，且 $\angle FPE=\angle CPD$.

注意到 $\angle FPC=\angle FPE+\angle EPC=\angle CPD+\angle EPC=\angle EPD$，则 $\triangle EPD \backsim \triangle FPC$. 有
$$\dfrac{PF}{PE}=\dfrac{ED}{FC}$$

由题设 $\dfrac{AE}{ED}=\dfrac{BF}{FC}$ 即 $\dfrac{AE}{BF}=\dfrac{ED}{FC}$，从而

$$\frac{PF}{PE} = \frac{AE}{BF}$$

在 $\triangle PAE$ 和 $\triangle PBF$ 中，$\angle AEP = 180° - \angle PED = 180° - \angle PFC = \angle PFB$，则 $\triangle PAE \backsim \triangle PBF$，即有 $\frac{PF}{PE} = \frac{PB}{PA}$，$\angle BPF = \angle APE$. 从而 $\angle BPA = \angle FPE$.

于是，$\triangle BPA \backsim \triangle FPE$，即有 $\angle PBA = \angle PFE$，由此知 $P、B、F、S$ 四点共圆. 同理，P,A,E,S 四点共圆. 故结论获证.

证法2 如图，延长 BS 交直线 TC 于点 K，对 $\triangle TED$ 及截线 ASK，对 $\triangle TFC$ 及截线 BSK 分别应用梅涅劳斯定理，有 $\frac{TS}{SE} \cdot \frac{EA}{AD} \cdot \frac{DK}{KT} = 1$，$\frac{TS}{SF} \cdot \frac{FB}{BC} \cdot \frac{CK}{KT} = 1$.

上述两式相除，得

$$\frac{EA}{AD} \cdot \frac{DK}{SE} = \frac{FB}{BC} \cdot \frac{CK}{SF} \qquad ①$$

由题设 $\frac{AE}{ED} = \frac{BF}{FC}$，有

$$\frac{AE}{AD} = \frac{BF}{BC}$$

于是，由式①有 $\frac{DK}{SE} = \frac{CK}{SF}$，亦即有 $\frac{DK}{SK} = \frac{SE}{SF}$，亦有

$$\frac{KD}{DC} = \frac{SE}{EF} \qquad ②$$

设 $\triangle TCF$ 和 $\triangle TDE$ 的外接圆的另一交点为 P，则由三圆两两相交（切）公共弦的性质即问题，知 S,K,T,P 四点共圆. 此时，圆 $SKTP$ 与圆 $EDTP$ 交于点 T,P，即知 P 为完全四边形 $DKTSAE$ 的密克尔点，从而 A,E,S,P 四点共圆.

又圆 $SKTP$ 与圆 $FCTP$ 交于点 T,P，即知 P 也为完全四边形 $CKTSBF$ 的密克尔点，从而 B,F,S,P 四点共圆. 故结论获证.

注 若注意到三圆两两相交（切）共公共弦的性质，由 $\frac{KD}{DC} = \frac{SE}{EF}$ 有 $\frac{DK}{SE} = \frac{CK}{SF}$，再注意到式①，有 $\frac{EA}{AD} = \frac{FB}{BC}$，即有 $\frac{AE}{ED} = \frac{FB}{FC}$，则知上述问题的逆命题也是成立的.

13 面积关系式

例1 设 $ABCD$ 为一任意四边形,点 E,F 将 AB 三等分,G,H 将 CD 三等分,联结 FG,EH,将原四边形 $ABCD$ 分成三个小四边形.求证中间一个小四边形 $EFGH$ 的面积等于四边形 $ABCD$ 面积的三分之一.

证法1 如图 13.1.1,联结 DB,DE,EG,GB,

因
$$AE = EF = FB$$

则
$$S_{\triangle DEB} = \frac{2}{3} S_{\triangle DAB}$$

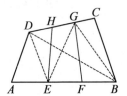

图 13.1.1

同理
$$S_{\triangle BDG} = \frac{2}{3} S_{\triangle BDC}$$

则
$$S_{DEBG} = \frac{2}{3} S_{ABCD}$$

又因
$$DH = HG, EF = FB$$

则
$$S_{\triangle DEH} = S_{\triangle GEH}$$
$$S_{\triangle EGF} = S_{\triangle FGB}$$

故
$$S_{EFGH} = S_{\triangle GEH} + S_{\triangle EGF} = \frac{1}{2} S_{DEBG} = \frac{1}{3} S_{ABCD}$$

证法2 如图 13.1.2,联结 DF, FH, HB, BD,则
$$S_{\triangle DFB} = \frac{1}{3} S_{\triangle ABD}, S_{\triangle BHD} = \frac{1}{3} S_{\triangle BCD}$$

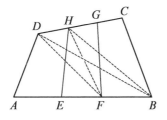

图 13.1.2

则
$$S_{DFBH} = \frac{1}{3} S_{ABCD}$$

又由
$$S_{\triangle DFH} = S_{\triangle GFH}, S_{\triangle BHF} = S_{\triangle FHE}$$

有
$$S_{DFBH} = S_{EFGH}$$

故
$$S_{EFGH} = \frac{1}{3} S_{ABCD}$$

证法3 如图 13.1.3,联结 AH, EG, FC,分别从 H, G, C 引 AB 的垂线, L, M, N 分别是它们的垂足,则四边形 $HLNC$ 是直角梯形, GM 是它的中位线,所以有 $2GM = HL + CN$.

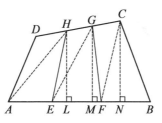

图 13.1.3

在 $\triangle HAE, \triangle GEF, \triangle CFB$ 中,底 AE, EF, FB 相等,而高 HL, GM, CN 满足 $2GM = HL + CN$.

则
$$2S_{\triangle GEF} = S_{\triangle HAE} + S_{\triangle CFB}$$

同理
$$2S_{\triangle EGH} = S_{\triangle AHD} + S_{\triangle FGC}$$

以上两式相加得

$$2S_{EFGH} = S_{AEHD} + S_{FBCG}$$

即

$$S_{EFGH} = \frac{1}{3}S_{ABCD}$$

证法 4 如图 13.1.4,过 D 引 $DK // AB$, DK 交 BC 于 K,过 H,G 分别引 $HP // CB$、$GQ // CB$,分别交 DK 于 M,N,交 AB 于 P,Q,记 $\angle HPE = \angle GQF = \alpha$,联结 EM, FN,由此可知:$DM = MN = NK$,

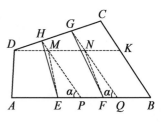

图 13.1.4

故三个梯形 $AEMD$, $MEFN$, $NFBK$ 等积,即

$$S_{MEFN} = \frac{1}{3}S_{ABKD}.$$

又由此可证

$$S_{MNGH} = \frac{1}{3}S_{DKC}$$

则

$$S_{MEFN} + S_{MNGH} = \frac{1}{3}S_{ABCD}$$

在 $\triangle MHE$ 及 $\triangle NGF$ 中,一条边 $MH = \frac{1}{2}NG$,及

$$EP \cdot \sin\alpha = (EB - PB) \cdot \sin\alpha$$
$$= 2(FB - QP) \cdot \sin\alpha$$
$$= 2FQ \cdot \sin\alpha$$

即 $\triangle MHE$ 在 MH 边上的高等于 $\triangle NGF$ 在 NG 边上的高的 2 倍.

则

$$S_{\triangle MHE} = S_{\triangle NGF}$$

故

$$S_{EFGH} = S_{MEFN} + S_{MNGH} + S_{\triangle MHE} - S_{\triangle NGF} = \frac{1}{3}S_{\triangle ABCD}$$

证法 5 如图 13.1.5,延长 BA 及 CD 相交于 O,设 $\angle O = \alpha$,$OA = x$,$OD = y$,$AE = EF = FB = a$,$DH = HG = GC = b$.

$$S_{AEHD} = S_{\triangle OEH} - S_{\triangle OAD}$$
$$= \frac{1}{2}(x+a)(y+b)\sin\alpha - \frac{1}{2}xy\sin\alpha$$
$$= \frac{1}{2}(ay + bx + ab)\sin\alpha$$

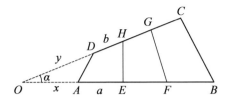

图 13.1.5

同理

$$S_{EFGH} = \frac{1}{2}(ay + bx + 3ab)\sin\alpha$$

$$S_{FBCG} = \frac{1}{2}(ay + bx + 5ab)\sin\alpha$$

即 $S_{AEHD}, S_{EFGH}, S_{FBCG}$ 成等差数列.

故

$$S_{EFGH} = \frac{1}{3}[S_{AEHD} + S_{EFGH} + S_{FBCG}] = \frac{1}{3}S_{ABCD}$$

证法 6 如图 13.1.6,考察四边形 ABCD 的一部分 AFGD,过 E 作 MN∥DG,分别过 D 及 G 作 DM∥GN∥HE,DM,GN 分别交 MN 于点 M,N,联结 AM,FN,设 $AE = EF = a, DH = HG = b, \angle AEM = \alpha$.

易证 DMNG 是平行四边形.

且

$$S_{DMEH} = S_{HENG}$$

及

$$\triangle AME \cong \triangle FNE$$

又在 △AMD 及 △GNF 中,因 AM = NF, DM = GN, ∠DMA = 180° − ∠GNF.

则

$$S_{\triangle AMD} = S_{\triangle GNF}$$

从而

$$S_{\triangle AMD} + S_{DMEH} = S_{\triangle GNF} + S_{HENG}$$

有

$$S_{DAMEH} = S_{HENFG}$$

于是

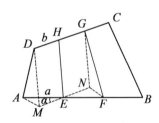

图 13.1.6

则
$$S_{AEHD} + S_{\triangle AME} = S_{HEFG} - S_{\triangle EFN}$$

$$S_{EFGH} - S_{AEHD} = S_{\triangle AME} + S_{\triangle FNE} = 2S_{\triangle AME} = ab \cdot \sin \alpha$$

同理可证
$$S_{FBCD} - S_{EFGH} = ab \cdot \sin \alpha$$

即 $S_{AEHG}, S_{EFGH}, S_{FBCG}$ 成差等数列.

从而得
$$S_{EFGH} = \frac{1}{3} S_{ABCD}$$

注 由证法 5、证法 6 还可推得这样的结论:

"设 $A_1, A_1A, \cdots, A_{n-1}$ 把四边形 $ABCD$ 的边 AB_n 等分, $D_1, D_2, D_3, \cdots, D_{n-1}$ 把它的对边 DC_n 等分,顺次联结 $A_1D_1, A_2D_2, A_3D_3, \cdots, A_{n-1}D_{n-1}$ 得到 n 个小四边形. 则这 n 个按顺序排列的四边形的面积成等差数列,这个数列的公差等于 $\frac{1}{n^2} AB \cdot DC \sin \alpha$(其中 α 是 AB, CD 间的夹角)."

证法 7 如图 13.1.7,以 A 为原点,以 AB 所在直线为 x 轴正向建立平面直角坐标系,则由题设可设各点坐标为 $A(0,0), E(a,0), F(2a,0), B(3a,0), D(b,c), H(b+e, c+5), G(b+2e, c+2f), C(b+3e, c+35)$,则

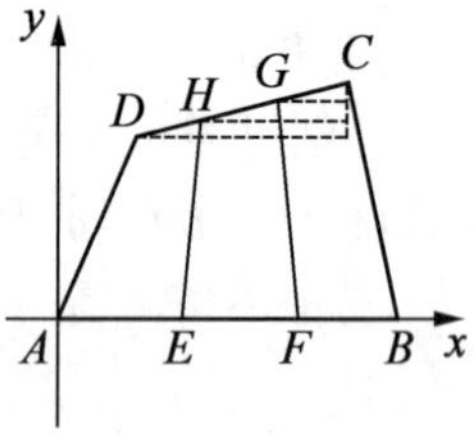

$$2S_{ABCD} = 2S_{\triangle ABC} + 2S_{\triangle ACD}$$
$$= \begin{vmatrix} 0 & 0 & 1 \\ 3a & 0 & 1 \\ b+3e & c+3f & 1 \end{vmatrix} + \begin{vmatrix} 0 & 0 & 1 \\ b+3e & c+3f & 1 \\ b & c & 1 \end{vmatrix}$$
$$= 3(ac + ec - bf + 3af)$$

$$2S_{EFGH} = 2S_{\triangle EFG} + 2S_{\triangle EGH}$$
$$= \begin{vmatrix} a & 0 & 1 \\ 2a & 0 & 1 \\ b+2e & c+2f & 1 \end{vmatrix} + \begin{vmatrix} b+2e & c+2f & 1 \\ b+e & c+f & 1 \\ a & 0 & 1 \end{vmatrix}$$
$$= ac + ec - bf + 3af$$

故
$$S_{EFGH} = \frac{1}{3} S_{ABCD}$$

图 13.1.7

例2 Rt△ABC 的内切圆与斜边 BC 切于点 T. 求证:$BT \cdot TC$ 等于 △ABC 的面积.

证法1 如图 13.2.1,设 $BT = x, TC = y$,圆 O 的半径为 r,则 $BE = x$, $CD = y$, $AE = AD = r$.

则
$$AB = x + r, AC = y + r$$

$$S_{\triangle ABC} = \frac{1}{2} AB \cdot AC = \frac{1}{2}(x+r)(y+r) = \frac{1}{2}(xy + xr + yr + r^2)$$

$$= \frac{1}{2}xy + \frac{1}{2}(x+y+r)r$$

$$= \frac{1}{2}xy + \frac{1}{2}pr = \frac{1}{2}xy + \frac{1}{2}S_{\triangle ABC}$$

其中
$$p = \frac{1}{2}(a+b+c) = x+y+r$$

从而
$$xy = S_{\triangle ABC}$$

即
$$BT \cdot TC = S_{\triangle ABC}$$

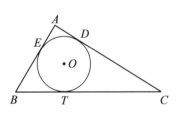
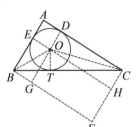

图 13.2.1　　　　　　　　图 13.2.2

证法2 如图 13.2.2,设 △ABC 的内心为 O,两直角边分别与内切圆相切于 D, E. 联结 DO 交 BF 于 G,联结 EO 交 CF 于 H. 则 DG∥AB, EH∥AC.

$$BT = BE = GO, TC = CD = OH$$

则
$$S_{长方形OGFH} = BT \cdot TC$$

又
$$\triangle BTO \cong \triangle OGB, \triangle CTO \cong \triangle OHC$$

则
$$S_{\text{长方形}OGFH} = S_{\triangle BFC} = S_{\triangle ABC}$$
故
$$BT \cdot TC = S_{\triangle ABC}$$

例3 (2009年第72届莫斯科数学奥林匹克题)等腰$\triangle ABC$的顶角$\angle B = 120°$,由顶点B往形内方向发射出两条光线.彼此成$60°$,两条光线经底边AC上的点P与Q反射后,分别落到两腰上的点M与点N处.证明:$S_{\triangle PBQ} = S_{\triangle AMP} + S_{\triangle CNQ}$.

证法1 如图13.3.1,设B_1与B关于AC对称,延长BP,BQ分别与AB_1交于点M_1,与B_1C交于点N_1.则$\triangle AMP \cong \triangle AM_1P$,$\triangle CNQ \cong \triangle CN_1Q$.

注意到
$$S_{\triangle AM_1P} + S_{\triangle CN_1Q} + S_{M_1PQN_1B_1} = \frac{1}{2}S_{ABCB_1}$$

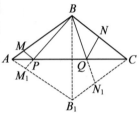

图 13.3.1

及
$$\angle M_1BB_1 + \angle B_1BN_1 = 60° = \angle B_1BN_1 + \angle N_1BC$$
有$\triangle M_1BB_1 \cong \triangle N_1BC$.亦有
$$S_{BM_1B_1N_1} = \frac{1}{2}S_{ABCB_1}$$

从而
$$S_{\triangle AM_1P} + S_{\triangle CN_1Q} + S_{M_1PQN_1B_1} = S_{BM_1B_1N_1} = S_{\triangle BPQ} + S_{PM_1B_1N_1Q}$$
故
$$S_{\triangle PBQ} = S_{\triangle AM_1P} + S_{\triangle CN_1Q} = S_{\triangle AMP} + S_{\triangle CNQ}$$

证法2 如图13.3.2,设B_1与B关于AC对称,延长BP,BQ分别与AB_1交于点M_1,与B_1C交于点N_1,则$\triangle M_1BB_1 \cong \triangle N_1BC$,且有$MB = M_1B_1 = N_1C$.

联结MN_1交AC于点O,则由$MN_1 \mathbin{//} BC$知BON_1C为梯形,即有
$$S_{\triangle BOQ} = S_{\triangle CN_1Q} = S_{\triangle CNQ}$$

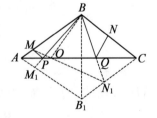

图 13.3.2

同理
$$S_{\triangle BOP} = S_{\triangle AM_1P} = S_{\triangle AMP}$$
故

$$S_{\triangle PQB} = S_{\triangle BOP} + S_{\triangle BOQ} = S_{\triangle AMP} + S_{\triangle CNQ}$$

例4 圆内接四边形,若其对角线互相垂直,则其面积的 2 倍等于其对边乘积之和,试证之.

证法1 如图 13.4.1.

自点 A 引 $AA' \ // \ BD$,交圆周于 A',联结 $A'C, A'D, BA'$.

则
$$AB = A'D$$
$$BA' = DA$$
$$S_{\triangle ABD} = S_{\triangle A'DB}$$

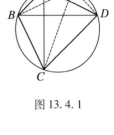

图 13.4.1

从而
$$S_{ABCD} = S_{A'BCD} = S_{\triangle A'BC} + S_{\triangle A'DC}$$

又
$$AC \perp BD, AA' \ // \ BD$$

则
$$AA' \perp AC$$

从而 $A'C$ 是圆直径.

于是
$$2S_{\triangle A'BC} = BC \cdot BA' = BC \cdot AD$$
$$2S_{\triangle A'DC} = A'D \cdot DC = AB \cdot DC$$

所以
$$S_{ABCD} = \frac{1}{2}[BC \cdot AD + AB \cdot DC]$$

故
$$2S_{ABCD} = BC \cdot AD + AB \cdot DC$$

证法2 如图 13.4.2,设 AC, BD 垂直相交于 G.
$$AG = u, GC = v, BG = x, GD = y$$
则
$$2S_{ABCD} = (x+y) \cdot (u+v) = xu + yu + xv + yv$$
又
$$AD \cdot BC + AB \cdot CD$$

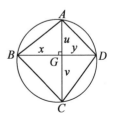

图 13.4.2

$$= \sqrt{u^2 + y^2}\sqrt{x^2 + v^2} + \sqrt{x^2 + u^2}\sqrt{y^2 + v^2}$$
$$= \sqrt{(ux)^2 + (vy)^2 + x^2 y^2 + u^2 v^2} + \sqrt{x^2 y^2 + u^2 v^2 + x^2 v^2 + u^2 y^2}.$$

根据圆的相交弦定理，$xy = uv$.
故
$$AD \cdot BC + AB \cdot CD$$
$$= \sqrt{(ux)^2 + (vy)^2 + 2xyuv} + \sqrt{2xyuv + x^2v^2 + u^2y^2}$$
$$= ux + uy + vx + uy = 2S_{ABCD}$$

证法 3 如图 13.4.3，根据托勒密定理，有
$$AB \cdot CD + AD \cdot BC = AC \cdot BD$$
因
$$AC \perp BD$$
则
$$AC \cdot BD = 2S_{ABCD}$$
故
$$AB \cdot CD + AD \cdot BC = 2S_{ABCD}$$

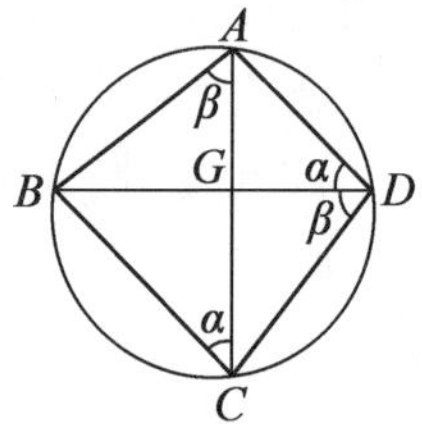

图 13.4.3

证法 4 如图 13.4.3，设 $\angle BDA = \alpha$，$\angle BDC = \beta$. 则 $\angle BCA = \alpha$，$\angle BAC = \beta$.
则
$$2S_{ABCD}$$
$$= AB^2 \sin\beta\cos\beta + BC^2 \sin\alpha \cdot \cos\alpha + CD^2 \sin\beta\cos\beta + DA^2 \sin\alpha \cdot \cos\alpha$$
$$= 4R^2(\sin^2\alpha \cdot \sin\beta\cos\beta + \sin^2\beta \cdot \sin\alpha \cdot \cos\alpha + \cos^2\alpha \cdot \sin\beta \cdot \cos\beta + \cos^2\beta \cdot \sin\alpha \cdot \cos\alpha)$$
$$= 4R^2(\sin\beta \cdot \cos\beta + \sin\alpha \cdot \cos\alpha)$$
$$= 2R\sin\beta \cdot 2R \cdot \sin(90° - \beta) + 2R\sin\alpha \cdot 2R\sin(90° - \alpha)$$
$$= BC \cdot AD + AB \cdot CD$$

例 5 （1996 年伊朗数学奥林匹克第二阶段题）

在 $Rt\triangle ABC$ 中（$\angle A = 90°$），设 $\angle B$ 和 $\angle C$ 的内角平分线交于点 I，分别交对边于点 D 和点 E. 证明：四边形 $BCDE$ 的面积是 $\triangle BIC$ 面积的两倍.

证法 1 如图 13.5.1. 由角平分线的对称性，可将 $\triangle BIE$ 翻折至 $\triangle BIF$ 位置，将 $\triangle CID$ 翻折至 $\triangle CIG$ 位置. 因为
$$\angle EIB = \angle IBC + \angle ICB = \frac{1}{2}(\angle B + \angle C) = 45°$$
可知

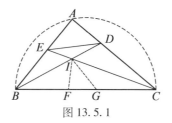

图 13.5.1

$$\angle DIE = 135°, \angle FIG = 45°$$

又

$$IF = IE, IG = ID$$

所以

$$S_{\triangle DIE} = \frac{1}{2}IE \cdot ID\sin 135° = \frac{1}{2}IF \cdot IG\sin 45° = S_{\triangle FIG}$$

故

$$S_{\triangle BIC} = S_{\triangle BIE} + S_{\triangle CID} + S_{\triangle DIE} \Rightarrow S_{\text{四边形}BCDE} = 2S_{\triangle BIC}$$

证法 2 如图 13.5.2,过点 I 作 BI 的垂线交 AB, BC 分别于 F, G. 联结 DF.

则

$$\triangle BFI \cong \triangle BGI$$

易知

$$\angle CID = 45° = \angle CIG$$

有

$$\triangle CDI \cong \triangle CGI$$

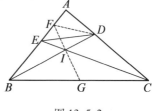

图 13.5.2

从而

$$IF = IG = ID$$

$\triangle IFD$ 是等腰直角三角形. 于是

$$\angle FDI = 45° = \angle EIB, IE \parallel DF$$

所以

$$S_{\triangle DEI} = S_{\triangle FEI}$$

从而

$$S_{\triangle BDE} = S_{\triangle BFI} = S_{\triangle BGI}$$

又

$$S_{\triangle CDI} = S_{\triangle CGI}$$

所以

$$S_{\triangle BDE} + S_{\triangle CDI} = S_{\triangle BIC} \Rightarrow S_{\text{四边形}BCDE} = 2S_{\triangle BIC}$$

证法 3 如图 13.5.3, 作 $DF \perp CI$ 交 BC 于 F, 联结 IF.

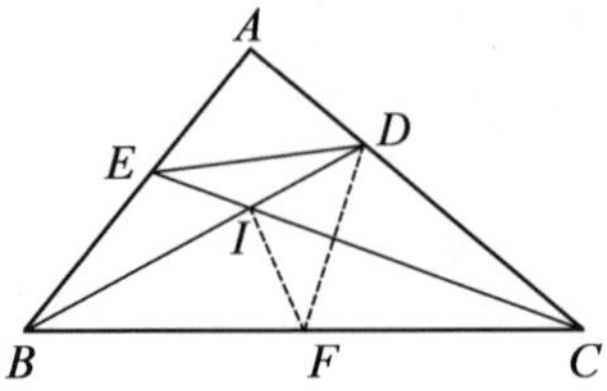

则 CI 是 DF 的中垂线
$$S_{\triangle CDI} = S_{\triangle CFI}$$
易知
$$\angle DIC = 45°$$
从而可知 $\triangle DIF$ 是等腰直角三角形. 因为
$$\angle BIE = 45° = \angle BDF, \angle EBI = \angle FBD$$
所以
$$\triangle BIE \backsim \triangle BDF$$
所以
$$\frac{BE}{BF} = \frac{BI}{BD} \Rightarrow BE \cdot BD = BF \cdot BI$$

图 13.5.3

所以
$$S_{\triangle BED} = \frac{1}{2} BE \cdot BD \sin \angle EBD = \frac{1}{2} BF \cdot BI \sin \angle FBI = S_{\triangle BIF}$$
于是
$$S_{\triangle CDI} + S_{\triangle BED} = S_{\triangle BIC} \Rightarrow S_{\text{四边形} BCDE} = 2S_{\triangle BIC}$$

证法 4 设 $\triangle ABC$ 中 $\angle A, \angle B, \angle C$ 的对边分别为 a, b, c, 则 $a^2 + b^2 + c^2$.

如图 13.5.4, 作 $IH \perp BC$ 于 H. 则
$$BH = \frac{1}{2}(a+c-b), CH = \frac{1}{2}(a+b-c)$$
所以
$$BH \cdot CH = \frac{1}{2}(a+c-b) \cdot \frac{1}{2}(a+b-c)$$
$$= \frac{1}{2} bc = \frac{1}{2} AB \cdot AC$$

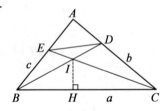

图 13.5.4

又由 $Rt\triangle ABD \backsim Rt\triangle HBI$ 有
$$\frac{BD}{BI} = \frac{AB}{BH}$$
同理
$$\frac{CE}{CI} = \frac{AC}{CH}$$

所以
$$\frac{S_{四边形BCDE}}{S_{\triangle BIC}} = \frac{\frac{1}{2}BD \cdot CE\sin\angle BIC}{\frac{1}{2}BI \cdot CI\sin\angle BIC} = \frac{AB \cdot AC}{BH \cdot CH} = 2$$

即
$$S_{四边形BCDE} = 2S_{\triangle BIC}$$

证法 5 设 $AB = c, AC = b, BC = a$.

由内角平分线性质,有
$$\frac{AE}{EB} = \frac{b}{a}$$

所以
$$\frac{AE}{c} = \frac{b}{a+b}, AE = \frac{bc}{a+b}, BE = c - AE = \frac{ac}{a+b}$$

所以
$$S_{\triangle CBE} = \frac{1}{2}BE \cdot b = \frac{abc}{2(a+b)}$$

又因为
$$\frac{CI}{IE} = \frac{a}{BE} = \frac{a+b}{c}, \frac{CI}{CE} = \frac{a+b}{a+b+c}$$

所以
$$S_{\triangle BIC} = \frac{a+b}{a+b+c} \cdot S_{\triangle CBE} = \frac{abc}{2(a+b+c)}$$

同理
$$AD = \frac{bc}{a+c}$$

所以
$$S_{四边形BCDE} = \frac{1}{2}bc - \frac{1}{2} \cdot \frac{bc}{a+b} \cdot \frac{bc}{a+c} = \frac{abc(a+b+c)}{2(a+b)(a+c)}$$

所以
$$\frac{S_{四边形BCDE}}{S_{\triangle BIC}} = \frac{(a+b+c)^2}{(a+b)(a+c)} = \frac{a^2+b^2+c^2+2ab+2bc+2ac}{a^2+ab+bc+ac}$$
$$= 2 \ (b^2 + c^2 = a^2)$$

即
$$S_{四边形BCDE} = 2S_{\triangle BIC}$$

证法 6 设 $AB=c, AC=b, BC=a, r$ 为 $\triangle ABC$ 的内切圆半径，则

$$r = \frac{2S_{\triangle ABC}}{a+b+c} = \frac{bc}{a+b+c}$$

由内角平分线性质，有 $\dfrac{AE}{EB} = \dfrac{b}{a}$，从而

$$\frac{AE}{c} = \frac{b}{a+b}, AE = \frac{bc}{a+b}$$

同理

$$AD = \frac{bc}{a+c}$$

$$S_{四边形BCDE} = S_{\triangle ABC} - S_{\triangle ADE} = \frac{1}{2}bc - \frac{1}{2}\cdot\frac{(bc)^2}{(a+b)(a+c)} =$$

$$\frac{abc(a+b+c)}{2(a^2+ab+ac+bc)} = \frac{abc(a+b+c)}{a^2+b^2+c^2+2ab+2ac+2bc} = \frac{abc}{a+b+c}$$

又

$$S_{\triangle BIC} = \frac{1}{2}ar = \frac{abc}{2(a+b+c)}$$

所以

$$S_{四边形BCDE} = 2S_{\triangle BIC}$$

例 6（2011 年斯洛文尼亚国家队选拔考试题）

设 M,N,P 分别为 $\triangle ABC$ 的边 AB,BC,CA 上的点，满足四边形 $CPMN$ 为平行四边形，AN 与 MP 交于点 R, BP 与 MN 交于点 S, AN 与 BP 交于点 Q. 设 T 为点 Q 在边 AB 上的投影. 证明：$S_{\triangle NQP} = S_{四边形TSQR}$.

证法 1 如图 13.6.1，联结 AS,RS.

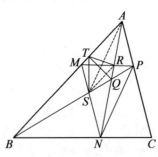

图 13.6.1

由
$$MN \mathbin{/\!/} AC \Rightarrow \frac{MS}{SN} = \frac{AP}{PC} = \frac{AP}{MN} = \frac{AR}{RN}$$
$$\Rightarrow SR \mathbin{/\!/} AM \Rightarrow SR \mathbin{/\!/} AB$$

此时
$$S_{\triangle TSR} = S_{\triangle ASR}$$

故
$$S_{四边形 TSQR} = S_{\triangle TSR} + S_{\triangle QSR} = S_{\triangle ASR} + S_{\triangle QSR} = S_{\triangle ASQ}$$

注意到
$$MN \mathbin{/\!/} AC$$

则
$$S_{\triangle PSN} = S_{\triangle ASN}$$

于是
$$S_{\triangle NQP} = S_{\triangle ASQ}$$

因此
$$S_{\triangle NQP} = S_{四边形 TSQR}$$

仔细观察图 13.6.2 与上述证明过程,不难发现题中的"T 为点 Q 在边 AB 上的投影"这个条件是多余的. 除去这个条件,将原题结论改为"证明:$S_{\triangle NQP} = S_{四边形 MSQR}$",岂不更好?

证法 2 如图 13.6.2,设 $AB = c, BC = a, CA = b, NC = d$.

在 $\square MNCP$ 中
$$MN \underline{\mathbin{/\!/}} PC$$
$$\Rightarrow \frac{MN}{AC} = \frac{BN}{BC} = \frac{a-d}{a}$$
$$\Rightarrow CP = MN = \frac{b(a-d)}{a}$$

对 $\triangle BMP$ 和直线 ARQ,应用梅涅劳斯定理得

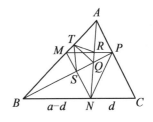

图 13.6.2

$$\frac{PQ}{QB} \cdot \frac{BA}{AM} \cdot \frac{MR}{RP} = 1$$
$$\Rightarrow \frac{PQ}{QB} \cdot \frac{BC}{CN} \cdot \frac{BN}{NC} = 1$$
$$\Rightarrow \frac{PQ}{QB} = \frac{d^2}{a(a-d)}$$
$$\Rightarrow \frac{PQ}{BP} = \frac{d^2}{a^2 - ad + d^2}$$

故

$$S_{\triangle NQP} = \frac{PQ}{BP} S_{\triangle PBN} = \frac{d^2}{a^2 - ad + d^2} \cdot \frac{BN}{BC} S_{\triangle BPC}$$

$$= \frac{d^2}{a^2 - ad + d^2} \cdot \frac{a-d}{a} \cdot \frac{CP}{AC} S_{\triangle ABC}$$

$$= \frac{d^2(a-d)^2}{a^2(a^2 - ad + d^2)} S_{\triangle ABC}$$

由

$$MN // AC, MP // BC \Rightarrow \frac{NR}{RA} = \frac{MN}{AP} = \frac{CP}{AP} = \frac{NS}{SM}$$

$$\Rightarrow SR // AM \Rightarrow SR // AB$$

$$\Rightarrow \frac{RQ}{QA} = \frac{SQ}{QB}$$

故

$$S_{四边形 TSQR} = S_{\triangle TSQ} + S_{\triangle TRQ}$$

$$= \frac{SQ}{BQ} S_{\triangle TBQ} + \frac{RQ}{AQ} S_{\triangle TAQ} = \frac{RQ}{AQ}(S_{\triangle TBQ} + S_{\triangle TAQ})$$

$$= \frac{RQ}{AQ} S_{\triangle ABQ} \qquad ①$$

对 $\triangle AMR$ 和直线 PQB，应用梅涅劳斯定理得

$$\frac{AB}{BM} \cdot \frac{MP}{PR} \cdot \frac{RQ}{QA} = 1 \Rightarrow \frac{RQ}{QA} = \frac{PR}{MP} \cdot \frac{BM}{BA} = \frac{d(a-d)}{a^2}$$

代入式①得

$$S_{四边形 TSQR} = \frac{d(a-d)}{a^2} S_{\triangle ABQ} = \frac{d(a-d)}{a^2} \cdot \frac{AQ}{AN} \cdot \frac{BN}{BC} S_{\triangle ABC}$$

$$= \frac{d(a-d)^2}{a^3} \cdot \frac{AQ}{AN} S_{\triangle ABC} \qquad ②$$

对 $\triangle BNQ$ 和直线 APC，应用梅涅劳斯定理得

$$\frac{BC}{CN} \cdot \frac{NA}{AQ} \cdot \frac{QP}{PB} = 1$$

$$\Rightarrow \frac{AQ}{AN} = \frac{BC}{CN} \cdot \frac{QP}{PB} = \frac{ad}{a^2 - ad + d^2}$$

代入式②得

$$S_{四边形 TSQR} = \frac{d^2(a-d)^2}{a^2(a^2 - ad + d^2)} S_{\triangle ABC} = S_{\triangle NPQ}$$

例7 分别过锐角 $\triangle ABC$ 的 3 个顶点作它的外接圆的 3 条直径 AA', BB', CC', 求证: $S_{\triangle ABC} = S_{\triangle A'CB} + S_{\triangle B'AC} + S_{\triangle C'BA}$.

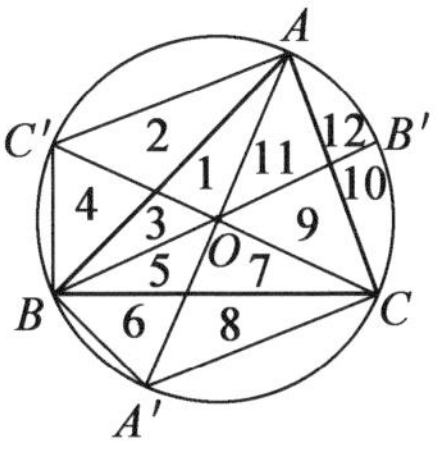

证法 1 所论图形中共有 12 个三角形编号如图 13.7.1 所示.

因 $\triangle AOC'$ 与 $\triangle AOC$ 等底同高.

则
$$S_1 + S_2 = S_{\triangle AOC'} = S_{\triangle AOC} = S_{11} + S_9$$

同理
$$S_3 + S_4 = S_5 + S_7, S_5 + S_6 = S_1 + S_3$$
$$S_7 + S_8 = S_9 + S_{11}, S_9 + S_{10} = S_5 + S_7$$
$$S_{11} + S_{12} = S_1 + S_3$$

将上述 6 个等式相加并消去共同项. 得到
$$S_1 + S_3 + S_5 + S_7 + S_9 + S_{11} = S_2 + S_4 + S_6 + S_8 + S_{10} + S_{12}$$

故
$$S_{\triangle ABC} = S_{\triangle A'CB} + S_{\triangle B'AC} + S_{\triangle C'BA}$$

图 13.7.1

证法 2 过点 A 作 $AD \underline{\parallel} CB$, 联结 BD, $C'D$, 于是四边形 $DBCA$ 为平行四边形.

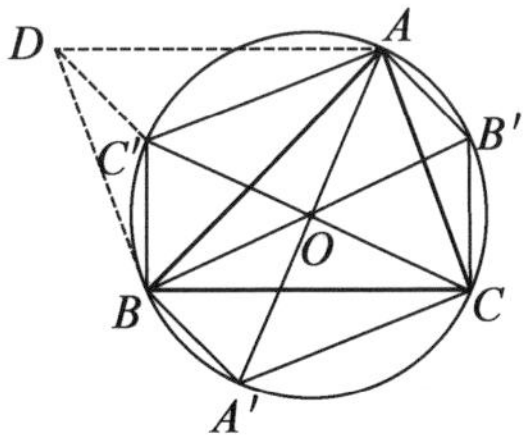

从而
$$\triangle ABC \cong \triangle BAD$$

于是
$$\triangle OC'B \cong \triangle OCB'$$

则
$$BC' \underline{\parallel} CB'$$

又因
$$BD \underline{\parallel} CA$$

则
$$\triangle BC'D \cong \triangle CB'A$$

同理
$$\triangle ADC' \cong \triangle CBA'$$

从而
$$S_{\triangle ABC} = S_{\triangle ABD} = S_{\triangle ABC'} + S_{\triangle BC'D} + S_{\triangle AC'D}$$

图 13.7.2

13 面积关系式

$$= S_{\triangle A'CB} + S_{\triangle B'AC} + S_{\triangle C'BA}.$$

证法 3 取 $\triangle ABC$ 的垂心 H,联结 AH,BH,CH,于是
$$AH \perp BC, BH \perp AC, CH \perp AB$$

因 AA', BB', CC' 都是直径.

则
$$BC' \perp BC$$

从而 $BC' \parallel HA$. 同理 $C'A \parallel BH$.

于是四边形 $C'BHA$ 为平行四边形.

同理四边形 $BA'CH$ 和 $AHCB'$ 都是平行四边形.

故
$$S_{\triangle ABC} = S_{\triangle ABH} + S_{\triangle BCH} + S_{\triangle CAH}$$
$$= S_{\triangle ABC'} + S_{\triangle A'CB} + S_{\triangle B'AC}$$

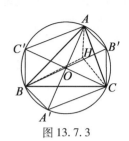

图 13.7.3

证法 4 设 BC, CA, AB 的中点分别为 D, E, F,联结 OD, OE, OF, DE, EF, FD,于是
$$\triangle DEF \backsim \triangle ABC, \triangle ODE \backsim \triangle C'BA$$
$$\triangle OEF \backsim \triangle A'CB, \triangle OFD \backsim \triangle B'AC$$

且相似比均为 $\dfrac{1}{2}$.

故
$$S_{\triangle ABC} = 4 S_{\triangle DEF}$$
$$= 4(S_{\triangle ODE} + S_{\triangle OEF} + S_{\triangle OFD})$$
$$= S_{\triangle C'BA} + S_{\triangle A'CB} + S_{\triangle B'AC}$$

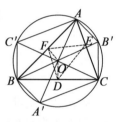

图 13.7.4

例 8 如图 13.8.1,在锐角 $\triangle ABC$ 的边 BC 上有两点 E, F,满足 $\angle BAE = \angle CAF$,作 $FM \perp AB, FN \perp AC$ (M, N 是垂足),延长 AE 交 $\triangle ABC$ 的外接圆于点 D. 证明:四边形 $AMDN$ 与 $\triangle ABC$ 的面积相等.

证法 1 联结 MN, BD, 如图 13.8.1.

因为 $FM \perp AB, FN \perp AC$, 所以 A, M, F, N 四点共圆,所以 $\angle AMN = \angle AFN$, 则
$$\angle AMN + \angle BAE = \angle AFN + \angle CAF = 90°$$

即 $MN \perp AD$. 所以
$$S_{\text{四边形}AMDN} = \dfrac{1}{2} AD \cdot MN$$

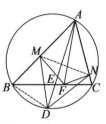

图 13.8.1

因为 $\angle CAF = \angle DAB$, $\angle ACF = \angle ADB$, 所以 $\triangle AFC \backsim \triangle ABD$. 则有
$$\frac{AF}{AB} = \frac{AC}{AD}$$
即
$$AB \cdot AC = AD \cdot AF$$

又 AF 是过 A, M, F, N 四点圆的直径,所以 $\dfrac{MN}{\sin \angle BAC} = AF$,则
$$MN = AF \cdot \sin \angle BAC$$
于是
$$\begin{aligned} S_{四边形AMDN} &= \frac{1}{2} AD \cdot MN \\ &= \frac{1}{2} AD \cdot AF \cdot \sin \angle BAC \\ &= \frac{1}{2} AB \cdot AC \cdot \sin \angle BAC \\ &= S_{\triangle ABC} \end{aligned}$$

证法 2 如图 13.8.2,作 $AH \perp BC$ 于 H,联结 $MH, NH,$ DH, DB, DC, DN,显然 A, M, F, H, N 五点共圆. 所以

$$\begin{aligned} \angle MHB &= \angle MAF = \angle BAE + \angle EAF \\ &= \angle CAF + \angle EAF = \angle CAE \\ &= \angle CBD \end{aligned}$$

所以 $MN // BD$,从而 $S_{\triangle BMH} = S_{\triangle DHM}$.

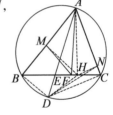

图 13.8.2

同理 $\angle CHN = \angle CAF = \angle BAE = \angle BCD$, 故 $NH // DC$, 所以 $S_{\triangle CHN} = S_{\triangle DNH}$,于是
$$S_{四边形AMHN} + S_{\triangle BMH} + S_{\triangle CHN} = S_{四边形AMHN} + S_{\triangle DHM} + S_{\triangle DNH}$$
即
$$S_{\triangle ABC} = S_{四边形AMDN}$$

证法 3 设 $\angle BAD = \angle CAF = \alpha$, $\angle DAF = \beta$,则
$$\begin{aligned} S_{四边形AMDN} &= \frac{1}{2}[AM \cdot AD \cdot \sin \alpha + AN \cdot AD \cdot \sin(\alpha + \beta)] \\ &= \frac{1}{2}[AF \cdot \cos(\alpha + \beta) \cdot AD \cdot \sin \alpha + AF \cdot \cos \alpha \cdot AD \cdot \sin(\alpha + \beta)] \\ &= \frac{1}{2} AF \cdot AD \cdot \sin(\alpha + \alpha + \beta) = \frac{1}{2} AF \cdot AD \cdot \sin A \end{aligned}$$

因为 $\angle BAD = \angle FAC$，$\angle ADB = \angle ACF$，所以 $\triangle ABD \backsim \triangle AFC$，则 $\dfrac{AB}{AF} = \dfrac{AD}{AC}$，即 $AF \cdot AD = AB \cdot AC$，从而 $S_{\text{四边形}AMDN} = \dfrac{1}{2} AB \cdot AC \cdot \sin A = S_{\triangle ABC}$.

14 不等式

例1 在△ABC中,AB = 2AC,求证:∠C > 2∠B.

证法1 如图14.1.1,在BC上取点D,使DB = DA.

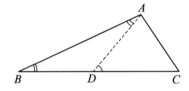

图 14.1.1

因
$$2DA > AB$$

则
$$DA > \frac{AB}{2} = AC$$

从而
$$\angle ACD > \angle ADC$$

即
$$\angle C > 2\angle B$$

证法2 如图14.1.2,用∠C的平分线在AB上取点D,使AD:DB = 1:3.

因
$$AE:EB = AC:BC > AC:(AC+AB) = 1:3$$

即
$$AE:EB > 1:3$$

从而D在AE之间.

于是
$$\angle ACE > \angle DCA$$

即
$$\frac{\angle C}{2} > \angle DCA$$

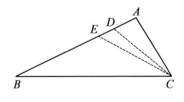

图 14.1.2

又
$$AD = \frac{1}{3}DB = \frac{1}{4}AB = \frac{1}{2}AC$$

则

有
$$\triangle ADC \backsim \triangle ACB$$

故
$$\angle DCA = \angle B$$

即
$$\frac{\angle C}{2} > \angle B$$

$$\angle C > 2\angle B$$

证法 3 如图 14.1.3,在 AC 上取点 D,使 $\angle DBC = \angle B$. 由角平分线性质定理知

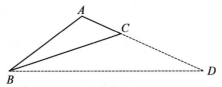

图 14.1.3
$$\frac{DB}{DC} = \frac{AB}{AC} = \frac{2}{1}$$

从而
$$BC > BD - DC = 2DC - DC = DC$$

则
$$\angle CDB > \angle CBD$$

故
$$\angle C = \angle CDB + \angle CBD > 2\angle CBD = 2\angle B$$

证法 4 如图 14.1.4,在 BC 上取点 D,使 $CD = AC$.

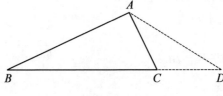

图 14.1.4

因

则
$$AB = 2AC = AC + CD > AD$$
从而
$$\angle ADB > \angle ABD$$
即
$$2\angle ADB > 2\angle B$$
$$\angle C > 2\angle B$$

证法 5 因 $AB = 2AC$,则
$$\sin\angle C = 2\sin\angle B$$
从而
$$2\sin\frac{\angle C}{2}\cos\frac{\angle C}{2} = 2\sin\angle B$$
即
$$\sin\frac{\angle C}{2} = \frac{\sin\angle B}{\cos\frac{C}{2}} > \sin\angle B$$

又 $\angle B < \angle C$,则 $\angle B < 90°$.
而
$$\frac{\angle C}{2} < 90°$$
则
$$\frac{\angle C}{2} > \angle B$$

故 $\angle C > 2\angle B$.

例 2 在 $\triangle ABC$ 中,若 $\angle A = 90°$,AD 为斜边 BC 上的高,则 $AB + AC < AD + BC$.

证法 1 由 $\triangle ABC \backsim \triangle DAC$,
有
$$\frac{BC}{AB} = \frac{AC}{AD}$$
即
$$\frac{BC - AB}{AB} = \frac{AC - AD}{AD}$$
从而

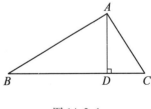

图 14.2.1

$$\frac{BC-AB}{AC-AD} = \frac{AB}{AD} > 1$$

则
$$BC - AB > AC - AD$$

故
$$AB + AC < BC + AD$$

证法 2 因 $AB \cdot AC = BC \cdot AD = \frac{1}{2}S_{\triangle ABC}$.

则
$$2AB \cdot AC < 2BC \cdot AD + AD^2$$

因
$$AB^2 + AC^2 = BC^2$$

则
$$AB^2 + 2AB \cdot AC + AC^2 < BC^2 + 2AB \cdot AD + AD^2$$

即
$$(AB + AC)^2 < (BC + AD)^2$$

故
$$AB + AC < BC + AD$$

证法 3 作 $\angle DAC$ 的平分线交 BC 于 E,过 E 作 $EF \perp AC$ 交 AC 于 F,则 $Rt\triangle ADE \cong Rt\triangle AEF$.

从而 $AD = AF$,$\angle AED = \angle AEF$,$EF \parallel AB$,$\angle AEF = \angle BAE$,$\angle AED = \angle BAE$.

则 $AB = BE$. 又在 $Rt\triangle CEF$ 中,$CE > FC$.

于是 $AD + BC = AD + BE + EC > AF + AB + FC$.

即 $AD + BC > AB + AC$.

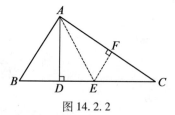

图 14.2.2

证法 4 如图 14.2.3 在 BC 上取 $BE = AB$,过点 E 作 $EF \parallel AB$ 交 AC 于点 F,过点 F 作 $FH \parallel BC$ 交 AB 于点 H,则 $Rt\triangle ABD \cong Rt\triangle AHF$.

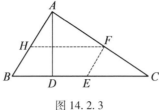

图 14.2.3

从而 $AD = AF$. 又在 Rt$\triangle CEF$ 中, $CE > CF$, 从而推得 $AD + BC > AB + AC$.

证法 5 如图 14.2.4, 在边 BC 上取 $BE = AB$, 过点 E 作 $EG /\!/ AC$ 交 AB 于点 G, 作 $EF /\!/ AB$ 交 AC 于点 F, 联结 AE, 则 $AF = GE = AD$. 又在 Rt$\triangle CEF$ 中, $CE > CF$, 从而可得

$$AD + BC > AB + AC$$

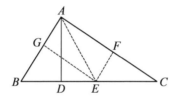

图 14.2.4

证法 6 如图 14.2.5, 取 $BE = AB$, $AF = AD$, 联结 AE, EF.

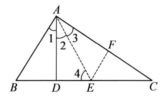

图 14.2.5

因

$$\angle 4 = \angle 1 + \angle 2 = \angle 1 + \angle 3$$

则

$$\angle 2 = \angle 3$$

故

$$\triangle ADE \cong \triangle AFE$$

从而

$$\angle AFE = 90°$$

故

$$\triangle CEF \text{ 为直角三角形}$$

即 $CE > CF$,从而推得

$$AD + BC > AB + AC$$

证法 7 如图 14.2.6,取 $BE = AB, CF = CE$,联结 AE, EF,作 $EG \perp AC$ 于 G,则 $\angle CFE = \angle CEF < 90°$,故垂足 G 在 C, F 之间,于是

$$\triangle ADE \cong \triangle AGE$$

则 $AG = AD$. 但 $AG > AF$.

从而 $AD > AF$. 故 $AD + BC > AB + AC$.

证法 8 如图 14.2.6,令 $BC = a, AC = b, AB = c, AD = b$,因 $a + h - b - c = a + \dfrac{bc}{a} - b - c = \dfrac{(a-b)(a-c)}{a} > 0$,则 $a + h > b + c$.

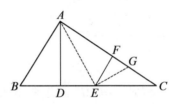

图 14.2.6

即

$$AD + BC > AB + AC$$

证法 9 如图 14.2.7,作 Rt$\triangle ABC$ 的内切圆 O,分别与 AB, BC, CA 相切于 E, F, G. $AE = AG = r$(内切圆半径). 设 AD 交 OE 于 P,则 $AP > AE, PD \geq OF$.

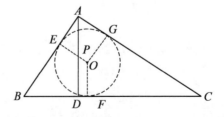

图 14.2.7

从而 $AD > AE + AG$,又 $BE = BF, CF = CG$.

故有

$$AD+BC>AB+AC.$$

证法 10 假设 $AB+AC \geqslant BC+AD$.

因
$$BC=\sqrt{AB^2+AC^2}$$
$$AD=\frac{AB \cdot AC}{\sqrt{AB^2+AC^2}}$$
$$AB+AC \geqslant \sqrt{AB^2+AC^2}+\frac{AB \cdot AC}{\sqrt{AB^2+AC^2}}$$

则
$$(AB^2+AC^2)(AB+AC)^2 \geqslant (AB^2+AC^2+2AB \cdot AC)^2$$

化简得
$$0 \geqslant AB^2 \cdot AC^2$$

这显然不可能.

从而假设 $AB+AC \geqslant BC+AD$ 不成立.

故
$$AB+AC<BC+AD$$

证法 11 如图 14.2.8,将 Rt△ADC 旋转 90° 到△AD'C',则 B,A,C'三点共线.

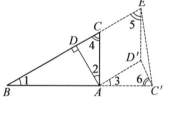

图 14.2.8

从而
$$BC'=BA+AC'=BA+AC$$

延长 BC 到点 E,使 $CE=DA$,则
$$BE=BC+AD$$

又
$$D'A=DA$$

则
$$CE=AD'$$

由
$$\angle 3=\angle 2=\angle 1$$

有
$$AD' /\!/ BE$$

即
$$AD' /\!/ CE$$

从而 $CED'A$ 为平行四边形

有
$$\angle 5 = \angle 4 = \angle 6$$

即
$$\angle 5 = \angle 6 \qquad ①$$

由 $CED'A$ 为平行四边形

知
$$D'E = AC$$

因
$$D'C' = DC(\triangle AD'C' \cong \triangle ADC)$$
$$AC > DC$$

则
$$D'E > D'C'$$

即
$$\angle D'EC' < \angle D'C'E \qquad ②$$

① + ② 得
$$\angle BEC' < \angle BC'E$$

从而
$$BC' < BE$$

故
$$AB + AC < BC + AD$$

例 3 已知 AD 为 $\triangle ABC$ 的平分线,则 $AD < \sqrt{AB \cdot AC}$.

证法 1 如图 14.3.1,设 $\angle A = 2\alpha$.

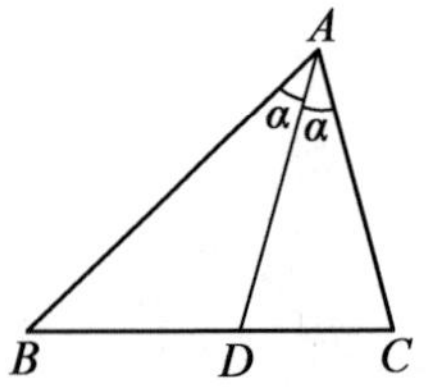

由
$$S_{\triangle ABD} + S_{\triangle ACD} = S_{\triangle ABC}$$

知
$$AB \cdot AD\sin\alpha + AC \cdot AD\sin\alpha = AB \cdot AC\sin 2\alpha$$

则
$$(AB + AC)AD = 2AB \cdot AC\cos\alpha$$

从而
$$AD = \frac{2AB \cdot AC}{AB + AC}\cos\alpha$$

图 14.3.1

$$< \frac{2AB \cdot AC}{AB + AC}$$

$$< \frac{2AB \cdot AC}{2\sqrt{AB \cdot AC}}$$

$$= \sqrt{AB \cdot AC}$$

故

$$AD < \sqrt{AB \cdot AC}$$

证法 2 如图 14.3.2,在 AC 上取一点 E,使 $\angle ADE = \angle ABC$. 这之所以能办到,是因为 $\angle ADC > \angle B$.

不难证明 $\triangle ABD \backsim \triangle ADE$.

有

$$\frac{AB}{AD} = \frac{AD}{AE}$$

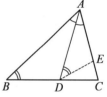

图 14.3.2

从而

$$AD^2 = AB \cdot AE < AB \cdot AC$$

故

$$AD < \sqrt{AB \cdot AC}$$

证法 3 如图 14.3.3,在 AD 延长线上取一点 F 使 $\angle FBC = \angle DAC$.

则 A, B, F, C 四点共圆.

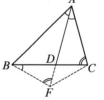

从而

$$\angle BFA = \angle BCA$$

图 14.3.3

显然

$$\triangle ABF \backsim \triangle ADC$$

有

$$\frac{AB}{AF} = \frac{AD}{AC}$$

从而

$$AB \cdot AC = AF \cdot AD > AD^2$$

故

$$AD < \sqrt{AB \cdot AC}$$

证法 4 由 Schooten 定理,有 $AD^2 = AB \cdot AC - BD \cdot DC < AB \cdot AC$,故 $AD <$

$\sqrt{AB \cdot AC}$.

例4 已知 O 为锐角三角形的外心,O 到三边的距离分别为 OD, OE, OF. 求证

$$AB + BC + CA > 2(OD + OE + OF)$$

证法1 如图 14.4.1,在 $\triangle DEF$ 中,注意形内一点到各顶点的距离小于其周长.

知

$$OD + OE + OF < DE + EF + FD$$

从而

$$2(OD + OE + OF) < 2(DE + EF + FD)$$
$$= 2DE + 2EF + 2FD$$
$$= AB + BC + CA$$

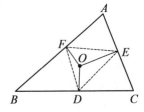

图 14.4.1

由于 O 为外心,易证得 D, E, F 分别为边 BC, CA, AB 上的中点,这一结果在后面几种方法证明中经常用到.

故 $AB + BC + CA > 2(OE + OD + OF)$.

证法2 如图 14.4.2,延长 OD、OE、OF 分别至点 D', E', F',使 $DD' = OD$,$EE' = OE$,$FF' = OF$. 联结 $D'E, E'F', F'D', DE, EF, FD$.

在 $\triangle D'E'F'$ 中,

因

$$D'E' + E'F' + F'D' >$$
$$OD' + OE' + OF'$$

而

$$D'E = 2DE = AB$$
$$E'F' = 2EF = BC$$
$$F'D' = 2FD = AC$$

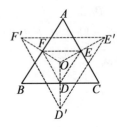

图 14.4.2

则

$$AB + BC + CA > OD' + OE' + OF' = 2OD + 2OE + 2OF$$
$$= 2(OD + OE + OF)$$

故

$$AB + BC + CA > 2(OD + OE + OF)$$

证法3 如图 14.4.3,作 $\triangle ABC$ 的三高 AD_1, BE_1, CF_1.

由

$$\frac{OD}{AD_1}+\frac{OE}{BE_1}+\frac{OF}{CF_1}$$
$$=\frac{S_{\triangle DOC}}{S_{\triangle ABC}}+\frac{S_{\triangle AOC}}{S_{\triangle ABC}}+\frac{S_{\triangle AOB}}{S_{\triangle ABC}}$$
$$=\frac{S_{\triangle POC}+S_{\triangle AOC}+S_{\triangle AOB}}{S_{\triangle ABC}}$$
$$=1$$

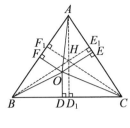

图 14.4.3

即
$$\frac{OD}{AD_1}+\frac{OE}{BE_1}+\frac{OF}{CF_1}=1$$

不妨设
$$AD_1 \geqslant BE_1 \geqslant CF_1$$

则
$$\frac{OD_1}{AD_1}+\frac{OE}{AD_1}+\frac{OF}{AD_1}\leqslant 1$$

从而
$$OD+OE+OF \leqslant AD_1 < AC+BC$$

则
$$2(OD+OE+OF) \leqslant 2AD_1 < AC+BC+AB$$

故
$$AB+BC+CA > 2(OD+OE+OF)$$

证法 4 如图 14.4.4,延长 AO,BO,CO 分别交 BC,CA,AB 于点 D_2,E_2,F_2.

因
$$\frac{OD_2}{AD_2}+\frac{OE_2}{BE_2}+\frac{OF_2}{CF_2}$$
$$=\frac{S_{\triangle BOC}}{S_{\triangle ABC}}+\frac{S_{\triangle OCA}}{S_{\triangle ABC}}+\frac{S_{\triangle ABO}}{S_{\triangle ABC}}$$
$$=\frac{S_{\triangle OBC}+S_{\triangle OCA}+S_{\triangle ABO}}{S_{\triangle ABC}}$$
$$=1$$

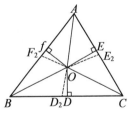

图 14.4.4

不妨设 $AD_2 \geqslant BE_2 \geqslant CF_2$.

则
$$OD_2+OE_2+OF_2 \leqslant AD_2$$

有
$$2(OD_2 + OE_2 + OF_2) \leq 2AD_2$$
$$< AB + BD_2 + AC + D_2C$$
$$= AB + BC + CA \qquad ①$$

又
$$OD + OE + OF < OE_2 + OD_2 + OF_2 \qquad ②$$

由①②得
$$AB + BC + CA > 2(OD + OE + OF)$$

证法5 因
$$S_{\triangle BOC} + S_{COA} + S_{AOB} = S_{\triangle ABC}$$

则
$$OD \cdot BC + OE \cdot AC + OF \cdot AB = 2S_{\triangle ABC}$$

不妨设 $AB \geq BC \geq AC$.

则
$$AC(OD + OE + OF)$$
$$\leq OD \cdot BC + OE \cdot AC + OF \cdot AB$$
$$= 2S_{\triangle ABC}$$

又
$$S_{\triangle ABC} = \frac{1}{2} BC \cdot AC \sin\angle C$$
$$< \frac{1}{2} BC \cdot AC (因\angle C 为锐角)$$

则
$$AC(OD + OE + OF) < 2 \cdot \frac{1}{2} BC \cdot AC = BC \cdot AC$$

由于
$$AC \neq 0$$

从而
$$2(OD + OE + OF) < 2BC < AB + BC + CA$$

故
$$AB + BC + CA > 2(OD + OE + OF)$$

证法 6 如图 14.4.5,作 △ABC 三高 AD_1, BE_1, CF_1. D_1, E_1, F_1 分别为垂足,设垂心为 H.

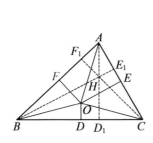

图 14.4.5

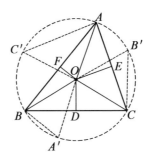

图 14.4.6

在 △ABH 中,由①②得
$$AB + BC + CA > 2(OD + OE + OF)$$

证法 7 如图 14.4.6,作 △ABC 的外接圆. 延长 AO, BO, CO 分别交圆 O 于点 A', B', C'.

由于 △ABC 为锐角三角形,故外心 O 必在该三角形的内部,于是点 A', B', C' 必分别在 $\overset{\frown}{BC}, \overset{\frown}{AC}, \overset{\frown}{AB}$ 上.

从而
$$A'B < BC$$
$$B'C < AC$$
$$C'A < AB$$

则
$$AB + BC + CA > A'B + B'C + C'A \qquad ①$$

又根据三角形的中位线性质得
$$A'B = 2OF, B'C = 2OD, C'A = 2OE$$

则
$$A'B + B'C + C'A = 2(OD + OE + OF) \qquad ②$$

又
$$\frac{AH}{\sin \angle ABH} = \frac{AH}{\sin \angle AHB}$$

则

$$AH = \frac{AB}{\sin\angle AHB} \cdot \sin\angle ABH$$

$$= \frac{AB}{\sin\angle C}\cos\angle A$$

$$= 2R\cos\angle A(\text{其中 } R \text{ 为}\triangle ABC \text{ 外接圆的半径})$$

$$= 2R \cdot \cos\angle BOD$$

$$= 2R \cdot \frac{OD}{R}$$

$$= 2 \cdot OD(\text{或直接由卡诺定理有 } AH = 2OD)$$

同理可得
$$BH = 2 \cdot OE$$
$$CH = 2 \cdot OF$$

从而
$$AH + BH + CH = 2(OD + OE + OF) \quad ③$$

在 $\triangle ABC$ 中,对点 H 有
$$AH + BH + CH < AB + BC + CA \quad ④$$

由③④可得
$$AB + BC + CA > 2(OD + OE + OF)$$

证法 8 如图 14.4.7,在 $\text{Rt}\triangle OBD$ 中

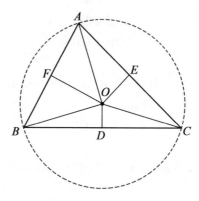

图 14.4.7

$$\sin\angle OBD = \frac{OD}{OB}$$

则
$$OD = OB\sin\angle OBD < OB\sin\angle ABC$$

$$= OB \cdot \frac{AC}{2OB} = \frac{AC}{2} \qquad ⑤$$

同理可得
$$OE < \frac{AB}{2} \qquad ⑥$$

$$OF < \frac{BC}{2} \qquad ⑦$$

⑤ + ⑥ + ⑦ 得
$$AB + BC + CA > 2(OD + OE + OF)$$

例 5 已知 $\triangle ABC$，设 I 是它的内心，角 A,B,C 的内角平分线分别交其对边于 A',B',C'. 求证：$\dfrac{1}{4} < \dfrac{AI \cdot BI \cdot CI}{AA' \cdot BB' \cdot CC'} \leqslant \dfrac{8}{27}$.

证法 1 如图 14.5.1，记 $BC=a, CA=b, AB=c$. 易证

$$\frac{AI}{AI'} = \frac{b+c}{a+b+c}, \quad \frac{BI}{BB'} = \frac{a+c}{a+b+c}$$

$$\frac{CI}{CI'} = \frac{a+b}{a+b+c}$$

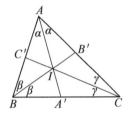

图 14.5.1

由平均不等式可得

$$\frac{AI \cdot BI \cdot CI}{AA' \cdot BB' \cdot CC'} = \frac{b+c}{a+b+c} \cdot \frac{a+c}{a+b+c} \cdot \frac{a+b}{a+b+c}$$

$$\leqslant \left[\frac{1}{3}\left(\frac{b+c}{a+b+c} + \frac{a+c}{a+b+c} + \frac{a+b}{a+b+c}\right)\right]^3 = \frac{8}{27}$$

另一方面，记 $x = \dfrac{b+c}{a+b+c}, y = \dfrac{a+c}{a+b+c}, z = \dfrac{a+b}{a+b+c}$. 显然有 $x+y+z=2$，$x > \dfrac{b+c+a}{2(a+b+c)} > \dfrac{1}{2}$，一样地 $y > \dfrac{1}{2}, z > \dfrac{1}{2}$. 由三角形两边之和大于第三边的性质可知

$$|x-y| < |1-z|$$

于是

$$\frac{AI \cdot BI \cdot CI}{AA' \cdot BB' \cdot CC'} = xyz > \frac{1}{2} \cdot \left(2 - \frac{1}{2} - z\right) \cdot z = \frac{1}{2}\left[-\left(z - \frac{3}{4}\right)^2 + \frac{9}{16}\right]$$

又 $\dfrac{1}{2} < z < 1$，所以

$$\frac{AI \cdot BI \cdot CI}{AA' \cdot BB' \cdot CC'} > \frac{1}{4}$$

证法 2 易证 $\dfrac{AI}{AA'} = \dfrac{b+c}{a+b+c}$, $\dfrac{BI}{BB'} = \dfrac{a+c}{a+b+c}$, $\dfrac{CI}{CC'} = \dfrac{a+b}{a+b+c}$.

则只须证明

$$\dfrac{1}{4} < \dfrac{(b+c)(a+c)(a+b)}{(a+b+c)^3} \leq \dfrac{8}{27} \qquad ①$$

由平均不等式得

$$(b+c)(a+c)(a+b) \leq \left(\dfrac{b+c+a+c+a+b}{3}\right)^3 = \dfrac{8}{27}(a+b+c)^3$$

从而式①右边成立.

又

$$\dfrac{b+c}{a+b+c} > \dfrac{b+c+a}{2(a+b+c)} = \dfrac{1}{2}$$

同样

$$\dfrac{a+c}{a+b+c} > \dfrac{1}{2}, \dfrac{a+b}{a+b+c} > \dfrac{1}{2}$$

可设

$$\dfrac{b+c}{a+b+c} = \dfrac{1+\alpha}{2}, \dfrac{a+c}{a+b+c} = \dfrac{1+\beta}{2}, \dfrac{a+b}{a+b+c} = \dfrac{1+\gamma}{2}$$

其中 α, β, γ 均为正数, 且 $\alpha + \beta + \gamma = 1$. 于是

$$\dfrac{(b+c)(a+c)(a+b)}{(a+b+c)^3} = \dfrac{(1+\alpha)(1+\beta)(1+\gamma)}{8}$$

$$> \dfrac{1+\alpha+\beta+\gamma}{8} = \dfrac{1}{4}$$

证法 3 这里再给出式①左边的一种证法. 令

$$c = x+y, b = y+z, a = z+x$$

则

$$4(b+c)(a+c)(a+b) > (a+b+c)^3$$

$$\Leftrightarrow 4(x+y+y+z)(z+x+x+y)(z+x+y+z) > 8(x+y+z)^3$$

$$\Leftrightarrow (x+y+z)^3 + (x+y+z)^2(x+y+z) +$$

$$(xy+xz+yz)(x+y+z) + xyz > z(x+y+z)^3$$

因为 $x, y, z > 0$, 所以上式显然成立.

证法 4 设 $\triangle ABC$ 各内角的半角为 α, β, γ, 内切圆半径为 r, 则

$$\alpha+\beta+\gamma=\frac{\pi}{2}$$

$$AI=\frac{r}{\sin\alpha}, IA'=\frac{r}{\sin(\alpha+2\beta)}$$

易得

$$\frac{AI}{AA'}=\frac{1}{2}(1+\tan\beta\tan\gamma)$$

同理

$$\frac{BI}{BB'}=\frac{1}{2}(1+\tan\gamma\tan\alpha)$$

$$\frac{CI}{CC'}=\frac{1}{2}(1+\tan\alpha\tan\beta)$$

易证

$$\tan\alpha\tan\beta+\tan\beta\tan\gamma+\tan\gamma\tan\alpha=1$$

由均值不等式可得

$$\frac{AI\cdot BI\cdot CI}{AA'\cdot BB'\cdot CC'}\leqslant\frac{1}{8}\left[\frac{1}{3}(1+1+1+\tan\alpha\tan\beta+\tan\beta\tan\gamma+\tan\gamma\tan\alpha)\right]^3=\frac{8}{27}$$

另一方面

$$\frac{AI\cdot BI\cdot CI}{AA'\cdot BB'\cdot CC'}=\frac{1}{8}(1+\tan\beta\tan\gamma)(1+\tan\gamma\tan\alpha)(1+\tan\alpha\tan\beta)$$

$$>\frac{1}{8}(1+1)=\frac{1}{4}$$

例6 (1999 年第 8 届中国台湾数学奥林匹克题)已知过锐角 $\triangle ABC$ 顶点 A,B,C 的垂线分别交对边于 $D,E,F,AB>AC$,直线 EF 交 BC 于 P,过点 D 且平行 EF 的直线分别交 AC,AB 于 Q,R,N 是 BC 上的一点,且 $\angle NQP+\angle NRP<180°$. 求证: $BN>CN$.

证法 1 如图 14.6.1,取 BC 中点 M,只须证明 $\angle MRP+\angle MQP=180°$,即 R,M,Q,P 四点共圆.

因三角形的三高共点,由塞瓦定理和梅涅劳斯定理得

$$\frac{AF}{FB}\cdot\frac{BD}{DC}\cdot\frac{CE}{EA}=1=\frac{AF}{FB}\cdot\frac{BP}{PC}\cdot\frac{CE}{EA}$$

所以

$$\frac{BD}{DC} = \frac{BP}{PC} = \frac{BD+DP}{DP-DC}$$

即

$$BD \cdot DP - BD \cdot DC = BD \cdot DC + DC \cdot DP$$
$$2BD \cdot DC = (BD - DC) \cdot DP$$

易知

$$BD - DC = 2DM$$

所以

$$BD \cdot DC = DM \cdot DP$$

又因为 B,F,E,C 四点共圆,$RQ /\!/ FE$,所以

$$\angle RBC = \angle AEF = \angle CQR$$

所以 R,B,Q,C 四点共圆,所以

$$RD \cdot DQ = BD \cdot DC = DM \cdot DP$$

故 R,M,Q,P 四点共圆,即

$$\angle MRP + \angle MQP = 180°$$

当 $N \in BC$ 且 $\angle NQP + \angle NRP < 180°$,$N$ 必在 M 与 C 之间,故 $BN > CN$.

注 由此证法知,可把条件"过锐角 $\triangle ABC$ 顶点 A,B,C 的垂线分别交对边于 D,E,F."减弱为:"在 $\triangle ABC$ 中,点 D,E,F 分别在 BC,CA,AB 上,AD,BE,CF 三线共点,且 B,F,E,C 四点共圆".

证法 2 如图 14.6.2,取 BC 的中点 M,联结 DE,ME. 易知

$$\angle CPE = \angle BCE - \angle CEP = \angle C - \angle B$$
$$\angle DEM = \angle DEB - \angle BEM = \angle DAB - \angle EBM$$
$$= (90° - \angle B) - (90° - \angle C) = \angle C - \angle B$$

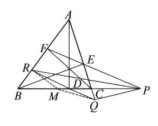

图 14.6.1

所以

$$\angle DEM = \angle CPE \Rightarrow EM^2 = MD \cdot MP$$

又

$$EM = BM = BD - MD$$
$$EM = MC = MD + DC$$

则

$$BD - DC = 2MD$$

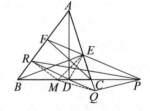

图 14.6.2

所以

$$(BD - MD)(MD + DC) = MD \cdot (MD + DP)$$

即

$$BD \cdot DC + MD \cdot (BD - DC - MD) = MD^2 + MD \cdot DP$$

亦即
$$BD \cdot DC = MD \cdot DP$$

以下同证法1.

证法3 如图14.6.2,取 BC 的中点 M,联结 DE.

易证
$$\angle DEC = \angle B = \angle CEP$$
$$\angle FEB = \angle FCB = \angle BED$$

由三角形内,外角平分线定理得
$$\frac{CP}{DC} = \frac{EP}{ED} = \frac{BP}{BD}$$

从而
$$\frac{BD}{DC} = \frac{BP}{PC} = \frac{BP + DP}{DP - DC}$$

以下同证法1(略).

证法4 如图14.6.2,取 BC 的中点 M,由九点圆定理知,M,F,E,D 四点共圆. 又 B,F,E,C 四点共圆,所以
$$PD \cdot PM = PE \cdot PF = PC \cdot PB$$

亦即
$$PD \cdot (PD + DM) = (PD - DC)(PD + BD)$$

从而
$$PD^2 + PD \cdot DM = PD^2 + PD(BD - DC) - BD \cdot DC$$

于是
$$BD \cdot DC = PD \cdot DM (注意 BD - DC = 2DM)$$

以下同证法1(略)

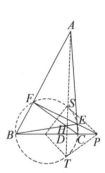

图 14.6.3

证法5 如图14.6.3,设 H 为 $\triangle ABC$ 的垂心,取 BC 的中点 M,易知 B,F,E,C 四点共圆,其圆心为 M.

过点 P 作圆 M 的两条切线,S,T 为其切点.

由 $A 、S、H、T$ 四点共线. 而 H 在 AD 上,则 A,S,H,D,H 五点共线.

因 $MS' \perp PS, MT \perp PT$. 则 M,S,P,T 四点共圆

所以 $BD \cdot DC = DS \cdot DT = DM \cdot DP$. 以下同证法1(略).

例7 (2006年第47届IMO题)设 I 为 $\triangle ABC$ 的内心,P 是 $\triangle ABC$ 内部的一点,且满足 $\angle PBA + \angle PCA = \angle PBC + \angle PCB$. 证明:$AP \geq AI$,并说明等号成立

的充分必要条件是 $P = I$.

证法 1 如图 14.7.1, 作 $\triangle ABC$ 的外接圆, 延长 AI 交外接圆于点 D, 联结 DB, DP, DC, IB, IC.

由 I 为 $\triangle ABC$ 的内心, 可证得
$$DB = DI = DC$$

且易知
$$\angle IBC + \angle ICB = \frac{1}{2}(\angle ABC + \angle ACB)$$

又因
$$\angle PBA + \angle PCA = \angle PBC + \angle PCB = \frac{1}{2}(\angle ABC + \angle ACB)$$

故
$$\angle BIC = \angle BPC$$

B, I, P, C 四点共圆, 圆心为 D, 因此 $DP = DI$. 于是
$$AP + PD \geqslant AD = AI + ID, DP = DI$$

故 $AP \geqslant AI$. 当且仅当 $P = I$ 时 $AP = AI$ 成立.

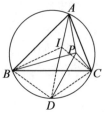

图 14.7.1

证法 2 如图 14.7.2, 由 I 为 $\triangle ABC$ 的内心, 易知
$$\angle IBC + \angle ICB = \frac{1}{2}(\angle ABC + \angle ACB)$$

又因
$$\angle PBA + \angle PCA = \angle PBC + \angle PCB$$
$$= \frac{1}{2}(\angle ABC + \angle ACB)$$

故
$$\angle BIC = \angle BPC$$

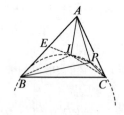

图 14.7.2

所以 $B 、 I 、 P 、 C$ 四点共圆, 记此圆为 ω, 不妨设点 P 在圆 ω 之 $\overset{\frown}{CI}$ 上, 设直线 PI 交 AB 于 E. 则

$$\angle AIP = \angle IAE + \angle AEI = \frac{1}{2}\angle A + \angle EBI + \angle BIE$$
$$= \frac{1}{2}\angle A + \frac{1}{2}\angle B + \angle BCP$$
$$\geqslant \frac{1}{2}\angle A + \frac{1}{2}\angle B + \frac{1}{2}\angle C = 90°$$

因此, 在 $\triangle AIP$ 中, 有 $AP \geqslant AI$, 等号成立的充分必要条件是 $P = I$.

证法 3 如图 14.7.3，延长 AI 交 $\triangle ABC$ 的外接圆于 D，联结 DB,DC. 由 I 为 $\triangle ABC$ 的内心，可证得 $DB = DI = DC$，且易知

$$\angle IBC + \angle ICB = \frac{1}{2}(\angle ABC + \angle ACB)$$

又

$$\angle PBA + \angle PCA = \angle PBC + \angle PCB$$
$$= \frac{1}{2}(\angle ABC + \angle ACB)$$

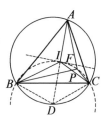

图 14.7.3

故

$$\angle BIC = \angle BPC$$

所以，B,I,P,C 四点共圆，且此圆圆心为 D. 过 I 作圆 D 的切线交 AP 于 F，则 $AD \perp IF$，于是

$$AP \geqslant AF \geqslant AI$$

等号成立的充分必要条件是点 P,F 重合且均与 I 重合，即 $P = I$.

$$\frac{CP}{DC} = \frac{EP}{ED} = \frac{BP}{BD}$$

即

$$\frac{BD}{DC} = \frac{BP}{PC} = \frac{BD + DP}{DP - DC}$$

以下同证法 1.

证法 4 如图 14.7.4，取 BC 的中点 M，由欧拉圆（九点圆）得：M,F,E,D 四点共圆. 又 B,F,E,C 四点共圆，所以

$$PD \cdot PM = PE \cdot PF = PC \cdot PB$$

即

$$PD \cdot (PD + DM) = (PD - DC)(PD + BD)$$

即

$$PD^2 + PD \cdot DM = PD^2 + PD(BD - DC) - BD \cdot DC$$

亦即

$$BD \cdot DC = PD \cdot DM \text{（注意 } BD - DC = 2DM\text{）}$$

以下同证法 1.

证法 5 如图 14.7.4，H 为 $\triangle ABC$ 的垂心，取 BC 的中点 M，易知 B,F,E,C 四点共圆，其圆心为 M.

过 P 作圆 M 的两条切线,S、T 为切点.

可推知 S,H,T 三点共线,由 13 章例 23 知 A,S,T 三点共线,又 H 在 AD 上,则 A,S,H,D,T 五点共线.

因为 $MS \perp PS, MT \perp PT$

所以 M,S,P,T 四点共圆. 所以
$$BD \cdot DC = DS \cdot DT = DM \cdot DP$$

以下同证法 1.

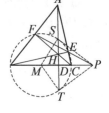

图 14.7.4

例 8 (2004 年中国台湾数学奥林匹克题)已知四边形 $A_1A_2A_3A_4$ 既有外接圆又有内切圆,内切圆与边 A_1A_2,A_2A_3,A_4A_1 分别切于点 B_1,B_2,B_3,B_4. 证明:
$$\left(\frac{A_1A_2}{B_1B_2}\right)^2 + \left(\frac{A_2A_3}{B_2B_3}\right)^2 + \left(\frac{A_3A_4}{B_3B_4}\right)^2 + \left(\frac{A_4A_1}{B_4B_1}\right)^2 \geq 8.$$

证法 1 如图 14.8.1,有关线段的长度用小写字母标记. 易知
$$\triangle B_1A_2O \backsim \triangle B_4OA_4$$
则
$$r^2 = yu$$
同理
$$r^2 = xz$$
从而
$$r^4 = xyzu$$

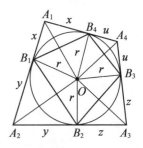

图 14.8.1

因 B_1,A_2,B_2,O 四点共圆,此圆直径为 OA_2,则 $B_1B_2 \leq OA_2$.
由托勒密定理得
$$2yr = B_1B_2 \cdot OA_2 \geq B_1B_2^2$$

所以 $\left(\dfrac{A_1A_2}{B_1B_2}\right)^2 = \dfrac{(x+y)^2}{B_1B_2^2} \geq \dfrac{(x+y)^2}{2yr} \geq \dfrac{4xy}{2yr} = \dfrac{2x}{r}$

同理 $\left(\dfrac{A_2A_3}{B_2B_3}\right)^2 \geq \dfrac{2r}{r}, \left(\dfrac{A_3A_4}{B_3B_4}\right)^2 \geq \dfrac{2z}{r}, \left(\dfrac{A_4A_1}{B_4B_1}\right)^2 \geq \dfrac{2u}{r}$

故
$$\left(\frac{A_1A_2}{B_1B_2}\right)^2 + \left(\frac{A_2A_3}{B_2B_3}\right)^2 + \left(\frac{A_3A_4}{B_3B_4}\right)^2 + \left(\frac{A_4A_1}{B_4B_1}\right)^2 \geq \frac{2}{r}(x+y+z+u)$$
$$\geq \frac{2}{r} \cdot 4\sqrt[4]{xyzu} = 8$$

证法 2 如图 14.8.2,有关线段的长度用小写字母标记.

由余弦定理得
$$a^2 = 2y^2 - 2y^2\cos A_2 \quad ①$$
$$c^2 = 2u^2 - 2u^2\cos(\pi - A_2) \quad ②$$
式①$\times u^2 +$ ②$\times y^2$ 得
$$u^2 a^2 + y^2 c^2 = 4y^2 u^2$$
又
$$u^2 a^2 + y^2 c^2 \geqslant 2yuac$$
所以

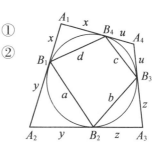

图 14.8.2

$$ac \leqslant 2yu$$
$$\left(\frac{A_1 A_2}{B_1 B_2}\right)^2 + \left(\frac{A_3 A_4}{B_3 B_4}\right)^2 = \frac{(x+y)^2}{a} + \frac{(z+u)^2}{c} \geqslant 2 \cdot \frac{(x+y)(z+u)}{ac}$$
$$\geqslant 2 \cdot \frac{2\sqrt{xy} \cdot 2\sqrt{zu}}{2yu} = 4\frac{\sqrt{xz}}{\sqrt{yu}}$$

同理
$$\left(\frac{A_2 A_3}{B_2 B_3}\right)^2 + \left(\frac{A_4 A_1}{B_4 B_1}\right)^2 \geqslant 4\frac{\sqrt{yu}}{\sqrt{xz}}$$

故
$$\left(\frac{A_1 A_2}{B_1 B_2}\right)^2 + \left(\frac{A_2 A_3}{B_2 B_3}\right)^2 + \left(\frac{A_3 A_4}{B_3 B_4}\right)^2 + \left(\frac{A_4 A_1}{B_4 B_1}\right)^2 \geqslant 4\left(\frac{\sqrt{xz}}{\sqrt{yu}} + \frac{\sqrt{yu}}{\sqrt{xz}}\right) \geqslant 8$$

证法3 如图 14.8.3,设内切圆半径为 r,有关角的值用拉丁字母标记. 易知
$$A_1 A_2 = r\tan\beta + r\cot\alpha$$
$$B_1 B_2 = 2r\cos\alpha$$

则
$$\left(\frac{A_1 A_2}{B_1 B_2}\right)^2 = \left(\frac{r\tan\beta + r\cot\alpha}{2r\cos\alpha}\right)^2 \geqslant \frac{\tan\beta \cot\alpha}{\cos^2\alpha}$$
$$= \frac{2\tan\beta}{\sin 2\alpha} \geqslant 2\tan\beta$$

同理
$$\left(\frac{A_3 A_4}{B_3 B_4}\right)^2 \geqslant 2\cot\beta$$

所以

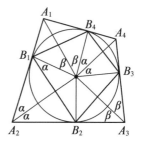

图 14.8.3

$$\left(\frac{A_1A_2}{B_1B_2}\right)^2 + \left(\frac{A_3A_4}{B_3B_4}\right)^2 \geqslant 2(\tan\beta + \cot\beta) \geqslant 4$$

同理

$$\left(\frac{A_2A_3}{B_2B_3}\right)^2 + \left(\frac{A_4A_1}{B_4B_1}\right)^2 \geqslant 4$$

以上两式相加即命题得证.

> 几何是星星之友,它用最纯洁的纽带把心灵与心灵联结在一起. 在几何学中只有推理,并且不受时间与空间的干扰与控制.
> ——华兹华斯(W. Wordsworth)

参考文献

[1] 阿达玛 J S,(初等数学教程)几何—平面部分[M].朱德祥,译.上海:上海科学技术出版,1980

[2] 沈康身.历史数学名题赏析(上,下)[M].上海:上海教育出版社,2002

[3] 笹部贞市郎.几何学辞典(上,中,下)[M].高清仁,译.上海:上海教育出版社,1984

[4] 田永海.平面几何一题多解[M].沈阳:东北师范大学出版社,1998

[5] 王培甫.平面几何一题多解选[M].石家庄:河北人民出版社,1981

[6] 李梦樵,尚强.平面几何一题多解新编[M].合肥:安徽教育出版社,1987

[7] 马飞.初中几何一题多解[M].西安:陕西师范大学出版社,1997

[8] 万喜人.数学竞赛平面几何典型题及新颖解[M].哈尔滨:哈尔滨工业大学出版社,2010

[9] 沈文选,杨清桃.高中数学竞赛解题策略[M].杭州:浙江大学出版社,2012

[10] 沈文选.高中数学竞赛中的秘密[M].长沙:湖南师范大学出版社,2014

[11] 沈文选.初中数学竞赛中的秘密[M].长沙:湖南师范大学出版社,2014

[12] 张垚,沈文选.奥林匹克数学中的真题分析[M].第3版.长沙:湖南师范大学出版社,2015

[13] 黄金贵,沈文选.奥林匹克数学中的问题探究[M].长沙:湖南师范大学出版社,2017

[14] 沈文选,张垚.奥林匹克数学中的几何问题[M].长沙:湖南师范大学出版社,2015

刘培杰数学工作室
已出版(即将出版)图书目录——初等数学

书 名	出版时间	定 价	编号
新编中学数学解题方法全书(高中版)上卷(第2版)	2018—08	58.00	951
新编中学数学解题方法全书(高中版)中卷(第2版)	2018—08	68.00	952
新编中学数学解题方法全书(高中版)下卷(一)(第2版)	2018—08	58.00	953
新编中学数学解题方法全书(高中版)下卷(二)(第2版)	2018—08	58.00	954
新编中学数学解题方法全书(高中版)下卷(三)(第2版)	2018—08	68.00	955
新编中学数学解题方法全书(初中版)上卷	2008—01	28.00	29
新编中学数学解题方法全书(初中版)中卷	2010—07	38.00	75
新编中学数学解题方法全书(高考复习卷)	2010—01	48.00	67
新编中学数学解题方法全书(高考真题卷)	2010—01	38.00	62
新编中学数学解题方法全书(高考精华卷)	2011—03	68.00	118
新编平面解析几何解题方法全书(专题讲座卷)	2010—01	18.00	61
新编中学数学解题方法全书(自主招生卷)	2013—08	88.00	261
数学奥林匹克与数学文化(第一辑)	2006—05	48.00	4
数学奥林匹克与数学文化(第二辑)(竞赛卷)	2008—01	48.00	19
数学奥林匹克与数学文化(第二辑)(文化卷)	2008—07	58.00	36′
数学奥林匹克与数学文化(第三辑)(竞赛卷)	2010—01	48.00	59
数学奥林匹克与数学文化(第四辑)(竞赛卷)	2011—08	58.00	87
数学奥林匹克与数学文化(第五辑)	2015—06	98.00	370
世界著名平面几何经典著作钩沉——几何作图专题卷(共3卷)	2022—01	198.00	1460
世界著名平面几何经典著作钩沉(民国平面几何老课本)	2011—03	38.00	113
世界著名平面几何经典著作钩沉(建国初期平面三角老课本)	2015—08	38.00	507
世界著名解析几何经典著作钩沉——平面解析几何卷	2014—01	38.00	264
世界著名数论经典著作钩沉(算术卷)	2012—01	28.00	125
世界著名数学经典著作钩沉——立体几何卷	2011—02	28.00	88
世界著名三角学经典著作钩沉(平面三角卷Ⅰ)	2010—06	28.00	69
世界著名三角学经典著作钩沉(平面三角卷Ⅱ)	2011—01	38.00	78
世界著名初等数论经典著作钩沉(理论和实用算术卷)	2011—07	38.00	126
世界著名几何经典著作钩沉(解析几何卷)	2022—10	68.00	1564
发展你的空间想象力(第3版)	2021—01	98.00	1464
空间想象力进阶	2019—05	68.00	1062
走向国际数学奥林匹克的平面几何试题诠释.第1卷	2019—07	88.00	1043
走向国际数学奥林匹克的平面几何试题诠释.第2卷	2019—09	78.00	1044
走向国际数学奥林匹克的平面几何试题诠释.第3卷	2019—03	78.00	1045
走向国际数学奥林匹克的平面几何试题诠释.第4卷	2019—09	98.00	1046
平面几何证明方法全书	2007—08	35.00	1
平面几何证明方法全书习题解答(第2版)	2006—12	18.00	10
平面几何天天练上卷·基础篇(直线型)	2013—01	58.00	208
平面几何天天练中卷·基础篇(涉及圆)	2013—01	28.00	234
平面几何天天练下卷·提高篇	2013—01	58.00	237
平面几何专题研究	2013—07	98.00	258
平面几何解题之道.第1卷	2022—05	38.00	1494
几何学习题集	2020—10	48.00	1217
通过解题学习代数几何	2021—04	88.00	1301
圆锥曲线的奥秘	2022—06	88.00	1541

— 1 —

刘培杰数学工作室
已出版(即将出版)图书目录——初等数学

书　名	出版时间	定　价	编号
最新世界各国数学奥林匹克中的平面几何试题	2007—09	38.00	14
数学竞赛平面几何典型题及新颖解	2010—07	48.00	74
初等数学复习及研究(平面几何)	2008—09	68.00	38
初等数学复习及研究(立体几何)	2010—06	38.00	71
初等数学复习及研究(平面几何)习题解答	2009—01	58.00	42
几何学教程(平面几何卷)	2011—03	68.00	90
几何学教程(立体几何卷)	2011—07	68.00	130
几何变换与几何证题	2010—06	88.00	70
计算方法与几何证题	2011—06	28.00	129
立体几何技巧与方法(第2版)	2022—10	168.00	1572
几何瑰宝——平面几何500名题暨1500条定理(上、下)	2021—07	168.00	1358
三角形的解法与应用	2012—07	18.00	183
近代的三角形几何学	2012—07	48.00	184
一般折线几何学	2015—08	48.00	503
三角形的五心	2009—06	28.00	51
三角形的六心及其应用	2015—10	68.00	542
三角形趣谈	2012—08	28.00	212
解三角形	2014—01	28.00	265
探秘三角形:一次数学旅行	2021—10	68.00	1387
三角学专门教程	2014—09	28.00	387
图天下几何新题试卷.初中(第2版)	2017—11	58.00	855
圆锥曲线习题集(上册)	2013—06	68.00	255
圆锥曲线习题集(中册)	2015—01	78.00	434
圆锥曲线习题集(下册·第1卷)	2016—10	78.00	683
圆锥曲线习题集(下册·第2卷)	2018—01	98.00	853
圆锥曲线习题集(下册·第3卷)	2019—10	128.00	1113
圆锥曲线的思想方法	2021—08	48.00	1379
圆锥曲线的八个主要问题	2021—10	48.00	1415
论九点圆	2015—05	88.00	645
近代欧氏几何学	2012—03	48.00	162
罗巴切夫斯基几何学及几何基础概要	2012—07	28.00	188
罗巴切夫斯基几何学初步	2015—06	28.00	474
用三角、解析几何、复数、向量计算解数学竞赛几何题	2015—03	48.00	455
用解析法研究圆锥曲线的几何理论	2022—05	48.00	1495
美国中学几何教程	2015—04	88.00	458
三线坐标与三角形特征点	2015—04	98.00	460
坐标几何学基础.第1卷,笛卡儿坐标	2021—08	48.00	1398
坐标几何学基础.第2卷,三线坐标	2021—09	28.00	1399
平面解析几何方法与研究(第1卷)	2015—05	18.00	471
平面解析几何方法与研究(第2卷)	2015—06	18.00	472
平面解析几何方法与研究(第3卷)	2015—07	18.00	473
解析几何研究	2015—01	38.00	425
解析几何学教程.上	2016—01	38.00	574
解析几何学教程.下	2016—01	38.00	575
几何学基础	2016—01	58.00	581
初等几何研究	2015—02	58.00	444
十九和二十世纪欧氏几何学中的片段	2017—01	58.00	696
平面几何中考.高考.奥数一本通	2017—07	28.00	820
几何学简史	2017—08	28.00	833
四面体	2018—01	48.00	880
平面几何证明方法思路	2018—12	68.00	913
折纸中的几何练习	2022—09	48.00	1559
中学新几何学(英文)	2022—10	98.00	1562
线性代数与几何	2023—04	68.00	1633
四面体几何学引论	2023—06	68.00	1648

刘培杰数学工作室
已出版(即将出版)图书目录——初等数学

书　名	出版时间	定　价	编号
平面几何图形特性新析.上篇	2019—01	68.00	911
平面几何图形特性新析.下篇	2018—06	88.00	912
平面几何范例多解探究.上篇	2018—04	48.00	910
平面几何范例多解探究.下篇	2018—12	68.00	914
从分析解题过程学解题:竞赛中的几何问题研究	2018—07	68.00	946
从分析解题过程学解题:竞赛中的向量几何与不等式研究(全2册)	2019—06	138.00	1090
从分析解题过程学解题:竞赛中的不等式问题	2021—01	48.00	1249
二维、三维欧氏几何的对偶原理	2018—12	38.00	990
星形大观及闭折线论	2019—03	68.00	1020
立体几何的问题和方法	2019—11	58.00	1127
三角代换论	2021—05	58.00	1313
俄罗斯平面几何问题集	2009—08	88.00	55
俄罗斯立体几何问题集	2014—03	58.00	283
俄罗斯几何大师——沙雷金论数学及其他	2014—01	48.00	271
来自俄罗斯的5000道几何习题及解答	2011—03	58.00	89
俄罗斯初等数学问题集	2012—05	38.00	177
俄罗斯函数问题集	2011—03	38.00	103
俄罗斯组合分析问题集	2011—01	48.00	79
俄罗斯初等数学万题选——三角卷	2012—11	38.00	222
俄罗斯初等数学万题选——代数卷	2013—08	68.00	225
俄罗斯初等数学万题选——几何卷	2014—01	68.00	226
俄罗斯《量子》杂志数学征解问题100题选	2018—08	48.00	969
俄罗斯《量子》杂志数学征解问题又100题选	2018—08	48.00	970
俄罗斯《量子》杂志数学征解问题	2020—05	48.00	1138
463个俄罗斯几何老问题	2012—01	28.00	152
《量子》数学短文精粹	2018—09	38.00	972
用三角、解析几何等计算解来自俄罗斯的几何题	2019—11	88.00	1119
基谢廖夫平面几何	2022—01	48.00	1461
基谢廖夫立体几何	2023—04	48.00	1599
数学:代数,数学分析和几何(10—11年级)	2021—01	48.00	1250
直观几何学:5—6年级	2022—04	58.00	1508
几何学:第2版.7—9年级	2023—08	68.00	1684
平面几何:9—11年级	2022—10	48.00	1571
立体几何.10—11年级	2022—01	58.00	1472
谈谈素数	2011—03	18.00	91
平方和	2011—03	18.00	92
整数论	2011—05	38.00	120
从整数谈起	2015—10	28.00	538
数与多项式	2016—01	38.00	558
谈谈不定方程	2011—05	28.00	119
质数漫谈	2022—07	68.00	1529
解析不等式新论	2009—06	68.00	48
建立不等式的方法	2011—03	98.00	104
数学奥林匹克不等式研究(第2版)	2020—07	68.00	1181
不等式研究(第三辑)	2023—08	198.00	1673
不等式的秘密(第一卷)(第2版)	2014—02	38.00	286
不等式的秘密(第二卷)	2014—01	38.00	268
初等不等式的证明方法	2010—06	38.00	123
初等不等式的证明方法(第二版)	2014—11	38.00	407
不等式·理论·方法(基础卷)	2015—07	38.00	496
不等式·理论·方法(经典不等式卷)	2015—07	38.00	497
不等式·理论·方法(特殊类型不等式卷)	2015—07	48.00	498
不等式探究	2016—03	38.00	582
不等式探秘	2017—01	88.00	689
四面体不等式	2017—01	68.00	715
数学奥林匹克中常见重要不等式	2017—09	38.00	845

刘培杰数学工作室
已出版(即将出版)图书目录——初等数学

书 名	出版时间	定 价	编号
三正弦不等式	2018—09	98.00	974
函数方程与不等式:解法与稳定性结果	2019—04	68.00	1058
数学不等式.第1卷,对称多项式不等式	2022—05	78.00	1455
数学不等式.第2卷,对称有理不等式与对称无理不等式	2022—05	88.00	1456
数学不等式.第3卷,循环不等式与非循环不等式	2022—05	88.00	1457
数学不等式.第4卷,Jensen不等式的扩展与加细	2022—05	88.00	1458
数学不等式.第5卷,创建不等式与解不等式的其他方法	2022—05	88.00	1459
不定方程及其应用.上	2018—12	58.00	992
不定方程及其应用.中	2019—01	78.00	993
不定方程及其应用.下	2019—02	98.00	994
Nesbitt 不等式加强式的研究	2022—06	128.00	1527
最值定理与分析不等式	2023—02	78.00	1567
一类积分不等式	2023—02	88.00	1579
邦费罗尼不等式及概率应用	2023—05	58.00	1637
同余理论	2012—05	38.00	163
[x]与{x}	2015—04	48.00	476
极值与最值.上卷	2015—06	28.00	486
极值与最值.中卷	2015—06	38.00	487
极值与最值.下卷	2015—06	28.00	488
整数的性质	2012—11	38.00	192
完全平方数及其应用	2015—08	78.00	506
多项式理论	2015—10	88.00	541
奇数、偶数、奇偶分析法	2018—01	98.00	876
历届美国中学生数学竞赛试题及解答(第一卷)1950—1954	2014—07	18.00	277
历届美国中学生数学竞赛试题及解答(第二卷)1955—1959	2014—04	18.00	278
历届美国中学生数学竞赛试题及解答(第三卷)1960—1964	2014—06	18.00	279
历届美国中学生数学竞赛试题及解答(第四卷)1965—1969	2014—04	28.00	280
历届美国中学生数学竞赛试题及解答(第五卷)1970—1972	2014—06	18.00	281
历届美国中学生数学竞赛试题及解答(第六卷)1973—1980	2017—07	18.00	768
历届美国中学生数学竞赛试题及解答(第七卷)1981—1986	2015—01	18.00	424
历届美国中学生数学竞赛试题及解答(第八卷)1987—1990	2017—05	18.00	769
历届国际数学奥林匹克试题集	2023—09	158.00	1701
历届中国数学奥林匹克试题集(第3版)	2021—10	58.00	1440
历届加拿大数学奥林匹克试题集	2012—08	38.00	215
历届美国数学奥林匹克试题集	2023—08	98.00	1681
历届波兰数学竞赛试题集.第1卷,1949~1963	2015—03	18.00	453
历届波兰数学竞赛试题集.第2卷,1964~1976	2015—03	18.00	454
历届巴尔干数学奥林匹克试题集	2015—05	38.00	466
保加利亚数学奥林匹克	2014—10	38.00	393
圣彼得堡数学奥林匹克试题集	2015—01	38.00	429
匈牙利奥林匹克数学竞赛题解.第1卷	2016—05	28.00	593
匈牙利奥林匹克数学竞赛题解.第2卷	2016—05	28.00	594
历届美国数学邀请赛试题集(第2版)	2017—10	78.00	851
普林斯顿大学数学竞赛	2016—06	38.00	669
亚太地区数学奥林匹克竞赛题	2015—07	18.00	492
日本历届(初级)广中杯数学竞赛试题及解答.第1卷(2000~2007)	2016—05	28.00	641
日本历届(初级)广中杯数学竞赛试题及解答.第2卷(2008~2015)	2016—05	38.00	642
越南数学奥林匹克题选:1962—2009	2021—07	48.00	1370
360个数学竞赛问题	2016—08	58.00	677
奥数最佳实战题.上卷	2017—06	38.00	760
奥数最佳实战题.下卷	2017—05	58.00	761
哈尔滨市早期中学数学竞赛试题汇编	2016—07	28.00	672
全国高中数学联赛试题及解答:1981—2019(第4版)	2020—07	138.00	1176
2022年全国高中数学联合竞赛模拟题集	2022—06	30.00	1521

刘培杰数学工作室
已出版(即将出版)图书目录——初等数学

书　名	出版时间	定　价	编号
20世纪50年代全国部分城市数学竞赛试题汇编	2017—07	28.00	797
国内外数学竞赛题及精解:2018~2019	2020—08	45.00	1192
国内外数学竞赛题及精解:2019~2020	2021—11	58.00	1439
许康华竞赛优学精选集.第一辑	2018—08	68.00	949
天问叶班数学问题征解100题.Ⅰ,2016—2018	2019—05	88.00	1075
天问叶班数学问题征解100题.Ⅱ,2017—2019	2020—07	98.00	1177
美国初中数学竞赛:AMC8准备(共6卷)	2019—07	138.00	1089
美国高中数学竞赛:AMC10准备(共6卷)	2019—08	158.00	1105
王连笑教你怎样学数学:高考选择题解题策略与客观题实用训练	2014—01	48.00	262
王连笑教你怎样学数学:高考数学高层次讲座	2015—02	48.00	432
高考数学的理论与实践	2009—08	38.00	53
高考数学核心题型解题方法与技巧	2010—01	28.00	86
高考思维新平台	2014—03	38.00	259
高考数学压轴题解题诀窍(上)(第2版)	2018—01	58.00	874
高考数学压轴题解题诀窍(下)(第2版)	2018—01	48.00	875
北京市五区文科数学三年高考模拟题详解:2013~2015	2015—08	48.00	500
北京市五区理科数学三年高考模拟题详解:2013~2015	2015—09	68.00	505
向量法巧解数学高考题	2009—08	28.00	54
高中数学课堂教学的实践与反思	2021—11	48.00	791
数学高考参考	2016—01	78.00	589
新课程标准高考数学解答题各种题型解法指导	2020—08	78.00	1196
全国及各省市高考数学试题审题要津与解法研究	2015—02	48.00	450
高中数学章节起始课的教学研究与案例设计	2019—05	28.00	1064
新课标高考数学——五年试题分章详解(2007~2011)(上、下)	2011—10	78.00	140,141
全国中考数学压轴题审题要津与解法研究	2013—04	78.00	248
新编全国及各省市中考数学压轴题审题要津与解法研究	2014—05	58.00	342
全国及各省市5年中考数学压轴题审题要津与解法研究(2015版)	2015—04	58.00	462
中考数学专题总复习	2007—04	28.00	6
中考数学较难题常考题型解题方法与技巧	2016—09	48.00	681
中考数学难题常考题型解题方法与技巧	2016—09	48.00	682
中考数学中档题常考题型解题方法与技巧	2017—08	68.00	835
中考数学选择填空压轴好题妙解365	2024—01	80.00	1698
中考数学:三类重点考题的解法例析与习题	2020—04	48.00	1140
中小学数学的历史文化	2019—11	48.00	1124
初中平面几何百题多思创新解	2020—01	58.00	1125
初中数学中考备考	2020—01	58.00	1126
高考数学之九章演义	2019—08	68.00	1044
高考数学之难题谈笑间	2022—06	68.00	1519
化学可以这样学:高中化学知识方法智慧感悟疑难辨析	2019—07	58.00	1103
如何成为学习高手	2019—09	58.00	1107
高考数学:经典真题分类解析	2020—04	78.00	1134
高考数学解答题破解策略	2020—11	58.00	1221
从分析解题过程学解题:高考压轴题与竞赛题之关系探究	2020—08	88.00	1179
教学新思考:单元整体视角下的初中数学教学设计	2021—03	58.00	1278
思维再拓展:2020年经典几何题的多解探究与思考	即将出版		1279
中考数学小压轴汇编初讲	2017—07	48.00	788
中考数学大压轴专题微言	2017—09	48.00	846
怎么解中考平面几何探索题	2019—06	48.00	1093
北京中考数学压轴题解题方法突破(第9版)	2024—01	78.00	1645
助你高考成功的数学解题智慧:知识是智慧的基础	2016—01	58.00	596
助你高考成功的数学解题智慧:错误是智慧的试金石	2016—04	58.00	643
助你高考成功的数学解题智慧:方法是智慧的推手	2016—04	68.00	657
高考数学奇思妙解	2016—04	38.00	610
高考数学解题策略	2016—05	48.00	670
数学解题泄天机(第2版)	2017—10	48.00	850

刘培杰数学工作室
已出版(即将出版)图书目录——初等数学

书 名	出版时间	定 价	编号
高中物理教学讲义	2018—01	48.00	871
高中物理教学讲义:全模块	2022—03	98.00	1492
高中物理答疑解惑 65 篇	2021—11	48.00	1462
中学物理基础问题解析	2020—08	48.00	1183
初中数学、高中数学脱节知识补缺教材	2017—06	48.00	766
高考数学客观题解题方法和技巧	2017—10	38.00	847
十年高考数学精品试题审题要津与解法研究	2021—10	98.00	1427
中国历届高考数学试题及解答.1949—1979	2018—01	38.00	877
历届中国高考数学试题及解答.第二卷,1980—1989	2018—10	28.00	975
历届中国高考数学试题及解答.第三卷,1990—1999	2018—10	48.00	976
跟我学解高中数学题	2018—07	58.00	926
中学数学研究的方法及案例	2018—05	58.00	869
高考数学抢分技能	2018—07	68.00	934
高一新生常用数学方法和重要数学思想提升教材	2018—06	38.00	921
高考数学全国卷六道解答题常考题型解题诀窍:理科(全 2 册)	2019—07	78.00	1101
高考数学全国卷 16 道选择、填空题常考题型解题诀窍.理科	2018—09	88.00	971
高考数学全国卷 16 道选择、填空题常考题型解题诀窍.文科	2020—01	88.00	1123
高中数学一题多解	2019—06	58.00	1087
历届中国高考数学试题及解答:1917—1999	2021—08	98.00	1371
2000～2003 年全国及各省市高考数学试题及解答	2022—05	88.00	1499
2004 年全国及各省市高考数学试题及解答	2023—08	78.00	1500
2005 年全国及各省市高考数学试题及解答	2023—08	78.00	1501
2006 年全国及各省市高考数学试题及解答	2023—08	88.00	1502
2007 年全国及各省市高考数学试题及解答	2023—08	98.00	1503
2008 年全国及各省市高考数学试题及解答	2023—08	88.00	1504
2009 年全国及各省市高考数学试题及解答	2023—08	88.00	1505
2010 年全国及各省市高考数学试题及解答	2023—08	98.00	1506
2011～2017 年全国及各省市高考数学试题及解答	2024—01	78.00	1507
突破高原:高中数学解题思维探究	2021—08	48.00	1375
高考数学中的"取值范围"	2021—10	48.00	1429
新课程标准高中数学各种题型解法大全.必修一分册	2021—06	58.00	1315
新课程标准高中数学各种题型解法大全.必修二分册	2022—01	68.00	1471
高中数学各种题型解法大全.选择性必修一分册	2022—06	68.00	1525
高中数学各种题型解法大全.选择性必修二分册	2023—01	58.00	1600
高中数学各种题型解法大全.选择性必修三分册	2023—04	48.00	1643
历届全国初中数学竞赛经典试题详解	2023—04	88.00	1624
孟祥礼高考数学精刷精解	2023—06	98.00	1663

新编 640 个世界著名数学智力趣题	2014—01	88.00	242
500 个最新世界著名数学智力趣题	2008—06	48.00	3
400 个最新世界著名数学最值问题	2008—09	48.00	36
500 个世界著名数学征解问题	2009—06	48.00	52
400 个中国最佳初等数学征解老问题	2010—01	48.00	60
500 个俄罗斯数学经典老题	2011—01	28.00	81
1000 个国外中学物理好题	2012—04	48.00	174
300 个日本高考数学题	2012—05	38.00	142
700 个早期日本高考数学试题	2017—02	88.00	752
500 个前苏联早期高考数学试题及解答	2012—05	28.00	185
546 个早期俄罗斯大学生数学竞赛题	2014—03	38.00	285
548 个来自美苏的数学好问题	2014—11	28.00	396
20 所苏联著名大学早期入学试题	2015—02	18.00	452
161 道德国工科大学生必做的微分方程习题	2015—05	28.00	469
500 个德国工科大学生必做的高数习题	2015—06	28.00	478
360 个数学竞赛问题	2016—08	58.00	677
200 个趣味数学故事	2018—02	48.00	857
470 个数学奥林匹克中的最值问题	2018—10	88.00	985
德国讲义日本考题.微积分卷	2015—04	48.00	456
德国讲义日本考题.微分方程卷	2015—04	38.00	457
二十世纪中叶中、英、美、日、法、俄高考数学试题精选	2017—06	38.00	783

刘培杰数学工作室
已出版(即将出版)图书目录——初等数学

书　　名	出版时间	定　价	编号
中国初等数学研究　2009卷(第1辑)	2009—05	20.00	45
中国初等数学研究　2010卷(第2辑)	2010—05	30.00	68
中国初等数学研究　2011卷(第3辑)	2011—07	60.00	127
中国初等数学研究　2012卷(第4辑)	2012—07	48.00	190
中国初等数学研究　2014卷(第5辑)	2014—02	48.00	288
中国初等数学研究　2015卷(第6辑)	2015—06	68.00	493
中国初等数学研究　2016卷(第7辑)	2016—04	68.00	609
中国初等数学研究　2017卷(第8辑)	2017—01	98.00	712
初等数学研究在中国.第1辑	2019—03	158.00	1024
初等数学研究在中国.第2辑	2019—10	158.00	1116
初等数学研究在中国.第3辑	2021—05	158.00	1306
初等数学研究在中国.第4辑	2022—06	158.00	1520
初等数学研究在中国.第5辑	2023—07	158.00	1635
几何变换(Ⅰ)	2014—07	28.00	353
几何变换(Ⅱ)	2015—06	28.00	354
几何变换(Ⅲ)	2015—01	38.00	355
几何变换(Ⅳ)	2015—12	38.00	356
初等数论难题集(第一卷)	2009—05	68.00	44
初等数论难题集(第二卷)(上、下)	2011—02	128.00	82,83
数论概貌	2011—03	18.00	93
代数数论(第二版)	2013—08	58.00	94
代数多项式	2014—06	38.00	289
初等数论的知识与问题	2011—02	28.00	95
超越数论基础	2011—03	28.00	96
数论初等教程	2011—03	28.00	97
数论基础	2011—03	18.00	98
数论基础与维诺格拉多夫	2014—03	18.00	292
解析数论基础	2012—08	28.00	216
解析数论基础(第二版)	2014—01	48.00	287
解析数论问题集(第二版)(原版引进)	2014—05	88.00	343
解析数论问题集(第二版)(中译本)	2016—04	88.00	607
解析数论基础(潘承洞,潘承彪著)	2016—07	98.00	673
解析数论导引	2016—07	58.00	674
数论入门	2011—03	38.00	99
代数数论入门	2015—03	38.00	448
数论开篇	2012—07	28.00	194
解析数论引论	2011—03	48.00	100
Barban Davenport Halberstam 均值和	2009—01	40.00	33
基础数论	2011—03	28.00	101
初等数论 100 例	2011—05	18.00	122
初等数论经典例题	2012—07	18.00	204
最新世界各国数学奥林匹克中的初等数论试题(上、下)	2012—01	138.00	144,145
初等数论(Ⅰ)	2012—01	18.00	156
初等数论(Ⅱ)	2012—01	18.00	157
初等数论(Ⅲ)	2012—01	28.00	158

刘培杰数学工作室
已出版(即将出版)图书目录——初等数学

书　名	出版时间	定　价	编号
平面几何与数论中未解决的新老问题	2013—01	68.00	229
代数数论简史	2014—11	28.00	408
代数数论	2015—09	88.00	532
代数、数论及分析习题集	2016—11	98.00	695
数论导引提要及习题解答	2016—01	48.00	559
素数定理的初等证明.第2版	2016—09	48.00	686
数论中的模函数与狄利克雷级数(第二版)	2017—11	78.00	837
数论:数学导引	2018—01	68.00	849
范氏大代数	2019—02	98.00	1016
解析数学讲义.第一卷,导来式及微分、积分、级数	2019—04	88.00	1021
解析数学讲义.第二卷,关于几何的应用	2019—04	68.00	1022
解析数学讲义.第三卷,解析函数论	2019—04	78.00	1023
分析·组合·数论纵横谈	2019—04	58.00	1039
Hall代数:民国时期的中学数学课本:英文	2019—08	88.00	1106
基谢廖夫初等代数	2022—07	38.00	1531
数学精神巡礼	2019—01	58.00	731
数学眼光透视(第2版)	2017—06	78.00	732
数学思想领悟(第2版)	2018—01	68.00	733
数学方法溯源(第2版)	2018—08	68.00	734
数学解题引论	2017—05	58.00	735
数学史话览胜(第2版)	2017—01	48.00	736
数学应用展观(第2版)	2017—08	68.00	737
数学建模尝试	2018—04	48.00	738
数学竞赛采风	2018—01	68.00	739
数学测评探营	2019—05	58.00	740
数学技能操握	2018—03	48.00	741
数学欣赏拾趣	2018—02	48.00	742
从毕达哥拉斯到怀尔斯	2007—10	48.00	9
从迪利克雷到维斯卡尔迪	2008—01	48.00	21
从哥德巴赫到陈景润	2008—05	98.00	35
从庞加莱到佩雷尔曼	2011—08	138.00	136
博弈论精粹	2008—03	58.00	30
博弈论精粹.第二版(精装)	2015—01	88.00	461
数学 我爱你	2008—01	28.00	20
精神的圣徒 别样的人生——60位中国数学家成长的历程	2008—09	48.00	39
数学史概论	2009—06	78.00	50
数学史概论(精装)	2013—03	158.00	272
数学史选讲	2016—01	48.00	544
斐波那契数列	2010—02	28.00	65
数学拼盘和斐波那契魔方	2010—07	38.00	72
斐波那契数列欣赏(第2版)	2018—08	58.00	948
Fibonacci数列中的明珠	2018—06	58.00	928
数学的创造	2011—02	48.00	85
数学美与创造力	2016—01	48.00	595
数海拾贝	2016—01	48.00	590
数学中的美(第2版)	2019—04	68.00	1057
数论中的美学	2014—12	38.00	351

— 8 —

刘培杰数学工作室
已出版(即将出版)图书目录——初等数学

书　　名	出版时间	定　价	编号
数学王者　科学巨人——高斯	2015—01	28.00	428
振兴祖国数学的圆梦之旅:中国初等数学研究史话	2015—06	98.00	490
二十世纪中国数学史料研究	2015—10	48.00	536
数字谜、数阵图与棋盘覆盖	2016—01	58.00	298
数学概念的进化:一个初步的研究	2023—07	68.00	1683
数学发现的艺术:数学探索中的合情推理	2016—07	58.00	671
活跃在数学中的参数	2016—07	48.00	675
数海趣史	2021—05	98.00	1314
玩转幻中之幻	2023—08	88.00	1682
数学艺术品	2023—09	98.00	1685
数学博弈与游戏	2023—10	68.00	1692
数学解题——靠数学思想给力(上)	2011—07	38.00	131
数学解题——靠数学思想给力(中)	2011—07	48.00	132
数学解题——靠数学思想给力(下)	2011—07	38.00	133
我怎样解题	2013—01	48.00	227
数学解题中的物理方法	2011—06	28.00	114
数学解题的特殊方法	2011—06	48.00	115
中学数学计算技巧(第2版)	2020—10	48.00	1220
中学数学证明方法	2012—01	58.00	117
数学趣题巧解	2012—03	28.00	128
高中数学教学通鉴	2015—05	58.00	479
和高中生漫谈:数学与哲学的故事	2014—08	28.00	369
算术问题集	2017—03	38.00	789
张教授讲数学	2018—07	38.00	933
陈永明实话实说数学教学	2020—04	68.00	1132
中学数学学科知识与教学能力	2020—06	58.00	1155
怎样把课讲好:大罕数学教学随笔	2022—03	58.00	1484
中国高考评价体系下高考数学探秘	2022—03	48.00	1487
数苑漫步	2024—01	58.00	1670
自主招生考试中的参数方程问题	2015—01	28.00	435
自主招生考试中的极坐标问题	2015—04	28.00	463
近年全国重点大学自主招生数学试题全解及研究.华约卷	2015—02	38.00	441
近年全国重点大学自主招生数学试题全解及研究.北约卷	2016—05	38.00	619
自主招生数学解证宝典	2015—09	48.00	535
中国科学技术大学创新班数学真题解析	2022—03	48.00	1488
中国科学技术大学创新班物理真题解析	2022—03	58.00	1489
格点和面积	2012—07	18.00	191
射影几何趣谈	2012—04	28.00	175
斯潘纳尔引理——从一道加拿大数学奥林匹克试题谈起	2014—01	28.00	228
李普希兹条件——从几道近年高考数学试题谈起	2012—10	18.00	221
拉格朗日中值定理——从一道北京高考试题的解法谈起	2015—10	18.00	197
闵科夫斯基定理——从一道清华大学自主招生试题谈起	2014—01	28.00	198
哈尔测度——从一道冬令营试题的背景谈起	2012—08	28.00	202
切比雪夫逼近问题——从一道中国台北数学奥林匹克试题谈起	2013—04	38.00	238
伯恩斯坦多项式与贝齐尔曲面——从一道全国高中数学联赛试题谈起	2013—03	38.00	236
卡塔兰猜想——从一道普特南竞赛试题谈起	2013—06	18.00	256
麦卡锡函数和阿克曼函数——从一道前南斯拉夫数学奥林匹克试题谈起	2012—08	18.00	201
贝蒂定理与拉姆贝克莫斯尔定理——从一个拣石子游戏谈起	2012—08	18.00	217
皮亚诺曲线和豪斯道夫分球定理——从无限集谈起	2012—08	18.00	211
平面凸图形与凸多面体	2012—10	28.00	218
斯坦因豪斯问题——从一道二十五省市自治区中学数学竞赛试题谈起	2012—07	18.00	196

刘培杰数学工作室
已出版(即将出版)图书目录——初等数学

书　名	出版时间	定　价	编号
纽结理论中的亚历山大多项式与琼斯多项式——从一道北京市高一数学竞赛试题谈起	2012—07	28.00	195
原则与策略——从波利亚"解题表"谈起	2013—04	38.00	244
转化与化归——从三大尺规作图不能问题谈起	2012—08	28.00	214
代数几何中的贝祖定理(第一版)——从一道 IMO 试题的解法谈起	2013—08	18.00	193
成功连贯理论与约当块理论——从一道比利时数学竞赛试题谈起	2012—04	18.00	180
素数判定与大数分解	2014—08	18.00	199
置换多项式及其应用	2012—10	18.00	220
椭圆函数与模函数——从一道美国加州大学洛杉矶分校(UCLA)博士资格考题谈起	2012—10	28.00	219
差分方程的拉格朗日方法——从一道2011年全国高考理科试题的解法谈起	2012—08	28.00	200
力学在几何中的一些应用	2013—01	38.00	240
从根式解到伽罗华理论	2020—01	48.00	1121
康托洛维奇不等式——从一道全国高中联赛试题谈起	2013—03	28.00	337
西格尔引理——从一道第18届 IMO 试题的解法谈起	即将出版		
罗斯定理——从一道前苏联数学竞赛试题谈起	即将出版		
拉克斯定理和阿廷定理——从一道 IMO 试题的解法谈起	2014—01	58.00	246
毕卡大定理——从一道美国大学数学竞赛试题谈起	2014—07	18.00	350
贝齐尔曲线——从一道全国高中联赛试题谈起	即将出版		
拉格朗日乘子定理——从一道2005年全国高中联赛试题的高等数学解法谈起	2015—05	28.00	480
雅可比定理——从一道日本数学奥林匹克试题谈起	2013—04	48.00	249
李天岩—约克定理——从一道波兰数学竞赛试题谈起	2014—06	28.00	349
受控理论与初等不等式:从一道 IMO 试题的解法谈起	2023—03	48.00	1601
布劳维不动点定理——从一道前苏联数学奥林匹克试题谈起	2014—01	38.00	273
伯恩赛德定理——从一道英国数学奥林匹克试题谈起	即将出版		
布查特—莫斯特定理——从一道上海市初中竞赛试题谈起	即将出版		
数论中的同余数问题——从一道普特南竞赛试题谈起	即将出版		
范·德蒙行列式——从一道美国数学奥林匹克试题谈起	即将出版		
中国剩余定理:总数法构建中国历史年表	2015—01	28.00	430
牛顿程序与方程求根——从一道全国高考试题解法谈起	即将出版		
库默尔定理——从一道 IMO 预选试题谈起	即将出版		
卢丁定理——从一道冬令营试题的解法谈起	即将出版		
沃斯滕霍姆定理——从一道 IMO 预选试题谈起	即将出版		
卡尔松不等式——从一道莫斯科数学奥林匹克试题谈起	即将出版		
信息论中的香农熵——从一道近年高考压轴题谈起	即将出版		
约当不等式——从一道希望杯竞赛试题谈起	即将出版		
拉比诺维奇定理	即将出版		
刘维尔定理——从一道《美国数学月刊》征解问题的解法谈起	即将出版		
卡塔兰恒等式与级数求和——从一道 IMO 试题的解法谈起	即将出版		
勒让德猜想与素数分布——从一道爱尔兰竞赛试题谈起	即将出版		
天平称重与信息论——从一道基辅市数学奥林匹克试题谈起	即将出版		
哈密尔顿—凯莱定理:从一道高中数学联赛试题的解法谈起	2014—09	18.00	376
艾思特曼定理——从一道 CMO 试题的解法谈起	即将出版		

刘培杰数学工作室
已出版(即将出版)图书目录——初等数学

书　名	出版时间	定　价	编号
阿贝尔恒等式与经典不等式及应用	2018—06	98.00	923
迪利克雷除数问题	2018—07	48.00	930
幻方、幻立方与拉丁方	2019—08	48.00	1092
帕斯卡三角形	2014—03	18.00	294
蒲丰投针问题——从2009年清华大学的一道自主招生试题谈起	2014—01	38.00	295
斯图姆定理——从一道"华约"自主招生试题的解法谈起	2014—01	18.00	296
许瓦兹引理——从一道加利福尼亚大学伯克利分校数学系博士生试题谈起	2014—08	18.00	297
拉姆塞定理——从王诗宬院士的一个问题谈起	2016—04	48.00	299
坐标法	2013—12	28.00	332
数论三角形	2014—04	38.00	341
毕克定理	2014—07	18.00	352
数林掠影	2014—09	48.00	389
我们周围的概率	2014—10	38.00	390
凸函数最值定理:从一道华约自主招生题的解法谈起	2014—10	28.00	391
易学与数学奥林匹克	2014—10	38.00	392
生物数学趣谈	2015—01	18.00	409
反演	2015—01	28.00	420
因式分解与圆锥曲线	2015—01	18.00	426
轨迹	2015—01	28.00	427
面积原理:从常庚哲命的一道CMO试题的积分解法谈起	2015—01	48.00	431
形形色色的不动点定理:从一道28届IMO试题谈起	2015—01	38.00	439
柯西函数方程:从一道上海交大自主招生的试题谈起	2015—02	28.00	440
三角恒等式	2015—02	28.00	442
无理性判定:从一道2014年"北约"自主招生试题谈起	2015—01	38.00	443
数学归纳法	2015—03	18.00	451
极端原理与解题	2015—04	28.00	464
法雷级数	2014—08	18.00	367
摆线族	2015—01	38.00	438
函数方程及其解法	2015—05	38.00	470
含参数的方程和不等式	2012—09	28.00	213
希尔伯特第十问题	2016—01	38.00	543
无穷小量的求和	2016—01	28.00	545
切比雪夫多项式:从一道清华大学金秋营试题谈起	2016—01	38.00	583
泽肯多夫定理	2016—03	38.00	599
代数等式证题法	2016—01	28.00	600
三角等式证题法	2016—01	28.00	601
吴大任教授藏书中的一个因式分解公式:从一道美国数学邀请赛试题的解法谈起	2016—06	28.00	656
易卦——类万物的数学模型	2017—08	68.00	838
"不可思议"的数与数系可持续发展	2018—01	38.00	878
最短线	2018—01	38.00	879
数学在天文、地理、光学、机械力学中的一些应用	2023—03	88.00	1576
从阿基米德三角形谈起	2023—01	28.00	1578
幻方和魔方(第一卷)	2012—05	68.00	173
尘封的经典——初等数学经典文献选读(第一卷)	2012—07	48.00	205
尘封的经典——初等数学经典文献选读(第二卷)	2012—07	38.00	206
初级方程式论	2011—03	28.00	106
初等数学研究(Ⅰ)	2008—09	68.00	37
初等数学研究(Ⅱ)(上、下)	2009—05	118.00	46,47
初等数学专题研究	2022—10	68.00	1568

刘培杰数学工作室
已出版（即将出版）图书目录——初等数学

书　　名	出版时间	定　价	编号
趣味初等方程妙题集锦	2014—09	48.00	388
趣味初等数论选美与欣赏	2015—02	48.00	445
耕读笔记(上卷)：一位农民数学爱好者的初数探索	2015—04	28.00	459
耕读笔记(中卷)：一位农民数学爱好者的初数探索	2015—05	28.00	483
耕读笔记(下卷)：一位农民数学爱好者的初数探索	2015—05	28.00	484
几何不等式研究与欣赏.上卷	2016—01	88.00	547
几何不等式研究与欣赏.下卷	2016—01	48.00	552
初等数列研究与欣赏·上	2016—01	48.00	570
初等数列研究与欣赏·下	2016—01	48.00	571
趣味初等函数研究与欣赏.上	2016—09	48.00	684
趣味初等函数研究与欣赏.下	2018—09	48.00	685
三角不等式研究与欣赏	2020—10	68.00	1197
新编平面解析几何解题方法研究与欣赏	2021—10	78.00	1426
火柴游戏(第2版)	2022—05	38.00	1493
智力解谜.第1卷	2017—07	38.00	613
智力解谜.第2卷	2017—07	38.00	614
故事智力	2016—07	48.00	615
名人们喜欢的智力问题	2020—01	48.00	616
数学大师的发现、创造与失误	2018—01	48.00	617
异曲同工	2018—09	48.00	618
数学的味道(第2版)	2023—10	68.00	1686
数学千字文	2018—10	68.00	977
数贝偶拾——高考数学题研究	2014—04	28.00	274
数贝偶拾——初等数学研究	2014—04	38.00	275
数贝偶拾——奥数题研究	2014—04	48.00	276
钱昌本教你快乐学数学(上)	2011—12	48.00	155
钱昌本教你快乐学数学(下)	2012—03	58.00	171
集合、函数与方程	2014—01	28.00	300
数列与不等式	2014—01	38.00	301
三角与平面向量	2014—01	28.00	302
平面解析几何	2014—01	38.00	303
立体几何与组合	2014—01	28.00	304
极限与导数、数学归纳法	2014—01	38.00	305
趣味数学	2014—03	28.00	306
教材教法	2014—04	68.00	307
自主招生	2014—05	58.00	308
高考压轴题(上)	2015—01	48.00	309
高考压轴题(下)	2014—10	68.00	310
从费马到怀尔斯——费马大定理的历史	2013—10	198.00	I
从庞加莱到佩雷尔曼——庞加莱猜想的历史	2013—10	298.00	II
从切比雪夫到爱尔特希(上)——素数定理的初等证明	2013—07	48.00	III
从切比雪夫到爱尔特希(下)——素数定理100年	2012—12	98.00	III
从高斯到盖尔方特——二次域的高斯猜想	2013—10	198.00	IV
从库默尔到朗兰兹——朗兰兹猜想的历史	2014—01	98.00	V
从比勃巴赫到德布朗热——比勃巴赫猜想的历史	2014—02	298.00	VI
从麦比乌斯到陈省身——麦比乌斯变换与麦比乌斯带	2014—02	298.00	VII
从布尔到豪斯道夫——布尔方程与格论漫谈	2013—10	198.00	VIII
从开普勒到阿诺德——三体问题的历史	2014—05	298.00	IX
从华林到华罗庚——华林问题的历史	2013—10	298.00	X

刘培杰数学工作室
已出版(即将出版)图书目录——初等数学

书　名	出版时间	定　价	编号
美国高中数学竞赛五十讲.第1卷(英文)	2014—08	28.00	357
美国高中数学竞赛五十讲.第2卷(英文)	2014—08	28.00	358
美国高中数学竞赛五十讲.第3卷(英文)	2014—09	28.00	359
美国高中数学竞赛五十讲.第4卷(英文)	2014—09	28.00	360
美国高中数学竞赛五十讲.第5卷(英文)	2014—10	28.00	361
美国高中数学竞赛五十讲.第6卷(英文)	2014—11	28.00	362
美国高中数学竞赛五十讲.第7卷(英文)	2014—12	28.00	363
美国高中数学竞赛五十讲.第8卷(英文)	2015—01	28.00	364
美国高中数学竞赛五十讲.第9卷(英文)	2015—01	28.00	365
美国高中数学竞赛五十讲.第10卷(英文)	2015—02	38.00	366
三角函数(第2版)	2017—04	38.00	626
不等式	2014—01	38.00	312
数列	2014—01	38.00	313
方程(第2版)	2017—04	38.00	624
排列和组合	2014—01	28.00	315
极限与导数(第2版)	2016—04	38.00	635
向量(第2版)	2018—08	58.00	627
复数及其应用	2014—08	28.00	318
函数	2014—01	38.00	319
集合	2020—01	48.00	320
直线与平面	2014—01	28.00	321
立体几何(第2版)	2016—04	38.00	629
解三角形	即将出版		323
直线与圆(第2版)	2016—11	38.00	631
圆锥曲线(第2版)	2016—09	48.00	632
解题通法(一)	2014—07	38.00	326
解题通法(二)	2014—07	38.00	327
解题通法(三)	2014—05	38.00	328
概率与统计	2014—01	28.00	329
信息迁移与算法	即将出版		330
IMO 50年.第1卷(1959—1963)	2014—11	28.00	377
IMO 50年.第2卷(1964—1968)	2014—11	28.00	378
IMO 50年.第3卷(1969—1973)	2014—09	28.00	379
IMO 50年.第4卷(1974—1978)	2016—04	38.00	380
IMO 50年.第5卷(1979—1984)	2015—04	38.00	381
IMO 50年.第6卷(1985—1989)	2015—04	58.00	382
IMO 50年.第7卷(1990—1994)	2016—01	48.00	383
IMO 50年.第8卷(1995—1999)	2016—06	38.00	384
IMO 50年.第9卷(2000—2004)	2015—04	58.00	385
IMO 50年.第10卷(2005—2009)	2016—01	48.00	386
IMO 50年.第11卷(2010—2015)	2017—03	48.00	646

刘培杰数学工作室
已出版(即将出版)图书目录——初等数学

书　名	出版时间	定　价	编号
数学反思(2006—2007)	2020—09	88.00	915
数学反思(2008—2009)	2019—01	68.00	917
数学反思(2010—2011)	2018—05	58.00	916
数学反思(2012—2013)	2019—01	58.00	918
数学反思(2014—2015)	2019—03	78.00	919
数学反思(2016—2017)	2021—03	58.00	1286
数学反思(2018—2019)	2023—01	88.00	1593
历届美国大学生数学竞赛试题集.第一卷(1938—1949)	2015—01	28.00	397
历届美国大学生数学竞赛试题集.第二卷(1950—1959)	2015—01	28.00	398
历届美国大学生数学竞赛试题集.第三卷(1960—1969)	2015—01	28.00	399
历届美国大学生数学竞赛试题集.第四卷(1970—1979)	2015—01	18.00	400
历届美国大学生数学竞赛试题集.第五卷(1980—1989)	2015—01	28.00	401
历届美国大学生数学竞赛试题集.第六卷(1990—1999)	2015—01	28.00	402
历届美国大学生数学竞赛试题集.第七卷(2000—2009)	2015—08	18.00	403
历届美国大学生数学竞赛试题集.第八卷(2010—2012)	2015—01	18.00	404
新课标高考数学创新题解题诀窍:总论	2014—09	28.00	372
新课标高考数学创新题解题诀窍:必修 1～5 分册	2014—08	38.00	373
新课标高考数学创新题解题诀窍:选修 2—1,2—2,1—1,1—2分册	2014—09	38.00	374
新课标高考数学创新题解题诀窍:选修 2—3,4—4,4—5 分册	2014—09	18.00	375
全国重点大学自主招生英文数学试题全攻略:词汇卷	2015—07	48.00	410
全国重点大学自主招生英文数学试题全攻略:概念卷	2015—01	28.00	411
全国重点大学自主招生英文数学试题全攻略:文章选读卷(上)	2016—09	38.00	412
全国重点大学自主招生英文数学试题全攻略:文章选读卷(下)	2017—01	58.00	413
全国重点大学自主招生英文数学试题全攻略:试题卷	2015—07	38.00	414
全国重点大学自主招生英文数学试题全攻略:名著欣赏卷	2017—03	48.00	415
劳埃德数学趣题大全.题目卷.1:英文	2016—01	18.00	516
劳埃德数学趣题大全.题目卷.2:英文	2016—01	18.00	517
劳埃德数学趣题大全.题目卷.3:英文	2016—01	18.00	518
劳埃德数学趣题大全.题目卷.4:英文	2016—01	18.00	519
劳埃德数学趣题大全.题目卷.5:英文	2016—01	18.00	520
劳埃德数学趣题大全.答案卷:英文	2016—01	18.00	521
李成章教练奥数笔记.第 1 卷	2016—01	48.00	522
李成章教练奥数笔记.第 2 卷	2016—01	48.00	523
李成章教练奥数笔记.第 3 卷	2016—01	38.00	524
李成章教练奥数笔记.第 4 卷	2016—01	38.00	525
李成章教练奥数笔记.第 5 卷	2016—01	38.00	526
李成章教练奥数笔记.第 6 卷	2016—01	38.00	527
李成章教练奥数笔记.第 7 卷	2016—01	38.00	528
李成章教练奥数笔记.第 8 卷	2016—01	48.00	529
李成章教练奥数笔记.第 9 卷	2016—01	28.00	530

刘培杰数学工作室
已出版(即将出版)图书目录——初等数学

书　　名	出版时间	定　价	编号
第19～23届"希望杯"全国数学邀请赛试题审题要津详细评注(初一版)	2014—03	28.00	333
第19～23届"希望杯"全国数学邀请赛试题审题要津详细评注(初二、初三版)	2014—03	38.00	334
第19～23届"希望杯"全国数学邀请赛试题审题要津详细评注(高一版)	2014—03	28.00	335
第19～23届"希望杯"全国数学邀请赛试题审题要津详细评注(高二版)	2014—03	38.00	336
第19～25届"希望杯"全国数学邀请赛试题审题要津详细评注(初一版)	2015—01	38.00	416
第19～25届"希望杯"全国数学邀请赛试题审题要津详细评注(初二、初三版)	2015—01	58.00	417
第19～25届"希望杯"全国数学邀请赛试题审题要津详细评注(高一版)	2015—01	48.00	418
第19～25届"希望杯"全国数学邀请赛试题审题要津详细评注(高二版)	2015—01	48.00	419
物理奥林匹克竞赛大题典——力学卷	2014—11	48.00	405
物理奥林匹克竞赛大题典——热学卷	2014—04	28.00	339
物理奥林匹克竞赛大题典——电磁学卷	2015—07	48.00	406
物理奥林匹克竞赛大题典——光学与近代物理卷	2014—06	28.00	345
历届中国东南地区数学奥林匹克试题集(2004～2012)	2014—06	18.00	346
历届中国西部地区数学奥林匹克试题集(2001～2012)	2014—07	18.00	347
历届中国女子数学奥林匹克试题集(2002～2012)	2014—08	18.00	348
数学奥林匹克在中国	2014—06	98.00	344
数学奥林匹克问题集	2014—01	38.00	267
数学奥林匹克不等式散论	2010—06	38.00	124
数学奥林匹克不等式欣赏	2011—09	38.00	138
数学奥林匹克超级题库(初中卷上)	2010—01	58.00	66
数学奥林匹克不等式证明方法和技巧(上、下)	2011—08	158.00	134,135
他们学什么:原民主德国中学数学课本	2016—09	38.00	658
他们学什么:英国中学数学课本	2016—09	38.00	659
他们学什么:法国中学数学课本.1	2016—09	38.00	660
他们学什么:法国中学数学课本.2	2016—09	28.00	661
他们学什么:法国中学数学课本.3	2016—09	38.00	662
他们学什么:苏联中学数学课本	2016—09	28.00	679
高中数学题典——集合与简易逻辑·函数	2016—07	48.00	647
高中数学题典——导数	2016—07	48.00	648
高中数学题典——三角函数·平面向量	2016—07	48.00	649
高中数学题典——数列	2016—07	58.00	650
高中数学题典——不等式·推理与证明	2016—07	38.00	651
高中数学题典——立体几何	2016—07	48.00	652
高中数学题典——平面解析几何	2016—07	78.00	653
高中数学题典——计数原理·统计·概率·复数	2016—07	48.00	654
高中数学题典——算法·平面几何·初等数论·组合数学·其他	2016—07	68.00	655

刘培杰数学工作室
已出版(即将出版)图书目录——初等数学

书　名	出版时间	定　价	编号
台湾地区奥林匹克数学竞赛试题.小学一年级	2017—03	38.00	722
台湾地区奥林匹克数学竞赛试题.小学二年级	2017—03	38.00	723
台湾地区奥林匹克数学竞赛试题.小学三年级	2017—03	38.00	724
台湾地区奥林匹克数学竞赛试题.小学四年级	2017—03	38.00	725
台湾地区奥林匹克数学竞赛试题.小学五年级	2017—03	38.00	726
台湾地区奥林匹克数学竞赛试题.小学六年级	2017—03	38.00	727
台湾地区奥林匹克数学竞赛试题.初中一年级	2017—03	38.00	728
台湾地区奥林匹克数学竞赛试题.初中二年级	2017—03	38.00	729
台湾地区奥林匹克数学竞赛试题.初中三年级	2017—03	28.00	730
不等式证题法	2017—04	28.00	747
平面几何培优教程	2019—08	88.00	748
奥数鼎级培优教程.高一分册	2018—09	88.00	749
奥数鼎级培优教程.高二分册.上	2018—04	68.00	750
奥数鼎级培优教程.高二分册.下	2018—04	68.00	751
高中数学竞赛冲刺宝典	2019—04	68.00	883
初中尖子生数学超级题典.实数	2017—07	58.00	792
初中尖子生数学超级题典.式、方程与不等式	2017—08	58.00	793
初中尖子生数学超级题典.圆、面积	2017—08	38.00	794
初中尖子生数学超级题典.函数、逻辑推理	2017—08	48.00	795
初中尖子生数学超级题典.角、线段、三角形与多边形	2017—07	58.00	796
数学王子——高斯	2018—01	48.00	858
坎坷奇星——阿贝尔	2018—01	48.00	859
闪烁奇星——伽罗瓦	2018—01	58.00	860
无穷统帅——康托尔	2018—01	48.00	861
科学公主——柯瓦列夫斯卡娅	2018—01	48.00	862
抽象代数之母——埃米·诺特	2018—01	48.00	863
电脑先驱——图灵	2018—01	58.00	864
昔日神童——维纳	2018—01	48.00	865
数坛怪侠——爱尔特希	2018—01	68.00	866
传奇数学家徐利治	2019—09	88.00	1110
当代世界中的数学.数学思想与数学基础	2019—01	38.00	892
当代世界中的数学.数学问题	2019—01	38.00	893
当代世界中的数学.应用数学与数学应用	2019—01	38.00	894
当代世界中的数学.数学王国的新疆域(一)	2019—01	38.00	895
当代世界中的数学.数学王国的新疆域(二)	2019—01	38.00	896
当代世界中的数学.数林撷英(一)	2019—01	38.00	897
当代世界中的数学.数林撷英(二)	2019—01	48.00	898
当代世界中的数学.数学之路	2019—01	38.00	899

刘培杰数学工作室
已出版(即将出版)图书目录——初等数学

书　名	出版时间	定　价	编号
105个代数问题:来自AwesomeMath夏季课程	2019—02	58.00	956
106个几何问题:来自AwesomeMath夏季课程	2020—07	58.00	957
107个几何问题:来自AwesomeMath全年课程	2020—07	58.00	958
108个代数问题:来自AwesomeMath全年课程	2019—01	68.00	959
109个不等式:来自AwesomeMath夏季课程	2019—04	58.00	960
国际数学奥林匹克中的110个几何问题	即将出版		961
111个代数和数论问题	2019—05	58.00	962
112个组合问题:来自AwesomeMath夏季课程	2019—05	58.00	963
113个几何不等式:来自AwesomeMath夏季课程	2020—08	58.00	964
114个指数和对数问题:来自AwesomeMath夏季课程	2019—09	48.00	965
115个三角问题:来自AwesomeMath夏季课程	2019—09	58.00	966
116个代数不等式:来自AwesomeMath全年课程	2019—04	58.00	967
117个多项式问题:来自AwesomeMath夏季课程	2021—09	58.00	1409
118个数学竞赛不等式	2022—08	78.00	1526
紫色彗星国际数学竞赛试题	2019—02	58.00	999
数学竞赛中的数学:为数学爱好者、父母、教师和教练准备的丰富资源.第一部	2020—04	58.00	1141
数学竞赛中的数学:为数学爱好者、父母、教师和教练准备的丰富资源.第二部	2020—07	48.00	1142
和与积	2020—10	38.00	1219
数论:概念和问题	2020—12	68.00	1257
初等数学问题研究	2021—03	48.00	1270
数学奥林匹克中的欧几里得几何	2021—10	68.00	1413
数学奥林匹克题解新编	2022—01	58.00	1430
图论入门	2022—09	58.00	1554
新的、更新的、最新的不等式	2023—07	58.00	1650
数学竞赛中奇妙的多项式	2024—01	78.00	1646
120个奇妙的代数问题及20个奖励问题	2024—04	48.00	1647
澳大利亚中学数学竞赛试题及解答(初级卷)1978～1984	2019—02	28.00	1002
澳大利亚中学数学竞赛试题及解答(初级卷)1985～1991	2019—02	28.00	1003
澳大利亚中学数学竞赛试题及解答(初级卷)1992～1998	2019—02	28.00	1004
澳大利亚中学数学竞赛试题及解答(初级卷)1999～2005	2019—02	28.00	1005
澳大利亚中学数学竞赛试题及解答(中级卷)1978～1984	2019—03	28.00	1006
澳大利亚中学数学竞赛试题及解答(中级卷)1985～1991	2019—03	28.00	1007
澳大利亚中学数学竞赛试题及解答(中级卷)1992～1998	2019—03	28.00	1008
澳大利亚中学数学竞赛试题及解答(中级卷)1999～2005	2019—03	28.00	1009
澳大利亚中学数学竞赛试题及解答(高级卷)1978～1984	2019—05	28.00	1010
澳大利亚中学数学竞赛试题及解答(高级卷)1985～1991	2019—05	28.00	1011
澳大利亚中学数学竞赛试题及解答(高级卷)1992～1998	2019—05	28.00	1012
澳大利亚中学数学竞赛试题及解答(高级卷)1999～2005	2019—05	28.00	1013
天才中小学生智力测验题.第一卷	2019—03	38.00	1026
天才中小学生智力测验题.第二卷	2019—03	38.00	1027
天才中小学生智力测验题.第三卷	2019—03	38.00	1028
天才中小学生智力测验题.第四卷	2019—03	38.00	1029
天才中小学生智力测验题.第五卷	2019—03	38.00	1030
天才中小学生智力测验题.第六卷	2019—03	38.00	1031
天才中小学生智力测验题.第七卷	2019—03	38.00	1032
天才中小学生智力测验题.第八卷	2019—03	38.00	1033
天才中小学生智力测验题.第九卷	2019—03	38.00	1034
天才中小学生智力测验题.第十卷	2019—03	38.00	1035
天才中小学生智力测验题.第十一卷	2019—03	38.00	1036
天才中小学生智力测验题.第十二卷	2019—03	38.00	1037
天才中小学生智力测验题.第十三卷	2019—03	38.00	1038

刘培杰数学工作室
已出版(即将出版)图书目录——初等数学

书 名	出版时间	定 价	编号
重点大学自主招生数学备考全书:函数	2020—05	48.00	1047
重点大学自主招生数学备考全书:导数	2020—08	48.00	1048
重点大学自主招生数学备考全书:数列与不等式	2019—10	78.00	1049
重点大学自主招生数学备考全书:三角函数与平面向量	2020—08	68.00	1050
重点大学自主招生数学备考全书:平面解析几何	2020—07	58.00	1051
重点大学自主招生数学备考全书:立体几何与平面几何	2019—08	48.00	1052
重点大学自主招生数学备考全书:排列组合·概率统计·复数	2019—09	48.00	1053
重点大学自主招生数学备考全书:初等数论与组合数学	2019—08	48.00	1054
重点大学自主招生数学备考全书:重点大学自主招生真题.上	2019—04	68.00	1055
重点大学自主招生数学备考全书:重点大学自主招生真题.下	2019—04	58.00	1056
高中数学竞赛培训教程:平面几何问题的求解方法与策略.上	2018—05	68.00	906
高中数学竞赛培训教程:平面几何问题的求解方法与策略.下	2018—06	78.00	907
高中数学竞赛培训教程:整除与同余以及不定方程	2018—01	88.00	908
高中数学竞赛培训教程:组合计数与组合极值	2018—04	48.00	909
高中数学竞赛培训教程:初等代数	2019—04	78.00	1042
高中数学讲座:数学竞赛基础教程(第一册)	2019—06	48.00	1094
高中数学讲座:数学竞赛基础教程(第二册)	即将出版		1095
高中数学讲座:数学竞赛基础教程(第三册)	即将出版		1096
高中数学讲座:数学竞赛基础教程(第四册)	即将出版		1097
新编中学数学解题方法1000招丛书.实数(初中版)	2022—05	58.00	1291
新编中学数学解题方法1000招丛书.式(初中版)	2022—05	48.00	1292
新编中学数学解题方法1000招丛书.方程与不等式(初中版)	2021—04	58.00	1293
新编中学数学解题方法1000招丛书.函数(初中版)	2022—05	38.00	1294
新编中学数学解题方法1000招丛书.角(初中版)	2022—05	48.00	1295
新编中学数学解题方法1000招丛书.线段(初中版)	2022—05	48.00	1296
新编中学数学解题方法1000招丛书.三角形与多边形(初中版)	2021—04	48.00	1297
新编中学数学解题方法1000招丛书.圆(初中版)	2022—05	48.00	1298
新编中学数学解题方法1000招丛书.面积(初中版)	2021—07	28.00	1299
新编中学数学解题方法1000招丛书.逻辑推理(初中版)	2022—06	48.00	1300
高中数学题典精编.第一辑.函数	2022—01	58.00	1444
高中数学题典精编.第一辑.导数	2022—01	68.00	1445
高中数学题典精编.第一辑.三角函数·平面向量	2022—01	68.00	1446
高中数学题典精编.第一辑.数列	2022—01	58.00	1447
高中数学题典精编.第一辑.不等式·推理与证明	2022—01	58.00	1448
高中数学题典精编.第一辑.立体几何	2022—01	58.00	1449
高中数学题典精编.第一辑.平面解析几何	2022—01	68.00	1450
高中数学题典精编.第一辑.统计·概率·平面几何	2022—01	58.00	1451
高中数学题典精编.第一辑.初等数论·组合数学·数学文化·解题方法	2022—01	58.00	1452
历届全国初中数学竞赛试题分类解析.初等代数	2022—09	98.00	1555
历届全国初中数学竞赛试题分类解析.初等数论	2022—09	48.00	1556
历届全国初中数学竞赛试题分类解析.平面几何	2022—09	38.00	1557
历届全国初中数学竞赛试题分类解析.组合	2022—09	38.00	1558

刘培杰数学工作室
已出版(即将出版)图书目录——初等数学

书　名	出版时间	定　价	编号
从三道高三数学模拟题的背景谈起:兼谈傅里叶三角级数	2023—03	48.00	1651
从一道日本东京大学的入学试题谈起:兼谈π的方方面面	即将出版		1652
从两道2021年福建高三数学测试题谈起:兼谈球面几何学与球面三角学	即将出版		1653
从一道湖南高考数学试题谈起:兼谈有界变差数列	2024—01	48.00	1654
从一道高校自主招生试题谈起:兼谈詹森函数方程	即将出版		1655
从一道上海高考数学试题谈起:兼谈有界变差函数	即将出版		1656
从一道北京大学金秋营数学试题的解法谈起:兼谈伽罗瓦理论	即将出版		1657
从一道北京高考数学试题的解法谈起:兼谈毕克定理	即将出版		1658
从一道北京大学金秋营数学试题的解法谈起:兼谈帕塞瓦尔恒等式	即将出版		1659
从一道高三数学模拟测试题的背景谈起:兼谈等周问题与等周不等式	即将出版		1660
从一道2020年全国高考数学试题的解法谈起:兼谈斐波那契数列和纳卡穆拉定理及奥斯图达定理	即将出版		1661
从一道高考数学附加题谈起:兼谈广义斐波那契数列	即将出版		1662
代数学教程.第一卷,集合论	2023—08	58.00	1664
代数学教程.第二卷,抽象代数基础	2023—08	68.00	1665
代数学教程.第三卷,数论原理	2023—08	58.00	1666
代数学教程.第四卷,代数方程式论	2023—08	48.00	1667
代数学教程.第五卷,多项式理论	2023—08	58.00	1668

联系地址:哈尔滨市南岗区复华四道街10号　哈尔滨工业大学出版社刘培杰数学工作室
网　　址:http://lpj.hit.edu.cn/
邮　　编:150006
联系电话:0451—86281378　　13904613167
E-mail:lpj1378@163.com